经济犯罪案件立案追诉标准适用指南

（2022年版）

——《最高人民检察院 公安部关于公安机关管辖的刑事案件立案追诉标准的规定（二）》精释

最高人民检察院法律政策研究室
公安部经济犯罪侦查局 编著

中国人民公安大学出版社
·北 京·

图书在版编目（CIP）数据

经济犯罪案件立案追诉标准适用指南：2022年版/最高人民检察院法律政策研究室，公安部经济犯罪侦查局编著. --北京：中国人民公安大学出版社，2023.9

ISBN 978-7-5653-4689-7

Ⅰ.①经… Ⅱ.①最…②公… Ⅲ.①经济犯罪-立案-标准-中国-指南②经济犯罪-立案-法律适用-中国-指南 Ⅳ.①D924.33-62

中国国家版本馆 CIP 数据核字（2023）第071305号

经济犯罪案件立案追诉标准适用指南（2022年版）

——《最高人民检察院 公安部关于公安机关管辖的刑事案件立案追诉标准的规定（二）》精释

最高人民检察院法律政策研究室
公安部经济犯罪侦查局 编著

出版发行：中国人民公安大学出版社
地　　址：北京市西城区木樨地南里
邮政编码：100038
经　　销：新华书店
印　　刷：三河市荣展印务有限公司

版　　次：2023年9月第1版
印　　次：2023年9月第1次
印　　张：38.25
开　　本：787毫米×1092毫米 1/16
字　　数：723千字

书　　号：ISBN 978-7-5653-4689-7
定　　价：138.00元

网　　址：www.cppsup.com.cn　www.porclub.com.cn
电子邮箱：zbs@cppsup.com　zbs@cppsu.edu.cn

营销中心电话：010-83903991
读者服务部电话（门市）：010-83903257
警官读者俱乐部电话（网购、邮购）：010-83901775
法律图书分社电话：010-83905745

#《经济犯罪案件立案追诉标准适用指南》
（2022年版）

编　委　会

目　录

第一章 概 述

2022年4月29日，最高人民检察院、公安部联合发布《关于公安机关管辖的刑事案件立案追诉标准的规定（二）》（以下简称《立案追诉标准（二）》），对公安机关管辖的78种刑事案件（其中公安机关经济犯罪侦查部门管辖77种，海关缉私部门管辖1种）的立案追诉标准作了规定。为了对《立案追诉标准（二）》有一个整体的了解和把握，现将其制定背景及经过、修订原则、名称和体例、制定修改的基本情况、需要说明的共性问题和重点问题概述如下。

一、制定背景及经过

（一）制定背景

最高人民检察院、公安部先后于2001年4月18日和2008年3月5日颁布实施了《关于经济犯罪案件追诉标准的规定》（以下简称2001年《追诉标准》）、《关于经济犯罪案件追诉标准的补充规定》（以下简称2008年《补充规定》）。2010年5月18日，最高人民检察院、公安部在2001年《追诉标准》和2008年《补充规定》的基础上，经过认真修订，广泛征求意见，联合印发了《关于公安机关管辖的刑事案件立案追诉标准的规定（二）》（以下简称2010年《立案追诉标准（二）》）。2011年2月25日，第十一届全国人大常委会第十九次会议审议通过了《刑法修正案（八）》，其中新增设的对外国公职人员、国际公共组织官员行贿罪，虚开发票罪和持有伪造的发票罪均属公安机关经济犯罪侦查部门管辖，需要补充制定立案追诉标准。为此，2011年11月21日，最高人民检察院、公安部联合印发了《关于公安机关管辖的刑事案件立案追诉标准的规定（二）的补充规定》（以下简称2011年《补充规定》）。

2010年《立案追诉标准（二）》和2011年《补充规定》对当时公安机关经济犯罪侦查部门管辖的89种刑事案件的立案追诉标准作出了全面、详细的规定，为公安司法机关依法办理经济犯罪案件提供了明确依据，在依法惩治经济犯罪、保障国家经济安全、促进社会主义市场经济健康有序发展方面发挥了积极作用，取得了良好效果。

近年来，随着经济社会的发展，我国经济犯罪呈现出新情况、新特点，刑法、公司法、证券法等法律相继修改以及相关司法解释和司法解释性质文件陆续颁布，同时受国家监察体制改革和公安部刑事案件管辖分工调整影响，2010年《立案追诉标准（二）》已不能完全适应当前执法司法办案实际，有必要及时修改完善。

1. 经济社会发展取得重大成就

近年来，我国经济社会发展取得新的重大进展，构建新发展格局迈出新的步伐，高质量发展取得新成效。以经济发展的关键性指标为例，相较于2010年《立案追诉标准（二）》实施的当年，2021年国内生产总值（GDP）为114.92万亿元，相当于2010年40.15万亿元的2.86倍；2021年货币供应量（M2）为238.29万亿元，相当于2010年72.59万亿元的3.28倍。2021年全国城镇居民人均可支配收入为4.74万元，为2010年1.91万元的2.48倍。居民收入增长与经济增长基本同步，民生保障更加有力，社会整体抗风险能力得到进一步提升。与2010年相比，在同一经济犯罪罪名中，相同数额的违法犯罪活动体现出的社会危害性有所下降，部分经济活动可以通过民事、行政手段进行调整。《立案追诉标准（二）》适度提高了部分经济犯罪案件的立案追诉数额标准，符合经济社会发展实际。以资本市场为例，2021年A股市值规模为96.53万亿元，相当于2010年26.35万亿元的3.67倍，无论是市场规模还是质量均取得了长足的发展，欺诈发行证券、违规披露不披露重要信息等证券违法犯罪实际发生数额已经远远高于原立案追诉标准，适当提高部分立案追诉数额标准对刑事立案追诉没有实质影响。

2. 经济犯罪呈现出新情况、新特点

当前，世情国情正在发生深刻而复杂的变化。受复杂国际国内经济形势的影响，经济犯罪呈现出一系列新情况、新特点：从整体形势看，社会领域经济犯罪与专业领域经济犯罪相互叠加、网上经济犯罪与网下经济犯罪相互交织、境内经济犯罪与境外经济犯罪相互勾连，金融、商贸、财税、证券等重点领域经济犯罪形势严峻复杂；从数量规模看，近年来经济犯罪案件数量持续保持高位，涉案金额巨大、社会影响巨大的重特大案件屡见不鲜；从作案手法看，新型经济犯罪层出不穷、作案手段快速升级变化，对研判发现、侦查取证、打击防范等工作提出了更高要求；从风险危害看，经济犯罪与经济金融风险相伴相生，极易诱发“多米诺骨牌效应”“蝴蝶效应”，严重威胁经济安全和社会稳定。经济犯罪总体形势的变化要求执法司法理念、刑事司法政策也应与时俱进地调整完善，适时调整立案追诉标准、科学设定经济犯罪的规制范围，是适应当前犯罪形势变化的迫切需要。此次修订在适度提高数额标准的同时，增加了犯罪手段、情节及危害后果等标准，对依法惩治各类经济犯罪活动、进一步维护社会公平正义必将起到积极作用。

3. 刑法、公司法、证券法等法律相继修改

刑法、公司法、证券法等法律的修改对2010年《立案追诉标准（二）》的修订提出了客观要求。《刑法修正案（八）》《刑法修正案（九）》《刑法修正案（十一）》相继颁布实施，尤其是2020年12月26日颁布的《刑法修正案（十一）》对公安机关经济犯罪侦查部门管辖的欺诈发行证券罪，违规披露、不披露重要信息罪，非国家工作人员受贿罪，骗取贷款、票据承兑、金融票证罪，非法吸收公众存款罪，操纵证券、期货市场罪，洗钱罪，集资诈骗罪，提供虚假证明文件罪，出具证明文件重大失实罪，职务侵占罪，挪用资金罪等12个罪名进行了修订。2010年《立案追诉标准（二）》发布之后，2013年、2018年公司法分别作出两次修正，证券法于2013年、2014年、2019年进行了三次修正、修订。尤其是证券法的修订，作出全面推行证券发行注册制、显著提高证券违法成本、完善投资者保护制度、强化信息披露义务、压实中介机构责任等制度改革，为打造一个规范、透明、开放、有活力、有韧性的资本市场提供了有力的法制保障。此外，商业银行法、税收征收管理法、土地管理法等法律法规也进行了修正。相关案件的立案追诉标准应及时作出相应调整。

4. 相关司法解释和司法解释性质文件陆续颁布

2010年《立案追诉标准（二）》发布之后，最高人民法院、最高人民检察院先后出台及修正了若干个与经济犯罪相关的司法解释，如《关于审理非法集资刑事案件具体应用法律若干问题的解释》（2010年12月）、《关于办理内幕交易、泄露内幕信息刑事案件具体应用法律若干问题的解释》（2012年3月）、《关于办理组织领导传销活动刑事案件适用法律若干问题的意见》（2013年11月）、《关于办理虚假诉讼刑事案件适用法律若干问题的解释》（2018年9月）、《关于办理妨害信用卡管理刑事案件具体应用法律若干问题的解释》（2018年11月）、《关于办理非法从事资金支付结算业务、非法买卖外汇刑事案件适用法律若干问题的解释》（2019年1月）、《关于办理利用未公开信息交易刑事案件适用法律若干问题的解释》（2019年6月）、《关于办理操纵证券、期货市场刑事案件适用法律若干问题的解释》（2019年6月）、《关于办理非法放贷刑事案件若干问题的意见》（2019年7月）、《关于办理非法利用信息网络、帮助信息网络犯罪活动等刑事案件适用法律若干问题的解释》（2019年10月）、《关于办理危害食品安全刑事案件适用法律若干问题的解释》（2021年12月）、《关于审理非法集资刑事案件具体应用法律若干问题的解释》（2022年2月）等，相关成果需要通过修订立案追诉标准予以固化。此外，非国家工作人员职务犯罪、内幕交易、洗钱、骗取贷

款、贷款诈骗、危害税收征管等刑事案件的司法解释正在制定修订中，我们根据上述司法解释有关精神，对相关案件的立案追诉标准做了修改和完善。

5. 相关机构改革和公安部刑事案件管辖分工调整

2010 年《立案追诉标准（二）》和 2011 年《补充规定》对当时公安机关经济犯罪侦查部门管辖的 89 种案件的立案追诉标准作出了全面详细的规定。随着国家监察体制改革、公安机关机构改革，原由公安机关经济犯罪侦查部门管辖的案件中，7 种案件划归监察机关管辖，5 种案件划归公安机关食品药品犯罪侦查部门管辖，1 种案件划归海关缉私部门管辖。此外，1 种案件由公安机关刑事侦查部门划归经济犯罪侦查部门管辖。管辖分工调整之后，公安机关经济犯罪侦查部门管辖的案件由 89 种变更为 77 种。上述管辖分工的调整需要在新的立案追诉标准中得以体现。需要说明的是，《立案追诉标准（二）》仅对公安机关经济犯罪侦查部门管辖的以资助方式实施的帮助恐怖活动罪作出相应规制，不涉及刑法第 120 条之一第 2 款的内容。

（二）制定经过

2017 年最高人民检察院与公安部联合制定《公安机关办理经济犯罪案件的若干规定》，根据最高人民检察院法律政策研究室建议，公安部经济犯罪侦查局开始 2010 年《立案追诉标准（二）》的修订调研工作，并起草了初稿。2020 年公安部与最高人民检察院正式启动联合修订工作，同年 6 月公安部经济犯罪侦查局抽调局机关、公安院校、基层一线骨干成员组建修订专班，广泛深入调研，召开座谈会，多次组织修订专班集中研讨，经征求公安部有关单位和地方公安机关经侦部门意见，形成修订意见稿。

2021 年，公安部经济犯罪侦查局会同公安部法制局与最高人民检察院法律政策研究室、第四检察厅成立联合修订专班，先后组织 12 次修订工作研讨会，深入研究论证，反复修改完善。其间，两次邀请最高人民法院、证监会相关部门专题研究证券期货领域修订意见。自 2022 年 1 月以来，公安部与最高人民检察院分别就《立案追诉标准（二）（修订稿）》征求中央纪委国家监委、全国人大法工委、最高人民法院、司法部、海关总署等 16 个部门及全国检察、公安系统意见，同时邀请 6 名专家提供咨询论证。经广泛征求、充分吸收各方意见，最终形成审议稿。《立案追诉标准（二）》于 2022 年 2 月 25 日由最高人民检察院第十三届检察委员会第九十二次会议、3 月 25 日由公安部第 35 次部长办公会审议通过。2022 年 4 月 29 日，最高人民检察院、公安部联合发布《立案追诉标准（二）》，自 5 月 15 日起施行。

二、修订原则

在研究修订2010年《立案追诉标准（二）》的过程中，我们注意把握以下原则：

一是坚持以习近平新时代中国特色社会主义思想和习近平法治思想作为贯穿始终的指导思想和根本遵循。认真贯彻落实中共中央《关于加强新时代检察机关法律监督工作的意见》、中共中央《关于加强新时代公安工作的意见》以及中共中央办公厅、国务院办公厅《关于依法从严打击证券违法活动的意见》等部署要求，主动立足把握新发展阶段、贯彻新发展理念、构建新发展格局，聚焦“十四五”时期经济社会发展目标任务，找准公安、检察工作的着力点。

二是注重遵循立法修法精神，确保法律规定落实落细。全面梳理吸收刑法修正案、立法解释、相关行政法律法规及司法解释、司法解释性质文件的制定修改精神，对立案追诉标准予以系统化修改完善，根据实际情况上调或降低相关数额数量标准，增加补充手段、情节、后果等多元标准，进一步明确相关罪状含义，明晰罪与非罪、此罪与彼罪的界限。通过修改完善相关犯罪的立案追诉标准，推动公安机关、检察机关正确理解和准确适用法律规定，规范相关案件的办理。

三是注重坚持问题导向，强化对司法办案的指导性。全面梳理总结当前办理经济犯罪案件中的重点难点问题，对相关犯罪的立案追诉标准作出有针对性的调整修改，统一执法司法尺度，强化案件办理指导，提升办案质量和效率。同时，坚持立得住、行得通、真管用，积极回应公安机关、检察机关执法司法实践中遇到的突出问题，着力强化实践性和可操作性。

四是注重体现刑事司法政策，助力国家治理体系和治理能力现代化。结合办理经济犯罪案件实际，落实认罪认罚从宽制度和宽严相济刑事司法政策，为综合运用行政、经济、民事手段处理经济违法活动留出空间，以执法司法工作高质量发展服务保障经济社会高质量发展，实现政治效果、法律效果和社会效果的有机统一。

三、名称和体例

《立案追诉标准（二）》是对2010年《立案追诉标准（二）》的修改与完善，保持了内容上的连续性。十余年来的司法实践证明，2010年《立案追诉标准（二）》为公安司法机关依法办理经济犯罪案件提供了明确依据，在依法惩治经济犯罪、保障国家经济安全、促进社会主义市场经济健康有序发展方面均发挥了积极作用，取得了良好效果，一线执法部门也给予了充分肯定。为准确体现公安机关、检察机关在刑事诉讼中的法定职能，保证立案追诉标准制定的系统性、规范性、连续性，《立案追诉标准（二）》沿用了2010年《立案追诉标准（二）》的名称和体例。

《立案追诉标准（二）》共85条，包括78种经济犯罪案件的立案追诉标准及附则。78种案件立案追诉标准中，包括公安机关经济犯罪侦查部门管辖的77种案件和海关缉私部门管辖的逃避商检案。2010年《立案追诉标准（二）》废止后，原规定的89种案件中7种案件划归监察机关，已不属于公安机关管辖，5种案件划归公安机关食品药品犯罪侦查部门管辖，可依据相关司法解释或规范性文件立案追诉，逃避商检案目前尚无其他规定可作为立案追诉的依据。为保证立法的延续性，避免对执法司法工作造成不利影响，此次制定立案追诉标准将逃避商检案一并纳入并保留原标准。

为便于查找和使用，《立案追诉标准（二）》在案件的排列顺序上，按照刑法分则条文的先后顺序，为方便办案引用，采取"第××条"的排列方式，不论具体罪名属于刑法分则哪一章节，均一排到底。《立案追诉标准（二）》在每个案件名称后面逐一标明了相应的刑法条款，并在具体应予立案追诉的情形前按照刑法规定的罪状对每种案件的犯罪行为作出了规定。

附则部分对《立案追诉标准（二）》中规定的"货币""多次""虽未达到上述数额标准""以上"等作了解释性规定，还对预备犯、未遂犯、中止犯的立案追诉标准，单位犯罪的立案追诉标准以及施行日期等作了规定。

四、制定修改的基本情况

《立案追诉标准（二）》对公安机关管辖的78种经济犯罪案件立案追诉标准中的61种进行了修改完善，部分在适度提高数额标准的同时增加了犯罪手段、情节及危害后果等标准。按照调整修改的具体方式分为四种情况。

一是根据法律和司法解释的修改，对21种案件的立案追诉标准做了修改完善。根据《刑法修正案（十一）》及证券法的修改内容，对欺诈发行证券案，违规披露、不披露重要信息案等9种证券期货犯罪案件的立案追诉标准做了调整，以加大对证券期货犯罪的打击力度，保障投资者的合法权益。同时，根据刑法、公司法及其他法律、司法解释的修改内容，对帮助恐怖活动案，虚报注册资本案，虚假诉讼案，非法吸收公众存款案，集资诈骗案，组织、领导传销活动案等12种案件的立案追诉标准做了修改。

二是出于执法司法实际需要，综合经济社会发展、类罪平衡等因素，对15种案件的立案追诉标准做了修改完善。为有力打击故意规避数额标准的假币职业犯罪团伙，对走私假币案，伪造货币案，出售、购买、运输假币案等5种假币犯罪案件立案追诉标准做了修改。为有力打击假借传染病防治名义虚假宣传、对食品药品做虚假宣传等违法犯罪活动，对虚假广告案立案追诉标准做了修改。根据经济社会发展形势，整体提高金融诈骗案件立案追诉标准，对票据诈骗案、金融凭证诈骗案、信用卡诈骗案、有价证券诈骗案等5种金融诈骗案件立案追诉标准做了修改。根据经济社会发展形势及行政管理政策调整，对串通投标案，擅自设立金融机构案，损害商业信誉、商品声誉案立案追诉标准做了修改。根据类罪平衡原则，对吸收客户资金不入账案立案追诉标准做了修改。

三是参照最高人民法院、最高人民检察院正在研究起草的司法解释，对25种案件的立案追诉标准做了修改完善。结合最高人民法院、最高人民检察院近期正在研究起草的6个司法解释，非国家工作人员受贿案，对非国家工作人员行贿案，对外国公职人员、国际公共组织官员行贿案，职务侵占案，挪用资金案5种非国家工作人员职务犯罪案件；内幕交易、泄露内幕信息案件；高利转贷案，骗取贷款、票据承兑、金融票证案等6种金融犯罪案件；洗钱案件；逃税案等12种涉税犯罪案件共计25种案件的立案追诉标准进行了调整，与目前司法解释最新稿的规定保持一致，加快推动相关司法解释的出台。

四是17种案件的立案追诉标准沿用2010年《立案追诉标准（二）》的规定未做修改。综合各方面意见，对相关法律、司法解释未做修改或者已能满足司法实践需要的妨害清算案，虚假破产案，金融工作人员购买假币、以假币换取货币案，伪造、变造、转让金融机构经营许可证、批准文件案，伪造、变造金融票证案等17种案件的立案追诉标准沿用原规定。

五、需要说明的共性问题

（一）关于单位犯罪的立案追诉标准问题

在《立案追诉标准（二）》涉及的案件中，既可以是个人犯罪也可以是单位犯罪，具体分为两种情况。

第一种情况是原则上不再区分个人犯罪和单位犯罪的立案追诉标准。其中，5种案件在2010年《立案追诉标准（二）》中规定为单位和个人适用不同数额标准，这次修改为适用同一数额标准，包括：第23条非法吸收公众存款案，第44条集资诈骗案，第46条票据诈骗案，第47条金融凭证诈骗案，第51条保险诈骗案。理由是：（1）从刑罚规定来看，2014年通过并施行的全国人大常委会《关于〈中华人民共和国刑法〉第三十条的解释》规定："公司、企业、事业单位、机关、团体等单位实施刑法规定的危害社会的行为，刑法分则和其他法律未规定追究单位的刑事责任的，对组织、策划、实施该危害社会行为的人依法追究刑事责任。”相同的刑罚反映犯罪行为的社会危害性是相同的，如果单位犯罪的立案追诉标准明显高于个人犯罪的立案追诉标准，可能会导致对单位犯罪的放纵。（2）从罪刑相适应原则来看，单位犯罪多为有组织、有预谋的犯罪，其主观恶性、社会危害性大于个人犯罪。因此，除法律另有规定外，单位犯罪的立案追诉标准应与个人犯罪的立案追诉标准保持一致，既有利于打击单位犯罪，也有利于打击以单位名义实施的自然人犯罪。（3）从最高人民法院、最高人民检察院发布的司法解释和规范性文件来看，也出现对单位和自然人犯罪实行统一定罪量刑标准的趋势。例如，2018年修正的最高人民法院、最高人民检察院《关于办理妨害信用卡管理刑事案件具体应用法律若干问题的解释》，2022年修正的最高人民法院《关于审理非法集资刑事案件具体应用法律若干问题的解释》分别对单位实施信用卡犯罪、非法集资犯罪适用相应自然人犯罪的定罪量刑标准作出了规定。

第二种情况是对个人犯罪和单位犯罪规定了不同的立案追诉数额标准，如第11条对非国家工作人员行贿案，第12条对外国公职人员、国际公共组织官员行贿案，以及第71条非法经营案中的6项规定，即第4项出版、印刷、复制、发行非法出版物，第5项非法从事出版物的出版、印刷、复制、发行业务，第7项非法提供有偿删除信息服务，第9项非法生产具有赌博功能的电子游戏设备或者专业软件，第11项非法放贷，第12项其他非法经营行为。

（二）关于行为犯的立案追诉标准问题

行为犯只要实施了法律规定的行为即可认为涉嫌犯罪，应予立案追诉。但经研究认为，经济犯罪中的行为犯有许多是多发性案件，如果没有一定的量化标准，就有可能扩大打击面，而且刑法第13条明确规定：“……但是情节显著轻微危害不大的，不认为是犯罪。”也就是我们通常所说的但书条款。如果所有行为犯都严格按法条规定，只要有行为就作为犯罪进行立案追诉，则可能使刑法第13条中的但书条款虚化。另外，一些现行司法解释对行为犯的定罪标准也进行了量化规定。因此，《立案追诉标准（二）》对行为犯采取了区别对待的方法。

第一种情况是重申了刑法的规定，没有另行规定标准，如第1条帮助恐怖活动案，第19条擅自设立金融机构案，第20条伪造、变造、转让金融机构经营许可证、批准文件案，第43条洗钱案，第48条信用证诈骗案。这些案件有的社会危害性较大，不宜量化立案追诉标准，如第1条、第43条；有的在司法实践中发案较少，经调研未发现问题，继续沿用2010年《立案追诉标准（二）》的规定，如第20条、第48条。

第二种情况是根据司法实践的需要规定了具体或者量化的立案追诉标准，如

第2条走私假币案，第14条伪造货币案，第16条金融工作人员购买假币、以假币换取货币案，第24条伪造、变造金融票证案，第53条抗税案，第56条虚开增值税专用发票、用于骗取出口退税、抵扣税款发票案，第58条至第65条发票类案件。这些案件属于易发性、多发性经济犯罪案件，为了控制刑事打击面，突出打击重点，有必要规定量化标准。

（三）关于立案追诉标准中的数额幅度规定问题

2010年《立案追诉标准（二）》对职务侵占案、挪用资金案规定了数额幅度，并由各省级检察机关、公安机关共同研究确定本地区的具体执行标准，报最高人民检察院和公安部备案。以职务侵占案为例，当时主要考虑的是：1995年12月25日发布的最高人民法院《关于办理违反公司法受贿、侵占、挪用等刑事案件适用法律若干问题的解释》中明确规定“侵占公司、企业财物五千元至二万元以上的，属于‘数额较大’”。同时，由于我国地域广阔，社会经济发展不平衡的情况客观存在，且短时间内不会改变，数额幅度标准正好与之相适应，且此类犯罪属于多发性犯罪，涉及面广，不宜轻易修改。

经研究认为，刑法中并没有数额幅度的规定，对涉及数额问题的犯罪规定幅度，各地在适用数额标准上的不统一容易产生争议。比如，对跨区域经济犯罪案件，如果适用数额幅度规定，可能会导致同样一起案件，在甲地可立案追诉，在乙地却不能立案追诉的问题，不利于执法的统一。因此，《立案追诉标准（二）》摒弃了2010年《立案追诉标准（二）》中对职务侵占案、挪用资金案规定数额幅度的做法，而是规定了统一的数额标准。

（四）关于行为人受过行政处罚后又实施违法行为需要立案追诉的问题

《立案追诉标准（二）》中规定了行为人受过行政处罚后又实施违法行为需要立案追诉的情形，主要有：

（1）依据司法解释、司法解释性质文件以及正在制定修订的司法解释修订，如第23条非法吸收公众存款案；第30条内幕交易、泄露内幕信息案；第31条利用未公开信息交易案；第34条操纵证券、期货市场案；第52条逃税案；第57条虚开发票案；第70条组织、领导传销活动案；第71条非法经营案第2项非法从事资金支付结算业务，第3项非法买卖外汇，第8项非法生产、销售无线电设备，第9项非法生产、销售赌博机，第11项非法放贷。

（2）依据执法司法实践需要，增加“数额减半+行政处罚”式的立案追诉标准，如第2条走私假币案，第14条伪造货币案，第15条出售、购买、运输假币案，第17条持有、使用假币案，第18条变造货币案。

（3）沿用2010年《立案追诉标准（二）》，如第3条虚报注册资本案；第4

条虚假出资、抽逃出资案；第 67 条虚假广告案；第 68 条串通投标案；第 71 条非法经营案第 1 项非法经营烟草，第 4 项出版、印刷、复制、发行非法出版物，第 5 项非法从事出版物的出版、印刷、复制、发行业务，第 6 项非法经营国际电信业务或者涉港澳台电信业务，第 12 项其他非法经营行为；第 72 条非法转让、倒卖土地使用权案；第 73 条提供虚假证明文件案。

六、需要说明的重点问题

（一）关于非国家工作人员职务犯罪的立案追诉标准

党的十八大以来，党中央高度重视依法平等保护各类企业合法权益，出台了《关于完善产权保护制度依法保护产权的意见》，要求完善各类市场主体公平竞争的法治环境。《刑法修正案（十一）》加大力度惩治民营企业内部发生的侵害民营企业财产的犯罪，进一步提高和调整职务侵占罪、非国家工作人员受贿罪、挪用资金罪的刑罚配置。为落实平等保护非公有制经济要求，体现《刑法修正案（十一）》的修法目的，加大力度惩治民营企业内部发生的侵害民营企业财产的犯罪，《立案追诉标准（二）》对非国家工作人员受贿罪，对非国家工作人员行贿罪，对外国公职人员、国际公共组织官员行贿罪，职务侵占罪，挪用资金罪 5 种非国家工作人员职务犯罪的立案追诉标准，采用与受贿罪、行贿罪、贪污罪、挪用公款罪等国家工作人员职务犯罪相同的入罪标准，对国企民企、内资外资企业、中小微企业等各类市场主体予以同等司法保护，充分体现和落实产权平等保护的时代精神。

（二）关于证券期货犯罪的立案追诉标准

《立案追诉标准（二）》对证券期货犯罪案件的立案追诉标准做了全面修改、补充和完善。一是增加了欺诈发行证券案，违规披露、不披露重要信息案等 8 种案件立案追诉标准中犯罪手段、情节、后果的规定，织密追责法网。二是加大对投资者的保护力度，在擅自发行股票、公司、企业债券案，编造并传播证券、期货交易虚假信息案，诱骗投资者买卖证券、期货合约案等 5 种案件立案追诉标准中增加造成投资者损失行为、诱导投资者交易的情节，并平衡各罪名间的数额标准。三是综合考虑资本市场规模不断扩大，部分犯罪的立案追诉标准已不符合当前执法司法实际以及为行政处罚留下充分的执法空间等因素，适当提高了欺诈发行证券案，违规披露、不披露重要信息案，内幕交易、泄露内幕信息案等 8 种案件立案追诉标准中的数额标准。作出上述修改、补充和完善主要考虑到以下几点：一是经过 30 余年的积累，我国资本市场无论是市场规模还是质量均取得了长足的发展，欺诈发行等证券违法犯罪实际发生的数额已经远远高于原立案追诉标准，适当提高部分立案追诉标准对刑事追诉没有影响，符合我国经济社会发展实际，也符合司法办案实际。二是部分证券违法行为的行政追究起点标准与刑事立案追诉标准较为接近，造成行政违法与刑事犯罪的区分度不高，行政处罚独立适用的空间偏于不足。适度提高部分立案追诉标准是根据违法行为社会危害性程度，合理区分行政处罚与刑事追诉范围的需要。三是利用未公开信息交易罪已被司法解释提高了入罪标准，部分罪名的司法解释即将调整入罪标准，相关罪名的立案追诉标准也应当作出相应调整。四是适度调整部分犯罪的立案追诉标准并坚决严格执行，更能体现中央“从严”的精神和要求。

（三）关于假币犯罪的立案追诉标准

以2000年9月发布的最高人民法院《关于审理伪造货币等案件具体应用法律若干问题的解释》规定的数额标准为基准，2010年《立案追诉标准（二）》对6种假币犯罪的立案追诉标准作了规定。此次修订对走私假币案等5种假币犯罪案件增加“数额减半+行政处罚”式的立案追诉标准，主要是考虑以下几点：一是近年来假币犯罪手段更趋隐蔽，呈家族化、职业化、产业化发展趋势，查处难度大。假币犯罪行为人为了逃避刑事打击，有意控制单次作案现场假币数额以低于立案追诉标准，即使被发现受行政处罚后再犯，也难以进入刑事追诉程序。此次修订紧盯重点人员，新增“数额减半+行政处罚”标准，有利于充分发挥刑罚震慑力，从而更加有效地打击假币犯罪。二是假币数额是影响定罪量刑的重要情节，除此之外，行为人的一贯表现、犯罪方式、犯罪对象等也是体现社会危害性的重要因素。在基准数额基础上，综合考虑有关情节，可以更好地贯彻罪责刑相适应原则。三是借鉴刑事前科制度，明确将受过行政处罚的情况纳入假币犯罪案件立案追诉，在认定假币行为性质、危害程度等方面增加明确的、具有可操作性的证据内容和工作要求，实现行政处罚和刑事处罚的有效衔接，形成打击合力，推动假币源头管控和综合治理，维护国家金融秩序和货币安全。

第二章　帮助恐怖活动犯罪案件立案追诉标准

一、帮助恐怖活动罪的概念和构成要件

（一）概念

帮助恐怖活动罪（《刑法》第 120 条之一第 1 款），是指资助恐怖活动组织、实施恐怖活动的个人，或者资助恐怖活动培训的行为。

1979 年《刑法》、单行刑法和 1997 年《刑法》均没有规定本罪。《刑法修正案（三）》第 4 条增加本罪作为《刑法》第 120 条之一。2002 年 3 月 15 日，最高人民法院、最高人民检察院《关于执行〈中华人民共和国刑法〉确定罪名的补充规定》根据《刑法修正案（三）》第 4 条补充规定了“资助恐怖活动罪”罪名。

2015 年 8 月 29 日第十二届全国人大常委会第十六次会议通过的《刑法修正案（九）》第 6 条对本罪做了修改，增加规定了“资助恐怖活动培训”行为的，也构成该罪。2015 年 10 月 30 日最高人民法院、最高人民检察院《关于执行〈中华人民共和国刑法〉确定罪名的补充规定（六）》根据《刑法修正案（九）》第 6 条规定了“帮助恐怖活动罪”，取消了“资助恐怖活动罪”罪名。

根据《刑法》第 120 条之一规定，帮助恐怖活动罪有两种行为方式：一种是以资助的方式实施帮助行为；另一种是以培训招募、运送人员的方式实施帮助行为。在帮助恐怖活动犯罪案件中，以资助方式实施的帮助行为（《刑法》第 120 条之一第 1 款），由公安机关经济犯罪侦查部门管辖；以培训招募、运送人员方式实施的帮助行为（《刑法》第 120 条之一第 2 款），由公安机关反恐怖部门管辖。为了与《立案追诉标准（二）》保持协调，本书涉及的帮助恐怖活动罪不涉及《刑法》第 120 条之一第 2 款的内容。

（二）构成要件

1. 犯罪客体

本罪侵犯的客体包含国家安全、公共安全和人民生命财产安全。恐怖活动往

往通过暴力、破坏、恐吓等手段，制造社会恐慌、危害公共安全、侵犯人身财产，或者胁迫国家机关、国际组织，以实现其政治、意识形态等目的的主张和行为，具有严重的社会危害性，资助恐怖活动组织、实施恐怖活动的个人，或者资助恐怖活动培训，对国家安全、公共安全和人民生命财产安全具有重大现实危险。

2. 客观方面

本罪的客观方面表现为资助恐怖活动组织、实施恐怖活动的个人，或者资助恐怖活动培训的行为。根据《反恐怖主义法》及相关规定，恐怖活动，是指具有恐怖主义性质的下列行为：（1）组织、策划、准备实施、实施造成或者意图造成人员伤亡、重大财产损失、公共设施损坏、社会秩序混乱等严重社会危害的活动的；（2）宣扬恐怖主义，煽动实施恐怖活动，或者非法持有宣扬恐怖主义的物品，强制他人在公共场所穿戴宣扬恐怖主义的服饰、标志的；（3）组织、领导、参加恐怖活动组织的；（4）为恐怖活动组织、恐怖活动人员、实施恐怖活动或者恐怖活动培训提供信息、资金、物资、劳务、技术、场所等支持、协助、便利的；（5）其他恐怖活动。恐怖活动组织，是指3人以上为实施恐怖活动而组成的犯罪组织。恐怖活动人员，是指实施恐怖活动的人和恐怖活动组织的成员。实施恐怖活动的个人，包括已经实施恐怖活动的个人，也包括准备实施、正在实施恐怖活动的个人；包括在我国领域内实施恐怖活动的个人，也包括在我国领域外实施恐怖活动的个人；包括我国公民，也包括外国公民和无国籍人。资助，是指为恐怖活动组织或者实施恐怖活动的个人筹集、提供经费、物资或者提供场所以及其他物质便利的行为。

根据2018年5月8日最高人民法院、最高人民检察院、公安部、司法部《关于办理恐怖活动和极端主义犯罪案件适用法律若干问题的意见》的规定，以募捐、变卖房产、转移资金等方式为恐怖活动组织、实施恐怖活动的个人、恐怖活动培训筹集、提供经费，或者提供器材、设备、交通工具、武器装备等物资，或者提供其他物质便利的情形，应当以帮助恐怖活动罪定罪处罚。

3. 犯罪主体

本罪的主体是一般主体，包括自然人和单位。外国公民、无国籍人或者境外的机构、组织也可以成为本罪的主体。

4. 主观方面

本罪的主观方面表现为故意，即行为人明知他人进行危害公共安全的恐怖犯罪活动，仍向其提供资金、物资等物质支持，即明知上述资金、物资等全部或部分用于或者将用于实施恐怖活动，仍然资助犯罪分子进行危害公共安全的犯罪活动。在实践中，帮助恐怖活动罪的主观故意，应当根据案件具体情况，结合行为人的具体行为、认知能力、一贯表现和职业等综合认定。

二、帮助恐怖活动罪案立案追诉标准适用指南

《立案追诉标准（二）》第一条规定：

资助恐怖活动组织、实施恐怖活动的个人的，或者资助恐怖活动培训的，应予立案追诉。

本罪案的立案追诉标准沿用了 2010 年《立案追诉标准（二）》的规定，并根据《刑法》修订情况增加了“资助恐怖活动培训”的内容。

在实践中，适用本罪案的立案追诉标准时需要注意以下两方面问题：一是在帮助恐怖活动犯罪案件中，以资助方式实施的帮助行为（《刑法》第 120 条之一第 1 款），由公安机关经济犯罪侦查部门管辖。二是本罪案立案追诉标准涉及的资助行为无数额、数量要求，即行为人只要实施了为恐怖活动组织或者实施恐怖活动的个人筹集、提供经费、物资或者提供场所以及其他物质便利的行为，不论金额大小、数量多少都符合立案追诉标准。

三、认定帮助恐怖活动罪应注意的问题

（一）帮助恐怖活动罪罪与非罪的界限

从主观上看，只有行为人出于故意才构成本罪，过失不构成本罪。但是，如果行为人因受被资助方欺骗，即使行为人主观上存在故意，也不构成本罪。认定帮助恐怖活动罪应满足两个条件：（1）所提供的资金、物资和其他帮助的对象必须是恐怖活动组织、实施恐怖活动的个人或服务于恐怖活动培训，否则不构成本罪；（2）有自愿提供资金、物资、其他帮助或为其筹集资金、物资的行为。

（二）帮助恐怖活动罪与其他犯罪的界限

1. 帮助恐怖活动罪与资助危害国家安全犯罪活动罪的界限

资助危害国家安全犯罪活动罪，是指境内外机构、组织或者个人资助实施背叛国家罪，分裂国家罪，煽动分裂国家罪，武装叛乱、暴乱罪，颠覆国家政权罪，煽动颠覆国家政权罪的行为。

二者的区别主要表现在：（1）行为对象不尽相同。帮助恐怖活动罪的行为对象仅限于恐怖活动组织以及实施恐怖活动的个人；而资助危害国家安全犯罪活动罪的行为对象是任何犯罪组织或者个人。（2）侵犯的客体不同。帮助恐怖活动罪侵犯的客体是国家安全、公共安全和人民生命财产安全；而资助危害国家安全犯罪活动罪侵犯的客体是国家安全，一国的独立政权。

2. 帮助恐怖活动罪与参加恐怖活动组织、实施恐怖活动犯罪的区别

帮助恐怖活动罪的主观故意只是资助恐怖活动组织、实施恐怖活动的个人和恐怖活动培训，而不是作为恐怖活动组织的成员负责筹集资金、物资的活动，也不是直接资助恐怖活动组织或者个人所实施的恐怖犯罪活动，其主观故意与被资助对象的犯罪故意是不一致的。如果行为人与恐怖活动组织或者实施恐怖活动的个人通谋，为其提供物资、资金、账号、证明的，应当按照相关犯罪的共犯定罪处罚。另外，明知是恐怖活动犯罪所得及其产生的收益，为掩饰、隐瞒其来源和性质，而提供资金账户，将财产转换为现金、金融票据、有价证券，通过转账或者其他支付结算方式转移资金，跨境转移资产的，以洗钱罪定罪处罚。

四、帮助恐怖活动罪的处罚

根据《刑法》第120条之一第1款的规定，自然人犯帮助恐怖活动罪的，处5年以下有期徒刑、拘役、管制或者剥夺政治权利，并处罚金；情节严重的，处5年以上有期徒刑，并处罚金或者没收财产。

根据《刑法》第120条之一第3款的规定，单位犯帮助恐怖活动罪的，对单位判处罚金，并对其直接负责的主管人员和其他直接责任人员，依照自然人犯本罪的规定处罚。

第三章 走私假币犯罪案件立案追诉标准

一、走私假币罪的概念和构成要件

（一）概念

走私假币罪，是指违反海关法规和国家金融管理法规，逃避海关监管，明知是伪造的货币而运输、携带、邮寄进出国（边）境的行为。

1979年《刑法》没有单独规定本罪。1988年全国人大常委会《关于惩治走私罪的补充规定》第1条将走私假币的犯罪与走私毒品、武器、弹药的犯罪并列规定。1997年修订刑法时吸收了全国人大常委会《关于惩治走私罪的补充规定》关于走私假币罪的规定，规定在修订后的《刑法》第151条第1款。1997年12月11日最高人民法院《关于执行〈中华人民共和国刑法〉确定罪名的规定》、1997年12月25日最高人民检察院《关于适用刑法分则规定的犯罪的罪名的意见》根据1997年《刑法》第151条第1款规定了“走私假币罪”罪名。

2015年8月29日《刑法修正案（九）》第9条对本罪做了修改，取消了情节特别严重的处“死刑”的规定，修改为“情节特别严重的，处无期徒刑，并处没收财产”。

（二）构成要件

1. 犯罪客体

本罪侵犯的客体是复杂客体，行为人的行为不仅侵害了国家的对外贸易管理制度，同时还侵犯了国家的货币管理秩序。本罪的犯罪对象是伪造的货币。根据历年来《禁止进出境物品表》，伪造的货币属于禁止进境物品。所谓伪造的货币，是指仿照真货币的票面图案、形状、色彩制造出来的假货币。其中的“货币”是指境内外正在流通的以下货币：（1）人民币（含普通纪念币、贵金属纪念币）、港元、澳门元、新台币；（2）其他国家及地区的法定货币。伪造的境外货币数额，折合成人民币计算。

2. 客观方面

本罪的客观方面表现为违反海关法规和国家金融管理法规，逃避海关监管，运输、携带、邮寄伪造的货币进出国（边）境的行为。《海关法》第 82 条规定，违反本法及有关法律、行政法规，逃避海关监管，逃避国家有关进出境的禁止性管理，运输、携带、邮寄国家禁止进出境货物、物品进出境的，是走私行为，尚不构成犯罪的，由海关没收走私货物、物品及违法所得，可以并处罚款；专门或者多次用于掩护走私的货物、物品，专门或者多次用于走私的运输工具，予以没收，藏匿走私货物、物品的特制设备，责令拆毁或者没收；构成犯罪的，依法追究刑事责任。

在实践中，本罪的具体表现形式多种多样，其中多表现为以通关或绕关的方式直接运输、携带或者邮寄伪造的货币进出国（边）境。根据《刑法》第 155 条的规定，直接向走私人非法收购伪造的货币，或者在内海、领海、界河、界湖运输、收购、贩卖伪造的货币的，也应以走私假币罪论处。

3. 犯罪主体

本罪的主体为一般主体，凡是达到刑事责任年龄、具有刑事责任能力的自然人均可构成本罪。单位也可以成为本罪的主体。

4. 主观方面

本罪的主观方面表现为故意，即明知是伪造的货币而运输、携带、邮寄进出国（边）境。过失不构成本罪。如果行为人不知是伪造的货币而运输、携带、邮寄进出国（边）境，并作为真实货币如数进行申报的，因其不具有走私的故意，不构成本罪。根据最高人民法院、最高人民检察院、海关总署《办理走私刑事案件适用法律若干问题的意见》，行为人明知自己的行为违反国家法律法规，逃避海关监管，逃避国家有关进出境的禁止性管理，并且希望或者放任危害结果发生的，应认定为具有走私的主观故意。

走私主观故意中的“明知”是指行为人知道或者应当知道所从事的行为是走私行为。具有下列情形之一的，可以认定为“明知”，但有证据证明确属被蒙骗的除外：（1）逃避海关监管，运输、携带、邮寄国家禁止进出境的货物、物品的；（2）用特制的设备或者运输工具走私货物、物品的；（3）未经海关同意，在非设关的码头、海（河）岸、陆路边境等地点，运输（驳载）、收购或者贩卖非法进出境货物、物品的；（4）曾因同一种走私行为受过刑事处罚或者行政处罚的；（5）其他有证据证明的情形。

二、走私假币罪案立案追诉标准适用指南

《立案追诉标准（二）》第二条规定：

走私伪造的货币，涉嫌下列情形之一的，应予立案追诉：

（一）总面额在二千元以上或者币量在二百张（枚）以上的；

（二）总面额在一千元以上或者币量在一百张（枚）以上，二年内因走私假币受过行政处罚，又走私假币的；

（三）其他走私假币应予追究刑事责任的情形。

在修订立案追诉标准的过程中，为了保证内容的科学性、合理性，我们充分考虑《立案追诉标准（二）》与现有司法解释的衔接、协调问题。

（1）本条第 1 项沿用 2010 年《立案追诉标准（二）》第 2 条的规定。2010 年《立案追诉标准（二）》第 2 条规定："走私伪造的货币，总面额在二千元以上或者币量在二百张（枚）以上的，应予立案追诉。"该规定源于 2000 年 9 月 26 日最高人民法院《关于审理走私刑事案件具体应用法律若干问题的解释》第 2 条第 2 款规定："走私伪造的货币，总面额二千元以上不足二万元或者币量二百张（枚）以上不足二千张（枚）的，属于走私假币罪'情节较轻'……"2014 年 8 月 12 日最高人民法院、最高人民检察院《关于办理走私刑事案件适用法律若干问题的解释》第 6 条第 1 款规定："走私伪造的货币，数额在二千元以上不满二万元，或者数量在二百张（枚）以上不满二千张（枚）的，可以认定为刑法第一百五十一条第一款规定的'情节较轻'。"这些年最高人民法院、最高人民检察院司法解释对该罪入罪的总面额或者币量标准没有作出调整。因此，本次修订，数额数量标准沿用了 2010 年《立案追诉标准（二）》的规定。

总面额是指走私假币面额的总和，如果某行为人走私的货币中既有纸币又有硬币的，应将二者的面额相加。"币量"中的"张"是针对货币中的纸币而言的，"枚"是针对货币中的硬币而言的，如果走私的假币中既包括纸币又包括硬币的，其数量应当相加计算。

（2）本条第 2 项、第 3 项属于新增加的内容。原因在于：走私假币罪是情节犯，"情节较轻"也构成犯罪，仅凭总面额或者币量标准并不能完全契合该罪的犯罪构成要求，这是准确体现该罪的社会危害性，以及适应当前打击防范假币犯罪的实际需要。因此，《立案追诉标准（二）》在原来的基础上增加第 2 项、第 3 项的规定。

第 2 项增加"数额减半+行政处罚"式的立案追诉标准，主要是考虑到假币犯罪多为常业犯，有些行为人为了逃避刑事打击，每次违法行为的数额都略低于

立案追诉标准，这使得大量的假币犯罪无法进入刑事追诉程序。该标准增设的出发点就是为加大对假币犯罪的打击力度。

《立案追诉标准（二）》对其他假币犯罪案件也同样采用了“数额减半+行政处罚”式的立案追诉标准，该项规定涉及的关于具有同类行为被行政处罚过的人降低入罪门槛的问题，相关情况考量有必要在这里予以具体释明。

此次修订假币犯罪案件立案追诉标准规定，具体包括走私假币案，伪造货币案，出售、购买、运输假币案，持有、使用假币案，变造货币案，参照其他司法解释的范例，增加对总面额或者币量达到常规立案追诉数额标准一半以上，2 年内因上述相关假币违法行为受过行政处罚，又有同类假币行为的，应予立案追诉的规定。这里需要特别说明的是，因考虑到金融工作人员一旦具有假币违法劣迹后难以继续在金融机构从业，不大具有再犯的实际可能，所以同属于假币犯罪案件的金融工作人员购买假币、以假币换取货币案没有设置此类规定。

对于多数假币犯罪案件采用上述立案追诉标准规定，是对具有同类假币行为被行政处罚过的人作出降低入罪门槛的规定，主要是考虑到以下几点：

一是假币犯罪是严重危害国家货币信用、金融安全、市场经济秩序、群众切身利益和社会稳定的一类犯罪，历来是我国打击防范的重点。当前受多方面因素的影响，假币犯罪活动仍然持续多发，假币犯罪手段更趋隐蔽，犯罪对象更趋多样化，且呈家族化、职业化、产业化发展趋势，网络化、操作简单、小额假币抬头、边贸跨境交易等特征明显，查处难度大。根据实践中假币违法犯罪分子不少有前科的实际，作为常业犯的假币行为人为了逃避刑事打击，每次实施行为时惯于采取化整为零等分拆方式，有意控制作案现场假币数额以低于立案追诉标准，即使被发现受行政处罚后再犯，也难以进入刑事追诉程序。考虑到此类人员行为隐蔽、反复作案、主观恶性较深、人身危害性更大，行政处罚的惩戒预防功能对其未必能起效。因此，相对于没有受过行政处罚的行为人，在入罪门槛上设置较低的标准，紧盯重点关注人员，回溯倒查相关行政处理等情况，深挖隐案、拓展线索，提升办案效能，以此强化对此类怙恶不悛者的惩治效果，充分发挥刑罚的震慑作用，对假币犯罪保持严打高压态势，更好地贯彻宽严相济刑事司法政策的实际需要，也是依法严厉打击假币违法犯罪，有效防范假币侵害的必然选择。

二是对于假币犯罪而言，除伪造货币罪是行为犯外，走私假币罪，金融工作人员购买假币、以假币换取货币罪以“情节较轻”为入罪条件，出售、购买、运输假币罪，持有、使用假币罪，变造货币罪以“数额较大”为入罪条件。这里的数额其实也是情节的一种，假币数额是影响定罪量刑的重要情节。但除此之外，行为人的一贯表现、犯罪方式、犯罪对象等也应当是体现社会危害性的重要因素。在综合考虑有关情节的基础上，对假币相关行为及“数额较大”“情节较轻”的标准作出特别规定，可以避免“唯数额论”的不足，更好地贯彻罪责刑相适应刑法基本原则和主客观相统一的刑法原理。

三是该规定标准在一定程度上借鉴刑事前科制度，明确将受过特定行政处罚的情况纳入假币犯罪案件立案追诉考量范围，由此在认定假币行为性质、危害程度等方面，增加了更为明确的、可操作的证据内容和工作要求，以期进一步引导和规范假币案件行政、刑事执法取证工作，加强公安机关与人民银行等职能协作配合，促进完善假币犯罪案件证据适用、信息共享、案情通报、案件移送等制度，推进假币违法犯罪监测、预警等执法信息数据化应用，为假币行为人的人身危险性评判，乃至国家金融安全、假币形势评估等方面提供实证依据，最大限度地挤压假币前科劣迹等人员实施违法犯罪活动的空间，有效遏制假币违法和犯罪总量增长，更好地贯彻中共中央《关于全面推进依法治国若干重大问题的决定》，健全行政执法与刑事司法衔接机制，实现行政处罚和刑事处罚无缝对接，切实发挥行政执法与刑事追诉的双向优势，形成打击合力，推动假币源头管控和综合治理，持续强化防范和打击整治力度，切实防范金融风险，维护国家金融秩序和货币安全，保障人民群众合法权益。

在修订过程中有意见提出将曾因假币犯罪“受过刑事处罚的”也列入标准规定。实践中出现了一些曾因假币犯罪被判处刑罚的行为人又实施假币行为的情况，此种情形下，如果后实施的假币行为未达到一般入罪标准的，也采用受过行政处罚的相关规定方式，明确列入立案追诉标准。这在司法解释等法律文件中有过先例，如2013年4月2日最高人民法院、最高人民检察院《关于办理盗窃刑事案件适用法律若干问题的解释》第2条规定，曾因盗窃受过刑事处罚的，盗窃公私财物“数额较大”的标准可以按照一般规定标准的50%确定。

第3项以“其他走私假币应予追究刑事责任的情形”作为兜底性条款，以适应司法实践的需要。

三、认定走私假币罪应注意的问题

（一）走私假币罪罪与非罪的界限

在实践中，认定走私假币罪罪与非罪的界限，主要应从以下两个方面入手：

（1）要考察行为人主观上是否明知是伪造的货币，只有行为人明知是伪造的货币而运输、携带、邮寄进出国（边）境的，才能以本罪论处。如果行为人是替他人携带物品，不知其中有假币的，不能以本罪论处；如果行为人携带了大量货币，不知是假币，但没有按规定如实申报的，也不能以本罪论处。对于这些行为，如果构成走私普通货物、物品罪等其他犯罪的，应依法追究其刑事责任；

如果不构成犯罪的，应依法给予行政处罚。

(2) 要看走私数量。按照《刑法》第151条第1款的字面含义，构成走私假币罪并没有数额的要求。但是在司法实践中，如果走私数量很小，且综合全案看属于情节显著轻微、危害不大，根据《刑法》第13条但书的规定，可以不认为是犯罪，作为一般违法行为处理。衡量走私数量的标准，依据《立案追诉标准（二）》的规定。

在实践中，对走私变造货币的行为能否按走私假币罪处理有不同意见。所谓变造的货币，是指以真货币为基础，采用剪贴、挖补、揭层、涂改、移位、重印等方法加工处理，改变真货币形态、价值，非法制作的货币。走私变造货币的行为虽在实践中发生较少，但也具有社会危害性。由于《刑法》对此行为没有专设规定，而且《刑法》中对伪造货币和变造货币分别作了规定，且设置了差别较大的法定刑。因此，一般情况下不宜从广义上认为变造货币就是属于伪造货币的行为，进而将走私变造货币行为按走私假币罪处理；若走私变造货币行为涉及数量大等情形，具有相当社会危害性，构成走私国家禁止进出口的货物、物品罪或其他犯罪的，应当依照刑法有关规定追究刑事责任。

（二）走私假币罪与相关犯罪的界限

1. 走私假币罪与走私普通货物、物品罪的界限

走私普通货物、物品罪，是指违反海关管理法规，逃避海关监管，走私《刑法》第151条（走私武器、弹药罪，走私核材料罪，走私假币罪，走私文物罪，走私贵重金属罪，走私珍贵动物、珍贵动物制品罪，走私国家禁止进出口的货物、物品罪）、第152条（走私淫秽物品罪，走私废物罪）、第347条（走私毒品罪）规定以外的货物、物品，偷逃应缴税额较大或者1年内曾因走私被给予二次行政处罚后又走私的行为。

走私假币罪与走私普通货物、物品罪同属走私犯罪，其主体都是一般主体，且均可以由自然人和单位构成；主观方面都是出于故意，其行为都触犯了海关管理法规，表现为逃避海关监管的行为。二者的主要区别：（1）犯罪对象不同。走私假币罪的犯罪对象是伪造的货币；而走私普通货物、物品罪的犯罪对象则是《刑法》第151条、第152条、第347条规定以外的货物、物品。（2）数量要求不同。《刑法》对走私假币罪没有明确规定定罪量刑的数量标准，《立案追诉标准（二）》和有关司法解释根据实际情况及《刑法》第13条规定的原则，规定了具体的数量标准，体现了从严精神；而走私普通货物、物品罪则是由《刑法修正案（八）》第27条对《刑法》第153条第1款原条文做了修改，其中将1年内曾因走私被给予二次行政处罚后又走私的行为规定为犯罪，同时将“偷逃应缴

税额在五万元以上不满十五万元”改为“偷逃应缴税额较大”。最高人民法院、最高人民检察院《关于办理走私刑事案件适用法律若干问题的解释》第 16 条、第 24 条已分别对走私普通货物、物品罪的个人和单位入罪标准规定为偷逃应缴税额 10 万元、20 万元，即个人偷逃应缴税额达到 10 万元以上的，以及单位偷逃应缴税额达到 20 万元以上的，才按犯罪处理。

2. 走私假币罪与伪造货币罪的界限

伪造货币罪，是指仿照真货币的图案、形状、色彩等特征非法制造假币，冒充真币的行为。

二者均侵犯了国家金融管理秩序，主观方面均出于故意。二者的主要区别有以下几点：(1) 侵犯的客体不尽相同。走私假币罪不仅侵犯了我国的货币管理秩序，还侵犯了我国的对外贸易管理制度，属于双重客体；而伪造货币罪侵犯的客体只是我国的货币管理秩序。(2) 犯罪对象不同。走私假币罪的犯罪对象是伪造的货币；而伪造货币罪的犯罪对象是货币。(3) 犯罪主体不同。走私假币罪的犯罪主体既可以是自然人，也可以是单位；而伪造货币罪只能由自然人构成。(4) 客观方面表现不同。走私假币罪表现为违反海关法规和国家金融管理法规，逃避海关监管，运输、携带、邮寄伪造的货币进出国（边）境的行为；而伪造货币罪表现为仿照真货币的图案、形状、色彩等特征非法制造假币，冒充真币的行为。

3. 走私假币罪与出售、购买、运输假币罪的界限

出售、购买、运输假币罪，是指出售、购买伪造的货币或者明知是伪造的货币而运输，数额较大的行为。

走私假币罪与出售、购买、运输假币罪均属于侵害国家金融管理秩序的行为，其犯罪对象均为伪造的货币，主观上均表现为故意。二者的主要区别是：(1) 犯罪客体不同。走私假币罪不仅侵犯了我国的货币管理秩序，还侵犯了我国的对外贸易管理制度；而出售、购买、运输假币罪所侵犯的客体是我国的货币管理秩序。(2) 犯罪主体有所不同。走私假币罪的犯罪主体既可以是自然人，也可以是单位；而出售、购买、运输假币罪的主体只能是自然人。(3) 客观方面表现不同。走私假币罪表现为违反海关法规和国家金融管理法规，逃避海关监管，运输、携带、邮寄伪造的货币进出国（边）境的行为；而出售、购买、运输假币罪表现为在我国境内出售、购买、运输伪造的货币的行为。(4) 犯罪数额的要求不同。《刑法》对走私假币罪没有数额要求；对出售、购买、运输假币罪，《刑法》明确规定只有达到数额较大或者有其他数额的，才能构成犯罪。《立案追诉标准（二）》对二者的规定相应地也有所不同。

4. 走私假币罪与持有、使用假币罪的界限

持有、使用假币罪，是指明知是伪造的货币而持有、使用，数额较大的行为。

走私假币罪与持有、使用假币罪均侵害了国家金融管理秩序，犯罪对象均为伪造的货币，主观方面均表现为故意，犯罪主体均为一般主体。二者的主要区别是：（1）犯罪客体不同。走私假币罪不仅侵犯了我国的货币管理秩序，还侵犯了我国的对外贸易管理制度；而持有、使用假币罪侵犯的是我国的货币管理秩序。（2）犯罪主体不同。走私假币罪的主体既可以是自然人，也可以是单位；而持有、使用假币罪的主体只能是自然人。（3）客观方面表现不同。走私假币罪表现为违反海关法规和国家金融管理法规，逃避海关监管，运输、携带、邮寄伪造的货币进出国（边）境的行为；而持有、使用假币罪表现为持有、使用伪造的货币，数额较大的行为。持有，是指违反国家有关规定，故意非法保存、携带或者传递伪造的货币。使用，是指明知是伪造的货币而出于各种目的，将其以真货币的名义进行支付、汇兑、储蓄等方式使用的行为。（4）对犯罪数额要求不同。走私假币罪没有数额较大的要求，只要实施了走私伪造的货币的行为，达到《立案追诉标准（二）》规定的条件，即应依法追究刑事责任；而持有、使用伪造的货币行为只有达到数额较大的，才构成犯罪，否则只可作为一般违法行为予以处罚，不能按犯罪处理。

四、走私假币罪的处罚

根据《刑法》第 151 条第 1 款、第 4 款的规定，自然人犯走私假币罪的，处 7 年以上有期徒刑，并处罚金或者没收财产；情节特别严重的，处无期徒刑，并处没收财产；情节较轻的，处 3 年以上 7 年以下有期徒刑，并处罚金。

最高人民法院、最高人民检察院《关于办理走私刑事案件适用法律若干问题的解释》第 6 条第 2 款、第 3 款规定：“具有下列情形之一的，依照刑法第一百五十一条第一款的规定处七年以上有期徒刑，并处罚金或者没收财产：（一）走私数额在二万元以上不满二十万元，或者数量在二千张（枚）以上不满二万张（枚）的；（二）走私数额或者数量达到第一款规定的标准，且具有走私的伪造货币流入市场等情节的。具有下列情形之一的，应当认定为刑法第一百五十一条第一款规定的‘情节特别严重’：（一）走私数额在二十万元以上，或者数量在二万张（枚）以上的；（二）走私数额或者数量达到第二款第一项规定的标准，且属于犯罪集团的首要分子，使用特种车辆从事走私活动，或者走私的伪造货币流入市场等情形的。”

根据《刑法》第 151 条第 4 款的规定，单位犯走私假币罪的，对单位判处罚金，并对其直接负责的主管人员和其他直接责任人员，依照自然人犯本罪的规定处罚。

第四章　妨害对公司、企业的管理秩序犯罪案件立案追诉标准

第一节　虚报注册资本案

一、虚报注册资本罪的概念和构成要件

（一）概念

虚报注册资本罪，是指申请公司登记使用虚假证明文件或者采取其他欺诈手段虚报注册资本，欺骗公司登记主管部门，取得公司登记，虚报注册资本数额巨大、后果严重或者有其他严重情节的行为。

1979 年《刑法》没有规定虚报注册资本罪。1995 年全国人大常委会《关于惩治违反公司法的犯罪的决定》增设本罪。该决定第 1 条规定："申请公司登记的人使用虚假证明文件或者采取其他欺诈手段虚报注册资本，欺骗公司登记主管部门，取得公司登记，虚报注册资本数额巨大、后果严重或者有其他严重情节的，处三年以下有期徒刑或者拘役，可以并处虚报注册资本金额百分之十以下罚金。申请公司登记的单位犯前款罪的，对单位判处虚报注册资本金额百分之十以下罚金，并对直接负责的主管人员和其他直接责任人员，依照前款的规定，处三年以下有期徒刑或者拘役。"1997 年修订《刑法》时吸收了上述规定内容，并做了补充完善。1997 年最高人民法院《关于执行〈中华人民共和国刑法〉确定罪名的规定》、1997 年最高人民检察院《关于适用刑法分则规定的犯罪的罪名的意见》根据 1997 年《刑法》第 158 条规定了"虚报注册资本罪"罪名。

（二）构成要件

1. 犯罪客体

本罪侵犯的客体是公司登记管理制度。公司登记是公司成立的必经法律程序。《公司法》第 6 条规定："设立公司，应当依法向公司登记机关申请设立登

记。符合本法规定的设立条件的，由公司登记机关分别登记为有限责任公司或者股份有限公司；不符合本法规定的设立条件的，不得登记为有限责任公司或者股份有限公司。法律、行政法规规定设立公司必须报经批准的，应当在公司登记前依法办理批准手续。公众可以向公司登记机关申请查询公司登记事项，公司登记机关应当提供查询服务。”《市场主体登记管理条例》第3条规定：“市场主体应当依照本条例办理登记。未经登记，不得以市场主体名义从事经营活动。法律、行政法规规定无需办理登记的除外。市场主体登记包括设立登记、变更登记和注销登记。”第8条第1款规定：“市场主体的一般登记事项包括：（一）名称；（二）主体类型；（三）经营范围；（四）住所或者主要经营场所；（五）注册资本或者出资额；（六）法定代表人、执行事务合伙人或者负责人姓名。”第9条规定：“市场主体的下列事项应当向登记机关办理备案：（一）章程或者合伙协议；（二）经营期限或者合伙期限；（三）有限责任公司股东或者股份有限公司发起人认缴的出资数额，合伙企业合伙人认缴或者实际缴付的出资数额、缴付期限和出资方式；（四）公司董事、监事、高级管理人员；（五）农民专业合作社（联合社）成员；（六）参加经营的个体工商户家庭成员姓名；（七）市场主体登记联络员、外商投资企业法律文件送达接受人；（八）公司、合伙企业等市场主体受益所有人相关信息；（九）法律、行政法规规定的其他事项。”

建立具有中国特色的公司登记管理制度，是社会主义市场经济发展的客观要求，是建立现代企业制度的重要内容。公司登记是公司成立的必经法律程序，必须符合相应的条件和要求。违法办理公司登记的，依法追究相应的法律责任。《刑法》第158条将“申请公司登记使用虚假证明文件或者采取其他欺诈手段虚报注册资本，欺骗公司登记主管部门，取得公司登记，虚报注册资本数额巨大、后果严重或者有其他严重情节的”行为作为犯罪加以惩处，不仅有利于进一步依法规范公司登记管理制度，也有利于保障市场经济条件下参与经济活动的特定主体具备一定的资格，以维护市场经济的规范化。

2. 客观方面

本罪的客观方面主要表现为两点：一是行为人在申请注册登记法律、行政法规以及国务院决定明确规定实行注册资本实缴登记制的公司时，实施了使用虚假证明文件或者采取其他欺诈手段虚报注册资本，欺骗公司登记主管部门的行为；二是行为人必须取得了公司登记，而且虚报注册资本数额巨大、后果严重或者有其他严重情节。

这里所说的证明文件主要是指依法设立的会计师事务所和审计师事务所等法定验资机构依法对申请公司登记的人的出资所出具的验资报告、资产评估报告、验资证明等材料。公司登记主管部门是指市场监督管理部门。除使用虚假证明文件以外，采取其他欺诈手段主要是指采取使用虚假证明文件以外的欺诈手段虚报注册资本，或者采用其他隐瞒事实真相的方法欺骗公司登记主管部门的行为。例如，《公司法》第27条规定："股东可以用货币出资，也可以用实物、知识产权、土地使用权等可以用货币估价并可以依法转让的非货币财产作价出资；但是，法律、行政法规规定不得作为出资的财产除外。对作为出资的非货币财产应当评估作价，核实财产，不得高估或者低估作价。法律、行政法规对评估作价有规定的，从其规定。"如果行为人采取弄虚作假手段，隐瞒事实真相，使得评估作价机构对其作价出资的非货币财产价值认识错误，骗取公司登记，就属于采取其他欺诈手段的情况。

3. 犯罪主体

本罪的主体属于特殊主体，必须是申请公司登记的个人或者单位。根据全国人大常委会《关于〈中华人民共和国刑法〉第一百五十八条、第一百五十九条的解释》，这里的公司限定于依法实行注册资本实缴登记制的公司。根据国务院2014年印发的《注册资本登记制度改革方案》规定，现行法律、行政法规以及国务院决定明确规定实行注册资本实缴登记制的公司包括：银行业金融机构、证券公司、期货公司、基金管理公司、保险公司、保险专业代理机构和保险经纪人、直销企业、对外劳务合作企业、融资性担保公司、募集设立的股份有限公司，以及劳务派遣企业、典当行、保险资产管理公司、小额贷款公司等。

单位构成本罪的，必须是单位决策机构作出决议，以决议的形式体现单位意志，在单位意志的直接支配下实施犯罪行为，即不是以个人名义而是代表一个单位去申请登记。例如，在股份有限公司中，由股东大会或者董事会作出虚报注册资本的决议，由公司直接负责的主管人员和其他直接责任人员具体实施的，构成单位犯罪。

4. 主观方面

本罪的主观方面表现为直接故意，即行为人明知公司实缴注册资本未达到特定行业注册资本最低限额而虚报或者夸大注册资本数额。过失不构成本罪。如果由于经办人更换、粗心大意或者业务不熟而过失致注册资本数额与实有资本数额不符的，即使客观上造成了一定的危害后果，也不应当以虚报注册资本罪论处。

二、虚报注册资本罪案立案追诉标准适用指南

《立案追诉标准（二）》第三条规定：

申请公司登记使用虚假证明文件或者采取其他欺诈手段虚报注册资本，欺骗公司登记主管部门，取得公司登记，涉嫌下列情形之一的，应予

立案追诉：

（一）法定注册资本最低限额在六百万元以下，虚报数额占其应缴出资数额百分之六十以上的；

（二）法定注册资本最低限额超过六百万元，虚报数额占其应缴出资数额百分之三十以上的；

（三）造成投资者或者其他债权人直接经济损失累计数额在五十万元以上的；

（四）虽未达到上述数额标准，但具有下列情形之一的：

1. 二年内因虚报注册资本受过二次以上行政处罚，又虚报注册资本的；

2. 向公司登记主管人员行贿的；

3. 为进行违法活动而注册的。

（五）其他后果严重或者有其他严重情节的情形。

本条只适用于依法实行注册资本实缴登记制的公司。

公司是最重要的市场主体，公司法是社会主义市场经济制度的基础性法律。我国现行公司法于1993年制定，1999年、2004年对个别条款进行了修改，2005年进行了全面修订，2013年、2018年又对公司资本制度相关问题做了两次重要修改。其中，2013年的修改重点就是将注册资本由实缴登记制改为认缴登记制，放宽注册资本登记条件，降低公司设立门槛，为我国推行注册资本登记制度改革提供法律保障，同时为提倡和鼓励创业提供制度支撑。具体而言，2013年公司法修改主要涉及三个方面：一是将注册资本实缴登记制改为认缴登记制。也就是说，除了另有规定的情况之外，取消了关于公司股东应当在公司成立之后2年内缴足出资，投资公司可以在5年内缴足出资的规定，取消了1人有限公司的股东应当1次足额缴纳出资的规定，公司股东可以自主约定认缴出资额、出资方式、出资期限等，并记载于公司的章程。二是公司法放宽了注册资本登记条件，除了法律、行政法规以及国务院决定对公司注册资本最低限额另有规定的情况之外，取消了有限责任公司最低注册资本3万元，1人有限责任公司最低注册资本10万元，股份有限公司最低注册资本500万元的限制。不再限制公司设立时股东的首次出资比例，也不再限制股东的货币出资比例。三是简化登记事项和登记文件，有限责任公司股东认缴出资额、公司实收资本不再是公司的登记事项。公司登记时不需要提交验资报告。

由于《公司法》和《刑法》在部分条款内容方面存在着紧密的联动性，《公司法》的修改直接影响着刑法相关罪名的具体适用，对于该罪名的立案追诉标准也需要进行相应的调整。就本罪而言，2010年《立案追诉标准（二）》对2001年《追诉标准》的修改主要是围绕2005年公司法的修订内容，本次立案追诉标准的修订同样基于2013年公司法关于注册资本登记制度改革的相关内容对2010年《立案追诉标准（二）》进行调整。

此外，修订过程中有建议进一步明确实缴登记制公司范围，由于国务院改革方案对暂不实行注册资本认缴登记制的行业已有明确规定，并且采用列举式易于导致今后在范围增减出现变化时存在适用问题，经研究认为无须作详细规定，在《立案追诉标准（二）》第3条最后增加一款“本条只适用于依法实行注册资本实缴登记制的公司”。

《立案追诉标准（二）》第3条规定，申请公司登记使用虚假证明文件或者采取其他欺诈手段虚报注册资本，欺骗公司登记主管部门，取得公司登记，涉嫌下列情形之一的，应予立案追诉：

（1）法定注册资本最低限额在600万元以下，虚报数额占其应缴出资数额60%以上的。

（2）法定注册资本最低限额超过600万元，虚报数额占其应缴出资数额30%以上的。

2001年《追诉标准》对于实缴注册资本不足法定注册资本最低限额，采取了相对数额标准，有限责任公司虚报数额占法定最低限额的60%以上，股份有限公司虚报数额占法定最低限额的30%以上，应予立案追诉；对于实缴注册资本达到法定最低限额，但仍虚报注册资本，采取了绝对数额标准，有限责任公司虚报数额在100万元以上，股份有限公司虚报数额在1000万元以上，应予立案追诉。2010年《立案追诉标准（二）》考虑到当时公司法出资要求的调整，为避免打击面过于扩大，采取了绝对数额与相对数额并用的标准，提高了通过刑事手段规制此类行为的门槛，并规定超过法定出资期限，实缴注册资本不足法定注册资本最低限额，有限责任公司虚报数额在30万元以上并占其应缴出资数额60%以上的，股份有限公司虚报数额在300万元以上并占其应缴出资数额30%以上的，应予立案追诉；超过法定出资期限，实缴注册资本达到法定注册资本最低限额，但仍虚报注册资本，有限责任公司虚报数额在100万元以上并占其应缴出资数额60%以上的，股份有限公司虚报数额在1000万元以上并占其应缴出资数额30%以上的，应予立案追诉。

本次立案追诉标准修改，考虑到当前公司法已经取消了有限责任公司和股份有限公司关于最低注册资本的限制，除法律、行政法规以及国务院决定对公司注册资本实缴、注册资本最低限额另有规定的以外，有限责任公司的注册资本为在公司登记机关登记的全体股东认缴的出资额，采取发起设立方式设立的股份有限公司的注册资本为在公司登记机关登记的全体发起人认购的股本总额，采取募集方式设立的股份有限公司的注册资本为在公司登记机关登记的实收股本总额。因此，无须再从立法条文上对有限责任公司和股份有限公司进行区分。此外，由于法律对不同公司实缴注册资本的数额规定差异较大，根据法定注册资本最低限额，对依法实行注册资本实缴登记制的公司进行适当区分，分别设置不同的比例并且不再进行数额的限制，能够更好地平衡打击和保护。

根据《注册资本登记制度改革方案》，暂不实行注册资本认缴登记制的27类行业中，法定注册资本最低限额较低的主要有9类，分别是：农村资金互助社，在乡（镇）设立的注册资本不低于30万元，在行政村设立的注册资本不低于10万元；贷款公司50万元；村镇银行100万元；农村信用合作联社100万元；劳务派遣企业200万元；典当行300万元；融资性担保公司500万元；对外劳务合作企业600万元；小额贷款公司500万元（有限责任公司）或者1000万元（股份有限公司）。其他18类行业法定注册资本最低限额除货币经纪公司为2000万元以外，其余均不低于1亿元。综合上述不同行业法定注册资本最低限额，本次修订以600万元作为区分标准，法定注册资本最低限额在600万元以下，“数额巨大”的标准为虚报数额占其应缴出资数额60%以上；法定注册资本最低限额超过600万元，“数额巨大”的标准为虚报数额占其应缴出资数额30%以上。之所以作出上述设计，主要是考虑到法定注册资本最低限额和虚报比例的相当性。法定注册资本最低限额在600万元以下的，设置60%以上的虚报比例；法定注册资本最低限额超过600万元的，除小额贷款公司（股份有限公司）以外，法定注册资本最低限额为2000万元，设置30%的虚报数额为600万元。比较特殊的是小额贷款公司，其法定注册资本最低限额存在500万元（有限责任公司）或者1000万元（股份有限公司）之分，最低限额500万元适用60%的比例设置为300万元，最低限度1000万元适用30%的比例设置为300万元，二者同样具有相当性。

（3）造成投资者或者其他债权人直接经济损失累计数额在50万元以上的。虚报注册资本行为往往会使有关单位或者个人在与该公司发生经济交往过程中对该公司的资信情况产生误解，并因此遭受各种损失。当相关投资人或者其他债权人因为虚报注册资本行为受到的直接经济损失数额累计达到一定数额时，应当认定为后果严重，依法追究虚报注册资本行为人的刑事责任。其中，直接经济损失一般是指与行为有直接因果关系而造成的财产损毁、减少的实际价值。关于造成损失数额的标准，2001年《追诉标准》规定虚报注册资本给投资者或者其他债权人造成的直接经济损失累计数额在10万元以上的，应予立案追诉。2010年《立案追诉标准（二）》沿用了2001年《追诉标准》的规定。本次修订根据经济形势的发展以及考虑到与其他类似规定相一致，提高5倍至50万元。

（4）虽未达到上述数额标准，但具有下列情形之一的：二年内因虚报注册资本受过二次以上行政处罚，又虚报注册资本的；向公司登记主管人员行贿的；为进行违法活动而注册的。虽未达到上述数额标准，是指虚报数额或者造成损失数额接近上述数额标准且已达到该数额的 80%以上。虚报数额或者造成损失数额虽未达到前三项数额标准，但是具有情节严重或者性质恶劣的情形，仍然应当立案追诉。

2001 年《追诉标准》规定的虽未达到上述数额标准但仍应立案追诉的情形主要有两个：一是因虚报注册资本，受过行政处罚二次以上，又虚报注册资本的；二是向公司登记主管人员行贿或者注册后进行违法活动的。2010 年《立案追诉标准（二）》增加了“两年内”的限定，以便控制刑事打击面，并且将 2001 年《追诉标准》中“向公司登记主管人员行贿或者注册后进行违法活动的”中的“注册后进行违法活动的”修改为“为进行违法活动而注册的”，与“向公司登记主管人员行贿的”分列表述。本次立案追诉标准修订对于本项内容仅做文字修改，将“两年内因虚报注册资本受过行政处罚二次以上”修改为“二年内因虚报注册资本受过二次以上行政处罚”，以与其他法律规范表述相一致。

一方面，行为人二年内因虚报注册资本受过二次以上行政处罚，又实施虚报注册资本行为，属于屡教不改，其主观恶性大，即使其所虚报的注册资本数额没有达到上述标准，也应该依法追究刑事责任。另一方面，虚报注册资本本身已是违法行为，如果为了达到骗取登记的目的而向公司登记主管人员行贿，或者为进行违法活动而虚报注册公司，则其影响更为恶劣，较一般的虚报注册资本行为在数额要求方面应予适当降低。

（5）其他后果严重或者有其他严重情节的情形。

以上 4 项规定，第 1、2 项是从虚报注册资本“数额巨大”的角度所作的规定，第 3 项是从“后果严重”的角度所作的规定，第 4 项是从“其他严重情节”的角度所作的规定。本项规定系兜底性条款，为避免挂一漏万的情况出现，沿用了 2010 年《立案追诉标准（二）》的表述。

三、认定虚报注册资本罪应注意的问题

（一）虚报注册资本罪罪与非罪的界限

实行注册资本实缴登记制的公司虚报注册资本取得市场主体登记的，只有达到“数额巨大、后果严重或者有其他严重情节”的程度，才需要由刑法进行调整，否则由市场监督管理部门进行行政处罚。例如，《公司法》第 198 条规定：“违反本法规定，虚报注册资本、提交虚假材料或者采取其他欺诈手段隐瞒重要事实取得公司登记的，由公司登记机关责令改正，对虚报注册资本的公司，处以

虚报注册资本金额百分之五以上百分之十五以下的罚款；对提交虚假材料或者采取其他欺诈手段隐瞒重要事实的公司，处以五万元以上五十万元以下的罚款；情节严重的，撤销公司登记或者吊销营业执照。”又如，《市场主体登记管理条例》第45、51条规定，实行注册资本实缴登记制的市场主体虚报注册资本取得市场主体登记的，由登记机关责令改正，处虚报注册资本金额5%以上15%以下的罚款；情节严重的，吊销营业执照；构成犯罪的，依法追究刑事责任。

（二）虚报注册资本罪与其他犯罪的界限

行为人无论是使用虚假证明文件还是采取其他诈骗手段，其目的都是通过虚报注册资本来欺骗公司登记主管机关。如果行为人使用虚假证明文件或是采取其他诈骗手段是为了夸大公司员工人数或者生产经营条件、虚构生产经营场所等，与虚报注册资本无关，则不构成本罪。此外，如果行为人使用虚假证明文件或是采取其他诈骗手段，并不是去骗取公司登记主管机关的登记，而是为了骗取另一方当事人签订经济合同或者骗取钱财，也不构成本罪，而应当依照刑法其他有关规定进行处罚。

还需要注意的是，在实践中行为人除实施虚报注册资本的行为以外，还存在通过伪造、变造、买卖国家机关公文、证件、印章的手段以达到其骗取公司登记的目的。这涉及虚报注册资本罪与伪造、变造、买卖国家机关公文、证件、印章罪以及伪造公司、企业、事业单位、人民团体印章罪等罪的牵连关系，依照牵连犯的处理原则择一重罪处罚。

四、虚报注册资本罪的处罚

根据《刑法》第158条第1款的规定，自然人犯虚报注册资本罪的，处3年以下有期徒刑或者拘役，并处或者单处虚报注册资本金额1%以上5%以下罚金。

根据《刑法》第158条第2款的规定，单位犯虚报注册资本罪的，对单位判处罚金，并对其直接负责的主管人员和其他直接责任人员，处3年以下有期徒刑或者拘役。

第二节 虚假出资、抽逃出资案

一、虚假出资、抽逃出资罪的概念和构成要件

（一）概念

虚假出资、抽逃出资罪，是指公司发起人、股东违反公司法的规定未交付货

币、实物或者未转移财产权，虚假出资，或者在公司成立后又抽逃其出资，数额巨大、后果严重或者有其他严重情节的行为。

1979年《刑法》没有规定虚假出资、抽逃出资罪，1995年2月28日全国人大常委会《关于惩治违反公司法的犯罪的决定》增设了本罪。该决定第2条规定："公司发起人、股东违反公司法的规定未交付货币、实物或者未转移财产权，虚假出资，或者在公司成立后又抽逃其出资，数额巨大、后果严重或者有其他严重情节的，处五年以下有期徒刑或者拘役，可以并处虚假出资金额或者抽逃出资金额百分之十以下罚金。单位犯前款罪的，对单位判处虚假出资金额或者抽逃出资金额百分之十以下罚金，并对直接负责的主管人员和其他直接责任人员，依照前款的规定，处五年以下有期徒刑或者拘役。"1997年修订《刑法》时完全吸收了上述规定内容，并对本罪的罚金及标准问题做了补充完善：一是明确规定对个人犯本罪可以单处罚金；二是明确规定了个人罚金幅度的上下限，即出资金额的2%以上10%以下；三是取消了单位犯本罪判处罚金幅度的限制。1997年12月11日最高人民法院《关于执行〈中华人民共和国刑法〉确定罪名的规定》、1997年12月25日最高人民检察院《关于适用刑法分则规定的犯罪的罪名的意见》根据1997年《刑法》第159条规定了"虚假出资、抽逃出资罪"罪名。

（二）构成要件

1. 犯罪客体

本罪侵犯的客体是国家市场管理制度和公司及其他发起人、股东和债权人的合法权益。对于实行注册资本实缴登记制的公司，法律明确要求公司的注册资本必须由股东（发起人）按规定期限实缴到位，并经依法设立的验资机构出具验资证明文件后向登记机关申请登记。如果行为人实施了虚假出资、抽逃出资行为，势必损害公司及其他发起人、股东和债权人的合法权益，并对社会公众利益造成危害，影响到交易秩序的正常进行。

2. 客观方面

本罪的客观方面表现为行为人实施了违反公司法的规定，未交付货币、实物或者未转移财产权，虚假出资，或者在公司成立后又抽逃其出资，数额巨大、后果严重或者有其他严重情节的行为。

违反公司法的规定，是指违反了公司法以及法律、行政法规和国务院决定中明确要求实行注册资本实缴登记制的规定。2014年《注册资本登记制度改革方案》中规定："现行法律、行政法规以及国务院决定明确规定实行注册资本实缴登记制的银行业金融机构、证券公司、期货公司、基金管理公司、保险公司、保险专业代理机构和保险经纪人、直销企业、对外劳务合作企业、融资性担保公司、募集设立的股份有限公司，以及劳务派遣企业、典当行、保险资产管理公司、小额贷款公司实行注册资本认缴登记制问题，另行研究决定。在法律、行政法规以及国务院决定未修改前，暂按现行规定执行。”例如，《商业银行法》第13条第1款规定：“设立全国性商业银行的注册资本最低限额为十亿元人民币。设立城市商业银行的注册资本最低限额为一亿元人民币，设立农村商业银行的注册资本最低限额为五千万元人民币。注册资本应当是实缴资本。”又如，《证券法》第121条第1款规定：“证券公司经营本法第一百二十条第一款第（一）项至第（三）项业务的，注册资本最低限额为人民币五千万元；经营第（四）项至第（八）项业务之一的，注册资本最低限额为人民币一亿元；经营第（四）项至第（八）项业务中两项以上的，注册资本最低限额为人民币五亿元。证券公司的注册资本应当是实缴资本。”因此，设立实行注册资本实缴登记制的公司应当足额缴纳注册资本，具体而言：（1）有限责任公司股东应当按期足额缴纳公司章程中规定的各自所认缴的出资额。股东以货币出资的，应当将货币出资足额存入有限责任公司在银行开设的账户；以非货币财产出资的，应当依法办理其财产权的转移手续。（2）以发起设立方式设立的股份有限公司，发起人应当书面认足公司章程规定其认购的股份，并按照公司章程规定缴纳出资。以非货币财产出资的，应当依法办理其财产权的转移手续。（3）以募集设立方式设立的股份有限公司，发起人认购的股份不得少于公司股份总数的35%，但是法律、行政法规另有规定的从其规定。

未交付货币，是指没有按照规定交付其所认缴的出资额，或者根本就没有交付任何货币。货币不仅指人民币，还包括可以兑换和流通的境外货币和外国货币。未交付实物，是指公司发起人或者股东以实物出资时，在对实物进行验资后，未将实物之一部分或者全部交予公司。未转移财产权，是指公司发起人或者股东在以实物、工业产权、非专利技术、土地使用权等特定财产作为出资的情况下，在对上述财产进行验资后，公司发起人或者股东并未办理财产权变更登记手续和土地使用权转移手续，即上述登记财产的所有权人或使用权人仍为公司发起人或者股东，而未变更为公司财产。

虚假出资，是指对以实物、工业产权、非专利技术、土地使用权等特定财产作为出资的，在评估作价时故意高估或者低估作价，然后再作为出资等情况。实践中最为常见的就是对个人或者非国有资产作为出资额时高估作价，而对国有资产故意低估作价。上述行为不仅损害了国家和社会公众的利益，也是一种虚假出资的行为。

公司成立后又抽逃出资，是指公司发起人、股东在公司成立后从公司内部转移出自己部分或者全部的出资额。一般包括两种情况：一是为达到设立公司的目的，通过向其他企业借款或者向银行贷款等手段取得资金作为自己的出资，待公司登记成立后又抽回这些资金；二是在公司设立时依法缴纳了自己的出资，但当公司成立后又将其出资撤回。

3. 犯罪主体

本罪的主体是特殊主体，只有公司发起人、股东才能构成本罪。根据全国人大常委会《关于〈中华人民共和国刑法〉第一百五十八条、第一百五十九条的解释》，这里的公司限定于依法实行注册资本实缴登记制的公司。

公司发起人，是指依法创立筹办股份有限公司的人。根据《公司法》第78、79条的规定，设立股份有限公司，应当有2人以上200人以下为发起人，其中须有半数以上的发起人在中国境内有住所；发起人承担公司筹办事务，并应当签订发起人协议，明确各自在公司设立过程中的权利和义务。公司股东，是指公司的出资人，包括有限责任公司的股东和股份有限公司的股东。具体而言，有限责任公司的股东，是指在公司成立时向公司投入资金或在公司存续期间依法继受取得股权而享有权利和承担义务的人；股份有限公司的股东，是指在公司成立时或在公司成立后合法取得公司股份并对公司享有权利和承担义务的人。需要说明的是，发起人与股东是两个既有联系又有区别的概念。发起人是公司当然的股东，而公司的股东却并不以发起人为限。除发起人外，任何在公司设立阶段和公司成立后认购或受让公司股份的人都可以成为公司的股东。

本罪的主体可以是自然人，也可以是单位。单位作为股份有限公司的发起人、股东或者有限责任公司的股东，如果有虚假出资、抽逃出资行为的，也应依法追究其刑事责任。

4. 主观方面

本罪的主观方面表现为故意，即行为人明知自己的行为会造成虚假出资、抽逃出资的结果仍实施该行为。行为人虚假出资、抽逃出资可能出于各种各样的动机，如只愿收取分红不愿冒风险而虚假出资，或应人之邀将资金投入一段时间，待公司成立后再抽走资金，或看到公司经营状况不好为避免损失而抽走资金等。对不同动机，在量刑上可适当予以考虑，但均不影响本罪构成。过失不构成本罪。

二、虚假出资、抽逃出资罪案立案追诉标准适用指南

《立案追诉标准（二）》第四条规定：

公司发起人、股东违反公司法的规定未交付货币、实物或者未转移财产权，虚假出资，或者在公司成立后又抽逃其出资，涉嫌下列情形之一

的，应予立案追诉：

（一）法定注册资本最低限额在六百万元以下，虚假出资、抽逃出资数额占其应缴出资数额百分之六十以上的；

（二）法定注册资本最低限额超过六百万元，虚假出资、抽逃出资数额占其应缴出资数额百分之三十以上的；

（三）造成公司、股东、债权人的直接经济损失累计数额在五十万元以上的；

（四）虽未达到上述数额标准，但具有下列情形之一的：

1. 致使公司资不抵债或者无法正常经营的；

2. 公司发起人、股东合谋虚假出资、抽逃出资的；

3. 二年内因虚假出资、抽逃出资受过二次以上行政处罚，又虚假出资、抽逃出资的；

4. 利用虚假出资、抽逃出资所得资金进行违法活动的。

（五）其他后果严重或者有其他严重情节的情形。

本条只适用于依法实行注册资本实缴登记制的公司。

2014年，国务院印发了《注册资本登记制度改革方案》，正式实行注册资本认缴登记制。除现行法律、行政法规以及国务院决定明确规定实行注册资本实缴登记制的公司以外，有限责任公司的股东以其认缴的出资额为限对公司承担责任，股份有限公司的股东以其认购的股份为限对公司承担责任，不再限制公司设立时全体股东（发起人）的首次出资比例，不再限制公司全体股东（发起人）的货币出资金额占注册资本的比例，不再规定公司股东（发起人）缴足出资的期限，公司实收资本不再作为登记事项。因此，本罪在立案追诉标准修改时强调只适用于依法实行注册资本实缴登记制的公司，并且采行了与虚报注册资本罪一致的情形认定标准：一是不再对有限责任公司和股份有限公司进行区分；二是根据法定注册资本最低限额，对依法实行注册资本实缴登记制的公司进行适当区分，分别设置不同的比例并且不再进行数额的限制；三是将造成损失数额的标准，根据经济形势的发展以及考虑到与其他类似规定相一致，提高5倍至50万元。

三、认定虚假出资、抽逃出资罪应注意的问题

（一）虚假出资、抽逃出资罪罪与非罪的界限

1. 虚假出资、抽逃出资罪与不出资违约的界限

不出资违约，是指在设立有限责任公司时，股东不按照公司章程规定缴纳所

认缴的出资，因而承担违约责任。不出资违约包括两种情况：一是部分不出资违约，即出资不足，可能是由于用以出资的实物、知识产权、土地使用权等可以用货币估价并可以依法转让的非货币财产在短时期价格急剧下跌所致，或者其实际价值被高估，致使其出资额明显低于应认缴出资额。二是全部不出资违约，既可能是由于客观上作为出资的实物或者财产权发生灭失，也可能是由于行为人主观上不愿出资。仅从客观后果上看，不出资违约与虚假出资都是没有缴纳所认缴的出资。从主观方面看，不出资违约也可能出于故意，因而不出资违约与虚假出资有相似之处，但总体来看，不出资违约范围大于虚假出资、抽逃出资罪，二者核心差异在于行为程度，是否构成虚假出资、抽逃出资罪应根据构成要件及定罪标准确定。

2. 虚假出资、抽逃出资违法与犯罪的界限

公司发起人、股东违反公司法的规定未交付货币、实物或者未转移财产权，虚假出资，或者在公司成立后又抽逃其出资，只有达到“数额巨大、后果严重或者有其他严重情节”的程度，才需要由刑法进行调整，否则由市场监督管理部门进行行政处罚。例如，《公司法》第199条规定：“公司的发起人、股东虚假出资，未交付或者未按期交付作为出资的货币或者非货币财产的，由公司登记机关责令改正，处以虚假出资金额百分之五以上百分之十五以下的罚款。”第200条规定：“公司的发起人、股东在公司成立后，抽逃其出资的，由公司登记机关责令改正，处以所抽逃出资金额百分之五以上百分之十五以下的罚款。”又如，根据《市场主体登记管理条例》第45、51条规定，实行注册资本实缴登记制的市场主体的发起人、股东虚假出资，未交付或者未按期交付作为出资的货币或者非货币财产的，或者在市场主体成立后抽逃出资的，由登记机关责令改正，处虚假出资金额5%以上15%以下的罚款；情节严重的，吊销营业执照；构成犯罪的，依法追究刑事责任。

3. 虚假出资、抽逃出资罪与转让出资、分配利润的界限

依法进行转让出资、分配利润是合法行为，受法律保护。公司法对有限责任公司和股份有限公司的股东转让出资问题分别作了规定，并对公司税后利润的分配问题也作了专门的规定。对符合这些规定的转让出资、分配利润行为，不能按犯罪处理，但在实践中也要防止和识别利用转让出资、分配利润之机进行虚假出资、抽逃出资违法犯罪活动的情况。

（二）虚假出资、抽逃出资罪与相关犯罪的界限

1. 虚假出资、抽逃出资罪与虚报注册资本罪的界限

虚报注册资本罪，是指申请公司登记使用虚假证明文件或者采取其他欺诈手

段虚报注册资本，欺骗公司登记主管部门，取得公司登记，虚报注册资本数额巨大、后果严重或者有其他严重情节的行为。

本罪中抽逃出资的情形与虚报注册资本罪的界限比较清晰。前者是在公司成立后又抽逃其出资的；后者则是在申请公司登记中使用虚假证明文件或者采取其他欺诈手段虚报注册资本，欺骗公司登记主管部门，取得公司登记。但本罪中虚假出资情形与虚报注册资本罪的界限容易混淆。虚报注册资本骗取公司登记往往是虚假出资的一种后果，而虚假出资又往往是虚报注册资本的一种手段，二者常常交叉在一起，难以截然分开。如果行为人是申请公司登记的个人或者单位，行为直接侵犯公司登记管理制度，一般以虚报注册资本罪追究其刑事责任；如果行为人是公司发起人、股东，行为直接侵犯公司及其他发起人、股东和债权人的合法权益，一般以虚假出资罪论处。

2. 虚假出资、抽逃出资罪与受贿罪的界限

受贿罪，是指国家工作人员利用职务上的便利，索取他人财物，或者非法收受他人财物，为他人谋取利益的行为。

近年来，各地都查处了一些名为入股，实为入“干股”，而并没有真实出资的案件。对此问题，2007 年最高人民法院、最高人民检察院《关于办理受贿刑事案件适用法律若干问题的意见》第 2 条明确规定，干股是指未出资而获得的股份。国家工作人员利用职务上的便利为请托人谋取利益，收受请托人提供的干股的，以受贿论处。入干股的行为，实质上是国家工作人员利用职务上的便利，索取或者非法收受他人财物，为他人谋取利益的“钱权交易”，应当以受贿罪定罪量刑。

3. 虚假出资、抽逃出资罪与诈骗罪的界限

诈骗罪，是指以非法占有为目的，采用虚构事实或者隐瞒真相的方法，骗取数额较大的公私财物的行为。

两罪的主要区别在于：（1）犯罪客体不同。虚假出资、抽逃出资罪侵犯的客体是国家市场管理制度和公司及其他发起人、股东和债权人的合法权益；而诈骗罪侵犯的客体是公私财产所有权。（2）犯罪客观方面不同。虚假出资、抽逃出资罪是以假出资的手段获取一定的股份利益；而诈骗罪是通过虚构事实或者隐瞒真相的手段使他人受骗，形成主观认识错误从而把财物交给行为人。（3）犯罪主体不同。虚假出资、抽逃出资罪的主体是特殊主体，即公司发起人、股东，单位也可以构成本罪；而诈骗罪的主体是一般主体，而且只能是自然人。

四、虚假出资、抽逃出资罪的处罚

根据《刑法》第 159 条第 1 款的规定，自然人犯虚假出资、抽逃出资罪的，

处5年以下有期徒刑或者拘役，并处或者单处虚假出资金额或者抽逃出资金额2%以上10%以下罚金。

根据《刑法》第159条第2款的规定，单位犯虚假出资、抽逃出资罪的，对单位判处罚金，并对其直接负责的主管人员和其他直接责任人员，处5年以下有期徒刑或者拘役。

第三节 欺诈发行证券案

一、欺诈发行证券罪的概念和构成要件

（一）概念

欺诈发行证券罪，是指在招股说明书、认股书、公司、企业债券募集办法等发行文件中隐瞒重要事实或者编造重大虚假内容，发行股票或者公司、企业债券、存托凭证或者国务院依法认定的其他证券，数额巨大、后果严重或者有其他严重情节的行为。

1979年《刑法》对欺诈发行股票、债券行为没有规定。1995年2月28日全国人大常委会《关于惩治违反公司法的犯罪的决定》增设了欺诈发行股票、债券罪。该决定第3条规定："制作虚假的招股说明书、认股书、公司债券募集办法发行股票或者公司债券，数额巨大、后果严重或者有其他严重情节的，处五年以下有期徒刑或者拘役，可以并处非法募集资金金额百分之五以下罚金。单位犯前款罪的，对单位判处非法募集资金金额百分之五以下罚金，并对直接负责的主管人员和其他直接责任人员，依照前款的规定，处五年以下有期徒刑或者拘役。"1997年修订《刑法》时吸收了上述规定的内容，并在行为表现、罚金标准等问题上进一步做了修改补充。1997年12月11日最高人民法院《关于执行〈中华人民共和国刑法〉确定罪名的规定》、1997年12月25日最高人民检察院《关于适用刑法分则规定的犯罪的罪名的意见》根据1997年《刑法》第160条规定了"欺诈发行股票、债券罪"罪名。

2020年12月26日《刑法修正案（十一）》第8条对本罪做了如下修改：（1）新增法定刑幅度"数额特别巨大、后果特别严重或者有其他特别严重情节的，处五年以上有期徒刑，并处罚金"（原最高刑期为5年有期徒刑）；（2）修改罚金比例，取消了个人罚金为非法募集资金金额的5%的上限限制，对单位的罚金由非法募集资金的1%–5%调整为20%以上1倍以下；（3）扩大犯罪对象，增加"等发行文件"的表述，将存托凭证纳入欺诈发行证券的范围，增加了

“国务院依法认定的其他证券”；（4）明确控股股东、实际控制人组织、指使实施欺诈发行的行为构成本罪。控股股东、实际控制人的主体身份是单位时实行双罚制，除处以罚金刑以外，单位的直接负责主管人员和直接责任人员需受到刑事处罚。2021 年 2 月 26 日最高人民法院、最高人民检察院《关于执行〈中华人民共和国刑法〉确定罪名的补充规定（七）》根据《刑法修正案（十一）》第 8 条规定了“欺诈发行证券罪”罪名，取消了“欺诈发行股票、债券罪”罪名。

（二）构成要件

1. 犯罪客体

本罪侵犯的客体是国家关于股票或者公司、企业债券、存托凭证或者国务院依法认定的其他证券发行和交易的管理制度与投资者合法权益。发行股票或者公司、企业债券、存托凭证或者国务院依法认定的其他证券，对于资本市场的合理配置和聚集社会游资，增加公司、企业的经营资本，从而促进市场经济的发展具有积极作用。但是，发行股票或者公司、企业债券、存托凭证或者国务院依法认定的其他证券必须遵循一定的“游戏规则”，公正、诚实、有序地进行。为规范股票或者公司、企业债券、存托凭证或者国务院依法认定的其他证券的发行，国家立法机关及政府有关部门制定了《公司法》《证券法》《股票发行与交易管理暂行条例》《企业债券管理条例》等法律、法规和规章，对股票或者公司、企业债券、存托凭证或者国务院依法认定的其他证券发行的资格和条件作了规定。根据相关规定，发起人向社会公开募集股份，必须公告招股说明书，并制作认股书。发行公司、企业债券的申请经批准后，应当公告公司、企业债券募集办法，以便于投资者了解公司、企业的财务状况、经营状况和资本状况。这些信息的真实性直接影响投资者所做决定的成功与否。国家通过立法对不同程度的欺诈发行股票、债券行为规定了不同的处理措施，对其中数额巨大、后果严重或者有其他严重情节的行为作为犯罪予以惩处，以确保国家对有关公司、企业发行股票或者公司、企业债券、存托凭证或者国务院依法认定的其他证券的管理制度的有效性，维护正常的市场经济秩序。

2. 客观方面

本罪的客观方面表现为在招股说明书、认股书、公司、企业债券募集办法等发行文件中隐瞒重要事实或者编造重大虚假内容，发行股票或者公司、企业债券、存托凭证或者国务院依法认定的其他证券，数额巨大、后果严重或者有其他严重情节的行为。

（1）行为人实施了在招股说明书、认股书、公司、企业债券募集办法等发行文件中隐瞒重要事实或者编造重大虚假内容的行为。

招股说明书，是指由公司发起人或公司制作，用以表达募集股份意思并载明有关股票发行、认股人的权利和义务、发起人情况等信息的文件。它不仅是证券主管部门据以决定是否批准股票发行的重要文件，还是投资者据以决定是否进行投资以及购买多少股票的主要参考依据。因为招股说明书直接涉及发行人和社会公众的切身利益，所以它是股票发行过程中最为关键的法律文件。注册制改革后，证券交易所对发行文件进行严格审核，证监会对交易所审核质量及发行条件、信息披露等重要方面进行把关监督，同时要求相关发行文件向社会公开。招股说明书是发行股票的最基本的法律文件，所有公开发行股票的公司的招股说明书都必须在证监会登记注册。按照《公司法》第 86 条的规定，招股说明书应载明下列事项：①发起人认购的股份数；②每股的票面金额和发行价格；③无记名股票的发行总数；④募集资金的用途；⑤认股人的权利、义务；⑥本次募股的起止期限及逾期未募足时认股人可以撤回所认股份的说明。除此之外，招股说明书应当附有发起人制定的公司章程。

认股书，是指由认股人（即投资者）在认股时所签署的表示认购一定数额股份的承诺性文件。它实际上是认股人与发行人之间签订的股票购买合同，认股人必须按照认股书所确定的时间以指定的方式缴纳股款。逾期未缴纳的，视为自动放弃对股票的购买，如果因此给发行人造成损失的，发行人可以追究认股人的赔偿责任。依照《公司法》第 85 条的规定，发起人向社会公开募集股份，必须公告招股说明书，并制作认股书。认股书应当载明《公司法》第 86 条所列事项，由认股人填写认购股数、金额、住所，并签名、盖章。认股人按照所认购股数缴纳股款。

公司债券募集办法，是指发行债券的公司就债券发行的有关事项按照规定的内容进行说明的法定文件。发行公司债券的申请经批准后，公司应当公告公司债券募集办法。《公司法》第 154 条规定："发行公司债券的申请经国务院授权的部门核准后，应当公告公司债券募集办法。公司债券募集办法中应当载明下列主要事项：（一）公司名称；（二）债券募集资金的用途；（三）债券总额和债券的票面金额；（四）债券利率的确定方式；（五）还本付息的期限和方式；（六）债券担保情况；（七）债券的发行价格、发行的起止日期；（八）公司净资产额；（九）已发行的尚未到期的公司债券总额；（十）公司债券的承销机构。"

企业债券募集办法，在《企业债券管理条例》中被称为企业债券发行章程。企业债券发行章程和公司债券募集办法以及招股说明书的性质和作用相类似，它是发行债券的企业就债券发行的有关事项按照规定进行说明的法定文件。它不但是审批机关对企业发行债券进行审批的重要依据，也是投资者购买企业债券时的依据。因此，法律规定企业发行企业债券必须制定发行章程，并对发行章程的内容进行规定。发行企业对应披露的法定内容必须真实、准确、完整地披露，不得做虚假的陈述。《企业债券管理条例》第 13 条规定："企业发行企业债券应当制订发行章程。发行章程应当包括下列内容：（一）企业的名称、住所、经营范围、法定代表人；（二）企业近 3 年的生产经营状况和有关业务发展的基本情况；（三）财务报告；（四）企业自有资产净值；（五）筹集资金的用途；（六）效益预测；（七）发行对象、时间、期限、方式；（八）债券的种类及期限；（九）债券的利率；（十）债券总面额；（十一）还本付息方式；（十二）审批机关要求载明的其他事项。"

隐瞒重要事实或者编造重大虚假内容，是指违反《公司法》及有关法律、法规的规定，制作的招股说明书、认股书、公司、企业债券募集办法等发行文件的内容全部都是虚构的，或者对其中重要的事项和部分内容做虚假的陈述或记载，或者对某些重要事实进行夸大或隐瞒，或者故意遗漏有关的重要事项等。行为人在招股说明书、认股书中隐瞒重要事实或者编造重大虚假内容通常表现为：虚构发起人认购的股份数、无记名股票的发行总数、每股的票面金额和发行价格等事项；故意隐瞒或极力缩小风险因素，对发行人发展前景、产品销售、市场份额、财务状况、经营效益等方面产生不利影响的重要因素故意遗漏；毫无根据地夸大盈利预测，对会计年度净利润总额、每股盈利、市盈率、预测实现后每股净资产等，故意做不合理的虚假陈述；故意隐瞒或编造公司前次发行股票所筹资金的运用情况，夸大公司生产经营利润和净资产额，对所筹资金的运用提供虚假的计划或虚假的生产经营项目；故意遗漏公司签订的重要合同；故意隐瞒公司所负债务和正在进行的重大诉讼；等等。行为人在公司债券募集办法中隐瞒重要事实或者编造重大虚假内容一般表现为：编造债券总额和债券的票面金额、债券的利率、还本付息的期限和方式、债券发行的起止日期、公司的净资产额、已发行的尚未到期的公司债券总额等。行为人在企业债券募集办法中隐瞒重要事实或者编造重大虚假内容一般表现为：编造企业的营业范围、企业近 3 年的生产经营状况和有关业务发展的情况、企业自有资产净值、筹集资金的用途；编造企业未来效益的预测；编造发行债券的总面额、债券的利率、债券的种类和期限、还本付息的方式。

（2）行为人实施了发行股票或者公司、企业债券、存托凭证或者国务院依法认定的其他证券的行为。如果行为人虽然在招股说明书、认股书、公司、企业债券募集办法等发行文件中隐瞒重要事实或者编造重大虚假内容，但尚未发行股票或者公司、企业债券、存托凭证或者国务院依法认定的其他证券的，不构成本罪。

股票是公司签发的证明股东所持股份的凭证。股份有限公司的资本划分为股份，每一股的金额相等。股票应当载明下列主要事项：公司名称及公司成立日期；股票种类、票面金额及代表的股份数；股票的编号。股票由法定代表人签名，公司盖章。发起人的股票应当标明发起人股票字样。《证券法》第12条规定："公司首次公开发行新股，应当符合下列条件：（一）具备健全且运行良好的组织机构；（二）具有持续经营能力；（三）最近三年财务会计报告被出具无保留意见审计报告；（四）发行人及其控股股东、实际控制人最近三年不存在贪污、贿赂、侵占财产、挪用财产或者破坏社会主义市场经济秩序的刑事犯罪；（五）经国务院批准的国务院证券监督管理机构规定的其他条件。上市公司发行新股，应当符合经国务院批准的国务院证券监督管理机构规定的条件，具体管理办法由国务院证券监督管理机构规定。公开发行存托凭证的，应当符合首次公开发行新股的条件以及国务院证券监督管理机构规定的其他条件。"公司经批准向社会公开发行新股时，必须公告新股招股说明书和财务会计报表及附属明细表，并制作认股书。公司向社会公开发行新股应当由依法设立的证券经营机构承销，签订承销协议，并同银行签订代收股款协议。

根据《公司法》第153条的规定，公司债券，是指公司依照法定程序发行、约定在一定期限还本付息的有价证券。根据《企业债券管理条例》第5条的规定，企业债券，是指企业依照法定程序发行、约定在一定期限内还本付息的有价证券。按照《证券法》第15条第1、2款的规定："公开发行公司债券，应当符合下列条件：（一）具备健全且运行良好的组织机构；（二）最近三年平均可分配利润足以支付公司债券一年的利息；（三）国务院规定的其他条件。公开发行公司债券筹集的资金，必须按照公司债券募集办法所列资金用途使用；改变资金用途，必须经债券持有人会议作出决议。公开发行公司债券筹集的资金，不得用于弥补亏损和非生产性支出。"第17条规定："有下列情形之一的，不得再次公开发行公司债券：（一）对已公开发行的公司债券或者其他债务有违约或者延迟支付本息的事实，仍处于继续状态；（二）违反本法规定，改变公开发行公司债券所募资金的用途。"《公司法》第155条规定，公司以实物券方式发行公司债券的，必须在债券上载明公司名称、债券票面金额、利率、偿还期限等事项，并由法定代表人签名，公司盖章。按照《企业债券管理条例》第6条和第12条的规定，企业债券的票面应当载明下列内容：①企业的名称、住所；②企业债券的面额；③企业债券的利率；④还本期限和方式；⑤利息的支付方式；⑥企业债券发行日期和编号；⑦企业的印记和企业法定代表人的签章；⑧审批机关批准发行的文号、日期。企业发行企业债券必须符合下列条件：①企业规模达到国家规定的要求；②企业财务会计制度符合国家规定；③具有偿债能力；④企业经济效益良好，发行企业债券前连续3年盈利；⑤所筹资金用途符合国家产业政策。

发行股票或者公司、企业债券、存托凭证或者国务院依法认定的其他证券，是指实际已经发行了股票或者公司、企业债券、存托凭证或者国务院依法认定的其他证券，即行为人在把发行证券的材料报送证券主管部门后，经证券主管部门的批准已发行了证券。如果行为人制作了虚假的招股说明书、认股书、公司、企业债券募集办法等发行文件，但只锁在办公室的文件柜中，或者因其他原因尚未发行，未实施向社会发行股票或者公司、企业债券、存托凭证或者国务院依法认定的其他证券的行为，不构成本罪。

（3）行为人的行为涉及数额巨大、后果严重或者有其他严重情节。这里的“数额巨大”，是指制作虚假的招股说明书、认股书、公司、企业债券募集办法等发行文件，发行股票或者公司、企业债券、存托凭证或者国务院依法认定的其他证券数额巨大。如果数额不大，且又无其他严重后果或严重情节，虽然违法，但不构成犯罪。“后果严重”，主要是指造成了投资者或者其他债权人的重大经济损失；严重影响了债权人、投资人的生产、经营活动，甚至造成破产；破坏了债权人、投资人的正常生活甚至激发了一些社会矛盾，影响了社会安定和正常的秩序；等等。“其他严重情节”，主要是指除数额巨大和后果严重外，严重违反法律规定，扰乱金融和社会管理秩序的其他情节。关于这些情形的具体标准，《立案追诉标准（二）》已有明确规定。

3. 犯罪主体

本罪的主体是一般主体，自然人和单位均可构成本罪。

4. 主观方面

本罪的主观方面表现为故意，即故意在招股说明书、认股书、公司、企业债券募集办法等发行文件中隐瞒重要事实或者编造重大虚假内容，发行股票或者公司、企业债券、存托凭证或者国务院依法认定的其他证券。如果行为人由于工作上的失误，在招股说明书、认股书、公司、企业债券募集办法等发行文件中对事实有所遗漏或者编写了与事实不符的内容，而并非出于故意，即使发行了股票或者公司、企业债券、存托凭证或者国务院依法认定的其他证券，也不构成欺诈发行证券罪。

二、欺诈发行证券罪案立案追诉标准适用指南

《立案追诉标准（二）》第五条规定：

在招股说明书、认股书、公司、企业债券募集办法等发行文件中隐瞒重要事实或者编造重大虚假内容，发行股票或者公司、企业债券、存托凭证或者国务院依法认定的其他证券，涉嫌下列情形之一的，应予立案追诉：

（一）非法募集资金金额在一千万元以上的；

（二）虚增或者虚减资产达到当期资产总额百分之三十以上的；

（三）虚增或者虚减营业收入达到当期营业收入总额百分之三十以上的；

（四）虚增或者虚减利润达到当期利润总额百分之三十以上的；

（五）隐瞒或者编造的重大诉讼、仲裁、担保、关联交易或者其他重大事项所涉及的数额或者连续十二个月的累计数额达到最近一期披露的净资产百分之五十以上的；

（六）造成投资者直接经济损失数额累计在一百万元以上的；

（七）为欺诈发行证券而伪造、变造国家机关公文、有效证明文件或者相关凭证、单据的；

（八）为欺诈发行证券向负有金融监督管理职责的单位或者人员行贿的；

（九）募集的资金全部或者主要用于违法犯罪活动的；

（十）其他后果严重或者有其他严重情节的情形。

根据《立案追诉标准（二）》第5条的规定，在招股说明书、认股书、公司、企业债券募集办法等发行文件中隐瞒重要事实或者编造重大虚假内容，发行股票或者公司、企业债券、存托凭证或者国务院依法认定的其他证券，涉嫌下列情形之一的，应予立案追诉：

（1）非法募集资金金额在1000万元以上的。此次修订将2010年《立案追诉标准（二）》中规定的“发行数额在五百万元以上的”修改为“非法募集资金金额在一千万元以上的”是出于以下考虑：一是上交所、深交所股票上市规则规定，公司股本总额不少于人民币5000万元，公开发行的股份达到公司股份总数的25%以上，即1250万元。《北京证券交易所股票上市规则（试行）》规定，公开发行后，公司股本总额不少于人民币3000万元；公司股东人数不少于200人，公众股东持股比例不低于公司股本总额的25%，即750万元。综合不同交易所的上市规则，本次修订确定为中位数1000万元。二是《证券法》第181条第1款规定，发行人在其公告的证券发行文件中隐瞒重要事实或者编造重大虚假内容，尚未发行证券的，处以200万元以上2000万元以下的罚款；已经发行证券的，处以非法所募资金金额10%以上1倍以下的罚款。为给行政处罚预留空间，将立案追诉标准提高到1000万元以上。

募集资金金额，是指发行股票或者公司、企业债券、存托凭证或者国务院依法认定的其他证券所实际募集的资金额。在修订过程中，有意见认为非法募集资金金额规定为3000万元为宜，理由是：首次公开发行股票，在主板公司股本总额不少于人民币5000万元，在创业板和科创板不少于3000万元，据此以最低标准3000万元作为立案追诉标准是合适的。经研究认为，对数额的提高，需统筹考虑股票、债券等专业领域的具体实际操作情况，也要考虑到司法的延续性（原标准为发行数额为500万元），更要考虑到人民群众对打击严重经济犯罪的期待，故标准不宜一次提得过高，最终规定为1000万元。

（2）虚增或者虚减资产达到当期资产总额30%以上的。这是此次修订新增加的立案追诉指标。主要考虑是证券发行、交易活动，应当遵循诚实信用原则，《证券法》第5条明令禁止欺诈发行证券的行为。依据《证券法》第13条之规定，公司公开发行新股，应当报送的文件中就包括财务会计报告，其该报告应当按照国务院证券监督管理机构的规定预先披露。应当看到，该报告是投资者作出价值判断和投资决策所必需的信息，因此内容应当真实、准确、完整。而资产总额是财务会计报告的重要组成部分，也是投资者作出投资决定的重要参考依据。通常情况下，资产总额变动比例30%以上的，就构成重要信息，对投资者决定是否买卖该证券产生决定性影响。因此，将虚增或者虚减资产达到当期资产总额30%以上的增加为本罪立案追诉的指标。另外，增加这一立案追诉指标也是为了和违规披露、不披露重要信息罪的立案追诉标准相呼应。

（3）虚增或者虚减营业收入达到当期营业收入总额30%以上的。这是此次修订新增加的立案追诉指标。主要考虑是鉴于营业收入和资产、利润均为企业重要的财务指标，对上市公司影响重大，投资者对此广泛关注，也是投资者作出投资决定的重要参考依据。因此，虚增或者虚减营业收入达到当期披露经审计的营业收入总额30%以上的，应予立案追诉。

（4）虚增或者虚减利润达到当期利润总额30%以上的。这是此次修订新增加的立案追诉指标。增加这一立案追诉指标的原因与增加虚增或者虚减资产总额的指标的考量是相同的。

（5）隐瞒或者编造的重大诉讼、仲裁、担保、关联交易或者其他重大事项所涉及的数额或者连续12个月的累计数额达到最近一期披露的净资产50%以上的。这是此次修订新增加的立案追诉指标。主要考虑是重大诉讼、仲裁、担保、关联交易等事项属于可能对上市公司股票交易价格产生较大影响的重大事件，如果其所涉及的数额或者连续12个月的累计数额达到最近一期披露的净资产50%以上的话，足以对投资者作出投资决定产生重要影响。因此，对此种情形应予立案追诉。

本条第2项规定虚增或者虚减资产行为的比例为30%，是以资产总额作为分母进行计算的；第5项规定隐瞒或者编造的重大诉讼、仲裁、担保、关联交易或者其他重大事项行为的比例为 50%，是以净资产作为分母进行计算的，两种计算分母不同。根据资产=负债+股东权益（净资产），按照我国上市公司的资产负债率为 50%计算，如果本项规定以资产总额作为分母，未按规定披露重大事项行为的比例为 30%，换算为以净资产作为分母的相应比例应为 60%。但为与本条第 2 项保持协调，同时考虑到不同企业情况的差异，因此以净资产 50%作为立案追诉标准的比例。

（6）造成投资者直接经济损失数额累计在 100 万元以上的。这是此次修订新增加的立案追诉指标。主要考虑是欺诈发行证券罪的犯罪客体是国家关于股票或者公司、企业债券、存托凭证或者国务院依法认定的其他证券发行和交易的管理制度，同时也包括投资者的合法权益，但 2010 年《立案追诉标准（二）》未对投资者的受损程度做应有评价。同时，《证券法》第 24 条建立了回购制度，如果当事人未能回购投资者的股票导致投资者损失较大的，也可考虑追究刑事责任。为此，参考违规披露、不披露重要信息罪的立案追诉标准，增加了“造成投资者直接经济损失数额累计在一百万元以上的”这一立案追诉指标。

（7）为欺诈发行证券而伪造、变造国家机关公文、有效证明文件或者相关凭证、单据的。2010 年《立案追诉标准（二）》将 2001 年《追诉标准》中的“伪造政府公文、有效证明文件或者相关凭证、单据的”修改为“伪造、变造国家机关公文、有效证明文件或者相关凭证、单据的”。理由是虽然“变造”是广义的“伪造”的应有之义，但是在司法实践中，已有通过变造国家机关公文、有效证明文件欺诈发行股票的判例。因此，增加“变造”可使立案追诉标准更为明确、周延。本次修订中，将 2010 年《立案追诉标准（二）》中的“伪造、变造国家机关公文、有效证明文件或者相关凭证、单据的”修改为“为欺诈发行证券而伪造、变造国家机关公文、有效证明文件或者相关凭证、单据的”。主要考虑是行为人伪造、变造国家机关公文、有效证明文件或者相关凭证、单据的目的是欺诈发行证券，以此区分欺诈发行证券罪和伪造、变造、买卖国家机关公文、证件、印章罪。

在司法实践中，欺诈发行证券的犯罪行为往往要通过伪造、变造国家机关公文、有效证明文件或者相关凭证、单据等手段方能实现，此种行为本身就是欺诈发行证券行为情节严重的一个表现，即使发行总数没有达到“数额巨大”的标准，也应予立案追诉。

（8）为欺诈发行证券向负有金融监督管理职责的单位或者人员行贿的。这是此次修订新增加的立案追诉指标。主要考虑是负有金融监督管理职责的单位依法对全国证券市场实行监督管理，以确保证券的发行、交易活动公开、公平、公正。此类犯罪中，行为人为了实现欺诈发行证券的目的，如果向负有金融监督管理职责的单位或者人员实施贿赂行为，不仅侵害了国家对证券市场的管理秩序，同时还损害了公务活动的廉洁性，因此增加了“为欺诈发行证券向负有金融监督管理职责的单位或者人员行贿的”这一立案追诉指标作为本罪罪状中“情节严重”的细化。应当说明的是，这一立案追诉指标中没有数额的要求，也就是说，行为人只要是实施了为欺诈发行证券而向负有金融监督管理职责的单位或者人员行贿的行为即应立案追诉，如果行为人的行贿行为达到了行贿罪的立案追诉标准，则应当按照欺诈发行证券罪与行贿罪数罪并罚。

（9）募集的资金全部或者主要用于违法犯罪活动的。2010年《立案追诉标准（二）》将2001年《追诉标准》中的“利用非法募集的资金进行违法活动的”修改为“利用募集的资金进行违法活动的”。理由是欺诈发行证券本身就是违法的，其募集的资金本身就是非法募集的资金，在此情况下，再表述为“利用非法募集的资金进行违法活动的”就有重复之嫌。因此，将2001年《追诉标准》中的“利用非法募集的资金进行违法活动的”中的“非法”予以删除。在本次修订中，将2010年《立案追诉标准（二）》中的“利用募集的资金进行违法活动的”修改为“募集的资金全部或者主要用于违法犯罪活动的”。理由是国家批准发行股票、债券的目的是集中社会资金，进一步发展生产、搞活经营。如果通过发行股票、债券所募集的资金全部或者主要被用于违法犯罪活动，就违背了股票、债券发行的宗旨，既不符合广大股民和债权人的投资初衷，也扰乱了社会经济秩序，对此应予以严厉打击。即使其所募集资金的数额没有达到“巨大”的标准，也应予立案追诉。如果行为人所实施的违法犯罪活动本身已构成犯罪的，则应以数罪进行立案追诉。

（10）其他后果严重或者有其他严重情节的情形。2010年《立案追诉标准（二）》将2001年《追诉标准》中的“造成恶劣影响的”修改为“其他后果严重或者有其他严重情节的情形”。关于兜底性条款的表述应与法条的表述相吻合，而且“造成恶劣影响”仅是“其他后果严重”的一种表现形式。因此，如此修改不仅更符合刑法的原意，而且更为周延。本次修订沿用了2010年《立案追诉标准（二）》中的表述。

在现实生活中，一些人对投资股票、债券的风险估计不足，心理承受能力较弱，加上受到发行方的欺诈，一旦其投资行为受损，往往会作出强烈反应，严重影响社会秩序的稳定。在这种情况下，即使不符合本法条前几项规定的情况，也可以依法对行为人进行立案追诉。

另外需要说明的是，2010年《立案追诉标准（二）》将2001年《追诉标准》中的“股民、债权人要求清退，无正当理由不予清退的”予以删除的理由是此项规定与法理相悖。从理论上说，股民购买股份是对股份有限公司的出资，按《公司法》的规定，出资人可以转让出资，但无权要求公司退回出资，股份有限公司也无权答应退回股东的出资。股份有限公司要退回股东的出资需报证监会审批。基于上述考虑，将此项规定予以删除。在本次修订中，有意见认为应当恢复2001年《追诉标准》中的此项立案追诉指标，出于同样的考量，对这一意见未予采纳。

在修订过程中，有人提出应将2010年《立案追诉标准（二）》中的“利用募集的资金进行违法活动的”修改为“擅自改变募集资金用途的”。理由是后者的范围较前者更宽泛，而且在经济生活中，上市公司擅自改变资金用途的现象比较突出，《证券法》对此也规定了相应的行政责任。因此，做上述修改有利于与行政处罚衔接。对此，也有人提出司法实践证明立案追诉标准中的这一项规定并无不妥，没有修改的必要。实际上，在经济生活中改变资金用途的原因很多。比如，原募集资金的用途因为经济形势的变化而不存在了，只好改做其他用途，甚至可能出现改变资金用途为公司获取了更大收益的情况等。对此种情形如果予以立案追诉，则可能出现司法对经济生活干预过度的负面影响，进而有害于经济的活跃。因此，对于此种修改意见未予采纳。

三、认定欺诈发行证券罪应注意的问题

（一）欺诈发行证券罪罪与非罪的界限

在实践中，区分欺诈发行证券罪罪与非罪的界限可以从以下几方面入手：（1）行为发生的范围。行为人只有在招股说明书、认股书、公司、企业债券募集办法等发行文件中实施重大欺诈行为，同时具备欺诈发行证券罪其他要件的情况下，才构成本罪。（2）以是否具有“数额巨大、后果严重或者有其他严重情节”划分罪与非罪的界限。其具体衡量标准为《立案追诉标准（二）》第5条的规定。（3）欺诈行为的程度。行为人虚构的内容与事实出入不大，对投资者的利益和社会秩序没有造成重大损害的，属于一般违法行为，可追究其行政、经济责任，无须追究其刑事责任。（4）以故意欺诈抑或是过失误报划分罪与非罪的界限。如果由于行为人工作不负责任，过失误报上述几个文件的内容，属于失职行为，并不构成欺诈发行证券罪。

（二）欺诈发行证券罪与相关犯罪的界限

1. 欺诈发行证券罪与擅自发行股票、公司、企业债券罪的界限

擅自发行股票、公司、企业债券罪，是指未经国家有关主管部门批准，擅自发行股票或者公司、企业债券，数额巨大、后果严重或者有其他严重情节的行为。

两罪都表现为违反《公司法》的有关规定发行股票或者公司、企业债券，且数额巨大、后果严重或者有其他严重情节的行为；两罪都属于故意犯罪；两罪的犯罪主体都是一般主体，既包括自然人又包括单位。但两罪之间存在明显的区别，主要表现在：(1) 侵犯的客体不同。欺诈发行证券罪侵犯的客体是国家关于股票或者公司、企业债券、存托凭证或者国务院依法认定的其他证券发行和交易的管理制度与投资者合法权益；而擅自发行股票、公司、企业债券罪侵犯的客体则是股票或者公司、企业债券的发行秩序，进而可以说是国家的金融管理秩序。(2) 在客观方面的表现有所不同。欺诈发行证券罪主要表现为制作虚假的招股说明书、认股书或者公司、企业债券募集办法三种文件，用于发行股票、债券，其客观表现的内容是具体的；而擅自发行股票、公司、企业债券罪则主要表现为发行股票或者公司、企业债券行为未经批准，并不要求包括具体内容。

2. 欺诈发行证券罪与伪造、变造股票、公司、企业债券罪的界限

伪造、变造股票、公司、企业债券罪，是指伪造、变造股票或者公司、企业债券，数额较大的行为。

两罪的行为性质均属于造假（因为欺诈发行有造假的行为），而且两罪都与股票、债券有直接关系。但两罪的区别也是比较明显的，主要表现在：(1) 侵犯的客体不同。欺诈发行证券罪侵犯的客体是国家关于股票或者公司、企业债券、存托凭证或者国务院依法认定的其他证券发行和交易的管理制度与投资者合法权益；而伪造、变造股票、公司、企业债券罪侵犯的客体是国家的金融管理秩序，因为股票、债券都属于有价证券的范畴，通过伪造、变造的手段制造出虚假的有价证券或者使原有的有价证券凭空增值，其结果将是直接扰乱国家的金融管理秩序。(2) 在客观方面的表现形式不同。欺诈发行证券罪是在招股说明书、认股书、公司、企业债券募集办法等发行文件中隐瞒重要事实或者编造重大虚假内容，发行股票或者公司、企业债券、存托凭证或者国务院依法认定的其他证券，即在上述三种文件中造假，但其股票、债券的发行行为是真实的；而伪造、变造股票、公司、企业债券罪则不存在通过造假来发行股票、债券的过程，而是通过直接伪造、变造股票或者公司、企业债券本身来非法敛财。(3) 构成犯罪的法定数额标准不同。欺诈发行证券行为，只有数额巨大的才构成犯罪；而伪造、变造股票或者公司、企业债券的，只需达到数额较大就构成犯罪。

3. 欺诈发行证券罪与集资诈骗罪的界限

集资诈骗罪，是指以非法占有为目的，使用诈骗方法非法集资，数额较大的行为。

欺诈发行证券罪与集资诈骗罪具有相似之处：（1）都采用虚假的手段；（2）在客观上均表现为向社会公众非法募集资金；（3）均系故意犯罪；（4）犯罪主体都是一般主体，既包括自然人又包括单位。但是，欺诈发行证券罪与集资诈骗罪又有明显的区别：（1）侵犯的客体不同。欺诈发行证券罪侵犯的客体是国家关于股票或者公司、企业债券、存托凭证或者国务院依法认定的其他证券发行和交易的管理制度与投资者合法权益；而集资诈骗罪则既侵犯公私财物所有权，又侵犯国家金融管理秩序。（2）在客观方面的表现形式不同。欺诈发行证券罪只能是在招股说明书、认股书、公司、企业债券募集办法等发行文件中隐瞒重要事实或者编造重大虚假内容，以发行股票或者公司、企业债券、存托凭证或者国务院依法认定的其他证券的方法集资；而集资诈骗罪的主观意图在方法上则宽泛得多，行为人可以采取种种欺诈的手段，如以发行会员证、以高利率对外举债或者以高收益吸收合作投资等形式集资。（3）构成犯罪的数额标准不同。欺诈发行证券的行为只有数额巨大的才构成犯罪；而集资诈骗行为达到数额较大的即构成犯罪。

四、欺诈发行证券罪的处罚

根据《刑法》第160条第1款的规定，在招股说明书、认股书、公司、企业债券募集办法等发行文件中隐瞒重要事实或者编造重大虚假内容，发行股票或者公司、企业债券、存托凭证或者国务院依法认定的其他证券，数额巨大、后果严重或者有其他严重情节的，处5年以下有期徒刑或者拘役，并处或者单处罚金；数额特别巨大、后果特别严重或者有其他特别严重情节的，处5年以上有期徒刑，并处罚金。

根据《刑法》第160条第2款的规定，控股股东、实际控制人组织、指使实施欺诈发行证券行为的，处5年以下有期徒刑或者拘役，并处或者单处非法募集资金金额20%以上1倍以下罚金；数额特别巨大、后果特别严重或者有其他特别严重情节的，处5年以上有期徒刑，并处非法募集资金金额20%以上1倍以下罚金。

根据《刑法》第160条第3款的规定，单位犯前两款罪的，对单位判处非法募集资金金额20%以上1倍以下罚金，并对其直接负责的主管人员和其他直接责任人员，依照第1款的规定处罚。

第四节　违规披露、不披露重要信息案

一、违规披露、不披露重要信息罪的概念和构成要件

（一）概念

违规披露、不披露重要信息罪，是指依法负有信息披露义务的公司、企业向股东和社会公众提供虚假的或者隐瞒重要事实的财务会计报告，或者对依法应当披露的其他重要信息不按照规定披露，严重损害股东或者其他人利益，或者有其他严重情节的行为。

1995 年 2 月 28 日全国人大常委会《关于惩治违反公司法的犯罪的决定》设立了“提供虚假财会报告罪”。该决定第 4 条规定：“公司向股东和社会公众提供虚假的或者隐瞒重要事实的财务会计报告，严重损害股东或者其他人利益的，对直接负责的主管人员和其他直接责任人员，处三年以下有期徒刑或者拘役，可以并处二十万元以下罚金。”

1997 年修订《刑法》第 161 条规定：“公司向股东和社会公众提供虚假的或者隐瞒重要事实的财务会计报告，严重损害股东或者其他人利益的，对其直接负责的主管人员和其他直接责任人员，处三年以下有期徒刑或者拘役，并处或者单处二万元以上二十万元以下罚金。”与全国人大常委会《关于惩治违反公司法的犯罪的决定》第 4 条的规定相比，只是将罚金刑的有关规定做了改动，增加了单处罚金的规定，并明确了罚金数额起点为 2 万元。

随着我国金融市场的不断发展和完善，出现了一些新情况，暴露出《刑法》对该罪规定的不足：（1）犯罪主体范围小。根据《证券法》的规定，除上市公司外，公司债券上市交易的公司等其他实体同样负有信息披露义务，对这些组织不按照规定披露信息的行为缺乏刑事责任的处罚依据。（2）披露的对象范围小。1997 年《刑法》仅将财务会计报告规定为犯罪对象，而没有规定将招股说明书、债券募集办法等信息作为披露的对象。根据《证券法》等法律的规定，招股说明书、债券募集办法等信息也应予以披露，在实践中，这些信息与财务会计报告具有同等重要性，却没有被列入刑法保护范围。（3）在披露方式上除虚假披露外，误导性陈述、重大遗漏等行为具有同等危害性，法律也应作出规定。（4）1997 年《刑法》将提供虚假财会报告罪规定为结果犯，即“严重损害股东或者其他人利益”的才构成犯罪，在实践中损失很难认定，给定罪量刑带来了一定困难，影响了打击此类犯罪的效果。针对上述问题，《刑法修正案（六）》对 1997 年《刑

法》第161条做了修改：一是将主体由“公司”扩大为“依法负有信息披露义务的公司、企业”；二是在保留“提供虚假的或者隐瞒重要事实的财务会计报告”作为犯罪行为要件的同时，增加了“对依法应当披露的其他重要信息不按照规定披露”的规定；三是构成犯罪不再仅限于“严重损害股东或者其他人利益”，“有其他严重情节”也成为构成犯罪的要件之一。2007年10月25日最高人民法院、最高人民检察院《关于执行〈中华人民共和国刑法〉确定罪名的补充规定（三）》将《刑法》第161条的罪名确定为“违规披露、不披露重要信息罪”，取消了“提供虚假财会报告罪”罪名。

2020年12月26日《刑法修正案（十一）》第9条对本罪做了如下修改：（1）修改法定刑。①情节严重：处5年以下有期徒刑或者拘役，并处或者单处罚金（原最高刑为3年以下）；②情节特别严重：处5年以上10年以下有期徒刑，并处罚金（新增）。（2）对控股股东、实际控制人实施或者组织、指使实施违规披露或者不披露重要信息的行为作了明确规定。控股股东、实际控制人是单位的，同时处罚直接负责的主管人员和其他直接责任人员。

（二）构成要件

1. 犯罪客体

本罪侵犯的客体是复杂客体，既侵犯了国家对公司、企业正常的管理秩序和市场信息公开制度，也侵犯了股东或者其他人的合法权益。

为了实现对公司、企业的有效管理，保证正常的市场秩序，国家通过《公司法》等法律、法规对公司、企业的设立、运转规定了各种制度，如公司、企业的财务会计管理制度。公司、企业应遵循这些制度，如实反映公司、企业的资产管理、成本费用、收益分配、现金流量、纳税等事项，定期将财务会计报告等向股东和社会公众真实、完整地公布。尤其是对于上市的股份有限公司，依法履行信息披露义务，是充分保障证券市场公平、公正的前提。而向股东和社会公众提供虚假的或者隐瞒重要事实的财务会计报告或者不依法披露应当披露的重要信息，严重违背了公司、企业的法定义务，破坏了国家对于公司、企业的正常管理和证券市场的正常秩序。同时，违规披露、不披露重要信息也侵犯了股东或者其他人所依法享有的知情权、监督权，常常误导投资行为，从而造成损失。

2. 客观方面

本罪的客观方面表现为行为人实施了两种危害社会的行为：一种是向股东和社会公众提供虚假的或者隐瞒重要事实的财务会计报告；另一种是对依法应当披露的其他重要信息不按照规定披露，情节严重的行为。

（1）向股东和社会公众提供虚假的或者隐瞒重要事实的财务会计报告。财务会计报告，也称财会报告，是由公司、企业的业务部门或者公司、企业委托的其他会计、审计机构，按照国家的规定于每一会计年度终了时制作的反映公司、企业财务状况和经营成果的书面文件。

根据《会计法》第 20 条第 2 款和《企业财务会计报告条例》第 7 条的规定，财务会计报告由会计报表、会计报表附注和财务情况说明书组成。其中，会计报表应当包括资产负债表、利润表、现金流量表及相关附表。

资产负债表是反映企业某一特定日期的资产、负债和股东（所有者）权益状况的报表。它能够提供公司在一定日期所掌握的资源、负担的债务、股东持有的权益、自身规模和偿债能力及财务前景等重要资料。资产负债表由资产、负债和股东权益三部分组成，其会计等式为：资产=负债+股东权益。资产是由过去的行为引起的，公司对其享有权利并能在未来给公司带来收益的经济资源。资产可以是货币性的，也可以是非货币性的；可以是有形的，也可以是无形的。资产在资产负债表中按流动性质排列，主要包括流动资产、长期投资（公司向其他公司投出的期限在 1 年以上的资金以及购入的在 1 年内不准备变现或不能变现的股票和债券）、固定资产、无形资产和其他资产（如长期待摊费用）。负债是基于过去的行为，现在承诺的要在未来向其他人给付财产或提供劳务的义务，也就是相对人对公司资产所享有的请求权。在资产负债表中，负债按流动负债（公司将在 1 年内偿付的债务）和长期负债（偿还期在 1 年以上的债务）的顺序排列。股东权益是股东对公司净资产的权利。公司的净资产包括股本、盈余公积金、资本公积金、集体福利基金、未分配利润等。

损益表是反映企业在一定时期的经营成果及其分配情况的报表，有助于预计公司在现有资源基础上产生现金流量的能力和预计新增资源可能取得的效益。损益表可以采取两种形式编制：一种形式是合二为一的损益表，既反映企业在一定时期的经营成果，又反映经营成果的分配过程；另一种形式是一分为二的损益表，即将第一种形式中的利润分配部分剔除，另行编制利润分配表，损益表只反映经营成果的实现过程。这里所讲的损益表是后一种情况。损益表能够反映公司在一定时期的经营成果，展示在一个会计期间的经营成绩，有助于预计公司在现有资源基础上产生现金流量的能力和预计新增资源可能取得的效益。

财务状况变动表是根据公司一定会计期间内各种资产、负债和股东权益的增减变化，分析反映资金的取得来源和流出用途，说明财务动态的报表。它一般是根据损益表、资产负债表及其附注中的有关资料编制的，能提供资产负债表和损益表所不能提供的信息。财务状况变动表能起到联结资产负债表和损益表的作用，揭示财务状况变动的幅度和原因。通过编制财务状况变动表可以向报表使用者提供报告期间动态的财务状况变动情况，说明资金变化的原因，反映公司在报告期间采取的一些财务措施，给使用者提供凭借公司取得货币资金、营运资金或全部财务资源的能力以及对这些资金的需要。

财务情况说明书是财务会计报告的重要组成部分，它包括公司的生产经营情况、盈亏情况及利润分配情况、资金周转和增减情况、资本结构及变动情况、主要税费的缴纳情况。

利润分配表是关于公司的利润分配和年末利润结余情况的会计报表。利润分配表主要涉及利润总额、税后利润、可供分配利润、未分配利润等。其中利润总额减去应交所得税等于税后利润，税后利润减去应交的特种基金等于可供分配利润。

公司应当在每一会计年度终了时制作财务会计报告，并依法经审查验证。《公司法》和《证券法》还根据证券市场风险大的特点，对上市公司的财务会计报告作出了特殊规定：除了年度报告外，上市公司还必须在每一会计年度内半年公布一次财务会计报告（称中期报告）；当上市公司发生可能对股票交易价格产生较大影响的重大事件而投资者尚未得知时，上市公司应当立即将有关情况向国务院证券监督管理机构和证券交易所报送临时报告，并予公告。从 2002 年到 2007 年，上市公司还需要公布季度报告。可见，上市公司应当披露的定期报告包括年度报告、中期报告和临时报告三部分。

《公司法》规定，公司应当在每一会计年度终了时，依照法律、行政法规和国务院财政部门的规定编制财务会计报告，并依法经会计师事务所审计。有限责任公司应当依照公司章程规定的期限将财务会计报告送交各股东。股份有限公司的财务会计报告应当在召开股东大会年会的 20 日前置备于本公司，供股东查阅；公开发行股票的股份有限公司必须公告其财务会计报告。依照上述规定，制作并向股东和社会公众提供财务会计报告是公司的一项法定义务。只有客观地记录和反映公司经营情况，如实地制作财务会计报告，才能让股东准确地了解其出资或投资的收益情况。公司向股东和社会公众提供虚假的或者隐瞒重要事实的财务会计报告，对股东和社会公众的利益造成损害的，应追究其相应的刑事责任。

虚假，是指所提供的财务会计报告的内容是伪造的、虚构的，即在财务会计报告中所记载的内容与事实不符。这可能是资产负债表虚假，也可能是损益表虚假，还可能是财务状况变动表、财务情况说明书、利润分配表虚假。

隐瞒重要事实，是指所提供的财务会计报告所反映的内容不全面、不真实，没有记载重要事实。其中，重要事实一般是指能够影响股东或社会公众投资或其他决策的事实。重要事实并不限于公司的负债情况，如公司亏损情况、公司的重大决策等都可以影响股东或社会公众的决策，也属于重要事实。

从实践来看，虚假与隐瞒重要事实往往是交织在一起的，如少报或者多报资产总额或者负债总额，实际上是隐瞒了真实的资产总额或者负债总额；将亏损表述为盈利，将盈利表述为亏损，实际上是隐瞒了真实的盈亏状况；虚列营业收入、营业成本，实际上是隐瞒了真实的营业收入、营业成本等。

（2）对依法应当披露的其他重要信息不按照规定披露。对依法应当披露的其他重要信息不按照规定披露的行为，是指违反法律、行政法规和国务院证券监督管理部门对信息披露的规定，对除财务会计报告以外的其他重要信息不披露或者进行虚假披露，如做虚假记载、误导性陈述或者有重大遗漏等。根据《公司法》《证券法》《银行业监督管理法》《证券投资基金法》等法律、法规的规定，依法应当披露的其他重要信息包括：招股说明书、债券募集办法、上市报告等文件，上市公司中期报告、年度报告、临时报告及其他信息披露资料；金融机构财务会计报告、风险管理状况、董事和高级管理人员变更以及其他重大事项等信息及基金信息等。《证券法》第 78 条第 2 款规定："信息披露义务人披露的信息，应当真实、准确、完整，简明清晰，通俗易懂，不得有虚假记载、误导性陈述或者重大遗漏。"对于不按照规定披露以上重要信息的，在依照《刑法修正案（六）》修改后的《刑法》第 161 条中增加了对这一行为的处罚。

（3）上述行为必须达到严重损害股东或者其他人利益，或者有其他严重情节的程度，才追究刑事责任。股东或者其他人的利益，是指股东或者其他人与公司存在经济交易而应享有的财产利益，如借贷给公司而享有的债权、购买股票而享有的股权等。

本罪的行为方式既包括作为，也包括不作为，如前述的虚列、多列、少列的行为属于以作为的方式实施的犯罪；不列、隐瞒的行为（往往是公司有重大诉讼、仲裁、担保、关联交易、重大债务、重大亏损、经营范围、方针及经营外部条件的变化等重大事项，向投资者、债权人等隐瞒）则既可以通过作为的方式实施，也可以通过不作为的方式实施。

3. 犯罪主体

本罪的主体为依法负有信息披露义务的公司、企业，其控股股东、实际控制人实施或者组织、指使实施违规披露、不披露重要信息行为，或者隐瞒相关事项导致公司、企业违规披露、不披露重要信息，构成本罪的，依法追究控股股东、实际控制人的刑事责任。

4. 主观方面

本罪的主观方面表现为故意，即明知向股东和社会公众提供虚假的或者隐瞒重要事实的财务会计报告，或者对依法应当披露的其他重要信息不按照规定披露，会严重损害股东或者其他人利益，而希望或者放任这种结果的发生。

二、违规披露、不披露重要信息罪案立案追诉标准适用指南

《立案追诉标准（二）》第六条规定：

依法负有信息披露义务的公司、企业向股东和社会公众提供虚假的或者隐瞒重要事实的财务会计报告，或者对依法应当披露的其他重要信息不按照规定披露，涉嫌下列情形之一的，应予立案追诉：

（一）造成股东、债权人或者其他人直接经济损失数额累计在一百万元以上的；

（二）虚增或者虚减资产达到当期披露的资产总额百分之三十以上的；

（三）虚增或者虚减营业收入达到当期披露的营业收入总额百分之三十以上的；

（四）虚增或者虚减利润达到当期披露的利润总额百分之三十以上的；

（五）未按照规定披露的重大诉讼、仲裁、担保、关联交易或者其他重大事项所涉及的数额或者连续十二个月的累计数额达到最近一期披露的净资产百分之五十以上的；

（六）致使不符合发行条件的公司、企业骗取发行核准或者注册并且上市交易的；

（七）致使公司、企业发行的股票或者公司、企业债券、存托凭证或者国务院依法认定的其他证券被终止上市交易的；

（八）在公司财务会计报告中将亏损披露为盈利，或者将盈利披露为亏损的；

（九）多次提供虚假的或者隐瞒重要事实的财务会计报告，或者多次对依法应当披露的其他重要信息不按照规定披露的；

（十）其他严重损害股东、债权人或者其他人利益，或者有其他严重情节的情形。

2008年《补充规定》依据《刑法修正案（六）》对《刑法》第161条做的修改，对违规披露、不披露重要信息罪案的追诉标准进行了规定。2010年《立案追诉标准（二）》沿用了2008年《补充规定》中本罪案的立案追诉标准。2020年《刑法修正案（十一）》对本罪进行了修订，此次修订在2010年《立案追诉标准（二）》的基础上，依据《刑法修正案（十一）》的规定及相关司法实践做了相应的修改。

根据《立案追诉标准（二）》第6条的规定，依法负有信息披露义务的公司、

企业向股东和社会公众提供虚假的或者隐瞒重要事实的财务会计报告，或者对依法应当披露的其他重要信息不按照规定披露，涉嫌下列情形之一的，应予立案追诉：

（1）造成股东、债权人或者其他人直接经济损失数额累计在 100 万元以上的。2010 年《立案追诉标准（二）》将因违规披露、不披露重要信息造成股东、债权人或者其他人直接经济损失数额累计在 50 万元以上的作为本罪案的立案追诉的数额起点。本次修订将立案追诉的数额起点提高至 100 万元。主要考虑是：一方面，10 多年来随着经济社会的发展，我国证券市场规模不断扩大，2010 年《立案追诉标准（二）》中该罪追诉标准有必要适当提高。另一方面，为保持证券犯罪的立案追诉标准总体的平衡性，参考利用未公开信息交易罪和操纵证券、期货市场罪违法所得数额在 100 万元以上的立案追诉标准，将本罪的立案追诉标准从 50 万元提高至 100 万元。

在受害主体方面，考虑到 2005 年《证券法》修订时专门增加了债券发行的内容，且在实践中，除了股东可能成为主要受害人外，公司债权人（包括债券持有人）因公司提供虚假财务报告而遭受损失的情况也比较普遍，故将债权人单独列出，与股东、其他人并列。

这里的直接经济损失是指股东、债权人或者其他人所遭受的直接经济损失数额的总和。关于直接经济损失的计算方法，可以参照 1999 年 9 月 16 日最高人民检察院《关于人民检察院直接受理立案侦查案件立案标准的规定（试行）》的相关规定，即直接经济损失，是指与行为有直接因果关系而造成的财产损毁、减少的实际价值。当公司故意违规披露、不披露重要信息的行为导致股东、债权人或者其他人的直接经济损失总额达到 100 万元以上时，应予立案追诉。

（2）虚增或者虚减资产达到当期披露的资产总额 30%以上的。这一立案追诉指标沿用了 2010 年《立案追诉标准（二）》的规定，未做修改。理由是上市公司资产总额增减比例是投资者判断该上市公司经营状况及证券交易价格走势的主要依据之一。通常情况下，资产总额变动比例 30%以上的，就构成重要信息，对投资者决定是否买卖该上市公司证券产生决定性影响。因此，将虚增或者虚减资产总额的比例确定为 30%。

根据《证券法》第 79 条的规定，上市公司、公司债券上市交易的公司、股票在国务院批准的其他全国性证券交易场所交易的公司，应当按照国务院证券监督管理机构和证券交易场所规定的内容和格式编制定期报告，并按照以下规定报送和公告：①在每一会计年度结束之日起 4 个月内，报送并公告年度报告，其中的年度财务会计报告应当经符合本法规定的会计师事务所审计；②在每一会计年度的上半年结束之日起 2 个月内，报送并公告中期报告。在中期报告和年度报告中，公司财务会计报告和经营情况是必须如实披露的内容。如果行为人在报告中不如实披露上述内容，虚增或者虚减资产达到当期披露的资产总额30%以上的，应予立案追诉。

在本次修订过程中，有意见认为，如果只定比例指标，可能导致极端情况下的不公允。比如，将资产从10万元虚增至20万元，虚增比例达到100%，但对此种情况立案追诉并不妥当。因此，在保留比例指标的同时增加数额指标有利于准确评价行为的社会危害性。据测算，“虚增或者虚减资产30%以上，且虚增或者虚减资产数额在5000万元以上”的标准可以涵盖95%以上的沪深交易所上市公司的财务造假行为及91%以上的新三板精选层挂牌公司的财务造假行为。因此，建议在保留比例指标的基础上增加数额指标。经研究认为，诚实信用原则是证券法的灵魂，对资本市场犯罪应坚持零容忍要求，只有依法严厉打击证券违法犯罪，加大对大案要案的查处力度，才能不断加强诚信约束惩戒，强化震慑效应。因此，对上述意见未予采纳。

（3）虚增或者虚减营业收入达到当期披露的营业收入总额30%以上的。这是本次修订新增加的立案追诉指标。主要考虑是鉴于营业收入和资产、利润均为企业重要的财务指标，对上市公司影响重大，投资者对此广泛关注，也是投资者作出投资决定的重要参考依据。因此，虚增或者虚减营业收入达到当期披露经审计的营业收入总额30%以上的，应予立案追诉。同时，也是为了呼应欺诈发行证券罪的立案追诉标准。

（4）虚增或者虚减利润达到当期披露的利润总额30%以上的。这一立案追诉指标沿用了2010年《立案追诉标准（二）》的规定，未做修改。理由是除了资产总额的增减比例，上市公司的利润更是投资者判断该上市公司经营状况及证券交易价格走势的重要依据。和虚增或者虚减资产一样，如果行为人在中期报告和年度报告中不如实披露上市公司的利润，虚增或者虚减利润达到当期披露的利润总额30%以上的，应予立案追诉。

（5）未按照规定披露的重大诉讼、仲裁、担保、关联交易或者其他重大事项所涉及的数额或者连续12个月的累计数额达到最近一期披露的净资产50%以上的。这一立案追诉指标沿用了2010年《立案追诉标准（二）》的规定，未做修改。理由是重大诉讼、仲裁、担保、关联交易等事项属于可能对上市公司股票交易价格产生较大影响的重大事件，根据《证券法》的规定，在投资者尚未得知时，应当立即报送临时报告，并予以公告。在实践中，此类未按照规定进行披露的违规行为发生较多，金额也较大，严重损害了股东权益，给股东造成了重大损失。因此，对此种情形应予立案追诉。

本条第2项规定虚增或者虚减资产行为的比例为30%，是以资产总额作为分母进行计算的；第5项规定未按照规定披露重大事项行为的比例为50%，是以净资产作为分母进行计算的，两种计算分母不同。根据资产=负债+股东权益（净资产），按照我国上市公司的资产负债率为50%计算，如果本条规定以资产总额作为分母，未按照规定披露重大事项行为的比例为30%，换算为以净资产作为分母的相应比例应为60%。但为与本条第2项保持协调，同时考虑到不同企业情况的差异，因此以净资产50%作为立案追诉标准的比例。

（6）致使不符合发行条件的公司、企业骗取发行核准或者注册并且上市交易的。这一立案追诉指标在2010年《立案追诉标准（二）》的基础上做了相应的调整，将“致使不符合发行条件的公司、企业骗取发行核准并且上市交易的”修改为“致使不符合发行条件的公司、企业骗取发行核准或者注册并且上市交易的”。理由是2019年12月28日第十三届全国人大常委会第十五次会议审议通过了修订后的《证券法》，本次证券法修订系统总结了多年来我国证券市场改革发展、监管执法、风险防控的实践经验，在深入分析证券市场运行规律和发展阶段性特点的基础上，作出了一系列新的制度改革完善，将全面推行证券发行注册制度。在总结上交所设立科创板并试点注册制的经验基础上，按照全面推行注册制的基本定位，对证券发行制度做了系统的修改完善，充分体现了注册制改革的决心与方向。同时，考虑到注册制改革是一个渐进的过程，修订后的《证券法》也授权国务院对证券发行注册制的具体范围、实施步骤进行规定，为有关板块和证券品种分步实施注册制留出了必要的法律空间。《证券法》第21条规定：“国务院证券监督管理机构或者国务院授权的部门依照法定条件负责证券发行申请的注册。证券公开发行注册的具体办法由国务院规定。按照国务院的规定，证券交易所等可以审核公开发行证券申请，判断发行人是否符合发行条件、信息披露要求，督促发行人完善信息披露内容。依照前两款规定参与证券发行申请注册的人员，不得与发行申请人有利害关系，不得直接或者间接接受发行申请人的馈赠，不得持有所注册的发行申请的证券，不得私下与发行申请人进行接触。”《证券法》以及2006年5月证监会公布的《上市公司证券发行管理办法》明确规定了公司发行新股或债券应当符合的条件和程序，目的是防止不符合发行条件的股票或者债券发行并且上市交易，从证券发行环节保证上市公司的质量。由于违规披露、不披露重要信息致使本来不符合发行新股或者公司债券条件的上市公司表面上符合了发行新股和公司债券的条件，从而被许可发行新股和债券，但会使上市公司经营状况不良的实际情况被隐瞒，导致投资者对该上市公司的经营状况作出错误判断，遭受利益损害。同时，不符合发行条件的新股、债券上市交易也妨碍了证券市场的健康发展。

（7）致使公司、企业发行的股票或者公司、企业债券、存托凭证或者国务院依法认定的其他证券被终止上市交易的。这一立案追诉指标在2010年《立案追诉标准（二）》的基础上做了相应的调整，将“致使公司发行的股票、公司债券或者国务院依法认定的其他证券被终止上市交易或者多次被暂停上市交易的”修改为“致使公司、企业发行的股票或者公司、企业债券、存托凭证或者国务院依法认定的其他证券被终止上市交易的”。理由是 2019 年修订的《证券法》已经在法律层面不再规定暂停上市，授权交易所制定业务规则，并且科创板和创业板均已不再规定暂停上市和恢复上市流程。同时，参照科创板的做法，相应调整原来的财务类退市指标时间跨度设置，明确 1 年触及财务类退市指标即被实施退市风险警示，连续 2 年触及财务类退市指标则直接予以终止上市，以提高退市效率。据此，删除了 2010 年《立案追诉标准（二）》中“多次被暂停上市交易”的表述。

股市交易方便快捷，商机稍纵即逝。参与股票交易的人员流动性大，逐一核实股东、债权人或者其他人因违规披露、不披露重要信息所造成的损失，难度较大。此时可以从另一个角度考虑是否应对行为人进行追诉，因为使股东、债权人或者其他人利益遭受严重损害的情况，除了直接经济损失外，还有一种情况是比较明显的，那就是股东、债权人或者其他人因股票被终止上市交易而受到经济损失。终止上市交易是对上市公司违规行为采取的最为严厉的行业处罚措施。上市公司的证券终止上市交易，就使该证券永久失去了在交易所进行交易的资格，导致了该证券的持有者无法进行正常交易，从而严重损害了投资者的利益。从实际情况看，凡是因违规披露、不披露重要信息而被终止上市交易的都是违规程度、后果十分严重的。股市被视为一个国家经济形势的“晴雨表”，如果某一股票因违规行为被终止上市交易，将会引起股民的强烈反应，影响社会经济秩序的稳定。在这种情况下，即使采取措施及时，未造成重大损失或者损失暂未显现出来，其所造成的影响也是十分恶劣的，必须依法追究行为人的刑事责任。因此，对此种情形应予立案追诉。

（8）在公司财务会计报告中将亏损披露为盈利，或者将盈利披露为亏损的。这一立案追诉指标沿用了 2010 年《立案追诉标准（二）》的规定，未做修改。理由是按照上交所和深交所股票上市规则的规定，上市公司出现财务状况异常情况或者其他异常情况，导致其股票存在被强制终止上市的风险，或者投资者难以判断公司前景，投资者权益可能受到损害，存在其他重大风险的，将对该公司股票实施风险警示，在公司股票简称前冠以“＊ST”字样，当出现强制退市事由时，股票终止上市。因此，上市公司盈亏状况既是交易所决定对上市公司实行“特别对待”的主要依据，也是交易所对广大投资者进行交易风险提示的主要依据。一些上市公司采取将公司财务会计报告中的亏损虚假披露为盈利的手段，隐瞒公司的真实经营状况，发布虚假的盈亏信息，使交易所对该上市公司应该采取

“特别对待”而没有采取、应该对投资者进行风险提示而没有提示，使投资者因此受到误导，没有及时规避投资风险，从而遭受严重损失。因此，发布虚假盈亏信息的行为，违背了证券市场信息发布制度，严重损害了投资者的知情权，严重扰乱了正常的证券市场秩序。其主观恶性、行为表现的程度均属于“情节严重”，应予追究刑事责任。

（9）多次提供虚假的或者隐瞒重要事实的财务会计报告，或者多次对依法应当披露的其他重要信息不按照规定披露的。这一立案追诉指标沿用了2010年《立案追诉标准（二）》的规定，未做修改。理由是多次提供虚假的财务会计报告，多次披露虚假的重要信息，或者隐瞒重要信息的，表明其主观恶性大，多次干扰了股市或者股票价格正常运行，并对投资者产生误导，即使没有及时发现，也属于情节严重的情形，应予立案追诉。

（10）其他严重损害股东、债权人或者其他人利益，或者有其他严重情节的情形。考虑是担心考虑不周，导致出现挂一漏万的情形。因此，根据法条的表述，增加了兜底性条款。

在本罪立案追诉标准修订过程中，有意见提出，本条第2、3、4项中的“当期披露”应修改为“当期应当披露”。理由是按照《证券法》的规定，“当期应当披露”是其真实的资产总额或利润总额，而第2、3、4项中的“当期披露”是虚增或虚减之后的不真实的资产总额或利润总额。因此，这些项中计算的基准应是其应当披露的真实资产总额或利润总额，而不应是其实际披露的虚假资产总额或利润总额。另外在实践中，如某企业实际的资产总额是1000万元人民币，而其披露有1300万元人民币，虚增资产为300万元人民币，已占当期应当披露的资产总额的30%，达到了立案追诉标准；如果按当期披露的资产总额计算，只占当期披露的资产总额的23%，未达到立案追诉标准。这既不符合立法本意，也不利于保护投资者的利益。但如果做上述修改，可能有违认识的基本规律。因为不立案侦查是不可能知道其当期应当披露的真实资产总额或利润总额的，要求虚增或虚减资产达到当期应当披露的资产总额30%以上或者虚增或虚减利润达到当期应当披露的利润总额30%以上才能立案，在认识上是相悖的、不现实的。因此，对此种意见未予采纳。

此外，还有意见提出，本条第6项“致使不符合发行条件的公司、企业骗取发行核准或者注册并且上市交易的”应予以删除。理由是：①在此种情形下，行为人违规披露或不披露重要信息的目的在于使本不符合发行新股或公司债券条件的上市公司表面上符合发行新股或公司债券的条件，从而骗取发行核准许可或者注册。因此，违规披露或不披露重要信息仅为手段，欺诈发行才是目的。从本质上看，该行为更符合欺诈发行证券罪的犯罪构成要件。②从理论上看，该行为既触犯违规披露、不披露重要信息罪，又触犯欺诈发行证券罪，构成牵连犯，应择一重罪处罚。两罪相比，欺诈发行证券罪处罚更重，因此应按欺诈发行证券罪立案。经研究，上述意见未予采纳，原因是按照《立案追诉标准（二）》第 5 条的规定，只能是"在招股说明书、认股书、公司、企业债券募集办法等发行文件中隐瞒重要事实或者编造重大虚假内容，发行股票或者公司、企业债券、存托凭证或者国务院依法认定的其他证券"才构成欺诈发行证券罪。而本罪中违规披露或不披露的对象为"虚假的或者隐瞒重要事实的财务会计报告，或者依法应当披露的其他重要信息"，二者并不是完全等同的。因此，"致使不符合发行条件的公司、企业骗取发行核准或者注册并且上市交易的"作为本罪案的立案追诉标准之一不应被删除。

另外，有观点认为，本条第 7 项中的"国务院依法认定的其他证券"应修改为"国务院证券管理机关依法认定的其他证券"。理由是国务院不直接认定"证券"。对此意见，未予采纳。理由是此种表述来源于《证券法》第 2 条，即在中华人民共和国境内，股票、公司债券、存托凭证和国务院依法认定的其他证券的发行和交易，适用本法。

此外，还有观点认为，本条第 8 项"在公司财务会计报告中将亏损披露为盈利，或者将盈利披露为亏损的"应设置比例标准。对此意见，大多数人认为，上市公司的盈亏状况是交易所决定是否对上市公司采取"特别对待"的主要依据，也是风险提示的主要依据。盈利与亏损有着本质的区别，在公司财务会计报告中将亏损披露为盈利，或者将盈利披露为亏损，严重损害投资者的知情权，严重扰乱社会经济秩序，属于情节恶劣，对此不应有比例标准要求。

三、认定违规披露、不披露重要信息罪应注意的问题

（一）违规披露、不披露重要信息罪罪与非罪的界限

判断本罪罪与非罪的标准是违规披露、不披露重要信息是否造成了严重损害股东或者其他人利益的后果，或者有其他严重情节。如果公司向股东和社会公众提供了虚假的或者隐瞒重要事实的财务会计报告，或者对依法应当披露的其他重要信息不按照规定披露，但未造成严重损害股东或者其他人利益的后果，或者其行为与股东或者其他人利益所遭受的严重损害之间不具有直接的因果关系，则不构成本罪。对公司的上述违法行为，可根据《证券法》的有关规定，给予行政处罚。

实践中发生的违规披露、不披露重要信息的行为大致可以分为四类：

（1）虚假记载。虚假记载，是指在信息披露的文件上作出与事实不符的记载。负有信息披露义务的主体就有关事实做了公开陈述，但是该公开陈述中有不

真实的成分，且该失实陈述确实可能影响投资者的投资决定。

（2）不正当披露。不正当披露，是指发行人或其他人向社会公众披露的信息不及时、不规范，而该信息对投资者的投资决定可能产生重大影响。

（3）重大遗漏。重大遗漏，是指在证券活动中对应当披露的信息未予披露，进行虚假陈述。它是一种消极、不作为的虚假陈述行为。其特点是负有信息披露责任的主体有义务披露该遗漏的信息，但是未予披露，且该遗漏的信息确实可能影响投资者的投资决定。

（4）误导性陈述。误导性陈述，是指信息披露文件中某事项的记载虽为真实，但是由于语言、文字等表述存在缺陷而易被误解，致使投资者无法清晰、正确地获得信息。

（二）违规披露、不披露重要信息罪与提供虚假证明文件罪、出具证明文件重大失实罪的界限

提供虚假证明文件罪，是指承担资产评估、验资、验证、会计、审计、法律服务等职责的中介组织的人员故意提供虚假证明文件，情节严重的行为。出具证明文件重大失实罪，是指上述人员严重不负责任，出具的证明文件有重大失实，造成严重后果的行为。

按照有关规定，有限责任公司和非上市的股份有限公司的财务会计报告并非必须经过会计师事务所及其注册会计师审计，上市公司的财务会计报告每年应当以中期报告和年度报告的形式分两次向股东和社会公众公告，其中年度报告必须经会计师事务所及其注册会计师审计，中期报告则不要求必须经会计师事务所及其注册会计师审计，但上市公司通常也会聘请会计师事务所及其注册会计师对中期报告进行审计。因此在实践中，作为违规披露、不披露重要信息罪的主要方式之一，公司提供虚假财会报告的行为往往与上述中介组织及其人员特别是会计师事务所及其注册会计师有关。对此，应区分不同情况进行认定并追究刑事责任：一是公司与会计师事务所及其注册会计师合谋，由公司故意提供虚假的或者隐瞒重要事实的财务会计报告，同时由会计师事务所及其注册会计师出具虚假审计报告的，对此应分别以违规披露、不披露重要信息罪和提供虚假证明文件罪处罚；二是公司故意制作虚假的或者隐瞒重要事实的财务会计报告，而会计师事务所及其注册会计师严重不负责任，没有认真审计就出具了审计报告，在此种情形下，公司的行为构成违规披露、不披露重要信息罪，会计师事务所及其注册会计师构成出具证明文件重大失实罪。

四、违规披露、不披露重要信息罪的处罚

根据《刑法》第 161 条第 1 款的规定，依法负有信息披露义务的公司、企业

向股东和社会公众提供虚假的或者隐瞒重要事实的财务会计报告，或者对依法应当披露的其他重要信息不按照规定披露，严重损害股东或者其他人利益，或者有其他严重情节的，对其直接负责的主管人员和其他直接责任人员，处 5 年以下有期徒刑或者拘役，并处或者单处罚金；情节特别严重的，处 5 年以上 10 年以下有期徒刑，并处罚金。

根据《刑法》第 161 条第 2 款的规定，前款规定的公司、企业的控股股东、实际控制人实施或者组织、指使实施前款行为的，或者隐瞒相关事项导致前款规定的情形发生的，依照前款的规定处罚。

根据《刑法》第 161 条第 3 款的规定，犯前款罪的控股股东、实际控制人是单位的，对单位判处罚金，并对其直接负责的主管人员和其他直接责任人员，依照第 1 款的规定处罚。

所谓直接负责的主管人员和其他直接责任人员，主要是指对公司财务会计报告的真实性、可靠性负有责任的公司董事长、董事、总经理、经理、监事以及直接参与虚假财务会计报告制作工作的财会人员。从以往发生的此类案件来看，其中既有策划者、授意者，又有具体实行者、制作者。而直接负责的主管人员一般是指签署、审核财务会计报告的人员和授意违规披露、不披露重要信息的公司负责人。其他直接责任人员，是指具体编制虚假的或者隐瞒重要事实的财务会计报告或者其他重要信息的人员。在认定责任、决定处罚时，应当注意区分行为人在整个违规披露、不披露重要信息过程中所起的作用及所处的地位。

值得注意的是，依法负有信息披露义务的公司、企业犯本罪，实行单罚制，不处罚单位，只处罚个人即直接负责的主管人员和其他直接责任人员。但是，上述公司、企业的控股股东、实际控制人（不限于依法负有信息披露义务的公司、企业）犯本罪，若控股股东、实际控制人是单位，则实行双罚制，既处罚单位，也处罚个人。

第五节　妨害清算案

一、妨害清算罪的概念和构成要件

（一）概念

妨害清算罪，是指公司、企业进行清算时，隐匿财产，对资产负债表或者财产清单作虚伪记载或者在未清偿债务前分配公司、企业财产，严重损害债权人或者其他人利益的行为。

1979 年《刑法》没有规定妨害清算罪。1995 年全国人大常委会《关于惩治违反公司法的犯罪的决定》第 5 条规定："公司进行清算时，隐匿财产，对资产负债表或者财产清单作虚伪记载或者在未清偿债务前分配公司财产，严重损害债权人或者其他人利益的，对直接负责的主管人员和其他直接责任人员，处五年以下有期徒刑或者拘役，可以并处二十万元以下罚金。" 1997 年《刑法》第 162 条吸收了上述规定并做了适当修改：一是扩大了犯罪主体的范围，将原规定的"公司"扩大为"公司、企业"；二是相应扩大了犯罪对象，将原规定的在未清偿债务前分配"公司财产"扩大为"公司、企业财产"；三是规定了罚金的下限，将罚金的标准由"二十万元以下"改为"二万元以上二十万元以下"；四是改变了罚金的适用方法，将"可以并处"罚金的规定改为"并处或者单处"罚金。1997 年 12 月 11 日最高人民法院《关于执行〈中华人民共和国刑法〉确定罪名的规定》、1997 年 12 月 25 日最高人民检察院《关于适用刑法分则规定的犯罪的罪名的意见》根据 1997 年《刑法》第 162 条规定了"妨害清算罪"罪名。

公司、企业的清算，是指公司、企业因解散、分立、合并或者破产，依照法律规定清理公司、企业的债权债务的活动。公司、企业的清算可分为法定清算和任意清算两大类。法定清算包括破产解散清算、违法解散清算和正常解散清算。破产解散清算，是指债务人无力清偿所欠债务而宣告破产引起的清算；违法解散清算又称强制解散清算，是指公司、企业因违反法律和行政法规被依法责令解散而引起的清算；正常解散清算，是指因公司、企业营业期满，公司、企业章程规定的解散事由发生或者股东会议决议解散引起的清算。任意清算是只适用于人合公司（无限公司、两合公司）的一种程序。由于公司法只规定了有限责任公司和股份有限公司两种公司形式，所以这里的清算指的是法定清算。

（二）构成要件

1. 犯罪客体

本罪侵犯的客体是复杂客体。行为人不仅侵犯了国家关于公司、企业的清算管理制度，而且侵犯了债权人和其他人的合法权益。清算活动与公司、企业及其职工、股东以及其他债权人、债务人有直接的利害关系，只有依法进行清算工作，才能保证清算工作的公正性；只有正确、客观地清理核查公司、企业的财产，如实地反映公司、企业资产负债的情况，厘清各种债权债务关系，妥善地处理公司、企业终止后的善后工作，才能减少和避免纠纷，维护公司、企业及股东和其他人的利益，维护正常稳定的经济秩序。如果公司、企业在进行清算时隐匿财产，对资产负债表或者财产清单作虚伪记载，或者在未清偿债务前分配公司、企业财产，不仅会妨害清算工作公正、合法地进行，而且会损害债权人或者其他人的财产利益，引发经济纠纷，破坏正常的经济秩序。

2. 客观方面

本罪的客观方面表现为公司、企业进行清算时，有隐匿财产、对资产负债表或者财产清单作虚伪记载或者在未清偿债务前分配公司、企业财产，严重损害债权人或者其他人的利益的行为。构成本罪，在客观方面必须同时具备以下三个条件：

（1）本罪必须发生在公司、企业进行清算的过程中，在此之前或者之后的行为都不构成本罪。比如，在公司未被解散并开始进行清算前，公司可能会向股东和社会公众提供虚假或者隐匿重要事实的资产负债表，如果严重损害股东或者其他人利益的，不构成本罪。如果在清偿结束后，剩余财产按股东的出资比例或者股东所持有的股份比例进行分配，这种行为是合法的，不构成犯罪。这是构成本罪的特定时间条件。

（2）本罪必须具有隐匿财产，对资产负债表或者财产清单作虚伪记载或者在未清偿债务前分配公司、企业财产等妨害清算的行为。隐匿财产，是指将公司、企业的财产予以转移、隐藏。公司、企业的财产既包括资金，也包括工具、设备、产品、货物等各种财物。对资产负债表或者财产清单作虚伪记载，是指公司、企业在制作资产负债表或者财产清单时，故意采取隐瞒或者欺骗等方法，对资产负债或者财产清单进行虚报。资产负债表是按资产、负债和所有者权益的类别分列的，为说明公司、企业拥有的各种资源及清偿能力并反映公司、企业某一特定阶段财务状况的报表。财产清单是对公司现有各类财产进行统计、汇总的明细表。虚报公司、企业的财产可能采用少报、低报的手段，故意隐瞒或者缩小公司、企业实际资产的数额；也可能采用夸大的手段多报公司、企业实际资产，如将公司、企业的厂房、设备、产品的实际价值高估高报，用以抵销或者偿还债务；还可能将公司、企业的现有债务状况进行夸张或者不实记载；等等。在未清偿债务前分配公司、企业财产，是指在清算过程中违反法律规定，在清偿债务之前就分配公司、企业的财产。如果公司、企业未按法定顺序进行清偿，在清偿债务前擅自分配财产，必然使用于清偿债务的财产减少，造成某些债务不能履行，损害债权人的合法利益。

（3）本罪规定的妨害清算行为必须已经严重损害债权人或者其他人利益。严重损害债权人利益，是指由于公司、企业的上述行为，使本应得到偿还的债权人的巨额债务无法得到偿还等。其他人包括公司、企业职工，劳动保险的被保险人、收益人及税务机关等。严重损害其他人利益，是指严重损害实际债权人以外的其他人的利益，如由于公司、企业的上述行为，使公司、企业长期拖欠的职工工资和社会保险费用、国家巨额税款得不到清偿等情形。

3. 犯罪主体

本罪的主体是特殊主体，在一般情况下是进行清算的公司、企业。此外，由于公司、企业依法解散，被责令关闭或者被宣告破产后，应当停止对外进行经营活动，公司原来的法定代表人已不能进行有法律意义的活动，而是由清算组代表公司清理财产、处理未了结的公司业务、清缴所欠税款、清理债权债务、处理清偿债务后的剩余财产、代表公司参与民事诉讼活动。因此，如果清算组成员与公司、企业相勾结共同实施本条规定的行为，也应以共同犯罪依照本罪追究刑事责任。《企业破产法》第13条规定："人民法院裁定受理破产申请的，应当同时指定管理人。"破产管理人与公司、企业串通妨害清算的，应当依法追究刑事责任。

4. 主观方面

本罪的主观方面表现为故意，且一般是直接故意，即明知隐匿公司、企业财产，对资产负债表或者财产清单作虚伪记载，或者在未清偿债务前分配公司、企业财产，会损害债权人或者其他人的利益，而故意实施上述行为。过失造成妨害清算结果的行为，如因疏忽大意造成资产负债表或者财产清单的记载不符合实际情况等，不构成本罪。

二、妨害清算罪案立案追诉标准适用指南

《立案追诉标准（二）》第七条规定：

公司、企业进行清算时，隐匿财产，对资产负债表或者财产清单作虚伪记载或者在未清偿债务前分配公司、企业财产，涉嫌下列情形之一的，应予立案追诉：

（一）隐匿财产价值在五十万元以上的；

（二）对资产负债表或者财产清单作虚伪记载涉及金额在五十万元以上的；

（三）在未清偿债务前分配公司、企业财产价值在五十万元以上的；

（四）造成债权人或者其他人直接经济损失数额累计在十万元以上的；

（五）虽未达到上述数额标准，但应清偿的职工的工资、社会保险费用和法定补偿金得不到及时清偿，造成恶劣社会影响的；

（六）其他严重损害债权人或者其他人利益的情形。

关于本罪案的立案追诉标准，本次修订对2010年《立案追诉标准（二）》未做修改。根据《立案追诉标准（二）》第7条规定，公司、企业进行清算时，隐匿财产，对资产负债表或者财产清单作虚伪记载或者在未清偿债务前分配公司、企业财产，涉嫌下列情形之一的，应予立案追诉：

（1）隐匿财产价值在50万元以上的；

（2）对资产负债表或者财产清单作虚伪记载涉及金额在50万元以上的；

（3）在未清偿债务前分配公司、企业财产价值在50万元以上的。

对于上述三种情形，2001年《追诉标准》并未作出规定。为应对妨害清算犯罪的新变化，增强打击的针对性和可操作性，2010年《立案追诉标准（二）》增加规定了隐匿财产，对资产负债表或者财产清单作虚伪记载或者在未清偿债务前分配公司、企业财产行为的数额标准，即实施上述三种行为之一，且数额在50万元以上的，应予立案追诉。本次修订沿用了2010年《立案追诉标准（二）》的相关规定。

（4）造成债权人或者其他人直接经济损失数额累计在10万元以上的。2001年《追诉标准》规定了直接经济损失标准，即造成债权人或者其他人直接经济损失数额在10万元以上的，应予立案追诉。2010年《立案追诉标准（二）》沿用了这一规定，本次修订继续沿用。累计在10万元以上，是指因妨害清算的行为而使债权人或者其他人直接遭受的财产损毁、减少的实际价值的总和。如果被隐匿的财产价值难以确定或者对价值认定意见不一致的，应当按照国家计划委员会、最高人民法院、最高人民检察院、公安部联合发布的《扣押、追缴、没收物品估价管理办法》的规定，委托指定的估价机构确定。债权人，是指与被清算公司、企业之间存在债权债务关系的权利人。如果公司、企业有银行贷款的，银行也属于债权人。其他人，是指因妨害清算行为遭受损害的受害者。

（5）虽未达到上述数额标准，但应清偿的职工的工资、社会保险费用和法定补偿金得不到及时清偿，造成恶劣社会影响的。2001年《追诉标准》没有规定此项情形。考虑到实践中，在查处此类案件中妨害清算致使应清偿的职工工资、社会保险费用和法定补偿金得不到及时清偿的情形多发，社会影响恶劣，即使其妨害清算行为没有达到本条前4项数额标准，也应当将其认定为“严重损害债权人或者其他人利益”并依法追究刑事责任，2010年《立案追诉标准（二）》增加规定了此项情形。本次修订沿用了2010年《立案追诉标准（二）》的相关规定。

虽未达到上述数额标准，是指接近本条第1项至第4项规定的数额标准且已达到该数额的80%以上。数额符合这一标准，同时具有应清偿的职工的工资、社会保险费用和法定补偿金得不到及时清偿，造成恶劣社会影响的，应予立案追诉。

（6）其他严重损害债权人或者其他人利益的情形。本项规定属于妨害清算罪应予立案追诉的兜底性条款，防止出现实施妨害清算行为，严重损害债权人或者其他人利益，但是又不符合前述规定的五种情形，进而难以进行立案追诉的现象。2001 年《追诉标准》没有规定此项情形，2010 年《立案追诉标准（二）》增加规定了此项情形，本次修订沿用了 2010 年《立案追诉标准（二）》的相关规定。

三、认定妨害清算罪应注意的问题

（一）妨害清算罪罪与非罪的界限

1. 妨害清算罪与过失妨害清算行为的界限

妨害清算罪的主观方面必须是故意。在实践中，对于因过失而漏报、误报或者漏记、误记公司、企业财产或者资产负债表，误以为债务已清偿完毕而分配公司、企业财产，并非出于逃避债务或者优先受偿等目的的，不以本罪论处。

2. 实施妨害清算行为与妨害清算罪的界限

公司、企业虽有隐匿财产，对资产负债表或者财产清单作虚伪记载或者在未清偿债务前分配公司、企业财产等行为，并没有影响向债权人或者其他人履行还债、清偿义务的，或者对债权人或者其他人利益虽有损害，但尚未达到严重的程度的，不能构成本罪，可以做其他处理。例如，《公司法》第 204 条第 2 款规定："公司在进行清算时，隐匿财产，对资产负债表或者财产清单作虚假记载或者在未清偿债务前分配公司财产的，由公司登记机关责令改正，对公司处以隐匿财产或者未清偿债务前分配公司财产金额百分之五以上百分之十以下的罚款；对直接负责的主管人员和其他直接责任人员处以一万元以上十万元以下的罚款。"只有实施了妨害清算行为并且严重损害债权人或者其他人利益的，才按犯罪处理。

（二）妨害清算罪与其他相关犯罪的界限

1. 妨害清算罪与职务侵占罪、贪污罪的界限

职务侵占罪，是指公司、企业或者其他单位的工作人员，利用职务上的便利，将本单位财物非法占为己有，数额较大的行为。贪污罪，是指国家工作人员利用职务上的便利，侵吞、窃取、骗取或者以其他手段非法占有公共财物的行为。

妨害清算罪与职务侵占罪、贪污罪在客观方面都可能表现为隐匿公司、企业的财产，侵犯的客体均为复杂客体，主观方面均出于故意。其主要区别为：(1) 主体不同。妨害清算罪的主体为进行清算的公司、企业；而职务侵占罪和贪污罪的主体则是自然人，其中，职务侵占罪的主体为非国有公司、企业或者其他单位的人员，贪污罪的主体为国家工作人员或国家机关、国有公司、企业、事业单位、人民团体委托管理、经营国有财产的人员。(2) 侵犯的客体不同。妨害清算罪侵犯的客体是复杂客体。行为人不仅侵犯了国家关于公司、企业的清算管理制度，而且侵犯了债权人和其他人的合法权益；而职务侵占罪和贪污罪侵犯的客体是公

私财产的所有权和相关人员职务行为的廉洁性。如果是清算组成员利用职务上的便利侵吞、窃取、骗取或者以其他手段非法将进行清算的公司、企业财物据为己有的，按照主体身份的不同，应当分别以职务侵占罪或者贪污罪追究其刑事责任。

2. 妨害清算罪与诈骗罪的界限

诈骗罪，是指以非法占有为目的，采用虚构事实或者隐瞒真相的方法，骗取数额较大的公私财物的行为。

妨害清算罪的犯罪行为也带有一定的诈骗性质，与诈骗罪的共同点在于同样使用虚构事实或者隐瞒真相的方法，为自己或公司、企业谋取非法利益。两罪的主要区别为：（1）主体不同。妨害清算罪为特殊主体，即进行清算的公司、企业；而诈骗罪则是一般主体，所有达到刑事责任年龄、具有刑事责任能力的自然人都可成为该罪的主体。（2）侵犯的客体不同。妨害清算罪侵犯的是复杂客体，行为人的行为不仅侵犯了国家关于公司、企业的清算管理制度，而且侵犯了债权人和其他人的合法权益；而诈骗罪侵犯的客体是单一客体，即公私财产所有权。(3）犯罪的对象不同。妨害清算罪的犯罪对象是特定的，即在清算期间的公司、企业的财产或者涉及财产状况的资产负债表或者财产清单等会计文件；而诈骗罪的犯罪对象则是非特定的公私财物。(4）客观方面有所不同。妨害清算罪必须发生在公司、企业的清算期间；而诈骗罪则可发生在日常生活或者经济活动过程中。

四、妨害清算罪的处罚

根据《刑法》第 162 条的规定，犯妨害清算罪的，对公司、企业直接负责的主管人员和其他直接责任人员，处 5 年以下有期徒刑或者拘役，并处或者单处 2 万元以上 20 万元以下罚金。

第六节　隐匿、故意销毁会计凭证、会计账簿、财务会计报告案

一、隐匿、故意销毁会计凭证、会计账簿、财务会计报告罪的概念和构成要件

（一）概念

隐匿、故意销毁会计凭证、会计账簿、财务会计报告罪，是指隐匿或者故意销毁依法应当保存的会计凭证、会计账簿、财务会计报告，情节严重的行为。

1997 年《刑法》对虚报注册资本、虚假出资、提供虚假的财务会计报告以

及中介组织及其工作人员提供虚假证明文件等直接做假账、严重破坏会计秩序的行为作为单独的犯罪作了规定，但对隐匿、故意销毁会计凭证、会计账簿、财务会计报告等行为没有单独规定为犯罪。当时主要是考虑到隐匿、故意销毁会计凭证、会计账簿、财务会计报告的行为本身并不是犯罪的目的，一般是行为人实施了刑法规定的相关犯罪后，为掩盖犯罪事实、毁灭犯罪证据而实施的行为，或者是以此作为进行某种犯罪的手段。随着社会主义市场经济的发展，会计工作在加强经济管理、提高经济效益、维护社会主义市场经济秩序、实现国家宏观经济调控目标等方面的特殊作用显得越来越重要。隐匿、故意销毁会计凭证、会计账簿、财务会计报告的行为频频发生，但当有关部门进行监督检查时，一些单位及其人员不但不积极予以配合，反而将有关的会计资料转移、隐藏起来，拒不接受监督检查，更有甚者直接将会计资料予以销毁，严重影响执法活动。在实践中，行为人实施了刑法规定的犯罪，如逃税罪和骗取出口退税罪、贷款诈骗罪、职务侵占罪、贪污罪、私分国有资产罪、挪用资金罪、挪用公款罪等，为了掩盖罪行、逃避法律追究，通常都会隐匿、故意销毁相关的会计资料，因此需要对此种行为单独作为犯罪加以规定。1999 年全国人大常委会通过的《刑法修正案》第 1 条规定："第一百六十二条后增加一条，作为第一百六十二条之一：'隐匿或者故意销毁依法应当保存的会计凭证、会计帐簿、财务会计报告，情节严重的，处五年以下有期徒刑或者拘役，并处或者单处二万元以上二十万元以下罚金。单位犯前款罪的，对单位判处罚金，并对其直接负责的主管人员和其他直接责任人员，依照前款的规定处罚。'" 2002 年最高人民法院、最高人民检察院《关于执行〈中华人民共和国刑法〉确定罪名的补充规定》根据《刑法修正案》第 1 条补充规定了"隐匿、故意销毁会计凭证、会计账簿、财务会计报告罪"罪名。

（二）构成要件

1. 犯罪客体

本罪侵犯的客体是国家会计管理秩序和有关国家机关的正常管理活动。会计资料是一个单位经济活动的重要记录，在国家经济管理活动中对于查证有关违法犯罪活动具有重要作用。首先，会计资料要记录本单位的真实经济活动情况，从而为做好本单位的经济核算、提高本单位的经济效益提供服务和帮助；其次，会计资料所反映的各种经济活动又为国家经济决策和宏观调控提供了重要信息；最后，会计资料还是国家行政机关、司法机关监督检查会计工作，追究有关经济犯罪的重要依据和证据。为了规范会计行为，保证会计资料真实、完整，《会计法》第 35 条规定，各单位必须依照有关法律、行政法规的规定，接受有关监督检查部门依法实施的监督检查，如实提供会计凭证、会计账簿、财务会计报告和其他会计资料以及有关情况，不得拒绝、隐匿、谎报。

2. 客观方面

本罪的客观方面表现为实施了隐匿或者故意销毁依法应当保存的会计凭证、会计账簿、财务会计报告，情节严重的行为。所谓隐匿，是指有关机关要求其提供会计凭证、会计账簿、财务会计报告，以便监督检查其会计工作，查找犯罪证据时，故意转移、隐藏依法应当保存的会计凭证、会计账簿、财务会计报告的行为。所谓故意销毁，是指故意将应当依法保存的会计凭证、会计账簿、财务会计报告予以毁灭、损毁的行为。会计凭证，是指记录经济业务发生和完成情况，明确经济责任，作为记账依据的书面证明，包括原始凭证和记账凭证。会计账簿，是指由一定格式、相互联系的账页组成，以会计凭证为依据，用以序时地、全面地记录、反映和监督一个单位经济业务活动情况的会计簿籍，包括总账、明细账、日记账和其他辅助性账簿。财务会计报告，是指根据会计账簿记录和有关会计核算资料编制的反映单位财务状况和经营成果的报告文书，由会计报表、会计报表附注和财务情况说明书组成。

《会计法》第23条规定，各单位对会计凭证、会计账簿、财务会计报告和其他会计资料应当建立档案，妥善保管。会计档案的保管期限和销毁办法，由国务院财政部门会同有关部门制定。各单位应当对本单位的会计凭证、会计账簿、财务会计报告等会计资料，按照国家规定的期限、方法妥善保管，需要销毁时，应当按照规定的程序办理手续，由规定的人员进行销毁，不得违反国家规定予以隐匿或者故意销毁。如果行为人实施了上述行为，而且达到情节严重的程度，无论其出于何种目的，均构成本罪。

3. 犯罪主体

本罪的主体为一般主体，自然人和单位均可构成本罪。需要说明的是，本罪虽然被规定在《刑法》分则第三章“妨害对公司、企业的管理秩序罪”一节中，但并不意味着只有公司、企业及其工作人员才能构成本罪。任何人只要实施了隐匿或者故意销毁依法应当保存的会计凭证、会计账簿、财务会计报告的行为，情节严重的就构成本罪。

4. 主观方面

本罪的主观方面表现为故意，过失不构成本罪。

二、隐匿、故意销毁会计凭证、会计账簿、财务会计报告罪案立案追诉标准适用指南

《立案追诉标准（二）》第八条规定：

隐匿或者故意销毁依法应当保存的会计凭证、会计账簿、财务会计报

告，涉嫌下列情形之一的，应予立案追诉：

（一）隐匿、故意销毁的会计凭证、会计账簿、财务会计报告涉及金额在五十万元以上的；

（二）依法应当向监察机关、司法机关、行政机关、有关主管部门等提供而隐匿、故意销毁或者拒不交出会计凭证、会计账簿、财务会计报告的；

（三）其他情节严重的情形。

根据《立案追诉标准（二）》第8条规定，隐匿或者故意销毁依法应当保存的会计凭证、会计账簿、财务会计报告，涉嫌下列情形之一的，应予立案追诉：

（1）隐匿、故意销毁的会计凭证、会计账簿、财务会计报告涉及金额在50万元以上的。关于此项立案追诉情形，2001年《追诉标准》规定为“隐匿、销毁的会计资料涉及金额在五十万元以上的”，2010年《立案追诉标准（二）》修改为“隐匿、故意销毁的会计凭证、会计账簿、财务会计报告涉及金额在五十万元以上的”，这样表述更为周延和规范。本次修订沿用了2010年《立案追诉标准（二）》的相关规定。

在实践中，如果行为人既有隐匿部分会计凭证、会计账簿、财务会计报告的行为，又有销毁其余会计凭证、会计账簿、财务会计报告的行为，二者相加金额在50万元以上的，即应予立案追诉。如果会计凭证、会计账簿、财务会计报告涉及境外货币的，应依照有关规定折算成人民币。

（2）依法应当向监察机关、司法机关、行政机关、有关主管部门等提供而隐匿、故意销毁或者拒不交出会计凭证、会计账簿、财务会计报告的。关于此项立案追诉情形，2001年《追诉标准》表述为“为逃避依法查处而隐匿、销毁或者拒不交出会计资料的”，2010年《立案追诉标准（二）》修改为“依法应当向司法机关、行政机关、有关主管部门等提供而隐匿、故意销毁或者拒不交出会计凭证、会计账簿、财务会计报告的”。修改的主要考虑是司法实践表明，2001年《追诉标准》中“依法查处”的含义容易引起歧义且不好操作，所以删去了“为逃避依法查处”的前置条件。此外，立案追诉要求查证的重点不在“为逃避依法查处”的主观目的，而是落在“依法应当保存”或者“拒不交出”等客观行为上，这样规定便于实际操作。

本次修订相较于2010年《立案追诉标准（二）》，将“监察机关”列在司法机关、行政机关、有关主管部门之前。深化国家监察体制改革是健全党和国家监督体系的重大决策部署，是推进国家治理体系和治理能力现代化的一项重要改革。2018年3月，第十三届全国人大第一次会议审议通过了宪法修正案和监察法，监察机关成为独立于行政机关和司法机关之外履行国家监察职能的专门机关。其后，刑事诉讼法等法律法规也相继进行修改，进一步明确了监察机关与公安机关、司法机关等其他机关的办案衔接问题等。为落实宪法有关规定，做好与国家监察体制改革的制度衔接，本次修订将依法应当提供会计凭证、会计账簿、财务会计报告的对象修改为监察机关、司法机关、行政机关、有关主管部门等。

根据《会计法》《审计法》《海关法》《公司法》《行政处罚法》《刑事诉讼法》等有关法律的规定，下列单位（人员）在执行公务中有权要求会计机构或会计人员提供会计资料：实施监督检查的财政、审计、税务、人民银行、证券监管、保险监管等部门；履行审计监督职责的审计机关；实施稽查的海关；上级主管部门、人民政府及其授权机构；办理相关刑事案件的公安司法机关；法律法规规定的其他部门。依法应当向上述司法机关、行政机关、有关主管部门等提供而隐匿、故意销毁或者拒不交出会计凭证、会计账簿、财务会计报告的，应予立案追诉。此外，实践中还要注意区分拒不交出会计凭证、会计账簿、财务会计报告行为与妨害公务罪的界限。如果以暴力、威胁方法拒不交出会计凭证、会计账簿、财务会计报告，阻碍有关国家机关工作人员依法执行职务的，应以妨害公务罪进行追诉。

（3）其他情节严重的情形。隐匿或者故意销毁依法应当保存的会计凭证、会计账簿、财务会计报告，情节严重的情形复杂多样，很难列举全面，因此2010年《立案追诉标准（二）》增设了“其他情节严重的情形”的兜底性条款。此项是为了不遗漏其他使犯罪分子得以逃避追诉的情形而作的兜底性规定，本次修订继续沿用。

三、认定隐匿、故意销毁会计凭证、会计账簿、财务会计报告罪应注意的问题

（一）隐匿、故意销毁会计凭证、会计账簿、财务会计报告罪罪与非罪的界限

认定某一隐匿、故意销毁会计凭证、会计账簿、财务会计报告的行为是否构成犯罪，主要从以下几个方面考察：（1）行为人是否出于故意，过失行为不按犯罪处理。（2）行为人的行为情节是否严重，只有行为人的行为具备了《立案追诉标准（二）》规定的情形之一的，才按犯罪处理。对于实施隐匿、故意销毁会计凭证、会计账簿、财务会计报告行为，尚不构成犯罪的，根据《会计法》第44条第2款规定，由县级以上人民政府财政部门予以通报，可以对单位并处5

千元以上10万元以下的罚款；对其直接负责的主管人员和其他直接责任人员，可以处3千元以上5万元以下的罚款；属于国家工作人员的，还应当由其所在单位或者有关单位依法给予撤职直至开除的行政处分；其中的会计人员，5年内不得从事会计工作。(3) 行为对象是否属于依法应当保存的会计凭证、会计账簿、财务会计报告。如果不是依法应当保存的会计资料，如超过保管期限的会计资料，则不构成犯罪。

(二) 一罪与数罪问题

在实践中，逃税罪、职务侵占罪、贪污罪等犯罪都可能存在隐匿、故意销毁会计凭证、会计账簿、财务会计报告的情况。在这些情况下，隐匿、故意销毁会计凭证、会计账簿、财务会计报告的行为是为了掩盖其他犯罪行为，行为之间存在手段和目的的牵连关系，对此不实行数罪并罚，而是按照牵连犯的处罚原则进行处罚，并应将隐匿、故意销毁会计凭证、会计账簿、财务会计报告行为作为从重情节予以考虑。但如果无法查证行为人隐匿、故意销毁会计凭证、会计账簿、财务会计报告所要掩饰的犯罪，或者该犯罪由于其隐匿、故意销毁会计凭证、会计账簿、财务会计报告行为而无法查清的，可以对行为人以隐匿、故意销毁会计凭证、会计账簿、财务会计报告罪定罪处罚。

四、隐匿、故意销毁会计凭证、会计账簿、财务会计报告罪的处罚

根据《刑法》第162条之一第1款的规定，自然人犯隐匿、故意销毁会计凭证、会计账簿、财务会计报告罪的，处5年以下有期徒刑或者拘役，并处或者单处2万元以上20万元以下罚金。

根据《刑法》第162条之一第2款的规定，单位犯隐匿、故意销毁会计凭证、会计账簿、财务会计报告罪的，对单位判处罚金，并对其直接负责的主管人员和其他直接责任人员，依照自然人犯本罪的规定处罚。

第七节 虚假破产案

一、虚假破产罪的概念和构成要件

(一) 概念

虚假破产罪，是指公司、企业通过隐匿财产、承担虚构的债务或者以其他方法转移、处分财产，实施虚假破产，严重损害债权人或者其他人利益的行为。

《刑法》第162条规定了妨害清算罪，对公司、企业在进行清算时，隐匿财产，对资产负债表或者财产清单作虚伪记载或者在未清偿债务前分配公司、企业财产，严重损害债权人或者其他人利益的行为规定了刑事处罚。但是，一些公司、企业在进入破产清算之前，就以隐匿财产，承担虚构的债务，非法转移、处分财产等方式制造资不抵债的假象，申请进入破产程序，以达到假破产、真逃债的目的。这些行为不仅严重侵害了债权人和其他人的利益，妨害公司、企业管理，而且破坏了正常的市场经济秩序，违背社会诚信，影响社会稳定，应当予以惩治。2006年全国人大常委会通过的《刑法修正案（六）》增设了虚假破产罪。《刑法修正案（六）》第6条规定："在刑法第一百六十二条之一后增加一条，作为第一百六十二条之二：'公司、企业通过隐匿财产、承担虚构的债务或者以其他方法转移、处分财产，实施虚假破产，严重损害债权人或者其他人利益的，对其直接负责的主管人员和其他直接责任人员，处五年以下有期徒刑或者拘役，并处或者单处二万元以上二十万元以下罚金。'"2007年最高人民法院、最高人民检察院《关于执行〈中华人民共和国刑法〉确定罪名的补充规定（三）》根据《刑法修正案（六）》第6条补充规定了"虚假破产罪"罪名。

（二）构成要件

1. 犯罪客体

本罪侵犯的客体是复杂客体。行为人的行为不仅侵犯了国家关于公司、企业的破产管理制度，而且侵犯了债权人和其他人的合法权益。

我国《公司法》《企业破产法》《民事诉讼法》等法律对公司、企业破产规定了严格的管理制度。按照法律规定，破产是在公司、企业不能清偿到期债务时，为满足债权人合理的清偿要求，在人民法院的指挥和监督下，就债务人的总财产实行分配的清算程序。在正常情况下，进入破产程序的公司、企业往往会资不抵债，按照有关法律规定的破产程序进行清算、破产财产分配后，大部分债权人的债权也只能得到部分清偿甚至得不到清偿。破产程序终结后，未清偿的债务不再清偿。有的公司、企业利用破产制度的这一特点，通过隐匿财产、虚构债务或者其他转移、处分财产的办法，制造资不抵债的假象，向人民法院申请破产。通过虚假的"破产清偿"达到逃避债务、侵吞他人资产的目的。

2. 客观方面

本罪的客观方面表现为通过隐匿财产、承担虚构的债务或者以其他方法转移、处分财产，实施虚假破产，严重损害债权人或者其他人利益的行为。隐匿财产，是指将公司、企业的财产予以转移、隐藏，或者对公司、企业的财产清单和资产负债表作虚假记载，或者采用少报、低报的手段，故意隐瞒、缩小公司、企业财产的实际数额。公司、企业的财产既包括资金，也包括工具、设备、产品、货物等各种财物。承担虚构的债务，是指捏造、承认不真实或不存在的债务。以其他方法非法转移、处分财产，是指以隐匿财产、承担虚构的债务以外的方法非法转移、处分公司、企业的财产。例如，在未清偿债务之前，将公司、企业财产无偿转让；以明显不合理的低价转让财产或者以明显高于市场的价格受让财产；对原来没有财产担保的债务提供财产担保；放弃债权；对公司财产进行分配；等等。实施虚假破产是本罪的行为特征，是指通过上述转移、处分财产的行为，造成资不抵债的假象，从而向人民法院申请宣告破产或者由债权人申请宣告破产，致使公司、企业进入破产程序，实际上公司、企业并不符合法定破产条件，制造假象，欺骗人民法院实施虚假破产。严重损害债权人利益，是指由于公司、企业的上述行为，使本应得到偿还的债权人的巨额债务无法得到偿还等。严重损害其他人利益，是指由于公司、企业的上述行为，造成公司、企业拖欠的职工工资、社会保险费用和国家税款得不到清偿，或者使公司、企业的其他股东的合法权益受到损害等情形。

3. 犯罪主体

本罪的主体是公司、企业。公司，是指依照公司法设立的有限责任公司和股份有限公司；企业，是指依法设立的从事生产经营的法人实体。

4. 主观方面

本罪是单位故意犯罪，在主观方面表现为故意，即明知隐匿财产、承担虚构的债务或者以其他方法转移、处分财产，实施虚假破产，会严重损害债权人或者其他人利益，而故意实施上述行为。

二、虚假破产罪案立案追诉标准适用指南

《立案追诉标准（二）》第九条规定：

公司、企业通过隐匿财产、承担虚构的债务或者以其他方法转移、处分财产，实施虚假破产，涉嫌下列情形之一的，应予立案追诉：

（一）隐匿财产价值在五十万元以上的；

（二）承担虚构的债务涉及金额在五十万元以上的；

（三）以其他方法转移、处分财产价值在五十万元以上的；

（四）造成债权人或者其他人直接经济损失数额累计在十万元以上的；

（五）虽未达到上述数额标准，但应清偿的职工的工资、社会保险费用和法定补偿金得不到及时清偿，造成恶劣社会影响的；

（六）其他严重损害债权人或者其他人利益的情形。

虚假破产罪系《刑法修正案（六）》新增设罪名，2001年《追诉标准》没有相关规定，2010年《立案追诉标准（二）》进行了规定，本次修订沿用了2010年《立案追诉标准（二）》的相关规定。鉴于虚假破产罪与妨害清算罪具有关联性，本罪案立案追诉标准参照妨害清算罪案的有关标准制定，以保持两罪在立案追诉标准上的平衡。

根据《立案追诉标准（二）》第9条规定，公司、企业通过隐匿财产、承担虚构的债务或者以其他方法转移、处分财产，实施虚假破产，涉嫌下列情形之一的，应予立案追诉：

（1）隐匿财产价值在50万元以上的。

（2）承担虚构的债务涉及金额在50万元以上的。

（3）以其他方法转移、处分财产价值在50万元以上的。

上述三项情形均采用“行为+数额”的认定标准。刑法将实施虚假破产的行为概括为三种方式，即隐匿财产、承担虚构的债务或者以其他方法转移、处分财产。只要公司、企业通过上述三种方式实施虚假破产，数额在50万元以上的，公安机关和人民检察院就应予立案追诉。

（4）造成债权人或者其他人直接经济损失数额累计在10万元以上的。虚假破产行为的社会危害性在于行为人利用法律关于破产的规定，虚构破产条件，借以规避债务，严重损害了债权人和相关人的利益。因此，虚假破产行为给债权人或相关人造成的经济损失应该成为衡量是否立案追诉的标准。直接经济损失数额累计在10万元以上，是指因实施虚假破产的行为而使债权人或者其他人直接遭受的财产损毁、减少的实际价值的总和。

（5）虽未达到上述数额标准，但应清偿的职工的工资、社会保险费用和法定补偿金得不到及时清偿，造成恶劣社会影响的。此项情形将虽未达到上述数额标准，但应清偿的职工工资、社会保险费用和法定补偿金得不到及时清偿，造成恶劣社会影响作为立案追诉标准。虽未达到上述数额标准，是指接近上述第1-4项规定数额标准且已达到该数额的80%以上，同时具有应清偿的职工工资、社会保险费用和法定补偿金得不到及时清偿，造成恶劣社会影响的情形，即应予立案追诉。

（6）其他严重损害债权人或者其他人利益的情形。本项情形是对虚假破产行为进行立案追诉的兜底性规定，主要适用于严重损害债权人或者其他人利益，有立案追诉的必要，但是不属于上述五种情形的虚假破产行为。

三、认定虚假破产罪应注意的问题

（一）虚假破产罪罪与非罪的界限

区分公司、企业实施虚假破产的行为是否构成犯罪，主要看公司、企业是否出于故意，过失不构成本罪。公司、企业实施了《刑法》第 162 条之二规定的虚假破产的行为只有达到严重损害债权人或者其他人利益的，才按犯罪处理。严重损害，主要是指使债权人的债权得不到实现，数额巨大；造成应当发放的职工工资无法发放，数额较大或者造成严重影响等情况。其具体标准依照《立案追诉标准（二）》的规定。

（二）虚假破产罪与妨害清算罪的界限

妨害清算罪，是指公司、企业进行清算时，隐匿财产，对资产负债表或者财产清单作虚伪记载或者在未清偿债务前分配公司、企业财产，严重损害债权人或者其他人利益的行为。

虚假破产罪与妨害清算罪都可能有隐匿公司、企业财产的行为。这两个罪的界限主要体现在适用范围上的不同。《刑法》第 162 条妨害清算罪主要是针对公司、企业进入清算程序以后实施的犯罪行为，即公司、企业因解散、分立、合并或者破产，依照法律规定在清理公司、企业债权债务的活动期间发生的隐匿财产、对资产负债表或者财产清单作虚伪记载或者在未清偿债务前分配公司、企业财产的犯罪行为。而《刑法》第 162 条之二虚假破产罪主要是针对公司、企业在进入破产程序之前，通过隐匿财产、承担虚构的债务或者以其他方法非法转移、处分财产，实施虚假破产的犯罪行为。二者在行为方式上有相似之处，是否进入清算程序是区分二者的关键。实施虚假破产的时间界限应当截止于公司、企业提出破产申请之日，或者因为公司、企业资不抵债，由债权人提出破产申请之日。根据《企业破产法》的有关规定，从提出破产申请之日起，在此之前 1 年之内恶意处分公司、企业财产的行为无效。如果行为人实施《刑法》第 162 条之二所规定的行为，严重损害债权人和其他人利益的，就构成虚假破产罪。

四、虚假破产罪的处罚

根据《刑法》第 162 条之二的规定，犯虚假破产罪的，对公司、企业直接负责的主管人员和其他直接责任人员，处 5 年以下有期徒刑或者拘役，并处或者单处 2 万元以上 20 万元以下罚金。

第八节　非国家工作人员受贿案

一、非国家工作人员受贿罪的概念和构成要件

（一）概念

非国家工作人员受贿罪，是指公司、企业或者其他单位的工作人员，利用职务上的便利，索取他人财物或者非法收受他人财物，为他人谋取利益，或者在经济往来中，利用职务上的便利，违反国家规定，收受各种名义的回扣、手续费，归个人所有，数额较大的行为。

1979年《刑法》没有规定公司、企业人员受贿罪，当时公司、企业一般是国有或者集体所有，因此实践中对此行为均以受贿罪处罚。1995年2月28日全国人大常委会《关于惩治违反公司法的犯罪的决定》增设了公司、企业人员受贿罪。该决定第9条规定："公司董事、监事或者职工利用职务上的便利，索取或者收受贿赂，数额较大的，处五年以下有期徒刑或者拘役；数额巨大的，处五年以上有期徒刑，可以并处没收财产。"从而将集体所有制公司、企业人员受贿犯罪从《刑法》规定的受贿罪中分离出来。1997年修订《刑法》时吸收了上述规定的内容并做了较大修改、补充和完善。1997年《刑法》第163条规定："公司、企业的工作人员利用职务上的便利，索取他人财物或者非法收受他人财物，为他人谋取利益，数额较大的，处五年以下有期徒刑或者拘役；数额巨大的，处五年以上有期徒刑，可以并处没收财产。公司、企业的工作人员在经济往来中，违反国家规定，收受各种名义的回扣、手续费，归个人所有的，依照前款的规定处罚。国有公司、企业中从事公务的人员和国有公司、企业委派到非国有公司、企业从事公务的人员有前两款行为的，依照本法第三百八十五条、第三百八十六条的规定定罪处罚。"

1997年《刑法》修订以后，随着市场经济活动的深入，公司、企业以外的其他单位的工作人员逐渐成为市场经济活动的主体之一，同时商业领域出现的贿赂行为也并不全是公司、企业的工作人员所为。随着我国加入《联合国反腐败公约》和反商业贿赂工作的深入以及实际需要，有关部门提出把商业贿赂犯罪的主体仅限于公司、企业利用职务便利进行权钱交易的工作人员范围有些窄，对公司、企业以外的其他单位的工作人员利用职务便利进行权钱交易、危害社会利益的行为也应追究刑事责任。针对以上实际问题，《刑法修正案（六）》对《刑法》第163、164条进行了修改，将商业贿赂犯罪的主体从"公司、企业的工作

人员”扩大到“其他单位的工作人员”，包括非国有公司、企业或者其他单位的工作人员。同时，根据2007年10月25日最高人民法院、最高人民检察院《关于执行〈中华人民共和国刑法〉确定罪名的补充规定（三）》的规定，将“公司、企业人员受贿罪”罪名修改为“非国家工作人员受贿罪”罪名。

2020年12月26日第十三届全国人大常委会第二十四次会议通过的《刑法修正案（十一）》第10条对本罪的刑罚配置做了修改：一是主刑中的法定最高刑、量刑幅度有所调整。主刑从“两档，最高刑期为十五年有期徒刑”调整到了“三档，最高刑期为无期徒刑”。二是增加了轻刑的适用空间。第一档法定刑由“五年以下”调整到了“三年以下”，增加了轻刑适用的范围。三是增加了罚金刑的适用，取消了“没收财产”的附加刑。和调整前的刑罚仅在第二档法定刑中设置“可以并处没收财产”相比，调整后的刑罚三档法定刑中每一档都增加了“并处罚金”的附加刑。四是增加了“情节”在第二、三档量刑幅度中的作用。调整后的第一档量刑幅度仍以“数额较大”作为标准，第二、三档量刑幅度则相应地增加了“有其他严重情节”“有其他特别严重情节”的规定，弥补了刑罚单纯以“数额”作为单一评价维度的弊端。

（二）构成要件

1. 犯罪客体

本罪侵犯的客体是复杂客体，即公司、企业或者其他单位的管理制度和公司、企业或者其他单位工作人员的职务廉洁性。非国家工作人员在与他人的经济交往活动中，索取或非法收受他人财物，或收受各种名义的回扣、手续费归个人所有，严重侵犯了公司、企业或者其他单位的管理制度，扰乱了社会主义市场经济秩序。同时，从单位内部角度来说，公司、企业或者其他单位的工作人员应当保持廉洁性，其职务行为是不能被收买的。因此，这些行为也侵犯了公司、企业或者其他单位工作人员的职务廉洁性。

2. 客观方面

本罪的客观方面表现为公司、企业或者其他单位的工作人员，利用职务上的便利，索取他人财物或者非法收受他人财物，为他人谋取利益，或者在经济往来中，利用职务上的便利，违反国家规定，收受各种名义的回扣、手续费，归个人所有，数额较大的行为。利用职务上的便利，是指公司、企业或者其他单位的工作人员利用自己职务上组织、领导、监管、主管、经管、负责某项工作的方便条件。索取他人财物，是指公司、企业或者其他单位的工作人员以为他人谋取利益为条件，主动向他人索要并收取财物。索取既可以是明示的，如行为人明确地向对方提出贿赂要求，如果对方不给其财物，就不履行或者不正当履行其职责；索取也可以是暗示性地提出贿赂要求，让对方领会其索贿意图后交给其财物。非法收受他人财物，是指公司、企业或者其他单位的工作人员，利用职务上的便利，接受他人主动送予的财物。为他人谋取利益，从谋取利益的性质上看，既包括他人应当得到的合法的、正当的利益，也包括他人不应当得到的非法的、不正当的利益；从利益的实现方面看，包括已为他人谋取的利益、意图谋取或者正在谋取但尚未谋取到的利益。收受各种名义的回扣、手续费归个人所有需满足以下条件：（1）在经济往来中，违反国家规定。（2）收受各种名义的回扣、手续费。回扣，是指在商品交易或者劳务活动中，由卖方从所收到的价款中，按照一定的比例扣除一部分返还给买方或者其经办人的款项。手续费，是指在经济活动中，除回扣以外，违反国家规定支付给公司、企业或者其他单位工作人员的各种名义的钱款，如所谓的信息费、顾问费、劳务费、辛苦费、好处费等。（3）所收受的回扣、手续费归个人所有。是否归个人所有是区分本罪罪与非罪的主要界限，如果收取的回扣、手续费都上交给公司、企业或者其他单位的，不构成本罪；只有将收受的回扣、手续费归个人所有的，才构成本罪。（4）收受回扣、手续费数额较大。

3. 犯罪主体

本罪的主体是公司、企业或者其他单位的工作人员。公司，是指《公司法》中所规定的有限责任公司和股份有限公司。企业，是指把人的要素和物的要素结合起来的、自主从事经济活动的、具有营利性的经济组织；其外延一般要大于公司。对于其他单位的范围界定问题，2008年11月20日最高人民法院、最高人民检察院《关于办理商业贿赂刑事案件适用法律若干问题的意见》第2条作出了明确规定："刑法第一百六十三条、第一百六十四条规定的'其他单位'，既包括事业单位、社会团体、村民委员会、居民委员会、村民小组等常设性的组织，也包括为组织体育赛事、文艺演出或者其他正当活动而成立的组委会、筹委会、工程承包队等非常设性的组织。"

国有公司、企业或者其他国有单位中从事公务的人员和国有公司、企业或者其他国有单位委派到非国有公司、企业以及其他单位从事公务的人员实施受贿犯罪行为的，依照《刑法》第385、386条规定的受贿罪定罪处罚。

4. 主观方面

本罪的主观方面表现为故意，过失不构成本罪。

二、非国家工作人员受贿罪案立案追诉标准适用指南

《立案追诉标准（二）》第十条规定：

公司、企业或者其他单位的工作人员，利用职务上的便利，索取他人

财物或者非法收受他人财物，为他人谋取利益，或者在经济往来中，利用职务上的便利，违反国家规定，收受各种名义的回扣、手续费，归个人所有，数额在三万元以上的，应予立案追诉。

关于公司、企业人员受贿罪的定罪量刑标准，1995 年 12 月 25 日最高人民法院《关于办理违反公司法受贿、侵占、挪用等刑事案件适用法律若干问题的解释》曾作出过相关规定。该解释第 1 条规定："根据《决定》[①] 第九条的规定，公司和其他企业的董事、监事、职工利用职务上的便利，索取或者收受贿赂，数额较大的，构成商业受贿罪。实施《决定》第九条规定的行为，索取或者收受贿赂五千元至二万元以上的，属于'数额较大'；索取或者收受贿赂十万元以上的，属于'数额巨大'"。根据这一规定，公司、企业人员受贿数额在 5 千元至 2 万元以上的，应当依法追究刑事责任。由于此规定是在 1997 年《刑法》修订前作出的，1997 年《刑法》施行后，四川省、河南省、上海市等地方政法机关又参照此规定确定了本地区有关本罪案的定罪量刑标准。

1999 年 9 月 16 日最高人民检察院《关于人民检察院直接受理立案侦查案件立案标准的规定（试行）》对有关受贿罪立案标准予以明确。根据该文件的规定，国家工作人员涉嫌下列情形之一的，应予立案：（1）个人受贿数额在 5 千元以上的。（2）个人受贿数额不满 5 千元，但具有下列情形之一的：①因受贿行为而使国家或者社会利益遭受重大损失的；②故意刁难、要挟有关单位、个人，造成恶劣影响的；③强行索取财物的。上述规定与本罪案的立案追诉标准关系较大，在制定 2001 年《追诉标准》时予以了协调考虑。

2010 年《立案追诉标准（二）》吸收了 2001 年《追诉标准》对于公司、企业人员受贿罪案的数额标准。研究制定过程中认为 5 千元的数额标准适应当时打击商业贿赂犯罪实际情况，因此没有进行调整。

2016 年 4 月 18 日施行的最高人民法院、最高人民检察院《关于办理贪污贿赂刑事案件适用法律若干问题的解释》（本节以下简称《贪污贿赂司法解释》）对非国家工作人员职务犯罪一并作出规定，明确非国家工作人员受贿罪、职务侵占罪中的"数额较大"的数额起点，按照该解释关于受贿罪、贪污罪相对应的数额标准规定的 2 倍执行，即 6 万元。上述司法解释施行后，司法实践中对非国家工作人员受贿罪的立案追诉标准已经按照"数额在 6 万元以上"进行把握。

在修订立案追诉标准过程中，有的意见认为非国家工作人员职务犯罪的立案追诉标准应当高于国家工作人员职务犯罪标准（至少维持在 2 倍以上的标准）；

---

① 此处的《决定》是指全国人大常委会《关于惩治违反公司法的犯罪的决定》。

也有的意见认为非国家工作人员职务犯罪与国家工作人员职务犯罪的立案追诉标准应保持一致。

支持前一种意见的理由主要为：一是非国家工作人员职务犯罪与国家工作人员职务犯罪侵犯的法益范围不同。非国家工作人员职务犯罪侵犯的法益范围相对较小——无论是职务侵占罪、挪用资金罪等以侵犯财产法益为主的罪名，还是非国家工作人员受贿罪，对非国家工作人员行贿罪，对外国公职人员、国际公共组织官员行贿罪等包含一定市场经济秩序法益的罪名，相对于贪污贿赂犯罪而言，比较欠缺公共属性；刑法对国家工作人员与一般自然人实施的犯罪行为虽然存在同等评价情形，但对侵犯涉及国家法益的犯罪，如叛逃罪、投敌叛变罪等，对国家工作人员的否定性评价更强，即“入罪门槛更低、刑罚更严厉”。因此，非国家工作人员职务犯罪立案追诉标准高、国家工作人员职务犯罪立案追诉标准低符合罪责刑相一致的刑法原则。二是从平等保护原则适用对象上看，其一般应当作为规范财产关系的基本原则，即强调非公有财产和公有财产保护上的“平等保护”。国家工作人员职务犯罪与非国家工作人员职务犯罪保护的法益中虽然包含公私财产内容，但还包含秩序保护、信任关系以及职务不可收买性等内容。因此，单纯强调“入罪门槛一致”以实现平等保护，显得理由不够充分。三是经济犯罪轻刑化是立法修法趋势，《贪污贿赂司法解释》确定的入罪标准符合这一趋势，反向调整影响刑法“稳定性”，应当予以慎重。

支持后一种意见的理由主要为：一是《贪污贿赂司法解释》施行后，相对于对国家工作人员职务犯罪的打击力度而言，刑事司法对非国家工作人员职务犯罪的打击力度较弱，保护力度不足；随着2016年11月4日中共中央、国务院印发《关于完善产权保护制度依法保护产权的意见》，最高人民法院、最高人民检察院相继出台《关于充分发挥审判职能作用切实加强产权司法保护的意见》《关于充分履行检察职能加强产权司法保护的意见》等文件，对各类产权主体适用“平等保护”原则的司法导向日益受到重视，而“法律适用和法律责任平等、法律保护和法律服务平等”是“平等保护”的重要内容；刑事司法对非国家工作人员侵犯公司、企业合法权益的犯罪的打击力度有进一步加强的现实必要。二是《刑法修正案（十一）》从加大惩治民营企业内部发生的侵害民营企业财产的犯罪的角度出发，进一步提高和调整职务侵占罪、非国家工作人员受贿罪、挪用资金罪的刑罚配置，已经体现了落实产权平等保护精神；在此背景下，有必要重新审视《贪污贿赂司法解释》中的规定，可以考虑将国家工作人员职务犯罪行为与非国家工作人员职务犯罪行为的入罪标准进行统一，让“平等保护”原则在刑事司法启动程序上得以体现。三是近年来刑事立法、司法的新情况、新问题不断涌现，当前的刑事立法司法也体现了主动回应社会热点问题的特点；修订立案追诉标准有必要回应相关刑事司法政策的最新要求。

在研究过程中，我们征求了中央纪委国家监委、全国人大常委会法工委、最高人民法院等部门意见，最终采纳了后一种意见。经研究认为，《立案追诉标准（二）》有必要将非国家工作人员受贿罪，对非国家工作人员行贿罪，对外国公职人员、国际公共组织官员行贿罪，职务侵占罪，挪用资金罪的立案追诉标准参照《贪污贿赂司法解释》中的受贿罪、行贿罪、贪污罪、挪用公款罪定罪量刑标准执行。这些调整也将与最高人民法院、最高人民检察院正在制定或修订的相关司法解释标准保持一致。

在司法实践中，具体适用本罪案立案追诉标准的规定时应注意以下几个问题：

（1）如果行为人多次受贿的，或者受贿行为中既包括索取、收受财物，又包括收受回扣、手续费，归个人所有的，应将其受贿数额累计计算。

（2）如果行为人收受的贿赂中既包括现金，又包括物品的，应将物品依法折算成人民币后再累计计算，物品价格难以确定或者认定意见不一致的，应该按照有关规定，委托指定的机构进行估价。如果收受的现金中包括外币的，应当依照有关规定折算成人民币计算受贿数额。

三、认定非国家工作人员受贿罪应注意的问题

（一）非国家工作人员受贿罪罪与非罪的界限

在实践中，应注意区分本罪与正当业务行为的界限。《反不正当竞争法》第7条规定，经营者不得采用财物或者其他手段贿赂下列单位或者个人，以谋取交易机会或者竞争优势：（1）交易相对方的工作人员；（2）受交易相对方委托办理相关事务的单位或者个人；（3）利用职权或者影响力影响交易的单位或者个人。经营者在交易活动中，可以以明示方式向交易相对方支付折扣，或者向中间人支付佣金。经营者向交易相对方支付折扣、向中间人支付佣金的，应当如实入账。接受折扣、佣金的经营者也应当如实入账。经营者的工作人员进行贿赂的，应当认定为经营者的行为；但是，经营者有证据证明该工作人员的行为与为经营者谋取交易机会或者竞争优势无关的除外。根据该条的规定，如果在经济往来中，公司、企业或者其他单位工作人员收受各种名义的折扣、佣金等，如实入了本单位账目的，不能以本罪论处。只有账外暗中收受折扣、佣金归个人所有，数额较大的，才构成本罪。

（二）非国家工作人员受贿罪与职务侵占罪的界限

职务侵占罪，是指公司、企业或者其他单位的工作人员，利用职务上的便

利，将本单位财物非法占为己有，数额较大的行为。

非国家工作人员受贿罪与职务侵占罪的犯罪主体都是特殊主体，主观上都是直接故意并有贪利的动机，客观上都是利用职务之便，有时较易混淆，划清二者的界限应重点把握以下几点：（1）犯罪对象不同。非国家工作人员受贿罪受贿的财物是其他单位、自然人的公私财产；而职务侵占罪侵占的财物是本单位的或者其直接管辖的单位、部门的财产。（2）客观方面不同。非国家工作人员受贿罪是以作为或者不作为的方式，利用职务便利为他人谋取利益并索取或者收受财物；而职务侵占罪主要是以积极作为的方式，利用职务便利非法占有本单位的财物。此外，非国家工作人员受贿罪在客观行为上表现为索取他人财物或者非法收受他人财物，为他人谋取利益，或者在经济往来中收受各种名义的回扣、手续费，归个人所有；职务侵占罪在客观行为上一般表现为利用职务便利侵吞、窃取、骗取本单位财物据为己有。（3）非法获取财物的时间不同。非国家工作人员受贿罪行为人索取或者收受财物可以在利用职务为他人谋取利益过程之中或者其前后；而职务侵占罪中侵占财物通常是在利用职务便利实施侵占行为之后。（4）职务便利内涵不同。非国家工作人员受贿罪的主体只要求具有可利用于为他人谋取利益的职务；而职务侵占罪的主体必须具有可利用于自己直接占有、管理、支配本单位财物的职务。

四、非国家工作人员受贿罪的处罚

根据《刑法》第163条的规定，犯非国家工作人员受贿罪的，处3年以下有期徒刑或者拘役，并处罚金；数额巨大或者有其他严重情节的，处3年以上10年以下有期徒刑，并处罚金；数额特别巨大或者有其他特别严重情节的，处10年以上有期徒刑或者无期徒刑，并处罚金。

第九节　对非国家工作人员行贿案

一、对非国家工作人员行贿罪的概念和构成要件

（一）概念

对非国家工作人员行贿罪，是指为谋取不正当利益，给予公司、企业或者其他单位的工作人员以财物，数额较大的行为。

1997年《刑法》增加规定了对公司、企业人员行贿罪。此前，我国法律有关行贿罪的规定主要包括：（1）1979年《刑法》第185条第3款规定：“向国家

工作人员行贿或者介绍贿赂的，处三年以下有期徒刑或者拘役。”根据这一规定，行贿罪的犯罪对象仅限于国家工作人员。按照1979年《刑法》第83条的规定，国家工作人员，是指一切国家机关、企业、事业单位和其他依照法律从事公务的人员。(2) 1988年1月21日全国人大常委会通过的《关于惩治贪污罪贿赂罪的补充规定》第7条第1款和第2款规定：“为谋取不正当利益，给予国家工作人员、集体经济组织工作人员或者其他从事公务的人员以财物的，是行贿罪。在经济往来中，违反国家规定，给予国家工作人员、集体经济组织工作人员或者其他从事公务的人员以财物，数额较大的，或者违反国家规定，给予国家工作人员、集体经济组织工作人员或者其他从事公务的人员以回扣、手续费的，以行贿论处。”这一规定明确了构成行贿罪的主观要件是行为人要有“谋取不正当利益”的目的。所谓不正当利益，既包括非法利益，也包括其他不应获得的利益。为正当利益而给予公司、企业或者其他单位的工作人员以财物的，不以本罪论。(3) 1993年全国人大常委会通过的《反不正当竞争法》第8条第1款规定，经营者不得采用财物或者其他手段进行贿赂以销售或者购买商品。在账外暗中给予对方单位或者个人回扣的，以行贿论处。这里的经营者是指从事商品经营或者营利性服务的法人、其他经济组织和个人，包括不同所有制、不同组织形式的市场主体。这一规定是商业行贿犯罪的雏形，但是这一立法内容却一直未能在《刑法》中体现，即使是1995年2月28日全国人大常委会通过的《关于惩治违反公司法的犯罪的决定》也没有涉及向公司、企业人员行贿犯罪的问题，一直到1997年修订《刑法》时才对该犯罪专门作出规定。1997年《刑法》第164条第1款规定：“为谋取不正当利益，给予公司、企业的工作人员以财物，数额较大的，处三年以下有期徒刑或者拘役；数额巨大的，处三年以上十年以下有期徒刑，并处罚金。”

上述规定在实践中遇到了一些问题。公司、企业以外的其他单位的工作人员也是市场经济活动的主体之一，商业领域出现的贿赂行为也并不全是公司、企业的工作人员所为。随着我国加入《联合国反腐败公约》和反商业贿赂工作的深入以及实际需要，有关部门提出把商业贿赂犯罪的主体仅限于公司、企业的工作人员利用职务便利进行权钱交易范围有些窄，对公司、企业以外的其他单位的工作人员利用职务便利进行权钱交易、危害社会利益的行为也应追究刑事责任。针对以上实际问题，《刑法修正案（六）》对《刑法》第163、164条进行了修改，将商业贿赂犯罪的主体从“公司、企业的工作人员”扩大到“公司、企业或者其他单位的工作人员”，包括非国有公司、企业、事业单位或者其他组织的工作人员。同时，根据2007年10月25日最高人民法院、最高人民检察院《关于执行〈中华人民共和国刑法〉确定罪名的补充规定（三）》的规定，将“对公司、企业人员行贿罪”罪名修改为“对非国家工作人员行贿罪”罪名。

2015年8月29日第十二届全国人大常委会第十六次会议通过的《刑法修正案（九）》第10条对本罪第一档的刑罚增加了“并处罚金”的附加刑，即“数额较大的，处三年以下有期徒刑或者拘役，并处罚金”，调整了本罪的刑罚配置。

（二）构成要件

1. 犯罪客体

本罪侵犯的客体是复杂客体，即公司、企业或者其他单位的正常管理活动和市场竞争秩序。社会主义市场经济秩序是一种有序的法治经济，商品的生产、交换、分配、消费及其他营利性服务的经济行为都应规范化、合法化，各种营利性活动应当在市场经济公平竞争的机制下进行，应遵循国家法规乃至商业惯例。而对公司、企业或者其他单位的工作人员的行贿行为则违反国家规定，违背诚实信用、公平自愿的原则，直接破坏市场经济公平竞争机制以及市场经济的有序性、规范性，严重的则构成对非国家工作人员行贿罪。

2. 客观方面

本罪的客观方面表现为为谋取不正当利益，给予公司、企业或者其他单位的工作人员以财物，数额较大的行为。行贿的方法多种多样，包括当面明示、暗示或者通过第三人转交等。给予财物可以是直接的，也可以是间接的；可以是现场交付，也可以是在获得不正当利益之前或者之后交付。根据不同的标准，可以对行贿进行不同的分类。从行贿的时间上看，可分为事前行贿和事后行贿；从行贿行为的表现形态上看，可分为公开或者直截了当的行贿和隐蔽或者巧立名目的行贿。行贿形态的不同不影响本罪的成立，但不同行贿行为的社会危害性程度有一定的不同，在量刑时可予以考虑。公司、企业或者其他单位的工作人员，包括公司董事、监事、经理、厂长、会计及其他业务人员，一般情况下都是有一定职务的管理人员。

国有公司、企业或者其他国有单位中从事公务的人员和国有公司、企业或者其他国有单位委派到非国有公司、企业以及其他单位从事公务的人员，不属于本罪所指的公司、企业或者其他单位的工作人员，这类人员属于国家工作人员，对其行贿的，应以行贿罪论处。关于财物的范围问题，实践中有不同观点。根据2016年4月18日施行的最高人民法院、最高人民检察院《关于办理贪污贿赂刑事案件适用法律若干问题的解释》（本节以下简称《贪污贿赂司法解释》）规定，贿赂犯罪中的财物包括货币、物品和财产性利益。财产性利益包括可以折算为货币的物质利益，如房屋装修、债务免除等，以及需要支付货币的其他利益，如会员服务、旅游等。后者的犯罪数额，以实际支付或者应当支付的数额计算。

对于其他单位的范围界定问题，2008 年 11 月 20 日最高人民法院、最高人民检察院《关于办理商业贿赂刑事案件适用法律若干问题的意见》第 2 条作出了明确规定："刑法第一百六十三条、第一百六十四条规定的'其他单位'，既包括事业单位、社会团体、村民委员会、居民委员会、村民小组等常设性的组织，也包括为组织体育赛事、文艺演出或者其他正当活动而成立的组委会、筹委会、工程承包队等非常设性的组织。"

3. 犯罪主体

本罪的主体是一般主体，自然人和单位均可构成本罪。

4. 主观方面

本罪的主观方面表现为故意，并具有谋取不正当利益的目的。谋取的不正当利益实现与否，不影响本罪的成立。

二、对非国家工作人员行贿罪案立案追诉标准适用指南

《立案追诉标准（二）》第十一条规定：

为谋取不正当利益，给予公司、企业或者其他单位的工作人员以财物，个人行贿数额在三万元以上的，单位行贿数额在二十万元以上的，应予立案追诉。

关于对公司、企业人员行贿罪案的立案追诉标准，在 2001 年《追诉标准》制定前只有河南省、上海市等地方政法机关规定有本地区掌握执行的相关标准规定，全国没有统一明确的规定。在研究制定 2001 年《追诉标准》的过程中，主要是参考了 1999 年 9 月 16 日最高人民检察院《关于人民检察院直接受理立案侦查案件立案标准的规定（试行）》关于行贿案和单位行贿案立案标准的相关规定。根据该文件的规定，行贿案应予立案的情形包括：（1）行贿数额在 1 万元以上的。（2）行贿数额不满 1 万元，但具有下列情形之一的：①为谋取非法利益而行贿的；②向 3 人以上行贿的；③向党政领导、司法工作人员、行政执法人员行贿的；④致使国家或者社会利益遭受重大损失的。单位行贿案应予立案的情形包括：（1）单位行贿数额在 20 万元以上的。（2）单位为谋取不正当利益而行贿，数额在 10 万元以上不满 20 万元，但具有下列情形之一的：①为谋取非法利益而行贿的；②向 3 人以上行贿的；③向党政领导、司法工作人员、行政执法人员行贿的；④致使国家或者社会利益遭受重大损失的。由此可见，上述立案标准是从数额和其他情节两方面加以规定的。

2010 年《立案追诉标准（二）》沿用了 2001 年《追诉标准》对于此罪的数额标准，认为 2001 年《追诉标准》规定的数额标准适应当时打击商业贿赂犯

罪的实际情况，因此没有进行调整。在修订立案追诉标准过程中，有的意见认为非国家工作人员职务犯罪的立案追诉标准应当与《贪污贿赂司法解释》保持一致；也有的意见认为《贪污贿赂司法解释》对非国家工作人员职务犯罪确定的立案追诉标准过高，应当下调使国家工作人员职务犯罪和非国家工作人员职务犯罪的立案追诉标准“拉平”。经研究采纳了后一种意见（相关讨论见本书第四章第八节非国家工作人员受贿罪案立案追诉标准适用指南）。

在司法实践中，具体适用对非国家工作人员行贿罪案立案追诉标准时，应注意以下几个问题：

（1）要正确理解“不正当利益”的含义。为谋取不正当利益是构成本罪的必要条件，这就将并非为谋取不正当利益而给予公司、企业或者其他单位的工作人员财物的行为排除在外。这里所说的不正当利益既包括非法利益（如为了推销假冒伪劣商品而获利），也包括违背政策、规章、制度而得到的利益（如为了倒卖紧俏物资而获利等）。不正当利益是否真正获取，不影响本罪的成立。在实践中，具体认定行为人是否属于谋取不正当利益时，参照2012年12月26日最高人民法院、最高人民检察院《关于办理行贿刑事案件具体应用法律若干问题的解释》第12条规定，行贿犯罪中的“谋取不正当利益”，是指行贿人谋取的利益违反法律、法规、规章、政策规定，或者要求国家工作人员违反法律、法规、规章、政策、行业规范的规定，为自己提供帮助或者方便条件。违背公平、公正原则，在经济、组织人事管理等活动中，谋取竞争优势的，应当认定为“谋取不正当利益”。

（2）本罪的犯罪对象是公司、企业或者其他单位的工作人员，既包括领导、管理人员，也包括其他工作人员。如果不是向公司、企业或者其他单位的工作人员个人行贿，而是向整个单位行贿的，则不构成本罪；如果所行贿的公司、企业或者其他单位的工作人员属于国家工作人员的，应该以行贿罪和单位行贿罪追究刑事责任，而不以本罪论处。

（3）本罪案立案追诉标准中“三万元以上”“二十万元以上”均包括本数。如果行为人多次实施行贿行为的，其行贿数额应该累计计算。

（4）根据《刑法》第164条第4款的规定，行贿人在被追诉前主动交待行贿行为的，可以减轻处罚或者免除处罚。

如果行为人行贿数额已达到立案追诉标准，但根据其行贿数额及其主动交代行贿行为的实际情况和认罪认罚情况，可以对行贿人依法减轻处罚或免除刑罚的，检察机关可以依照《刑事诉讼法》第176条第2款、第177条第2款的规定，提出减轻处罚的量刑建议或作出不起诉决定。

三、认定对非国家工作人员行贿罪应注意的问题

（一）对非国家工作人员行贿罪罪与非罪的界限

在认定本罪罪与非罪的界限时，首先要注意划清本罪与馈赠行为的界限，馈赠是亲友之间的真诚赠与，没有交易行为，不属于行贿。我们应当结合以下因素全面分析、综合判断：（1）发生财物往来的背景，如双方是否存在亲友关系及历史交往的情形和程度；（2）往来财物的价值；（3）财物往来的缘由、时机和方式，提供财物方对于接受方有无职务上的请托；（4）接受方是否利用职务上的便利为提供财物方谋取利益。其次要注意区分本罪与为谋取正当利益而给予公司、企业或者其他单位的工作人员财物行为的界限，后者没有谋取不正当利益，因而不构成犯罪。最后要注意划清本罪与违法行为的界限，对公司、企业或者其他单位的工作人员的行贿行为，只有数额较大的，才按犯罪处理。

（二）对非国家工作人员行贿罪与相关犯罪的界限

1. 对非国家工作人员行贿罪与行贿罪的界限

行贿罪，是指为谋取不正当利益，给予国家工作人员以财物的行为。

对非国家工作人员行贿罪与行贿罪的主要区别是：（1）侵犯的客体不同。对非国家工作人员行贿罪侵犯的客体是公司、企业或者其他单位的正常管理活动和市场竞争秩序；而行贿罪侵犯的客体是国家工作人员职务行为的不可收买性及国家机关、国有单位的正常管理活动。（2）犯罪对象不同。对非国家工作人员行贿罪行贿的对象是公司、企业或者其他单位的工作人员；而行贿罪的对象是包括公司、企业或者其他单位中的国家工作人员在内的国家工作人员。

2. 对非国家工作人员行贿罪与单位行贿罪的界限

单位行贿罪，是指单位为谋取不正当利益而行贿，或者违反国家规定，给予国家工作人员以回扣、手续费，情节严重的行为。

对非国家工作人员行贿罪也可以表现为单位向公司、企业或者其他单位的工作人员行贿，此时二者的主要区别是犯罪对象不同。对非国家工作人员行贿罪中单位行贿的对象是公司、企业或者其他单位中的非国家工作人员；而单位行贿罪的对象则包括公司、企业或者其他单位中的国家工作人员。

四、对非国家工作人员行贿罪的处罚

根据《刑法》第164条的规定，自然人犯对非国家工作人员行贿罪的，处3年以下有期徒刑或者拘役，并处罚金；数额巨大的，处3年以上10年以下有期

徒刑，并处罚金。

单位犯对非国家工作人员行贿罪的，对单位判处罚金，并对其直接负责的主管人员和其他直接责任人员，依照自然人犯本罪的规定处罚。

行贿人在被追诉前主动交待行贿行为的，可以减轻处罚或者免除处罚。

第十节　对外国公职人员、国际公共组织官员行贿案

一、对外国公职人员、国际公共组织官员行贿罪的概念和构成要件

（一）概念

对外国公职人员、国际公共组织官员行贿罪，是指为谋取不正当商业利益，给予外国公职人员或者国际公共组织官员以财物，数额较大的行为。

本罪是 2011 年 2 月 25 日第十一届全国人大常委会第十九次会议通过的《刑法修正案（八）》增加的罪名。具体是对《刑法》第 164 条做了修改，将“为谋取不正当商业利益，给予外国公职人员或者国际公共组织官员以财物”的行为增加规定为犯罪，作为本条第 2 款，原第 2 款、第 3 款分别作为修改后的第 3 款、第 4 款。这样修改是考虑到随着我国改革开放的进行，国际经济交往日益增多，在这些交往中如果出现贿赂外国公职人员或者国际公共组织官员以谋取不正当商业利益的情况，不仅违背公平竞争的市场规则，也影响了正常的商业秩序，不利于我国的经济发展，特别是国际经济交往。为了维护我国正常的经济秩序，保障国家经济社会健康发展，有必要将这类行为规定为犯罪并给予刑事处罚。另外，《联合国反腐败公约》要求各缔约国应当采取必要的立法措施，将贿赂外国公职人员或者国际公共组织官员的行为规定为犯罪并追究刑事责任。2005 年 10 月 27 日，第十届全国人大常委会第十八次会议批准通过《联合国反腐败公约》。我国作为《联合国反腐败公约》的缔约国，将贿赂外国公职人员或者国际公共组织官员的行为规定为犯罪并处罚，是我国坚决履行《联合国反腐败公约》的重要举措。2011 年 4 月 27 日最高人民法院、最高人民检察院《关于执行〈中华人民共和国刑法〉确定罪名的补充规定（五）》根据《刑法修正案（八）》第 29 条第 2 款补充规定了“对外国公职人员、国际公共组织官员行贿罪”罪名。

（二）构成要件

1. 犯罪客体

本罪侵犯的客体是复杂客体，既破坏了国际间商业活动的正常秩序，也损害

了我国涉外经济贸易活动的信誉。行为人为了在国际商业活动中获得巨额利润，通过向外国公职人员或者国际公共组织官员行贿而取得竞争优势，违背了国际间商业活动中形成的平等竞争等一系列商业规则，破坏了正常的国际商业秩序。同时，我国作为国际商业贸易的主要参与方，承担着维护国际商业贸易正常秩序的义务，无论是我国的单位或者个人对外国公职人员或者国际公共组织官员行贿，还是外国的单位或者个人、跨国组织在我国境内实施对外国公职人员或者国际公共组织官员行贿，均会破坏我国所要维护的国际商业贸易正常秩序，从而损害我国涉外经济贸易活动的信誉。

2. 客观方面

本罪的客观方面表现为给予外国公职人员或者国际公共组织官员以财物，数额较大的行为。

所谓外国公职人员，是指外国经任命或选举担任立法、行政、行政管理或者司法职务的人员，以及为外国国家及公共机构或者公营企业行使公共职能的人员。所谓国际公共组织官员，是指国际公务员或者经国际组织授权代表该组织行事的人员。所谓给予财物，可以是直接的，也可以是间接的；可以是现场交易，也可以是在获得不正当商业利益之前或之后交付。财物包括货币、物品和财产性利益。财产性利益包括可以折算为货币的物质利益，如房屋装修、债务免除等，以及需要支付货币的其他利益，如会员服务、旅游等。给予外国公职人员或者国际公共组织官员以财物，也应达到数额较大，才构成犯罪。

3. 犯罪主体

本罪的主体是一般主体，自然人和单位均可构成本罪。需要说明的是，这里的犯罪主体既包括我国的单位和个人，也包括在我国境内实施本罪的外国的单位和个人。

4. 主观方面

本罪的主观方面表现为故意，并具有谋取不正当商业利益的目的。所谋取的不正当商业利益实现与否，不影响本罪的成立。所谓不正当商业利益，既包括非法商业利益，也包括其他不应获得的商业利益。为正当商业利益而给予公司、企业和其他单位人员以财物的，不以犯罪论处。

二、对外国公职人员、国际公共组织官员行贿罪案立案追诉标准适用指南

《立案追诉标准（二）》第十二条规定：

为谋取不正当商业利益，给予外国公职人员或者国际公共组织官员以

财物，个人行贿数额在三万元以上的，单位行贿数额在二十万元以上的，应予立案追诉。

本立案追诉标准参照了《立案追诉标准（二）》中对非国家工作人员行贿案的立案追诉标准。2011年制定该立案追诉标准过程中，有意见认为应当将个人行贿数额标准提高到5万元。主要理由：一是对外国公职人员或者国际公共组织官员行贿罪案的立案追诉标准既要与我国现行法律相衔接，又要考虑国际惯例、对外贸易、外交形势以及外汇汇率等因素。二是本罪案的设立在一定程度上是以维护外国或者国际组织的利益为主，也是国际司法资源的一种交换利用，因此立案追诉标准不宜太低，否则不利于国际刑事司法协助。三是本罪案可能涉及我国公民在我国领域外犯本罪或者外国人在我国领域内犯本罪，涉及刑事管辖权和外交特权、豁免权等问题。因此，本罪案的立案追诉标准相对高一些，也符合我国《刑法》关于管辖权的有关规定精神。四是立案追诉标准既要与现行规定相衔接，更要立足现实，有一定的前瞻性。1万元的数额标准现在就显得偏低，缺乏前瞻性。

经研究，2011年《补充规定》将个人对外国公职人员、国际公共组织官员行贿的立案追诉标准定为1万元。主要考虑：一是2010年《立案追诉标准（二）》中对非国家工作人员行贿罪案的立案追诉标准为个人行贿1万元、单位行贿20万元，对外国公职人员、国际公共组织官员行贿罪案的立案追诉标准应当与其保持一致，不宜根据行贿对象身份的不同而区分立案追诉的数额标准。二是本罪案的立案追诉标准涉及我国的司法主权、法治形象、国际国内影响，涉及执法办案体现法律效果、政治效果和社会效果相统一的问题，应当审慎考虑。如果提高1万元的数额标准，发布后将比较敏感，难以解答公众疑问，可能会产生不良社会影响。

2016年4月18日施行的最高人民法院、最高人民检察院《关于办理贪污贿赂刑事案件适用法律若干问题的解释》并未对对外国公职人员、国际公共组织官员行贿罪的“数额较大”作出特别规定。我们认为，该立案追诉标准参照对非国家工作人员行贿案仍是适宜的，因此确定了“个人行贿数额在三万元以上的，单位行贿数额在二十万元以上”的立案追诉标准。

在司法实践中，具体适用本罪案立案追诉标准的规定时应注意以下几个问题：

（1）本罪案立案追诉标准中“三万元以上”“二十万元以上”均包括本数。如果行为人多次实施行贿行为的，其数额应该累计计算。

（2）要正确理解“不正当商业利益”的含义。目前尚无司法解释对“不正当商业利益”作出明确界定。但可以明确的是，这里的“不正当商业利益”的范围小于对非国家工作人员行贿罪中的“不正当利益”。所谓不正当商业利益，既包括非法商业利益，也包括其他不应获得的商业利益。

（3）根据《刑法》第 164 条第 4 款的规定，行贿人在被追诉前主动交待行贿行为的，可以减轻处罚或者免除处罚。

三、认定对外国公职人员、国际公共组织官员行贿罪应注意的问题

（一）对外国公职人员、国际公共组织官员行贿罪罪与非罪的界限

要注意划清本罪与违法行为的界限，对外国公职人员或者国际公共组织官员行贿，只有数额较大的，才按犯罪处理。

（二）对外国公职人员、国际公共组织官员行贿罪与相关犯罪的界限

1. 对外国公职人员、国际公共组织官员行贿罪与对非国家工作人员行贿罪的界限

对非国家工作人员行贿罪，是指为谋取不正当利益，给予公司、企业或者其他单位的工作人员以财物的行为。

对外国公职人员、国际公共组织官员行贿罪与对非国家工作人员行贿罪的主要区别是：（1）犯罪客体不同。对外国公职人员、国际公共组织官员行贿罪侵犯的客体是国际间商业活动的正常秩序和我国涉外经济贸易活动的信誉；对非国家工作人员行贿罪侵犯的客体是公司、企业或者其他单位的正常管理活动和市场竞争秩序。（2）犯罪对象不同。对外国公职人员、国际公共组织官员行贿罪行贿的对象是外国公职人员、国际公共组织官员；对非国家工作人员行贿罪行贿的对象是公司、企业或者其他单位的工作人员。

2. 对外国公职人员、国际公共组织官员行贿罪与行贿罪的界限

行贿罪，是指为谋取不正当利益，给予国家工作人员以财物的行为。

对外国公职人员、国际公共组织官员行贿罪与行贿罪的主要区别是：（1）犯罪客体不同。对外国公职人员、国际公共组织官员行贿罪侵犯的客体是国际间商业活动的正常秩序和我国涉外经济贸易活动的信誉；而行贿罪侵犯的客体是国家工作人员职务行为的不可收买性及国家机关、国有单位的正常管理活动。（2）犯罪对象不同。对外国公职人员、国际公共组织官员行贿罪行贿的对象是外国公职人员、国际公共组织官员；而行贿罪行贿的对象是我国的国家工作人员。

3. 对外国公职人员、国际公共组织官员行贿罪与单位行贿罪的界限

单位行贿罪，是指单位为谋取不正当利益而行贿，或者违反国家规定，给予

国家工作人员以回扣、手续费，情节严重的行为。

对外国公职人员、国际公共组织官员行贿罪也可以表现为单位向外国公职人员、国际公共组织官员行贿。对外国公职人员、国际公共组织官员行贿罪与单位行贿罪的主要区别是犯罪对象不同。对外国公职人员、国际公共组织官员行贿罪行贿的对象是外国公职人员、国际公共组织官员；而单位行贿罪行贿的对象则是我国的国家工作人员。

四、对外国公职人员、国际公共组织官员行贿罪的处罚

根据《刑法》第 164 条第 1、2 款的规定，自然人犯对外国公职人员、国际公共组织官员行贿罪的，处 3 年以下有期徒刑或者拘役，并处罚金；数额巨大的，处 3 年以上 10 年以下有期徒刑，并处罚金。

根据《刑法》第 164 条第 3 款的规定，单位犯对外国公职人员、国际公共组织官员行贿罪的，对单位判处罚金，并对其直接负责的主管人员和其他直接责任人员，依照上述规定处罚。

行贿人在被追诉前主动交待行贿行为的，可以减轻处罚或者免除处罚。

第十一节　背信损害上市公司利益案

一、背信损害上市公司利益罪的概念和构成要件

（一）概念

背信损害上市公司利益罪，是指上市公司的董事、监事、高级管理人员违背对公司的忠实义务，利用职务便利，操纵上市公司，损害上市公司利益，或者上市公司的控股股东或者实际控制人，指使上市公司董事、监事、高级管理人员损害上市公司利益，致使上市公司利益遭受重大损失的行为。

本罪是《刑法修正案（六）》新增设的。《刑法修正案（六）》第 9 条规定："在刑法第一百六十九条后增加一条，作为第一百六十九条之一：'上市公司的董事、监事、高级管理人员违背对公司的忠实义务，利用职务便利，操纵上市公司从事下列行为之一，致使上市公司利益遭受重大损失的，处三年以下有期徒刑或者拘役，并处或者单处罚金；致使上市公司利益遭受特别重大损失的，处三年以上七年以下有期徒刑，并处罚金：（一）无偿向其他单位或者个人提供资金、商品、服务或者其他资产的；（二）以明显不公平的条件，提供或者接受资金、商品、服务或者其他资产的；（三）向明显不具有清偿能力的单位或者个人

提供资金、商品、服务或者其他资产的；（四）为明显不具有清偿能力的单位或者个人提供担保，或者无正当理由为其他单位或者个人提供担保的；（五）无正当理由放弃债权、承担债务的；（六）采用其他方式损害上市公司利益的。上市公司的控股股东或者实际控制人，指使上市公司董事、监事、高级管理人员实施前款行为的，依照前款的规定处罚。犯前款罪的上市公司的控股股东或者实际控制人是单位的，对单位判处罚金，并对其直接负责的主管人员和其他直接责任人员，依照第一款的规定处罚。’”

为了保证公司的董事、监事、高级管理人员恪尽职守，《公司法》明确规定，董事、监事、高级管理人员对公司负有忠实义务，不得有挪用公司资金、擅自将公司资金借贷给他人或者以公司财产为他人提供担保等违反对公司忠实义务的行为。但是从近些年证券市场的实际情况看，上市公司资产被非法侵占的情况比较普遍，有的上市公司甚至被以各种方式“掏空”。这种情况的存在和蔓延已经严重影响我国上市公司的整体质量，阻碍证券市场的健康发展。为了维护证券市场的正常秩序，保护上市公司和公众投资者的利益，必须对这种行为依法予以打击，对其中严重损害上市公司和公众投资者利益的，有必要予以刑事制裁。《刑法修正案（六）》就是针对这种情况新增加了这一内容。2007 年 10 月 25 日最高人民法院、最高人民检察院《关于执行〈中华人民共和国刑法〉确定罪名的补充规定（三）》根据《刑法修正案（六）》第 9 条补充规定了“背信损害上市公司利益罪”罪名。

（二）构成要件

1. 犯罪客体

本罪侵犯的客体是复杂客体，一方面，它侵犯了国家对上市公司的管理制度；另一方面，它还侵犯了上市公司及公众投资者的合法权益。《公司法》第 147 条规定，董事、监事、高级管理人员应当遵守法律、行政法规和公司章程，对公司负有忠实义务和勤勉义务。董事、监事、高级管理人员不得利用职权收受贿赂或者其他非法收入，不得侵占公司的财产。但近年来，一些上市公司的董事、监事、高级管理人员以及上市公司的控股股东和实际控制人将上市公司作为自己的融资平台，屡屡发生以无偿占用或者明显不公平的条件进行不正当关联交易，转移、侵占上市公司资产，“掏空”上市公司的行为。上市公司董事、监事、高级管理人员对上市公司负有忠实义务和勤勉义务，这不仅是对其道德上诚信义务的必然要求，更是其法定义务，忠实义务和勤勉义务实质上是约束其行为，保障其行为符合上市公司及公众投资者的根本利益，维护市场经济的有序化、规范化。违背忠实义务和勤勉义务的“掏空”上市公司资产的背信行为，是对国家、上市公司的管理制度的公然挑战。此种行为必将致使上市公司资产质量恶化，经营能力削弱，给上市公司造成重大经济损失，从而侵犯上市公司及公众投资者的合法权益，使投资者信心丧失。与此同时，此种行为必将严重破坏社会主义市场经济秩序。

2. 客观方面

本罪的客观方面表现为上市公司的董事、监事、高级管理人员违背对公司的忠实义务，利用职务便利，操纵上市公司，致使上市公司利益遭受重大损失的行为。在认定时，应注意以下两方面：

（1）行为人违背了对上市公司的忠实义务。这是构成本罪的本质特征，所谓背信，是指行为人违背对上市公司的忠实义务。《公司法》明确规定，董事、监事、高级管理人员应当遵守法律、行政法规和公司章程，对公司负有忠实义务和勤勉义务，不得利用职权收受贿赂或者其他非法收入，不得侵占公司的财产。董事、高级管理人员不得有下列行为：①挪用公司资金；②将公司资金以其个人名义或者以其他个人名义开立账户存储；③违反公司章程的规定，未经股东会、股东大会或者董事会同意，将公司资金借贷给他人或者以公司财产为他人提供担保；④违反公司章程的规定或者未经股东会、股东大会同意，与本公司订立合同或者进行交易；⑤未经股东会或者股东大会同意，利用职务便利为自己或者他人谋取属于公司的商业机会，自营或者为他人经营与所任职公司同类的业务；⑥接受他人与公司交易的佣金归为己有；⑦擅自披露公司秘密；⑧违反对公司忠实义务的其他行为。

除法律规定外，几乎所有的公司章程也都规定了公司董事、监事、高级管理人员不得违背对公司的忠实义务和勤勉义务及职务禁止行为。因此，可以说公司的董事、监事、高级管理人员对其所实施的《公司法》明文禁止的行为的违法性是很清楚的，对其违背对公司的忠实义务行为的后果也是心知肚明的。这一点从我们以下将要讨论的具体犯罪行为也可以很清楚地看到。

（2）行为人利用职务便利，实施了操纵上市公司，致使其利益遭受重大损失的行为。利用职务便利，是指上市公司的董事、监事、高级管理人员利用其在上市公司的职权或者是与职务有关的便利条件，也就是利用自己经营管理公司业务或者财务的条件。操纵，是指利用上市公司的名义去实现自己个人的意志，从表面上看是上市公司的行为，实质上是行为人出于个人的考虑，往往是为了自己的私利而实施的行为。具体来说，《刑法》第169条之一列举了以下几种情形：

第一，无偿向其他单位或者个人提供资金、商品、服务或者其他资产的。这是一种最常见的直接占用上市公司资金的行为，它既不以借款方式也不以贷款方式实现，而是一种赤裸裸的直接占用。行为方式具体表现为：上市公司的董事、监事、高级管理人员利用对上市公司的控制权或者影响力，将上市公司的资金或者其他资产直接划拨到关联公司供其使用；控股股东、实际控制人以自己或者关联公司的名义，在无任何交易基础的情况下，占用上市公司资金或者其他资产，在上市公司与关联企业之间进行没有实质交易的资金划拨；由上市公司代关联公司支付费用；由上市公司以现金出资、关联方以资产出资共同设立子公司，或者通过资产重组，占用上市公司资金等。

第二，以明显不公平的条件，提供或者接受资金、商品、服务或者其他资产的。这种行为的实质是上市公司以明显不公平的高价收购关联公司、企业资产或者接受其提供的商品、服务，或者将上市公司资产以明显不公平的低价转让、提供给关联公司、企业，从而“掏空”上市公司。行为方式具体表现为：上市公司的董事、监事、高级管理人员利用对上市公司的控制权或者影响力，以明显不公平的条件，将上市公司的资金或者其他资产以借款、借用方式转到关联公司供其使用；控股股东、实际控制人以自己或者关联公司的名义，与上市公司签订借款、借用合同，占用上市公司资金或者其他资产，而且这种所谓的借款、借用的条件是明显不公平的，往往是对上市公司一方不利。例如，有的让上市公司从银行取得贷款后，再以关联公司名义与上市公司签订所谓的借款合同，关联公司付给上市公司的利息竟然还不及上市公司付给银行利息的一半，而且规定向上市公司的还款期限长达几十年；有的虽然表现为关联公司向上市公司提供资金、商品、服务或者其他资产，但上市公司所付费用却比市场价格高出几倍甚至数十倍，这实际上是通过贵买贱卖等不公平的关联交易，转移上市公司资产。上述行为严重损害了上市公司的利益。

第三，向明显不具有清偿能力的单位或者个人提供资金、商品、服务或者其他资产的。行为方式具体表现为：上市公司的董事、监事、高级管理人员、控股股东和实际控制人，明知单位或者个人（包括其控制的关联公司、上市公司的控股股东和实际控制人）没有清偿能力，仍然利用他们对上市公司的控制力和影响力，让上市公司向不具有清偿能力的单位或者个人提供资金、商品、服务或者其他资产。

第四，为明显不具有清偿能力的单位或者个人提供担保，或者无正当理由为其他单位或者个人提供担保的。行为方式具体表现为：上市公司的董事、监事、高级管理人员、控股股东和实际控制人，明知单位或者个人（包括其控制的关联公司、上市公司的控股股东和实际控制人）没有清偿能力，仍然为其提供债务、贷款担保，或者无正当理由为其他单位或者个人提供债务、贷款担保，当这些单位或者个人不能偿还到期债务，或者利用上市公司的担保获得贷款后拖欠或者拒绝还贷时，最终由上市公司承担连带赔偿责任。这样就使上市公司资产不当减少或者处于高风险状态，还有可能造成国有资产流失。

第五，无正当理由放弃债权、承担债务的。无正当理由，是指理由不合法或者不合理。放弃债权，是指免除债务人的债务。上市公司的董事、监事、高级管理人员无正当理由放弃债权使公司预期可得利益灭失，减少了公司的积极财产，从而损害上市公司的利益。依民法上之见解，债务承担有广义和狭义之分。狭义的债务承担又称免责的债务承担，是指债权人和债务人与第三人之间达成协议，将债务移转给第三人承担，第三人取代债务人承受合同义务；广义的债务承担除包括免责的债务承担外，还包括并存的债务承担，即由第三人加入债之关系，与原债务人共同承担债务。依《刑法》第 169 条之一的立法精神，此处的承担债务不仅包括民法上广义的债务承担，还包括虚假债务承担的情况，即上市公司和他人故意创设新的债权债务关系并在其中自愿作为债务人承担新创设的债务。上市公司的董事、监事、高级管理人员无正当理由让上市公司承担本不应承担的债务，增加了上市公司的消极财产，损害了上市公司的利益。

第六，采用其他方式损害上市公司利益的。《刑法》第 169 条之一只列举了五种比较常见的利用非正当关联交易“掏空”上市公司的行为。考虑到随着经济的发展，还可能出现“掏空”上市公司的新行为，法条对“掏空”上市公司资产的行为采取了列举加概括的方式，在列举了五种具体行为后，还有一个兜底性条款——“采用其他方式损害上市公司利益的”。这个兜底性条款并不是说凡是上市公司的董事、监事、高级管理人员的行为只要对上市公司的利益造成损害的都可以本项规定追究刑事责任，还应当结合构成本罪的前提条件——是否“违背对公司的忠实义务”进行综合分析。显然，上市公司的董事、监事、高级管理人员基于对市场判断的失误、单纯决策上的错误，即使给上市公司利益造成损害，也不能以本罪追究刑事责任。

3. 犯罪主体

本罪的主体为特殊主体。根据《刑法》第 169 条之一第 1 款的规定，只有上市公司的董事、监事、高级管理人员才能构成本罪。依照《公司法》的规定，董事，是指有限责任公司和股份有限公司中由股东大会选出的，作为公司业务的决策者和管理者对公司和股东负有特定义务的自然人。监事，是指对董事会决议执行负有监督职责的人。高级管理人员，是指公司的经理、副经理、财务负责人，以及上市公司董事会秘书和公司章程规定的其他人员。

在现代公司制度中，公司制企业实行有限责任，即股东仅以其出资额为限对公司承担责任，公司仅以其财产为限对外承担清偿责任。在上市公司经营过程中，由于所有权与经营权的部分相对分离，使控股股东、公司的实际控制人很容易利用其独特的控股地位，运用其权力，通过关联交易来转移资产、收益，侵占上市公司及中小股东的权益。现实情况表明，在很多情况下，上市公司的控股股东、实际控制人往往是“掏空”上市公司的真正指使者和实际受益者。鉴于这种情况时常发生，《刑法》第169条之一第2款规定：“上市公司的控股股东或者实际控制人，指使上市公司董事、监事、高级管理人员实施前款行为的，依照前款的规定处罚。”因此，上市公司的控股股东或者实际控制人也可能构成本罪。控股股东，是指其出资额占有限责任公司资本总额50%以上或者其持有的股份占股份有限公司股本总额50%以上的股东；出资额或者持有股份的比例虽然不足50%，但依其出资额或者持有的股份所享有的表决权已足以对股东会、股东大会的决议产生重大影响的股东。实际控制人，是指虽不是公司的股东，但通过投资关系、协议或者其他安排，能够实际支配公司行为的人。可见，无论是上市公司的董事、监事、高级管理人员还是上市公司的控股股东或者实际控制人，他们的一个共同特点是对上市公司具有控制权和重大影响力。

上述人员以外的其他人员不能单独构成本罪，但可以和上述人员一起构成本罪的共犯。另外，当上市公司的控股股东或者实际控制人是单位时，单位也可成为本罪的主体。

4. 主观方面

本罪的主观方面表现为直接故意，即行为人明知其行为违背对公司的忠实义务，仍然利用职务便利，操纵上市公司，“掏空”上市公司资产，给上市公司造成重大经济损失。其主观表现为积极追求这种结果的发生，犯罪的主观故意是显而易见的。至于行为人的动机如何，不影响本罪的成立。

过失不构成本罪。如前所述，如果上市公司的董事、监事、高级管理人员基于对市场判断的失误、单纯决策上的错误，即使给上市公司利益造成损害，也不能以本罪追究刑事责任。

二、背信损害上市公司利益罪案立案追诉标准适用指南

《立案追诉标准（二）》第十三条规定：

上市公司的董事、监事、高级管理人员违背对公司的忠实义务，利用职务便利，操纵上市公司从事损害上市公司利益的行为，以及上市公司的控股股东或者实际控制人，指使上市公司董事、监事、高级管理人员实施损害上市公司利益的行为，涉嫌下列情形之一的，应予立案追诉：

（一）无偿向其他单位或者个人提供资金、商品、服务或者其他资产，致使上市公司直接经济损失数额在一百五十万元以上的；

（二）以明显不公平的条件，提供或者接受资金、商品、服务或者其

他资产，致使上市公司直接经济损失数额在一百五十万元以上的；

（三）向明显不具有清偿能力的单位或者个人提供资金、商品、服务或者其他资产，致使上市公司直接经济损失数额在一百五十万元以上的；

（四）为明显不具有清偿能力的单位或者个人提供担保，或者无正当理由为其他单位或者个人提供担保，致使上市公司直接经济损失数额在一百五十万元以上的；

（五）无正当理由放弃债权、承担债务，致使上市公司直接经济损失数额在一百五十万元以上的；

（六）致使公司、企业发行的股票或者公司、企业债券、存托凭证或者国务院依法认定的其他证券被终止上市交易的；

（七）其他致使上市公司利益遭受重大损失的情形。

关于背信损害上市公司利益罪案的立案追诉标准，2008 年《补充规定》第 2 条曾作出规定。考虑到本罪是《刑法修正案（六）》新增设的，2008 年《补充规定》发布的时间也不长，为了保持司法解释的稳定性与连续性，2010 年《立案追诉标准（二）》沿用了 2008 年《补充规定》中对本罪案立案追诉标准的规定。

本罪侵犯的主要是上市公司的财产性利益，所以《立案追诉标准（二）》主要从上市公司利益遭受损失的数额以及因背信行为导致股票、债券被终止上市交易从而使上市公司利益遭受损失的情形来规定。在损失数额上采用了绝对数额标准，没有采用比例标准。因为如果采用比例形式，则会出现对于较大资产规模的上市公司而言，即使遭受几亿元损失也仍然难以达到立案追诉标准的比例要求的情况，不利于保护上市公司利益；而规定绝对数额，更有利于保护上市公司利益。

《立案追诉标准（二）》第 13 条第 1-5 项未做修改。2010 年《立案追诉标准（二）》将具体数额规定为 150 万元，主要是基于以下几个方面的考虑：一是考虑当时《证券法》规定，公司股本总额不少于人民币 3000 万元。由于背信行为损害上市公司利益的数额达到法定最低股本总额的 5%（即 150 万元），也会对公司的生产经营产生重大影响，所以规定 150 万元作为背信损害上市公司利益行为的立案追诉标准比较适宜。二是考虑到本罪与国有公司、企业、事业单位人员滥用职权罪的犯罪性质相似，都是不当行使了对公司的经营决策权。三是考虑到实际发生在证券、期货这一特殊领域的损害上市公司利益行为所造成的损失数额都很大，立案追诉起点要高一些，以便与行政处罚衔接。在司法实践中，上述立案追诉指标的适用并无明显不当，实务部门亦未提出修改意见，因而予以保留。

第6项修改为“致使公司、企业发行的股票或者公司、企业债券、存托凭证或者国务院依法认定的其他证券被终止上市交易的。”2010年《立案追诉标准（二）》第18条第6项规定：“致使公司发行的股票、公司债券或者国务院依法认定的其他证券被终止上市交易或者多次被暂停上市交易的；”当时主要是考虑到现实中发生的其他背信损害上市公司利益的行为，一般都是破坏正常财务会计制度的行为，严重损害公司的正常经营，违背公平和等价有偿的基本原则，往往会导致上市公司不再具备上市条件，或者严重亏损，甚至导致解散、破产，或者不能按照规定提供或者披露财务状况，甚至是对财务会计报告作虚假记载，从而被终止上市或者暂停上市交易。因此，将因为背信损害上市公司利益的行为致使公司发行的股票、公司债券或者国务院依法认定的其他证券被终止上市交易或者多次被暂停上市交易的情形作为立案追诉标准，并与《刑法修正案（六）》规定的“采用其他方式损害上市公司利益的”情形相对应。本次修订将这一立案追诉指标修改为“致使公司、企业发行的股票或者公司、企业债券、存托凭证或者国务院依法认定的其他证券被终止上市交易的”，主要原因是2010年《立案追诉标准（二）》第18条制定的依据是2005年修订的《证券法》，其第2条第1款规定：“在中华人民共和国境内，股票、公司债券和国务院依法认定的其他证券的发行和交易，适用本法；本法未规定的，适用《中华人民共和国公司法》和其他法律、行政法规的规定。”此后，《证券法》历经2013年、2014年两次修正和2019年修订，现行《证券法》第2条第1款规定：“在中华人民共和国境内，股票、公司债券、存托凭证和国务院依法认定的其他证券的发行和交易，适用本法；本法未规定的，适用《中华人民共和国公司法》和其他法律、行政法规的规定。”此外，2005年《证券法》还规定上市公司因公司股本总额、股权分布等发生变化不再具备上市条件；公司不按照规定公开其财务状况，或者对财务会计报告作虚假记载，可能误导投资者；公司有重大违法行为；公司最近三年连续亏损等原因，证券交易所决定暂停其股票上市交易。而2019年《证券法》则取消了暂停上市交易制度。因此，根据《证券法》的上述修改，对2010年《立案追诉标准（二）》第18条第6项做了相应的修改。

第7项“其他致使上市公司利益遭受重大损失的情形”是兜底性条款，沿用了2010年《立案追诉标准（二）》的规定。

此外，在《立案追诉标准（二）》制定过程中，有意见提出，建议增加“违反上市公司披露的管理制度，向其他单位或者个人提供资金、担保，连续十二个月累计数额占上市公司经审计的净资产百分之三十以上，或致使上市公司承担经济责任数额在五千万元以上的”作为立案追诉标准。理由是背信损害上市公司利益的案例时有发生，其中最为常见高发的是违规提供资金、担保，该行为已经成为损害投资者利益的毒瘤。为保护投资者利益，保护上市公司的合法权益，结合实践中主要案例情况，有必要对此种情形进行刑事打击。经研究认为，上述意见有一定道理，但在立法技术上不可行。根据《刑法》第 169 条之一规定，致使上市公司利益遭受重大损失是构成背信损害上市公司利益罪的必备要件，如果是违规提供资金、担保致使上市公司造成 5000 万元以上经济损失的，可按本条第 1 项或第 4 项立案追诉；如果仅仅是因为违反上市公司披露的管理制度，向其他单位或者个人提供资金、担保，连续 12 个月累计数额占上市公司经审计的净资产 30%以上就立案追诉，则有违法之嫌。毕竟，《刑法》第 169 条之一规定的背信损害上市公司利益罪是结果犯，而在未对上市公司造成经济损失的情况下，对违规提供资金、担保的行为进行立案追诉的话，就将本罪从结果犯异化为情节犯了。所以，对上述建议未予采纳。

三、认定背信损害上市公司利益罪应注意的问题

（一）背信损害上市公司利益罪罪与非罪的界限

本罪是结果犯，只有行为人实施了背信损害上市公司利益的行为致使公司财产遭受重大损失的结果，才构成本罪；虽然实施了背信行为，但是没有造成公司财产遭受重大损失的结果，则不构成本罪；虽然实施了背信行为并造成公司财产遭受重大损失的结果，但行为人误以为自己的行为符合诚实处理事务的宗旨而实施的，也不构成本罪。

（二）背信损害上市公司利益罪与相关犯罪的界限

1. 背信损害上市公司利益罪与徇私舞弊低价折股、出售国有资产罪的界限

徇私舞弊低价折股、出售国有资产罪，是指国有公司、企业或者其上级主管部门直接负责的主管人员，徇私舞弊，将国有资产低价折股或者低价出售，致使国家利益遭受重大损失的行为。

背信损害上市公司利益罪中的以明显不公平的条件向他人提供资产的行为，与徇私舞弊低价折股、出售国有资产罪具有相同的特点：都是以明显不公平的条件，将行为人所在公司的资产提供给他人。两罪的主要区别在于：（1）犯罪主体不同。背信损害上市公司利益罪的主体通常是上市公司的董事、监事、高级管理人员；而徇私舞弊低价折股、出售国有资产罪的主体是国有公司、企业或者其上级主管部门直接负责的主管人员。（2）侵犯的客体不同。背信损害上市公司利益罪侵犯的是国家对上市公司的管理制度和上市公司及公众投资者的合法利益；而徇私舞弊低价折股、出售国有资产罪侵犯的是国家对国有资产的所有权和

国有公司、企业的管理制度。（3）客观方面不同。低价提供资产只是背信损害上市公司利益罪客观方面的表现形式之一，除此之外，还有其他背信损害上市公司利益的形式；而徇私舞弊低价折股、出售国有资产罪客观上必须表现为低价折股、出售国有资产。

当然，在国有公司是上市公司的情况下，低价折股、出售国有资产的行为同时会触犯徇私舞弊低价折股、出售国有资产罪和背信损害上市公司利益罪两个罪名。此种情形属于法条竞合，应从一重罪处断。

2. 背信损害上市公司利益罪与挪用资金罪的界限

挪用资金罪，是指公司、企业或者其他单位的工作人员，利用职务上的便利，挪用本单位资金归个人使用或者借贷给他人，数额较大、超过 3 个月未还的，或者虽未超过 3 个月，但数额较大、进行营利活动的，或者进行非法活动的行为。

背信损害上市公司利益罪与挪用资金罪在客观方面具有相似之处，即都可能是公司资金被挪作他用。两罪的区别在于：（1）主体不尽相同。背信损害上市公司利益罪的主体通常是上市公司的董事、监事、高级管理人员；而挪用资金罪的主体既可以是上市公司的董事、监事、高级管理人员，也可以是上市公司中除董事、监事、高级管理人员以外的其他工作人员，还可以是上市公司以外的公司、企业或者其他单位的工作人员。（2）客观方面不尽相同。背信损害上市公司利益罪的客观方面表现为上市公司的董事、监事、高级管理人员以上市公司名义实施的损害上市公司利益的行为，既可以是资金被挪作他用，也可以是其他损害上市公司利益的行为；而挪用资金罪的客观方面表现为公司、企业或者其他单位的工作人员的个人行为，是将公司资金非法归个人使用或者借贷给他人。

四、背信损害上市公司利益罪的处罚

根据《刑法》第 169 条之一第 1 款、第 2 款的规定，自然人犯背信损害上市公司利益罪的，处 3 年以下有期徒刑或者拘役，并处或者单处罚金；致使上市公司利益遭受特别重大损失的，处 3 年以上 7 年以下有期徒刑，并处罚金。

根据《刑法》第 169 条之一第 3 款的规定，单位犯背信损害上市公司利益罪的，对单位判处罚金，并对其直接负责的主管人员和其他直接责任人员，依照自然人犯本罪的规定处罚。

第五章　破坏金融管理秩序犯罪案件立案追诉标准

第一节　伪造货币案

一、伪造货币罪的概念和构成要件

（一）概念

伪造货币罪，是指仿照真货币的图案、形状、色彩等特征非法制造假币，冒充真币的行为。

我国一直重视打击伪造货币的犯罪行为，早在 1979 年《刑法》中就规定了伪造国家货币罪，1979 年《刑法》第 122 条规定："伪造国家货币或者贩运伪造的国家货币的，处三年以上七年以下有期徒刑，可以并处罚金或者没收财产。犯前款罪的首要分子或者情节特别严重的，处七年以上有期徒刑或者无期徒刑，可以并处没收财产。"随着形势发展的客观需要以及伪造国家货币等犯罪的变化，1995 年 6 月 30 日全国人大常委会通过了《关于惩治破坏金融秩序犯罪的决定》，将 1979 年《刑法》中假币犯罪的犯罪对象由"国家货币"扩大为"人民币和外币"。该决定第 1 条规定："伪造货币的，处三年以上十年以下有期徒刑，并处五万元以上五十万元以下罚金。有下列情形之一的，处十年以上有期徒刑、无期徒刑或者死刑，并处没收财产：（一）伪造货币集团的首要分子；（二）伪造货币数额特别巨大的；（三）有其他特别严重情节的。"1997 年《刑法》吸收了上述规定，在第 170 条规定："伪造货币的，处三年以上十年以下有期徒刑，并处五万元以上五十万元以下罚金；有下列情形之一的，处十年以上有期徒刑、无期徒刑或者死刑，并处五万元以上五十万元以下罚金或者没收财产：（一）伪造货币集团的首要分子；（二）伪造货币数额特别巨大的；（三）有其他特别严重情节的。"1997 年 12 月 11 日最高人民法院《关于执行〈中华人民共和国刑法〉确定罪名的规定》、1997 年 12 月 25 日最高人民检察院《关于适用刑法分则规定的犯罪的罪名的意见》根据 1997 年《刑法》第 170 条规定了“伪造货币罪”罪名。

2015 年 8 月 29 日《刑法修正案（九）》第 11 条对本罪刑罚做了修改，删除了死刑，并将罚金刑由具体数额修改为无具体数额的罚金。

（二）构成要件

1. 犯罪客体

本罪侵犯的客体是国家的货币管理秩序。货币是一种价值符号，是随着经济发展和人类进步而逐步形成的一般等价物。在当今社会，这种价值符号——货币已经成为人们心目中约定俗成的财富和地位的象征。作为国家财政金融制度的重要组成部分，货币制度关系到国家的根本利益，更直接关系到国民经济的发展和社会的稳定。在当今世界各国，无不把货币制度作为国家财政金融制度的核心，将货币的制造、发行作为一项重要的国家行为，加以严格管理和保护。

由于伪造货币的行为严重破坏了金融秩序和市场秩序，危害国民经济发展和社会稳定的基础，侵犯了国家的根本利益，因此，世界各国一般均把这种侵犯国家专属的货币管理权的行为规定为刑事犯罪，给予刑事制裁。但由于伪造货币往往一本万利，一些不法分子不惜铤而走险，疯狂进行伪造货币的犯罪活动。从我国目前的情况来看，伪造货币犯罪已经由以前的单人作战演变为产、供、销“一条龙”的跨地区、跨国家的，以高技术伪造手段为后盾的集团犯罪，有的甚至伪造多种货币，数额特别巨大，危害特别严重。因此，必须予以严厉打击，有效遏制伪造货币的犯罪活动，维护国家经济安全。

本罪的犯罪对象是货币。货币，是指境内外正在流通的以下货币：（1）人民币（含普通纪念币、贵金属纪念币）、港元、澳门元、新台币；（2）其他国家及地区的法定货币。

货币在一个国家金融体系中居于核心地位，各国都通过法律来确定货币地位及职能。《中国人民银行法》第 16 条规定，中华人民共和国的法定货币是人民币。以人民币支付中华人民共和国境内的一切公共的和私人的债务，任何单位和个人不得拒收。《香港特别行政区基本法》第 111 条规定，港元为香港特别行政区法定货币。《澳门特别行政区基本法》第 108 条规定，澳门元为澳门特别行政区的法定货币。

2. 客观方面

货币发行权属于国家，任何人不得伪造货币。《中国人民银行法》《人民币管理条例》中规定了人民币的制造和发行程序。《中国人民银行法》第 16 条规定，中华人民共和国的法定货币是人民币。以人民币支付中华人民共和国境内的一切公共的和私人的债务，任何单位和个人不得拒收。人民币，是指中国人民银行依法发行的货币，包括纸币和硬币；中国人民银行履行发行人民币、管理人民币流通的职责；人民币由中国人民银行统一印制、发行；中国人民银行发行新版人民币，应当将新版人民币的发行时间、面额、图案、式样、规格、主色调、主要特征等予以公告。《中国人民银行法》第 19 条规定，禁止伪造、变造人民币。禁止出售、购买伪造、变造的人民币。第 42 条规定，伪造、变造人民币，出售伪造、变造的人民币，或者明知是伪造、变造的人民币而运输，构成犯罪的，依法追究刑事责任；尚不构成犯罪的，由公安机关处 15 日以下拘留、1 万元以下罚款。

本罪的客观方面表现为伪造货币的行为。所谓伪造货币，是指仿照真货币的图案、形状、色彩等特征，非法制造假币，冒充真币的行为。伪造货币罪是行为犯，即只要行为人实施了伪造货币的行为，不论是否导致危害结果的发生，均构成本罪。《全国法院审理金融犯罪案件工作座谈会纪要》指出，伪造货币的，只要实施了伪造行为，不论是否完成全部印制工序，即构成伪造货币罪；对于尚未制造出成品，无法计算伪造、销售假币面额的，或者制造、销售用于伪造货币的版样的，不认定犯罪数额，依据犯罪情节决定刑罚。2010 年 10 月 20 日最高人民法院《关于审理伪造货币等案件具体应用法律若干问题的解释（二）》第 1 条第 1 款规定："仿照真货币的图案、形状、色彩等特征非法制造假币，冒充真币的行为，应当认定为刑法第一百七十条规定的'伪造货币'。"第 5 条规定："以使用为目的，伪造停止流通的货币，或者使用伪造的停止流通的货币的，依照刑法第二百六十六条的规定，以诈骗罪定罪处罚。"上述规定中，停止流通的货币应该说也是货币，但已经停止流通的货币不再具有货币属性，不再执行货币的任何功能。伪造或者使用伪造的停止流通的货币，犯罪人的目的往往是以此骗取钱财，其主要侵犯的是公私财产的所有权而非货币的公共信用。此种行为在行为方式和侵害客体两个方面均与伪造货币罪不符，但完全符合诈骗罪的构成要件。根据上述解释规定，并非任何伪造停止流通货币的行为均构成犯罪，只有以使用为目的的伪造行为才构成诈骗罪。

3. 犯罪主体

本罪的主体是一般主体，即凡是达到刑事责任年龄、具有刑事责任能力的自然人均可构成本罪，包括中国人、外国人及无国籍人。

4. 主观方面

本罪的主观方面只能由故意构成。

二、伪造货币罪案立案追诉标准适用指南

《立案追诉标准（二）》第十四条规定：

伪造货币，涉嫌下列情形之一的，应予立案追诉：

（一）总面额在二千元以上或者币量在二百张（枚）以上的；

（二）总面额在一千元以上或者币量在一百张（枚）以上，二年内因伪造货币受过行政处罚，又伪造货币的；

（三）制造货币版样或者为他人伪造货币提供版样的；

（四）其他伪造货币应予追究刑事责任的情形。

《立案追诉标准（二）》对伪造货币应予立案追诉的情形作了 4 项规定。有关具体情况如下：

第 1 项沿用了 2010 年《立案追诉标准（二）》第 19 条第 1 项。2010 年《立案追诉标准（二）》第 19 条第 1 项规定，伪造货币，总面额在 2000 元以上或者币量在 200 张（枚）以上的，应予立案追诉。该内容源于 2000 年最高人民法院《关于审理伪造货币等案件具体应用法律若干问题的解释》，该解释第 1 条第 1 款规定，伪造货币的总面额在 2000 元以上不满 3 万元或者币量在 200 张（枚）以上不足 3000 张（枚）的，依照刑法第 170 条的规定，处 3 年以上 10 年以下有期徒刑，并处 5 万元以上 50 万元以下罚金。该解释规定面额或者币量作为入罪门槛的原因在于，“伪造货币罪是行为犯，行为人只要实施了伪造货币的行为就可以构成该罪。但是刑法分则规定的具体犯罪，都应受总则定罪处刑原则的规范。《刑法》第 13 条规定，情节显著轻微危害不大的，不认为是犯罪。伪造货币罪同样存在这种情形，如果仅仅因为行为人伪造了一张或者几张面额不大的货币，就一律定罪处罚，显然不能准确地反映伪造货币罪的社会危害性。而且，从实际查处的伪造货币犯罪的情况看，普遍存在数额较大的特点。如果不依据实践需要，将伪造货币罪的数额认定标准规定得过于宽泛，则可能造成刑罚打击面过宽，甚至不严格执法的局面。因此，上述解释规定的伪造货币罪起刑点的数额认定标准是符合刑法的立法本意的。”① 《立案追诉标准（二）》第 14 条第 1 项沿用了 2010 年《立案追诉标准（二）》的规定，且与最高人民法院司法解释相衔接、保持一致。

第 2 项是《立案追诉标准（二）》新增加的内容。该项条文内容几易其稿。

---

① 孙军工：《〈关于审理伪造货币等案件具体应用法律若干问题的解释〉的理解与适用》，载《人民司法》2000 年第 10 期。

在研究制定起草过程中，汇集多方观点意见，各有考量和不同之处。有的意见认为，应在假币犯罪中增加“五年内因从事假币行为受过二次以上行政处罚，又实施同种假币犯罪的”作为立案追诉标准的情形之一，其理由是，假币犯罪多是常业犯，行为人主观恶性大，应加大打击力度，5年期限参照了一般累犯的规定。对此，还有意见认为，立案追诉标准应和追诉期限保持平衡，法定最高刑不满5年的，追诉期限是5年，超过5年的就不能再追究刑事责任，拟定的5年内受过行政处罚的相关标准过于严格，建议修改为“二年内……受过二次以上行政处罚”。上述意见中“受过二次以上行政处罚”内容参照了《刑法》第153条第1款第1项规定的“一年内曾因走私被给予二次行政处罚后又走私”。

在最终定稿时，经多方研究协商，确定在假币犯罪（金融工作人员购买假币、以假币换取货币案除外）中增加“数额减半+二年行政处罚”的标准。因对于“数额+刑事处罚”标准目前还存在不同认识，此次修订暂不予考虑。有的意见认为刑事处罚与作为量刑情节的累犯难以区分，也与实践中多作为量刑情节、认定犯罪故意的考量因素等通常做法不一致。该条文制定的相关情况还可参见“走私假币罪案立案追诉标准适用指南”部分。

关于受过行政处罚的时间间隔和次数，《刑法》第153条第1款第1项“一年内曾因走私被给予二次行政处罚后又走私”规定的是1年内受过二次行政处罚；2013年最高人民法院、最高人民检察院《关于办理盗窃刑事案件适用法律若干问题的解释》第2条第2项“一年内曾因盗窃受过行政处罚的”规定的是1年内曾受过1次行政处罚。本次修订规定2年内受过1次行政处罚，原因在于：《行政处罚法》第36条第1款规定：“违法行为在二年内未被发现的，不再给予行政处罚；涉及公民生命健康安全、金融安全且有危害后果的，上述期限延长至五年……”对一般违法行为追究行政责任的期限是2年，超过2年的不能再给予行政处罚，对于超过2年的行政违法行为再纳入刑事评价范围明显不合适。因此，本次修订对行政违法行为的刑事评价期限是2年。

关于其中“数额减半”的规定，参考了《关于办理盗窃刑事案件适用法律若干问题的解释》的相关规定，该解释第2条第1项、第2项规定，曾因盗窃受过刑事处罚的、1年内曾因盗窃受过行政处罚的，“数额较大”的标准可以按照前条规定标准的50%确定；该解释第6条规定，盗窃公私财物，具有本解释第2条第3项至第8项规定情形之一，或者入户盗窃、携带凶器盗窃，数额达到本解释第1条规定的“数额巨大”“数额特别巨大”50%的，可以分别认定为《刑法》第264条规定的“其他严重情节”或者“其他特别严重情节”。

第3项沿用了2010年《立案追诉标准（二）》第19条第2项的规定。制造、销售用于伪造货币的版样的危害性特别大，应依法予以严厉打击。最高人民法院《关于审理伪造货币等案件具体应用法律若干问题的解释》第1条第3款规定，行为人制造货币版样或者与他人事前通谋，为他人伪造货币提供版样的，依照《刑法》第170条的规定定罪处罚。2001年《全国法院审理金融犯罪案件工作座谈会纪要》也规定，制造、销售用于伪造货币的版样的，不认定犯罪数额，依据犯罪情节决定刑罚。因此，《立案追诉标准（二）》吸收了最高人民法院司法解释的内容，把“制造货币版样或者为他人伪造货币提供版样的”作为立案追诉标准的情形之一。

第4项沿用了2010年《立案追诉标准（二）》第19条第3项的规定。

伪造货币的社会危害性严重，除了《立案追诉标准（二）》第14条第1、2、3项规定的情形外，还有许多其他应追究刑事责任的情形，但无法列举穷尽，因此在《立案追诉标准（二）》中设置了兜底性规定，即其他伪造货币应予追究刑事责任的情形。

关于本条文需要注意的是，《立案追诉标准（二）》将2010年《立案追诉标准（二）》中规定的假币犯罪对象，即“货币”的相关条文规定，根据司法实践情况，对相关文字稍加改动，将原条文表述“‘货币’是指流通的以下货币……”改为“‘货币’是指境内外正在流通的以下货币……”，体现了对境内外正在流通货币的全面、平等保护。并将该“货币”条文内容从“伪造货币案”条文部分整体转移到了附则部分，单独作为第79条，适用于整个文件规定条文，可以避免该条文适用范围被人为理解缩窄等问题，体现了法治、系统、问题、科学、合理、务实等思维工作导向。

《立案追诉标准（二）》关于“货币”的条文，基本沿用了2010年《立案追诉标准（二）》的规定。主要明确了贵金属纪念币，在我国不能兑换的外币，港元、澳门元、新台币是否属于伪造货币罪犯罪对象的问题。

（1）贵金属纪念币。普通纪念币可以流通，其可以成为货币犯罪的对象，在司法实践中认识一致。贵金属纪念币的面额与实际价值不符，所以在现实生活中不会有人使用。有的观点认为，贵金属纪念币不参与流通，不能成为货币犯罪对象，本书认为，贵金属纪念币是货币犯罪对象，应受《刑法》保护。理由如下：

第一，我国法律没有规定贵金属纪念币不能流通。《人民币管理条例》第18条规定：“中国人民银行可以根据需要发行纪念币。纪念币是具有特定主题的限量发行的人民币，包括普通纪念币和贵金属纪念币。”我国的贵金属纪念币属于人民币，是国家的法定货币。2000年9月8日最高人民法院《关于审理伪造货币等案件具体应用法律若干问题的解释》第7条第1款规定：“本解释所称‘货币’是指可在国内市场流通或者兑换的人民币和境外货币。”2000年9月26日最高人民法院《关于审理走私刑事案件具体应用法律若干问题的解释》第2条第1款规定："刑法第一百五十一条第一款规定的'货币'，是指可在国内市场流通或者兑换的人民币、境外货币。"贵金属纪念币价值与面额不符，在现实生活中没有人使用，是不是贵金属纪念币就真的不流通？如何判断贵金属纪念币是否流通？我们认为，判断贵金属纪念币是否流通要以中国人民银行的公告为准。对于任何一套人民币的发行、停止流通，中国人民银行都会向社会公告，中国人民银行公告停止流通的，该币种停止流通，否则继续流通。贵金属纪念币也不例外，判断贵金属纪念币是否流通，也要以中国人民银行的公告为准，除中国人民银行公告该种贵金属纪念币停止流通的以外，其他贵金属纪念币仍然可以有效流通。到目前为止，还没有贵金属纪念币停止流通的公告，所以中国人民银行所发行的贵金属纪念币都是可以流通的。贵金属纪念币在现实生活中不流通是事实上的不流通，并不能以此认为法律规定贵金属纪念币不能流通。2010年10月11日最高人民法院《关于审理伪造货币等案件具体应用法律若干问题的解释（二）》第4条第1款规定，以中国人民银行发行的普通纪念币和贵金属纪念币为对象的假币犯罪，依照刑法第170条至第173条的规定定罪处罚。

第二，伪造贵金属纪念币等行为同样侵犯了国家货币管理秩序。贵金属纪念币是国家的法定货币，不仅我国如此，在国际上也是一种惯例，并且贵金属纪念币一般是由各国中央银行、财政部或造币机构依法发行，由指定的造币厂铸造，其发行要素规范，具有储备功能和国家信用，货币发行机构对面额负有法偿义务，贵金属纪念币具有法定货币所具有的一切要素。因此，制贩贵金属纪念币的行为同样侵犯了国家的货币发行权和国家对货币的管理秩序，对制贩假贵金属纪念币的行为应予刑事制裁。

第三，不将贵金属纪念币列为货币犯罪对象不符合司法实践的要求。就我国而言，我国的金银纪念币在国际上享有盛誉，制贩我国金银纪念币，对我国金银纪念币声誉的损害严重。香港《刑事罪行条例》将受保护的硬币解释为"金融管理专员可为施行本部而藉命令指定任何硬币为受保护硬币，不论该硬币是否在任何国家或地区惯常作金钱使用"，并在《受保护硬币（指定）令》中将熊猫金币列为受保护硬币，但该金币在内地司法实践中很难按照货币予以保护。伪造、出售伪造的贵金属纪念币等假币犯罪案件在现实生活中时有发生，由于以往司法解释等法律文件对涉及贵金属纪念币的相关问题未予具体明确，容易产生争议，影响此类案件办理。2010年《立案追诉标准（二）》、最高人民法院《关于审理伪造货币等案件具体应用法律若干问题的解释（二）》，以及《立案追诉标准（二）》先后依法对此问题作了具体明确的规定，切实回应了司法实践工作的需要，努力实现更好的效果。

贵金属纪念币的面额与原值是分离的。面额是币面上标示的货币价格，是贵金属纪念币作为国家法定货币的象征性符号；原值是贵金属纪念币所含的贵金属的价值。我国贵金属纪念币在发行之初制定面额时，一方面综合考虑了金银纪念币面额的象征性、汇率和法偿义务等因素；另一方面参照了欧美一些国家的做法，算出 1 盎司金币面额为 100 元人民币，1 盎司银币面额为 10 元人民币，其他规格的金币面额则按重量比例增减。自 2000 年“千年纪念”金银币发售开始，规范统一了贵金属纪念币各种材质及规格品种的面额标准，对金币面额进行了小幅调整。目前，金币原值与调整后面额的比例，已从 19 世纪 80 年代初的 16 倍降到 5.4 倍，相对接近黄金的原值。总的来看，贵金属纪念币的面额具备一定的连续性、稳定性和严肃性，一经确定很少会随汇率、贵金属价格做更改。贵金属纪念币的发售价格，是指纪念币发售时的价格，一般是根据贵金属原料的成本价格、加工费、经营管理费用、项目题材、发行量、工艺技术、市场状况、历史价格情况及国际价格标准而确定的。贵金属纪念币一般是溢价发行（溢价额称为“升水”），对于目前国际上主要的 1/10 盎司普制金币而言，经销商的“升水”一般在 10%左右。

鉴于上述情况，如果仍以总面额和币量作为追诉标准，由于贵金属的原值和发售价格都远大于面额，且一套贵金属纪念币的币量不多（如第 29 届奥运会贵金属纪念币（第 1 组）一套 6 枚），会造成司法实践中打击不力。考虑到发售价格的制定综合了各方面因素，与纪念币的实际价值更为接近，《立案追诉标准（二）》规定，贵金属纪念币的面额以中国人民银行授权中国金币总公司的初始发售价格为准。

（2）在国内不能兑换的外币。1979 年《刑法》规定货币犯罪的对象是国家货币，1995 年全国人大常委会《关于惩治破坏金融秩序犯罪的决定》将“国家货币”扩大为“人民币和外币”，1997 年《刑法》吸收了该决定关于货币犯罪的规定。2000 年最高人民法院《关于审理伪造货币等案件具体应用法律若干问题的解释》第 7 条第 1 款规定：“本解释所称‘货币’是指可在国内市场流通或者兑换的人民币和境外货币。”该解释没有明确在国内不能兑换的外币涉及假币犯罪具体应用法律问题，而实践中伪造不能兑换的外币的犯罪活动时有发生，对其如何适用法律存在困难。

本书认为，《立案追诉标准（二）》明确了在我国不能兑换但在发行国（地区）可以流通的货币同样应作为货币犯罪的对象。理由如下：

第一，《立案追诉标准（二）》的规定符合国际通行的做法。目前打击货币犯罪的国际公约是《反伪造货币国际公约》，该公约对包括伪造货币在内的各种具体的妨害货币的犯罪行为作了规定，并确定了处罚原则，即在处罚上不应以伪造的是本国货币或者外国货币而有所区别，以便联手共同与伪造货币的犯罪行为作斗争。有些国家在刑法典中明确规定在本国不能兑换的外币也是受保护的货币，如《韩国刑法典》规定了“伪造、变造流通于国内的外国通货罪”“伪造、变造流通于国外的外国通货罪”；《德国刑法典》规定，关于伪造货币和印花税票的规定，同样适用于外国货币、印花税票及有价证券；《加拿大刑法典》第 448 条规定，通用的，是指根据不同情况，依照生效的法律、公告或行政法规的规定在加拿大境内或境外其他地方合法流通的。香港《刑事罪行条例》将货币分为“流通纸币”及“受保护硬币”，并规定，“纸币已在香港以外地方合法发行”及“纸币现时或已在其发行国家或地区惯常作金钱使用”的都属于“流通纸币”，“在任何国家或地区惯常作金钱使用的硬币”都属于“受保护硬币”。此外，“金融管理专员可为施行本部而藉命令指定任何硬币为受保护硬币，不论该硬币是否在任何国家或地区惯常作金钱使用”。《澳门刑法典》第 243 条将货币解释为在澳门或在外地具有法定流通力之钞票及硬币。

第二，《立案追诉标准（二）》的规定符合我国的经济利益。随着经济的发展，我国的国际经济地位越来越重要，作用越来越凸显，原来在我国不能兑换的外币也将可能可兑换。在当今世界上，共有 180 多个国家和地区发行的 220 多种货币，而可在我国境内兑换的境外货币只有 10 余种，而这 10 余种货币也只有纸币可兑换，硬币不得兑换，目前的司法解释适应不了我国经济形势的发展，会导致法律适用的困难。此外，根据国际通行的对等原则，将伪造外国法定货币纳入伪造货币罪范畴是寻求人民币获得国际保护的先决条件，《立案追诉标准（二）》将其他国家及地区流通的法定货币列入“货币”的范畴符合我国的经济利益。

第三，《立案追诉标准（二）》的规定符合有关规章及规范性文件的规定。从实际情况来看，伪造在我国境内不能兑换但在边境地区被广泛使用的毗邻国货币可以构成伪造货币罪。根据 2003 年 9 月 22 日国家外汇管理局发布的《边境贸易外汇管理办法》的规定，边贸企业或个人与境外贸易机构进行边境贸易时，可以用可自由兑换货币、毗邻国家货币或者人民币计价结算，也可以用易货的方式进行结算。边贸企业可以在我国边境地区银行开立以毗邻国家货币结算的边境贸易账户。境外贸易机构可以在我国边境地区银行开立经常项目外汇账户和毗邻国家货币边境贸易账户。边境地区的外汇指定银行应按照中国人民银行和国家外汇管理局的有关规定，在平等协商的基础上与毗邻国家边境地区的银行建立代理行关系，开通银行直接结算渠道。对于毗邻国家中央银行已经与中国人民银行签订了双边本币支付协定的，边境地区的外汇指定银行应当积极与毗邻国家边境地区的商业银行建立代理行关系，开通银行结算渠道，增加结售汇网点，为边贸企业提供方便、快捷的结算服务。例如，云南省等边境地区的外汇指定银行，可以按规定加挂缅甸货币的汇价，办理其与人民币的兑换，并自行在规定的浮动范围内确定买卖差价。因此，缅甸货币可以与人民币实行有条件可兑换，只不过其范围仅限定在我国云南省等边境地区。2004 年公安部《关于伪造缅甸货币行为定性问题的批复》规定，鉴于缅甸货币在中缅边境地区可以与人民币兑换，伪造缅甸货币的行为应以伪造货币罪定罪处罚。

鉴于上述原因，《立案追诉标准（二）》的规定符合国家外汇主管部门的规定，将包括在边境地区被广泛使用的毗邻国货币在内的，在我国境内不能兑换但在发行国（地区）可以流通的货币统一纳入“货币”的范围。2010 年 10 月 11 日最高人民法院《关于审理伪造货币等案件具体应用法律若干问题的解释（二）》第 3 条第 1 款规定，以正在流通的境外货币为对象的假币犯罪，依照刑法第 170 条至第 173 条的规定定罪处罚。2014 年 6 月 13 日最高人民法院、最高人民检察院《关于办理走私刑事案件适用法律若干问题的解释》第 7 条规定，刑法第 151 条第 1 款规定的“货币”，包括正在流通的人民币和境外货币。伪造的境外货币数额，折合成人民币计算。

（3）港元、澳门元、新台币。港元、澳门元的法定货币地位是法律规定的，《香港特别行政区基本法》规定港元为香港特别行政区的法定货币，《澳门特别行政区基本法》规定澳门元为澳门特别行政区的法定货币。港元、澳门元可以与人民币直接兑换。

相对于港元、澳门元而言，台币比较特殊，目前尚无法律对台币的地位作出规定。最高人民法院、最高人民检察院《关于办理走私刑事案件适用法律若干问题的解释》、最高人民法院《关于审理伪造货币等案件具体应用法律若干问题的解释》对台币犯罪都没有涉及，《全国法院审理金融犯罪案件工作座谈会纪要》规定，对于伪造台币的，应当以伪造货币罪定罪处罚；出售伪造的台币的，应当以出售假币罪定罪处罚。但对运输、持有、使用、变造台币的行为没有作出解释，并且《全国法院审理金融犯罪案件工作座谈会纪要》与最高人民法院此前关于货币外延的解释不完全一致，给打击台币犯罪带来了一定困难。目前，在福建省全省范围内均可办理新台币兑换人民币业务，大陆和台湾的经贸往来日益密切。在《立案追诉标准（二）》的起草制定过程中，经征求国家有关主管部门的意见，将新台币纳入“货币”的范围，加大对伪造台币犯罪行为的打击力度，为大陆和台湾地区的经贸交流提供法律保障。

三、认定伪造货币罪应注意的问题

（一）伪造货币罪罪与非罪的界限

行为人实施的伪造货币的行为是否构成伪造货币罪，除了法定的犯罪构成要件外，主要看其伪造货币的总面额和币量及其他情节是否符合本罪案立案追诉标准的规定，如果符合规定的就应依法立案追诉；如果不符合规定的，则不构成犯罪，不应立案追诉，只能根据《中国人民银行法》《人民币管理条例》等法律法规的规定，由公安机关处 15 日以下拘留、1 万元以下罚款。

（二）伪造货币罪与相关犯罪的界限

1. 伪造货币罪与变造货币罪的界限

变造货币罪，是指以真货币为基础，采用剪贴、挖补、揭层、涂改、移位、重印等手段，改变真货币的形态、价值，数额较大的行为。

两罪的共同点表现在：两罪所侵犯的客体均是国家的货币管理秩序。两罪的犯罪主体均是一般主体，即达到刑事责任年龄、具有刑事责任能力的自然人，包括中国公民、外国人和无国籍人。主观方面均是出于故意。两罪的主要区别在于：伪造货币罪是行为犯，其客观方面是实施伪造货币的行为，即行为人依照人民币或者外币的图案、形状、色彩等外观和内部特征，使用印刷、描绘、复印、拓印等各种制作方法，非法制造假币，冒充真币的行为；而变造货币罪，必须是“数额较大”的变造行为才构成犯罪，其客观方面是变造货币的行为，即行为人以真货币为基础，采用剪贴、挖补、揭层、涂改、移位、重印等手段，改变真货币的形态、价值的行为。

2. 伪造货币罪与出售、购买、运输假币罪的界限

出售、购买、运输假币罪，是指出售、购买伪造的货币或者明知是伪造的货币而运输，数额较大的行为。

两罪的共同点表现在两罪所侵犯的客体均是国家的货币管理秩序。犯罪主体均是一般主体，即达到刑事责任年龄、具有刑事责任能力的自然人，包括中国公民、外国人和无国籍人。主观方面均是出于故意。两罪的区别主要在于：伪造货币罪是行为犯，其客观方面是实施了伪造货币的行为；而出售、购买、运输假币罪，必须是“数额较大”的行为才构成犯罪，其客观方面是实施了出售、购买伪造的货币或者明知是伪造的货币而运输的行为。

3. 伪造货币罪与金融工作人员购买假币、以假币换取货币罪的界限

金融工作人员购买假币、以假币换取货币罪，是指银行或者其他金融机构的工作人员购买伪造的货币或者利用职务上的便利，以伪造的货币换取货币的行为。

两罪的相同点：主观方面都是出于故意；均没有单位犯罪；所侵犯的客体均是国家的货币管理秩序。两罪的区别主要有：（1）犯罪主体不同。伪造货币罪的犯罪主体是一般主体，即达到刑事责任年龄、具有刑事责任能力的自然人，包

括中国公民、外国人和无国籍人；而金融工作人员购买假币、以假币换取货币罪的主体是特殊主体，只能是银行或者其他金融机构的工作人员。(2) 客观方面不同。伪造货币罪的客观方面是行为人实施了伪造货币的行为；而金融工作人员购买假币、以假币换取货币罪的客观方面是银行或者其他金融机构的工作人员实施了购买伪造的货币或者利用职务上的便利，以伪造的货币换取货币的行为。

四、伪造货币罪的处罚

根据《刑法》第 170 条的规定，犯伪造货币罪的，处 3 年以上 10 年以下有期徒刑，并处罚金。有下列情形之一的，处 10 年以上有期徒刑或者无期徒刑，并处罚金或者没收财产：(1) 伪造货币集团的首要分子；(2) 伪造货币数额特别巨大的；(3) 有其他特别严重情节的。

第二节　出售、购买、运输假币案

一、出售、购买、运输假币罪的概念和构成要件

(一) 概念

出售、购买、运输假币罪，是指出售、购买伪造的货币或者明知是伪造的货币而运输，数额较大的行为。

1979 年《刑法》第 122 条规定了“贩运伪造的国家货币罪”，该条规定，“贩运伪造的国家货币的，处三年以上七年以下有期徒刑，可以并处罚金或者没收财产。犯前款罪的首要分子或者情节特别严重的，处七年以上有期徒刑或者无期徒刑，可以并处没收财产”。1995 年 6 月 30 日全国人大常委会《关于惩治破坏金融秩序犯罪的决定》第 2 条第 1 款规定：“出售、购买伪造的货币或者明知是伪造的货币而运输，数额较大的，处三年以下有期徒刑或者拘役，并处二万元以上二十万元以下罚金；数额巨大的，处三年以上十年以下有期徒刑，并处五万元以上五十万元以下罚金；数额特别巨大的，处十年以上有期徒刑或者无期徒刑，并处没收财产。”1997 年《刑法》吸收了上述规定，其第 171 条第 1 款规定：“出售、购买伪造的货币或者明知是伪造的货币而运输，数额较大的，处三年以下有期徒刑或者拘役，并处二万元以上二十万元以下罚金；数额巨大的，处三年以上十年以下有期徒刑，并处五万元以上五十万元以下罚金；数额特别巨大的，处十年以上有期徒刑或者无期徒刑，并处五万元以上五十万元以下罚金或者没收财产。”1997 年 12 月 11 日最高人民法院《关于执行〈中华人民共和国刑

法〉确定罪名的规定》、1997年12月25日最高人民检察院《关于适用刑法分则规定的犯罪的罪名的意见》根据1997年《刑法》第171条第1款规定了“出售、购买、运输假币罪”罪名。

（二）构成要件

1. 犯罪客体

本罪侵犯的客体是国家的货币管理秩序。作为国家财政金融制度的重要组成部分，货币制度关系到国家的根本利益，关系到国家经济发展、社会稳定和人民生活。对于这种犯罪，必须严厉打击。

本罪的犯罪对象是伪造的货币，即伪造的境内外正在流通的以下货币：（1）人民币（含普通纪念币、贵金属纪念币）、港元、澳门元、新台币；（2）其他国家及地区的法定货币。

2. 客观方面

本罪的客观方面表现为行为人故意实施了出售、购买、运输伪造的货币，数额较大的行为，包括三种行为：（1）出售伪造的货币；（2）购买伪造的货币；（3）明知是伪造的货币而运输。所谓出售，是指行为人明知是伪造的货币，仍然以一定的价格（一般以低于伪造的货币的面值）卖给他人换取真货币或者其他财物的行为。所谓购买，是指行为人明知是伪造的货币，仍然以一定的价格（一般以低于伪造的货币的面值）用真货币或者其他财物换取伪造的货币的行为。所谓运输，是指行为人明知是伪造的货币，仍然以一定的方式将伪造的货币从一地转移到另一地的行为，其具体进行运输的方式很多，可以自己携带、委托他人携带，也可以通过邮寄或者借助交通工具直接运输等。

《中国人民银行法》《人民币管理条例》中规定，中国人民银行履行发行人民币、管理人民币流通的职责；人民币由中国人民银行统一印制、发行。同时，还规定了禁止条款和法律责任：禁止伪造、变造人民币。禁止出售、购买伪造、变造的人民币。禁止走私、运输、持有、使用伪造、变造的人民币。伪造、变造人民币，出售伪造、变造的人民币，或者明知是伪造、变造的人民币而运输，构成犯罪的，依法追究刑事责任；尚不构成犯罪的，由公安机关处15日以下拘留、1万元以下罚款。购买伪造、变造的人民币或者明知是伪造、变造的人民币而持有、使用，构成犯罪的，依法追究刑事责任；尚不构成犯罪的，由公安机关处15日以下拘留、1万元以下罚款。

本罪是选择性罪名，只要行为人实施了出售、购买、运输伪造的货币三种行为中的任何一种，就可以构成本罪。

出售、购买、运输伪造的货币必须“数额较大”，才能构成本罪。

3. 犯罪主体

本罪的主体是一般主体，即任何达到刑事责任年龄、具有刑事责任能力的自然人。既可以是中国公民，也可以是外国人或者无国籍人。

4. 主观方面

本罪的主观方面表现为故意，即行为人明知是伪造的货币，仍然实施出售、购买、运输的行为。如果行为人不明知是伪造的货币，而是出于过失实施了上述行为，则不构成本罪。从实际情况来看，运输伪造货币的行为与出售、购买伪造货币的行为不同。出售、购买伪造货币的，行为人必然具有主观上的明知，运输伪造货币的情况比较复杂，在司法实践中存在不少托运人并未向承运人如实告知所运货物的真实情况，承运人也无法了解所运货物的真实情况，对于受蒙骗而实施运输伪造货币的行为的，不能作为犯罪处理。

二、出售、购买、运输假币罪案立案追诉标准适用指南

《立案追诉标准（二）》第十五条规定：

出售、购买伪造的货币或者明知是伪造的货币而运输，涉嫌下列情形之一的，应予立案追诉：

（一）总面额在四千元以上或者币量在四百张（枚）以上的；

（二）总面额在二千元以上或者币量在二百张（枚）以上，二年内因出售、购买、运输假币受过行政处罚，又出售、购买、运输假币的；

（三）其他出售、购买、运输假币应予追究刑事责任的情形。

在出售假币时被抓获的，除现场查获的假币应认定为出售假币的数额外，现场之外在行为人住所或者其他藏匿地查获的假币，也应认定为出售假币的数额。

本条第1款第1项沿用了2010年《立案追诉标准（二）》第20条第1款的规定，该内容源于最高人民法院《关于审理伪造货币等案件具体应用法律若干问题的解释》，该解释规定出售、购买假币或者明知是假币而运输，总面额在4000元以上不满50000元的，属于“数额较大”，也就是把4000元作为入罪标准，在修订立案追诉标准过程中，考虑到货币犯罪的社会危害性严重，所以数额标准没有提高。

本条第1款第2项是新增加的内容。出售、购买、运输假币罪，持有、使用假币罪，变造货币罪是数额犯，上述三种假币犯罪立案追诉标准分为两项：第一项是基本数额，第二项是情节数额。二年内又实施该种货币犯罪的，表明行为人人身危险性大，应予立案追诉，立案追诉标准数额减半处理。因此，在2010年

《立案追诉标准（二）》的基础上增加第2项。

在征求意见过程中，有的意见认为，数额犯的立案追诉标准应采用单一数额标准，增加情节违反罪刑法定原则。本书认为，数额犯中的数额在不同法律场景中认定标准并不唯一，可以有基本数额、情节数额。2013年最高人民法院、最高人民检察院《关于办理盗窃刑事案件适用法律若干问题的解释》第1条是关于盗窃罪基本数额的规定，第2条是关于情节减半数额的规定。该条制定的相关情况还可参见“走私假币罪案立案追诉标准适用指南”部分。

本条第1款第3项是《立案追诉标准（二）》增加的兜底性条款，以避免挂一漏万。

本条第2款是关于出售假币的数额认定的规定。在司法实践中，出售假币的数额不易认定，《立案追诉标准（二）》沿用2010年《立案追诉标准（二）》的规定，借鉴《全国法院审理金融犯罪案件工作座谈会纪要》内容，明确出售的假币被部分查获时的处理问题，即“在出售假币时被抓获的，除现场查获的假币应认定为出售假币的数额外，现场之外在行为人住所或者其他藏匿地查获的假币，也应认定为出售假币的数额”。

三、认定出售、购买、运输假币罪应注意的问题

（一）出售、购买、运输假币罪罪与非罪的界限

行为人实施的出售、购买、运输伪造货币的行为是否构成出售、购买、运输假币罪，除了法定的犯罪构成要件外，主要看其出售、购买、运输伪造的货币是否“数额较大”，即是否达到《立案追诉标准（二）》中的规定，如果达到了规定的数额标准，就应依法予以立案追诉。如果没有达到规定的数额标准，则不构成犯罪，不应予以追诉，只能根据《中国人民银行法》《人民币管理条例》等法律法规的规定，由公安机关处15日以下拘留、1万元以下罚款。

（二）出售、购买、运输假币罪与持有、使用假币罪的界限

持有、使用假币罪，是指明知是伪造的货币而持有、使用，数额较大的行为。

两罪的共同点主要在于：一是犯罪主体均是一般主体，即达到刑事责任年龄、具有刑事责任能力的自然人，包括中国公民、外国人和无国籍人。单位均不构成两罪的犯罪主体。二是主观方面均是出于故意。三是两罪所侵犯的客体均是国家的货币管理秩序。四是两罪均将“数额较大”规定为犯罪构成要件。两罪的区别主要在于犯罪的客观方面。出售、购买、运输假币罪的客观方面是行为人实施了出售、购买伪造的货币或者明知是伪造的货币而运输的行为；持有、使用

假币罪的客观方面是行为人实施了明知是伪造的货币而持有、使用的行为。

（三）一罪与数罪问题

根据最高人民法院《关于审理伪造货币等案件具体应用法律若干问题的解释》第 2 条的规定，行为人购买假币后使用，构成犯罪的，依照《刑法》第 171 条的规定，以购买假币罪定罪，从重处罚。行为人出售、运输假币构成犯罪，同时有使用假币行为的，依照《刑法》第 171 条、第 172 条的规定，实行数罪并罚。

出售、购买、运输伪造的货币并持有的，应当依照《刑法》第 171 条第 1 款的规定，以出售、购买、运输假币罪定罪处罚。

四、出售、购买、运输假币罪的处罚

根据《刑法》第 171 条第 1 款的规定，犯出售、购买、运输假币罪的，处 3 年以下有期徒刑或者拘役，并处 2 万元以上 20 万元以下罚金；数额巨大的，处 3 年以上 10 年以下有期徒刑，并处 5 万元以上 50 万元以下罚金；数额特别巨大的，处 10 年以上有期徒刑或者无期徒刑，并处 5 万元以上 50 万元以下罚金或者没收财产。

根据《刑法》第 171 条第 3 款的规定，伪造货币并出售或者运输伪造的货币的，依照《刑法》第 170 条的规定，以伪造货币罪定罪从重处罚。

第三节　金融工作人员购买假币、以假币换取货币案

一、金融工作人员购买假币、以假币换取货币罪的概念和构成要件

（一）概念

金融工作人员购买假币、以假币换取货币罪，是指银行或者其他金融机构的工作人员购买伪造的货币或者利用职务上的便利，以伪造的货币换取货币的行为。

1979 年《刑法》没有规定本罪。1995 年 6 月 30 日全国人大常委会通过的《关于惩治破坏金融秩序犯罪的决定》第 2 条第 2 款规定：“银行或者其他金融机构的工作人员购买伪造的货币或者利用职务上的便利，以伪造的货币换取货币的，处三年以上十年以下有期徒刑，并处二万元以上二十万元以下罚金；数额巨大或者有其他严重情节的，处十年以上有期徒刑或者无期徒刑，并处没收财产；

情节较轻的，处三年以下有期徒刑或者拘役，并处或者单处一万元以上十万元以下罚金。”1997 年《刑法》吸收了上述规定，其第 171 条第 2 款规定：“银行或者其他金融机构的工作人员购买伪造的货币或者利用职务上的便利，以伪造的货币换取货币的，处三年以上十年以下有期徒刑，并处二万元以上二十万元以下罚金；数额巨大或者有其他严重情节的，处十年以上有期徒刑或者无期徒刑，并处二万元以上二十万元以下罚金或者没收财产；情节较轻的，处三年以下有期徒刑或者拘役，并处或者单处一万元以上十万元以下罚金。”1997 年 12 月 11 日最高人民法院《关于执行〈中华人民共和国刑法〉确定罪名的规定》、1997 年 12 月 25 日最高人民检察院《关于适用刑法分则规定的犯罪的罪名的意见》根据 1997 年《刑法》第 171 条第 2 款规定了“金融工作人员购买假币、以假币换取货币罪”罪名。

（二）构成要件

1. 犯罪客体

本罪侵犯的客体是国家的货币管理秩序，以及国家对金融机构工作人员的管理制度。货币制度是国家财政金融制度的重要组成部分，关系到国家的经济发展和繁荣稳定，关系到人民群众的切身利益。而作为银行或者其他金融机构的工作人员更应该知道货币制度的重要性和利害关系，自觉维护国家的货币管理秩序和金融管理秩序。银行或其他金融机构的工作人员出于工作性质和工作需要，有更多的接触货币的条件和机会，一些银行或者其他金融机构的工作人员购买伪造的货币或者以伪造货币换取货币的案件，不仅给国家造成了重大的经济损失，而且严重影响了银行及其他金融机构的声誉，严重扰乱了国家的金融秩序，也违背了他们维护货币正常流通及金融秩序稳定的职责，他们的行为较之一般公民购买假币或者以假币换取货币的行为具有更为严重的社会危害性。因此，《刑法》对银行或者其他金融机构的工作人员购买伪造的货币或者利用职务上的便利，以伪造的货币换取货币的行为规定了比一般公民更为严厉的刑罚。其中的“货币”是指境内外正在流通的以下货币：（1）人民币（含普通纪念币、贵金属纪念币）、港元、澳门元、新台币；（2）其他国家及地区的法定货币。

2. 客观方面

本罪的客观方面表现为：（1）银行或者其他金融机构的工作人员实施了购买伪造的货币的行为；（2）银行或者其他金融机构的工作人员利用职务上的便利，实施了以伪造的货币换取货币的行为。

购买伪造的货币，是指行为人将伪造的货币买进的行为，至于行为人购买货币的方式、目的在所不问。所谓利用职务上的便利，以伪造的货币换取货币，是指银行或者其他金融机构的工作人员利用职务上管理金库、出纳现金、收付存款等便利条件，以伪造的货币换取货币的行为。如果银行或者其他金融机构的工作人员没有利用职务上的便利，而是在非工作场合用伪造的货币与他人换取货币，或者利用熟悉本单位工作环境等条件，在非工作时间采取秘密手段用伪造的货币换取本单位货币的，则不构成本罪。

3. 犯罪主体

本罪的主体是特殊主体，即银行或者其他金融机构的工作人员，其他人员不能构成本罪。

4. 主观方面

本罪的主观方面必须是故意，即银行或者其他金融机构的工作人员有购买伪造的货币的故意或者有利用职务上的便利，以伪造的货币换取货币的故意。过失不构成本罪。银行或者其他金融机构的工作人员由于工作上的失误，误收、误付假币，或者由于自身认识能力和现有技术识别手段有限，导致误收、误付假币的，不作为犯罪处理。

二、金融工作人员购买假币、以假币换取货币罪案立案追诉标准适用指南

《立案追诉标准（二）》第十六条规定：

银行或者其他金融机构的工作人员购买伪造的货币或者利用职务上的便利，以伪造的货币换取货币，总面额在二千元以上或者币量在二百张（枚）以上的，应予立案追诉。

本条沿用2010年《立案追诉标准（二）》第21条的规定。

在司法实践中，应注意从以下几个方面对《立案追诉标准（二）》的规定加以把握：

（1）金融工作人员购买假币、以假币换取货币罪案应予立案追诉的数额标准。根据《刑法》的规定，金融工作人员购买假币、以假币换取货币罪是情节犯，即只要金融工作人员有购买伪造的货币或者利用职务上的便利，以伪造的货币换取货币的主观故意，实施了购买伪造的货币或者利用职务上的便利，以伪造的货币换取货币的行为，情节较轻的，也构成金融工作人员购买假币、以假币换取货币罪。考虑到我国目前的具体情况和司法实践的实际需要，为便于司法操作，增加数额规定。

（2）准确把握金融工作人员购买假币、以假币换取货币罪的犯罪主体。本罪的犯罪主体是特殊主体，只有银行或者其他金融机构的工作人员才能构成。银

行或者其他金融机构，是指中央银行、商业银行、政策性银行等银行性金融机构，以及保险公司、证券交易所、期货交易所、证券公司、期货公司、金融租赁公司、信托投资公司等非银行金融机构。银行或者其他金融机构的所有制的性质或者组织形式不影响犯罪主体的认定，但非法成立的银行或者其他金融机构的工作人员不能成为本罪的主体。银行或者其他金融机构的工作人员，是指在银行或者其他金融机构中从事公务的人员，无论是正式工、合同工还是临时工，只要符合从事公务的标准，就能成为本罪的主体。受金融机构委托代为办理金融业务人员在办理金融业务过程中也可以成为本罪的主体。

三、认定金融工作人员购买假币、以假币换取货币罪应注意的问题

（一）金融工作人员购买假币、以假币换取货币罪罪与非罪的界限

银行或者其他金融机构的工作人员实施的购买伪造的货币或者利用职务上的便利，以伪造的货币换取货币的行为是否构成金融工作人员购买假币、以假币换取货币罪，除了法定的犯罪构成要件外，主要看其购买伪造的货币或者利用职务上的便利，以伪造的货币换取货币的总面额是否达到本罪案立案追诉标准规定的“总面额在二千元以上或者币量在二百张（枚）以上”标准。如果达到了规定的数额标准，就应依法追诉。如果没有达到规定的数额标准，则不构成犯罪，不应予以追诉，只能根据《中国人民银行法》《人民币管理条例》等法律法规的规定，由公安机关处 15 日以下拘留、1 万元以下罚款。

（二）金融工作人员购买假币、以假币换取货币罪与相关犯罪的界限

1. 金融工作人员购买假币、以假币换取货币罪与持有、使用假币罪的界限

持有、使用假币罪，是指明知是伪造的货币而持有、使用，数额较大的行为。

两罪的共同点主要在于：两罪所侵犯的客体均包括国家的货币管理秩序；在主观方面均是出于故意；两罪的犯罪主体均只包括自然人。两罪的主要区别在于：（1）犯罪主体不同。金融工作人员购买假币、以假币换取货币罪的犯罪主体是特殊主体，只能是银行或者其他金融机构的工作人员；而持有、使用假币罪的犯罪主体是一般主体，即达到刑事责任年龄、具有刑事责任能力的自然人，包括中国公民、外国人和无国籍人。（2）客观方面不同。金融工作人员购买假币、以假币换取货币罪的客观方面是银行或者其他金融机构的工作人员实施了购买伪造的货币或者利用职务上的便利，以伪造的货币换取货币的行为；而持有、使用假币罪的客观方面是行为人实施了明知是伪造的货币而持有、使用的行为。

2. 金融工作人员购买假币、以假币换取货币罪与出售、购买、运输假币罪的界限

出售、购买、运输假币罪，是指出售、购买伪造的货币或者明知是伪造的货币而运输，数额较大的行为。

两罪的相同点主要是：主观方面都是出于故意；均没有单位犯罪；所侵犯的客体均包括国家的货币管理秩序。两罪的区别主要有：（1）犯罪主体不同。金融工作人员购买假币、以假币换取货币罪的犯罪主体是特殊主体，只能是银行或者其他金融机构的工作人员；而出售、购买、运输假币罪的犯罪主体是一般主体，即达到刑事责任年龄、具有刑事责任能力的自然人，包括中国公民、外国人和无国籍人。（2）客观方面不同。金融工作人员购买假币、以假币换取货币罪的客观方面是银行或者其他金融机构的工作人员实施了购买伪造的货币或者利用职务上的便利，以伪造的货币换取货币的行为；而出售、购买、运输假币罪的客观方面是行为人实施了出售、购买伪造的货币或者明知是伪造的货币而运输的行为。

3. 金融工作人员以假币换取货币罪与职务侵占罪的界限

职务侵占罪，是指公司、企业或者其他单位的工作人员，利用职务上的便利，将本单位财物非法占为己有，数额较大的行为。

两罪的区别在于：（1）犯罪主体不同。金融工作人员以假币换取货币罪的犯罪主体是银行或者其他金融机构的工作人员；而职务侵占罪的犯罪主体是公司、企业或者其他单位的工作人员。（2）客观方面不同。虽然均是利用职务上便利，但具体行为方式不同：金融工作人员以假币换取货币罪的行为表现形式是以伪造的货币换取货币的行为；而职务侵占罪的行为表现形式是将本单位财物非法占为已有，数额较大的行为。金融工作人员利用职务上的便利，以伪造的货币换取货币的行为也是职务侵占的一种形式，二者属于法条竞合。但因为《刑法》对于金融工作人员以假币换取货币罪已有单独规定，按照特别法优于普通法的原则，对于这种行为，应当依照金融工作人员以假币换取货币罪予以立案追诉。

四、金融工作人员购买假币、以假币换取货币罪的处罚

根据《刑法》第 171 条第 2 款的规定，犯金融工作人员购买假币、以假币换取货币罪的，处 3 年以上 10 年以下有期徒刑，并处 2 万元以上 20 万元以下罚金；数额巨大或者有其他严重情节的，处 10 年以上有期徒刑或者无期徒刑，并处 2 万元以上 20 万元以下罚金或者没收财产；情节较轻的，处 3 年以下有期徒刑或者拘役，并处或者单处 1 万元以上 10 万元以下罚金。

第四节 持有、使用假币案

一、持有、使用假币罪的概念和构成要件

（一）概念

持有、使用假币罪，是指明知是伪造的货币而持有、使用，数额较大的行为。

1979年《刑法》没有规定本罪。1995年6月30日全国人大常委会《关于惩治破坏金融秩序犯罪的决定》第4条规定："明知是伪造的货币而持有、使用，数额较大的，处三年以下有期徒刑或者拘役，并处一万元以上十万元以下罚金；数额巨大的，处三年以上十年以下有期徒刑，并处二万元以上二十万元以下罚金；数额特别巨大的，处十年以上有期徒刑，并处五万元以上五十万元以下罚金或者没收财产。"1997年《刑法》吸收了上述规定，其第172条规定："明知是伪造的货币而持有、使用，数额较大的，处三年以下有期徒刑或者拘役，并处或者单处一万元以上十万元以下罚金；数额巨大的，处三年以上十年以下有期徒刑，并处二万元以上二十万元以下罚金；数额特别巨大的，处十年以上有期徒刑，并处五万元以上五十万元以下罚金或者没收财产。"1997年12月11日最高人民法院《关于执行〈中华人民共和国刑法〉确定罪名的规定》、1997年12月25日最高人民检察院《关于适用刑法分则规定的犯罪的罪名的意见》根据1997年《刑法》第172条规定了"持有、使用假币罪"罪名。

（二）构成要件

1. 犯罪客体

本罪侵犯的客体是国家的货币管理秩序。货币制度作为国家财政金融制度的重要组成部分，关系到国家的根本利益，关系到国家经济发展、社会稳定和人民生活。对于持有、使用伪造的货币犯罪行为，必须严厉打击。我国先后制定了《刑法》《中国人民银行法》《商业银行法》及《人民币管理条例》等法律法规，建立了较为完备的货币制度，形成了一套包括刑事、民事、行政法律制度在内的货币监督、管理和保护机制。但犯罪分子为追求巨额非法利益，往往铤而走险，不惜以身试法。由于这种侵犯货币制度的行为严重破坏了金融秩序和市场秩序，危害国家经济发展和社会稳定的基础，侵犯了国家的根本利益。因此，世界各国一般均把这种危害货币制度的行为规定为刑事犯罪，给予严厉惩处。其中伪造的货币，即伪造的境内外正在流通的以下货币：（1）人民币（含普通纪念币、贵

金属纪念币)、港元、澳门元、新台币;(2)其他国家及地区的法定货币。

2. 客观方面

本罪的客观方面表现为行为人实施了明知是伪造的货币而持有、使用,数额较大的行为。其行为方式包括两方面:一是明知是伪造的货币而持有;二是明知是伪造的货币而使用。所谓明知是伪造的货币而持有,是指行为人在主观上明确知道是伪造的货币而仍然予以占有、控制或者支配。这种持有是广义上的,它不仅仅是指行为人自己随时携带,也包括行为人将伪造的货币存放在自己家中或者住所,存放在亲戚朋友处或者其他隐秘地方,自己或者通过他人传递、转移伪造的货币等行为。所谓明知是伪造的货币而使用,是指行为人在主观上明确知道是伪造的货币,但出于某种目的仍然冒充货币,以各种方式将伪造的货币作为货币流通的行为,包括使用伪造的货币购买商品,用伪造的人民币兑换外币或者用伪造的外币兑换人民币,以伪造的货币清偿债务等。

在我国的法律规定中,是禁止任何人非法持有、使用伪造的货币的。《人民币管理条例》第31条规定,单位和个人持有伪造、变造的人民币的,应当及时上交中国人民银行、公安机关或者办理人民币存取款业务的金融机构;发现他人持有伪造、变造的人民币的,应当立即向公安机关报告。第32条规定,中国人民银行、公安机关发现伪造、变造的人民币,应当予以没收,加盖“假币”字样的戳记,并登记造册;持有人对公安机关没收的人民币的真伪有异议的,可以向中国人民银行申请鉴定。公安机关应当将没收的伪造、变造的人民币解缴当地中国人民银行。第33条规定,办理人民币存取款业务的金融机构发现伪造、变造的人民币,数量较多、有新版的伪造人民币或者有其他制造贩卖伪造、变造的人民币线索的,应当立即报告公安机关;数量较少的,由该金融机构两名以上工作人员当面予以收缴,加盖“假币”字样的戳记,登记造册,向持有人出具中国人民银行统一印制的收缴凭证,并告知持有人可以向中国人民银行或者向中国人民银行授权的国有独资商业银行的业务机构申请鉴定。对伪造、变造的人民币收缴及鉴定的具体办法,由中国人民银行制定。办理人民币存取款业务的金融机构应当将收缴的伪造、变造的人民币解缴当地中国人民银行。第34条规定,中国人民银行和中国人民银行授权的国有独资商业银行的业务机构应当无偿提供鉴定人民币真伪的服务。对盖有“假币”字样戳记的人民币,经鉴定为真币的,由中国人民银行或者中国人民银行授权的国有独资商业银行的业务机构按照面额予以兑换;经鉴定为假币的,由中国人民银行或者中国人民银行授权的国有独资商业银行的业务机构予以没收。中国人民银行授权的国有独资商业银行的业务机构应当将没收的伪造、变造的人民币解缴当地中国人民银行。

《中国人民银行法》第19条规定,禁止伪造、变造人民币。禁止出售、购买伪造、变造的人民币。禁止运输、持有、使用伪造、变造的人民币。第43条规定，购买伪造、变造的人民币或者明知是伪造、变造的人民币而持有、使用，构成犯罪的，依法追究刑事责任；尚不构成犯罪的，由公安机关处15日以下拘留、1万元以下罚款。

明知是伪造的货币而持有、使用的行为，与伪造货币罪，金融工作人员购买假币、以假币换取货币罪的犯罪行为相比，其主观恶性、社会危害性相对较小。因此，《刑法》第172条规定，明知是伪造的货币而持有、使用，数额较大的，才构成犯罪。持有、使用假币罪是选择性罪名，只要行为人实施了持有假币或者使用假币的任何一种行为，即可构成犯罪。

3. 犯罪主体

本罪的主体是一般主体，即任何达到刑事责任年龄、具有刑事责任能力的自然人都可以构成本罪。既可以是中国公民，也可以是外国人或者无国籍人。

4. 主观方面

本罪的主观方面表现为故意，即行为人明知自己在持有、使用伪造的货币而仍然为之。过失不构成本罪。如果行为人主观上不知道是伪造的货币，而是受欺骗、蒙蔽，误以为是货币而持有、使用的，不构成犯罪。

二、持有、使用假币罪案立案追诉标准适用指南

《立案追诉标准（二）》第十七条规定：

明知是伪造的货币而持有、使用，涉嫌下列情形之一的，应予立案追诉：

（一）总面额在四千元以上或者币量在四百张（枚）以上的；

（二）总面额在二千元以上或者币量在二百张（枚）以上，二年内因持有、使用假币受过行政处罚，又持有、使用假币的；

（三）其他持有、使用假币应予追究刑事责任的情形。

本条第1项沿用了2010年《立案追诉标准（二）》第22条的规定，该内容源于《关于审理伪造货币等案件具体应用法律若干问题的解释》，该解释第5条规定，明知是假币而持有、使用，总面额在4000元以上不满50000元的，属于“数额较大”。该项内容符合司法实践，所以，在修订过程中没做变动。

本条文第2项是修订过程中新增加的内容。持有、使用假币罪是数额犯，在征求意见过程中，有的意见提出增加受过行政处罚或者刑事处罚规定。本书认为，对假币犯罪（金融工作人员购买假币、以假币换取货币案除外）增加“数额减半+行政处罚”的规定，主要是考虑到假币犯罪多为常业犯，有些行为人为

了逃避刑事打击，每次违法行为的数额都略低于立案追诉标准，这使得大量的假币犯罪无法进入刑事追诉程序。出于加大对假币犯罪的打击力度等多方面考虑，增加该项情形。对于“数额+刑事处罚”标准目前还存在不同认识，此次修订中暂不予考虑。该条制定的相关情况还可参见“走私假币罪案立案追诉标准适用指南”部分。

本条第 3 项是《立案追诉标准（二）》新增内容，以“其他持有、使用假币应予追究刑事责任的情形”为兜底性条款，以避免挂一漏万。

三、认定持有、使用假币罪应注意的问题

（一）持有、使用假币罪罪与非罪的界限

行为人持有、使用伪造的货币的行为是否构成持有、使用假币罪，除了法定的犯罪构成要件外，主要看其持有、使用伪造的货币是否达到“数额较大”，即是否达到《立案追诉标准（二）》规定的“总面额在四千元以上或者币量在四百张（枚）以上”。如果达到了规定的数额标准，就应依法立案追诉。如果没有达到规定的数额标准，则不构成犯罪，不应予以立案追诉，只能根据《中国人民银行法》《人民币管理条例》等法律法规的规定，由公安机关处 15 日以下拘留、1 万元以下罚款。

（二）一罪与数罪问题

如果行为人因实施使用假币的犯罪行为而持有假币的，应当依照《刑法》第 172 条的规定，以使用假币罪定罪，不实行数罪并罚。

根据最高人民法院《关于审理伪造货币等案件具体应用法律若干问题的解释》第 2 条第 1 款的规定，行为人购买假币后使用，构成犯罪的，依照《刑法》第 171 条的规定，以购买假币罪定罪，从重处罚。

根据最高人民法院《关于审理伪造货币等案件具体应用法律若干问题的解释》第 2 条第 2 款的规定，行为人出售、运输假币构成犯罪，同时有使用假币行为的，依照《刑法》第 171 条、第 172 条的规定，实行数罪并罚。

行为人因实施伪造货币，变造货币，或者出售、购买、运输假币，以及金融工作人员因实施购买假币、以假币换取货币的犯罪行为而持有假币的，应当分别依照伪造货币罪，变造货币罪，或者出售、购买、运输假币罪，以及金融工作人员购买假币、以假币换取货币罪定罪处罚，不实行数罪并罚。

四、持有、使用假币罪的处罚

根据《刑法》第 172 条的规定，犯持有、使用假币罪的，处 3 年以下有期徒

刑或者拘役，并处或者单处1万元以上10万元以下罚金；数额巨大的，处3年以上10年以下有期徒刑，并处2万元以上20万元以下罚金；数额特别巨大的，处10年以上有期徒刑，并处5万元以上50万元以下罚金或者没收财产。

第五节 变造货币案

一、变造货币罪的概念和构成要件

（一）概念

变造货币罪，是指以真货币为基础，采用剪贴、挖补、揭层、涂改、移位、重印等手段，改变真货币的形态、价值，数额较大的行为。

1979年《刑法》没有规定此罪。1994年9月8日最高人民法院《关于办理伪造国家货币、贩运伪造的国家货币、走私伪造的货币犯罪案件具体应用法律的若干问题的解释》第1条第2款规定：“对国家货币采用剪贴、挖补、揭层、涂改等方法加工处理，使国家货币改变形态、升值的变造国家货币行为，以伪造国家货币罪论处。”1995年6月30日全国人大常委会《关于惩治破坏金融秩序犯罪的决定》第5条规定：“变造货币，数额较大的，处三年以下有期徒刑或者拘役，并处一万元以上十万元以下罚金；数额巨大的，处三年以上十年以下有期徒刑，并处二万元以上二十万元以下罚金。”1997年《刑法》吸收了全国人大常委会《关于惩治破坏金融秩序犯罪的决定》的规定，其第173条规定：“变造货币，数额较大的，处三年以下有期徒刑或者拘役，并处或者单处一万元以上十万元以下罚金；数额巨大的，处三年以上十年以下有期徒刑，并处二万元以上二十万元以下罚金。”1997年12月11日最高人民法院《关于执行〈中华人民共和国刑法〉确定罪名的规定》、1997年12月25日最高人民检察院《关于适用刑法分则规定的犯罪的罪名的意见》根据1997年《刑法》第173条规定了“变造货币罪”罪名。

（二）构成要件

1. 犯罪客体

本罪侵犯的客体是国家的货币管理秩序。货币是一种价值符号，是随着经济发展和人类进步而逐步形成的一般等价物。在当今社会，这种价值符号——货币已经成为人们心目中约定俗成的财富和地位的象征。货币制度作为国家财政金融制度的重要组成部分，关系到国家的根本利益，更直接关系到国民经济的发展和社会的稳定。在当今世界各国，无不把货币制度作为国家财政金融制度的核心，将货币的制造、发行作为一项重要的国家行为，加以严格管理和保护。我国制定了《中国人民银行法》《商业银行法》《人民币管理条例》等法律法规，建立了较为完备的货币制度。由于侵犯国家货币制度的行为严重破坏了国家的金融秩序和市场秩序，危害国家经济发展和社会稳定，侵犯了国家的根本利益。因此，必须给予严厉惩处，以维护国家安全。

本罪的犯罪对象是货币。货币是指境内外正在流通的以下货币：（1）人民币（含普通纪念币、贵金属纪念币）、港元、澳门元、新台币；（2）其他国家及地区的法定货币。

2. 客观方面

本罪的客观方面表现为变造货币，数额较大的行为。2010 年最高人民法院《关于审理伪造货币等案件具体应用法律若干问题的解释（二）》第 1 条第 2 款规定："对真货币采用剪贴、挖补、揭层、涂改、移位、重印等方法加工处理，改变真币形态、价值的行为，应当认定为刑法第一百七十三条规定的'变造货币'。"

在具体认定变造货币行为时，需要注意以下两点：第一，对变造货币行为方式的理解。上述司法解释列举了剪贴、挖补、揭层、涂改、移位、重印 6 种变造货币的行为方式。其中，剪贴变造又称拼凑变造，是指对真币进行裁剪后重新粘贴、通过增加货币张数实现增值的行为。根据 3/4 以上票面实物形态的残缺币可兑换全额、1/2 以上票面实物形态的残缺币兑换半额的残缺币兑换办法，实践中的拼凑变造主要表现为将真币裁剪下不多于 1/4 的票面，在确保其原有价值不变的基础上，对裁剪下的票面进行粘贴，故剪贴变造币通常由 4 个 1/4 或者 5 个 1/5 的票面组成。挖补变造，是指对票面局部图案或者材料挖走后采取一定的方式进行补全的变造行为。揭层变造，主要是指对真币进行一定的处理之后一揭为二，再用白纸等方式进行粘贴的变造行为。涂改变造，主要是指对同颜色、同图案、同票幅而面额不同的真币涂改其票面金额的变造行为。此外，实践中还存在涂改年号或者冠字号等的变造行为。移位变造，是指将真币的关键性部位移至其他票面的变造行为，相当于挖补变造的反向行为。重印变造，是对真币局部或者全部图案通过化学手段等进行脱胎换骨，其纸张质地以及水印、安全线等主要防伪特征都是真的，但金额以至于图案却是假的。重印变造主要发生在旧版美元上，因为不同面额美元钞票的规格、色调等非常相似。第二，变造货币不以升值为条件。实践中变造货币的情况较为复杂，除剪贴之外，还有挖补、涂改等方式，此类行为虽未必在面额上有所升值、张数上有所增加，但明显不属于毁损币，应当纳入变造币范畴。而且，变造货币的行为特征在于改变真币形态，危害实质在于侵害货币的公共信用，多数变造货币行为固然是为了非法牟利，但不排除存在牟利之外的其他动机，如报复社会等。主张升值论者的一个重要考虑是变造货币犯罪数额的准确计算问题。对此，主张改变价值论者同样不会对仅仅剪开但未粘贴拼凑形成完整货币的残损部分计入变造货币的数额；至于粘贴拼凑形成完整货币的，理应按其实际形成的变造币总数计算，而无减去用于取材的真币数量的道理，比如将4张100元的真币裁剪后重新组合粘贴成5张100元的变造币，变造币的数额应为500元而非实际升值的100元。综上，升值不仅没有必要，反而容易引起误解，故《关于审理伪造货币等案件具体应用法律若干问题的解释（二）》将1994年解释规定中的升值修改为改变价值①。

3. 犯罪主体

本罪的主体是一般主体，即任何达到刑事责任年龄、具有刑事责任能力的自然人都可以构成本罪的犯罪主体。既可以是中国公民，也可以是外国人或者无国籍人。

4. 主观方面

本罪的主观方面只能由故意构成，即行为人明知自己在变造货币而仍然为之。过失不构成本罪。

二、变造货币罪案立案追诉标准适用指南

《立案追诉标准（二）》第十八条规定：

变造货币，涉嫌下列情形之一的，应予立案追诉：

（一）总面额在二千元以上或者币量在二百张（枚）以上的；

（二）总面额在一千元以上或者币量在一百张（枚）以上，二年内因变造货币受过行政处罚，又变造货币的；

（三）其他变造货币应予追究刑事责任的情形。

对于本罪案的立案追诉标准，需要注意的问题是：

（1）本条第1项沿用2010年《立案追诉标准（二）》的规定，该内容源于《关于审理伪造货币等案件具体应用法律若干问题的解释》，该解释第6条规定，变造货币的总面额在2000元以上不满30000元的，属于“数额较大”，也就是以总面额2000元为入罪标准。

（2）本条第2、3项是新增加的内容。根据《刑法》第173条的规定，变造货币必须是数额较大的行为才构成犯罪。在征求意见过程中，有的意见提出建议

① 刘为波：《〈2000关于审理伪造货币等案件具体应用法律若干问题的解释（二）〉的理解与适用》，载《人民司法》2010年第23期。

增加曾受行政处罚或者刑事处罚规定。本书认为，假币犯罪（金融工作人员购买假币、以假币换取货币案除外）增加“数额减半+行政处罚”的标准，主要是考虑到假币犯罪多为常业犯，行为人为了逃避刑事打击，每次违法行为的数额都略低于立案追诉标准，这使得大量的假币犯罪无法进入刑事追诉程序。为加大对假币犯罪的打击力度，增加该情节。对于“数额+刑事处罚”标准目前还存在不同认识，此次修订暂不予考虑。该项制定的相关情况可参见“走私假币罪案立案追诉标准适用指南”部分。同时增加本条第 3 项作为兜底性条款，以避免挂一漏万。

变造货币案中变造货币数额的认定应以实际变造出的货币的票面数额计算，包括因被挖补、撕揭等而改变了外在形态的货币，但已灭失的货币除外。

三、认定变造货币罪应注意的问题

（一）变造货币罪罪与非罪的界限

行为人实施的变造货币的行为是否构成变造货币罪，除了法定的犯罪构成要件外，主要看其变造的货币是否达到“数额较大”的标准，即是否达到《立案追诉标准（二）》规定的“总面额在二千元以上或者币量在二百张（枚）以上的”标准。如果达到了规定的数额标准，就应依法立案追诉。如果没有达到规定的数额标准，则不构成犯罪，不应立案追诉。只能根据《中国人民银行法》《人民币管理条例》等法律法规的规定，由公安机关处 15 日以下拘留、1 万元以下罚款。

（二）非法制造真伪拼凑货币的行为的定性问题

在司法实践中应当注意制造真伪拼凑货币的问题。《关于审理伪造货币等案件具体应用法律若干问题的解释（二）》第 2 条规定：“同时采用伪造和变造手段，制造真伪拼凑货币的行为，依照刑法第一百七十条的规定，以伪造货币罪定罪处罚。”在以往的司法实践中，多数将制造真伪拼凑货币的行为认定为变造货币行为，《关于审理伪造货币等案件具体应用法律若干问题的解释（二）》第 2 条规定此种行为以伪造货币罪定罪处罚，主要理由如下：第一，真伪拼凑货币总体上属于伪造币。真伪拼凑货币既有真币的成分，也有伪造币的成分，并非完全取材于真币，在用材上与真币不具有同一性，尽管存在局部变造行为，但总体上应当认定为伪造币。第二，对制作真伪拼凑货币的行为按伪造货币处理符合立法本意。当前多数国家均将伪造货币和变造货币规定为一个犯罪，适用一个处罚标准。区分伪造货币和变造货币，规定两个罪名，适用不同的处罚标准是我国刑事立法的一个特点。其立法背后的原因主要有两个：一是受行为方式的限制，变造货币的数量一般远远少于伪造货币的数量；二是在真币的基础上进行加工，行为人需事先投入一部分真币，变造货币所能谋取的非法利益要相对小于伪造货币。正因如此，对变造货币罪的刑罚规定要轻于伪造货币罪。而在真伪拼凑货币中，该两方面的情形均不复存在。首先，借助于伪造币，真伪拼凑货币批量制作成为可能，而且由于难以辨认，特别是机具难以识别，真伪拼凑货币正日益成为假币犯罪分子的新宠。其次，一些真伪拼凑货币中真币比重极小，除了机具识别所需的少数关键部位之外，绝大部分系伪造的货币。所以，对此类行为以伪造货币罪从严打击，符合立法本意。最后，即便认为真伪拼凑货币中确实存在变造行为，但因单一的变造行为明显不能全面评价真伪拼凑货币这种特殊犯罪，其中伪造行为需另行评价，故真伪拼凑货币犯罪同时触犯了伪造货币和变造货币两个罪名。根据想象竞合犯择一重罪处断的司法原则，制造真伪拼凑货币的行为也应当以伪造货币罪定罪处罚①。

（三）其他问题

我国《刑法》规定变造货币的行为可以构成犯罪，但对于持有、使用、出售、运输变造的货币等行为是否构成犯罪，《刑法》没有明确规定。

《中国人民银行法》第 19 条规定，禁止伪造、变造人民币。禁止出售、购买伪造、变造的人民币。禁止运输、持有、使用伪造、变造的人民币。禁止故意毁损人民币。禁止在宣传品、出版物或者其他商品上非法使用人民币图样。第 42 条规定，伪造、变造人民币，出售伪造、变造的人民币，或者明知是伪造、变造的人民币而运输，构成犯罪的，依法追究刑事责任；尚不构成犯罪的，由公安机关处 15 日以下拘留、1 万元以下罚款。第 43 条规定，购买伪造、变造的人民币或者明知是伪造、变造的人民币而持有、使用，构成犯罪的，依法追究刑事责任；尚不构成犯罪的，由公安机关处 15 日以下拘留、1 万元以下罚款。据此，对于持有、使用、出售、运输变造的货币等行为可以依照《中国人民银行法》的规定予以行政处罚。

四、变造货币罪的处罚

根据《刑法》第 173 条的规定，犯变造货币罪的，处 3 年以下有期徒刑或者拘役，并处或者单处 1 万元以上 10 万元以下罚金；数额巨大的，处 3 年以上 10 年以下有期徒刑，并处 2 万元以上 20 万元以下罚金。

---

① 刘为波：《〈关于审理伪造货币等案件具体应用法律若干问题的解释（二）〉的理解与适用》，载《人民司法》2010 年第 23 期。

第六节　擅自设立金融机构案

一、擅自设立金融机构罪的概念和构成要件

（一）概念

擅自设立金融机构罪，是指未经国家有关主管部门批准，擅自设立商业银行、证券交易所、期货交易所、证券公司、期货公司、保险公司或者其他金融机构的行为。

擅自设立金融机构罪在1979年《刑法》中没有作出规定。1995年6月30日全国人大常委会《关于惩治破坏金融秩序犯罪的决定》第6条第1款和第3款规定："未经中国人民银行批准[①]，擅自设立商业银行或者其他金融机构的，处三年以下有期徒刑或者拘役，并处或者单处二万元以上二十万元以下罚金；情节严重的，处三年以上十年以下有期徒刑，并处五万元以上五十万元以下罚金。""单位犯前两款罪的，对单位判处罚金，并对直接负责的主管人员和其他直接责任人员，依照第一款的规定处罚。"1997年修订《刑法》时，吸收了全国人大常委会《关于惩治破坏金融秩序犯罪的决定》第6条第1款和第3款的规定，明确规定了擅自设立金融机构罪。1997年12月11日最高人民法院《关于执行〈中华人民共和国刑法〉确定罪名的规定》、1997年12月25日最高人民检察院《关于适用刑法分则规定的犯罪的罪名的意见》根据1997年《刑法》第174条第1款规定了"擅自设立金融机构罪"罪名。

《刑法修正案》第3条将1997年《刑法》第174条第1款和第3款修改为："未经国家有关主管部门批准，擅自设立商业银行、证券交易所、期货交易所、证券公司、期货经纪公司、保险公司或者其他金融机构的，处三年以下有期徒刑或者拘役，并处或者单处二万元以上二十万元以下罚金；情节严重的，处三年以上十年以下有期徒刑，并处五万元以上五十万元以下罚金。""单位犯前两款罪的，对单位判处罚金，并对其直接负责的主管人员和其他直接责任人员，依照第

① 根据2003年4月26日第十届全国人大常委会第二次会议通过的《关于中国银行业监督管理委员会履行原由中国人民银行履行的监督管理职责的决定》第1条的规定："由国务院依照现行《中华人民共和国中国人民银行法》《中华人民共和国商业银行法》和其他有关法律的规定，确定中国银行业监督管理委员会履行原由中国人民银行履行的审批、监督管理银行、金融资产管理公司、信托投资公司及其他存款类金融机构等的职责及相关职责。"——编者注

一款的规定处罚。”《刑法修正案》对1997年《刑法》第174条第1款的修改之处主要是：一是将“未经中国人民银行批准”修改为“未经国家有关主管部门批准”。二是明确列举了证券交易所、期货交易所、证券公司、期货经纪公司（期货公司）、保险公司或者其他金融机构。

（二）构成要件

1. 犯罪客体

本罪侵犯的客体是国家金融管理秩序。金融管理秩序关系到国家的根本利益，关系到国民经济的发展、社会的稳定和人民生活水平的提高。近年来，我国先后制定了《公司法》《中国人民银行法》《商业银行法》《保险法》《证券法》《银行业监督管理法》《期货交易管理条例》等多部法律和行政法规，建立了较为完备的金融管理制度。设立商业银行、证券交易所、期货交易所、证券公司、期货公司、保险公司或者其他金融机构，必须由银保监会[①]（国家金融监督管理总局）、证监会等主管部门进行审批和监督管理。

2. 客观方面

本罪的客观方面表现为行为人未经国家有关主管部门批准，擅自设立商业银行、证券交易所、期货交易所、证券公司、期货公司、保险公司或者其他金融机构的行为。所谓国家有关主管部门，是指根据国家法律法规的规定，享有设立商业银行、证券交易所、期货交易所、证券公司、期货公司、保险公司或者其他金融机构审批权的国家机关，包括银保监会（国家金融监督管理总局）、证监会等。

商业银行依法接受银保监会（国家金融监督管理总局）的监督管理。商业银行的设立及经营范围都必须经过银保监会（国家金融监督管理总局）的审查批准。商业银行，是指根据《商业银行法》和《公司法》成立的，经银保监会（国家金融监督管理总局）批准设立，并以银行名义对外开展吸收公众存款、发放贷款、办理结算业务的企业法人。

证券交易所、期货交易所、证券公司、期货公司接受证监会的监督管理，其设立和经营范围都必须经过证监会的审查批准。证券交易所，是指经证监会审查批准设立的专门从事买卖股票、政府债券、公司债券等有价证券的交易场所；期货交易所，是指经证监会审查批准设立的以期货为主要交易内容的交易场所；证

① 2018年3月17日第十三届全国人大第一次会议表决通过了关于国务院机构改革方案的决定，将中国银行业监督管理委员会和中国保险监督管理委员会的职责整合，组建中国银行保险监督管理委员会（简称银保监会）。2023年3月10日第十四届全国人大第一次会议表决通过了关于国务院机构改革方案的决定，组建国家金融监督管理总局，不再保留中国银行保险监督管理委员会。——编者注

券公司，是指经证监会审查批准设立的经营股票、债券等上市证券业务的企业法人；期货公司，是指经证监会审查批准设立的，主要从事代理期货上市交易的经纪公司。

保险公司接受银保监会的监督管理，其设立及经营范围必须经过银保监会（国家金融监督管理总局）的审查批准。保险公司，是指经银保监会（国家金融监督管理总局）审查批准设立的经营保险业务的具有法人资格的企业。

其他金融机构，是指除商业银行、证券交易所、期货交易所、证券公司、期货公司、保险公司以外的，经国家有关主管部门批准设立的其他依法参与金融活动、开展金融业务，具有法人资格的企业，如金融资产管理公司、信托投资公司、财务公司、金融租赁公司等。

所谓擅自设立，既包括行为人未按国家法律法规规定的程序和条件向银保监会（国家金融监督管理总局）、证监会等提出设立金融机构的申请，私自设立商业银行、证券交易所、期货交易所、证券公司、期货公司、保险公司或者其他金融机构的行为，也包括行为人依照国家法律法规规定的程序和条件向银保监会（国家金融监督管理总局）、证监会等提出设立金融机构的申请，但未获得批准或者未取得经营金融业务许可证等许可文件而参与金融活动、开展金融业务的行为。所谓未经国家有关主管部门批准，既包括行为人未按国家法律法规规定的程序和条件向银保监会（国家金融监督管理总局）、证监会等提出设立金融机构的申请；也包括行为人依照国家法律法规规定的程序和条件向银保监会（国家金融监督管理总局）、证监会等提出设立金融机构的申请，但未获得批准或者未取得经营金融业务许可证等许可文件。

3. 犯罪主体

本罪的主体是一般主体，即任何达到刑事责任年龄、具有刑事责任能力的自然人都可以构成本罪。既可以是中国公民，也可以是外国人或者无国籍人。单位也可以构成本罪。

4. 主观方面

本罪的主观方面只能由故意构成，一般是直接故意，即行为人明知自己未经国家有关主管部门批准，仍然实施擅自设立商业银行、证券交易所、期货交易所、证券公司、期货公司、保险公司或者其他金融机构的行为。过失不构成本罪。

二、擅自设立金融机构罪案立案追诉标准适用指南

《立案追诉标准（二）》第十九条规定：

未经国家有关主管部门批准，擅自设立金融机构，涉嫌下列情形之一

的，应予立案追诉：

（一）擅自设立商业银行、证券交易所、期货交易所、证券公司、期货公司、保险公司或者其他金融机构的；

（二）擅自设立金融机构筹备组织的。

根据《刑法》第174条第1款的规定，本罪是行为犯。由于擅自设立金融机构罪的社会危害性极大，行为人一旦实施了擅自设立商业银行、证券交易所、期货交易所、证券公司、期货公司、保险公司或者其他金融机构的行为，就会给国家和人民利益造成很大损失。根据司法实践需要，2001年《追诉标准》对本罪只作了原则性的规定，没有规定量化的标准。2010年《立案追诉标准（二）》沿用了2001年《追诉标准》的规定，同时考虑到2007年国务院公布的《期货交易管理条例》已经将"期货经纪公司"更名为"期货公司"，为了确保2010年《立案追诉标准（二）》的表述与最新行政法规、规章相衔接，于是进行了相应的调整，将"期货经纪公司"更名为"期货公司"。《立案追诉标准（二）》关于本罪案的立案追诉标准沿用了2010年《立案追诉标准（二）》中"擅自设立商业银行、证券交易所、期货交易所、证券公司、期货公司、保险公司或者其他金融机构的"规定。同时结合实际，对擅自设立金融机构筹备组织的相关条文进行了调整。由于目前证券公司设立筹备组织不需要证监部门审批，证券公司、期货公司可自主决策在申请设立证券公司时组建筹备组，开展申请资料准备、人员储备等前期准备工作。商业银行、保险机构等金融机构设立筹备组织需银保监部门审批。2021年5月1日《防范和处置非法集资条例》（国务院令第737号）施行，《非法金融机构和非法金融业务活动取缔办法》（1998年7月13日，国务院令第247号）同时废止。《非法金融机构和非法金融业务活动取缔办法》规定"非法金融机构的筹备组织，视为非法金融机构"及其相关规定无法继续有效适用。统筹考虑相关法律法规调整、行政审批现状、条文表述规范，以及其他立法技术层面等方面的问题情况，将原"擅自设立商业银行、证券交易所、期货交易所、证券公司、期货公司、保险公司或者其他金融机构筹备组织的"列举式表述修改为"擅自设立金融机构筹备组织的"概括式表述，不再列举金融机构筹备组织的具体名称。

擅自设立金融机构罪案的立案追诉标准分为两项，分别规定了设立商业银行等金融机构及其筹备组织的两种情形：

（1）未经国家有关主管部门批准，擅自设立商业银行、证券交易所、期货交易所、证券公司、期货公司、保险公司或者其他金融机构的，即未经国家有关主管部门批准，行为人已经实施了擅自设立商业银行、证券交易所、期货交易所、证券公司、期货公司、保险公司或者其他金融机构的行为。至于行为人所擅自设立的商业银行、证券交易所、期货交易所、证券公司、期货公司、保险公司或者其他金融机构是否正式成立，是否开始从事相应金融业务，是否造成危害结果，均不影响本罪案的立案追诉。

（2）未经国家有关主管部门批准，擅自设立金融机构筹备组织的，即行为人虽然没有正式设立国家主管部门批准才能设立的金融机构，但已经开始实施设立金融机构筹备组织的行为。

在司法实践中，适用该项规定应当特别慎重，办案单位应关注相关国家法律政策规定及变化，注意收集和征求证券监督管理机构或者国务院授权的部门的专业认定及工作意见，防止简单办案、机械执法。本条文针对的是未经国家有关主管部门批准，擅自设立金融机构筹备组织的相关行为，需有法律、司法解释等法律文件的明确规定，且要具有相当的社会危害性和刑事处罚必要性。在适用上应严格区分罪与非罪，在防止漏罪错案等问题的同时，也要避免将根本不具有行政违法性的行为，或者是一般行政违法行为当作刑事犯罪来处理。在征求意见中，证监部门提出目前证券公司、期货公司设立筹备组织不需要证监部门审批的情况。从目前法律法规、行政审批实际等角度来看，依照《刑法》《证券法》以及立案追诉标准规定，对相关设立证券公司、期货公司，与证券公司、期货公司筹备组织的情形做比较，两者在违法认定、危害影响等方面存在明显差距，不具有相当性。若对相关设立证券公司、期货公司筹备组织的行为立案追诉，不但面临法律依据不足、适用失当的问题，而且会产生同一罪案立案追诉标准适用明显失衡的情况。同样也会难以保持评价同类犯罪的均衡，有损刑法协调性。由此，对于不具有明显行政违法性的设立证券公司、期货公司筹备组织的行为，不适用本项规定立案追诉。在适用本项规定时，应严格遵循罪刑法定原则，根据《刑法》《商业银行法》《证券法》等相关法律法规，综合考量案件事实、证据等情况，构成犯罪的，依照刑法有关规定追究刑事责任。尚不构成犯罪的，依法做其他处理。

三、认定擅自设立金融机构罪应注意的问题

（一）擅自设立金融机构罪罪与非罪的界限

擅自设立金融机构罪罪与非罪的界限主要看行为人是否故意实施了未经国家有关主管部门批准，擅自设立商业银行等金融机构及其筹备组织的行为。

本罪是行为犯，只要行为人实施了未经国家有关主管部门批准，擅自设立商业银行等金融机构及其筹备组织的行为，即可构成擅自设立金融机构罪。至于行为人所要设立的商业银行等金融机构及其筹备组织是否正式成立、是否开始从事

金融业务、是否造成危害结果，均不影响本罪的构成。

需要说明的是，有的商业银行或者其他金融机构为了扩展业务，未向国家有关主管部门提出申请，或者虽然提出申请，但在国家有关主管部门批准之前就擅自增设分支机构和营业网点，这也是违法行为，应当依照《银行业监督管理法》《商业银行法》《证券法》《保险法》以及《中国银行业监督管理委员会行政处罚办法》等有关法律、法规、规章中的相关规定，给予行政处罚，一般不宜作为犯罪处理。根据《银行业监督管理法》第45条的规定，银行业金融机构未经批准设立分支机构的，由国务院银行业监督管理机构责令改正，有违法所得的，没收违法所得，违法所得50万元以上的，并处违法所得1倍以上5倍以下罚款；没有违法所得或者违法所得不足50万元的，处50万元以上200万元以下罚款；情节特别严重或者逾期不改正的，可以责令停业整顿或者吊销其经营许可证。

（二）擅自设立金融机构罪与诈骗罪的界限

诈骗罪，是指以非法占有为目的，采用虚构事实或者隐瞒真相的方法，骗取数额较大的公私财物的行为。

两罪的共同之处在于犯罪的主观方面均是出于故意。两罪的区别主要在于：（1）侵犯的客体不同。擅自设立金融机构罪所侵犯的客体是国家金融管理秩序；而诈骗罪所侵犯的客体是公私财产所有权。（2）犯罪的客观方面不同。擅自设立金融机构罪的客观方面是未经国家有关主管部门批准，行为人实施了擅自设立商业银行等金融机构及其筹备组织的行为；而诈骗罪的客观方面是行为人以非法占有为目的，实施了用虚构事实或者隐瞒真相的方法诈骗公私财物，数额较大的行为。（3）犯罪主体不同。擅自设立金融机构罪的主体可以是自然人，也可以是单位；而诈骗罪没有单位犯罪。

四、擅自设立金融机构罪的处罚

根据《刑法》第174条第1款的规定，自然人犯擅自设立金融机构罪的，处3年以下有期徒刑或者拘役，并处或者单处2万元以上20万元以下罚金；情节严重的，处3年以上10年以下有期徒刑，并处5万元以上50万元以下罚金。

根据《刑法》第174条第3款的规定，单位犯擅自设立金融机构罪的，对单位判处罚金，并对其直接负责的主管人员和其他直接责任人员，依照自然人犯本罪的规定处罚。

第七节 伪造、变造、转让金融机构经营许可证、批准文件案

一、伪造、变造、转让金融机构经营许可证、批准文件罪的概念和构成要件

（一）概念

伪造、变造、转让金融机构经营许可证、批准文件罪，是指伪造、变造、转让商业银行、证券交易所、期货交易所、证券公司、期货公司、保险公司或者其他金融机构的经营许可证或者批准文件的行为。

1979 年《刑法》没有规定此罪。1995 年 6 月 30 日全国人大常委会《关于惩治破坏金融秩序犯罪的决定》第 6 条第 2 款规定："伪造、变造、转让商业银行或者其他金融机构经营许可证的，依照前款的规定处罚。"1997 年修订《刑法》时，吸收了上述规定。1997 年 12 月 11 日最高人民法院《关于执行〈中华人民共和国刑法〉确定罪名的规定》、1997 年 12 月 25 日最高人民检察院《关于适用刑法分则规定的犯罪的罪名的意见》根据 1997 年《刑法》第 174 条第 2 款明确规定了"伪造、变造、转让金融机构经营许可证罪"罪名。

根据 1999 年 12 月 25 日第九届全国人大常委会第十三次会议通过的《刑法修正案》第 3 条的规定，将《刑法》第 174 条第 2 款修改为："伪造、变造、转让商业银行、证券交易所、期货交易所、证券公司、期货经纪公司、保险公司或者其他金融机构的经营许可证或者批准文件的，依照前款的规定处罚。"《刑法修正案》对《刑法》第 174 条第 2 款的修改之处主要是：一是明确列举了证券交易所、期货交易所、证券公司、期货经纪公司（期货公司）、保险公司为金融机构。二是对于伪造、变造、转让的对象增加规定了"批准文件"。因为在实践中，只要行为人获得了国家有关主管部门的批准文件，即可以开始筹备和设立商业银行、证券交易所、期货交易所、证券公司、期货公司、保险公司或者其他金融机构，并可以向国家有关主管部门领取金融许可证。因此，对于伪造、变造、转让商业银行、证券交易所、期货交易所、证券公司、期货公司、保险公司或者其他金融机构批准文件的行为，也应予以严厉打击。2002 年 3 月 15 日最高人民法院、最高人民检察院《关于执行〈中华人民共和国刑法〉确定罪名的补充规定》根据《刑法修正案》第 3 条将"伪造、变造、转让金融机构经营许可证罪"修改为"伪造、变造、转让金融机构经营许可证、批准文件罪"。

（二）构成要件

1. 犯罪客体

本罪侵犯的客体是国家金融管理秩序。近年来，我国制定了《公司法》《中国人民银行法》《商业银行法》《保险法》《证券法》《银行业监督管理法》《期货交易管理条例》等多部法律和行政法规，建立了较为完备的金融管理制度。设立商业银行、证券交易所、期货交易所、证券公司、期货公司、保险公司或者其他金融机构，必须由银保监会（国家金融监督管理总局）、证监会等国家有关主管部门进行审批和监督管理。由于伪造、变造、转让金融机构经营许可证、批准文件的行为严重破坏了金融秩序和市场秩序，危害国家经济发展和社会稳定，侵犯了国家的根本利益。因此，各国一般把这种侵犯国家专属的金融管理权的行为均规定为刑事犯罪，给予严厉惩处，维护国家安全。

2. 客观方面

本罪的客观方面表现为行为人违反国家有关法律法规的规定，实施了伪造、变造、转让商业银行、证券交易所、期货交易所、证券公司、期货公司、保险公司或者其他金融机构的经营许可证或者批准文件的行为。其行为方式有以下两种：一是伪造、变造、转让金融机构经营许可证；二是伪造、变造、转让金融机构批准文件。

根据国家有关法律法规的规定，享有设立商业银行、证券交易所、期货交易所、证券公司、期货公司、保险公司或者其他金融机构审批权和发放经营许可证的国家有关主管部门包括银保监会（国家金融监督管理总局）、证监会等。商业银行的经营许可证或者批准文件，是指由银保监会（国家金融监督管理总局）审查批准的商业银行经营金融业务及其经营范围的具有法律意义的许可证或证明文件，商业银行可以凭此到工商行政管理机关（现为市场监督管理部门）① 办理营业执照。证券交易所、期货交易所、证券公司、期货公司的经营许可证或者批准文件，是指由证监会审查批准经营有关金融业务及其经营范围的许可证或证明文件。保险公司的经营许可证或者批准文件，是指由银保监会（国家金融监督管理总局）审批的经营保险业务及其经营范围的证明文件。其他金融机构的经营许可证或者批准文件，是指根据有关法律法规的规定，由国家有关主管部门审查批准的经营金融业务及其经营范围的许可证或证明文件。

伪造经营许可证或者批准文件，是指行为人仿照经营许可证或者批准文件的形状、特征、色彩、样式、签名、公章等，非法制造设立商业银行、证券交易

① 2018年3月改为“市场监督管理机关”。——编者注

所、期货交易所、证券公司、期货公司、保险公司或者其他金融机构经营许可证或者批准文件的行为。变造经营许可证或者批准文件，是指行为人在经营许可证或者批准文件的基础上加以改造，从而改变商业银行、证券交易所、期货交易所、证券公司、期货公司、保险公司或者其他金融机构经营许可证或者批准文件的经营范围、单位名称、批准日期、批准单位等内容的行为。转让经营许可证或者批准文件，是指行为人将自己已经获得的国家有关主管部门批准或者颁发的商业银行、证券交易所、期货交易所、证券公司、期货公司、保险公司或者其他金融机构的经营许可证或者批准文件，通过出售、出租、出借、赠与等方式有偿或者无偿转与或让与其他单位或者个人使用的行为。

3. 犯罪主体

本罪的主体是一般主体，即任何达到刑事责任年龄、具有刑事责任能力的自然人都可以构成本罪。既可以是中国公民，也可以是外国人或者无国籍人。单位也可以构成本罪的犯罪主体。

4. 主观方面

本罪的主观方面只能由故意构成，一般是直接故意，即行为人明知违反法律法规的规定，仍然故意实施伪造、变造、转让商业银行、证券交易所、期货交易所、证券公司、期货公司、保险公司或者其他金融机构的经营许可证或者批准文件的行为。过失不构成本罪。

二、伪造、变造、转让金融机构经营许可证、批准文件罪案立案追诉标准适用指南

《立案追诉标准（二）》第二十条规定：

伪造、变造、转让商业银行、证券交易所、期货交易所、证券公司、期货公司、保险公司或者其他金融机构的经营许可证或者批准文件的，应予立案追诉。

根据《刑法》第174条第2款的规定，本罪是行为犯。由于伪造、变造、转让金融机构经营许可证、批准文件罪的社会危害性极大，行为人一旦实施了伪造、变造、转让商业银行、证券交易所、期货交易所、证券公司、期货公司、保险公司或者其他金融机构经营许可证、批准文件的行为，就会给国家和人民利益造成重大损失。2001年《追诉标准》对本罪只作了原则性的规定，没有规定量化的标准。2010年《立案追诉标准（二）》沿用了2001年《追诉标准》的规定，同时考虑到2007年国务院公布的《期货交易管理条例》已经将“期货经纪公司”更名为“期货公司”，为了确保表述与最新行政法规、规章相衔接，在

2010年《立案追诉标准（二）》中进行了相应的调整，将“期货经纪公司”更名为“期货公司”。此次修订关于本罪案的立案追诉标准，沿用了2010年《立案追诉标准（二）》的规定。

伪造、变造、转让金融机构经营许可证、批准文件罪案的立案追诉标准包括两方面内容：(1) 实施了伪造、变造、转让商业银行、证券交易所、期货交易所、证券公司、期货公司、保险公司或者其他金融机构的经营许可证的行为。(2) 实施了伪造、变造、转让商业银行、证券交易所、期货交易所、证券公司、期货公司、保险公司或者其他金融机构的批准文件的行为。至于行为人所实施的伪造、变造、转让商业银行、证券交易所、期货交易所、证券公司、期货公司、保险公司或者其他金融机构经营许可证、批准文件的行为是出于何种犯罪目的和动机，伪造、变造、转让行为是否得逞，是否造成危害结果，均不影响本罪的成立。

三、认定伪造、变造、转让金融机构经营许可证、批准文件罪应注意的问题

（一）伪造、变造、转让金融机构经营许可证、批准文件罪罪与非罪的界限

区分伪造、变造、转让金融机构经营许可证、批准文件罪罪与非罪的界限主要看行为人是否实施了《立案追诉标准（二）》规定的伪造、变造、转让商业银行、证券交易所、期货交易所、证券公司、期货公司、保险公司或者其他金融机构经营许可证或者批准文件的行为。只要行为人实施了伪造、变造、转让商业银行、证券交易所、期货交易所、证券公司、期货公司、保险公司或者其他金融机构的经营许可证或者批准文件三种行为中的任何一种，均可构成犯罪。

（二）伪造、变造、转让金融机构经营许可证、批准文件罪与擅自设立金融机构罪的界限

擅自设立金融机构罪，是指未经国家有关主管部门批准，擅自设立商业银行、证券交易所、期货交易所、证券公司、期货公司、保险公司或者其他金融机构的行为。

两罪的犯罪主体均为一般主体，即任何达到刑事责任年龄、具有刑事责任能力的自然人均可构成本罪，单位均可构成两罪的犯罪主体；两罪所侵犯的客体均是国家的金融管理秩序；在主观方面，均是出于故意。两罪的区别主要在犯罪的客观方面。伪造、变造、转让金融机构经营许可证、批准文件罪的客观方面是行为人实施了伪造、变造、转让商业银行、证券交易所、期货交易所、证券公司、期货公司、保险公司或者其他金融机构经营许可证或者批准文件的行为；而擅自

设立金融机构罪的客观方面是未经国家有关主管部门批准，行为人实施了擅自设立商业银行、证券交易所、期货交易所、证券公司、期货公司、保险公司或者其他金融机构及其筹备组织的行为。

四、伪造、变造、转让金融机构经营许可证、批准文件罪的处罚

根据《刑法》第174条第2款的规定，自然人犯伪造、变造、转让金融机构经营许可证、批准文件罪的，处3年以下有期徒刑或者拘役，并处或者单处2万元以上20万元以下罚金；情节严重的，处3年以上10年以下有期徒刑，并处5万元以上50万元以下罚金。

根据《刑法》第174条第3款的规定，单位犯伪造、变造、转让金融机构经营许可证、批准文件罪的，对单位判处罚金，并对其直接负责的主管人员和其他直接责任人员，依照自然人犯本罪的规定处罚。

第八节　高利转贷案

一、高利转贷罪的概念和构成要件

（一）概念

高利转贷罪，是指以转贷牟利为目的，套取金融机构信贷资金高利转贷他人，违法所得数额较大的行为。

1979年《刑法》和单行刑法均没有规定此罪。本罪是1997年修订《刑法》时新增设的。1997年《刑法》第175条规定："以转贷牟利为目的，套取金融机构信贷资金高利转贷他人，违法所得数额较大的，处三年以下有期徒刑或者拘役，并处违法所得一倍以上五倍以下罚金；数额巨大的，处三年以上七年以下有期徒刑，并处违法所得一倍以上五倍以下罚金。单位犯前款罪的，对单位判处罚金，并对其直接负责的主管人员和其他直接责任人员，处三年以下有期徒刑或者拘役。"1997年12月11日最高人民法院《关于执行〈中华人民共和国刑法〉确定罪名的规定》、1997年12月25日最高人民检察院《关于适用刑法分则规定的犯罪的罪名的意见》根据1997年《刑法》第175条规定了"高利转贷罪"罪名。

（二）构成要件

1. 犯罪客体

本罪侵犯的客体是国家的金融管理秩序。随着社会主义市场经济的发展，金

融业在社会、经济生活中的地位和作用日益凸显。金融机构的信贷资金是国民经济建设的重要资金来源。从整体上讲，我国经济发展所需的资金是非常短缺和珍贵的，因此需要严格控制信贷规模和用途。近年来，一些不法分子为了牟取暴利，借信贷资金紧张之际，利用各种手段套取金融机构信贷资金，然后高利转贷他人，给国家和人民利益造成了巨大的损失。

2. 客观方面

本罪的客观方面表现为行为人以转贷牟利为目的，实施了套取金融机构信贷资金高利转贷他人，违法所得数额较大的行为。所谓套取，是指以高利转贷为目的，虚构事实，编造理由，以各种方式和手段从商业银行等金融机构非法获取信贷资金的行为。所谓信贷资金，是指国家通过银行等金融机构的信贷形式分配的资金，其来源除国家拨发的自有资金和为适应经济发展的需要而增加的货币供应量外，主要来源于各种形式的存款。所谓高利转贷他人，是指行为人以高于金融机构同期贷款利率，将套取的金融机构信贷资金转贷给他人，从中获取利率差额的不法行为。所谓违法所得数额，是指行为人通过套取商业银行等金融机构信贷资金，高利转贷他人，从中获得的非法利益，包括利率差额、财物等。

根据《贷款通则》的规定，贷款，是指贷款人对借款人提供的并按约定的利率和期限还本付息的货币资金。贷款人应当按照中国人民银行规定的贷款利率的上下限，确定每笔贷款利率，并在借款合同中载明。借款人应当是经工商行政管理（现为市场监督管理）机关（或主管机关）核准登记的企（事）业法人、其他经济组织、个体工商户或具有中华人民共和国国籍的具有完全民事行为能力的自然人。借款人申请贷款，应当具备产品有市场、生产经营有效益、不挤占挪用信贷资金、恪守信用等基本条件，并且应当符合以下要求：（1）有按期还本付息的能力，原应付贷款利息和到期贷款已清偿；没有清偿的，已经做了贷款人认可的偿还计划。（2）除自然人和不需要经工商部门（现为市场监督管理部门）核准登记的事业法人外，应当经过工商部门（现为市场监督管理部门）办理年检手续。（3）已开立基本账户或一般存款账户。（4）除国务院规定外，有限责任公司和股份有限公司对外股本权益性投资累计额未超过其净资产总额的50%。（5）借款人的资产负债率符合贷款人的要求。（6）申请中期、长期贷款的，新建项目的企业法人所有者权益与项目所需总投资的比例不低于国家规定的投资项目的资本金比例。借款人不得套取贷款用于借贷牟取非法收入。借款人套取贷款相互借贷牟取非法收入的，由贷款人对其部分或全部贷款加收利息；情节特别严重的，由贷款人停止支付借款人尚未使用的贷款，并提前收回部分或全部贷款。

构成高利转贷罪，行为人必须具备以下三个条件：（1）套取商业银行等金融机构信贷资金，即本罪的犯罪对象只能是金融机构的信贷资金。如果行为人所套取的是金融机构的其他资金，或者是非金融机构，如公民个人的资金，不构成本罪；如果行为人用自有资金高利贷款给他人，不是用套取的金融机构的信贷资金高利转贷，也不构成本罪。（2）行为人必须将套取的金融机构的信贷资金高利转贷给他人。如果行为人以低于国家同期利率或者以与国家同期利率相同的利率，将套取的金融机构的信贷资金转贷他人的，不构成本罪。（3）本罪是结果犯，行为人实施套取金融机构信贷资金高利转贷他人的行为，只有违法所得数额较大的，才构成高利转贷罪。

3. 犯罪主体

本罪的主体是一般主体，即任何达到刑事责任年龄、具有刑事责任能力的自然人都可构成本罪。既可以是中国公民，也可以是外国人或者无国籍人。单位也可以构成本罪。需要说明的是，商业银行或其他金融机构及其工作人员不能构成高利转贷罪的犯罪主体，但可以构成高利转贷罪的共犯。

4. 主观方面

本罪的主观方面只能由故意构成，一般是直接故意，即行为人明知违反法律法规的规定，仍然故意实施套取金融机构信贷资金高利转贷他人的行为。过失不构成本罪。根据《刑法》第175条第1款的规定，行为人实施套取金融机构信贷资金高利转贷他人的行为，必须是“以转贷牟利为目的”。如果行为人不是出于“以转贷牟利为目的”而实施套取金融机构信贷资金高利转贷他人的行为，则不构成高利转贷罪。

二、高利转贷罪案立案追诉标准适用指南

《立案追诉标准（二）》第二十一条规定：

以转贷牟利为目的，套取金融机构信贷资金高利转贷他人，违法所得数额在五十万元以上的，应予立案追诉。

本罪是结果犯，必须是“违法所得数额较大”的行为，才能构成高利转贷罪。关于本罪，2001年《追诉标准》规定，个人高利转贷违法所得数额在5万元以上的，应予追诉。但在2010年《立案追诉标准（二）》制定的过程中，司法机关普遍反映“违法所得数额在五万元以上”的标准过低，结合近几年经济发展的情况，将高利转贷罪违法所得数额提高1倍，规定“违法所得数额在十万元以上的”，应予立案追诉；并且取消了对单位犯本罪立案追诉标准的规定，单位与自然人适用同一标准。

2010年《立案追诉标准（二）》关于高利转贷罪案的立案追诉标准包括以

下两方面内容：(1）高利转贷，违法所得数额在 10 万元以上的，即行为人以转贷牟利为目的，套取金融机构信贷资金高利转贷他人，违法所得数额在 10 万元以上的，应予立案追诉。(2）虽未达到上述数额标准，但 2 年内因高利转贷受过行政处罚二次以上，又高利转贷的，即行为人以转贷牟利为目的，套取金融机构信贷资金高利转贷他人，其违法所得数额已达到立案追诉数额标准的 80%以上且 2 年内曾因高利转贷受过二次以上行政处罚，又实施高利转贷的。此种情形表明行为人主观恶性大，即使没有达到立案追诉的数额标准，也应予立案追诉。同时，对于多次实施以转贷牟利为目的，套取金融机构信贷资金高利转贷他人的行为，其违法所得数额应当累计计算。

《立案追诉标准（二）》对 2010 年《立案追诉标准（二）》关于本罪案立案追诉标准做了较大修改，使得标准切合实际。

一是将 2010 年《立案追诉标准（二）》中的“违法所得数额在十万元以上的”标准适当提高，修改为“违法所得数额在五十万元以上的”。一方面，考虑到 2010 年《立案追诉标准（二）》实施以来，经济社会高度发展，有适当提高违法所得数额标准的必要。另一方面，参考 2019 年 7 月最高人民法院、最高人民检察院、公安部、司法部《关于办理非法放贷刑事案件若干问题的意见》相关规定，该意见将个人非法高利放贷立案追诉标准定为违法所得数额 80 万元。参照上述数额，并对比两罪的法定刑，将该标准提高至 50 万元，保持类罪案件立案追诉标准相互协调。

二是删除了 2010 年《立案追诉标准（二）》中的“虽未达到上述数额标准，但两年内因高利转贷受过行政处罚二次以上，又高利转贷的”规定。目前由于缺乏明确授权和详细规定等原因，行政执法机关对高利转贷行为予以行政处罚存有障碍，以受过行政处罚为条件的高利转贷相关立案追诉标准实证依据不足，因此删除该项条文。

三、认定高利转贷罪应注意的问题

（一）高利转贷罪罪与非罪的界限

行为人实施的以转贷牟利为目的，套取金融机构信贷资金高利转贷他人的行为是否构成高利转贷罪，除了法定的犯罪构成要件外，主要看其行为是否符合《立案追诉标准（二）》规定的情形。符合规定情形的，就应依法立案追诉。如果不符合《立案追诉标准（二）》规定的情形，则不构成犯罪，不应予以立案追诉，只能依据有关法律法规的规定予以处理。

（二）高利转贷罪与相关犯罪的界限

1. 高利转贷罪与违法发放贷款罪的界限

违法发放贷款罪，是指银行或者其他金融机构的工作人员违反国家规定发放贷款，数额巨大或者造成重大损失的行为。

两罪的共同之处在于：所侵犯的客体均包括国家的金融管理秩序；主观方面都是出于故意；单位均可构成两罪的犯罪主体；两罪均是结果犯。两罪的区别主要在于：（1）犯罪目的不同。虽然两罪的主观方面均是出于故意，但高利转贷罪必须是以转贷牟利为目的；而违法发放贷款罪的犯罪目的多种多样，可以是出于徇私情，也可以是为了获取非法利益，对犯罪目的没有特定的要求。（2）客观方面不同。高利转贷罪的客观方面是以转贷牟利为目的，套取金融机构信贷资金高利转贷他人，违法所得数额较大的行为；而违法发放贷款罪的客观方面是银行或者其他金融机构的工作人员违反国家规定发放贷款，数额巨大或者造成重大损失的行为。（3）犯罪主体不同。虽然单位均可构成两罪的犯罪主体，但高利转贷罪的犯罪主体是一般主体，即任何达到刑事责任年龄、具有刑事责任能力的自然人都可以构成；而违法发放贷款罪的犯罪主体是特殊主体，只有银行或者其他金融机构的工作人员才能构成。

2. 高利转贷罪与吸收客户资金不入账罪的界限

吸收客户资金不入账罪，是指银行或者其他金融机构的工作人员吸收客户资金不入账，数额巨大或者造成重大损失的行为。

两罪的共同之处在于：所侵犯的客体相同，均是国家的金融管理秩序；主观方面都是出于故意；单位均可构成两罪的犯罪主体；两罪均是结果犯。两罪的区别主要在于：（1）客观方面不同。高利转贷罪的客观方面是以转贷牟利为目的，套取金融机构信贷资金高利转贷他人，违法所得数额较大的行为；而吸收客户资金不入账罪的客观方面是银行或者其他金融机构的工作人员吸收客户资金不入账，至于资金用途，如是否将资金用于账外客户资金非法拆借、发放贷款等则在所不问，而且要求数额巨大或者造成重大损失的才构成犯罪。（2）犯罪主体不同。虽然单位均可构成两罪的犯罪主体，但高利转贷罪的犯罪主体是一般主体，即任何达到刑事责任年龄、具有刑事责任能力的自然人都可以构成；而吸收客户资金不入账罪的犯罪主体是特殊主体，只有银行或者其他金融机构的工作人员才能构成。

四、高利转贷罪的处罚

根据《刑法》第 175 条的规定，自然人犯高利转贷罪的，处 3 年以下有期徒刑或者拘役，并处违法所得1倍以上5倍以下罚金；数额巨大的，处3年以上7年以下有期徒刑，并处违法所得1倍以上5倍以下罚金。

单位犯高利转贷罪的，对单位判处罚金，并对其直接负责的主管人员和其他直接责任人员，处3年以下有期徒刑或者拘役。

第九节　骗取贷款、票据承兑、金融票证案

一、骗取贷款、票据承兑、金融票证罪的概念和构成要件

（一）概念

骗取贷款、票据承兑、金融票证罪，是指以欺骗手段取得银行或者其他金融机构贷款、票据承兑、信用证、保函等，给银行或者其他金融机构造成重大损失的行为。

本罪是2006年6月29日第十届全国人大常委会第二十二次会议通过的《刑法修正案（六）》第10条新增加的内容，是对1997年《刑法》条文的补充。金融领域大案要案频发，涉及金额巨大，影响恶劣，严重破坏了国家的金融秩序，危害了国家的金融安全和社会稳定。《刑法》非常注重对银行等金融机构的信贷资金安全的保障，对银行等金融机构的主要信贷环节都作了规定。例如，《刑法》第193条规定了贷款诈骗罪。同时，针对司法实践中贷款诈骗罪往往伴有违法发放贷款犯罪的行为特点，在《刑法》第186条规定了违法发放贷款罪。但上述规定在打击骗取银行等金融机构贷款行为方面仍存在一些缺陷：一是贷款诈骗罪的犯罪主体只能是自然人；二是贷款诈骗罪必须要求主观上具有非法占有的目的。为解决上述问题，《刑法修正案（六）》在《刑法》第175条后增加一条，作为第175条之一："以欺骗手段取得银行或者其他金融机构贷款、票据承兑、信用证、保函等，给银行或者其他金融机构造成重大损失或者有其他严重情节的，处三年以下有期徒刑或者拘役，并处或者单处罚金；给银行或者其他金融机构造成特别重大损失或者有其他特别严重情节的，处三年以上七年以下有期徒刑，并处罚金。单位犯前款罪的，对单位判处罚金，并对其直接负责的主管人员和其他直接责任人员，依照前款的规定处罚。"2007年10月25日最高人民法院、最高人民检察院《关于执行〈中华人民共和国刑法〉确定罪名的补充规定（三）》根据《刑法修正案（六）》第10条补充规定了"骗取贷款、票据承兑、金融票证罪"罪名。2020年12月26日《刑法修正案（十一）》第11条对本罪入罪门槛做了较大调整，将给银行或者其他金融机构"造成重大损失或者有

其他严重情节”修改为“造成重大损失”，删除了“或者有其他严重情节”的规定。主要考虑是2006年《刑法修正案（六）》增加的骗取贷款类犯罪对于保护银行等金融机构信贷资金的安全，维护金融管理秩序和国家金融安全稳定发挥了重要作用。同时，适用中也出现了一些处罚范围过宽，不利于企业正常融资经营等情况。为进一步加强企业产权保护和优化营商环境，提高了该罪的入罪门槛，适当缩小打击面，对由于“融资门槛高”“融资难”等原因，民营企业因生产经营需要，在融资过程中虽然有一些违规行为，但并没有诈骗目的，最后未给银行造成重大损失的，一般不作为犯罪处理。这一修改体现了刑法的谦抑性，有助于正确区分民事违法与刑事犯罪的界限，审慎处理涉民营企业融资案件，更好地落实企业产权刑法保护。

（二）构成要件

1. 犯罪客体

本罪侵犯的客体为金融秩序和安全。

本罪的犯罪对象包括贷款、票据承兑、信用证、保函等四种金融信用形式。贷款，是指贷款人对借款人提供的并按约定的利率和期限还本付息的货币资金。票据，是指出票人依据相关法律规定签发的，由自己承诺无条件支付或委托他人无条件支付一定金额的特种有价证券。我国《票据法》中的票据主要是指汇票、本票和支票。承兑，是指汇票付款人承诺在汇票到期日支付汇票金额的票据行为。承兑是《票据法》中一项重要的票据行为，是汇票上的特有制度，本票、支票制度中不存在承兑。信用证，是银行（即开证行）依照进口商（即开证申请人）的要求和指示，对出口商（即受益人）发出的、授权出口商签发以银行或进口商为付款人的汇票，保证在交来符合信用证条款规定的汇票和单据时，必定承兑和付款的保证文件。保函，是指银行应申请人的要求，以其自身的信用为他人承担责任的保证文件，它是银行的重要资信文件。

2. 客观方面

本罪的客观方面表现为以欺骗手段取得银行或者其他金融机构贷款、票据承兑、信用证、保函等，给银行或者其他金融机构造成重大损失的行为。

所谓欺骗手段，是指行为人在取得银行或者其他金融机构的贷款、票据承兑、信用证、保函等信贷资金、信用时，采用虚构事实、隐瞒真相等手段，掩盖客观事实，骗取银行或其他金融机构的信任。申请人在申请信贷资金或信用过程中有虚构事实、隐瞒真相的情节，或者提供假证明、假材料，符合这一条件。需要注意的是，对欺骗手段的理解不能过于宽泛，欺骗手段应当是严重影响银行对借款人资信状况、还款能力判断的实质性事项，这类事项应当属于银行等金融机构一旦知晓真实情况就会基于风险控制而不会为其融资的事项。如行为人编造虚假的资信证明、资金用途、抵押物价值等虚假材料，导致银行或者其他金融机构高估其资信现状的，可以认定为使用欺骗手段。欺骗手段通常表现为两种，即虚构材料和虚构主体资格，但是无论采用哪一种欺骗手段，都应以银行或者其他金融机构作出财产处分为前提。所谓银行或者其他金融机构，是指商业银行以及除商业银行以外的各种开展相关金融业务的机构，如证券、保险、期货、外汇、租赁、信托投资等公司。

3. 犯罪主体

本罪的主体是一般主体，即任何达到刑事责任年龄、具有刑事责任能力的自然人都可以构成本罪。既可以是中国公民，也可以是外国人或者无国籍人。单位也可以构成本罪的犯罪主体。

4. 主观方面

本罪的主观方面表现为故意，并且不要求行为人以非法占有为目的。

二、骗取贷款、票据承兑、金融票证罪案立案追诉标准适用指南

《立案追诉标准（二）》第二十二条规定：

以欺骗手段取得银行或者其他金融机构贷款、票据承兑、信用证、保函等，给银行或者其他金融机构造成直接经济损失数额在五十万元以上的，应予立案追诉。

2010 年《立案追诉标准（二）》根据当时的刑法规定，规定了 4 项立案追诉标准，除损失外，还包括骗取贷款的数额、多次骗取贷款和兜底性条款。

《刑法修正案（十一）》删除了第 175 条之一中的“或者有其他严重情节”的入罪条件，意味着给银行或者其他金融机构造成重大损失的才构成本罪。为此，《立案追诉标准（二）》做了较大调整，删除了与情节严重有关的立案追诉标准，仅保留“造成直接经济损失数额在五十万元以上”这一标准，未达到上述标准的便不构成犯罪。

需要注意的是，第二档法定刑仍然保留了“有其他特别严重情节”的规定，即给银行或者其他金融机构造成特别重大损失或者有其他特别严重情节。适用“有其他特别严重情节”，应当以给银行或者其他金融机构造成重大损失为前提，没有造成重大损失的，不能径直按照“有其他特别严重情节”定罪处罚。在修订立案追诉标准过程中，有意见提出将“有其他特别严重情节”规定内容列入立案追诉标准，主要理由：一是刑法条文保留了本罪第二档法定刑中“有其他特别严重情节”的规定，是相对独立的“入罪情节”，对于情节特别严重的骗取贷

款、票据承兑、金融票证的行为，还可以依法惩处。二是在办案实务中，存在骗取银行贷款数额巨大、骗取多家银行贷款以及多次骗取银行贷款等情形，虽未造成重大损失，但严重影响了银行等金融机构正常经营秩序以及金融行业生态。三是骗取贷款、票据承兑、金融票证造成后果的显现时间长，易出现未产生实际损失但实质性的金融风险已然集聚的情形，有必要予以刑事规制。经研究认为，上述意见不符合刑法规定，有悖于刑法理论与司法实践认识，而未予采纳。一是从立法取向上看，为进一步加强企业产权保护和优化营商环境，《刑法修正案（十一）》修改骗取贷款、票据承兑、金融票证罪入罪门槛规定，对由于“融资门槛高”“融资难”等原因，民营企业因生产经营需要，在融资过程中虽然有一些违规行为，但并没有诈骗目的，最后未给银行造成重大损失的，一般不作为犯罪处理。[①]《刑法修正案（十一）》将“给银行或者其他金融机构造成重大损失”作为骗取贷款、票据承兑、金融票证罪的定罪条件，没有“造成重大损失”则不符合该罪的构成条件。二是从加重规定上看，本罪第二档法定刑“有其他特别严重情节”的规定，属于法定刑升格“情节加重犯”的规定，而非相对独立的“入罪情节”。根据我国犯罪构成理论，犯罪构成一般具有主观和客观的四个基本要件。凡具备这四个基本要件的就构成基本犯。在充足基本犯的犯罪构成的基础上，如果具有加重情节，就构成情节加重犯。因此，情节加重犯之所谓加重情节，它以主观和客观相统一的形式衡量一定犯罪的社会危害性程度，不属于犯罪构成的任何一个基本要件，但又在犯罪构成的范畴以内，是一个加重的特别构成要件。情节加重犯是以基本犯为基础的，其加重情节不能否定基本犯的罪质，要受其罪质的制约，只能是在基本犯的基础上，加重其罪质的主观和客观的事实因素。适用加重犯规定一定要建立在行为成立基本犯的前提下。[②] 同理，只有在符合前一档法定刑条件的前提下，才可能适用升格的法定刑。对不符合基本犯的定罪条件，无法适用第一档法定刑的行为，不能直接认定其属于第二档法定刑“有其他特别严重情节”，更无法适用更重的法定刑。合理的看法是，这里“有其他特别严重情节”法定刑升格的规定适用于给金融机构至少造成了重大损失以上的损失，同时还具有其他严重情节的情形（如贷款金额特别巨大、多次骗取贷款、在重要贷款资料上作假等）。[③] 具体适用问题应由司法解释等法律文件予以规范。三是从司法实践上看，2011 年 7 月 20 日最高人民法院《关于被告人陈岩骗取贷

---

① 全国人大常委会法工委副主任李宁 2020 年 6 月 28 日在第十三届全国人大常委会第二十次会议上做的《关于〈中华人民共和国刑法修正案（十一）（草案）〉的说明》。

② 陈兴良：《我国刑法中的情节加重犯》，载《法学研究》1985 年第 4 期。

③ 周光权：《“刑民（行）关系与犯罪认定”之十一——骗取贷款罪的“有其他特别严重情节”》，载《法治日报》2021 年 7 月 7 日法学院版。

款请示一案的批复》明确指出“骗取贷款罪，虽不要求行为人具有非法占有目的，但应以危害金融安全为要件。被告人陈岩虽然采用欺骗手段从银行获取贷款的数额特别巨大，但其提供了足额真实抵押，未给银行造成损失，不会危及金融安全。因此，陈岩的行为不属于刑法第一百七十五条之一规定的‘有其他严重情节’，不构成犯罪。”最高人民法院批复意见从本罪设立目的、社会危害性及其程度等构成要件的角度出发，对本罪修正前“有其他严重情节”的入罪标准予以特别严格限制，保持与本罪“造成重大损失”规定的相当性、均衡性。2020年7月22日最高人民检察院《关于充分发挥检察职能服务保障“六稳”“六保”的意见》明确要求，“依法保护企业正常生产经营活动……依法慎重处理贷款类犯罪案件。在办理骗取贷款等犯罪案件时，充分考虑企业‘融资难’‘融资贵’的实际情况，注意从借款人采取的欺骗手段是否属于明显虚构事实或者隐瞒真相，是否与银行工作人员合谋、受其指使，是否非法影响银行放贷决策、危及信贷资金安全，是否造成重大损失等方面，合理判断其行为危害性，不苛求企业等借款人。对于借款人因生产经营需要，在贷款过程中虽有违规行为，但未造成实际损失的，一般不作为犯罪处理。”该文件的上述内容与本罪相关立法修正说明及最高人民法院批复意见一脉相承，保持一致。更何况《刑法修正案（十一）》删除本罪原有的“或者有其他严重情节”的入罪规定，本罪已是“造成重大损失”的实害犯，而非危险犯，如仍然认为无重大损失这一实害结果发生，即将数额巨大等情形当然视为“有其他特别严重情节”，进而列入立案追诉标准是明显不适宜的。

因此，《立案追诉标准（二）》根据《刑法修正案（十一）》对本罪案立案追诉标准进行了较大修改，仅保留造成直接经济损失额的标准，删除了其他情节。根据社会形势发展，将数额标准提高至50万元，与违法发放贷款案的数额标准（参照国有公司、企业、事业单位人员失职案标准）相一致。

三、认定骗取贷款、票据承兑、金融票证罪应注意的问题

（一）骗取贷款、票据承兑、金融票证罪罪与非罪的界限

区分本罪罪与非罪的界限，除了法定的犯罪构成要件外，主要看行为人的行为是否符合《立案追诉标准（二）》规定的骗取贷款、票据承兑、金融票证案给银行或者其他金融机构造成直接经济损失的数额标准。如果符合规定的数额标准，就应依法立案追诉。如果没有达到规定的数额标准，则不构成犯罪，不应予以立案追诉，只能根据有关法律法规的规定予以处理。

（二）骗取贷款、票据承兑、金融票证罪与贷款诈骗罪的界限

贷款诈骗罪，是指以非法占有为目的，编造引进资金、项目等虚假理由，或者使用虚假的经济合同，或者使用虚假的证明文件，或者使用虚假的产权证明作担保或者超出抵押物价值重复担保，或者使用其他方法，诈骗银行或者其他金融机构的贷款，数额较大的行为。

《刑法》之所以在贷款诈骗罪之外再新设骗取贷款、票据承兑、金融票证罪，主要是为了加大打击骗取银行等金融机构贷款行为的力度。从行为特征上看，本罪与贷款诈骗罪虽然都采用了欺骗手段，但本罪与贷款诈骗罪有一定区别：（1）本罪在主观上不要求行为人“以非法占有为目的”；而贷款诈骗罪要求行为人必须“以非法占有为目的”。在司法实践中，认定“以非法占有为目的”比较困难，致使社会上大量骗取银行贷款的行为难以被追究法律责任。本罪的设立降低了打击骗取银行等金融机构贷款和信用行为的门槛，为保障银行等金融机构信贷资金提供了更加有力的法律武器。（2）本罪的犯罪主体包括自然人和单位；而贷款诈骗罪的犯罪主体只能是自然人，对于单位以非法占有为目的诈骗银行或者其他金融机构贷款的，不能按照贷款诈骗罪追究单位刑事责任，对组织、策划、实施人员，依法以贷款诈骗罪定罪处罚。

四、骗取贷款、票据承兑、金融票证罪的处罚

根据《刑法》第175条之一的规定，自然人犯骗取贷款、票据承兑、金融票证罪的，处3年以下有期徒刑或者拘役，并处或者单处罚金；给银行或者其他金融机构造成特别重大损失或者有其他特别严重情节的，处3年以上7年以下有期徒刑，并处罚金。

单位犯骗取贷款、票据承兑、金融票证罪的，对单位判处罚金，并对其直接负责的主管人员和其他直接责任人员，依照自然人犯本罪的规定处罚。

第十节　非法吸收公众存款案

一、非法吸收公众存款罪的概念和构成要件

（一）概念

非法吸收公众存款罪，是指违反国家法律法规的规定，未经有关部门依法许可或者借用合法经营的形式，通过网络、媒体、推介会、传单、手机信息等途径

向社会公开宣传，承诺在一定期限内以货币、实物、股权等方式还本付息或者给付回报，向社会公众吸收资金，扰乱金融秩序的行为。

1979 年《刑法》没有规定此罪。1995 年 6 月 30 日全国人大常委会《关于惩治破坏金融秩序犯罪的决定》第 7 条规定："非法吸收公众存款或者变相吸收公众存款，扰乱金融秩序的，处三年以下有期徒刑或者拘役，并处或者单处二万元以上二十万元以下罚金；数额巨大或者有其他严重情节的，处三年以上十年以下有期徒刑，并处五万元以上五十万元以下罚金。单位犯前款罪的，对单位判处罚金，并对直接负责的主管人员和其他直接责任人员，依照前款的规定处罚。"1997 年修订《刑法》时，吸收了上述规定，在第 176 条明确规定了非法吸收公众存款罪。1997 年 12 月 11 日最高人民法院《关于执行〈中华人民共和国刑法〉确定罪名的规定》、1997 年 12 月 25 日最高人民检察院《关于适用刑法分则规定的犯罪的罪名的意见》根据 1997 年《刑法》第 176 条规定了"非法吸收公众存款罪"罪名。

2020 年 12 月 26 日第十三届全国人大常委会第二十四次会议通过的《刑法修正案（十一）》第 12 条对本罪做了如下修改：（1）新增"数额特别巨大或者有其他特别严重情节"的法定刑，确定数额特别巨大或者有其他特别严重情节的，处 10 年以上有期徒刑，并处罚金；（2）删除了第一档法定刑和第二档法定刑中关于罚金数额的规定，《刑法》条文中不设定罚金的具体数额；（3）新增"可以从轻或者减轻处罚"情节，明确在提起公诉前积极退赃退赔，减少损害结果发生的，可以从轻或者减轻处罚。这里有几方面问题需要注意：一是该罪修订后将原来的两档法定刑调整为三档法定刑，且最高刑由原来的"十年以下"修订为"十年以上"，进一步发挥刑罚的震慑作用；二是将罚金的具体数额删除后，实质上增加了罚金刑的适用范围，也能更好地适应经济社会发展的变化；三是增设"可以从轻或者减轻处罚"情节后更有利于行为人积极退赃以弥补集资参与人的损失，也更有利于认罪认罚从宽制度的实施。

（二）构成要件

1. 犯罪客体

本罪侵犯的客体是国家金融管理秩序。金融秩序关系到国家的根本利益，关系到国民经济的发展、社会的稳定和人民生活水平的提高。对此，我国政府一直高度重视，并且不断强化对金融业的监督和管理。随着社会主义市场经济的发展，金融业在社会经济生活中的地位和作用日益突出。从整体上讲，我国经济发展所需的资金是非常短缺和珍贵的。但一些不法分子为了牟取暴利，非法吸收公众存款或者变相吸收公众存款，给国家和人民利益造成了巨大的损失，严重破坏了金融秩序和市场秩序，危害国家经济发展和社会稳定的基础，侵犯了国家的根本利益。因此，对于非法吸收公众存款的行为，必须给予严厉惩处。

2. 客观方面

本罪的客观方面表现为非法吸收公众存款或者变相吸收公众存款，扰乱金融管理秩序的行为。最高人民法院 2010 年 12 月 13 日发布，2022 年 2 月 23 日修正的《关于审理非法集资刑事案件具体应用法律若干问题的解释》第 1 条规定："违反国家金融管理法律规定，向社会公众（包括单位和个人）吸收资金的行为，同时具备下列四个条件的，除刑法另有规定的以外，应当认定为刑法第一百七十六条规定的'非法吸收公众存款或者变相吸收公众存款'：（一）未经有关部门依法许可或者借用合法经营的形式吸收资金；（二）通过网络、媒体、推介会、传单、手机信息等途径向社会公开宣传；（三）承诺在一定期限内以货币、实物、股权等方式还本付息或者给付回报；（四）向社会公众即社会不特定对象吸收资金。未向社会公开宣传，在亲友或者单位内部针对特定对象吸收资金的，不属于非法吸收或者变相吸收公众存款。"

认定非法集资的非法性，应当以国家金融管理法律法规为依据。对于国家金融管理法律法规仅作原则性规定的，可以根据法律规定的精神并参考中国人民银行、中国银行保险监督管理委员会、中国证券监督管理委员会等行政主管部门依照国家金融管理法律法规制定的部门规章或者国家有关金融管理的规定、办法、实施细则等规范性文件的规定予以认定。这里的违反国家金融管理法律规定包括未经有关部门依法许可吸收资金和借用合法经营的形式吸收资金两种形式。

这里的未经有关部门依法许可主要有四种表现形式：一是未经有关部门许可；二是骗取许可欺诈发行，三是具有主体资格，但具体业务未经许可；四是具有主体资格，但经营行为违法。

这里的向社会公开宣传包括以各种途径向社会公众传播吸收资金的信息，以及明知吸收资金的信息向社会公众扩散而予以放任等情形。目前主要是利用微信、网站等线上宣传以及发放宣传单、口口相传等线下宣传。

未向社会公开宣传，在亲友或者单位内部针对特定对象吸收资金的，不属于非法吸收或者变相吸收公众存款。下列情形不属于《关于审理非法集资刑事案件具体应用法律若干问题的解释》第 1 条第 2 款规定的"针对特定对象吸收资金"的行为，应当认定为向社会公众吸收资金：（1）在向亲友或者单位内部人员吸收资金的过程中，明知亲友或者单位内部人员向不特定对象吸收资金而予以放任的；（2）以吸收资金为目的，将社会人员吸收为单位内部人员，并向其吸收资金的。

至于非法吸收公众存款的具体行为方式，根据《关于审理非法集资刑事案件具体应用法律若干问题的解释》第 2 条的规定，有 12 种情形：（1）不具有房产销售的真实内容或者不以房产销售为主要目的，以返本销售、售后包租、约定回购、销售房产份额等方式非法吸收资金的；（2）以转让林权并代为管护等方式非法吸收资金的；（3）以代种植（养殖）、租种植（养殖）、联合种植（养殖）等方式非法吸收资金的；（4）不具有销售商品、提供服务的真实内容或者不以销售商品、提供服务为主要目的，以商品回购、寄存代售等方式非法吸收资金的；（5）不具有发行股票、债券的真实内容，以虚假转让股权、发售虚构债券等方式非法吸收资金的；（6）不具有募集基金的真实内容，以假借境外基金、发售虚构基金等方式非法吸收资金的；（7）不具有销售保险的真实内容，以假冒保险公司、伪造保险单据等方式非法吸收资金的；（8）以网络借贷、投资入股、虚拟币交易等方式非法吸收资金的；（9）以委托理财、融资租赁等方式非法吸收资金的；（10）以提供"养老服务"、投资"养老项目"、销售"老年产品"等方式非法吸收资金的；（11）利用民间"会""社"等组织非法吸收资金的；（12）其他非法吸收资金的行为。需要说明的是，在认定是否属于非法吸收公众存款罪时，应当将具体行为方式与该解释第1条规定的非法吸收公众存款或者变相吸收公众存款的特征条件结合起来把握。

非法吸收或者变相吸收公众存款的数额，以行为人所吸收的资金全额计算；行为人向社会公众非法吸收的资金属于违法所得；行为人以吸收的资金向集资参与人支付的利息、分红等回报，以及向帮助吸收资金人员支付的代理费、好处费、返点费、佣金、提成等费用，应当依法追缴。集资参与人本金尚未归还的，所支付的回报可予折抵本金。

3. 犯罪主体

本罪的主体是一般主体，即任何达到刑事责任年龄、具有刑事责任能力的自然人都可以构成本罪。既可以是中国公民，也可以是外国人或者无国籍人。单位也可以构成本罪的犯罪主体。

4. 主观方面

本罪的主观方面只能由故意构成，一般是直接故意，过失不构成本罪。对于犯罪嫌疑人辩解不知道其行为违反金融管理法律规定、没有犯罪故意的辩解，应当结合其具体实施的行为以及任职情况、职业经历、专业背景、培训经历、本人因同类行为受到行政处罚或者刑事追究情况以及吸收资金方式、宣传推广、合同资料、业务流程等证据进行综合分析判断。

二、非法吸收公众存款罪案立案追诉标准适用指南

《立案追诉标准（二）》第二十三条规定：

非法吸收公众存款或者变相吸收公众存款，扰乱金融秩序，涉嫌下列

情形之一的，应予立案追诉：

（一）非法吸收或者变相吸收公众存款数额在一百万元以上的；

（二）非法吸收或者变相吸收公众存款对象一百五十人以上的；

（三）非法吸收或者变相吸收公众存款，给集资参与人造成直接经济损失数额在五十万元以上的；

非法吸收或者变相吸收公众存款数额在五十万元以上或者给集资参与人造成直接经济损失数额在二十五万元以上，同时涉嫌下列情形之一的，应予立案追诉：

（一）因非法集资受过刑事追究的；

（二）二年内因非法集资受过行政处罚的；

（三）造成恶劣社会影响或者其他严重后果的。

2010 年《立案追诉标准（二）》根据《全国法院审理金融犯罪案件工作座谈会纪要》及 2001 年《追诉标准》的规定区分了单位、个人犯罪的标准，并设置了相应的兜底性条款。《全国法院审理金融犯罪案件工作座谈会纪要》规定，个人非法吸收或者变相吸收公众存款给存款人造成损失 10 万元以上的，单位非法吸收或者变相吸收公众存款给存款人造成损失 50 万元以上的，可以按非法吸收公众存款罪定罪处罚。制定 2010 年《立案追诉标准（二）》时，各地普遍反映，该纪要关于“损失”的概念比较笼统，在司法实践中不容易操作，因此 2010 年《立案追诉标准（二）》采用了 2001 年《追诉标准》中“直接经济损失”的表述。修订 2010 年《立案追诉标准（二）》期间，我们注意到 2010 年 12 月 13 日最高人民法院《关于审理非法集资刑事案件具体应用法律若干问题的解释》，2014 年 3 月 25 日最高人民法院、最高人民检察院、公安部《关于办理非法集资刑事案件适用法律若干问题的意见》，2019 年 1 月 30 日最高人民法院、最高人民检察院、公安部《关于办理非法集资刑事案件若干问题的意见》陆续明确了非法吸收公众存款、集资诈骗等非法集资犯罪的定罪量刑标准和相关法律适用问题。《刑法修正案（十一）》对非法吸收公众存款罪、集资诈骗罪刑法条文做了重大修改，增加非法吸收公众存款罪第三档法定刑，提高集资诈骗罪最低法定刑，同时将积极退赃退赔规定为法定从轻、减轻处罚情节，这对非法吸收公众存款罪、集资诈骗罪的定罪量刑产生重大影响。因此，《立案追诉标准（二）》对本罪案立案追诉标准做了较大修改。

本罪案立案追诉标准第 1 款第 1、2、3 项对非法吸收公众存款数额、非法吸收公众存款对象人数、造成直接经济损失数额进行了较大调整，主要考虑是：一方面，回应执法司法实践需要。近年来，非法吸收公众存款案在高位波动运行。

此外，据统计，我国广义货币供应量（M2）由2001年的15.29万亿元增至2021年的238.29万亿元，增长14.6倍，城镇居民人均可支配收入由2001年的6824元增至2021年的47412元，增长5.9倍。与此同时，近年来我们发现，长期以来，民营企业特别是中小企业存在正规渠道融资难的问题，往往通过所谓“民间借贷”“股权融资”等形式向社会融资，从而触及非法吸收公众存款犯罪的红线。对此类行为的刑事打击要寻求惩治犯罪与服务实体企业经营发展的平衡，全面考虑吸收资金的规模、范围及资金用途，综合判断其社会危害性，切实做到“不枉不纵”，以更好地服务经济社会发展和依法惩处经济犯罪工作的需要。因此，有必要提高非法吸收公众存款案的立案追诉标准，以适应经济社会发展形势需要。另一方面，为行政执法留出空间。近年来，面对非法集资案件高发多发态势，各地区各部门采取有力措施严厉打击，化解存量、遏制增量、防控变量，取得积极成效，但形势依然比较严峻。在加大刑事打击力度的同时，有必要提升行政处置效能，着力解决行政机关防范和处置非法集资的法律依据不足、手段不够等问题。2021年5月《防范和处置非法集资条例》生效后，防范和处置非法集资工作机制的牵头部门对非法集资开展行政调查和处置的工作职能进一步得到强化。因此，有必要结合经济社会发展状况和司法执法实践，适当提高非法吸收公众存款罪案的立案追诉标准，给行政处罚留出一定空间。

此处还应该注意的是，本罪案立案追诉标准第1款1、2、3项不再区分个人和单位犯罪的立案追诉标准，体现了对单位犯罪从严惩处。2010年《立案追诉标准（二）》分别规定了单位犯罪与自然人犯罪的不同立案追诉标准，与当时的司法解释相协调。我国的单位犯罪最早适用于走私罪，然后逐渐适用到其他罪名。因市场经济主体大部分是以公司、企业的形式存在，因此经济犯罪主体大部分包括单位和个人，其中经侦部门管辖的77个罪名中，既可以是个人犯罪也可以是单位犯罪的达57个，占了2/3以上。《刑法》中的有些罪名，只有自然人应当承担刑事责任，如贷款诈骗罪；有些罪名，虽然单位和自然人均可以构成犯罪，但在同样的犯罪事实下，一般对单位实施“双罚制”，对直接负责的主管人员和其他直接责任人员的量刑要低于单独的自然人犯罪。在立案追诉标准中，一般单位犯罪的立案追诉标准要高于自然人犯罪，可能造成同样数额的经济犯罪，自然人实施涉嫌犯罪；如果是单位实施的，则达不到立案追诉标准，不构成犯罪。甚至对单位成员来讲，单位犯罪已经成为一种公开的无罪或从轻处罚的辩护事由。[①] 所以，在经济犯罪案件中，大部分都涉及界定单位犯罪的问题，因为直接涉及罪与非罪、罪轻罪重的问题。从罪责刑均衡角度看，单位犯罪与自然人犯

---

① 陈忠林、席若：《单位犯罪的“嵌套责任论”》，载《现代法学》2017年第2期。

罪的社会危害性如果一致，那么单位犯罪应当与自然人犯罪承担对等的刑事责任。从我国刑罚角度看，大部分规定单位涉嫌犯罪的，依照自然人犯罪处罚。实际上，单位经济犯罪隐蔽性更高。从司法实践看，非法吸收公众存款基本上都是以单位为依托实施的，[①] 更具有迷惑性，更容易获得集资参与人的信任，危害性更大，更应该严厉打击。因此在立案追诉标准上，包括非法吸收公众存款罪在内的经济犯罪案件，除保留了对非国家工作人员行贿案，对外国公职人员、国际公共组织官员行贿案，非法经营案三个罪名单位犯罪与自然人犯罪不同的立案追诉标准外，其他 54 个单位可以构成的犯罪的立案追诉标准都是一样的，趋向于单位犯罪与自然人犯罪同罪同罚的理念，也体现出严惩单位犯罪的精神。

另外，为有效惩治此类犯罪，《立案追诉标准（二）》增加规定了三种“数额+情节”的入罪标准，即非法吸收或者变相吸收公众存款数额在 50 万元以上或者给集资参与人造成直接经济损失数额在 25 万元以上，同时具有曾因非法集资受过刑事追究、2 年内因非法集资受过行政处罚、造成恶劣社会影响或者其他严重后果情形之一的，应予立案追诉。

三、认定非法吸收公众存款罪应注意的问题

（一）单位构成非法吸收公众存款罪

认定单位是否构成非法吸收公众存款罪时，应当注意结合最高人民法院《关于审理单位犯罪案件具体应用法律有关问题的解释》，《全国法院审理金融犯罪案件工作座谈会纪要》，最高人民法院、最高人民检察院、公安部《关于办理非法集资刑事案件若干问题的意见》区分以下情形：

（1）单位实施非法吸收公众存款犯罪活动，全部或者大部分违法所得归单位所有的，应当认定为单位犯罪。

（2）个人为进行非法吸收公众存款犯罪活动而设立的单位实施犯罪的，或者单位设立后，以实施非法集资犯罪活动为主要活动的，不以单位犯罪论处，对单位中组织、策划、实施非法集资犯罪活动的人员应当以自然人犯罪依法追究刑事责任。

（3）判断单位是否以实施非法集资犯罪活动为主要活动，应当根据单位实施非法集资的次数、频度、持续时间、资金规模、资金流向、投入人力物力情况、单位进行正当经营的状况以及犯罪活动的影响、后果等因素综合考虑认定；

---

① 王刚：《P2P 网贷平台非法集资犯罪中单位犯罪适用问题研究——兼论我国单位犯罪的立法完善》，载《海峡法学》2022 年第 1 期。

结合涉案单位的上级单位（总公司、母公司）和下属单位（分公司、子公司）的主体资格、层级、关系、地位、作用、资金流向等，区分情况依法予以认定：①上级单位已被认定为单位犯罪，下属单位实施非法集资犯罪活动，且全部或者大部分违法所得归下属单位所有的，对该下属单位也应当认定为单位犯罪；②上级单位和下属单位构成共同犯罪的，应当根据犯罪单位的地位、作用，确定犯罪单位的刑事责任；③上级单位已被认定为单位犯罪，下属单位实施非法集资犯罪活动，但全部或者大部分违法所得归上级单位所有的，对下属单位不单独认定为单位犯罪，下属单位中涉嫌犯罪的人员，可以作为上级单位的其他直接责任人员依法追究刑事责任；④上级单位未被认定为单位犯罪，下属单位被认定为单位犯罪的，对上级单位中组织、策划、实施非法集资犯罪的人员，一般可以与下属单位按照自然人与单位共同犯罪处理；⑤上级单位与下属单位均未被认定为单位犯罪的，一般以上级单位与下属单位中承担组织、领导、管理、协调职责的主管人员和发挥主要作用的人员作为主犯，以其他积极参加非法集资犯罪的人员作为从犯，按照自然人共同犯罪处理。

（二）非法吸收公众存款罪与集资诈骗罪的界限

集资诈骗罪，是指以非法占有为目的，使用诈骗方法非法集资，数额较大的行为。非法吸收公众存款罪与集资诈骗罪都扰乱了国家金融管理秩序。两罪的区别主要是：（1）客体不同。非法吸收公众存款罪的客体是简单客体，即国家金融管理秩序，尽管非法吸收公众存款罪的行为人有时由于经营不善等原因造成亏损或者破产，从而无法兑现在吸收公众存款时的承诺，给集资参与人造成经济损失，但这种经济损失与集资诈骗罪直接侵犯公私财物所有权的性质是不完全相同的；集资诈骗罪的客体是复杂客体，既侵犯了公私财物所有权，又扰乱了国家金融管理秩序。（2）主观方面不同。非法吸收公众存款罪不要求具有非法占有的目的；而集资诈骗罪在主观方面必须具有非法占有目的。

四、非法吸收公众存款罪的处罚

根据《刑法》第 176 条和《关于审理非法集资刑事案件具体应用法律若干问题的解释》第 9 条第 1 款的规定，自然人犯非法吸收公众存款罪的，处 3 年以下有期徒刑或者拘役，并处或者单处罚金；数额巨大或者有其他严重情节的，处 3 年以上 10 年以下有期徒刑，并处罚金；数额特别巨大或者有其他特别严重情节的，处 10 年以上有期徒刑，并处罚金。

单位犯非法吸收公众存款罪的，对单位判处罚金，并对其直接负责的主管人员和其他直接责任人员，依照自然人犯非法吸收公众存款罪的规定处罚。

自然人、单位犯非法吸收公众存款罪，在提起公诉前积极退赃退赔，减少损害结果发生的，可以从轻或者减轻处罚。

第十一节 伪造、变造金融票证案

一、伪造、变造金融票证罪的概念和构成要件

（一）概念

伪造、变造金融票证罪，是指伪造、变造汇票、本票、支票、委托收款凭证、汇款凭证、银行存单等其他银行结算凭证、信用证或者附随的单据、文件以及伪造信用卡等金融票证的行为。

1979年《刑法》只将伪造支票、股票或者其他有价证券的行为规定为犯罪，没有规定伪造、变造其他金融票证犯罪和单位犯罪，其第123条规定："伪造支票、股票或者其他有价证券的，处七年以下有期徒刑，可以并处罚金。"我国在逐步建立社会主义市场经济体制的过程中，随着金融市场的迅速发展，金融票证在经济生活中的作用日益重要，一些犯罪分子为牟取暴利而伪造、变造金融票证的犯罪也日益突出，破坏了国家对金融票证的管理制度，严重扰乱了国家金融管理秩序。1995年6月30日全国人大常委会《关于惩治破坏金融秩序犯罪的决定》增设了伪造、变造金融票证罪，该决定第11条规定："有下列情形之一，伪造、变造金融票证的，处五年以下有期徒刑或者拘役，并处二万元以上二十万元以下罚金；情节严重的，处五年以上十年以下有期徒刑，并处五万元以上五十万元以下罚金；情节特别严重的，处十年以上有期徒刑或者无期徒刑，并处没收财产：（一）伪造、变造汇票、本票、支票的；（二）伪造、变造委托收款凭证、汇款凭证、银行存单等其他银行结算凭证的；（三）伪造、变造信用证或者附随的单据、文件的；（四）伪造信用卡的。单位犯前款罪的，对单位判处罚金，并对直接负责的主管人员和其他责任人员，依照前款的规定处罚。"1997年修订《刑法》时，基本沿用了全国人大常委会《关于惩治破坏金融秩序犯罪的决定》第11条的规定，并在第三个量刑档次中的"没收财产"前增加规定了"五万元以上五十万元以下罚金"的附加财产刑和幅度，以更好地体现罪刑相适应的原则。1997年12月11日最高人民法院《关于执行〈中华人民共和国刑法〉确定罪名的规定》、1997年12月25日最高人民检察院《关于适用刑法分则规定的犯罪的罪名的意见》根据1997年《刑法》第177条规定了"伪造、变造金融票证罪"罪名。

（二）构成要件

1. 犯罪客体

本罪侵犯的客体是国家金融管理秩序。金融秩序关系到国家的根本利益，关系到国民经济的发展、社会的稳定和人民生活水平的提高。自新中国成立以来，尤其是改革开放以来，我国先后制定了《票据法》《支付结算办法》《国内信用证结算办法》《银行卡业务管理办法》等法律法规和行政规章，建立了较为完备的金融票证管理制度。随着社会主义市场经济的发展，金融票证在社会经济生活中的地位和作用日益突出，特别是在汇兑、存储、结算等金融活动中发挥着重要作用。一些不法分子为了牟取暴利，疯狂进行伪造、变造金融票证的犯罪行为，严重破坏了金融秩序和市场秩序，危害国家经济发展和社会稳定的基础，侵犯了国家的根本利益。同时，由于金融票证可以直接作为所有权或者物权的凭证，进行抵押、贴现等，伪造、变造金融票证的行为必然会给国家和人民利益造成巨大的损失，必须给予严厉惩处。

2. 客观方面

本罪的客观方面表现为伪造、变造汇票、本票、支票、委托收款凭证、汇款凭证、银行存单等其他银行结算凭证、信用证或者附随的单据、文件以及伪造信用卡等金融票证的行为。本罪是行为犯，即只要行为人一旦实施了伪造、变造金融票证的行为，不论其犯罪行为是否得逞，不论是否导致危害结果的发生，均构成本罪。

伪造金融票证，是指行为人仿照真金融票证的图案、色彩、尺寸、形状、材料等外观和特征，通过印刷、绘制、复印、拓印等各种制作方法，非法制造假金融票证，冒充真金融票证的行为。变造金融票证，是指行为人在真金融票证的基础上，或者以真金融票证为基础材料，采用剪贴、挖补、揭层、涂改等方法加工处理，使原金融票证改变形态、面值等的行为。

汇票，是指出票人签发的，委托付款人在见票时或者在指定日期无条件支付确定的金额给收款人或者持票人的票据，分为银行汇票和商业汇票两种。本票，是指出票人签发的，承诺自己在见票时无条件支付确定的金额给收款人或者持票人的票据。支票，是指出票人签发的，委托办理支票存款业务的银行或者其他金融机构在见票时无条件支付确定的金额给收款人或者持票人的票据。

银行结算，是指由于商品交易、劳务供应、资金调拨及其他款项往来而发生的由银行进行的收付货币的行为。我国主要有现金结算和转账结算两种形式。银行结算凭证，是指办理银行结算的凭证和证明。根据《支付结算办法》等相关规定，银行结算凭证主要包括汇票、本票、支票、委托收款凭证、汇款凭证、进账单、银行存单等。其中，委托收款凭证，是指收款人在委托银行向付款人收取款项时所填写提供的凭据和证明，分为邮寄和电报划回两种。汇款凭证，是指汇款人委托银行将款项汇给其他收款人时所填写的凭据和证明。银行存单，是指储户向银行交存款项、办理开户时，银行向储户签发的载有户名、账号、存款金额、存入日、利率等内容，到期后储户可以据此要求银行支付本金及其利息的信用凭证和银行结算凭证。

信用证，是指开证银行根据作为进口商的开证申请人的请求，开给收益人（通常情况下是出口商）的一种具备了特定的条件以后，即可得到由开证银行或者支付银行支付的约定金额的保证付款凭证。信用证是国际贸易结算的一种重要方式，具有银行担保的性质。它以买卖合同的确立为基础和前提，但又不依附于买卖合同，是一种独立的凭证。根据信用证的性质、付款期限、流通方式的不同，可分为可撤销信用证和不可撤销信用证；可转让信用证和不可转让信用证；即期信用证和远期信用证；跟单信用证和光票信用证；备用信用证；保兑信用证和不保兑信用证；循环信用证；对开信用证；背对背信用证。《国内信用证结算办法》规定的信用证为不可撤销、不可转让的跟单信用证。跟单信用证附随的单据、文件主要包括以下几种：（1）货物单据，如发票、装箱单、产地证书、商检证书等；（2）运输单据，如提单等；（3）保险单据。信用证除附随上述单据外，有的还需要附随领事发票、海关发票、出口许可证、产地证明书等文件。在司法实践中，行为人伪造、变造的信用证附随单据、文件主要是指货运提单。

信用卡，是指由商业银行等金融机构向社会发行的具有消费信用、转账结算、存取现金等全部或者部分功能的信用支付工具。根据2004年12月29日全国人大常委会通过的《关于〈中华人民共和国刑法〉有关信用卡规定的解释》的规定，《刑法》规定的“信用卡”，是指由商业银行或者其他金融机构发行的具有消费支付、信用贷款、转账结算、存取现金等全部功能或者部分功能的电子支付卡。该解释规定的信用卡与《银行卡业务管理办法》所规定的银行卡的范围是一致的。

3. 犯罪主体

本罪的主体是一般主体，即任何达到刑事责任年龄、具有刑事责任能力的自然人都可以构成本罪。既可以是中国公民，也可以是外国人或者无国籍人。单位也可以构成本罪的犯罪主体。

4. 主观方面

本罪的主观方面只能由故意构成，即行为人明知违反法律法规的规定，仍然故意实施伪造、变造金融票证的行为。过失不构成本罪。行为人实施伪造、变造金融票证的行为，在主观上是故意，但在犯罪目的方面没有特殊的要求。无论是出于何种目的和动机，均不影响本罪的成立。

二、伪造、变造金融票证罪案立案追诉标准适用指南

《立案追诉标准（二）》第二十四条规定：

伪造、变造金融票证，涉嫌下列情形之一的，应予立案追诉：

（一）伪造、变造汇票、本票、支票，或者伪造、变造委托收款凭证、汇款凭证、银行存单等其他银行结算凭证，或者伪造、变造信用证或者附随的单据、文件，总面额在一万元以上或者数量在十张以上的；

（二）伪造信用卡一张以上，或者伪造空白信用卡十张以上的。

伪造、变造金融票证罪是行为犯，即只要行为人有伪造、变造金融票证的主观故意，实施了伪造、变造的行为，无论其犯罪目的是否得逞，危害结果是否发生，情节是否严重，数额是否较大，均可构成伪造、变造金融票证罪。但因为数额较小或者情节较轻的伪造、变造金融票证行为，其危害性不大，考虑到我国目前的具体情况和司法实际，为了防止打击面过宽，经过多次协商和充分征求意见，考虑到各罪案立案追诉标准之间的平衡，结合 2001 年《追诉标准》和 2009 年 12 月 3 日最高人民法院、最高人民检察院《关于办理妨害信用卡管理刑事案件具体应用法律若干问题的解释》（2018 年 11 月 28 日修正），2010 年《立案追诉标准（二）》将本罪案的立案追诉标准确定为“（一）伪造、变造汇票、本票、支票，或者伪造、变造委托收款凭证、汇款凭证、银行存单等其他银行结算凭证，或者伪造、变造信用证或者附随的单据、文件，总面额在一万元以上或者数量在十张以上的；（二）伪造信用卡一张以上，或者伪造空白信用卡十张以上的”。此次修订沿用了 2010 年《立案追诉标准（二）》的规定。

（1）第 1 项规定吸收了 2001 年《追诉标准》的规定，2001 年《追诉标准》规定“1. 伪造、变造金融票证，面额在一万元以上的；2. 伪造、变造金融票证，数量在十张以上的”应予追诉。

在司法实践中，需要注意以下两点：第一，伪造、变造汇票、本票、支票，或者伪造、变造委托收款凭证、汇款凭证、银行存单等其他银行结算凭证，或者伪造、变造信用证或者附随的单据、文件，总面额在 1 万元以上的，公安机关和人民检察院就应依法予以立案追诉。第二，即使伪造、变造汇票、本票、支票，或者伪造、变造委托收款凭证、汇款凭证、银行存单等其他银行结算凭证，或者伪造、变造信用证或者附随的单据、文件的总面额没有达到 1 万元的，但只要伪造、变造金融票证的数量在 10 张以上的，公安机关和人民检察院也应依法予以立案追诉。

（2）第 2 项规定吸收了最高人民法院、最高人民检察院《关于办理妨害信

用卡管理刑事案件具体应用法律若干问题的解释》的规定，该解释第 1 条第 1 款、第 2 款规定，复制他人信用卡、将他人信用卡信息资料写入磁条介质、芯片或者以其他方法伪造信用卡 1 张以上的，应当认定为《刑法》第 177 条第 1 款第 4 项规定的“伪造信用卡”，以伪造金融票证罪定罪处罚。伪造空白信用卡 10 张以上的，应当认定为《刑法》第 177 条第 1 款第 4 项规定的“伪造信用卡”，以伪造金融票证罪定罪处罚。

从司法实践反映的情况看，伪造信用卡的行为方式通常包括：一是复制他人信用卡，即将他人信用卡中的信息资料复制到伪造的信用卡中，制作所谓的“克隆卡”；二是将他人信用卡信息资料写入磁条介质、芯片，即将窃取、收买或者以其他方式非法获取的他人信用卡信息资料写入磁条介质、芯片；三是其他伪造方法，如在过期卡、作废卡、盗窃卡、丢失卡等信息完整的真信用卡的基础上篡改关键信息，或者对非法获取的发卡银行的空白信用卡进行凸印、写磁制成信用卡等。随着信用卡科技含量的提高，境内外犯罪分子伪造信用卡的手段也在不断翻新。由于《刑法》第 177 条第 1 款第 4 项对于伪造信用卡行为规定的是行为犯，没有数量限制，考虑到伪造信用卡可以通过反复的写卡操作而形成不同的信用卡，伪造 1 张信用卡即具有比较严重的社会危害性。因此，《立案追诉标准（二）》第 24 条第 2 项规定伪造信用卡 1 张以上的，就应当追究刑事责任。

伪造的空白信用卡和真的空白信用卡具有同样的功能，都可以用作信用卡磁条信息的载体。只要把个人信用卡磁条信息输入，就是一张可以使用的信用卡。目前，信用卡犯罪呈现出分工专业化、手段智能化的特点，制作、运输、销售各个环节相对独立，伪造空白信用卡是伪造信用卡犯罪链中的一环，犯罪分子常使用较为专业的成套制卡机器、设备及材料，大批量制造与真信用卡的质地、模式、版块、图样相仿的空白信用卡。为了严密法网，避免认识分歧，有必要将伪造空白信用卡明确列为伪造信用卡的行为方式之一。同时，考虑到伪造空白信用卡的社会危害性要略小于伪造信用卡，因而《立案追诉标准（二）》第 24 条第 2 项规定伪造空白信用卡 10 张以上的应予立案追诉。

三、伪造、变造金融票证罪的处罚

根据《刑法》第 177 条的规定，自然人犯伪造、变造金融票证罪的，处 5 年以下有期徒刑或者拘役，并处或者单处 2 万元以上 20 万元以下罚金；情节严重的，处 5 年以上 10 年以下有期徒刑，并处 5 万元以上 50 万元以下罚金；情节特别严重的，处 10 年以上有期徒刑或者无期徒刑，并处 5 万元以上 50 万元以下罚金或者没收财产。

单位犯伪造、变造金融票证罪的，对单位判处罚金，并对其直接负责的主管人员和其他直接责任人员，依照自然人犯本罪的规定处罚。

第十二节　妨害信用卡管理案

一、妨害信用卡管理罪的概念和构成要件

（一）概念

妨害信用卡管理罪，是指明知是伪造的信用卡而持有、运输，或者明知是伪造的空白信用卡而持有、运输，数量较大，或者非法持有他人信用卡，数量较大，或者使用虚假的身份证明骗领信用卡，或者出售、购买、为他人提供伪造的信用卡或者以虚假的身份证明骗领的信用卡的行为。

本罪是 2005 年 2 月 28 日第十届全国人大常委会第十四次会议通过的《刑法修正案（五）》新增设的。1997 年《刑法》第 177 条规定了伪造、变造金融票证罪，其中对伪造信用卡的犯罪作了专门规定。随着信用卡应用的普及，伪造信用卡的犯罪活动出现了一些新情况，表现出境内外互相勾结、集团化、专业化的特点，从窃取、非法提供他人信用卡信息资料、制作假卡，到运输、销售、使用伪造的信用卡等各个环节，分工细密，犯罪活动猖獗。虽然实践中的这些具体行为都属于伪造信用卡和使用伪造的信用卡进行诈骗的犯罪，但是由于在各个犯罪环节中表现的形式不同，在具体适用《刑法》时存在一定困难。为了保护银行等金融机构和广大社会公众的合法利益，维护金融机构的信誉和金融秩序，《刑法修正案（五）》增加了妨害信用卡管理的犯罪："有下列情形之一，妨害信用卡管理的，处三年以下有期徒刑或者拘役，并处或者单处一万元以上十万元以下罚金；数量巨大或者有其他严重情节的，处三年以上十年以下有期徒刑，并处二万元以上二十万元以下罚金：（一）明知是伪造的信用卡而持有、运输的，或者明知是伪造的空白信用卡而持有、运输，数量较大的；（二）非法持有他人信用卡，数量较大的；（三）使用虚假的身份证明骗领信用卡的；（四）出售、购买、为他人提供伪造的信用卡或者以虚假的身份证明骗领的信用卡的。" 2007 年 10 月 25 日最高人民法院、最高人民检察院《关于执行〈中华人民共和国刑法〉确定罪名的补充规定（三）》根据《刑法修正案（五）》第 1 条第 1 款补充规定了"妨害信用卡管理罪"罪名。

（二）构成要件

1. 犯罪客体

本罪侵犯的客体是国家对信用卡的管理制度。近年来，伴随着我国信用卡产

业的高速发展，各类信用卡犯罪也日趋严重。从当前我国发生的信用卡犯罪的情况和趋势来看，信用卡犯罪呈现出以下特点：一是信用卡犯罪数量增长迅速，大案发案率升高，社会危害性大。我国银行卡产业发展迅速，交易规模持续增长，信用卡犯罪也频发多发，猖獗的信用卡犯罪给金融业和整个经济发展造成了巨大损失，给社会安定带来了严重危害。二是信用卡犯罪活动呈现集团化特征，犯罪分子之间有很细的专业分工，造成法律适用困难。在伪造信用卡的犯罪活动中，制作、运输、销售各个环节都有专业的犯罪组织承担，各个环节又相对独立，甚至在许多环节上是纯粹的“代工”关系，如果按照共同犯罪处理，很难证明其主观方面共同故意的存在。信用卡犯罪还呈现出智能化、跨国化的特点。三是跨境的信用卡犯罪明显增多，周边国家和地区的信用卡犯罪向我国转移的趋势加速。国际信用卡犯罪集团往往利用不同国家、地区之间法律制度的不同逃避打击。从近年发生的案例看，国际信用卡犯罪向我国转移的趋势十分明显，国内已经破获一批外国不法分子有组织地携带大量伪造的信用卡来我国实施诈骗活动的案件。

近年来，一些国家和地区十分注重从法律上完善信用卡业务管理以及信用卡方面犯罪的惩治。例如，《俄罗斯联邦刑法典》第 187 条规定了“销售伪造的信用卡罪”；《德国刑法典》规定了“持有、转让伪造的信用卡罪”；我国香港地区于 1992 年，我国台湾地区、日本于 2001 年，韩国于 2002 年都对信用卡犯罪进行了修改，细化其构成要件，加重了刑罚，将持有、运输、携带伪造的信用卡，窃取、持有、提供他人信用卡磁条信息资料的行为都规定为独立犯罪。鉴于上述情况，《刑法修正案（五）》对妨害信用卡管理犯罪行为作出了规定，有利于加强对信用卡犯罪的惩治力度。

2. 客观方面

本罪的客观方面表现为明知是伪造的信用卡而持有、运输，或者明知是伪造的空白信用卡而持有、运输，数量较大，或者非法持有他人信用卡，数量较大，或者使用虚假的身份证明骗领信用卡，或者出售、购买、为他人提供伪造的信用卡或者以虚假的身份证明骗领的信用卡的行为。具体包括以下五种行为方式：

一是明知是伪造的信用卡而持有、运输的。所谓持有，是指对伪造的信用卡的控制，也就是事实上的占有和支配。《刑法》对于持有型犯罪还有一些规定，如第 128 条第 1 款非法持有枪支、弹药罪，第 172 条持有假币罪，第 282 条第 2 款非法持有国家绝密、机密文件、资料、物品罪，第 348 条非法持有毒品罪，第 352 条非法持有毒品原植物种子、幼苗罪等。这些持有型犯罪在行为特点上既不表现为积极的作为，也非表现为违背义务的消极的不作为，而是表现为行为人占有或者将国家禁止公民拥有的违禁品置于其实际支配、控制的状态之下。所谓运输，是指将伪造的信用卡从一处带到另一处。持有、运输伪造的信用卡，无论数量多少，都构成犯罪。因为行为人持有、运输的是已经伪造好的信用卡，已经具备随时使用的条件，只是在尚未使用时被查获，其社会危害性是客观存在的。

二是明知是伪造的空白信用卡而持有、运输，数量较大的。持有、运输伪造的空白信用卡，必须达到数量较大的标准，才构成犯罪。因为行为人持有、运输伪造的空白信用卡，虽然最终目的也可能是用于伪造信用卡，但毕竟还只是处于半成品阶段，社会危害性较之伪造好的信用卡要小。

三是非法持有他人信用卡，数量较大的。《银行卡业务管理办法》第 28 条第 3 款规定，银行卡及其账户只限经发卡银行批准的持卡人本人使用，不得出租和转借。虽然不排除在日常生活中，有的持卡人违反规定将信用卡交给他人使用的情况，但一般来讲，行为人持有他人信用卡的数量不会很多，行为人与持卡人的关系也比较密切，有的还得到持卡人的授权。在这种情况下，持有他人信用卡行为虽属违法，但不具有刑事违法性。构成犯罪的非法持有信用卡行为主要有两大类型：一类是未经他人同意持有以他人名义申领的信用卡，包括通过盗窃等手段取得的信用和冒用他人身份等手段申领的信用卡；另一类是持有他人出售、出租、交付的信用卡，此类信用卡主要用于洗钱、网络犯罪等非法目的。

四是使用虚假的身份证明骗领信用卡的。《银行卡业务管理办法》第 28 条第 1 款规定，个人申领银行卡（储值卡除外），应当向发卡银行提供公安部门规定的本人有效身份证件，经发卡银行审查合格后，为其开立记名账户。所谓骗领信用卡，是指行为人在办理信用卡申领手续时，弄虚作假，使用伪造的或者虚构的身份证明材料，骗取发卡银行发放信用卡的行为。目前，实践中发生的骗领信用卡的情况有多种：有的利用盗窃的或者伪造的身份证件、伪造的公司证明，或者通过招工、招生等名义收集他人身份资料或者骗取他人身份证复印件到银行申领信用卡；有的利用虚假的营业执照、公章或者法人代表章欺骗银行，骗领单位信用卡；有的利用长期不用或者基本无经营活动的法人执照，骗领单位信用卡；等等。使用虚假的身份证明申领信用卡，行为人不打算归还用卡后所欠银行透支款项的意图已十分明显，银行凭持卡人虚假的身份证明，根本无法找到持卡人，也无法追回损失。因此，有必要将使用虚假的身份证明骗领信用卡的行为规定为犯罪，从源头上阻断信用卡诈骗的犯罪活动。

五是出售、购买、为他人提供伪造的信用卡或者以虚假的身份证明骗领的信用卡的。出售，是指行为人通过获得一定对价而将信用卡交付给对方。购买，是指行为人通过支付一定对价而从他人处获取信用卡。为他人提供，是指行为人无偿地将信用卡交付给他人使用。伪造的信用卡或者以虚假的身份证明骗领的信用卡本身就是可用于实施犯罪的工具，应当予以收缴、没收。出售、购买、提供上述类型的信用卡，只会使伪造的信用卡或者以虚假的身份证明骗领的信用卡在社会上更为广泛地流传开来，对社会造成更大的危害，因此有必要规定为犯罪，任何人出售用以牟利，或者购买以为己用，或者提供给他人都是非法的。

3. 犯罪主体

本罪的主体是一般主体，即任何达到刑事责任年龄、具有刑事责任能力的自然人都可以构成本罪主体。

4. 主观方面

本罪的主观方面只能由故意构成，过失不构成本罪。其中，持有、运输伪造的信用卡的，行为人必须明知信用卡是伪造的；持有、运输伪造的空白信用卡的，行为人必须明知其持有、运输的是伪造的空白信用卡。行为人如果不知道其持有、运输的信用卡的具体性质，则不构成本罪。

二、妨害信用卡管理罪案立案追诉标准适用指南

《立案追诉标准（二）》第二十五条规定：

妨害信用卡管理，涉嫌下列情形之一的，应予立案追诉：

（一）明知是伪造的信用卡而持有、运输的；

（二）明知是伪造的空白信用卡而持有、运输，数量累计在十张以上的；

（三）非法持有他人信用卡，数量累计在五张以上的；

（四）使用虚假的身份证明骗领信用卡的；

（五）出售、购买、为他人提供伪造的信用卡或者以虚假的身份证明骗领的信用卡的。

违背他人意愿，使用其居民身份证、军官证、士兵证、港澳居民往来内地通行证、台湾居民来往大陆通行证、护照等身份证明申领信用卡的，或者使用伪造、变造的身份证明申领信用卡的，应当认定为“使用虚假的身份证明骗领信用卡”。

2010年《立案追诉标准（二）》关于本罪案的立案追诉标准吸收了最高人民法院、最高人民检察院《关于办理妨害信用卡管理刑事案件具体应用法律若干问题的解释》的规定。此次修订沿用了2010年《立案追诉标准（二）》的规定。

在司法实践中，应注意从以下几个方面把握本罪案的立案追诉标准：

（1）根据《刑法》第177条之一第1款的规定，妨害信用卡管理罪有五种行为方式，其中，明知是伪造的信用卡而持有、运输，使用虚假的身份证明骗领

信用卡，出售、购买、为他人提供伪造的信用卡或者以虚假的身份证明骗领的信用卡三种行为方式没有数量的要求。明知是伪造的空白信用卡而持有、运输与非法持有他人信用卡两种行为方式则有“数量较大”的要求。《立案追诉标准（二）》对这两种行为方式分别规定了“十张以上”和“五张以上”的数量标准。

（2）使用虚假的身份证明，包括违背他人意愿使用其身份证明和使用伪造、变造的身份证明两种情形，不包括使用虚假资信证明申请信用卡的行为。根据有关规定，申请人向银行申请信用卡时需要提交个人真实的身份证明和资信证明，身份证明是用于证明申请人主体资格的身份信息，资信证明是用于证明申请人还款能力和还款意愿等信用程度的信息。资信证明不属于身份证明。《立案追诉标准（二）》第25条第2款中列明的居民身份证、军官证、士兵证、港澳居民往来内地通行证、台湾居民来往大陆通行证、护照等，仅指申请人申请信用卡时需要出具的身份证明，不包括资信证明。此外，规定“违背他人意愿”的限制性条件，实践中存在很多授权他人代为办理借记卡、贷记卡的情况。例如，有些学校、单位统一为其学生、职工办理用于支付助学金、工资等资金的借记卡，这类事先经他人同意或者虽未事先经他人同意但他人事后予以追认的情况显然不属于“违背他人意愿”，不应追究刑事责任，增加“违背他人意愿”的限制性条件，既可以防止不合理地扩大打击面，又符合实际情况，便于操作。但是，实践中还存在犯罪嫌疑人从他人手中大量收购居民身份证用于申领信用卡，辩称是经过他人同意的情形，对此需进一步审查向银行申领信用卡的行为人是否为身份证明上的本人，若非本人，仍然属于使用虚假身份证明；如系本人申领，但将信用卡通过出租、出售等方式交给行为人非法持有，可以认定行为人为非法持有他人信用卡。

三、认定妨害信用卡管理罪应注意的问题

（一）妨害信用卡管理罪罪与非罪的界限

行为人实施的妨害信用卡管理的行为是否构成妨害信用卡管理罪，主要在于：其一，行为人对持有、运输的伪造的信用卡或者伪造的空白信用卡必须以明知为前提，否则不构成本罪。根据司法实践的具体情况，对“明知”的认定应当结合案件的有关证据材料全面分析，综合判断。其二，行为人明知是伪造的空白信用卡而持有、运输，或者非法持有他人信用卡的，必须达到《立案追诉标准（二）》规定的“数量较大”的标准，才能构成犯罪。其三，对于使用虚假的身份证明骗领信用卡，或者出售、购买、为他人提供伪造的信用卡或者以虚假的身

份证明骗领的信用卡的行为，《刑法》第 177 条之一第 1 款虽未设定数额标准，但结合《刑法》第 13 条的规定，如果情节显著轻微，也不宜作为犯罪处理，可交由有关部门给予行政处罚或者批评教育。

（二）一罪与数罪问题

本罪的罪数形态问题主要是本罪与伪造金融票证罪（伪造信用卡）和信用卡诈骗罪一罪与数罪问题。在司法实践中，应当注意区分以下几种情形：一是实施妨害信用卡管理的行为人与伪造信用卡或者信用卡诈骗的行为人无共同犯罪故意时，以妨害信用卡管理罪论处。二是行为人实施妨害信用卡管理的行为是为了自己进一步实施伪造信用卡或者信用卡诈骗行为的，两行为之间存在手段与目的的牵连关系，应当按照牵连犯的处罚原则，从一重处断。三是行为人实施妨害信用卡管理的行为，既用于自己实施伪造信用卡或者信用卡诈骗的行为，又将其非法提供给他人，同时构成妨害信用卡管理罪与伪造金融票证罪、信用卡诈骗罪的，应实行数罪并罚。

四、妨害信用卡管理罪的处罚

根据《刑法》第 177 条之一第 1 款的规定，犯妨害信用卡管理罪的，处 3 年以下有期徒刑或者拘役，并处或者单处 1 万元以上 10 万元以下罚金；数量巨大或者有其他严重情节的，处 3 年以上 10 年以下有期徒刑，并处 2 万元以上 20 万元以下罚金。

第十三节 窃取、收买、非法提供信用卡信息案

一、窃取、收买、非法提供信用卡信息罪的概念和构成要件

（一）概念

窃取、收买、非法提供信用卡信息罪，是指窃取、收买或者非法提供他人信用卡信息资料的行为。

本罪是 2005 年 2 月 28 日第十届全国人大常委会第十四次会议通过的《刑法修正案（五）》新增设的。1997 年《刑法》第 177 条规定了伪造、变造金融票证罪，其中对伪造信用卡的犯罪作了专门规定。近年来，随着信用卡的普及，伪造信用卡的犯罪活动也呈现出一些新情况。这类犯罪呈现出境内外互相勾结、集团化、专业化的特点，从窃取、非法提供他人信用卡信息资料、制作假卡，到运

输、销售、使用伪造的信用卡等各个环节，分工细密，犯罪活动猖獗。从司法实践的情况来看，如果要将窃取、收买或者非法提供他人信用卡信息资料的行为人按照伪造信用卡的共犯处理，就需要查明行为人窃取、收买他人信用卡信息资料就是要用于伪造信用卡，或者非法提供他人信用卡信息资料的行为人与伪造信用卡的行为人之间有共同犯罪的故意。这一点往往很难查证，但这种窃取、收买或者非法提供他人信用卡信息资料的行为的确在客观上为信用卡犯罪集团的伪造行为提供了很大方便，对金融秩序安全具有很大的破坏性。为了保护银行等金融机构和广大社会公众的合法权益，维护金融机构的信誉和金融秩序，并从源头上打击信用卡犯罪活动，《刑法修正案（五）》增加规定了窃取、收买、非法提供信用卡信息的犯罪："窃取、收买或者非法提供他人信用卡信息资料的，依照前款规定处罚。银行或者其他金融机构的工作人员利用职务上的便利，犯第二款罪的，从重处罚。"2007年10月25日最高人民法院、最高人民检察院《关于执行〈中华人民共和国刑法〉确定罪名的补充规定（三）》根据《刑法修正案（五）》第1条第2款补充规定了"窃取、收买、非法提供信用卡信息罪"罪名。

（二）构成要件

1. 犯罪客体

本罪侵犯的客体是国家对信用卡信息资料的管理制度。信用卡能够被ATM机、POS机等终端机具识别，其原因在于信用卡内的信息能够被发卡机构识别。如果没有相应的信息资料，信用卡就不能被特约商户接受，持卡人也无法使用信用卡消费结算。同时，在通过网络、电话进行无磁交易时，信用卡信息资料也可以脱离信用卡的载体实现其功能。因此，一旦信用卡信息资料被他人非法获取，就有可能给持卡人的利益造成损害，同时也会在整个信用卡行业造成混乱，严重损害金融机构的信誉和金融秩序。为此，国家建立了对信用卡信息资料的管理制度。根据中国人民银行2000年11月8日发布的《银行卡磁条信息格式和使用规范》的规定，信用卡信息资料主要包括：（1）主账号 Primary Account Number（PAN）；（2）发卡机构标识号码 Issuer Identification Number（IIN）；（3）个人账户标识 Individual Account Identification；（4）校验位 Check Digit；（5）个人标识代码 Personal Identification Number（PIN），即持卡者的个人密码。其中，个人标识代码是最为重要的信用卡信息资料。

2. 客观方面

本罪的客观方面表现为窃取、收买或者非法提供他人信用卡信息资料的行为。

所谓窃取，是指通过秘密方法，如秘密复印、摘录、翻拍他人的信用卡申领文书，非法侵入发卡机构信用卡计算机信息系统获取他人信用卡信息资料，或者在持卡人使用信用卡时以偷窥、偷录、偷拍等方式非法获取他人信用卡信息资料的行为。所谓收买，是指用财物或其他利益交换他人占有的信用卡信息资料的行为。所谓非法提供，是指掌握、了解他人信用卡信息资料者违反法律规定，将自己所掌握、了解的他人信用卡信息资料交付、出售或告知给其他人的行为，如出售、出租、出借、赠送等。

从司法实践的情况来看，信用卡犯罪集团非法获取他人信用卡信息资料的方式方法多样：有的在 ATM 机上安装读取设备并使用摄像头偷录密码等信息；有的在 ATM 机上安装吞卡装置并张贴假的客户服务电话，在客户求助时骗取持卡人信息；有的在银行的自助门禁系统上安装假门禁系统，窃取他人信用卡信息资料；有的是电脑维护人员利用对银行系统电脑维护、测试之机，私自将信用卡交易数据复制截留，进行解密，破译客户信用卡信息资料；还有的是收买特约商户的收银员、金融机构的工作人员，暗中将盗码仪器与 POS 机连接，在特约商户的收银员或者金融机构的工作人员受理信用卡业务时，犯罪分子趁机盗录他人信用卡信息资料。

3. 犯罪主体

本罪的主体是一般主体，即任何达到刑事责任年龄、具有刑事责任能力的自然人都可以构成本罪主体。

4. 主观方面

本罪的主观方面表现为故意。

二、窃取、收买、非法提供信用卡信息罪案立案追诉标准适用指南

《立案追诉标准（二）》第二十六条规定：

窃取、收买或者非法提供他人信用卡信息资料，足以伪造可进行交易的信用卡，或者足以使他人以信用卡持卡人名义进行交易，涉及信用卡一张以上的，应予立案追诉。

2010 年《立案追诉标准（二）》关于本罪案的立案追诉标准吸收了最高人民法院、最高人民检察院《关于办理妨害信用卡管理刑事案件具体应用法律若干问题的解释》的规定。此次修订沿用了 2010 年《立案追诉标准（二）》的规定。

信用卡信息资料是一组有关发卡机构标识号码、主账号、持卡者的个人密码、校验位等内容的加密电子数据，通常由发卡机构在发卡时使用专用设备写入

信用卡的磁条或者芯片中，作为POS机、ATM机等终端机具识别合法用户的依据。2010年《立案追诉标准（二）》在研究起草过程中曾以信用卡信息资料的条数作为计算标准，考虑到实践中涉及的信用卡信息资料，有的是成套的完整信息，有的是按条计算的部分信息，所以曾从两个角度予以规定：一是窃取、收买、非法提供信用卡完整信息资料的套数；二是信用卡主账号、密码、校验位等信息资料的条项数。在实践中，不同信用卡所要求的信用卡信息资料的数量是不同的，难以明确规定一个统一的适用各种信用卡业务所需要的信息资料的成套条项数。《立案追诉标准（二）》从"足以伪造可进行交易的信用卡"和"足以使他人以信用卡持卡人名义进行交易"两个角度来界定窃取、收买、非法提供他人信用卡信息资料行为的危害程度。"足以伪造可进行交易的信用卡"的信息资料，是指进行有磁交易（如在ATM机和POS机等终端机具上进行交易）时所需要的信用卡信息资料；"足以使他人以信用卡持卡人名义进行交易"的信息资料，是指进行无磁交易（如网上银行和电话支付等）时所需要的信用卡信息资料。行为人掌握涉及1张信用卡的信息资料后，只要将其写入信用卡内，即可用于提取现金或者刷卡消费，或者以信用卡持卡人名义进行无磁交易，其社会危害性与伪造1张信用卡相当。因此，将"窃取、收买或者非法提供他人信用卡信息资料，足以伪造可进行交易的信用卡，或者足以使他人以信用卡持卡人名义进行交易，涉及信用卡一张以上的"作为窃取、收买、非法提供信用卡信息罪案的立案追诉标准。

三、认定窃取、收买、非法提供信用卡信息罪应注意的问题

（一）窃取、收买、非法提供信用卡信息罪罪与非罪的界限

行为人实施的窃取、收买、非法提供信用卡信息资料的行为是否构成窃取、收买、非法提供信用卡信息罪，主要看行为人主观上是否具有故意，以及其窃取、收买、非法提供信用卡信息资料的行为是否达到《立案追诉标准（二）》规定的"足以伪造可进行交易的信用卡，或者足以使他人以信用卡持卡人名义进行交易，涉及信用卡一张以上"的标准。如果达到规定的标准，无论行为人是出于何种目的、使用何种手段而实施窃取、收买、非法提供信用卡信息资料的行为，均应立案追诉。需要注意的是，对于收购银行卡套件（一般附带U盾、网银账号密码、身份信息等资料）并出售的行为，如系经持卡人的同意而获得银行卡套件全部信息，没有侵犯持卡人的银行卡信息权的，不构成窃取、收买、非法提供信用卡信息罪。同时，窃取、收买、非法提供信用卡信息罪设立目的主要是打击利用银行卡信息资料复制磁条卡的行为，在涉"两卡"犯罪案件中，行为

人非法交易银行卡的目的在于直接使用而非伪造，故一般不以该罪论处。

（二）一罪与数罪问题

本罪的罪数形态问题主要是本罪与伪造金融票证罪（伪造信用卡）一罪与数罪问题。在司法实践中，应当注意区分以下几种情形：一是窃取、收买、非法提供信用卡信息资料的行为人与伪造信用卡的行为人无共同犯罪故意时，以窃取、收买、非法提供信用卡信息罪论处。二是行为人窃取、收买他人信用卡信息资料后自己用于伪造信用卡的，两行为之间存在手段与目的的牵连关系，应当按照牵连犯的处罚原则，从一重处断。三是行为人窃取、收买他人信用卡信息资料后，既自己用于伪造信用卡，又将其非法提供给他人，同时构成窃取、收买、非法提供信用卡信息罪与伪造金融票证罪，应实行数罪并罚。

四、窃取、收买、非法提供信用卡信息罪的处罚

根据《刑法》第 177 条之一第 2 款、第 3 款的规定，犯窃取、收买、非法提供信用卡信息罪的，处 3 年以下有期徒刑或者拘役，并处或者单处 1 万元以上 10 万元以下罚金；数量巨大或者有其他严重情节的，处 3 年以上 10 年以下有期徒刑，并处 2 万元以上 20 万元以下罚金。银行或者其他金融机构的工作人员利用职务上的便利，犯窃取、收买、非法提供信用卡信息罪的，从重处罚。

第十四节 伪造、变造国家有价证券案

一、伪造、变造国家有价证券罪的概念和构成要件

（一）概念

伪造、变造国家有价证券罪，是指伪造、变造国库券或者国家发行的其他有价证券，数额较大的行为。

1979 年《刑法》第 123 条规定：“伪造支票、股票或者其他有价证券的，处七年以下有期徒刑，可以并处罚金。”此即 1979 年《刑法》关于伪造有价证券罪的规定，根据当时的司法实际情况，对于伪造、变造国库券或者国家发行的其他有价证券的行为，也以该规定定罪处罚。但随着社会经济的发展，伪造有价证券的行为日益增多，其社会危害也愈发严重，情形也变得更为复杂，致使 1979 年《刑法》第 123 条的规定越来越显得不足，如支票与有价证券显然不属于一类，国家发行的有价证券与非国有公司、企业发行的有价证券有所不同等。1997

年《刑法》第178条第1款对此作出修改，将伪造、变造国库券或者国家发行的其他有价证券的行为独立成罪。1997年12月11日最高人民法院《关于执行〈中华人民共和国刑法〉确定罪名的规定》、1997年12月25日最高人民检察院《关于适用刑法分则规定的犯罪的罪名的意见》根据1997年《刑法》第178条第1款规定了“伪造、变造国家有价证券罪”罪名。

（二）构成要件

1. 犯罪客体

本罪侵犯的客体是国家金融管理秩序。本罪的犯罪对象是国库券或者国家发行的其他有价证券。所谓有价证券，是指以票面货币价值表示的财产权利凭证，并被作为替代货币使用的信用工具或者代表持有者资本所有权和资本收益请求权，在特定范围和条件下，进行支付、汇兑、信贷、清算等融资活动的凭证，如财政债券、国家建设债券、国家重点建设债券、保值公债等。伪造、变造国家有价证券罪的犯罪对象只能是国家发行的有价证券。

2. 客观方面

本罪的客观方面表现为伪造、变造国库券或者国家发行的其他有价证券，数额较大的行为。伪造、变造国家有价证券罪是结果犯，即不仅要求行为人实施了伪造、变造国家有价证券的行为，而且必须达到“数额较大”的标准，才构成犯罪；其犯罪目的是否得逞，是否导致危害结果的发生，不影响本罪的成立。伪造国家有价证券，是指依照国库券或者国家发行的其他有价证券的图案、色彩、尺寸、形状、材料等外观和内部特征，使用印刷、描绘、复印、拓印等各种制作方法，非法制造假国家有价证券，冒充国库券或者国家发行的其他有价证券的行为。变造国家有价证券，是指行为人在国库券或者国家发行的其他有价证券的基础上，或者以国库券或者国家发行的其他有价证券为基础材料，采用剪贴、挖补、揭层、涂改等方法进行加工处理，使原国库券或者国家发行的其他有价证券改变形态、数量、面值的行为。国库券，是指国家为补充经济建设资金的不足，吸引民间投资，以国家和政府的名义发行的一种国家债券。国库券有1年期、3年期、5年期等多种兑付期限；有凭证式和记账式等多种发行方式；面值较大，利息率高于同期银行存款利率。国家发行的其他有价证券，是指国家发行的除国库券之外的，载明一定财产权利的有价证券，如保值公债、国家重点建设债券、财政债券等，但不包括非国家发行的本票、汇票、支票、存单、委托付款凭证、股票、公司或者企业债券等有价证券。

国库券的发行对象是居民个人、个体工商户、企业、事业单位、机关、社会团体和其他组织。《国库券条例》第3条规定，国库券以人民币元为计算单位。

第 4 条规定，每年国库券的发行数额、利率、偿还期等，经国务院确定后，由财政部予以公告。

3. 犯罪主体

本罪的主体是一般主体，即任何达到刑事责任年龄、具有刑事责任能力的自然人都可以构成本罪的主体。既可以是中国公民，也可以是外国人或者无国籍人。单位也可以构成本罪的主体。

4. 主观方面

本罪的主观方面表现为故意。过失不构成本罪。

二、伪造、变造国家有价证券罪案立案追诉标准适用指南

《立案追诉标准（二）》第二十七条规定：

伪造、变造国库券或者国家发行的其他有价证券，总面额在二千元以上的，应予立案追诉。

根据《刑法》第 178 条第 1 款的规定，伪造、变造国库券或者国家发行的其他有价证券罪是结果犯，即行为人有伪造、变造国家有价证券的主观故意，实施了伪造、变造国库券或者国家发行的其他有价证券的行为，必须达到“数额较大”的标准，才可构成伪造、变造国家有价证券罪。2010 年《立案追诉标准（二）》关于本罪案的立案追诉标准吸收了 2001 年《追诉标准》的规定。随着电子化的普及，国库券或者国家发行的其他有价证券改变了原来纸质的发行方法，采用电子化的发行方式，因此本罪在司法实践中发案数比较少。此次修订对本罪案的立案追诉标准未做调整，继续沿用 2010 年《立案追诉标准（二）》的规定。

三、伪造、变造国家有价证券罪的处罚

根据《刑法》第 178 条第 1 款的规定，自然人犯伪造、变造国家有价证券罪的，处 3 年以下有期徒刑或者拘役，并处或者单处 2 万元以上 20 万元以下罚金；数额巨大的，处 3 年以上 10 年以下有期徒刑，并处 5 万元以上 50 万元以下罚金；数额特别巨大的，处 10 年以上有期徒刑或者无期徒刑，并处 5 万元以上 50 万元以下罚金或者没收财产。

根据《刑法》第 178 条第 3 款的规定，单位犯伪造、变造国家有价证券罪的，对单位判处罚金，并对其直接负责的主管人员和其他直接责任人员，依照自然人犯本罪的规定处罚。

第十五节　伪造、变造股票、公司、企业债券案

一、伪造、变造股票、公司、企业债券罪的概念和构成要件

（一）概念

伪造、变造股票、公司、企业债券罪，是指伪造、变造股票或者公司、企业债券，数额较大的行为。

1979年《刑法》第123条只规定了伪造有价证券罪，没有规定伪造、变造股票、公司、企业债券的犯罪和单位犯罪。1979年《刑法》第123条规定："伪造支票、股票或者其他有价证券的，处七年以下有期徒刑，可以并处罚金。"1997年修订《刑法》时对其进行了补充修改，1997年《刑法》第178条第2款规定："伪造、变造股票或者公司、企业债券，数额较大的，处三年以下有期徒刑或者拘役，并处或者单处一万元以上十万元以下罚金；数额巨大的，处三年以上十年以下有期徒刑，并处二万元以上二十万元以下罚金。"主要修改之处在于：一是将1979年《刑法》规定的伪造有价证券罪分解为伪造国家有价证券罪和伪造股票、公司、企业债券罪两个罪；二是增加规定了"变造"的行为；三是细化了1979年《刑法》附加财产刑的规定；四是增加规定了单位犯罪。1997年12月11日最高人民法院《关于执行〈中华人民共和国刑法〉确定罪名的规定》、1997年12月25日最高人民检察院《关于适用刑法分则规定的犯罪的罪名的意见》根据1997年《刑法》第178条第2款规定了"伪造、变造股票、公司、企业债券罪"罪名。

（二）构成要件

1. 犯罪客体

本罪侵犯的客体是国家金融管理秩序。金融秩序关系到国家的根本利益，关系到国民经济的发展、社会的稳定和人民生活水平的提高。自新中国成立以来，尤其是改革开放以来，我国制定了《中国人民银行法》《商业银行法》《票据法》《保险法》《证券法》等相关法律，建立了较为完备的金融管理制度。随着社会主义市场经济的发展，我国每年都发行大量的股票或者公司、企业债券。这些股票或者公司、企业债券对于经济体制改革和国有企业转制意义十分重大，在社会经济生活中的地位和作用日益凸显。但一些不法分子为了牟取暴利，大肆进行伪造、变造股票或者公司、企业债券的犯罪行为，严重破坏了金融秩序和市场秩序，危害了国家经济发展和社会稳定的基础，侵犯了国家的根本利益。同时，由

于股票或者公司、企业债券可以直接作为所有权的凭证进行抵押、买卖等，伪造、变造股票或者公司、企业债券的行为必然给国家和人民利益造成巨大的损失，必须给予严厉惩处。因此，在1997年修订《刑法》时，明确将伪造、变造股票或者公司、企业债券的行为规定为犯罪。

2. 客观方面

本罪的客观方面表现为伪造、变造股票或者公司、企业债券，数额较大的行为。本罪是结果犯，不仅要求行为人实施了伪造、变造股票或者公司、企业债券的行为，而且根据《刑法》第178条第2款的规定，必须达到“数额较大”的标准，才构成犯罪。至于其犯罪目的是否得逞，是否导致危害结果的发生，均不影响本罪的成立。

所谓伪造股票或者公司、企业债券，是指依照股票或者公司、企业债券的图案、色彩、尺寸、形状、材料、面额等外观和内部特征，使用印刷、描绘、复印、拓印等各种制作方法，非法制造假股票或者公司、企业债券，冒充股票或者公司、企业债券的行为。所谓变造股票或者公司、企业债券，是指行为人在股票或者公司、企业债券的基础上，或者以股票或者公司、企业债券为基础材料，采用剪贴、挖补、揭层、覆盖、涂改等方法加工处理，使原股票或者公司、企业债券改变形态、数量、面额的行为。

本罪的犯罪对象是股票或者公司、企业债券。所谓股票，是指股份有限公司为筹集自有资本发给股东的入股凭证，它是代表股份资本所有权的证书和股东借以取得股息和红利的一种有价证券。

《股票发行与交易管理暂行条例》第81条规定，股票，是指股份有限公司发行的、表示其股东按其持有的股份享受权益和承担义务的可转让的书面凭证，可分为簿记券式股票和实物券式股票。簿记券式股票，是指发行人按照证监会规定的统一格式制作的、记载股东权益的书面名册。实物券式股票，是指发行人在证监会指定的印制机构统一印制的书面股票。

《公司法》第125条规定：“股份有限公司的资本划分为股份，每一股的金额相等。公司的股份采取股票的形式。股票是公司签发的证明股东所持股份的凭证。”第126条规定：“股份的发行，实行公平、公正的原则，同种类的每一股份应当具有同等权利。同次发行的同种类股票，每股的发行条件和价格应当相同；任何单位或者个人所认购的股份，每股应当支付相同价额。”第127条规定：“股票发行价格可以按票面金额，也可以超过票面金额，但不得低于票面金额。”第128条规定：“股票采用纸面形式或者国务院证券监督管理机构规定的其他形式。股票应当载明下列主要事项：（一）公司名称；（二）公司成立日期；（三）股票种类、票面金额及代表的股份数；（四）股票的编号。股票由法定代表人签名，公司盖章。发起人的股票，应当标明发起人股票字样。”第 129 条规定：“公司发行的股票，可以为记名股票，也可以为无记名股票。公司向发起人、法人发行的股票，应当为记名股票，并应当记载该发起人、法人的名称或者姓名，不得另立户名或者以代表人姓名记名。”第 130 条规定：“公司发行记名股票的，应当置备股东名册，记载下列事项：（一）股东的姓名或者名称及住所；（二）各股东所持股份数；（三）各股东所持股票的编号；（四）各股东取得股份的日期。发行无记名股票的，公司应当记载其股票数量、编号及发行日期。”第 131 条规定：“国务院可以对公司发行本法规定以外的其他种类的股份，另行作出规定。”第 132 条规定：“股份有限公司成立后，即向股东正式交付股票。公司成立前不得向股东交付股票。”第 133 条规定：“公司发行新股，股东大会应当对下列事项作出决议：（一）新股种类及数额；（二）新股发行价格；（三）新股发行的起止日期；（四）向原有股东发行新股的种类及数额。”第 134 条第 1 款规定：“公司经国务院证券监督管理机构核准公开发行新股时，必须公告新股招股说明书和财务会计报告，并制作认股书。”第 135 条规定：“公司发行新股，可以根据公司经营情况和财务状况，确定其作价方案。”第 136 条规定：“公司发行新股募足股款后，必须向公司登记机关办理变更登记，并公告。”

所谓公司、企业债券，是指公司、企业为募集资金而发行的，保证按规定时间向债券持有人偿还本金和支付利息的凭证。

国务院于 1993 年 8 月 2 日发布施行的《企业债券管理条例》第 5 条规定：“本条例所称企业债券，是指企业依照法定程序发行、约定在一定期限内还本付息的有价证券。”第 6 条规定：“企业债券的票面应当载明下列内容：（一）企业的名称、住所；（二）企业债券的面额；（三）企业债券的利率；（四）还本期限和方式；（五）利息的支付方式；（六）企业债券发行日期和编号；（七）企业的印记和企业法定代表人的签章；（八）审批机关批准发行的文号、日期。”第 7 条规定：“企业债券持有人有权按照约定期限取得利息、收回本金，但是无权参与企业的经营管理。”第 8 条规定：“企业债券持有人对企业的经营状况不承担责任。”第 9 条规定：“企业债券可以转让、抵押和继承。”

《公司法》第 153 条第 1 款规定：“本法所称公司债券，是指公司依照法定程序发行、约定在一定期限还本付息的有价证券。”第 154 条规定：“发行公司债券的申请经国务院授权的部门核准后，应当公告公司债券募集办法。公司债券募集办法中应当载明下列主要事项：（一）公司名称；（二）债券募集资金的用途；（三）债券总额和债券的票面金额；（四）债券利率的确定方式；（五）还本付息的期限和方式；（六）债券担保情况；（七）债券的发行价格、发行的起止日期；（八）公司净资产额；（九）已发行的尚未到期的公司债券总额；（十）公司债券的承销机构。”第155条规定：“公司以实物券方式发行公司债券的，必须在债券上载明公司名称、债券票面金额、利率、偿还期限等事项，并由法定代表人签名，公司盖章。”第156条规定：“公司债券，可以为记名债券，也可以为无记名债券。”第157条规定：“公司发行公司债券应当置备公司债券存根簿。发行记名公司债券的，应当在公司债券存根簿上载明下列事项：（一）债券持有人的姓名或者名称及住所；（二）债券持有人取得债券的日期及债券的编号；（三）债券总额，债券的票面金额、利率、还本付息的期限和方式；（四）债券的发行日期。发行无记名公司债券的，应当在公司债券存根簿上载明债券总额、利率、偿还期限和方式、发行日期及债券的编号。”第158条规定：“记名公司债券的登记结算机构应当建立债券登记、存管、付息、兑付等相关制度。”第159条规定：“公司债券可以转让，转让价格由转让人与受让人约定。公司债券在证券交易所上市交易的，按照证券交易所的交易规则转让。”第160条规定：“记名公司债券，由债券持有人以背书方式或者法律、行政法规规定的其他方式转让；转让后由公司将受让人的姓名或者名称及住所记载于公司债券存根簿。无记名公司债券的转让，由债券持有人将该债券交付给受让人后即发生转让的效力。”第161条规定：“上市公司经股东大会决议可以发行可转换为股票的公司债券，并在公司债券募集办法中规定具体的转换办法。上市公司发行可转换为股票的公司债券，应当报国务院证券监督管理机构核准。发行可转换为股票的公司债券，应当在债券上标明可转换公司债券字样，并在公司债券存根簿上载明可转换公司债券的数额。”第162条规定：“发行可转换为股票的公司债券的，公司应当按照其转换办法向债券持有人换发股票，但债券持有人对转换股票或者不转换股票有选择权。”

《证券法》第15条规定：“公开发行公司债券，应当符合下列条件：（一）具备健全且运行良好的组织机构；（二）最近三年平均可分配利润足以支付公司债券一年的利息；（三）国务院规定的其他条件。公开发行公司债券筹集的资金，必须按照公司债券募集办法所列资金用途使用；改变资金用途，必须经债券持有人会议作出决议。公开发行公司债券筹集的资金，不得用于弥补亏损和非生产性支出。上市公司发行可转换为股票的公司债券，除应当符合第一款规定的条件外，还应当遵守本法第十二条第二款的规定。但是，按照公司债券募集办法，上市公司通过收购本公司股份的方式进行公司债券转换的除外。”第16条规定：“申请公开发行公司债券，应当向国务院授权的部门或者国务院证券监督管理机构报送下列文件：（一）公司营业执照；（二）公司章程；（三）公司债券募集办法；（四）国务院授权的部门或者国务院证券监督管理机构规定的其他文件。依照本法规定聘请保荐人的，还应当报送保荐人出具的发行保荐书。”第17条规定："有下列情形之一的，不得再次公开发行公司债券：（一）对已公开发行的公司债券或者其他债务有违约或者延迟支付本息的事实，仍处于继续状态；（二）违反本法规定，改变公开发行公司债券所募资金的用途。"

《刑法》第178条第2款规定的"数额较大"，根据《立案追诉标准（二）》的规定，是指伪造、变造股票或者公司、企业债券，总面额在30000元以上的情形。"数额巨大"的标准，应当由最高人民法院、最高人民检察院根据法律规定和司法实际的需要，通过司法解释作出具体规定。

3. 犯罪主体

本罪的主体是一般主体，即任何达到刑事责任年龄、具有刑事责任能力的自然人都可以构成本罪的主体。既可以是中国公民，也可以是外国人或者无国籍人。单位也可以构成本罪的主体。

4. 主观方面

本罪的主观方面由故意构成，且只能是直接故意，即行为人明知违反法律法规的规定，仍然故意实施伪造、变造股票或者公司、企业债券的行为。过失不构成本罪。

二、伪造、变造股票、公司、企业债券罪案立案追诉标准适用指南

《立案追诉标准（二）》第二十八条规定：

伪造、变造股票或者公司、企业债券，总面额在三万元以上的，应予立案追诉。

在2001年《追诉标准》中，本罪的入罪金额起点为5000元，2010年《立案追诉标准（二）》关于本罪的立案追诉标准沿用了2001年《追诉标准》，仍然定为5000元。本次修订中，将入罪金额起点从5000元提高至30000元。主要考虑是：10年间我国国内生产总值（GDP）从2010年的40万亿元增至2019年的100万亿元，增幅2.5倍，居民人均可支配收入从2010年的10000元增至2019年的30000元，增幅达3倍。从这个角度看，将原来的起刑点适当调高较为适宜。

在司法实践中，应注意从以下几个方面准确认定和把握本罪案的立案追诉标准：

（1）伪造、变造股票、公司、企业债券罪案的立案追诉标准是数额标准，即根据《刑法》第178条第2款规定的"数额较大"最终确定的追诉标准。如果行为人实施了伪造、变造股票或者公司、企业债券的行为，且总面额在3万元以上的，公安机关和人民检察院就应依法立案追诉。

(2) 对于多次实施伪造、变造股票或者公司、企业债券行为的，其所伪造、变造股票或者公司、企业债券的数额应当累计计算。股票或者公司、企业债券的面额应当以人民币计算，其他币种的股票或者公司、企业债券的面额以案发时国家外汇管理部门公布的外汇牌价折算成人民币计算。

(3) 与他人通谋伪造、变造股票或者公司、企业债券或者为他人伪造、变造股票或者公司、企业债券提供帮助和便利条件的，构成伪造、变造股票、公司、企业债券罪的共犯。

三、认定伪造、变造股票、公司、企业债券罪应注意的问题

(一) 伪造、变造股票、公司、企业债券罪罪与非罪的界限

行为人实施的伪造、变造股票或者公司、企业债券的行为是否构成伪造、变造股票、公司、企业债券罪，除了法定的犯罪构成要件外，主要看其伪造、变造股票或者公司、企业债券的行为是否达到《立案追诉标准（二）》规定的数额标准。如果达到《立案追诉标准（二）》规定的数额标准，无论行为人是出于何种目的、使用何种手段而实施伪造、变造股票或者公司、企业债券的行为，也无论其伪造、变造股票或者公司、企业债券的行为是否得逞，是否造成危害后果，均应依法立案追诉。如果没有达到《立案追诉标准（二）》规定的数额标准，则不构成犯罪，只能依据其他有关法律法规的规定给予行政处罚。

(二) 伪造、变造股票、公司、企业债券罪与相关犯罪的界限

1. 伪造、变造股票、公司、企业债券罪与伪造货币罪的界限

伪造货币罪，是指仿照真货币的图案、形状、色彩等特征非法制造假币，冒充真币的行为。

两罪的共同之处在于：在主观方面都是出于故意；在客观方面均是实施了伪造的行为。两罪的区别主要有：（1）犯罪对象不同。伪造、变造股票、公司、企业债券罪的犯罪对象是股票或者公司、企业债券；而伪造货币罪的犯罪对象是货币，包括人民币（含普通纪念币、贵金属纪念币）、港元、澳门元、新台币、其他国家及地区的法定货币。（2）犯罪主体不完全相同。虽然两罪的犯罪主体均包括达到刑事责任年龄、具有刑事责任能力的自然人，但伪造货币罪没有单位犯罪。

2. 伪造、变造股票、公司、企业债券罪与变造货币罪的界限

变造货币罪，是指以真货币为基础，采用剪贴、挖补、揭层、涂改、移位、重印等手段，改变真货币的形态、价值，数额较大的行为。

两罪的共同之处在于：在主观方面都是出于故意；在客观方面均是实施了变

造的行为；两罪均是结果犯。两罪的区别主要有：（1）犯罪对象不同。伪造、变造股票、公司、企业债券罪的犯罪对象是股票或者公司、企业债券；而变造货币罪的犯罪对象是货币，包括人民币（含普通纪念币、贵金属纪念币）、港元、澳门元、新台币、其他国家及地区的法定货币。（2）犯罪主体不完全相同。虽然两罪的犯罪主体均包括达到刑事责任年龄、具有刑事责任能力的自然人，但变造货币罪没有单位犯罪。

3. 伪造、变造股票、公司、企业债券罪与伪造、变造国家有价证券罪的界限

伪造、变造国家有价证券罪，是指伪造、变造国库券或者国家发行的其他有价证券，数额较大的行为。

两罪的共同之处在于：两罪所侵犯的客体相同，均是国家金融管理秩序；在主观方面都是出于故意；在客观方面均是实施了伪造、变造的行为；单位均可构成两罪的犯罪主体；两罪均是结果犯。两罪的区别主要是犯罪对象不同。伪造、变造股票、公司、企业债券罪的犯罪对象是股票或者公司、企业债券；而伪造、变造国家有价证券罪的犯罪对象是国库券或者国家发行的其他有价证券。所谓国家发行的其他有价证券，是指国家发行的除国库券之外的，载明一定财产权利的有价证券，如保值公债、国家重点建设债券、财政债券等，但不包括非国家发行的本票、汇票、支票、存单、委托付款凭证、股票、公司或者企业债券等有价证券。

4. 伪造、变造股票、公司、企业债券罪与伪造、变造金融票证罪的界限

伪造、变造金融票证罪，是指伪造、变造汇票、本票、支票、委托收款凭证、汇款凭证、银行存单等其他银行结算凭证、信用证或者随附的单据、文件以及伪造信用卡等金融票证的行为。

两罪的共同之处在于：两罪所侵犯的客体相同，均是国家金融管理秩序；在主观方面都是出于故意；在客观方面均是实施了伪造、变造的行为；单位均可构成两罪的犯罪主体。两罪的区别主要有：（1）犯罪对象不同。伪造、变造股票、公司、企业债券罪的犯罪对象是股票或者公司、企业债券；而伪造、变造金融票证罪的犯罪对象是各种金融票证，金融票证主要包括汇票、本票、支票、信用证、信用证附随的单据和文件、信用卡以及委托收款凭证、汇款凭证、银行存单等其他银行结算凭证等。（2）伪造、变造股票、公司、企业债券罪是结果犯，必须是"数额较大"的才能构成；而伪造、变造金融票证罪是行为犯，行为人一旦实施伪造、变造金融票证的行为即可构成。

四、伪造、变造股票、公司、企业债券罪的处罚

根据《刑法》第178条第2款的规定，伪造、变造股票或者公司、企业债券，数额较大的，处3年以下有期徒刑或者拘役，并处或者单处1万元以上10万元以下罚金；数额巨大的，处3年以上10年以下有期徒刑，并处2万元以上20万元以下罚金。

根据《刑法》第178条第3款的规定，单位犯前款罪的，对单位判处罚金，并对其直接负责的主管人员和其他直接责任人员，依照前两款的规定处罚。

第十六节 擅自发行股票、公司、企业债券案

一、擅自发行股票、公司、企业债券罪的概念和构成要件

（一）概念

擅自发行股票、公司、企业债券罪，是指未经国家有关主管部门批准，擅自发行股票或者公司、企业债券，数额巨大、后果严重或者有其他严重情节的行为。

1979年《刑法》第123条只规定了伪造有价证券罪，没有规定擅自发行股票或者公司、企业债券犯罪。其第123条规定："伪造支票、股票或者其他有价证券的，处七年以下有期徒刑，可以并处罚金。"1995年2月28日全国人大常委会通过的《关于惩治违反公司法的犯罪的决定》对1979年《刑法》进行了修改，其第7条规定："未经公司法规定的有关主管部门批准，擅自发行股票、公司债券，数额巨大、后果严重或者有其他严重情节的，处五年以下有期徒刑或者拘役，可以并处非法募集资金金额百分之五以下罚金。单位犯前款罪的，对单位判处非法募集资金金额百分之五以下罚金，并对直接负责的主管人员依照前款的规定，处五年以下有期徒刑或者拘役。"1997年修订《刑法》时基本保留了全国人大常委会《关于惩治违反公司法的犯罪的决定》第7条的规定，并对其进行了修改补充。1997年《刑法》第179条规定："未经国家有关主管部门批准，擅自发行股票或者公司、企业债券，数额巨大、后果严重或者有其他严重情节的，处五年以下有期徒刑或者拘役，并处或者单处非法募集资金金额百分之一以上百分之五以下罚金。单位犯前款罪的，对单位判处罚金，并对其直接负责的主管人员和其他直接责任人员，处五年以下有期徒刑或者拘役。"主要修改之处：一是将

“公司债券”改为“公司、企业债券”；二是将“可以并处非法募集资金金额百分之五以下罚金”改为“并处或者单处非法募集资金金额百分之一以上百分之五以下罚金”；三是删除了对单位犯罪判处罚金刑具体幅度的规定；四是在单位犯罪中增加了对“其他直接责任人员”处罚的规定，以与《刑法》中其他有关单位犯罪的规定相一致。1997 年 12 月 11 日最高人民法院《关于执行〈中华人民共和国刑法〉确定罪名的规定》、1997 年 12 月 25 日最高人民检察院《关于适用刑法分则规定的犯罪的罪名的意见》根据 1997 年《刑法》第 179 条规定了“擅自发行股票、公司、企业债券罪”罪名。

（二）构成要件

1. 犯罪客体

本罪侵犯的客体是国家金融管理秩序。金融管理秩序关系到国家的根本利益，关系到国民经济的发展、社会的稳定和人民生活水平的提高。自新中国成立以来，尤其是改革开放以来，我国制定了《刑法》《公司法》《中国人民银行法》《证券法》等多部法律法规，建立了较为完备的金融管理制度。随着社会主义市场经济的发展，现代化建设资金需求的不断扩大，在当前国家财政收入还不宽裕，资金比较紧张的情况下，为了筹集国家经济建设资金，我国每年都会发行大量的股票或者公司、企业债券。这些股票或者公司、企业债券对于经济体制改革和国有企业转制意义十分重大，在社会经济生活中的地位和作用日益凸显。但一些不法分子为了牟取暴利，擅自发行股票或者公司、企业债券，严重破坏了金融秩序和市场秩序，危害了国家经济发展和社会稳定的基础，侵犯了国家的根本利益，给国家和人民利益造成巨大的损失，对这种行为必须给予严厉惩处。因此，在 1997 年修订《刑法》时，明确将擅自发行股票或者公司、企业债券的行为规定为犯罪。

2. 客观方面

本罪的客观方面表现为未经国家有关主管部门批准，擅自发行股票或者公司、企业债券，数额巨大、后果严重或者有其他严重情节的行为。本罪是结果犯，不仅要求行为人实施了擅自发行股票或者公司、企业债券的行为，而且根据 1997 年《刑法》第 179 条第 1 款的规定，必须达到“数额巨大、后果严重或者有其他严重情节”的标准，才构成犯罪。本罪的犯罪对象是股票或者公司、企业债券。

所谓股票，是指股份有限公司为筹集自有资本发给股东的入股凭证，它是代表股份资本所有权的证书和股东借以取得股息和红利的一种有价证券。《股票发行与交易管理暂行条例》第 81 条规定，股票，是指股份有限公司发行的、表示其股东按其持有的股份享受权益和承担义务的可转让的书面凭证。股票可分为簿记券式股票和实物券式股票。簿记券式股票，是指发行人按照证监会规定的统一格式制作的、记载股东权益的书面名册。实物券式股票，是指发行人在证监会指定的印制机构统一印制的书面股票。公开发行，是指发行人通过证券经营机构向发行人以外的社会公众就发行人的股票作出的要约邀请、要约或者销售行为。

所谓公司、企业债券，是指公司、企业为募集资金而发行的、保证按规定时间向债券持有人偿还本金和支付利息的凭证。《企业债券管理条例》第5条规定："本条例所称企业债券，是指企业依照法定程序发行、约定在一定期限内还本付息的有价证券。"第6条规定："企业债券的票面应当载明下列内容：（一）企业的名称、住所；（二）企业债券的面额；（三）企业债券的利率；（四）还本期限和方式；（五）利息的支付方式；（六）企业债券发行日期和编号；（七）企业的印记和企业法定代表人的签章；（八）审批机关批准发行的文号、日期。"第7条规定："企业债券持有人有权按照约定期限取得利息、收回本金，但是无权参与企业的经营管理。"第8条规定："企业债券持有人对企业的经营状况不承担责任。"第9条规定："企业债券可以转让、抵押和继承。"

所谓国家有关主管部门，是指根据国家法律法规的规定，享有发行股票或者公司、企业债券审批权的国家机关。所谓未经国家有关主管部门批准，擅自发行，既包括行为人未按国家法律法规规定的程序和条件向国家有关主管部门提出发行股票或者公司、企业债券的申请，擅自发行股票或者公司、企业债券的行为；也包括行为人依照国家法律法规规定的程序和条件向国家有关主管部门提出发行股票或者公司、企业债券的申请，但未获得批准或者在获得批准前擅自发行股票或者公司、企业债券的行为。

发行股票或者公司、企业债券是在企业实行公司制以后，在市场经济条件下的一种有效的集资手段。但由于面向社会公众，这种大规模的集资方式并非一家公司自已筹措资金的简单行为，事关广大股票、债券投资者的切身利益。发行股票或者公司、企业债券的单位要对投资者负责。发行股票要定期付给股东红利，发行公司、企业债券要按时归还本金及其利息，这依赖于发行公司、企业生产经营管理及其经济效益的好坏，具有一定的风险性，同时由于这种活动涉及面广，事关大量资金的流向，与社会金融秩序的稳定甚至社会安定密切相关。因此，在我国法律法规中，对公司、企业发行股票或者公司、企业债券的条件和程序作了明确而详细的规定。

《证券法》第9条规定："公开发行证券，必须符合法律、行政法规规定的条件，并依法报经国务院证券监督管理机构或者国务院授权的部门注册。未经依法注册，任何单位和个人不得公开发行证券。证券发行注册制的具体范围、实施步骤，由国务院规定。有下列情形之一的，为公开发行：（一）向不特定对象发行证券；（二）向特定对象发行证券累计超过二百人，但依法实施员工持股计划的员工人数不计算在内；（三）法律、行政法规规定的其他发行行为。非公开发行证券，不得采用广告、公开劝诱和变相公开方式。”第11条规定：“设立股份有限公司公开发行股票，应当符合《中华人民共和国公司法》规定的条件和经国务院批准的国务院证券监督管理机构规定的其他条件，向国务院证券监督管理机构报送募股申请和下列文件：（一）公司章程；（二）发起人协议；（三）发起人姓名或者名称，发起人认购的股份数、出资种类及验资证明；（四）招股说明书；（五）代收股款银行的名称及地址；（六）承销机构名称及有关的协议。依照本法规定聘请保荐人的，还应当报送保荐人出具的发行保荐书。法律、行政法规规定设立公司必须报经批准的，还应当提交相应的批准文件。”第12条规定：“公司首次公开发行新股，应当符合下列条件：（一）具备健全且运行良好的组织机构；（二）具有持续经营能力；（三）最近三年财务会计报告被出具无保留意见审计报告；（四）发行人及其控股股东、实际控制人最近三年不存在贪污、贿赂、侵占财产、挪用财产或者破坏社会主义市场经济秩序的刑事犯罪；（五）经国务院批准的国务院证券监督管理机构规定的其他条件。上市公司发行新股，应当符合经国务院批准的国务院证券监督管理机构规定的条件，具体管理办法由国务院证券监督管理机构规定。公开发行存托凭证的，应当符合首次公开发行新股的条件以及国务院证券监督管理机构规定的其他条件。”第13条规定：“公司公开发行新股，应当报送募股申请和下列文件：（一）公司营业执照；（二）公司章程；（三）股东大会决议；（四）招股说明书或者其他公开发行募集文件；（五）财务会计报告；（六）代收股款银行的名称及地址。依照本法规定聘请保荐人的，还应当报送保荐人出具的发行保荐书。依照本法规定实行承销的，还应当报送承销机构名称及有关的协议。”第14条规定：“公司对公开发行股票所募集资金，必须按照招股说明书或者其他公开发行募集文件所列资金用途使用；改变资金用途，必须经股东大会作出决议。擅自改变用途，未作纠正的，或者未经股东大会认可的，不得公开发行新股。”第15条规定：“公开发行公司债券，应当符合下列条件：（一）具备健全且运行良好的组织机构；（二）最近三年平均可分配利润足以支付公司债券一年的利息；（三）国务院规定的其他条件。公开发行公司债券筹集的资金，必须按照公司债券募集办法所列资金用途使用；改变资金用途，必须经债券持有人会议作出决议。公开发行公司债券筹集的资金，不得用于弥补亏损和非生产性支出。上市公司发行可转换为股票的公司债券，除应当符合第一款规定的条件外，还应当遵守本法第十二条第二款的规定。但是，按照公司债券募集办法，上市公司通过收购本公司股份的方式进行公司债券转换的除外。”第 16 条规定：“申请公开发行公司债券，应当向国务院授权的部门或者国务院证券监督管理机构报送下列文件：（一）公司营业执照；（二）公司章程；（三）公司债券募集办法；（四）国务院授权的部门或者国务院证券监督管理机构规定的其他文件。依照本法规定聘请保荐人的，还应当报送保荐人出具的发行保荐书。”第 17 条规定：“有下列情形之一的，不得再次公开发行公司债券：（一）对已公开发行的公司债券或者其他债务有违约或者延迟支付本息的事实，仍处于继续状态；（二）违反本法规定，改变公开发行公司债券所募资金的用途。”第 180 条规定：“违反本法第九条的规定，擅自公开或者变相公开发行证券的，责令停止发行，退还所募资金并加算银行同期存款利息，处以非法所募资金金额百分之五以上百分之五十以下的罚款；对擅自公开或者变相公开发行证券设立的公司，由依法履行监督管理职责的机构或者部门会同县级以上地方人民政府予以取缔。对直接负责的主管人员和其他直接责任人员给予警告，并处以五十万元以上五百万元以下的罚款。”

《公司法》第 125 条规定：“股份有限公司的资本划分为股份，每一股的金额相等。公司的股份采取股票的形式。股票是公司签发的证明股东所持股份的凭证。”第 126 条规定：“股份的发行，实行公平、公正的原则，同种类的每一股份应当具有同等权利。同次发行的同种类股票，每股的发行条件和价格应当相同；任何单位或者个人所认购的股份，每股应当支付相同价额。”第 127 条规定：“股票发行价格可以按票面金额，也可以超过票面金额，但不得低于票面金额。”第 128 条规定：“股票采用纸面形式或者国务院证券监督管理机构规定的其他形式。股票应当载明下列主要事项：（一）公司名称；（二）公司成立日期；（三）股票种类、票面金额及代表的股份数；（四）股票的编号。股票由法定代表人签名，公司盖章。发起人的股票，应当标明发起人股票字样。”第 129 条规定：“公司发行的股票，可以为记名股票，也可以为无记名股票。公司向发起人、法人发行的股票，应当为记名股票，并应当记载该发起人、法人的名称或者姓名，不得另立户名或者以代表人姓名记名。”第 130 条规定：“公司发行记名股票的，应当置备股东名册，记载下列事项：（一）股东的姓名或者名称及住所；（二）各股东所持股份数；（三）各股东所持股票的编号；（四）各股东取得股份的日期。发行无记名股票的，公司应当记载其股票数量、编号及发行日期。”第 131 条规定：“国务院可以对公司发行本法规定以外的其他种类的股份，另行作出规定。”第 132 条规定：“股份有限公司成立后，即向股东正式交付股票。公司成立前不得向股东交付股票。”第 133 条规定：“公司发行新股，股东大会应当对下列事项作出决议：（一）新股种类及数额；（二）新股发行价格；（三）新股发行的起止日期；（四）向原有股东发行新股的种类及数额。”第 134 条规定：“公司经国务院证券监督管理机构核准公开发行新股时，必须公告新股招股说明书和财务会计报告，并制作认股书。本法第八十七条、第八十八条的规定适用于公司公开发行新股。”第 153 条规定：“本法所称公司债券，是指公司依照法定程序发行、约定在一定期限还本付息的有价证券。公司发行公司债券应当符合《中华人民共和国证券法》规定的发行条件。”第 154 条规定：“发行公司债券的申请经国务院授权的部门核准后，应当公告公司债券募集办法。公司债券募集办法中应当载明下列主要事项：（一）公司名称；（二）债券募集资金的用途；（三）债券总额和债券的票面金额；（四）债券利率的确定方式；（五）还本付息的期限和方式；（六）债券担保情况；（七）债券的发行价格、发行的起止日期；（八）公司净资产额；（九）已发行的尚未到期的公司债券总额；（十）公司债券的承销机构。”第 155 条规定：“公司以实物券方式发行公司债券的，必须在债券上载明公司名称、债券票面金额、利率、偿还期限等事项，并由法定代表人签名，公司盖章。”第 156 条规定：“公司债券，可以为记名债券，也可以为无记名债券。”第 157 条规定：“公司发行公司债券应当置备公司债券存根簿。发行记名公司债券的，应当在公司债券存根簿上载明下列事项：（一）债券持有人的姓名或者名称及住所；（二）债券持有人取得债券的日期及债券的编号；（三）债券总额，债券的票面金额、利率、还本付息的期限和方式；（四）债券的发行日期。发行无记名公司债券的，应当在公司债券存根簿上载明债券总额、利率、偿还期限和方式、发行日期及债券的编号。”第 158 条规定：“记名公司债券的登记结算机构应当建立债券登记、存管、付息、兑付等相关制度。”第 159 条规定：“公司债券可以转让，转让价格由转让人与受让人约定。公司债券在证券交易所上市交易的，按照证券交易所的交易规则转让。”第 160 条规定：“记名公司债券，由债券持有人以背书方式或者法律、行政法规规定的其他方式转让；转让后由公司将受让人的姓名或者名称及住所记载于公司债券存根簿。无记名公司债券的转让，由债券持有人将该债券交付给受让人后即发生转让的效力。”第 161 条规定：“上市公司经股东大会决议可以发行可转换为股票的公司债券，并在公司债券募集办法中规定具体的转换办法。上市公司发行可转换为股票的公司债券，应当报国务院证券监督管理机构核准。发行可转换为股票的公司债券，应当在债券上标明可转换公司债券字样，并在公司债券存根簿上载明可转换公司债券的数额。”第 162 条规定：“发行可转换为股票的公司债券的，公司应当按照其转换办法向债券持有人换发股票，但债券持有人对转换股票或者不转换股票有选择权。”

《企业债券管理条例》第 2 条规定：“本条例适用于中华人民共和国境内具有法人资格的企业（以下简称企业）在境内发行的债券。但是，金融债券和外币债券除外。除前款规定的企业外，任何单位和个人不得发行企业债券。”第 3

条规定："企业进行有偿筹集资金活动，必须通过公开发行企业债券的形式进行。但是，法律和国务院另有规定的除外。"第10条规定："国家计划委员会会同中国人民银行、财政部、国务院证券委员会拟订全国企业债券发行的年度规模和规模内的各项指标，报国务院批准后，下达各省、自治区、直辖市、计划单列市人民政府和国务院有关部门执行。未经国务院同意，任何地方、部门不得擅自突破企业债券发行的年度规模，并不得擅自调整年度规模内的各项指标。"第11条规定："企业发行企业债券必须按照本条例的规定进行审批；未经批准的，不得擅自发行和变相发行企业债券。中央企业发行企业债券，由中国人民银行会同国家计划委员会审批；地方企业发行企业债券，由中国人民银行省、自治区、直辖市、计划单列市分行会同同级计划主管部门审批。"第12条规定："企业发行企业债券必须符合下列条件：（一）企业规模达到国家规定的要求；（二）企业财务会计制度符合国家规定；（三）具有偿债能力；（四）企业经济效益良好，发行企业债券前连续3年盈利；（五）所筹资金用途符合国家产业政策。"第14条规定："企业申请发行企业债券，应当向审批机关报送下列文件：（一）发行企业债券的申请书；（二）营业执照；（三）发行章程；（四）经会计师事务所审计的企业近3年的财务报告；（五）审批机关要求提供的其他材料。企业发行企业债券用于固定资产投资，按照国家有关规定需要经有关部门审批的，还应当报送有关部门的审批文件。"第15条规定："企业发行企业债券应当公布经审批机关批准的发行章程。企业发行企业债券，可以向经认可的债券评信机构申请信用评级。"第16条规定："企业发行企业债券的总面额不得大于该企业的自有资产净值。"第17条规定："企业发行企业债券用于固定资产投资的，依照国家有关固定资产投资的规定办理。"第18条规定："企业债券的利率不得高于银行相同期限居民储蓄定期存款利率的40%。"第20条规定："企业发行企业债券所筹资金应当按照审批机关批准的用途，用于本企业的生产经营。企业发行企业债券所筹资金不得用于房地产买卖、股票买卖和期货交易等与本企业生产经营无关的风险性投资。"第21条规定："企业发行企业债券，应当由证券经营机构承销。证券经营机构承销企业债券，应当对发行债券的企业的发行章程和其他有关文件的真实性、准确性、完整性进行核查。"第26条规定："未经批准发行或者变相发行企业债券的，以及未通过证券经营机构发行企业债券的，责令停止发行活动，退还非法所筹资金，处以相当于非法所筹资金金额5%以下的罚款。"

《刑法》第179条规定的"数额巨大、后果严重或者有其他严重情节"，根据《立案追诉标准（二）》的规定，是指未经国家有关主管部门批准，擅自发行股票或者公司、企业债券，涉嫌下列情形之一的：（1）非法募集资金金额在100万元以上的；（2）造成投资者直接经济损失数额累计在50万元以上的；

（3）募集的资金全部或者主要用于违法犯罪活动的；（4）其他后果严重或者有其他严重情节的情形。

擅自发行股票、公司、企业债券罪为选择性罪名，只要行为人实施了擅自发行股票或者擅自发行公司、企业债券中的一个行为，就可以构成本罪。

3. 犯罪主体

本罪的主体是一般主体，自然人和单位均可构成本罪。本罪的主体既包括那些根本不具备发行股票或者公司、企业债券条件的单位和自然人，也包括那些具备了发行股票或者公司、企业债券条件，但还没有得到国家有关主管部门批准，而擅自发行股票或者公司、企业债券的单位和自然人。

4. 主观方面

本罪的主观方面只能由故意构成，即行为人明知违反国家法律法规的规定，仍然故意实施擅自发行股票或者公司、企业债券的行为。过失不构成本罪。

二、擅自发行股票、公司、企业债券罪案立案追诉标准适用指南

《立案追诉标准（二）》第二十九条规定：

未经国家有关主管部门批准或者注册，擅自发行股票或者公司、企业债券，涉嫌下列情形之一的，应予立案追诉：

（一）非法募集资金金额在一百万元以上的；

（二）造成投资者直接经济损失数额累计在五十万元以上的；

（三）募集的资金全部或者主要用于违法犯罪活动的；

（四）其他后果严重或者有其他严重情节的情形。

本条规定的“擅自发行股票或者公司、企业债券”，是指向社会不特定对象发行、以转让股权等方式变相发行股票或者公司、企业债券，或者向特定对象发行、变相发行股票或者公司、企业债券累计超过二百人的行为。

根据《立案追诉标准（二）》第29条的规定，未经国家有关主管部门批准或者注册，擅自发行股票或者公司、企业债券，涉嫌下列情形之一的，应予立案追诉：

（1）非法募集资金金额在100万元以上的。在这一立案追诉指标上，2010年《立案追诉标准（二）》沿袭了2001年《追诉标准》的规定，表述为“发行数额在五十万元以上的”。本次修订将这一立案追诉指标修改为“非法募集资金金额在一百万元以上的”，主要考虑是：擅自发行股票、公司、企业债券罪与以不具有发行股票、债券的真实内容，以虚假转让股权、发售虚构债券等方式非法

吸收资金的非法吸收公众存款罪在行为方式上比较近似，根据 2021 年 12 月 30 日最高人民法院修订发布的《关于审理非法集资刑事案件具体应用法律若干问题的解释》，非法吸收或者变相吸收公众存款数额在 100 万元以上的，应当依法追究刑事责任。参照上述标准，将本罪的起刑金额定为 100 万元。本次修订的“非法募集资金金额在一百万元以上的”是指行为人通过擅自发行股票或者公司、企业债券实际募集到的资金金额。

（2）造成投资者直接经济损失数额累计在 50 万元以上的。这是此次修订新增加的立案追诉指标。主要考虑是：擅自发行股票、公司、企业债券罪与以不具有发行股票、债券的真实内容，以虚假转让股权、发售虚构债券等方式非法吸收资金的非法吸收公众存款罪在行为方式上比较近似，根据 2021 年 12 月 30 日最高人民法院修订发布的《关于审理非法集资刑事案件具体应用法律若干问题的解释》，非法吸收或者变相吸收公众存款，给存款人造成直接经济损失数额在 50 万元以上的，应当依法追究刑事责任。参照上述标准，未经国家有关主管部门批准或者注册，擅自发行股票或者公司、企业债券，造成投资者直接经济损失数额累计在 50 万元以上的，应予立案追诉。

（3）募集的资金全部或者主要用于违法犯罪活动的。这是此次修订新增加的立案追诉指标。主要考虑是：股票、债券制度设立的目的是集中社会闲散资金，用于发展生产经营，如果行为人通过擅自发行股票、债券所募集的资金全部或者主要用于违法犯罪活动，就违背了股票、债券制度设立的初衷，既不符合广大股民和债权人的投资目的，也扰乱了社会经济秩序，对此应予以严厉打击。即使其所募集资金的数额没有达到“巨大”的标准，也应予立案追诉。应当说明的是，只要行为人利用所募集的全部或者大部分资金实施了违法活动，就应立案追诉，并不要求其后续行为构成犯罪。如果行为人所进行的违法犯罪活动本身已构成犯罪的，则应以数罪进行立案追诉。

（4）其他后果严重或者有其他严重情节的情形。2010 年《立案追诉标准（二）》将 2001 年《追诉标准》中“造成恶劣影响的”修改为“其他后果严重或者有其他严重情节的情形”。关于兜底性条款的表述，经研究认为，应与法条的表述相吻合，而且将“造成恶劣影响的”修改为“其他后果严重或者有其他严重情节的情形”也更为周延。本次修订沿用了 2010 年《立案追诉标准（二）》的表述。

在现实生活中，一些投资者对投资股票或者公司、企业债券的风险估计不足，心理承受能力较弱，一旦其投资受损，往往会作出强烈反应，包括示威静坐、集体上访甚至自杀等，严重影响社会秩序的稳定。在这种情况下，即使所擅自发行的股票或者公司、企业债券数额没有达到《立案追诉标准（二）》第 29

条第1项所规定的标准，也不存在第2项和第3项规定的情形，也可以依法对行为人进行立案追诉。

在司法实践中，还应注意从以下几个方面对本罪案立案追诉标准加以把握：

（1）本条规定的“擅自发行股票或者公司、企业债券”，是指向社会不特定对象发行、以转让股权等方式变相发行股票或者公司、企业债券，或者向特定对象发行、变相发行股票或者公司、企业债券累计超过200人的行为。这是因为按照《证券法》第9条的规定，所谓公开发行证券，是指向不特定对象发行证券，或者向特定对象发行证券累计超过200人（依法实施员工持股计划的员工人数不计算在内）。

（2）与他人通谋擅自发行股票或者公司、企业债券，或者为他人擅自发行股票或者公司、企业债券提供帮助或者便利条件的，构成擅自发行股票或者公司、企业债券罪的共犯。

（3）对于多次实施擅自发行股票或者公司、企业债券行为的，其所擅自发行股票或者公司、企业债券的数额应当累计计算。

股票或者公司、企业债券面额应当以人民币计算，其他币种的股票或者公司、企业债券面额以案发时国家外汇管理部门公布的外汇牌价折算成人民币计算。

（4）如果行为人既实施了擅自发行股票或者公司、企业债券的行为，又实施了行贿、受贿的犯罪行为，应当依照《刑法》的有关规定，予以数罪并罚。

三、认定擅自发行股票、公司、企业债券罪应注意的问题

（一）擅自发行股票、公司、企业债券罪罪与非罪的界限

判断行为人实施的擅自发行股票或者公司、企业债券的行为是否构成擅自发行股票、公司、企业债券罪，除了法定的犯罪构成要件外，主要看其擅自发行股票或者公司、企业债券的行为是否达到本罪案的立案追诉标准。如果达到本罪案的立案追诉标准，无论行为人是出于何种目的、使用何种手段而实施擅自发行股票或者公司、企业债券的行为，均应依法追诉。如果没有达到本罪的立案追诉标准，则不构成犯罪，不应予以追诉，只能依据其他有关法律法规的规定，给予行政处罚。如果行为人既实施了擅自发行股票的行为，又实施了擅自发行公司、企业债券的行为，其擅自发行的股票数额和公司、企业债券数额应当合并计算。

（二）擅自发行股票、公司、企业债券罪与其他相关犯罪的界限

1. 擅自发行股票、公司、企业债券罪与伪造、变造股票、公司、企业债券罪的界限

伪造、变造股票、公司、企业债券罪，是指伪造、变造股票或者公司、企业

债券，数额较大的行为。

两罪的共同之处在于：两罪所侵犯的客体相同，均是国家金融管理秩序；犯罪对象相同，均是股票或者公司、企业债券；在主观方面都是出于故意；在犯罪主体方面，两罪主体均既包括达到刑事责任年龄、具有刑事责任能力的自然人，也包括单位；两罪均是结果犯。两罪的区别主要在于犯罪的客观方面。擅自发行股票、公司、企业债券罪的客观方面表现为行为人实施了未经国家有关主管部门批准，擅自发行股票或者公司、企业债券的行为；而伪造、变造股票、公司、企业债券罪的客观方面表现为行为人实施了伪造、变造股票或者公司、企业债券的行为。

2. 擅自发行股票、公司、企业债券罪与擅自设立金融机构罪的界限

擅自设立金融机构罪，是指未经国家有关主管部门批准，擅自设立商业银行、证券交易所、期货交易所、证券公司、期货公司、保险公司或者其他金融机构的行为。

两罪的共同之处在于：两罪所侵犯的客体相同，均是国家金融管理秩序；在主观方面都是出于故意；在犯罪主体方面，两罪主体均既包括达到刑事责任年龄、具有刑事责任能力的自然人，也包括单位。两罪的区别主要在于：（1）客观方面不同。擅自发行股票、公司、企业债券罪的客观方面表现为行为人实施了未经国家有关主管部门批准，擅自发行股票或者公司、企业债券的行为；而擅自设立金融机构罪的客观方面表现为行为人实施了未经国家有关主管部门批准，擅自设立商业银行、证券交易所、期货交易所、证券公司、期货公司、保险公司或者其他金融机构的行为。（2）擅自发行股票、公司、企业债券罪是结果犯，行为人实施的未经国家有关主管部门批准，擅自发行股票或者公司、企业债券的行为必须达到“数额巨大、后果严重或者有其他严重情节”的才构成犯罪；而擅自设立金融机构罪是行为犯，只要行为人实施了未经国家有关主管部门批准，擅自设立商业银行、证券交易所、期货交易所、证券公司、期货公司、保险公司或者其他金融机构的行为即可构成犯罪。

四、擅自发行股票、公司、企业债券罪的处罚

根据《刑法》第179条的规定，未经国家有关主管部门批准，擅自发行股票或者公司、企业债券，数额巨大、后果严重或者有其他严重情节的，处5年以下有期徒刑或者拘役，并处或者单处非法募集资金金额1%以上5%以下罚金。

单位犯前款罪的，对单位判处罚金，并对其直接负责的主管人员和其他直接责任人员，处5年以下有期徒刑或者拘役。

第十七节　内幕交易、泄露内幕信息案

一、内幕交易、泄露内幕信息罪的概念和构成要件

（一）概念

内幕交易、泄露内幕信息罪，是指证券、期货交易内幕信息的知情人员或者非法获取证券、期货交易内幕信息的人员，在涉及证券的发行，证券、期货交易或者其他对证券、期货交易价格有重大影响的信息尚未公开前，买入或者卖出该证券，或者从事与该内幕信息有关的期货交易，或者泄露该信息，或者明示、暗示他人从事上述交易活动，情节严重的行为。

对内幕交易、泄露内幕信息行为的法律规制最初只有行政规范和行业规范，没有将其作为犯罪来打击。我国关于内幕交易、泄露内幕信息的立法雏形首见于 1990 年 10 月中国人民银行发布的《证券公司管理暂行办法》第 17 条。其作为正式立法始于 1993 年 4 月国务院发布的《股票发行与交易管理暂行条例》，该条例对内幕交易、泄露内幕信息行为及其法律责任作了初步规定。1993 年 9 月国务院证券委又发布了《禁止证券欺诈行为暂行办法》，进一步对内幕交易、泄露内幕信息作了明确具体的规定。1997 年《刑法》第一次规定了内幕交易、泄露内幕信息为犯罪行为并明确其刑事责任，从而为打击内幕交易、泄露内幕信息犯罪提供了强有力的法律保障。

1997 年《刑法》第 180 条规定："证券交易内幕信息的知情人员或者非法获取证券交易内幕信息的人员，在涉及证券的发行、交易或者其他对证券的价格有重大影响的信息尚未公开前，买入或者卖出该证券，或者泄露该信息，情节严重的，处五年以下有期徒刑或者拘役，并处或者单处违法所得一倍以上五倍以下罚金；情节特别严重的，处五年以上十年以下有期徒刑，并处违法所得一倍以上五倍以下罚金。单位犯前款罪的，对单位判处罚金，并对其直接负责的主管人员和其他直接责任人员，处五年以下有期徒刑或者拘役。内幕信息的范围，依照法律、行政法规的规定确定。知情人员的范围，依照法律、行政法规的规定确定。"1997 年 12 月 11 日最高人民法院《关于执行〈中华人民共和国刑法〉确定罪名的规定》、1997 年 12 月 25 日最高人民检察院《关于适用刑法分则规定的犯罪的罪名的意见》根据 1997 年《刑法》第 180 条规定了"内幕交易、泄露内幕信息罪"罪名。

1997 年《刑法》之所以只规定了关于证券的内幕交易、泄露内幕信息罪，

而没有规定关于期货的内幕交易、泄露内幕信息罪，主要是当时我国期货交易市场还处在探索阶段，国家的相关政策也不是很明确，国家尚未制定有关期货交易管理的行政法规，因此期货犯罪难以准确界定。但是随着金融改革的深化，为了整顿金融秩序、防范金融风险，国家决定进一步整顿和规范期货交易市场，并于1999年6月由国务院发布了《期货交易管理暂行条例》，该条例对期货交易中的违法行为明确规定了行政处罚和行政处分。为了对扰乱期货交易秩序，情节恶劣，造成严重后果的行为予以严厉打击，保障期货交易健康发展，国务院于1999年6月22日向第九届全国人大常委会第十次会议提请审议《关于惩治期货犯罪的决定（草案）》。由于在犯罪构成和对社会的危害方面，期货犯罪与证券犯罪基本一致，因此，1999年12月25日第九届全国人大常委会第十三次会议通过《刑法修正案》，增加了对期货交易内幕信息的知情人员或者非法获取期货交易内幕信息的人员，在期货交易或者其他对期货交易价格有重大影响的信息尚未公开前，从事与该内幕信息有关的期货交易，或者泄露该信息的犯罪行为之规定。2022年4月20日第十三届全国人大常委会第三十四次会议通过《期货和衍生品法》，自2022年8月1日起实施。该法加大了对期货交易中违法违规行为的惩处，显著提高了违法违规行为的成本，有效维护了市场秩序。

在司法实践中，由于对法条的理解不一致，对于行为人在内幕信息公开之前明示或者暗示他人从事相关交易活动的，能否按内幕交易、泄露内幕信息罪定罪量刑的问题存在很大争议，在一定程度上影响了法律执行的效果。为此，2009年2月28日第十一届全国人大常委会第七次会议通过的《刑法修正案（七）》第2条明确将上述行为规定为犯罪。

需要特别说明的是，内幕交易、泄露内幕信息罪作为典型的法定犯，其行为性质和危害程度的认定依赖于有关证券、期货法律法规和规章。

（二）构成要件

1. 犯罪客体

本罪侵犯的客体是复杂客体，既侵犯了证券、期货市场的正常秩序，又侵犯了其他投资者的合法权益。

首先，内幕交易、泄露内幕信息行为侵犯了证券、期货市场的正常秩序。在证券、期货交易中，信息披露制度是公开、公平、公正原则的具体体现和要求，是确保证券、期货市场公平交易的一项重要制度。而且在信息披露过程中，只有有关方面及时、准确地将证券、期货信息公布于众，才能保证投资者都能够平等地获取信息。而平等的知情权意味着每个投资者具有平等的获利或者避害的机会。少数人利用内幕信息或者非法获取的内幕信息进行交易，不但破坏了证券、期货市场信息披露制度，而且违背了市场规则，更重要的是在这种情况下，证券、期货交易价格失去了客观公正性和真实性，从而破坏了证券、期货市场的正常运行秩序。

其次，内幕交易、泄露内幕信息行为侵犯了其他投资者的合法权益。由于行为人获取了内幕信息，在证券、期货交易中处于有利地位，在该信息被公开前，抢先为自己买进、卖出所持有的证券或者进行期货交易，从而获取了非法利益；而其他投资者则因为没有正常、及时得知相关信息，在证券、期货交易中处于不利地位，而导致利益受损。因此，内幕交易、泄露内幕信息行为侵犯了其他投资者的合法权益。因此，为维护证券、期货市场的公平、公正运行秩序，对内幕交易、泄露内幕信息的行为必须予以严惩。

2. 客观方面

本罪的客观方面表现为在涉及证券的发行，证券、期货交易或者其他对证券、期货交易价格有重大影响的信息尚未公开前，买入或者卖出该证券，或者从事与该内幕信息有关的期货交易，或者泄露该信息，或者明示、暗示他人从事上述交易活动，情节严重的行为。

（1）利用内幕信息进行交易，具体地说就是行为人在涉及证券的发行，证券、期货交易或者其他对证券、期货交易价格有重大影响的信息尚未公开前，买入或者卖出该证券，或者从事与该内幕信息有关的期货交易。

（2）内幕信息的公开，是指内幕信息在国务院证券、期货监督管理机构指定的报刊、网站等媒体披露。

（3）泄露内幕信息，是指行为人将其掌握的内幕信息透露、提供给不应知情的人。

（4）明示、暗示他人从事上述交易活动，是指在涉及证券的发行，证券、期货交易或者其他对证券、期货交易价格有重大影响的信息尚未公开前，明示、暗示他人买入或者卖出证券，或者从事与该内幕信息有关的期货交易。

（5）必须达到了情节严重的程度。内幕交易及泄露内幕信息行为是否构成犯罪，主要在于其行为情节的轻重。在一般情况下，情节严重主要是指在内幕信息敏感期内从事或者明示、暗示他人从事或者泄露内幕信息导致他人从事与该内幕信息有关的证券、期货交易，具有下列情形之一的：①获利或者避免损失数额在50万元以上的；②证券交易成交额在200万元以上的；③期货交易占用保证金数额在100万元以上的；④2年内3次以上实施内幕交易、泄露内幕信息行为的；⑤明示、暗示3人以上从事与内幕信息相关的证券、期货交易活动的；⑥具有其他严重情节的。内幕交易获利或者避免损失数额在25万元以上，或者证券交易成交额在100万元以上，或者期货交易占用保证金数额在50万元以上，同时涉嫌下列情形之一的，应予立案追诉：①证券法规定的证券交易内幕信息的知情人实施或者与他人共同实施内幕交易行为的；②以出售或者变相出售内幕信息等方式，明示、暗示他人从事与该内幕信息相关的交易活动的；③因证券、期货犯罪行为受过刑事追究的；④2 年内因证券、期货违法行为受过行政处罚的；⑤造成其他严重后果的。如何认定情节轻重程度，需要司法机关根据司法实践及证券、期货交易的实际情况作出司法解释。具体来讲，应根据《立案追诉标准（二）》中有关内幕交易、泄露内幕信息罪案的立案追诉标准认定。

3. 犯罪主体

本罪的主体是特殊主体，即证券、期货交易内幕信息的知情人员或者非法获取证券、期货交易内幕信息的人员。本罪的犯罪主体既可以是自然人，也可以是单位。非法获取内幕信息，是指内幕信息的知情人员以外的人采取骗取、窃取、刺探、行贿、胁迫或者私下交易等不正当途径或者手段获知内幕信息。具有下列行为的人员应当认定为非法获取证券、期货交易内幕信息的人员：（1）利用窃取、骗取、套取、窃听、利诱、刺探或者私下交易等手段获取内幕信息的；（2）内幕信息知情人员的近亲属或者其他与内幕信息知情人员关系密切的人员，在内幕信息敏感期内，从事或者明示、暗示他人从事，或者泄露内幕信息导致他人从事与该内幕信息有关的证券、期货交易，相关交易行为明显异常，且无正当理由或者正当信息来源的；（3）在内幕信息敏感期内，与内幕信息知情人员联络、接触，从事或者明示、暗示他人从事，或者泄露内幕信息导致他人从事与该内幕信息有关的证券、期货交易，相关交易行为明显异常，且无正当理由或者正当信息来源的。

4. 主观方面

本罪的主观方面表现为故意，即明知自己进行内幕交易的行为或者向他人泄露内幕信息，或者明示、暗示他人从事上述交易的行为扰乱国家对证券、期货市场的管理秩序并侵犯了其他投资者的合法权益，仍希望或者放任这一结果的发生。过失不构成本罪。

二、内幕交易、泄露内幕信息罪案立案追诉标准适用指南

《立案追诉标准（二）》第三十条规定：

证券、期货交易内幕信息的知情人员、单位或者非法获取证券、期货交易内幕信息的人员、单位，在涉及证券的发行，证券、期货交易或者其他对证券、期货交易价格有重大影响的信息尚未公开前，买入或者卖出该证券，或者从事与该内幕信息有关的期货交易，或者泄露该信息，或者明

示、暗示他人从事上述交易活动，涉嫌下列情形之一的，应予立案追诉：

（一）获利或者避免损失数额在五十万元以上的；

（二）证券交易成交额在二百万元以上的；

（三）期货交易占用保证金数额在一百万元以上的；

（四）二年内三次以上实施内幕交易、泄露内幕信息行为的；

（五）明示、暗示三人以上从事与内幕信息相关的证券、期货交易活动的；

（六）具有其他严重情节的。

内幕交易获利或者避免损失数额在二十五万元以上，或者证券交易成交额在一百万元以上，或者期货交易占用保证金数额在五十万元以上，同时涉嫌下列情形之一的，应予立案追诉：

（一）证券法规定的证券交易内幕信息的知情人实施或者与他人共同实施内幕交易行为的；

（二）以出售或者变相出售内幕信息等方式，明示、暗示他人从事与该内幕信息相关的交易活动的；

（三）因证券、期货犯罪行为受过刑事追究的；

（四）二年内因证券、期货违法行为受过行政处罚的；

（五）造成其他严重后果的。

关于内幕交易、泄露内幕信息罪案的立案追诉标准，2001 年《追诉标准》第 29 条规定："证券、期货交易内幕信息的知情人员或者非法获取证券、期货交易内幕信息的人员，在涉及证券的发行，证券、期货交易或者其他对证券、期货交易价格有重大影响的信息尚未公开前，买入或者卖出该证券，或者从事与该内幕信息有关的期货交易，或者泄露该信息，涉嫌下列情形之一的，应予追诉：1. 内幕交易数额在二十万元以上的；2. 多次进行内幕交易、泄露内幕信息的；3. 致使交易价格和交易量异常波动的；4. 造成恶劣影响的。"这一规定的实施对于运用刑事手段打击内幕交易、泄露内幕信息犯罪起到了一定作用。为应对内幕交易、泄露内幕信息犯罪的新变化，需要进一步细化追诉标准，增强打击的针对性。相对于 2001 年《追诉标准》，2008 年《补充规定》主要是根据证监会的建议，提高了内幕交易数额、增加了内幕交易获利或者减少损失的数额、删除了"致使交易价格和交易量异常波动"的情形。

在 2010 年《立案追诉标准（二）》制定过程中，考虑到 2008 年《补充规定》发布不久，也没有出现需要进行实质性修改的情形，为了保持司法解释的连续性与稳定性，本条基本沿用了 2008 年《补充规定》中的相关规定，仅在文字表述上做了些修改与完善。

2012 年 3 月最高人民法院、最高人民检察院发布《关于办理内幕交易、泄露内幕信息刑事案件具体应用法律若干问题的解释》，其关于内幕交易、泄露内幕信息罪的入罪标准基本沿用了 2010 年《立案追诉标准（二）》。但应当看到，资本市场体量逐步增大，2019 年 A 股市场的交易额差不多是 2008 年的 5 倍。随着体量的扩大，2010 年《立案追诉标准（二）》的入罪标准应随之提高。

根据《立案追诉标准（二）》第 30 条的规定，证券、期货交易内幕信息的知情人员、单位或者非法获取证券、期货交易内幕信息的人员、单位，在涉及证券的发行，证券、期货交易或者其他对证券、期货交易价格有重大影响的信息尚未公开前，买入或者卖出该证券，或者从事与该内幕信息有关的期货交易，或者泄露该信息，或者明示、暗示他人从事上述交易活动，涉嫌下列情形之一的，应予立案追诉：

（1）获利或者避免损失数额在 50 万元以上的。2010 年《立案追诉标准（二）》在 2001 年《追诉标准》的基础上增加了“获利或者避免损失”的技术指标，规定“获利或者避免损失数额累计在十五万元以上的，应予立案追诉”。当时的考虑是内幕交易、泄露内幕信息的行为是证券、期货领域发生的一种背信行为，通过内幕交易所获得的非法利益或者所避免的损失是建立在损害其他投资者利益基础之上的。从已经判决的内幕交易案件来看，有的内幕交易的数额不是很高，但是获利数额比较大。因此，在修订本罪案立案追诉标准时增加了关于获利或者避免损失的数额标准的规定。对于具体金额的确定，主要是考虑到与《证券法》规定的行政处罚幅度相衔接，对于内幕交易的行政处罚，当时的《证券法》规定了两档：一档是没收违法所得，并处以违法所得 1 倍以上 5 倍以下的罚款；另一档是没有违法所得或者违法所得不足 3 万元的，处以 3 万元以上 60 万元以下的罚款。其中，第一档行政处罚的规定应当是针对违法所得 3 万元以上的情形。因此，行政处罚与刑事追究在违法所得数额方面有一个衔接问题。经研究，为了给行政处罚预留一定的空间，以违法所得 3 万元的 5 倍作为行政处罚的上限，对违法所得在 15 万元以下的由行政机关给予行政处罚，违法所得在 15 万元以上的追究刑事责任。

本次修订将 2010 年《立案追诉标准（二）》中的“获利或者避免损失数额累计在十五万元以上的”修改为“获利或者避免损失数额在五十万元以上的”。理由是与最高人民法院、最高人民检察院发布的《关于办理利用未公开信息交易刑事案件适用法律若干问题的解释》相衔接。根据《关于办理利用未公开信息交易刑事案件适用法律若干问题的解释》第 5 条第 1 项规定，违法所得数额在 100 万元以上，即构成利用未公开信息交易罪。内幕交易、泄露内幕信息罪与利用未公开信息交易罪相比，社会危害性更大。因此，内幕交易、泄露内幕信息罪的入罪门槛应该更低，因而规定为 50 万元。

（2）证券交易成交额在 200 万元以上的。内幕交易、泄露内幕信息犯罪的直接危害性主要在于侵蚀资本市场赖以生存的公开、公平、公正原则和诚信基础。无论是否获利，只要基于内幕信息从事交易就具有危害性，并且影响证券价格的因素十分复杂，即便是基于内幕信息买卖证券也有可能亏损。实际上，有相当一部分内幕交易行为是亏损的。据统计，2019 年证监会公布的 45 起内幕交易行政处罚案件中就有 21 起没有获利。因此，不管是从危害性还是实际情况来看，是否获利并不影响入罪，这就需要在规定以“获利或者避免损失数额”作为入罪标准的同时规定“成交额”的入罪标准，以避免遗漏，放纵犯罪。2001 年《追诉标准》规定的“成交额”的入罪标准为 20 万元，2010 年《立案追诉标准（二）》调整为 50 万元，本次修订提高至 200 万元。理由是如前所述，我国资本市场体量逐步增大，2019 年 A 股市场的交易额差不多是 2008 年的 5 倍。随着体量的扩大，2010 年《立案追诉标准（二）》也应做相应提升。另外，也考虑到与利用未公开信息交易罪立案追诉标准之间的衔接协调。根据《关于办理利用未公开信息交易刑事案件适用法律若干问题的解释》第 6 条规定，证券交易成交额在 500 万元以上，且具备该条规定的四种情形之一的，即构成利用未公开信息交易罪。鉴于内幕交易、泄露内幕信息罪与利用未公开信息交易罪相比，社会危害性更大。因此，内幕交易、泄露内幕信息罪的入罪门槛应该更低，规定为 200 万元。

在修改本罪案立案追诉标准过程中，有意见提出，鉴于实际发生的内幕交易数额较大，应大幅度提高内幕交易、泄露内幕信息罪案的立案追诉的数额标准。经研究，内幕交易、泄露内幕信息罪虽然也侵犯了证券、期货市场的正常秩序，但其危害程度主要是通过损害投资者的利益的大小来体现的。对于内幕交易、泄露内幕信息罪案的立案追诉数额标准的确定，既要考虑到与行政处罚的协调，更要考虑到保护广大投资者的利益。根据《2019 年度全国股票市场投资者状况调查报告》，截至 2019 年 12 月 31 日，全国股票投资者数量达 15975.24 万，较上年同期增长 9.04%，其中自然人投资者占比 99.76%。这表明我国股市绝大多数的股东都是小股东。小股东抵御股市风险的能力本身就弱，如果因为证券市场中的违法犯罪行为引起股市波动，就更容易使其遭受损失。立案追诉标准数额如果定得过高，则很容易造成小股东利益损失的行为不被刑事追究的情况，可能引发社会问题。因此，从维护社会稳定、保护广大股东利益出发，立案追诉标准数额不宜定得过高。经综合考虑，将利用内幕信息进行证券交易的成交额由 2010 年《立案追诉标准（二）》规定的 50 万元调整为累计 200 万元。

另外，本条罪状表述中已经列明了“证券、期货交易内幕信息的知情人员、单位或者非法获取证券、期货交易内幕信息的人员、单位，在涉及证券的发行，证券、期货交易或者其他对证券、期货交易价格有重大影响的信息尚未公开前，买入或者卖出该证券，或者从事与该内幕信息有关的期货交易，或者泄露该信息，或者明示、暗示他人从事上述交易活动”，因此这里的证券交易既包括行为人自己买入或者卖出证券，又包括行为人泄露内幕信息使他人买入或者卖出证券，还包括行为人虽未泄露内幕信息，但其明示、暗示他人买入或者卖出证券。

（3）期货交易占用保证金数额在100万元以上的。2001年《追诉标准》未规定这一技术指标，2010年《立案追诉标准（二）》增设这一立案追诉指标，规定为“期货交易占用保证金数额累计在三十万元以上的”，本次修订从30万元提高至100万元。理由是期货交易采取保证金交易，按照5%的保证金要求，原标准确定占用30万元保证金，可控制的期货合约金额为600万元。这严重脱离我国证券、期货交易市场的现实情况，容易导致构成犯罪的案件在量刑时严重失衡，数额大小区别明显的案件量刑结果差不多。虽然基于一般的商品期货的开户保证金要求是开通交易权限前连续5个交易日保证金账户可用资金余额均不低于人民币10万元或者等值外币的规定，2010年《立案追诉标准（二）》规定的30万元的入罪标准似乎并无不妥，但是股指期货申请开户时保证金账户可用资金余额不得低于人民币50万元，2010年《立案追诉标准（二）》规定的30万元的入罪标准比股指期货开户要求的保证金数额还低，这显然不妥。考虑到我国期货市场体量还在不断扩大，提高这一技术入罪门槛是必然的。至于具体金额的确定，则主要考虑与利用未公开信息交易罪立案追诉标准之间的衔接协调。根据《关于办理利用未公开信息交易刑事案件适用法律若干问题的解释》第6条规定，期货交易占用保证金数额在100万元以上，且具备该条规定的四种情形之一的，即构成利用未公开信息交易罪。当前期货领域的内幕交易案件并不多见，因此参照利用未公开信息交易罪的立案追诉标准，规定为100万元。

（4）2年内3次以上实施内幕交易、泄露内幕信息行为的。2001年《追诉标准》规定对“多次进行内幕交易、泄露内幕信息的”进行立案追诉的情形，2010年《立案追诉标准（二）》沿用了这一规定，本次修订将其修改为“二年内三次以上实施内幕交易、泄露内幕信息行为的”。理由是行为人2年内实施3次以上内幕交易或者泄露内幕信息的行为，表明其主观恶性较深，危害性大，应予追究刑事责任。根据《关于办理利用未公开信息交易刑事案件适用法律若干问题的解释》第5条规定，2年内3次以上利用未公开信息交易的，即构成利用未公开信息交易罪。为保持与利用未公开信息交易罪立案追诉标准之间的衔接协调，参考上述司法解释，规定2年内3次以上实施内幕交易、泄露内幕信息行为的，应予立案追诉。在适用过程中，需要注意的是，一是3次以上利用或泄露的内幕信息是指不同的内幕信息，而不是指利用同一内幕信息进行3次以上交易或者泄露同一内幕信息3次以上；二是3次利用内幕信息交易、泄露内幕信息的行为均应达到依法应予行政处理或者刑事处理的程度，且尚未经处理的；三是3次以上利用内幕信息交易、泄露内幕信息的时间段限定在2年内，超出2年时间达到3次的不属于此情形。

（5）明示、暗示3人以上从事与内幕信息相关的证券、期货交易活动的。这是本次修订新增加的立案追诉指标。根据《关于办理利用未公开信息交易刑事案件适用法律若干问题的解释》第5条规定，明示、暗示3人以上从事相关交易活动的，即构成利用未公开信息交易罪。为保持与利用未公开信息交易罪立案追诉标准之间的衔接协调，参考上述司法解释，规定明示、暗示3人以上从事与内幕信息相关的证券、期货交易活动的，应予立案追诉。

（6）具有其他严重情节的。关于兜底性条款，2001年《追诉标准》表述为“造成恶劣影响的”，2010年《立案追诉标准（二）》修改为“其他情节严重的情形”，主要考虑是造成恶劣影响仅属于严重情节之一，而严重情节的含义要广于恶劣影响，使用严重情节的表述更为周延。本次修订在2010年《立案追诉标准（二）》的基础上修改为“具有其他严重情节的”，主要是为了在表述上与刑法条文保持一致。

除上述立案追诉指标以外，《立案追诉标准（二）》第30条还规定了第2款“数额+情节”的立案追诉标准，即内幕交易获利或者避免损失数额在25万元以上，或者证券交易成交额在100万元以上，或者期货交易占用保证金数额在50万元以上，同时涉嫌下列情形之一的，应予立案追诉：（1）证券法规定的证券交易内幕信息的知情人实施或者与他人共同实施内幕交易行为的；（2）以出售或者变相出售内幕信息等方式，明示、暗示他人从事与该内幕信息相关的交易活动的；（3）因证券、期货犯罪行为受过刑事追究的；（4）2年内因证券、期货违法行为受过行政处罚的；（5）造成其他严重后果的。主要考虑是在适当提高违法所得或避免损失数额、证券交易成交额、期货交易占用保证金数额的同时，规定某些特殊情形下，只要达到上述数额的50%也应立案追诉，以此有效打击内幕交易、泄露内幕信息犯罪。同时，也是为了保持与利用未公开信息交易罪立案追诉标准之间的衔接协调，参考《关于办理利用未公开信息交易刑事案件适用法律若干问题的解释》第6条作出上述规定。

三、认定内幕交易、泄露内幕信息罪应注意的问题

（一）内幕交易、泄露内幕信息罪罪与非罪的界限

本罪属于情节犯，即只有内幕交易、泄露内幕信息达到情节严重的程度，才构成犯罪。行为人虽然故意实施了内幕交易、泄露内幕信息的行为，但是没有达到情节严重的程度，则不构成犯罪。是否达到情节严重，应以《立案追诉标准（二）》规定的情形来判断。符合《立案追诉标准（二）》第30条规定的情形之一，即应予立案追诉；反之，不予立案追诉。

（二）内幕交易、泄露内幕信息罪与相关犯罪的界限

1. 内幕交易、泄露内幕信息罪与侵犯商业秘密罪的界限

侵犯商业秘密罪，是指通过不正当手段获取权利人的商业秘密，或者披露、使用、允许他人使用权利人的商业秘密，给商业秘密的权利人造成重大损失的行为。商业秘密，是指不为公众所知悉，能为权利人带来经济利益，具有实用性并经权利人采取保密措施的技术信息和经营信息。

在实践中，内幕交易、泄露内幕信息罪与侵犯商业秘密罪侵害的对象具有一定的交叉，即上市公司的商业秘密可以成为上市公司的内幕信息，泄露上市公司的商业秘密同时构成泄露内幕信息。但是两罪在犯罪客体、侵害对象、客观方面等方面存在着区别：（1）犯罪客体不同。内幕交易、泄露内幕信息罪侵犯的客体是证券、期货市场的正常秩序和其他投资者的合法权益；而侵犯商业秘密罪侵犯的客体是商业秘密权利人对其商业秘密拥有的合法权益，两者侵犯的客体属于不同的领域和范畴。（2）侵害对象不同。内幕信息是尚未公开的，涉及证券的发行，证券、期货交易或者其他对证券、期货交易价格有重大影响的信息；而商业秘密是指不为公众所知悉，能为权利人带来经济利益，具有实用性并经权利人采取保密措施的技术信息和经营信息。（3）客观方面不同。内幕交易、泄露内幕信息罪的客观方面表现为在涉及证券的发行，证券、期货交易或者其他对证券、期货交易价格有重大影响的信息尚未公开前，买入或者卖出该证券，或者从事与该内幕信息有关的期货交易，或者泄露该信息，或者明示、暗示他人从事上述交易活动的行为；而侵犯商业秘密罪的客观方面表现为以盗窃、贿赂、欺诈、胁迫、电子侵入或者其他不正当手段获取权利人的商业秘密；或者披露、使用、允许他人使用以前述手段获取的权利人的商业秘密；或者违反保密义务、违反权利人有关保守商业秘密的要求，披露、使用、允许他人使用其所掌握的商业秘密。（4）犯罪主体不同。内幕交易、泄露内幕信息罪的主体为证券、期货交易内幕信息的知情人员或者非法获取证券、期货交易内幕信息的人员，具有相对的

特殊性；而侵犯商业秘密罪的主体为一般主体。

2. 内幕交易、泄露内幕信息罪与编造并传播证券、期货交易虚假信息罪的界限

编造并传播证券、期货交易虚假信息罪，是指编造并且传播影响证券、期货交易的虚假信息，扰乱证券、期货交易市场，造成严重后果的行为。

内幕交易、泄露内幕信息罪与编造并传播证券、期货交易虚假信息罪所侵犯的客体具有共同之处，都是侵犯了证券、期货市场的正常秩序和其他投资者的合法权益，并且都是故意犯罪。两罪区别在于：（1）犯罪主体不同。内幕交易、泄露内幕信息罪是特殊主体，必须是证券、期货交易内幕信息的知情人员或者非法获取证券、期货交易内幕信息的人员；而编造并传播证券、期货交易虚假信息罪是一般主体。（2）犯罪对象不同。内幕交易、泄露内幕信息罪中的内幕信息是重要、真实可靠但尚未公开的信息；而编造并传播证券、期货交易虚假信息罪中的信息是虚假和虚构的。

3. 内幕交易、泄露内幕信息罪与诱骗投资者买卖证券、期货合约罪的界限

诱骗投资者买卖证券、期货合约罪，是指证券交易所、期货交易所、证券公司、期货公司的从业人员，证券业协会、期货业协会或者证券期货监督管理部门的工作人员，故意提供虚假信息或者伪造、变造、销毁交易记录，诱骗投资者买卖证券、期货合约，造成严重后果的行为。

内幕交易、泄露内幕信息罪与诱骗投资者买卖证券、期货合约罪的共同点在于：（1）犯罪客体相同，两罪都侵犯了证券、期货市场的正常秩序和其他投资者的合法权益；（2）主观方面相同，两罪都是故意犯罪；（3）犯罪主体具有共同之处，两罪的主体都是特殊主体。两罪的主要区别在于：（1）犯罪主体的特殊性不同。内幕交易、泄露内幕信息罪与诱骗投资者买卖证券、期货合约罪虽然均是特殊主体，但前者的主体是证券、期货交易内幕信息的知情人员或者非法获取证券、期货交易内幕信息的人员；后者的主体是证券交易所、期货交易所、证券公司、期货公司的从业人员，证券业协会、期货业协会或者证券期货监督管理部门的工作人员。（2）客观方面不同。内幕交易、泄露内幕信息罪的客观方面表现为行为人实施了内幕交易、泄露内幕信息，情节严重的行为，所泄露的信息是真实的内幕信息；诱骗投资者买卖证券、期货合约罪的客观方面表现为故意提供虚假信息或者伪造、变造、销毁交易记录，诱骗投资者买卖证券、期货合约，造成严重后果的行为，行为人所提供的信息是虚假的。

4. 内幕交易、泄露内幕信息罪与操纵证券、期货市场罪的界限

操纵证券、期货市场罪，是指单独或者合谋，集中资金优势、持股或持仓优势或者利用信息优势联合或连续买卖；或者与他人串通，以事先约定的时间、价

格和方式相互进行证券、期货交易；或者在自己实际控制的账户之间进行证券交易，或者以自己为交易对象，自买自卖期货合约；或者以其他方法操纵证券、期货市场，情节严重的行为。

两罪的共同之处在于同为情节犯，行为的后果都将影响证券、期货市场秩序，造成价格波动。两罪的区别在于：内幕交易、泄露内幕信息罪是用真实信息获利或避免损失的行为；操纵证券、期货市场罪则是用法律禁止的方法以及其他方法转移风险或牟利的行为。

（三）其他问题

1. 内幕信息的认定

对于什么是内幕信息，有关法律、行政法规表述不尽一致。根据《证券法》第52条第1款的规定，内幕信息，是指证券交易活动中，涉及发行人的经营、财务或者对该发行人证券的市场价格有重大影响的尚未公开的信息。根据《期货和衍生品法》第14条的规定，期货交易内幕信息，是指可能对期货交易或者衍生品交易的交易价格产生重大影响的尚未公开的信息。

期货交易的内幕信息包括：（1）国务院期货监督管理机构以及其他相关部门正在制定或者尚未发布的对期货交易价格可能产生重大影响的政策、信息或者数据；（2）期货交易场所、期货结算机构作出的可能对期货交易价格产生重大影响的决定；（3）期货交易场所会员、交易者的资金和交易动向；（4）相关市场中的重大异常交易信息；（5）国务院期货监督管理机构规定的对期货交易价格有重大影响的其他信息。

根据上述法律的规定，我国证券、期货市场的内幕信息，是指在证券、期货交易活动中，可能对证券、期货交易价格产生重大影响的尚未公开的信息。内幕信息具有对证券、期货交易价格产生重大影响性和未公开性两个特点。

对证券、期货交易价格产生重大影响性，是指在通常情况下，有关信息一旦公开，公司证券的交易价格在一段时期内与市场指数或相关分类指数发生显著偏离，或者致使大盘指数发生显著波动。显著偏离、显著波动可以结合专家委员会或证券交易所的意见认定。通俗地讲，该信息一经公开就对投资者是否交易与信息相关的证券、期货产生重大影响，从而导致相关的证券、期货市场价格因投资者的交易行为而产生较大的波动。我国的《证券法》《期货和衍生品法》均采取列举加兜底性规定的方式，规定了对证券、期货交易价格产生重大影响的情形。

根据《证券法》第52条第2款的规定，《证券法》第80条第2款、第81条第2款所列重大事件属于内幕信息。《证券法》第80条第2款所列重大事件包括：（1）公司的经营方针和经营范围的重大变化；（2）公司的重大投资行为，公司在1年内购买、出售重大资产超过公司资产总额30%，或者公司营业用主要资产的抵押、质押、出售或者报废一次超过该资产的30%；（3）公司订立重要合同、提供重大担保或者从事关联交易，可能对公司的资产、负债、权益和经营成果产生重要影响；（4）公司发生重大债务和未能清偿到期重大债务的违约情况；（5）公司发生重大亏损或者重大损失；（6）公司生产经营的外部条件发生的重大变化；（7）公司的董事、1/3以上监事或者经理发生变动，董事长或者经理无法履行职责；（8）持有公司5%以上股份的股东或者实际控制人持有股份或者控制公司的情况发生较大变化，公司的实际控制人及其控制的其他企业从事与公司相同或者相似业务的情况发生较大变化；（9）公司分配股利、增资的计划，公司股权结构的重要变化，公司减资、合并、分立、解散及申请破产的决定，或者依法进入破产程序、被责令关闭；（10）涉及公司的重大诉讼、仲裁，股东大会、董事会决议被依法撤销或者宣告无效；（11）公司涉嫌犯罪被依法立案调查，公司的控股股东、实际控制人、董事、监事、高级管理人员涉嫌犯罪被依法采取强制措施；（12）国务院证券监督管理机构规定的其他事项。第81条第2款所列重大事件包括：（1）公司股权结构或者生产经营状况发生重大变化；（2）公司债券信用评级发生变化；（3）公司重大资产抵押、质押、出售、转让、报废；（4）公司发生未能清偿到期债务的情况；（5）公司新增借款或者对外提供担保超过上年末净资产的20%；（6）公司放弃债权或者财产超过上年末净资产的10%；（7）公司发生超过上年末净资产10%的重大损失；（8）公司分配股利，作出减资、合并、分立、解散及申请破产的决定，或者依法进入破产程序、被责令关闭；（9）涉及公司的重大诉讼、仲裁；（10）公司涉嫌犯罪被依法立案调查，公司的控股股东、实际控制人、董事、监事、高级管理人员涉嫌犯罪被依法采取强制措施；（11）国务院证券监督管理机构规定的其他事项。

所谓未公开性，即秘密性，是指有关信息没有被证券、期货市场的所有投资者以及社会公众了解、知悉。信息是否公开，应根据有关法律进行判断。根据《证券法》第86条的规定，依法披露的信息，应当在证券交易场所的网站和符合国务院证券监督管理机构规定条件的媒体发布，同时将其置备于公司住所、证券交易场所，供社会公众查阅。因此，我国法律规定的信息公开标准属于要式公开，只要内幕信息在指定的媒体和场所公布即视为信息公开。国务院证券监督管理机构指定的媒体，是指中国证监会1993年指定的“七报一刊”，具体是《中国日报》《金融时报》《中国证券报》《上海证券报》《证券时报》《证券日报》《中国改革报》以及《证券市场周刊》。

2. 内幕信息知情人员的认定

至于内幕信息知情人员的范围，则依照法律规定确定。

根据《证券法》第51条的规定，证券交易内幕信息的知情人包括：（1）发行人及其董事、监事、高级管理人员；（2）持有公司5%以上股份的股东及其董事、监事、高级管理人员，公司的实际控制人及其董事、监事、高级管理人员；（3）发行人控股或者实际控制的公司及其董事、监事、高级管理人员；（4）由于所任公司职务或者因与公司业务往来可以获取公司有关内幕信息的人员；（5）上市公司收购人或者重大资产交易方及其控股股东、实际控制人、董事、监事和高级管理人员；（6）因职务、工作可以获取内幕信息的证券交易场所、证券公司、证券登记结算机构、证券服务机构的有关人员；（7）因职责、工作可以获取内幕信息的证券监督管理机构工作人员；（8）因法定职责对证券的发行、交易或者对上市公司及其收购、重大资产交易进行管理可以获取内幕信息的有关主管部门、监管机构的工作人员；（9）国务院证券监督管理机构规定的可以获取内幕信息的其他人员。

根据《期货和衍生品法》第15条的规定，期货交易内幕信息的知情人，是指由于经营地位、管理地位、监督地位或者职务便利等，能够接触或者获得内幕信息的单位和个人。期货交易的内幕信息的知情人包括：（1）期货经营机构、期货交易场所、期货结算机构、期货服务机构的有关人员；（2）国务院期货监督管理机构和其他有关部门的工作人员；（3）国务院期货监督管理机构规定的可以获取内幕信息的其他单位和个人。

此外，针对我国证券市场的实际情况，证监会还规定，盗用、利用他人名义实施内幕交易者，认定为内幕交易行为人。

上述人员在内幕信息敏感期内买卖相关证券、从事期货交易或者明示、暗示他人买卖相关证券、从事期货交易或泄露该信息的，则被认定为内幕交易。

3. 内幕交易行为的认定

从实际发生的案件看，内幕信息知情人员以自己的名义进行内幕交易的情形很少，为了逃避监管和处罚，他们大多采取假借亲友或者其他人名义以及假借其他单位名义进行内幕交易。因此，无论是以他人名义进行交易，还是以其他单位名义进行交易，只要具有下列情形的，都应认定为内幕交易：

（1）行为人直接或者间接提供证券或者提供资金给他人购买证券，或者从事与该内幕信息有关的期货交易，并且因为他人持有证券或者期货合约所获得的利益或者所避免的损失，全部或者部分归属于行为人的，可以认定为以他人名义买卖证券、从事期货交易。

（2）对他人所持有的证券或者期货合约具有管理、使用和处分的权益的，也可以认定为以他人名义买卖证券、从事期货交易。

（3）以单位名义实施内幕交易行为的认定。以单位名义实施内幕交易行为是认定为单位犯罪还是个人犯罪，应根据1999年最高人民法院《关于审理单位犯罪案件具体应用法律有关问题的解释》的有关规定，区分不同情形加以认定：以单位名义实施内幕交易行为，违法所得归单位所有的，应认定为单位犯罪；虽然以单位名义实施内幕交易行为，但违法所得由实施内幕交易行为的个人私分的，应认定为自然人犯罪；个人利用其设立的单位实施内幕交易行为的，或者个人设立的单位以实施内幕交易行为为主要活动的，应认定为自然人犯罪。

（4）在涉及证券的发行，证券、期货交易或者其他对证券、期货交易价格有重大影响的信息尚未公开前，明示、暗示他人买入或者卖出该证券，或者从事与该内幕信息有关的期货交易活动的，应认定为内幕交易。

4. 利用内幕信息的认定

我国《证券法》《期货和衍生品法》均明确规定，成立内幕交易，行为人必须在事实上利用了有关证券、期货交易的内幕信息，而内幕交易、泄露内幕信息罪作为行政犯，必须以认定行政违法为前提，因此，利用内幕信息进行交易是构成内幕交易、泄露内幕信息罪的前提条件。如果内幕信息的知情人没有利用内幕信息进行证券、期货交易，就不构成内幕交易、泄露内幕信息罪。在实践中，如何认定利用内幕信息一直是行政执法和刑事司法的难点。对此，应通过推定方式进行认定。具体地说，就是认定行为人为内幕信息知情人，且行为人在内幕信息未公开前从事了与内幕信息相关的证券、期货交易，即可推定行为人实施了利用内幕信息进行交易的行为，除非行为人能证明自己的行为与内幕信息无关。所谓与内幕信息相关的证券、期货交易，是指某一具体的内幕信息按照正常认识会对所涉及的证券、期货合约的交易价格产生影响，而行为人所交易的证券、期货合约正是内幕信息所涉及的证券、期货合约，包括利好内幕信息的买入行为和利空内幕信息的卖出行为。

四、内幕交易、泄露内幕信息罪的处罚

根据《刑法》第180条第1款的规定，证券、期货交易内幕信息的知情人员或者非法获取证券、期货交易内幕信息的人员，在涉及证券的发行，证券、期货交易或者其他对证券、期货交易价格有重大影响的信息尚未公开前，买入或者卖出该证券，或者从事与该内幕信息有关的期货交易，或者泄露该信息，或者明示、暗示他人从事上述交易活动，情节严重的，处5年以下有期徒刑或者拘役，并处或者单处违法所得1倍以上5倍以下罚金；情节特别严重的，处5年以上10

年以下有期徒刑，并处违法所得1倍以上5倍以下罚金。

根据《刑法》第180条第2款的规定，单位犯前款罪的，对单位判处罚金，并对其直接负责的主管人员和其他直接责任人员，处5年以下有期徒刑或者拘役。

第十八节　利用未公开信息交易案

一、利用未公开信息交易罪的概念和构成要件

（一）概念

利用未公开信息交易罪，是指证券交易所、期货交易所、证券公司、期货公司、基金管理公司、商业银行、保险公司等金融机构的从业人员以及有关监管部门或者行业协会的工作人员，利用因职务便利获取的内幕信息以外的其他未公开的信息，违反规定，从事与该信息相关的证券、期货交易活动，或者明示、暗示他人从事相关交易活动，情节严重的行为。

本罪名是《刑法修正案（七）》新增设的。为维护证券、期货市场的正常秩序，切实保护投资者的合法权益，1997年《刑法》在第180条规定了内幕交易、泄露内幕信息罪，为打击此类犯罪行为提供了法律武器。自《证券投资基金法》施行以来，证券投资基金得以迅猛发展。但是，目前基金管理公司的“老鼠仓”现象较为普遍。所谓“老鼠仓”，是指基金从业人员在使用基金管理公司所有的或者管理的资金拉升某只股票的价格之前，先用个人（包括本人及其亲属、亲朋好友）的资金在低位买入该股票进行建仓，待用基金管理公司所有的或者管理的资金将该只股票的价格拉升到高位后，再将个人仓位的股票率先卖出从中获利的行为。这种行为严重背离了基金从业人员诚实信用、忠实勤勉的义务，极大地损害了广大基金投资者的合法权益。例如，2006年3月，某基金管理公司研究员兼A基金经理助理唐×，在向有关基金二级股票池和A基金推荐买入“新疆××”股票的过程中，使用自己控制的“唐×龙”证券账户先于A基金买入该股票，并在其后连续买卖该股。其间，唐×还利用职权，多次查询A基金投资该股票的信息，充分掌握了该基金的投资情况。截至2006年4月6日全部卖出前，“唐×龙”证券账户累计获利28.96万元。此外，2006年4月至5月，唐×还利用“唐×龙”资金账户下挂的“李×军”证券账户连续买卖“新疆××”股票的机会，为自己及他人非法获利123.76万元。再如，王××任职某基金公司期间，通过网上交易方式，直接操作其亲属王×林开立的账户买卖股票。其中，2006年8月8

日操作“王×林”账户买入146000股“×钢不锈”股票，2007年2月6日操作“王×林”账户卖出146000股“×钢不锈”股票，盈利154.33万元；2007年2月27日操作“王×林”账户买入30800股“×钢股份”股票，同年3月21日操作“王×林”账户卖出30800股“×钢股份”股票，亏损3.4万元。以上共获利150.93万元。在这两起案件中，当事人从事与基金份额持有人利益相冲突的活动，严重违背了基金从业人员对受托管理的基金财产应负的忠实义务，扰乱了证券市场的正常交易秩序。然而，内幕交易罪对这种“老鼠仓”行为却无能为力，因为内幕信息是指涉及公司的经营、财务或者对该公司证券的市场价格有重大影响的尚未公开的信息，而“老鼠仓”行为并未利用上市公司的内幕信息，而是利用其在执行职务过程中所获悉的基金管理公司欲对哪只股票买入建仓的信息。因此，对这种“老鼠仓”行为无法追究当事人的刑事责任，只能对其予以行政处罚。

证券、期货市场的健康、良性发展有赖于公平竞争的市场环境，而利用未公开信息进行证券、期货交易则使不同的投资者在信息完全不对称的情况下进行交易，这极大地损害了资本市场的公平性，从根本上动摇了证券、期货市场的根基。因此，本罪的确定对于保护广大基金投资者的合法权益，严密证券、期货市场监管，促进我国证券、期货市场健康、稳定发展具有重大意义。

2009年10月14日最高人民法院、最高人民检察院《关于执行〈中华人民共和国刑法〉确定罪名的补充规定（四）》根据《刑法修正案（七）》第2条第2款补充规定了“利用未公开信息交易罪”罪名。

（二）构成要件

1. 犯罪客体

本罪侵犯的客体是复杂客体，既侵犯了证券、期货市场的正常秩序，又侵犯了其他投资者的合法权益。

首先，利用未公开信息交易罪侵犯了证券、期货市场的正常秩序。公开、公平、公正是证券、期货交易的基本原则，平等的知情权意味着每个投资者具有平等的获利或者避害的机会。行为人利用因职务便利获取的内幕信息以外的其他未公开的信息进行交易，这就使其他投资者和行为人在信息不对等的情况下进行交易，从而不具有平等的获利或者避害的机会。这不但违背了市场规则，更主要是破坏了证券、期货市场公开、公平、公正的基本原则，扰乱了证券、期货的正常秩序。从本质上说，证券、期货的价格取决于其内在价值，但是影响证券、期货市场价格的因素极为复杂，宏观经济走势、消息面的导向等都会对证券、期货市场产生重要影响。另外，在一定时间内，证券、期货价格还受市场供求关系的影响，供不应求时，价格必然上涨；供过于求时，价格必然下跌。反映在证券市场上，表现为机构、大资金对某只股票的建仓或加仓一般导致股价的快速上涨；反之，机构、大资金对某只股票的抛售一般导致股价的加速下跌。从这一层面上说，利用未公开信息交易行为对证券、期货市场的影响和破坏作用也是很大的。

其次，利用未公开信息交易罪又侵犯了其他投资者的合法权益。一方面，行为人由于获取了未公开的信息，而在证券、期货交易中处于有利位置，从而能获取非法利益；而其他投资者由于不能获知未公开的信息，在证券、期货交易中处于不利位置，往往利益受损。另一方面，行为人在使用基金管理公司所有的或者管理的资金拉升某只股票的价格之前，先用个人资金在低位买入该股票进行建仓，待用基金管理公司所有的或者管理的资金将该只股票的价格拉升到高位后，将个人仓位的股票率先卖出进而获利的行为又极大地损害了广大基金投资者的合法权益。

2. 客观方面

本罪的客观方面表现为证券交易所、期货交易所、证券公司、期货公司、基金管理公司、商业银行、保险公司等金融机构的从业人员以及有关监管部门或者行业协会的工作人员，利用因职务便利获取的内幕信息以外的其他未公开的信息，违反规定，从事与该信息相关的证券、期货交易活动，或者明示、暗示他人从事相关交易活动，情节严重的行为。

根据2019年7月1日施行的最高人民法院、最高人民检察院《关于办理利用未公开信息交易刑事案件适用法律若干问题的解释》的规定，内幕信息以外的其他未公开的信息包括下列信息：（1）证券、期货的投资决策、交易执行信息；（2）证券持仓数量及变化、资金数量及变化、交易动向信息；（3）其他可能影响证券、期货交易活动的信息。内幕信息以外的其他未公开的信息难以认定的，司法机关可以在有关行政主（监）管部门的认定意见的基础上，根据案件事实和法律规定作出认定。违反规定，是指违反法律、行政法规、部门规章、全国性行业规范有关证券、期货未公开信息保护的规定，以及行为人所在的金融机构有关信息保密、禁止交易、禁止利益输送等规定。行为人明示、暗示他人从事相关交易活动应当综合以下方面进行认定：（1）行为人具有获取未公开信息的职务便利；（2）行为人获取未公开信息的初始时间与他人从事相关交易活动的初始时间具有关联性；（3）行为人与他人之间具有亲友关系、利益关联、交易终端关联等关联关系；（4）他人从事相关交易的证券、期货品种，交易时间与未公开信息所涉证券、期货品种，交易时间等方面基本一致；（5）他人从事的相关交易活动明显不具有符合交易习惯、专业判断等正当理由；（6）行为人对明示、暗示他人从事相关交易活动没有合理解释。

应当说明的是，本罪不以实际获利或避免损失为构成要件。利用未公开信息交易的行为往往能为行为人带来巨额利润或避免损失，但是本罪的构成并不以行为人实际获利或避免损失为构成要件。如前所述，影响证券、期货市场价格的因素极为复杂，除了自身的原因外，还受大盘、政策、市场资金充裕程度、欧美股市的走势等因素的影响。因此，尽管行为人以获利或避免损失为目的利用未公开信息进行交易，但由于其他因素的影响，也可能出现与其主观预期相违背的结果。在此情况下，只要行为人的交易行为实施完毕，且达到了法定的立案追诉标准，就应以利用未公开信息交易罪追究其刑事责任，至于其是否实际获利或避免损失在所不问。

本罪属于情节犯，即利用未公开信息交易只有达到情节严重的程度，才构成犯罪。根据《关于办理利用未公开信息交易刑事案件适用法律若干问题的解释》的规定，利用未公开信息交易，具有下列情形之一的，应当认定为《刑法》第 180 条第 4 款规定的“情节严重”：（1）违法所得数额在 100 万元以上的；（2）2 年内 3 次以上利用未公开信息交易的；（3）明示、暗示 3 人以上从事相关交易活动的。利用未公开信息交易，违法所得数额在 50 万元以上，或者证券交易成交额在 500 万元以上，或者期货交易占用保证金数额在 100 万元以上，具有下列情形之一的，应当认定为《刑法》第 180 条第 4 款规定的“情节严重”：（1）以出售或者变相出售未公开信息等方式，明示、暗示他人从事相关交易活动的；（2）因证券、期货犯罪行为受过刑事追究的；（3）2 年内因证券、期货违法行为受过行政处罚的；（4）造成恶劣社会影响或者其他严重后果的。

3. 犯罪主体

根据《刑法》第 180 条第 4 款的规定，本罪的犯罪主体是特殊主体，且只能是证券交易所、期货交易所、证券公司、期货经纪公司、基金管理公司、商业银行、保险公司等金融机构的从业人员以及有关监管部门或者行业协会的工作人员，其他人不能构成本罪。

4. 主观方面

本罪的主观方面表现为故意，即行为人明知其行为侵犯了证券、期货交易的正常秩序，又侵犯了其他投资者的利益，仍然故意实施利用未公开信息交易的行为。过失不构成本罪。本罪的行为人一般是以谋取非法利益为目的，也可以是出于徇私情等其他目的。无论是出于何种目的和动机，均不影响本罪的构成。

二、利用未公开信息交易罪案立案追诉标准适用指南

《立案追诉标准（二）》第三十一条规定：

证券交易所、期货交易所、证券公司、期货公司、基金管理公司、商

业银行、保险公司等金融机构的从业人员以及有关监管部门或者行业协会的工作人员，利用因职务便利获取的内幕信息以外的其他未公开的信息，违反规定，从事与该信息相关的证券、期货交易活动，或者明示、暗示他人从事相关交易活动，涉嫌下列情形之一的，应予立案追诉：

（一）获利或者避免损失数额在一百万元以上的；

（二）二年内三次以上利用未公开信息交易的；

（三）明示、暗示三人以上从事相关交易活动的；

（四）具有其他严重情节的。

利用未公开信息交易，获利或者避免损失数额在五十万元以上，或者证券交易成交额在五百万元以上，或者期货交易占用保证金数额在一百万元以上，同时涉嫌下列情形之一的，应予立案追诉：

（一）以出售或者变相出售未公开信息等方式，明示、暗示他人从事相关交易活动的；

（二）因证券、期货犯罪行为受过刑事追究的；

（三）二年内因证券、期货违法行为受过行政处罚的；

（四）造成其他严重后果的。

由于本罪是《刑法修正案（七）》新增设的，2001 年《追诉标准》中对本罪案的立案追诉标准没有规定。在 2010 年《立案追诉标准（二）》制定过程中，考虑到本罪在行为方式、危害结果等方面均与内幕交易、泄露内幕信息罪极为相似，且法定刑也完全一致。因此，本罪案的立案追诉标准也和内幕交易、泄露内幕信息罪案的立案追诉标准基本保持一致。

近年来，在我国证券、期货交易活动中，利用未公开信息交易的违法犯罪行为多发。某些金融机构从业人员利用金融机构的巨额资金作后盾，在用客户资金买入证券、期货等金融产品前，以自己名义，或假借他人名义，或告知其亲属、朋友、关系户，先行低价买入证券、期货等金融产品，然后用客户资金拉升到高位后自己率先卖出获得巨额非法利益，将风险与损失转嫁给其他投资者。不仅对其任职单位的财产利益造成损害，而且严重破坏了公开、公平、公正的证券、期货市场原则，严重损害客户投资者或处于信息弱势的散户利益，严重损害金融行业信誉，影响投资者对金融机构的信任，进而对资产管理和基金、证券、期货市场的健康发展产生负面影响，社会危害性日益凸显，必须予以惩治。

在司法实践中，利用未公开信息交易犯罪案件有以下几方面特点：一是发案领域日趋广泛。涉及基金、银行、证券、保险、资产管理等多个领域，逐渐从证券发行、交易环节蔓延至基金托管、资产评估等环节，呈现传统风险与新型风险相互交织的特点。二是内外勾结、合伙作案现象突出。此类案件中，金融机构的从业人员利用职务便利获得特定信息后，与外部人员相互勾结、明确分工，有人负责操控指挥，有人负责调集资金，有人负责传递信息，甚至在监管机构调查期间达成攻守同盟，呈现出明显的“团伙化”特征。三是犯罪分子反侦查意识较强。此类案件中，犯罪分子大多文化程度较高、精通金融知识、从业经验丰富，作案前计划周密，作案时手段隐蔽，作案后不易留下犯罪痕迹，导致对犯罪的发现难、取证难和认定难。四是犯罪手段网络化趋势明显。随着信息网络技术的发展，证券、期货市场普遍采用无纸化交易、电脑自动撮合成交以及集中托管，不仅为证券、期货交易提供了成本更低、速度更快的渠道，也使犯罪分子的信息传递、交易操作更加隐蔽，转瞬间即可完成犯罪。与此同时，司法实践反映，该罪的具体定罪量刑标准尚不明确，一些法律适用问题存在争议，需要通过司法解释予以明确。[①] 为此，《关于办理利用未公开信息交易刑事案件适用法律若干问题的解释》对利用未公开信息交易罪的法律适用作了详细的规定。本次立案追诉标准修订主要是参考了该解释中的相关规定。

根据《立案追诉标准（二）》第31条的规定，证券交易所、期货交易所、证券公司、期货公司、基金管理公司、商业银行、保险公司等金融机构的从业人员以及有关监管部门或者行业协会的工作人员，利用因职务便利获取的内幕信息以外的其他未公开的信息，违反规定，从事与该信息相关的证券、期货交易活动，或者明示、暗示他人从事相关交易活动，涉嫌下列情形之一的，应予立案追诉：

（1）获利或者避免损失数额在100万元以上的。2010年《立案追诉标准（二）》规定“获利或者避免损失数额累计在十五万元以上的”应予立案追诉，本次修订提高至100万元。主要考虑是：一是与内幕交易罪相比较，内幕信息是应当向广大投资者公开，并对证券、期货价格具有重大影响的信息；利用未公开信息交易罪涉及的未公开信息通常是不对外公布的信息，影响范围较小，社会危害性相对较小。二是根据违法犯罪真实案例统计数据，获利25万元以上的占92%；获利50万元以上的占69%；获利100万元以上的占61%；获利500万元以上的占35%；获利1000万元以上的占20%。从实际进入司法程序的案件来看，95%以上的案件违法所得在100万元以上。以违法所得数额100万元以上为标准，符合“老鼠仓”刑事案件实际。

（2）2年内3次以上利用未公开信息交易的。2010年《立案追诉标准

---

① 姜永义、陈学勇、王尚明：《〈关于办理利用未公开信息交易刑事案件适用法律若干问题的解释〉的理解与适用》，载《人民法院报》2020年4月30日第5版。

（二）》规定"多次利用内幕信息以外的其他未公开信息进行交易活动的"应予立案追诉，本次修订做了进一步细化，修改为"二年内三次以上利用未公开信息交易的"。理由是行为人2年内实施3次以上利用未公开信息交易的行为，表明其主观恶性较深，危害性大，应予追究刑事责任。在具体适用过程中，需要注意的是，一是3次以上利用未公开信息，是指不同的未公开信息，而不是指利用同一未公开信息进行3次以上交易；二是3次利用未公开信息交易的行为均应达到依法应予行政处理或者刑事处理的程度，且尚未经处理的；三是3次以上利用未公开信息交易的时间段限定在2年内，超出2年时间达到3次的不属于此情形。①

（3）明示、暗示3人以上从事相关交易活动的。这是本次修订新增加的立案追诉指标。根据《关于办理利用未公开信息交易刑事案件适用法律若干问题的解释》第5条规定，明示、暗示3人以上从事相关交易活动的，即构成利用未公开信息交易罪。为保持立案追诉标准与审判标准之间的衔接协调，增加了这一立案追诉指标。值得注意的是，其一，3人以上是指不同的人，3次以上明示、暗示同一人从事相关交易活动的不属于此种情形。其二，被明示、暗示人只有从事相关交易活动的，才构成犯罪；换言之，如果行为人仅是将信息泄露给他人，但他人没有从事相关交易活动的，不构成本罪。②

（4）具有其他严重情节的为兜底性条款，以免挂一漏万。

（5）利用未公开信息交易，获利或者避免损失数额在50万元以上，或者证券交易成交额在500万元以上，或者期货交易占用保证金数额在100万元以上，同时涉嫌下列情形之一的，应予立案追诉：①以出售或者变相出售未公开信息等方式，明示、暗示他人从事相关交易活动的；②因证券、期货犯罪行为受过刑事追究的；③2年内因证券、期货违法行为受过行政处罚的；④造成其他严重后果的。这是本次修订新增加的立案追诉指标。之所以增加这种"数额+情节"的立案追诉指标，主要考虑是在适当提高违法所得数额入罪标准的同时，为更有效地打击该类犯罪，又规定"数额+情节"的立案追诉指标作为补充。需要注意的是，本条第1款规定了本罪的一般立案追诉标准，第2款规定的是"数额+情节"的立案追诉标准，对于符合第2款规定的数额标准，但不具备第2款规定的四种情形之一，又不符合第1款规定的立案追诉标准的，不得立案追诉。

值得说明的是，是否将证券交易成交额、期货交易占用保证金数额单独作为立案追诉标准的问题。内幕交易罪中规定了证券交易成交额、期货交易占用保证

---

① 姜永义、陈学勇、王尚明：《〈关于办理利用未公开信息交易刑事案件适用法律若干问题的解释〉的理解与适用》，载《人民法院报》2020年4月30日第5版。

② 姜永义、陈学勇、王尚明：《〈关于办理利用未公开信息交易刑事案件适用法律若干问题的解释〉的理解与适用》，载《人民法院报》2020年4月30日第5版。

金数额作为内幕交易犯罪的立案追诉标准。在修订过程中，对于本罪是否也应将证券交易成交额、期货交易占用保证金数额单独作为立案追诉标准，有不同的观点。经研究，未将证券交易成交额、期货交易占用保证金数额单独作为立案追诉标准，主要考虑是利用未公开信息交易罪与内幕交易罪所涉信息性质和内容的不同，对证券、期货交易市场的危害程度有所差异，利用未公开信息交易罪的社会危害性主要体现在非法获利上；证券交易成交额、期货交易占用保证金数额往往与违法所得数额相关，大多数情况下可以通过违法所得这一立案追诉标准对利用未公开信息交易罪进行规制与惩罚，避免两种不同数额标准的重合与交叉；从“老鼠仓”案件的实际情况看，非法获利情况居多，不获利甚至亏本的情况较少，故没有将证券交易成交额、期货交易占用保证金数额单独作为立案追诉标准，而是结合其他情节，在第2款“数额+情节”的情形中作了相应规定。同时，也是为了与《关于办理利用未公开信息交易刑事案件适用法律若干问题的解释》协调一致。

三、认定利用未公开信息交易罪应注意的问题

（一）利用未公开信息交易罪罪与非罪的界限

行为人实施的利用未公开信息交易的行为是否构成利用未公开信息交易罪，除了法定的犯罪构成要件外，主要看其利用未公开信息交易的行为是否达到本罪的立案追诉标准。如果达到本罪案立案追诉标准的规定，均应依法立案追诉；如果没有达到本罪案立案追诉标准的规定，则不构成犯罪，不应立案追诉，只能依据其他有关法律的规定，给予行政处罚。

（二）利用未公开信息交易罪与内幕交易罪的界限

内幕交易罪，是指证券、期货交易内幕信息的知情人员或者非法获取证券、期货交易内幕信息的人员，在涉及证券的发行，证券、期货交易或者其他对证券、期货交易价格有重大影响的信息尚未公开前，买入或者卖出该证券，或者从事与该内幕信息有关的期货交易，或者明示、暗示他人从事上述交易活动，情节严重的行为。

两罪的相同之处在于：一是两罪均侵犯了证券、期货市场的正常秩序和其他投资者的合法权益。二是行为人均利用了尚未公开的信息。两罪的区别体现在信息的内容、性质不同。利用未公开信息交易罪中的未公开信息主要是指内幕信息以外的其他对证券、期货的市场价格有重大影响的尚未公开的信息，这些信息与上市公司本身并无直接关系；而内幕交易罪中的内幕信息主要是围绕上市公司本身的信息，如公司的重组计划、公司高管人员的变动、公司的重要合同、公司的

盈利情况等对该公司证券、期货的市场价格有重大影响，按照有关规定应及时向社会公开但还尚未公开的信息。

（三）其他问题

1. 关于未公开信息的认定

《关于办理利用未公开信息交易刑事案件适用法律若干问题的解释》第 1 条就未公开信息做了界定。第 1 项是证券、期货的投资决策、交易执行信息，如基金投资公司即将建仓、出仓的信息等，这是未公开信息的常见类型，过去查处的“老鼠仓”案件所涉信息基本上属于此类信息。第 2 项是证券持仓数量及变化、资金数量及变化、交易动向信息，通常是指证券交易所、证券结算中心等金融机构工作人员利用职务便利能够获取，并且应当予以保密的重要信息，如本单位受托管理的资金的运营情况、客户的交易信息等。因这类信息不属于证券法规定的内幕信息，但又对证券交易活动具有影响，故作为未公开信息。需要注意的是，《期货和衍生品法》明确规定此类信息属于内幕信息，不属于未公开信息，如果在期货领域利用此类信息进行非法交易的，应当以内幕交易、泄露内幕信息罪论处。第 3 项是其他可能影响证券、期货交易活动的信息。

在司法实践中，对是否属于未公开信息难以认定的，上述解释第 2 条作了提示性规定。我国证券、期货领域的相关政策以及相关法律法规正在不断改革完善之中，如证券领域设立科创板并实行注册制改革，新三板也在不断改革完善等。在此背景下，很可能出现某些案件中所涉信息是否属于未公开信息难以认定的情况。对于未公开信息难以认定的，司法机关可以在有关行政主管、监管部门认定意见的基础上，根据案件事实和法律规定作出认定。①

2. 关于利用未公开信息的认定

利用未公开信息，是指行为人的交易行为与其获悉的未公开信息之间存在直接因果关系。也就是说行为人基于其了解的未公开信息的内容作出了买进或者卖出证券或者期货合约的决定，并进行了相应的操作。反映在证明责任上，指控方必须有证据证明行为人买进或者卖出证券或者期货合约的操作行为与其获悉的未公开信息之间存在因果关系。只要指控方有证据证明行为人因职务便利获取了内幕信息以外的其他未公开信息，并且有证据证明行为人在该信息公开之前基于该信息的利好性或者利空性买进或者卖出证券或者期货合约，就可以认定其行为属于利用未公开信息。除非行为人能举证证明自己买进或者卖出证券或者期货合约的操作行为与其获悉的未公开信息无关。

---

① 姜永义、陈学勇、王尚明：《〈关于办理利用未公开信息交易刑事案件适用法律若干问题的解释〉的理解与适用》，载《人民法院报》2020 年 4 月 30 日第 5 版。

3. 关于违反规定的认定

《刑法修正案（七）》新增该罪主要是针对实践中金融机构从业人员以及有关监管部门或者行业协会的工作人员违背职业义务背信从事非法交易行为。这种行为既损害市场秩序，也损害金融机构本身或者委托人利益。鉴于当时《证券法》《证券投资基金法》等相关法律法规中都没有明确规定内幕信息之外的其他未公开信息的保护制度，行政立法相对滞后，打击该类违法犯罪行为主要依据监管部门或行业协会制定的金融机构从业人员职业规范。因此，新增该罪名时使用违反规定的表述。

从立法原意看，《刑法》第180条第4款规定的违反规定，除了违反法律、法规、规章、全国性行业规范之外，也包括违反金融机构内部关于信息保密、禁止交易、利益输送等制度。《关于办理利用未公开信息交易刑事案件适用法律若干问题的解释》第3条明确违反规定包括违反法律、行政法规、部门规章、全国性行业规范有关证券、期货未公开信息保护的规定，以及行为人所在的金融机构有关信息保密、禁止交易、禁止利益输送等规定。之所以将行为人所在的金融机构有关信息保密、禁止交易、禁止利益输送等规定纳入违反规定，主要考虑是法律、行政法规、部门规章、全国性行业规范有关未公开信息保护的规定比较原则，实践中需要结合行为人所在的金融机构有关信息保密、禁止交易、禁止利益输送等规定予以认定。①

4. 关于明示、暗示他人从事相关交易活动的认定

据实践部门反映，由于资本市场关系复杂，技术手段先进，涉及证券、期货、法律、会计、计算机、网络通信等诸多领域，犯罪分子往往具有较深的专业背景，熟悉资本市场运行规则和信息技术，惯于利用规则和制度的漏洞逃避法律追究，又加上证券、期货具有无纸化、信息化交易等特点，查处难度大。在实践中，稽查部门查明某投资者账户与某金融机构账户的交易高度趋同，该金融机构某工作人员涉嫌对交易人明示、暗示相关交易活动，但双方均否认明示、暗示。对这类案件能否移送侦查、起诉或者审判，存在不同认识，甚至发生相互扯皮、“踢皮球”的不良现象。我们认为，综合全案证据，足以认定行为人明示、暗示他人从事相关交易活动的，即使行为人和被明示、暗示人拒不交代，也应当定罪处罚。结合审判实践，并参考最高人民法院、最高人民检察院《关于办理内幕交易、泄露内幕信息刑事案件具体应用法律若干问题的解释》有关规定，《关于办理利用未公开信息交易刑事案件适用法律若干问题的解释》第4条从六个方面明

① 姜永义、陈学勇、王尚明：《〈关于办理利用未公开信息交易刑事案件适用法律若干问题的解释〉的理解与适用》，载《人民法院报》2020年4月30日第5版。

确了明示、暗示他人从事相关交易活动的综合认定标准。

（1）行为人具有获取未公开信息的职务便利。即从主体方面判断行为人是否具有获取未公开信息的职务便利。本罪是特殊主体，行为人必须具备获取未公开信息的职务便利。行为人的职务不是金融机构的一般职务，而是涉密岗位的相关职务。对于非涉密岗位人员（如银行中与证券、期货投资无关的工作人员）偶然听到未公开信息而从事相关交易的，则不属于利用职务之便获取未公开信息。此外，还要结合《关于办理利用未公开信息交易刑事案件适用法律若干问题的解释》第3条，看行为人是否违反所在金融机构对涉案信息的保密规定或者禁止交易的相关规定。

（2）行为人获取未公开信息的初始时间与他人从事相关交易活动的初始时间具有关联性。即从时间关联性来判断他人从事相关交易活动是否受到行为人的明示或者暗示。例如，行为人系股票投资基金的决策者，他人在行为人投资决策期间买入了相关股票，行为人明示、暗示他人交易的关联性较强；如果他人系行为人投资决策之后买入相关股票，亦具有关联性，但关联性相对较弱，须结合其他项的规定进行综合判断；如果他人在行为人投资决策前或该信息失效后买入相关股票，则不具有关联性，应排除行为人明示、暗示他人从事相关交易活动的嫌疑。因此，要根据他人从事相关交易的初始时间，与未公开信息的生成时间、行为人获取信息的初始时间进行关联判断，这是案件证据审查的重点内容之一。

（3）行为人与他人之间具有亲友关系、利益关联、交易终端关联等关联关系。即从行为人与他人之间的关联关系判断他人从事相关交易活动是否受到行为人的明示或者暗示。在实践中，通常是从交易者与未公开信息知情人之间是否存在亲友关系、交易终端关联以及利益关联等方面进行排查，并据此发现明示、暗示他人交易的犯罪嫌疑人。如果交易者与行为人之间存在夫妻、父母、子女等密切关系，或者交易终端关联（共同使用交易的电脑、手机）等，一般可以锁定嫌疑人。如果交易者与某未公开信息知情人仅具有一般朋友关系，该知情人是否为明示、暗示人，则要结合其他证据进行综合判断。

（4）他人从事相关交易的证券、期货品种、交易时间与未公开信息所涉证券、期货品种、交易时间等方面基本一致。即从他人从事相关交易的证券、期货品种、交易时间与未公开信息所涉证券、期货品种、交易时间等方面是否基本一致，判断他人从事相关交易活动是否受到行为人的明示或者暗示。例如，某个人账户与机构账户交易的多只股票重合度高，且在相近时间同买、同卖，即两个账户交易的股票品种及交易时间基本一致，实践中又称为“高度趋同交易”。在这种情况下，明示、暗示他人从事相关交易活动的可能性就很大。通常由证券交易所等监管机构以两个账户相近时间、交易方向相同的品种重合度等客观方面，再结合概率统计等科学方法，以百分比的方式计算趋同度。在司法实践中，高度趋同一般是以趋同度达到60%以上为标准。这是认定他人利用未公开信息从事相关交易活动的重要客观依据。

（5）他人从事的相关交易活动明显不具有符合交易习惯、专业判断等正当理由。

（6）行为人对明示、暗示他人从事相关交易活动没有合理解释。即对明示、暗示他人从事相关交易活动的行为人和被明示、暗示人给予合理辩解的机会，并着重提示监管稽查人员及司法人员应当充分听取有关辩解，并查证辩解的合理性。

需要注意的是，行为人明示、暗示他人从事相关交易活动，如果他人是行为人的配偶、父母等特殊亲属，行为人与他人系不可分割的利益共同体，则可认定为共同犯罪。①

5. 对于泄露未公开信息的行为具体定性

在司法实践中，对于泄露未公开信息的行为应具体问题具体分析。如果行为人以明示、暗示他人从事与该信息相关的证券、期货交易活动为目的而泄露未公开信息，情节严重的，应按利用未公开信息交易罪定罪量刑。如果行为人出于其他动机（如泄私愤、与对手竞争等）而泄露未公开信息的，则不能构成利用未公开信息交易罪，如果构成其他犯罪的，按相关罪名（如故意泄露国家秘密罪）处理。

6. 关于犯罪数额的认定

利用未公开信息交易的相关交易数额或者违法所得数额是定罪量刑的依据，依法应当累计计算，但犯罪数额累计计算的前提条件是单次利用未公开信息交易行为必须是依法应予行政处理或者刑事处理而未经处理的。对于不构成犯罪但超过行政处罚时效期限，或者构成犯罪但超过追诉期限的，相关数额不应累计计算。据此，《关于办理利用未公开信息交易刑事案件适用法律若干问题的解释》第8条规定，二次以上利用未公开信息交易，依法应予行政处理或者刑事处理而未经处理的，相关交易数额或者违法所得数额累计计算。②

7. 关于违法所得的认定

在实践中，利用未公开信息交易有两种情形，一是行为人利用未公开信息从事与该信息相关的证券、期货交易活动；二是行为人本人未利用未公开信息从事

---

① 姜永义、陈学勇、王尚明：《〈关于办理利用未公开信息交易刑事案件适用法律若干问题的解释〉的理解与适用》，载《人民法院报》2020年4月30日第5版。

② 姜永义、陈学勇、王尚明：《〈关于办理利用未公开信息交易刑事案件适用法律若干问题的解释〉的理解与适用》，载《人民法院报》2020年4月30日第5版。

相关交易活动，但被明示、暗示人利用该未公开信息从事相关交易活动。据此，《关于办理利用未公开信息交易刑事案件适用法律若干问题的解释》第9条第1款规定，“违法所得”，是指行为人利用未公开信息从事与该信息相关的证券、期货交易活动所获利益或者避免的损失。实践中对此没有争议。第9条第2款规定，行为人明示、暗示他人利用未公开信息从事相关交易活动，被明示、暗示人员从事相关交易活动所获利益或者避免的损失，应当认定为“违法所得”。该解释之所以作这样的规定，主要是考虑：（1）通常情况下，被明示、暗示人与行为人之间并不构成共同犯罪，但他们从事相关交易活动属于利用未公开信息交易的重要组成部分，与行为人的明示、暗示具有直接因果关系，具有行政违法性，故他们所获利益或者避免的损失也应当认定为违法所得。（2）如果将被明示、暗示人从事相关交易活动所获利益或避免的损失不认定为违法所得，不利于打击“老鼠仓”违法犯罪活动。（3）《关于办理内幕交易、泄露内幕信息刑事案件具体应用法律若干问题的解释》已将内幕交易犯罪中被明示、暗示人从事相关交易活动所获利益或避免的损失认定为违法所得，为保持司法解释的一致性，故加以明确。①

四、利用未公开信息交易罪的处罚

根据《刑法》第180条第4款的规定，证券交易所、期货交易所、证券公司、期货经纪公司、基金管理公司、商业银行、保险公司等金融机构的从业人员以及有关监管部门或者行业协会的工作人员，利用因职务便利获取的内幕信息以外的其他未公开的信息，违反规定，从事与该信息相关的证券、期货交易活动，或者明示、暗示他人从事相关交易活动，情节严重的，处5年以下有期徒刑或者拘役，并处或者单处违法所得1倍以上5倍以下罚金；情节特别严重的，处5年以上10年以下有期徒刑，并处违法所得1倍以上5倍以下罚金。

根据《关于办理利用未公开信息交易刑事案件适用法律若干问题的解释》的规定，利用未公开信息交易，违法所得数额在1000万元以上的，应当认定为“情节特别严重”。违法所得数额在500万元以上，或者证券交易成交额在5000万元以上，或者期货交易占用保证金数额在1000万元以上，具有本解释第6条规定的4种情形之一的，应当认定为“情节特别严重”。二次以上利用未公开信息交易，依法应予行政处理或者刑事处理而未经处理的，相关交易数额或者违法所得数额累计计算。这里的违法所得是指行为人利用未公开信息从事与该信息相

① 姜永义、陈学勇、王尚明：《〈关于办理利用未公开信息交易刑事案件适用法律若干问题的解释〉的理解与适用》，载《人民法院报》2020年4月30日第5版。

关的证券、期货交易活动所获利益或者避免的损失。行为人明示、暗示他人利用未公开信息从事相关交易活动，被明示、暗示人员从事相关交易活动所获利益或者避免的损失应当认定为违法所得。行为人未实际从事与未公开信息相关的证券、期货交易活动的，其罚金数额按照被明示、暗示人员从事相关交易活动的违法所得计算。

第十九节 编造并传播证券、期货交易虚假信息案

一、编造并传播证券、期货交易虚假信息罪的概念和构成要件

（一）概念

编造并传播证券、期货交易虚假信息罪，是指编造并且传播影响证券、期货交易的虚假信息，扰乱证券、期货交易市场，造成严重后果的行为。

1979 年《刑法》没有规定编造并传播证券、期货交易虚假信息罪。1997 年《刑法》修订时对其进行了补充修改，增加了编造并传播证券交易虚假信息罪。1997 年《刑法》第 181 条第 1、3 款规定，编造并且传播影响证券交易的虚假信息，扰乱证券交易市场，造成严重后果的，处 5 年以下有期徒刑或者拘役，并处或者单处 1 万元以上 10 万元以下罚金。单位犯前两款罪的，对单位判处罚金，并对其直接负责的主管人员和其他直接责任人员，处 5 年以下有期徒刑或者拘役。《刑法修正案》第 5 条第 1、3 款对 1997 年《刑法》第 181 条第 1、3 款又进行了补充修改，编造并且传播影响证券、期货交易的虚假信息，扰乱证券、期货交易市场，造成严重后果的，处 5 年以下有期徒刑或者拘役，并处或者单处 1 万元以上 10 万元以下罚金。单位犯前两款罪的，对单位判处罚金，并对其直接负责的主管人员和其他直接责任人员，处 5 年以下有期徒刑或者拘役。主要修改之处在于增加了对编造并传播期货交易虚假信息行为的规定。1997 年 12 月 11 日最高人民法院《关于执行〈中华人民共和国刑法〉确定罪名的规定》、1997 年 12 月 25 日最高人民检察院《关于适用刑法分则规定的犯罪的罪名的意见》根据 1997 年《刑法》第 181 条第 1 款规定了“编造并传播证券交易虚假信息罪”罪名。2002 年 3 月 15 日最高人民法院、最高人民检察院《关于执行〈中华人民共和国刑法〉确定罪名的补充规定》根据《刑法修正案》第 5 条第 1、3 款将“编造并传播证券交易虚假信息罪”罪名修改为“编造并传播证券、期货交易虚假信息罪”罪名。

（二）构成要件

1. 犯罪客体

本罪侵犯的客体是证券、期货市场的正常秩序和其他投资者的合法权益。改革开放以来，我国制定了《中国人民银行法》《公司法》《证券法》《期货和衍生品法》及《刑法》等多部法律和行政法规，建立了较为完备的金融管理制度。经过多年的努力，我国证券、期货市场逐步规范，监管能力进一步加强。但是，目前证券、期货市场仍存在一些不容忽视的问题，如牟取暴利、损公肥私、进行金融犯罪活动等。这些行为不仅干扰了企业从事证券、套期保值等合法的经营活动，而且严重破坏了证券、期货市场的正常秩序，妨碍了证券、期货市场的健康发展，给国家和人民利益造成巨大的损失。为进一步遏制过度投机活动，加强对证券、期货市场的监管工作，必须对这些行为予以严厉打击。因此，在对 1979 年《刑法》进行修改和对现行《刑法》进行修正时，明确将编造并传播证券、期货交易虚假信息的行为规定为犯罪。

2. 客观方面

本罪的客观方面表现为编造并且传播影响证券、期货交易的虚假信息，扰乱证券、期货交易市场，造成严重后果的行为。编造并传播证券、期货交易虚假信息罪是结果犯，不仅要求行为人实施了编造并且传播证券、期货交易虚假信息的行为，而且必须造成严重后果才构成犯罪。所谓编造，一是凭想象创造、编造；二是捏造。二者都是在一定动机促使下把本来没有或者不存在的造出来。所谓传播，是指用各种手段或形式把信息散布给他人的行为。所谓虚假信息，是指凭空捏造的、歪曲事实的或者有误导性的，能引起市场行情变化的信息，如引起价格上涨或者下跌，大量抛售或者吸纳的信息等。具体来说，所谓影响证券交易的虚假信息，主要是指可能对上市公司股票交易价格产生较大影响的虚假信息，如涉及公司分配股利或者增资的计划，公司债务担保的重大变更，公司出现重大亏损或者遭受重大损失，公司减资、分立、合并、解散等虚假信息。《期货和衍生品法》第 3 条规定，期货交易，是指以期货合约或者标准化期权合约为交易标的的交易活动。所谓影响期货交易的虚假信息，主要是指可能对期货合约的交易产生较大影响的虚假信息，如金融银根政策、有关会议内容、市场整顿措施、新品种上市、税率调整、大户入市、保证金比例的提高、交易头寸变化、仓量调整、新法规新措施的出台等。

根据《刑法》第 181 条第 1 款的规定，编造并传播证券、期货交易虚假信息罪必须是造成严重后果的才能构成。

3. 犯罪主体

本罪的主体是一般主体，既包括达到刑事责任年龄、具有刑事责任能力的自然人，也包括单位。

4. 主观方面

本罪的主观方面只能由故意构成，即行为人明知违反法律法规的规定，仍然故意实施编造并且传播影响证券、期货交易的虚假信息，扰乱证券、期货交易市场的行为。过失不构成本罪。

二、编造并传播证券、期货交易虚假信息罪案立案追诉标准适用指南

《立案追诉标准（二）》第三十二条规定：

编造并且传播影响证券、期货交易的虚假信息，扰乱证券、期货交易市场，涉嫌下列情形之一的，应予立案追诉：

（一）获利或者避免损失数额在五万元以上的；

（二）造成投资者直接经济损失数额在五十万元以上的；

（三）虽未达到上述数额标准，但多次编造并且传播影响证券、期货交易的虚假信息的；

（四）致使交易价格或者交易量异常波动的；

（五）造成其他严重后果的。

关于编造并传播证券、期货交易虚假信息罪案的立案追诉标准，2001 年《追诉标准》第 30 条规定："编造并且传播影响证券、期货交易的虚假信息，扰乱证券、期货交易市场，涉嫌下列情形之一的，应予追诉：1. 造成投资者直接经济损失数额在三万元以上的；2. 致使交易价格和交易量异常波动的；3. 造成恶劣影响的。" 2010 年《立案追诉标准（二）》制定过程中，在充分考虑我国证券、期货市场实际情况与司法实践需要的基础上，为了增强可操作性，对本罪案的立案追诉标准的规定进行了细化与完善，其第 37 条规定："编造并且传播影响证券、期货交易的虚假信息，扰乱证券、期货交易市场，涉嫌下列情形之一的，应予立案追诉：（一）获利或者避免损失数额累计在五万元以上的；（二）造成投资者直接经济损失数额在五万元以上的；（三）致使交易价格和交易量异常波动的；（四）虽未达到上述数额标准，但多次编造并且传播影响证券、期货交易的虚假信息的；（五）其他造成严重后果的情形。"本次修订在 2010 年《立案追诉标准（二）》的基础上做了微调。

（1）获利或者避免损失数额在 5 万元以上的。这一立案追诉指标沿用了

2010 年《立案追诉标准（二）》。主要考虑是有的行为人通过编造并传播证券、期货交易虚假信息诱使他人作出与其真实意思相反的错误交易，而行为人自己却进行逆向操作，从而使自己获利或者避免损失。在司法实践中，立案追诉指标的适用并无明显不当，实务部门亦未提出修改意见，因而予以保留。

（2）造成投资者直接经济损失数额在 50 万元以上的。其他投资者损失与行为人获利或者避免损失是一个事物的两个方面。因此，在将“获利或者避免损失数额”规定为本罪案的立案追诉指标的同时也将“造成投资者直接经济损失数额”作为本罪案的立案追诉指标之一。在具体数额标准上，2010 年《立案追诉标准（二）》规定为 5 万元，此次修订中，为了保持证券、期货犯罪立案追诉标准的总体平衡与协调，规定为 50 万元。

（3）虽未达到上述数额标准，但多次编造并且传播影响证券、期货交易的虚假信息的。这一立案追诉指标沿用了 2010 年《立案追诉标准（二）》。主要考虑是，在司法实践中，虽未达到上述立案追诉标准，但行为人多次编造并且传播影响证券、期货交易的虚假信息的，足以反映其社会危害性与人身危险性，因此应予立案追诉。

（4）致使交易价格或者交易量异常波动的。这一立案追诉指标将 2010 年《立案追诉标准（二）》中的“致使交易价格和交易量异常波动的”修改为“致使交易价格或者交易量异常波动的”。主要考虑是《期货和衍生品法》第 88 条规定，期货交易场所应当实时公布期货交易即时行情，并按交易日制作期货市场行情表，予以公布。期货交易行情的权益由期货交易场所享有。未经期货交易场所许可，任何单位和个人不得发布期货交易行情。期货交易场所不得发布价格预测信息。《证券交易所管理办法》第 38 条规定，证券交易所应当实时公布即时行情，并按日制作证券市场行情表，记载并公布下列事项：①上市证券的名称；②开盘价、最高价、最低价、收盘价；③与前一交易日收盘价比较后的涨跌情况；④成交量、成交金额的分计及合计；⑤证券交易所市场基准指数及其涨跌情况；⑥中国证监会要求公布或者证券交易所认为需要公布的其他事项。第 39 条规定，证券交易所应当就其市场内的成交情况编制日报表、周报表、月报表和年报表，并及时向市场公布。上述行政法规中规定的信息最主要的就是每日即时公布的证券、期货交易价格和交易量。价量关系是证券、期货市场的重要考量指标。交易价格和交易量代表着一种证券和期货交易品种的发展趋势、利好或者利空等多种信息。交易价格和交易量的异常波动，如价格突然涨停或者跌停、交易量异常放大或者缩小等，必然误导投资者作出错误的决策，造成不必要的损失，导致市场混乱，破坏国家金融秩序。因此，行为人编造并且传播影响证券、期货交易的虚假信息，扰乱证券、期货交易市场，致使交易价格或者交易量异常波动的，应予立案追诉。值得注意的是，2010年《立案追诉标准（二）》中的“致使交易价格和交易量异常波动的”意味着必须是同时发生了交易价格和交易量异常波动的危害结果，才能立案追诉。而此次修订修改为“致使交易价格或者交易量异常波动的”，意味着交易价格和交易量二者中有一样发生异常波动的，即应立案追诉。

（5）造成其他严重后果的。关于兜底性条款，2001年《追诉标准》中表述为“造成恶劣影响的”，2010年《立案追诉标准（二）》中修改为“其他造成严重后果的情形”。理由是这样表述与法条更吻合。另外，“造成恶劣影响的”仅是“其他造成严重后果的情形”的一种表现形式。因此，将“造成恶劣影响的”修改为“其他造成严重后果的情形”不仅更符合《刑法》的原意，而且更为周延。此次修订修改为“造成其他严重后果的”。主要考虑是意思与2010年《立案追诉标准（二）》中的“其他造成严重后果的情形”是一致的，但表述更简洁一些。

在司法实践中，应注意从以下几个方面对本罪案的立案追诉标准加以把握：

（1）“造成其他严重后果的”包括给国家和人民利益造成较大损失；严重扰乱国家金融秩序，引起市场混乱；引发群体性事件；造成投资者自杀、精神失常等情形。如果行为人实施了编造并传播证券、期货交易虚假信息的行为，且符合《立案追诉标准（二）》的规定，公安机关和人民检察院就应依法予以立案追诉。

（2）如果与他人通谋，编造并传播证券、期货交易虚假信息，或者为他人编造并传播证券、期货交易虚假信息提供帮助和便利条件的，构成编造并传播证券、期货交易虚假信息罪的共犯。

（3）对于多次实施编造并传播证券、期货交易虚假信息行为的，其造成直接经济损失的数额应当累计计算。

（4）如果行为人既实施了编造并传播证券、期货交易虚假信息的行为，又实施了行贿、受贿等犯罪行为，应当依照《刑法》的有关规定，予以数罪并罚。

三、认定编造并传播证券、期货交易虚假信息罪应注意的问题

（一）编造并传播证券、期货交易虚假信息罪罪与非罪的界限

行为人实施的编造并传播证券、期货交易虚假信息的行为是否构成编造并传播证券、期货交易虚假信息罪，除了法定的犯罪构成要件外，主要看其编造并传播证券、期货交易虚假信息的行为是否达到本罪案的立案追诉标准。如果达到本罪案的立案追诉标准的规定，无论行为人是出于何种目的、使用何种手段而实施编造并传播证券、期货交易虚假信息的行为均应依法立案追诉。如果没有达到本罪案的立案追诉标准的规定，则不构成犯罪，不应予以立案追诉，只能依据其他

有关法律的规定，给予行政处罚。

编造与传播两个行为必须同时具备才能构成本罪。但在共同犯罪当中，编造与传播的行为可以由两人或者多人分别实施。如果编造证券、期货交易虚假信息但尚未传播的，不构成本罪。因为证券、期货交易虚假信息只有通过传播才会造成危害。如果行为人只是编造而没有传播，或者只是传播而没有编造，也不宜以犯罪论处。如果编造并传播的虚假信息只是一般的“小道消息”，不足以影响证券、期货行情，没有扰乱证券、期货交易市场，没有造成严重后果的，同样不宜以犯罪论处。如果行为人是运用公开的信息和资料对证券和期货市场进行分析，作出预测，但所做的分析和预测与后来的事实不符，出现错误的，不构成编造并传播证券、期货交易虚假信息罪。本罪罪与非罪的界限还要看行为人主观上是否具有编造并传播证券、期货交易虚假信息的故意。至于行为人是否从中牟利，不影响本罪的构成。

（二）编造并传播证券、期货交易虚假信息罪与诱骗投资者买卖证券、期货合约罪的界限

诱骗投资者买卖证券、期货合约罪，是指证券交易所、期货交易所、证券公司、期货公司的从业人员，证券业协会、期货业协会或者证券期货监督管理部门的工作人员，故意提供虚假信息或者伪造、变造、销毁交易记录，诱骗投资者买卖证券、期货合约，造成严重后果的行为。

两罪的共同之处在于：两罪所侵犯的客体相同，均是证券、期货市场的正常秩序和其他投资者的合法权益；主观方面都是出于故意，对犯罪目的和动机没有特殊要求。两罪的区别主要有：（1）客观方面不同。虽然两罪所涉及的信息均是不真实的、虚假的信息，但编造并传播证券、期货交易虚假信息罪的客观方面表现为行为人实施了编造并传播证券、期货交易虚假信息的行为；而诱骗投资者买卖证券、期货合约罪的客观方面表现为行为人实施了故意提供虚假信息或者伪造、变造、销毁交易记录，诱骗投资者买卖证券、期货合约的行为。（2）犯罪主体不同。编造并传播证券、期货交易虚假信息罪的主体是一般主体，任何达到刑事责任年龄、具有刑事责任能力的自然人和单位均可构成；而诱骗投资者买卖证券、期货合约罪的主体是特殊主体，只有证券交易所、期货交易所、证券公司、期货公司及其从业人员，证券业协会、期货业协会或者证券期货监督管理部门及其工作人员才能构成。

四、编造并传播证券、期货交易虚假信息罪的处罚

根据《刑法》第181条第1款的规定，编造并且传播影响证券、期货交易的

虚假信息，扰乱证券、期货交易市场，造成严重后果的，处5年以下有期徒刑或者拘役，并处或者单处1万元以上10万元以下罚金。

根据《刑法》第181条第3款的规定，单位犯编造并传播证券、期货交易虚假信息罪的，对单位判处罚金，并对其直接负责的主管人员和其他直接责任人员，处5年以下有期徒刑或者拘役。

第二十节 诱骗投资者买卖证券、期货合约案

一、诱骗投资者买卖证券、期货合约罪的概念和构成要件

（一）概念

诱骗投资者买卖证券、期货合约罪，是指证券交易所、期货交易所、证券公司、期货公司的从业人员，证券业协会、期货业协会或者证券期货监督管理部门的工作人员，故意提供虚假信息或者伪造、变造、销毁交易记录，诱骗投资者买卖证券、期货合约，造成严重后果的行为。

1979年《刑法》没有规定诱骗投资者买卖证券、期货合约罪。1997年《刑法》修订时对其进行了补充修改，增加了诱骗投资者买卖证券罪。1997年《刑法》第181条第2、3款规定："证券交易所、证券公司的从业人员，证券业协会或者证券管理部门的工作人员，故意提供虚假信息或者伪造、变造、销毁交易记录，诱骗投资者买卖证券，造成严重后果的，处五年以下有期徒刑或者拘役，并处或者单处一万元以上十万元以下罚金；情节特别恶劣的，处五年以上十年以下有期徒刑，并处二万元以上二十万元以下罚金。单位犯前两款罪的，对单位判处罚金，并对其直接负责的主管人员和其他直接责任人员，处五年以下有期徒刑或者拘役。"《刑法修正案》第5条第2、3款对1997年《刑法》第181条第2、3款又进行了补充修改："证券交易所、期货交易所、证券公司、期货经纪公司的从业人员，证券业协会、期货业协会或者证券期货监督管理部门的工作人员，故意提供虚假信息或者伪造、变造、销毁交易记录，诱骗投资者买卖证券、期货合约，造成严重后果的，处五年以下有期徒刑或者拘役，并处或者单处一万元以上十万元以下罚金；情节特别恶劣的，处五年以上十年以下有期徒刑，并处二万元以上二十万元以下罚金。单位犯前两款罪的，对单位判处罚金，并对其直接负责的主管人员和其他直接责任人员，处五年以下有期徒刑或者拘役。"主要修改之处在于增加了对诱骗投资者买卖期货合约行为的规定。1997年12月11日最高人民法院《关于执行〈中华人民共和国刑法〉确定罪名的规定》、1997年12月25

日最高人民检察院《关于适用刑法分则规定的犯罪的罪名的意见》根据1997年《刑法》第181条第2款规定了“诱骗投资者买卖证券罪”罪名。2002年3月15日最高人民法院、最高人民检察院《关于执行〈中华人民共和国刑法〉确定罪名的补充规定》根据《刑法修正案》第5条第2、3款将“诱骗投资者买卖证券罪”罪名修改为“诱骗投资者买卖证券、期货合约罪”罪名。

（二）构成要件

1. 犯罪客体

本罪侵犯的客体是证券、期货市场的正常秩序和其他投资者的合法权益。我国制定了《中国人民银行法》《公司法》《证券法》《期货和衍生品法》及《刑法》等多部法律和行政法规，建立了较为完备的金融管理制度。经过多年的努力，我国证券、期货市场逐步规范，监管能力进一步加强。但是，目前证券、期货市场仍存在一些不容忽视的问题，如牟取暴利、损公肥私、进行金融犯罪活动等。这些行为不仅干扰了企业从事证券、套期保值等合法的经营活动，而且严重破坏了证券、期货市场的正常秩序，妨碍了证券、期货市场的健康发展，也给国家和人民利益造成巨大的损失。为进一步遏制过度投机活动，加强对证券、期货市场的监管工作，对这些行为必须予以严厉打击。因此，在对1979年《刑法》进行修改和对现行《刑法》进行修正时，明确将诱骗投资者买卖证券、期货合约的行为规定为犯罪。

2. 客观方面

本罪的客观方面表现为故意提供虚假信息或者伪造、变造、销毁交易记录，诱骗投资者买卖证券、期货合约，造成严重后果的行为。诱骗投资者买卖证券、期货合约罪是结果犯，不仅要求行为人实施了诱骗投资者买卖证券、期货合约的行为，而且必须造成严重后果，才构成犯罪。所谓提供虚假信息，是指提供可能对证券、期货交易产生较大影响的虚假信息，如涉及公司分配股利或者增资的计划，公司债务担保的重大变更，公司出现重大亏损或者遭受重大损失，公司减资、分立、合并、解散等虚假信息。其中，提供既包括行为人主动提供，也包括行为人应投资者的要求而提供；既包括有偿提供，也包括无偿提供。所谓虚假信息，是指行为人编造的、虚构的、不真实的信息，多数情况下是行为人以内幕信息的名义编造并进行传播的，一般具有三个特点：一是虚假信息外在表现为一种客观事实，而不是一种行为人的主观推测；二是虚假信息是不符合实际情况的信息；三是虚假信息是可能影响证券、期货交易价格的信息。

交易记录是记载证券、期货合约交易情况的原始凭证，投资者往往通过实际交易记录来观察某证券、期货的投资情况，以便推测或判断某证券、期货是否可以投资，是否具有投资价值或者预测是否可以盈利。因此，交易记录时常能影响投资者的投资判断。如果投资者依据的交易记录不是真实的而是虚假的，不但不能帮助投资者降低风险，反而会增加投资者的风险。因此，伪造、变造、销毁交易记录会误导投资者，使投资者作出违背自己本意的投资决定，从而损害投资者的合法利益。所谓伪造交易记录，是指模仿交易记录的形式和内容，编造虚假交易记录，冒充真实交易记录的行为，如原来未进行交易，在交易记录中谎报进行了交易；原来未进行大量交易，而在交易记录中谎报进行了大量交易。所谓变造交易记录，是指行为人在真实交易记录的基础上，采用涂改、擦消、拼接或在电脑上删改等方法加工处理，对真实的交易记录进行篡改，变更其内容的行为。所谓销毁交易记录，是指把真实的交易记录加以毁灭，使之不复存在的行为。

本罪是选择性罪名，只要证券交易所、期货交易所、证券公司、期货公司的从业人员，证券业协会、期货业协会或者证券期货监督管理部门的工作人员，故意实施了提供虚假信息或者伪造、变造、销毁交易记录中的任何一个行为，均可构成本罪，实施多个行为的，不实行数罪并罚。

3. 犯罪主体

本罪的主体是特殊主体，从自然人主体来看，《刑法》规定的是两种人员：一是证券交易所、期货交易所、证券公司、期货公司的从业人员；二是证券业协会、期货业协会或者证券期货监督管理部门的工作人员。从单位主体来看，《刑法》规定的是证券交易所、期货交易所、证券公司、期货公司、证券业协会、期货业协会或者证券期货监督管理部门。除此之外的个人或单位实施本行为不构成本罪。

4. 主观方面

本罪的主观方面只能由故意构成，即行为人明知自己的行为违反了法律法规的规定，仍然故意实施提供虚假信息或者伪造、变造、销毁交易记录，诱骗投资者买卖证券、期货合约的行为。过失不构成本罪。

二、诱骗投资者买卖证券、期货合约罪案立案追诉标准适用指南

《立案追诉标准（二）》第三十三条规定：

证券交易所、期货交易所、证券公司、期货公司的从业人员，证券业协会、期货业协会或者证券期货监督管理部门的工作人员，故意提供虚假信息或者伪造、变造、销毁交易记录，诱骗投资者买卖证券、期货合约，涉嫌下列情形之一的，应予立案追诉：

（一）获利或者避免损失数额在五万元以上的；

（二）造成投资者直接经济损失数额在五十万元以上的；

（三）虽未达到上述数额标准，但多次诱骗投资者买卖证券、期货合约的；

（四）致使交易价格或者交易量异常波动的；

（五）造成其他严重后果的。

关于诱骗投资者买卖证券、期货合约罪案的立案追诉标准，2001 年《追诉标准》第 31 条规定："证券交易所、期货交易所、证券公司、期货经纪公司的从业人员，证券业协会、期货业协会或者证券期货监督管理部门的工作人员，故意提供虚假信息或者伪造、变造、销毁交易记录，诱骗投资者买卖证券、期货合约，涉嫌下列情形之一的，应予追诉：1. 造成投资者直接经济损失数额在三万元以上的；2. 致使交易价格和交易量异常波动的；3. 造成恶劣影响的。"2010 年《立案追诉标准（二）》制定过程中，在充分考虑我国证券、期货市场实际情况与司法实践需要的基础上，为了增强可操作性，对本罪案的立案追诉标准的规定进行了细化与完善，其第 38 条规定："证券交易所、期货交易所、证券公司、期货公司的从业人员，证券业协会、期货业协会或者证券期货监督管理部门的工作人员，故意提供虚假信息或者伪造、变造、销毁交易记录，诱骗投资者买卖证券、期货合约，涉嫌下列情形之一的，应予立案追诉：（一）获利或者避免损失数额累计在五万元以上的；（二）造成投资者直接经济损失数额在五万元以上的；（三）致使交易价格和交易量异常波动的；（四）其他造成严重后果的情形。"本次修订在 2010 年《立案追诉标准（二）》的基础上做了相应修改。

（1）获利或者避免损失数额在 5 万元以上的。这一立案追诉指标沿用了 2010 年《立案追诉标准（二）》。主要考虑是鉴于有的行为人通过故意提供虚假信息或者伪造、变造、销毁交易记录，诱骗投资者买卖证券、期货合约，从而使自己获利或者避免损失，因此有必要将"行为人获利或避免损失"作为立案追诉标准。另外，《证券法》第 57 条第 1 款规定："禁止证券公司及其从业人员从事下列损害客户利益的行为……为牟取佣金收入，诱使客户进行不必要的证券买卖……"，这为增加本项的立案追诉标准提供了法律依据。在具体数额标准上，考虑到本罪与编造并传播证券、期货交易虚假信息罪规定在同一条文中，且基本刑罚相同，为保持本罪和编造并传播证券、期货交易虚假信息罪的平衡，在具体数额标准上也规定为 5 万元。

（2）造成投资者直接经济损失数额在 50 万元以上的。其他投资者损失与行为人获利或者避免损失是一个事物的两个方面，因此在将"获利或者避免损失数额"规定为本罪案的立案追诉指标的同时也将"造成投资者直接经济损失数额"作为本罪案的立案追诉指标之一。在具体数额标准上，2010 年《立案追诉标准

（二）》规定为5万元，此次修订中，考虑到本罪与编造并传播证券、期货交易虚假信息罪规定在同一条文中，且基本刑罚相同，为保持本罪和编造并传播证券、期货交易虚假信息罪的平衡，参照编造并传播证券、期货交易虚假信息罪中“造成投资者直接经济损失数额在五十万元以上的”标准，规定为50万元。

（3）虽未达到上述数额标准，但多次诱骗投资者买卖证券、期货合约的。这一立案追诉指标是此次修订新增加的。主要考虑是，在司法实践中，虽未达到上述立案追诉标准，但行为人多次诱骗投资者买卖证券、期货合约的，足以反映其社会危害性与人身危险性，因此应予立案追诉。另外，也是为了与编造并传播证券、期货交易虚假信息罪的立案追诉标准保持协调一致。

（4）致使交易价格或者交易量异常波动的。这一立案追诉指标将2010年《立案追诉标准（二）》中的“致使交易价格和交易量异常波动的”修改为“致使交易价格或者交易量异常波动的”。主要考虑是《期货和衍生品法》第88条规定，期货交易场所应当实时公布期货交易即时行情，并按交易日制作期货市场行情表，予以公布。期货交易行情的权益由期货交易场所享有。未经期货交易场所许可，任何单位和个人不得发布期货交易行情。期货交易场所不得发布价格预测信息。《证券交易所管理办法》第38条规定，证券交易所应当实时公布即时行情，并按日制作证券市场行情表，记载并公布下列事项：①上市证券的名称；②开盘价、最高价、最低价、收盘价；③与前一交易日收盘价比较后的涨跌情况；④成交量、成交金额的分计及合计；⑤证券交易所市场基准指数及其涨跌情况；⑥中国证监会要求公布或者证券交易所认为需要公布的其他事项。第39条规定，证券交易所应当就其市场内的成交情况编制日报表、周报表、月报表和年报表，并及时向市场公布。上述行政法规中规定的信息，最主要的就是每日及时公布的证券、期货交易价格和交易量。价量关系是证券、期货市场的重要考量指标。交易价格和交易量代表着一种证券和期货交易品种的发展趋势、利好或者利空等多种信息。交易价格和交易量的异常波动，如价格突然涨停或者跌停、交易量异常放大或者缩小等，必然误导投资者作出错误的决策，造成不必要的损失，导致市场混乱，破坏国家金融秩序。因此，行为人故意提供虚假信息或者伪造、变造、销毁交易记录，诱骗投资者买卖证券、期货合约，致使交易价格或者交易量异常波动的，应予立案追诉。值得注意的是，2010年《立案追诉标准（二）》中的“致使交易价格和交易量异常波动的”意味着必须是同时发生了交易价格和交易量异常波动的危害结果，才能立案追诉。而此次修订修改为“致使交易价格或者交易量异常波动的”，意味着交易价格和交易量二者中有一样发生异常波动的，即应立案追诉。

（5）造成其他严重后果的。关于兜底性条款，2001年《追诉标准》中表述为“造成恶劣影响的”，2010 年《立案追诉标准（二）》中修改为“其他造成严重后果的情形”。理由是这样表述与法条表述更吻合。另外，“造成恶劣影响的”仅是“其他造成严重后果的情形”的一种表现形式。因此，将“造成恶劣影响的”修改为“其他造成严重后果的情形”不仅更符合《刑法》的原意，而且更为周延。此次修订修改为“造成其他严重后果的”。主要考虑是意思与 2010 年《立案追诉标准（二）》中的“其他造成严重后果的情形”是一致的，但表述更简洁一些。

在司法实践中，应注意从以下几个方面对本罪案的立案追诉标准加以把握：

（1）“造成其他严重后果的”包括给国家和人民利益造成较大损失；严重扰乱国家金融秩序，引起市场混乱；引发群体性事件；造成投资者自杀、精神失常等情形。如果行为人实施了故意提供虚假信息或者伪造、变造、销毁交易记录，诱骗投资者买卖证券、期货合约的行为，且符合《立案追诉标准（二）》的规定，公安机关和人民检察院就应依法予以立案追诉。

（2）“造成投资者直接经济损失数额在五十万元以上的”中的投资者既可以是一人，也可以是多人。

（3）如果与他人通谋，诱骗投资者买卖证券、期货合约，或者为他人诱骗投资者买卖证券、期货合约提供帮助和便利条件的，构成诱骗投资者买卖证券、期货合约罪的共犯。

（4）对于多次实施诱骗投资者买卖证券、期货合约的行为，其造成直接经济损失的数额应当累计计算。

（5）如果行为人既实施了诱骗投资者买卖证券、期货合约的行为，又实施了行贿、受贿等犯罪行为，应当依照《刑法》的有关规定，予以数罪并罚。

三、认定诱骗投资者买卖证券、期货合约罪应注意的问题

关于诱骗投资者买卖证券、期货合约罪罪与非罪的界限。行为人实施的诱骗投资者买卖证券、期货合约的行为是否构成诱骗投资者买卖证券、期货合约罪，除了法定的犯罪构成要件外，主要看其诱骗投资者买卖证券、期货合约的行为是否达到本罪案的立案追诉标准。如果达到《立案追诉标准（二）》的规定，无论行为人是出于何种目的、使用何种手段而实施诱骗投资者买卖证券、期货合约的行为，是否从中牟利，均应依法立案追诉。如果没有达到《立案追诉标准（二）》的规定，则不构成犯罪，不应予以立案追诉，只能依据其他有关法律的规定，给予行政处罚。

如果行为人是运用公开的信息和资料，对证券和期货市场进行分析，作出预测，为他人提供参考性意见，但所做的分析和预测与后来的事实不符，出现错误

的，不能作为犯罪处理。本罪罪与非罪的界限还要看行为人是否具有提供虚假信息或者伪造、变造、销毁交易记录，诱骗投资者买卖证券、期货合约的故意。

四、诱骗投资者买卖证券、期货合约罪的处罚

根据《刑法》第 181 条第 2 款的规定，证券交易所、期货交易所、证券公司、期货经纪公司的从业人员，证券业协会、期货业协会或者证券期货监督管理部门的工作人员，故意提供虚假信息或者伪造、变造、销毁交易记录，诱骗投资者买卖证券、期货合约，造成严重后果的，处 5 年以下有期徒刑或者拘役，并处或者单处 1 万元以上 10 万元以下罚金；情节特别恶劣的，处 5 年以上 10 年以下有期徒刑，并处 2 万元以上 20 万元以下罚金。

根据《刑法》第 181 条第 3 款的规定，单位犯诱骗投资者买卖证券、期货合约罪的，对单位判处罚金，并对其直接负责的主管人员和其他直接责任人员，处 5 年以下有期徒刑或者拘役。

第二十一节　操纵证券、期货市场案

一、操纵证券、期货市场罪的概念和构成要件

（一）概念

操纵证券、期货市场罪，是指单独或者合谋，集中资金优势、持股或者持仓优势或者利用信息优势联合或者连续买卖；或者与他人串通，以事先约定的时间、价格和方式相互进行证券、期货交易；或者在自己实际控制的账户之间进行证券交易，或者以自己为交易对象，自买自卖期货合约；或者不以成交为目的，频繁或者大量申报买入、卖出证券、期货合约并撤销申报的；或者利用虚假或者不确定的重大信息，诱导投资者进行证券、期货交易的；或者对证券、证券发行人、期货交易标的公开作出评价、预测或者投资建议，同时进行反向证券交易或者相关期货交易的；或者以其他方法操纵证券、期货市场，情节严重的行为。

1979 年《刑法》没有规定操纵证券、期货市场罪。本罪和内幕交易、泄露内幕信息罪相同，1997 年修订《刑法》时只将操纵证券交易价格的行为规定为犯罪，并纳入《刑法》第 182 条中，对操纵期货交易价格的行为未作规定。1997 年 12 月 11 日最高人民法院《关于执行〈中华人民共和国刑法〉确定罪名的规定》、1997 年 12 月 25 日最高人民检察院《关于适用刑法分则规定的犯罪的罪名的意见》根据 1997 年《刑法》第 182 条规定了“操纵证券交易价格罪”罪名。

1999 年《刑法修正案》第 6 条对 1997 年《刑法》第 182 条进行修改，将操纵期货交易价格，情节严重的行为规定为犯罪。2002 年 3 月 15 日最高人民法院、最高人民检察院《关于执行〈中华人民共和国刑法〉确定罪名的补充规定》根据《刑法修正案》第 6 条将“操纵证券交易价格罪”罪名修改为“操纵证券、期货交易价格罪”。

随着证券、期货交易市场的不断成熟，《刑法》的有些规定已不能适应市场发展的要求，且《证券法》于 2005 年 10 月 27 日做了全面的修订，为了更好地适应不断发展的证券、期货交易市场，与《证券法》相衔接，《刑法修正案（六）》对《刑法修正案》修改的《刑法》第 182 条又一次做了修改，主要修改内容有：一是将原来规定的“操纵证券、期货交易价格，获取不正当利益或者转嫁风险，情节严重的”修改为“操纵证券、期货市场，情节严重的”。二是将原来规定的“并处或者单处违法所得一倍以上五倍以下罚金”修改为“并处或者单处罚金”，取消了以违法所得数额作为确定罚金数额标准的规定。三是对操纵的行为在表述上做了一些修改，删除了原条文第 2 项“或者相互买卖并不持有的证券”的表述，将原条文第 3 项行为中“以自己为交易对象，进行不转移证券所有权的自买自卖”修改为“在自己实际控制的帐户之间进行证券交易”，将原条文第 4 项“以其他方法操纵证券、期货交易价格的”修改为“以其他方法操纵证券、期货市场的”。四是将本罪的法定最高刑从原来的 5 年有期徒刑提高到 10 年有期徒刑。2007 年 10 月 25 日最高人民法院、最高人民检察院《关于执行〈中华人民共和国刑法〉确定罪名的补充规定（三）》根据《刑法修正案（六）》第 11 条又将“操纵证券、期货交易价格罪”罪名修改为“操纵证券、期货市场罪”。

2020 年 12 月 26 日《刑法修正案（十一）》第 13 条对本罪罪状做了如下修改，新增了 3 项犯罪情形：（1）不以成交为目的，频繁或者大量申报买入、卖出证券、期货合约并撤销申报的；（2）利用虚假或者不确定的重大信息，诱导投资者进行证券、期货交易的；（3）对证券、证券发行人、期货交易标的公开作出评价、预测或者投资建议，同时进行反向证券交易或者相关期货交易的。

（二）构成要件

1. 犯罪客体

本罪侵犯的客体是复杂客体，既侵犯了证券、期货市场的正常秩序，又侵犯了其他投资者的合法权益。公开、公平、公正是绝大多数国家所确立的证券、期货市场运行的主要原则，该原则要求所有的投资者能够在公平、公正的条件下参与证券、期货交易，不允许任何人利用其所具有的各种优势，违背上述原则，获取非法利益或转嫁风险，任何人只要人为地破坏这一准则，就必须受到法律的制裁。操纵证券、期货市场的行为之所以应受到法律的制裁，就是因为其行为破坏了证券、期货市场运行秩序。操纵证券、期货市场背离了市场自由竞争和供求关系原则，人为地操纵证券、期货交易价格，或者制造证券、期货交易的虚假价格或者交易量，以引诱他人参与证券、期货交易，为自己谋取不正当利益或者转嫁风险，这种行为既对证券、期货市场的秩序造成极大的危害，同时也损害投资者的利益。

2. 客观方面

本罪的客观方面表现为操纵证券、期货市场的行为。行为人只要实施了以下四种行为之一，情节严重的，就构成操纵证券、期货市场罪：（1）单独或者合谋，集中资金优势、持股或者持仓优势或者利用信息优势联合或者连续买卖，操纵证券、期货交易价格或者证券、期货交易量的。（2）与他人串通，以事先约定的时间、价格和方式相互进行证券、期货交易，影响证券、期货交易价格或者证券、期货交易量的。（3）在自己实际控制的账户之间进行证券交易，或者以自己为交易对象，自买自卖期货合约，影响证券、期货交易价格或者证券、期货交易量的。根据 2019 年 7 月 1 日施行的最高人民法院、最高人民检察院《关于办理操纵证券、期货市场刑事案件适用法律若干问题的解释》第 5 条的规定，下列账户应当认定为“自己实际控制的账户”：①行为人以自己名义开户并使用的实名账户；②行为人向账户转入或者从账户转出资金，并承担实际损益的他人账户；③行为人通过第 1 项、第 2 项以外的方式管理、支配或者使用的他人账户；④行为人通过投资关系、协议等方式对账户内资产行使交易决策权的他人账户；⑤其他有证据证明行为人具有交易决策权的账户。有证据证明行为人对前款第 1 项至第 3 项账户内资产没有交易决策权的除外。（4）不以成交为目的，频繁或者大量申报买入、卖出证券、期货合约并撤销申报的。（5）利用虚假或者不确定的重大信息，诱导投资者进行证券、期货交易的。（6）对证券、证券发行人、期货交易标的公开作出评价、预测或者投资建议，同时进行反向证券交易或者相关期货交易的。（7）以其他方法操纵证券、期货市场的，即除了上述六种情形以外其他操纵证券、期货市场的方法。根据《关于办理操纵证券、期货市场刑事案件适用法律若干问题的解释》第 1 条的规定，行为人具有下列情形之一的，可以认定为“以其他方法操纵证券、期货市场”：①利用虚假或者不确定的重大信息，诱导投资者作出投资决策，影响证券、期货交易价格或者证券、期货交易量，并进行相关交易或者谋取相关利益的；②通过对证券及其发行人、上市公司、期货交易标的公开作出评价、预测或者投资建议，误导投资者作出投资决策，影响证券、期货交易价格或者证券、期货交易量，并进行与其评价、预测、投资建议方向相反的证券交易或者相关期货交易的；③通过策划、实施资产收购或者重组、投资新业务、股权转让、上市公司收购等虚假重大事项，误导投资者作出投资决策，影响证券交易价格或者证券交易量，并进行相关交易或者谋取相关利益的；④通过控制发行人、上市公司信息的生成或者控制信息披露的内容、时点、节奏，误导投资者作出投资决策，影响证券交易价格或者证券交易量，并进行相关交易或者谋取相关利益的；⑤不以成交为目的，频繁申报、撤单或者大额申报、撤单，误导投资者作出投资决策，影响证券、期货交易价格或者证券、期货交易量，并进行与申报相反的交易或者谋取相关利益的；⑥通过囤积现货，影响特定期货品种市场行情，并进行相关期货交易的；⑦以其他方法操纵证券、期货市场的。行为人不管采用什么手法，也不问其主观动机是什么，只要客观上造成了操纵证券、期货市场的结果，就属于操纵证券、期货市场的行为。这样规定主要是考虑到除上述六种操纵证券、期货市场的形式以外，行为人还会采用许多新的手法，法律难以一一列全。这一概括性的规定可以适应复杂的实际情况，有利于严厉打击操纵证券、期货市场的行为。以其他方法操纵证券、期货市场的行为，目前主要是利用职务便利操纵证券、期货市场的行为，即证券交易所、期货交易所、证券公司、期货公司及其从业人员利用手中掌握的证券、期货委托、报价交易等职务便利，人为地压低或抬高证券、期货价格，从中牟取暴利。其表现形式包括：擅自篡改证券、期货行情记录，引起证券、期货交易价格波动；委托交易中利用时间差，进行强买强卖故意引起交易价格波动；串通客户，为客户融资或给予透支，共同操纵证券、期货交易价格；证券、期货代理过程中，有意接受多个客户的全权委托，并实际操纵客户的交易行为；会员单位或客户利用多个会员或客户的账户与注册编码，规避交易所持股、持仓量或交易头寸的限制超量持股、持仓以及借股、借仓交易等操纵价格的行为；交易所会员或客户在现货市场上超越自身经营范围或实际需求，囤积居奇，企图或实际严重影响期货市场价格的；交易所会员或客户超越自身经营范围或实际要求，控制大量交易所指定仓库标准仓单，企图或实际严重影响期货市场价格的；交易所会员故意阻止、延误或改变客户某一方向的交易指令，或擅自下达交易指令或诱导、强制客户按照自己的意志进行交易，操纵证券、期货交易价格的；等等。

行为人操纵证券、期货市场的行为，情节严重的才构成犯罪。根据《关于办理操纵证券、期货市场刑事案件适用法律若干问题的解释》第2、3条的规定，操纵证券、期货市场，具有下列情形之一的，应当认定为“情节严重”：(1) 持有或者实际控制证券的流通股份数量达到该证券的实际流通股份总量10%以上，实施《刑法》第182条第1款第1项操纵证券市场行为，连续10个交易日的累计成交量达到同期该证券总成交量20%以上的；(2) 实施《刑法》第182条第1款第2项、第3项操纵证券市场行为，连续10个交易日的累计成交量达到同期该证券总成交量20%以上的；（3）实施本解释第1条第1项至第4项操纵证券市场行为，证券交易成交额在1000万元以上的；（4）实施《刑法》第182条第1款第1项及本解释第1条第6项操纵期货市场行为，实际控制的账户合并持仓连续10个交易日的最高值超过期货交易所限仓标准的2倍，累计成交量达到同期该期货合约总成交量20%以上，且期货交易占用保证金数额在500万元以上的；（5）实施《刑法》第182条第1款第2项、第3项及本解释第1条第1项、第2项操纵期货市场行为，实际控制的账户连续10个交易日的累计成交量达到同期该期货合约总成交量20%以上，且期货交易占用保证金数额在500万元以上的；（6）实施本解释第1条第5项操纵证券、期货市场行为，当日累计撤回申报量达到同期该证券、期货合约总申报量50%以上，且证券撤回申报额在1000万元以上、撤回申报的期货合约占用保证金数额在500万元以上的；（7）实施操纵证券、期货市场行为，违法所得数额在100万元以上的。操纵证券、期货市场，违法所得数额在50万元以上，具有下列情形之一的，应当认定为“情节严重”：（1）发行人、上市公司及其董事、监事、高级管理人员、控股股东或者实际控制人实施操纵证券、期货市场行为的；（2）收购人、重大资产重组的交易对方及其董事、监事、高级管理人员、控股股东或者实际控制人实施操纵证券、期货市场行为的；（3）行为人明知操纵证券、期货市场行为被有关部门调查，仍继续实施的；（4）因操纵证券、期货市场行为受过刑事追究的；（5）2年内因操纵证券、期货市场行为受过行政处罚的；（6）在市场出现重大异常波动等特定时段操纵证券、期货市场的；（7）造成恶劣社会影响或者其他严重后果的。

3. 犯罪主体

本罪的主体是一般主体，既可以是自然人，也可以是单位。

4. 主观方面

本罪的主观方面表现为故意，即行为人明知自己的行为是操纵证券、期货市场的行为而实施。

二、操纵证券、期货市场罪案立案追诉标准适用指南

《立案追诉标准（二）》第三十四条规定：

操纵证券、期货市场，影响证券、期货交易价格或者证券、期货交易量，涉嫌下列情形之一的，应予立案追诉：

（一）持有或者实际控制证券的流通股份数量达到该证券的实际流通股份总量百分之十以上，实施刑法第一百八十二条第一款第一项操纵证券市场行为，连续十个交易日的累计成交量达到同期该证券总成交量百分之

二十以上的；

（二）实施刑法第一百八十二条第一款第二项、第三项操纵证券市场行为，连续十个交易日的累计成交量达到同期该证券总成交量百分之二十以上的；

（三）利用虚假或者不确定的重大信息，诱导投资者进行证券交易，行为人进行相关证券交易的成交额在一千万元以上的；

（四）对证券、证券发行人公开作出评价、预测或者投资建议，同时进行反向证券交易，证券交易成交额在一千万元以上的；

（五）通过策划、实施资产收购或者重组、投资新业务、股权转让、上市公司收购等虚假重大事项，误导投资者作出投资决策，并进行相关交易或者谋取相关利益，证券交易成交额在一千万元以上的；

（六）通过控制发行人、上市公司信息的生成或者控制信息披露的内容、时点、节奏，误导投资者作出投资决策，并进行相关交易或者谋取相关利益，证券交易成交额在一千万元以上的；

（七）实施刑法第一百八十二条第一款第一项操纵期货市场行为，实际控制的账户合并持仓连续十个交易日的最高值超过期货交易所限仓标准的二倍，累计成交量达到同期该期货合约总成交量百分之二十以上，且期货交易占用保证金数额在五百万元以上的；

（八）通过囤积现货，影响特定期货品种市场行情，并进行相关期货交易，实际控制的账户合并持仓连续十个交易日的最高值超过期货交易所限仓标准的二倍，累计成交量达到同期该期货合约总成交量百分之二十以上，且期货交易占用保证金数额在五百万元以上的；

（九）实施刑法第一百八十二条第一款第二项、第三项操纵期货市场行为，实际控制的账户连续十个交易日的累计成交量达到同期该期货合约总成交量百分之二十以上，且期货交易占用保证金数额在五百万元以上的；

（十）利用虚假或者不确定的重大信息，诱导投资者进行期货交易，行为人进行相关期货交易，实际控制的账户连续十个交易日的累计成交量达到同期该期货合约总成交量百分之二十以上，且期货交易占用保证金数额在五百万元以上的；

（十一）对期货交易标的公开作出评价、预测或者投资建议，同时进行相关期货交易，实际控制的账户连续十个交易日的累计成交量达到同期该期货合约总成交量的百分之二十以上，且期货交易占用保证金数额在五百万元以上的；

（十二）不以成交为目的，频繁或者大量申报买入、卖出证券、期货合约并撤销申报，当日累计撤回申报量达到同期该证券、期货合约总申报量百分之五十以上，且证券撤回申报额在一千万元以上、撤回申报的期货合约占用保证金数额在五百万元以上的；

（十三）实施操纵证券、期货市场行为，获利或者避免损失数额在一百万元以上的。

操纵证券、期货市场，影响证券、期货交易价格或者证券、期货交易量，获利或者避免损失数额在五十万元以上，同时涉嫌下列情形之一的，应予立案追诉：

（一）发行人、上市公司及其董事、监事、高级管理人员、控股股东或者实际控制人实施操纵证券、期货市场行为的；

（二）收购人、重大资产重组的交易对方及其董事、监事、高级管理人员、控股股东或者实际控制人实施操纵证券、期货市场行为的；

（三）行为人明知操纵证券、期货市场行为被有关部门调查，仍继续实施的；

（四）因操纵证券、期货市场行为受过刑事追究的；

（五）二年内因操纵证券、期货市场行为受过行政处罚的；

（六）在市场出现重大异常波动等特定时段操纵证券、期货市场的；

（七）造成其他严重后果的。

对于在全国中小企业股份转让系统中实施操纵证券市场行为，社会危害性大，严重破坏公平公正的市场秩序的，比照本条的规定执行，但本条第一款第一项和第二项除外。

关于本罪案的立案追诉标准，2001年《追诉标准》第32条规定："操纵证券、期货交易价格，获取不正当利益或者转嫁风险，涉嫌下列情形之一的，应予追诉：1. 非法获利数额在五十万元以上的；2. 致使交易价格和交易量异常波动的；3. 以暴力、胁迫手段强迫他人操纵交易价格的；4. 虽未达到上述数额标准，但因操纵证券、期货交易价格，受过行政处罚二次以上，又操纵证券、期货交易价格的。"《刑法修正案（六）》出台之后，根据《刑法修正案（六）》第11条的规定，2008年《补充规定》对本罪案的追诉标准做了如下修改：一是删除了2001年《追诉标准》中"非法获利数额在五十万元以上的"数额标准。《刑法修正案（六）》删除了《刑法修正案》关于“获取不正当利益或者转嫁风险”的规定，主要是考虑到操纵行为的危害主要在于扰乱了证券、期货市场秩序。所以，根据《刑法修正案（六）》的上述修改，删除了2001年《追诉标准》中的“非法获利数额在五十万元以上的”。二是删除了2001年《追诉标准》中“以暴力、胁迫手段强迫他人操纵交易价格的”规定，这主要是考虑到操纵证券、期货市场犯罪是对市场的破坏，并且实践中以暴力、胁迫手段强迫他人从事操纵行为的情形可能性不大。三是删除了2001年《追诉标准》中的“虽未达到上述数额标准，但因操纵证券、期货交易价格，受过行政处罚二次以上，又操纵证券、期货交易价格的”规定。2010年《立案追诉标准（二）》主要是吸收了2008年《补充规定》的成果。

我国证券、期货市场不断发展，为实体经济建设提供了重要的金融支持。与此同时，操纵证券、期货市场等违法犯罪行为也在频频发生，并且花样翻新，严重破坏证券、期货市场管理秩序，危害投资者合法权益和国家金融安全。该类犯罪具有以下几方面的特征：一是涉案金额巨大，社会危害大。操纵证券、期货市场犯罪涉案金额动辄上亿元，影响证券、期货交易价格，造成市场波动，严重损害广大投资者合法权益，严重破坏证券、期货市场管理秩序，危害国家金融安全和稳定。二是专业性强，操纵方法多样化。操纵证券、期货市场犯罪分子往往具有较深的专业背景，熟悉资本市场运行规则和信息技术，通过公司化“流水线作业”，利用资金优势、信息优势、联合“黑嘴”荐股等手段操纵证券、期货市场。三是犯罪手段更加隐蔽，查处难度大。证券、期货交易具有无纸化、信息化等特点，犯罪分子操纵证券、期货市场的手段更加网络化、智能化，加大了调查取证的难度，给认定操纵证券、期货市场犯罪带来困难，导致操纵证券、期货市场犯罪的实发案件数量与查处的案件数量存在较大落差。与此同时，司法实践反映，操纵证券、期货市场的具体定罪量刑标准尚不明确，一些法律适用问题存在争议，需要通过司法解释作出规定，确保刑法的正确实施。[①] 为此，《关于办理操纵证券、期货市场刑事案件适用法律若干问题的解释》对操纵证券、期货市场罪的法律适用作了详细的规定。本次立案追诉标准修订主要是参考了本解释中的相关规定。

根据《立案追诉标准（二）》第34条的规定，操纵证券、期货市场，影响证券、期货交易价格或者证券、期货交易量，涉嫌下列情形之一的，应予立案追诉：

---

① 姜永义、陈学勇、朱宏伟：《〈关于办理操纵证券、期货市场刑事案件适用法律若干问题的解释〉的理解与适用》，载《人民法院报》2020年3月12日。

（1）持有或者实际控制证券的流通股份数量达到该证券的实际流通股份总量10%以上，实施刑法第182条第1款第1项①操纵证券市场行为，连续10个交易日的累计成交量达到同期该证券总成交量20%以上的。这是对资金优势、持股或者持仓优势或者利用信息优势联合或者连续买卖操纵证券市场的行为所定的立案追诉指标。2010年《立案追诉标准（二）》将“单独或者合谋，持有或者实际控制证券的流通股份数达到该证券的实际流通股份总量百分之三十以上，且在该证券连续二十个交易日内联合或者连续买卖股份数累计达到该证券同期总成交量百分之三十以上的”情形规定为立案追诉的情形。当时的考虑是持股比例、成交量是影响证券交易价格和交易量的关键因素。从投资者角度来说，在一定时间内掌握足够的持股比例，或者制造出足够的成交量，就能够人为地对交易价格和交易量产生实质性的影响。2010年《立案追诉标准（二）》规定30%的持股和成交量比例的理由有以下几点：一是根据证券部门的调查研究和市场统计测算，30%的持股和成交量比例足以对该种证券的交易价格、交易量产生主导性影响，应属于《刑法》规定的“情节严重”。规定为30%的持股和成交量比例是对证券市场容量以及操纵的科学判断和实践经验的总结。二是与《证券法》的相关规定相协调。为防止操纵证券市场，《证券法》规定了强制要约收购义务，即当持有一个上市公司已发行的股份达到30%时，必须履行强制要约收购义务。如果持有股份达到30%，而不履行强制要约收购义务，就会严重破坏股票价格的正常形成机制，导致股票价格剧烈波动。三是考虑到刑罚与行政处罚的衔接。对于有操纵行为，但是持股比例尚未达到30%的，可由证券监管部门进行行政处罚。

本次修订修改为“持有或者实际控制证券的流通股份数量达到该证券的实际流通股份总量百分之十以上，实施刑法第一百八十二条第一款第一项操纵证券市场行为，连续十个交易日的累计成交量达到同期该证券总成交量百分之二十以上的”。主要考虑是，一方面，在连续交易操纵的入罪标准中，将持股比例由30%调整为10%。主要考虑是过去个股盘子普遍比较小，且并非全部为流通股，30%的持股比例有一定合理性。随着股权分置改革落地，目前个股盘子普遍比较大，且大部分为全流通股，30%的持股比例在现实中很难达到。根据证监会测算，沪深两市全部3000余家上市公司第三大股东平均持股比例仅为3.67%。根据《证券法》的规定，持股5%以上的属于大股东。考虑目前仍有部分股票没有实现全流通，同时也为行政处罚预留空间，《关于办理操纵证券、期货市场刑事案件适

---

① 《刑法》第182条第1款第1项规定：“有下列情形之一，操纵证券、期货市场，影响证券、期货交易价格或者证券、期货交易量，情节严重的，处五年以下有期徒刑或者拘役，并处或者单处罚金；情节特别严重的，处五年以上十年以下有期徒刑，并处罚金：（一）单独或者合谋，集中资金优势、持股或者持仓优势或者利用信息优势联合或者连续买卖的；”

用法律若干问题的解释》将持股优势的比例确定为10%。另一方面，在连续交易操纵、约定交易操纵、洗售操纵的入罪标准中，将“连续二十个交易日”调整为“连续十个交易日”，将累计成交量占比由30%调整为20%。主要是考虑当前短线操纵较为普遍，调整标准后符合当前短线操作的一般规律，也符合证券交易所的统计口径，有利于加强入罪标准的可操作性。需要说明的是，本解释所称“连续十个交易日”，是指证券、期货市场开市交易的连续10个交易日，并非指行为人连续交易的10个交易日。①

刑法第182条第1款第1项中的“单独或者合谋”，是指操纵证券市场的行为人既可以是买方也可以是卖方，甚至既是买方又是卖方，可以是一个人所为也可以是多人联合所为。行为人之间形成决议、决定或者协议的，属于合谋；行为人之间虽没有决议、决定或者协议，但是行为人之间在资金、股权、身份等方面具有关联关系，并且具有共同行为的，也应认定为合谋。

刑法第182条第1款第1项中的“集中资金优势、持股或者持仓优势”，是指证券的投资大户、会员单位等利用手中持有的大量资金、股票或者期货合约等优势，进行证券、期货交易。其中，资金优势，是指行为人为买卖证券所集中的资金相对于市场上一般投资者所能集中的资金具有数量上的优势。是否具有资金优势，可以通过对行为人在行为期间动用的资金量及其所占相关证券的成交量比例、同期市场交易活跃程度以及投资者参与交易状况等因素进行综合分析判断。持股优势，是指行为人持有的证券相对于市场上一般投资者具有数量上的优势。是否具有持股优势，可以通过对行为人在行为期间持有相关证券的流通股份的总量占该证券流通股份总量的比例、同期相关证券投资者的持股状况等因素进行综合分析判断。

刑法第182条第1款第1项中的“联合买卖”，是指2个以上的行为人约定在一段时间内共同或者相继对某种股票进行买进或者卖出的行为。符合下列情形之一的，可以认定为联合买卖：一是2个以上的行为人按照事先的约定，在某一时段内一起买入或者相继买入某种证券；二是2个以上的行为人按照事先的约定，在某一时段内一起卖出或者相继卖出某种证券。

刑法第182条第1款第1项中的“连续买卖”也称连续交易，是指行为人在某一时段内对同一股票反复进行买进又卖出的行为。这种操纵方式一般是行为人先筹足一大笔钱作资金，并锁定某种具有炒作潜力且易操纵的股票，暗中利用不同账户在市场上吸足筹码，然后配合各种炒作题材连续拉抬股价，制造多头行

① 姜永义、陈学勇、朱宏伟：《〈关于办理操纵证券、期货市场刑事案件适用法律若干问题的解释〉的理解与适用》，载《人民法院报》2020年3月12日。

情，以诱使投资人跟进追涨，使股价一路攀升，等股价上涨到一定高度时，暗中释放出手中所持股票，甚至融券卖空，此时交易量明显放大，价格出现剧烈震荡。行为人出清所持股票后，交易量萎缩，股票丧失支撑，旋即暴跌，等价格回跌再乘低补进，以便为下次操作准备筹码，以此方式循环操作，操纵证券交易价格，从上涨和下跌中两面获利。根据中国证监会的有关规定，在1个交易日内交易某证券二次以上，或在2个交易日内交易某证券3次以上的，即构成连续买卖证券。

《立案追诉标准（二）》规定以连续10个交易日作为对联合或者连续买卖行为进行刑事追诉的期限。根据我国证券市场的实际情况，在连续10个交易日内连续买卖某种证券，并且买卖证券的成交量累计数额达到了20%的比例时，已经严重危及该证券的自由市场定价机制和以此为基础的正常交易，可以肯定其具有操纵市场意图。

需要说明的是，2010年《立案追诉标准（二）》第39条第2项将“单独或者合谋，持有或者实际控制期货合约的数量超过期货交易所业务规则限定的持仓量百分之五十以上，且在该期货合约连续二十个交易日内联合或者连续买卖期货合约数累计达到该期货合约同期总成交量百分之三十以上的”作为立案追诉指标。这主要是针对操纵期货市场的资金优势、持仓优势所作的规定，对期货的持仓比例与证券的持股比例做了区分，将持仓比例规定为超过期货交易所业务规则限定的持仓量50%以上。所谓期货合约，是指由期货交易所统一制定的、规定在将来某一特定的时间和地点交割一定数量和质量商品的标准化合约。期货交易实行限仓制度，即期货交易所为了防止市场风险过度集中于少数交易者中，防范操纵市场行为，控制风险，对会员和客户的持仓数量进行限制。期货交易所针对不同的情形规定不同的限仓量：一是根据合约总的持仓量确定限仓量。合约总的持仓量低于一定额度的，不进行限仓，超过一定额度后，期货交易所开始按照一定标准限仓。也有期货交易所对合约总的持仓量低于一定额度的，按绝对量限仓，超出额度时，按比例限仓。二是根据期货合约月份确定限仓量。期货交易所一般按照“一般月份”“交割月前一个月份”“交割月份”不同而设置不同的限仓标准，数量依次递减。三是根据主体身份不同确定限仓量。期货交易所区别会员和客户进行限仓，标准有所区别。四是根据主体信用情况确定限仓量。期货交易所可以放宽对信用情况较好的会员的限仓标准。总之，期货交易所会因不同因素的存在，灵活调整限仓标准。因此，不宜以固定的数值来简单确定限仓标准。一般来说，持仓量超过期货交易所业务规则限定的持仓量50%，也往往会影响该种期货合约价格、交易量。根据我国期货市场的实际情况，在持仓量超过期货交易所业务规则限定的持仓量50%以上的情况下，在20个交易日内联合或者连续买卖某种期货合约，并且成交量累计数达到了当期总成交量30%的，属于严重的操纵市场行为。本次修订立案追诉标准过程中，将上述规定删除了，对操纵期货市场的立案追诉标准作了另行规定。

（2）实施刑法第182条第1款第2项、第3项①操纵证券市场行为，连续10个交易日的累计成交量达到同期该证券总成交量20%以上的。这是对约定交易操纵、洗售操纵证券市场的行为所定的立案追诉标准。与他人串通，以事先约定的时间、价格和方式相互进行交易称为约定交易操纵。这种操纵证券、期货市场的方式又称为“对倒”，是最传统的操纵证券交易价格的形式之一，主要表现为行为人与他人通谋，以事先约定的时间、约定的价格，在自己卖出或买入股票时，另一约定人同时实施买入或者卖出股票，或者相互买卖股票，通过几家联手反复实施买卖行为，目的在于虚假造势，从而抬高或者打压某种股票的价格，最后行为人乘机建仓或者平仓，以获取暴利或者转嫁风险。这种行为会使其他投资者对证券市场产生极大误解，导致错误判断而受损，对证券市场的破坏力很大。这种操纵证券交易价格的行为在实践中比较多见。大户与大户之间、机构与机构之间以及机构与大户之间为了共同谋取不正当利益或者转嫁风险，联合操纵某种股票。在自己实际控制的账户之间进行交易，称为洗售操纵，俗称“对敲”。这种操纵手段是通过虚假的交易，制造出某种股票交易量大的假象，以达到影响、操纵证券价格或者交易量的目的。

对于约定交易操纵和洗售操纵证券市场的行为，2010年《立案追诉标准（二）》规定“连续二十个交易日内成交量累计达到该证券同期总成交量百分之二十以上的”应予立案追诉。木次修订修改为“连续十个交易日的累计成交量达到同期该证券总成交量百分之二十以上的”。主要考虑是当前短线操纵较为普遍，调整标准后符合当前短线操作的一般规律，也符合证券交易所的统计口径，有利于加强入罪标准的可操作性。一般来说，在10个交易日内通过约定交易、洗售手段买卖某一证券达到该证券同期总成交量20%以上的，就足以达到操纵该证券交易价格的目的。

刑法第182条第1款第2项中的“与他人串通”，是指2个以上行为人为了操纵证券、期货市场，达成共同的意思联络。

刑法第182条第1款第2项中的“以事先约定的时间、价格和方式相互进行

---

① 《刑法》第182条第1款第2、3项规定，有下列情形之一，操纵证券、期货市场，影响证券、期货交易价格或者证券、期货交易量，情节严重的，处5年以下有期徒刑或者拘役，并处或者单处罚金；情节特别严重的，处5年以上10年以下有期徒刑，并处罚金：与他人串通，以事先约定的时间、价格和方式相互进行证券、期货交易的；在自己实际控制的账户之间进行证券交易，或者以自己为交易对象，自买自卖期货合约的。

证券、期货交易”，是指2个以上行为人共同实施的，由一方作出交易委托，而另一方依据事先的约定作出时间相近、价格相近、数量相近但买卖方向相反的委托，从而形成实际的证券、期货交易。在现行集中交易市场电脑竞价撮合成交的交易状态下，串通者所买进或卖出的证券、期货合约要完全相同几乎是不可能的。但只要串通双方的委托在时间上和价格上具有相似性，数量上具有一致性，即可成立。也不要求必须影响整个证券、期货市场价格，只要影响了某种股票或者期货品种的交易价格即可。

刑法第182条第1款第3项中的“在自己实际控制的帐户之间进行证券交易”，是指将预先分配好的委托分别下达给两个证券账户，由一个证券账户买进，另一个证券账户卖出，实际上是自买自卖证券的行为，其所有权并没有发生转移。这种行为实际上会对证券的交易价格和交易量产生很大的影响。自己实际控制的账户，是指行为人具有管理、使用或处分权益的账户。主要包括：行为人以自己名义开设的账户；行为人以他人名义开设的账户；行为人通过投资关系、协议或者其他安排，能够实际管理、使用或处分的他人账户。

需要说明的是，本条第1款第1、2项立案追诉标准仅就比例方面进行了规定，并没有针对证券交易成交额规定立案追诉标准，主要考虑是从实际案例看，交易型操纵由于存在资金的反复使用，成交金额大多达到数亿元至数百亿元，甚至数千亿元，故难以规定具体入罪标准。在司法实践中，只要达到了相应的比例标准，即应立案追诉，至于证券交易成交额，在所不问。

（3）利用虚假或者不确定的重大信息，诱导投资者进行证券交易，行为人进行相关证券交易的成交额在1000万元以上的。这一立案追诉指标是此次修订新增加的。这是针对“蛊惑交易操纵”证券市场的行为所定的立案追诉标准。蛊惑交易操纵，即利用虚假或者不确定的重大信息，诱导投资者作出投资决策，影响证券、期货交易价格或者证券、期货交易量，并进行相关交易或者谋取相关利益。其中诱导投资者作出投资决策通常是指行为人故意编造虚假信息或者明知是虚假或不确定的信息而进行传播，使广大投资者信以为真作出错误的投资决策，从而影响交易价格或者交易量。进行相关交易，是指进行与其蛊惑信息所涉证券、期货的交易，包括集合竞价阶段交易、连续竞价阶段交易、大宗交易、场外交易等。谋取相关利益是相关交易之外的其他相关利益，如影响定向增发价格，影响股权质押价格，影响大宗交易价格，打压他人基金排名，影响公司收购价格等。具体立案追诉的数额确定为“证券交易的成交额在一千万元以上”，主要考虑是从执法和司法实践看，移送追究刑事责任的信息型操纵案件，交易金额几乎没有低于1000万元的。根据实践中的案件情况，结合中国经济增长较快的现状和通货膨胀的趋势，并考虑到各罪名之间数额上的平衡，规定信息型操纵行为“证券交易的成交额在一千万元以上”为立案追诉标准。

（4）对证券、证券发行人公开作出评价、预测或者投资建议，同时进行反向证券交易，证券交易成交额在1000万元以上的。这是针对“抢帽子”交易操纵证券市场的行为所定的立案追诉标准。“抢帽子”交易操纵也就是利用“黑嘴”荐股操纵，即通过对证券及其发行人、上市公司公开作出评价、预测或者投资建议，误导投资者作出投资决策，影响证券交易价格或者证券交易量，并进行与其评价、预测、投资建议方向相反的证券交易。“抢帽子”型交易被认为是从公众手中抢夺交易机会。其基本做法是先行买入证券、后向公众推荐、再卖出证券。举例来说，某券商、基金、证券投资咨询机构大肆公开推荐（购买）一只或几只股票，吸引投资者购买，而在公开推荐前，自己先大量买入，等价格上涨后，又提前卖出获利。例如，某投资顾问有限公司的法定代表人汪××，2007年1月至2008年5月利用实际控制的证券账户和资金账户，在多家营业部通过网上委托的方式，在发布建议前买入推荐的证券，并在发布以后卖出推荐的证券，通过抢先买卖的手法，先后买卖38只股票及权证产品，累计获利1.25亿元。行为人利用从事证券投资咨询业务的地位和优势，违背诚信和执业操守，严重损害公众、投资者的信任和信心，扰乱证券市场秩序，这是一种被严格禁止的行为。2010年《立案追诉标准（二）》中规定该类操纵的主体为“证券公司、证券投资咨询机构、专业中介机构或者从业人员”。但随着自媒体等现代通讯传播技术的快速发展，涉案主体既有持牌机构和分析师，也有网络工作室、网络大V、博主等非持牌机构以及一般公民，“黑嘴”荐股的方式多种多样，如微博、股吧、视频直播、微信以及QQ私聊建群等，最终目的是误导投资者作出投资决策而从中获利，有的是自己反向交易从中获利，有的诱导散户买入，帮助“庄家出货”获取报酬等。在具体数额标准上，参照《关于办理操纵证券、期货市场刑事案件适用法律若干问题的解释》，规定为1000万元。

（5）通过策划、实施资产收购或者重组、投资新业务、股权转让、上市公司收购等虚假重大事项，误导投资者作出投资决策，并进行相关交易或者谋取相关利益，证券交易成交额在1000万元以上的。这一立案追诉指标是此次修订新增加的。这是针对“重大事件操纵”证券市场的行为所定的立案追诉标准。重大事件操纵，即通过策划、实施资产收购或者重组、投资新业务、股权转让、上市公司收购等虚假重大事项，误导投资者作出投资决策，影响证券交易价格或者证券交易量，并进行相关交易或者谋取相关利益。本项规定主要针对股市中近几年出现的通过策划、实施虚假重组、虚假投资、虚假股权转让、虚假收购等重大事件，误导投资者作出投资决策，自己交易或者谋取相关利益的操纵行为，俗称证券市场中“编故事、画大饼”的操纵行为。例如，上市公司的发起人为减持限售股而提前策划收购、重组等重大虚假事项，推高股价后减持获利。在具体数额标准上，参照《关于办理操纵证券、期货市场刑事案件适用法律若干问题的解释》，规定为1000万元。

（6）通过控制发行人、上市公司信息的生成或者控制信息披露的内容、时点、节奏，误导投资者作出投资决策，并进行相关交易或者谋取相关利益，证券交易成交额在1000万元以上的。这一立案追诉指标是此次修订新增加的。这是针对“控制信息操纵”证券市场的行为所定的立案追诉标准。控制信息操纵，即通过控制发行人、上市公司信息的生成或者控制信息披露的内容、时点、节奏，误导投资者作出投资决策，影响证券交易价格或者证券交易量，并进行相关交易或者谋取相关利益。这里的控制信息操纵与刑法第182条第1款第1项中规定的“利用信息优势操纵”的区别在于：刑法第182条第1款第1项中规定的“利用信息优势操纵”是指行为人利用已有的信息，基于其先知晓、知晓得完全等优势，通过交易进行操纵，其本质是交易型操纵，即“信息优势+联合或连续买卖”。而这里的控制信息操纵是指行为人控制信息生成和控制信息内容以及控制信息发布的时点、节奏，利用生成信息及控制信息本身，对市场投资者进行诱导，从而影响股价，本身不一定有联合或连续买卖股票，其本质是信息型操纵。此外，两者的犯罪主体不同，利用信息优势操纵的主体通常为特殊主体，一般理解为上市公司及其董事、监事、高级管理人员、控股股东、实际控制人或其他关联人员①。因为他们相对于一般投资者，对本公司证券及其相关事项的重大信息具有获取或者了解更容易、更提前、更准确、更完整的优势。而且在通常情况下，他们所掌握的都是内幕信息和重要信息，利用信息优势进行操纵更容易达到影响证券价格波动和交易量的目的。但从近年来处理的案例来看，参与控制信息操纵的主体身份越来越广泛，出现上述特殊主体与外部人员内外勾结，甚至外部人员收买内部人员，控制信息的生成和发布对证券市场进行操纵。因而，控制信息操纵的主体规定为一般主体。在具体数额标准上，参照《关于办理操纵证券、期货市场刑事案件适用法律若干问题的解释》，规定为1000万元。

（7）实施刑法第182条第1款第1项操纵期货市场行为，实际控制的账户合并持仓连续10个交易日的最高值超过期货交易所限仓标准的2倍，累计成交量达到同期该期货合约总成交量20%以上，且期货交易占用保证金数额在500万元以上的。这是对以资金优势、持仓优势联合或者连续买卖交易操纵期货市场的行

---

① 如2010年《立案追诉标准（二）》第39条规定，“上市公司及其董事、监事、高级管理人员、实际控制人、控股股东或者其他关联人单独或者合谋，利用信息优势，操纵该公司证券交易价格或者证券交易量的”应予立案追诉。

为所定的立案追诉指标。这种犯罪行为的犯罪获利原理与本条第 1 项规定的以资金优势、持股优势联合或者连续买卖交易操纵证券市场的犯罪行为是一致的，不再赘述。在具体数额标准上，考虑到不同的期货品种、同一期货品种不同时段内保证金数额差异均很大，同时考虑到期货市场开仓量理论上没有上限，只有很大交易量才可能实际影响到期货市场价格，结合实际案例和统计分析，规定为“期货交易占用保证金数额在五百万元以上”，同时规定了成交量要达到同期该期货合约总成交量 20%以上，且持仓连续 10 个交易日的最高值超过期货交易所限仓标准的 2 倍。应当注意的是，这三项标准要同时满足，缺一不可。上述标准与 2010 年《立案追诉标准（二）》中对期货操纵行为的标准相比，增加了期货交易保证金数额标准，目的是防止不活跃期货合约中少量操纵即因达到相关交易占比而被立案追诉。

所谓期货合约，是指由期货交易所统一制定的、规定在将来某一特定的时间和地点交割一定数量和质量商品的标准化合约。期货交易实行限仓制度，即期货交易所为了防止市场风险过度集中于少数交易者中，防范操纵市场行为，控制风险，对会员和客户的持仓数量进行限制。期货交易所针对不同的情形规定不同的限仓量：一是根据合约总的持仓量确定限仓量。合约总的持仓量低于一定额度的，不进行限仓，超过一定额度后，期货交易所开始按照一定标准限仓。也有期货交易所对合约总的持仓量低于一定额度的，按绝对量限仓，超出额度时，按比例限仓。二是根据期货合约月份确定限仓量。期货交易所一般按照“一般月份”“交割月前一个月份”“交割月份”不同而设置不同的限仓标准，数量依次递减。三是根据主体身份不同确定限仓量。期货交易所区别会员和客户进行限仓，标准有所区别。四是根据主体信用情况确定限仓量。期货交易所可以放宽对信用情况较好的会员的限仓标准。总之，期货交易所会因不同因素的存在，灵活调整限仓标准。因此，不宜以固定的数值来简单确定限仓标准。

（8）通过囤积现货，影响特定期货品种市场行情，并进行相关期货交易，实际控制的账户合并持仓连续 10 个交易日的最高值超过期货交易所限仓标准的 2 倍，累计成交量达到同期该期货合约总成交量 20%以上，且期货交易占用保证金数额在 500 万元以上的。这是对跨期、现货市场操纵期货市场的行为所定的立案追诉指标。跨期、现货市场操纵，是指通过囤积现货，影响特定期货品种市场行情，并进行相关期货交易。《期货和衍生品法》第 12 条规定禁止为影响期货市场行情囤积现货。跨期、现货市场操纵方法在期货市场中并不少见，甚至会发生“逼仓”现象，如小品种的期货交易中，多头持仓者预测现货不足时，凭借资金优势拉高期货价格，同时大量囤积现货，拉高现货价格，迫使空头要么高价买回期货合约认赔平仓出局，要么以高价买入现货进行实物交割，甚至空头因买不到现货交割受到违约罚款，从而出现“逼仓”现象，操纵者从而获取暴利。因而这项规定主要是打击多方（即买方）囤积现货，同时拉抬期货价格，迫使期货市场空方（即卖方）违约或者认赔离场，借以谋取非法利润的行为。不过，如果只是囤积现货，并不参与期货交易，囤积现货的行为并不构成操纵期货交易价格。换言之，只有囤积现货并在期货市场交易（主要是做多），同时操纵期货价格，才可能构成操纵期货市场的行为。因此，单独囤积现货行为本身不能作为操纵期货市场的认定依据。在具体数额标准上，规定为“期货交易占用保证金数额在五百万元以上”，同时规定了成交量要达到同期该期货合约总成交量20%以上，且持仓连续10个交易日的最高值超过期货交易所限仓标准的2倍。应当注意的是，这三项标准要同时满足，缺一不可。

（9）实施刑法第182条第1款第2项、第3项操纵期货市场行为，实际控制的账户连续10个交易日的累计成交量达到同期该期货合约总成交量20%以上，且期货交易占用保证金数额在500万元以上。这是对约定交易操纵、洗售操纵期货市场的行为所定的立案追诉指标。约定交易操纵、洗售操纵期货市场的犯罪行为在犯罪获利原理上与本条第2项规定的约定交易操纵、洗售操纵证券市场的犯罪行为是一致的，不再赘述。在具体数额标准上，规定为“期货交易占用保证金数额在五百万元以上”，同时规定了成交量要达到同期该期货合约总成交量20%以上。应当注意的是，这两项标准要同时满足，缺一不可。

（10）利用虚假或者不确定的重大信息，诱导投资者进行期货交易，行为人进行相关期货交易，实际控制的账户连续10个交易日的累计成交量达到同期该期货合约总成交量20%以上，且期货交易占用保证金数额在500万元以上的。这是对“蛊惑交易操纵”期货市场的行为所定的立案追诉指标。蛊惑交易操纵期货市场的犯罪行为在犯罪获利原理上与本条第3项规定的蛊惑交易操纵证券市场的犯罪行为是一致的，不再赘述。在具体数额标准上，规定为“期货交易占用保证金数额在五百万元以上”，同时规定了成交量要达到同期该期货合约总成交量20%以上。应当注意的是，这两项标准要同时满足，缺一不可。

（11）对期货交易标的公开作出评价、预测或者投资建议，同时进行相关期货交易，实际控制的账户连续10个交易日的累计成交量达到同期该期货合约总成交量的20%以上，且期货交易占用保证金数额在500万元以上的。这是对“抢帽子”交易操纵期货市场的行为所定的立案追诉指标。“抢帽子”交易操纵期货市场的犯罪行为在犯罪获利原理上与本条第4项规定的“抢帽子”交易操纵证券市场的犯罪行为是一致的，不再赘述。在具体数额标准上，规定为“期货交易占用保证金数额在五百万元以上”，同时规定了成交量要达到同期该期货合约总成交量20%以上。应当注意的是，这两项标准要同时满足，缺一不可。

（12）不以成交为目的，频繁或者大量申报买入、卖出证券、期货合约并撤销申报，当日累计撤回申报量达到同期该证券、期货合约总申报量50%以上，且证券撤回申报额在1000万元以上、撤回申报的期货合约占用保证金数额在500万元以上的。这是对虚假申报操纵证券、期货市场的行为所定的立案追诉指标。虚假申报操纵，是指不以成交为目的，频繁申报、撤单或者大额申报、撤单，误导投资者作出投资决策，从而影响证券、期货交易价格或者证券、期货交易量，并进行与申报相反的交易或者谋取相关利益。应当看到单纯的频繁撤回申报本身是合法的，但撤回申报本身既可能是其改变主意，也可能因为其就是不以成交为目的的虚假申报。因此，为防止将正常的频繁报撤单划入犯罪圈，故应对频繁撤单设置一定的比例标准。根据证券机构的实证研究，当日连续申报买入或者卖出同一证券、期货合约并在成交前撤回申报，撤回申报量占当日该种证券、期货合约总申报量50%以上的足以达到操纵证券、期货市场的目的。因此，2010年《立案追诉标准（二）》采用了50%的比例作为立案追诉起点。本次修订为避免交易不活跃证券和交易不活跃期货合约较少量即达到50%的比例标准，同时规定证券撤回申报额在1000万元以上、撤回申报的期货合约占用保证金数额在500万元以上的数额标准，要求数额和比例标准同时达到才能立案追诉，目的在于防止交易不活跃证券和交易不活跃期货合约较少量操纵即因达到相关交易占比而被刑事追究。

（13）实施操纵证券、期货市场行为，获利或者避免损失数额在100万元以上的。这一立案追诉指标是此次修订新增加的。这一立案追诉指标规定了各种类型操纵市场行为适用的违法所得数额的立案追诉标准，即只要实施了操纵证券、期货市场的行为，即便不符合前述的12种立案追诉标准，只要行为人获利或者避免损失数额在100万元以上的，即应立案追诉。例如，对于交易型操纵行为，在已查明行为人存在违规控制多个账户隐蔽操作、联合操作、对倒、自买自卖等行为的情况下，虽然不符合第1项、第2项的比例标准，但只要违法所得数额在100万元以上的，即应立案追诉。违法所得数额之所以确定为100万元，主要考虑了案件实际情况及社会经济发展水平和未来趋势。这里的违法所得数额，是指通过操纵证券、期货市场所获利益或者避免的损失。对于二次以上实施操纵证券、期货市场行为，依法应予行政处理或者刑事处理而未经处理的，相关交易数额或者违法所得数额累计计算。

除上述13个立案追诉指标以外，为更加有力、有效地惩治操纵证券、期货市场犯罪，结合此类犯罪的特点，《立案追诉标准（二）》第34条第2款规定了“数额+情节”的立案追诉标准，即操纵证券、期货市场，影响证券、期货交易价格或者证券、期货交易量，获利或者避免损失数额在50万元以上，同时涉嫌下列情形之一的，应予立案追诉：（1）发行人、上市公司及其董事、监事、高级管理人员、控股股东或者实际控制人实施操纵证券、期货市场行为的；（2）收购人、重大资产重组的交易对方及其董事、监事、高级管理人员、控股股东或者实际控制人实施操纵证券、期货市场行为的；（3）行为人明知操纵证券、期货市场行为被有关部门调查，仍继续实施的；（4）因操纵证券、期货市场行为受过刑事追究的；（5）二年内因操纵证券、期货市场行为受过行政处罚的；（6）在市场出现重大异常波动等特定时段操纵证券、期货市场的；（7）造成其他严重后果的。其中，第1项、第2项体现对特定人员操纵市场行为从严惩处的精神；第3项、第6项、第7项体现对特定时间、地点或场合及特定后果的操纵行为从严惩处的精神；第3项的"有关部门"包括司法机关、证券期货行政监管机关、证券期货交易所等；第6项的"市场出现重大异常波动等特定时段"侧重于市场状态的考量，即并不是指发生某一特定重大事件，而是必须发生市场反应，即"市场出现重大异常波动"时；第7项的"造成其他严重后果"通常是市场反应之外的负面影响，如造成重大负面舆情、造成原本正常的公司破产、造成他人自杀等。①

另外，目前我国证券市场包括主板、中小板、创业板和"新三板"（全国中小企业股份转让系统），以及新设立的科创板。"新三板"市场与主板市场的主要区别是公司入市的程序和资质不同，但对证券交易的诚实信用原则、公开公正公平交易原则、稳定有序的市场秩序的要求都是相同的，故对于"新三板"市场中的违法犯罪行为理应坚持相同的惩罚原则。操纵主板、中小板、创业板、"新三板"、科创板证券，构成操纵证券市场犯罪的，依照《关于办理操纵证券、期货市场刑事案件适用法律若干问题的解释》的规定定罪处罚。但对操纵"新三板"证券市场行为，考虑到目前"新三板"证券市场对合格投资者适当性有较高要求，市场流动性不高，特别是在一些交易稀少的证券中，一些轻微的操纵行为就可能达到本解释所规定的相关交易行为所占比例的入罪标准。据此，该解释第10条规定对操纵"新三板"证券市场行为，比照本解释的规定执行，不适用本解释第2条第1、2项和第4条第1、2项有关比例标准，所参考的主要是行为类型、违法所得、交易金额等，相关交易行为所占比例的标准在适用时应当排除适用，确保准确惩治操纵"新三板"证券市场犯罪。② 出于上述考虑，《立案追诉标准（二）》第34条第3款规定："对于在全国中小企业股份转让系统中实施操纵证券市场行为，社会危害性大，严重破坏公平公正的市场秩序的，比照

① 姜永义、陈学勇、朱宏伟：《〈关于办理操纵证券、期货市场刑事案件适用法律若干问题的解释〉的理解与适用》，载《人民法院报》2020年3月12日。

② 姜永义、陈学勇、朱宏伟：《〈关于办理操纵证券、期货市场刑事案件适用法律若干问题的解释〉的理解与适用》，载《人民法院报》2020年3月12日。

本条的规定执行，但本条第一款第一项和第二项除外。”

三、认定操纵证券、期货市场罪应注意的问题

（一）操纵证券、期货市场罪罪与非罪的界限

行为人实施的行为是否构成操纵证券、期货市场罪，除了符合法定的犯罪构成要件外，主要看其是否“情节严重”，即是否达到了本罪案的立案追诉标准。如果没有达到本罪的立案追诉标准，则不构成犯罪，应由证券期货监管部门根据《证券法》《期货和衍生品法》的有关规定，对其给予行政处罚。

（二）操纵证券、期货市场罪与相关犯罪的界限

1. 操纵证券、期货市场罪与诱骗投资者买卖证券、期货合约罪的界限

诱骗投资者买卖证券、期货合约罪，是指证券交易所、期货交易所、证券公司、期货公司的从业人员，证券业协会、期货业协会或者证券期货监督管理部门的工作人员，故意提供虚假信息或者伪造、变造、销毁交易记录，诱骗投资者买卖证券、期货合约，造成严重后果的行为。

操纵证券、期货市场罪与诱骗投资者买卖证券、期货合约罪的相同之处在于：两罪都侵犯了证券、期货市场的正常秩序和其他投资者的合法权益；在主观上都是出于故意。两罪的主要区别在于：（1）犯罪主体不同。操纵证券、期货市场罪的主体是一般主体；诱骗投资者买卖证券、期货合约罪的主体是特殊主体，即证券交易所、期货交易所、证券公司、期货公司及其从业人员，证券业协会、期货业协会或者证券期货监督管理部门及其工作人员。（2）客观方面不同。操纵证券、期货市场罪的客观方面表现为行为人单独或者合谋，集中资金优势、持股或者持仓优势或者利用信息优势联合或者连续买卖；或者与他人串通，以事先约定的时间、价格和方式相互进行证券、期货交易；或者在自己实际控制的账户之间进行证券交易，或者以自己为交易对象，自买自卖期货合约；或者不以成交为目的，频繁或者大量申报买入、卖出证券、期货合约并撤销申报；或者利用虚假或者不确定的重大信息，诱导投资者进行证券、期货交易；或者对证券、证券发行人、期货交易标的公开作出评价、预测或者投资建议，同时进行反向证券交易或者相关期货交易；或者以其他方法操纵证券、期货市场情节严重的行为。诱骗投资者买卖证券、期货合约罪的客观方面表现为故意提供虚假信息或者伪造、变造、销毁交易记录，诱骗投资者买卖证券、期货合约，造成严重后果的行为。

2. 操纵证券、期货市场罪与编造并传播证券、期货交易虚假信息罪的界限

编造并传播证券、期货交易虚假信息罪，是指编造并且传播影响证券、期货

交易的虚假信息，扰乱证券、期货交易市场，造成严重后果的行为。

操纵证券、期货市场罪与编造并传播证券、期货交易虚假信息罪的相同之处在于：两罪都侵犯了证券、期货市场的正常秩序和其他投资者的合法权益；在主观上都是出于故意，犯罪主体都是一般主体。两罪的主要区别在于客观方面不同。操纵证券、期货市场罪的客观方面表现为行为人单独或者合谋，集中资金优势、持股或者持仓优势或者利用信息优势联合或者连续买卖；或者与他人串通，以事先约定的时间、价格和方式相互进行证券、期货交易；或者在自己实际控制的账户之间进行证券交易，或者以自己为交易对象，自买自卖期货合约；或者不以成交为目的，频繁或者大量申报买入、卖出证券、期货合约并撤销申报；或者利用虚假或者不确定的重大信息，诱导投资者进行证券、期货交易；或者对证券、证券发行人、期货交易标的公开作出评价、预测或者投资建议，同时进行反向证券交易或者相关期货交易；或者以其他方法操纵证券、期货市场情节严重的行为。编造并传播证券、期货交易虚假信息罪的客观方面表现为编造并且传播影响证券、期货交易的虚假信息，扰乱证券、期货交易市场，造成严重后果的行为。

（三）其他操纵行为的认定问题

根据中国证监会的有关规定，其他操纵证券市场的手段主要有特定时间的价格或价值操纵、尾市交易操纵等。

特定时间的价格或价值操纵，是指行为人在计算相关证券的参考价格、结算价格或者参考价值的特定时间内，通过拉抬、打压或者锁定手段，影响相关证券的参考价格、结算价格或者参考价值的行为。所谓拉抬，是指行为人以高于市场的价格发出买入申报致使证券交易价格上涨；打压，是指以低于市场的价格发出卖出申报致使证券交易价格下跌；锁定，是指通过发出买入或者卖出申报致使证券交易价格形成虚拟的价格水平。

尾市交易操纵，是指行为人在即将收市时，通过拉抬、打压或者锁定手段，影响证券收市价格的行为。所谓即将收市，是指证券交易所集中交易市场收市前 15 分钟。

四、操纵证券、期货市场罪的处罚

根据《刑法》第 182 条第 1 款的规定，操纵证券、期货市场，影响证券、期货交易价格或者证券、期货交易量，情节严重的，处 5 年以下有期徒刑或者拘役，并处或者单处罚金；情节特别严重的，处 5 年以上 10 年以下有期徒刑，并处罚金。

根据《关于办理操纵证券、期货市场刑事案件适用法律若干问题的解释》第4条的规定，具有下列情形之一的，应当认定为“情节特别严重”：（1）持有或者实际控制证券的流通股份数量达到该证券的实际流通股份总量10%以上，实施《刑法》第182条第1款第1项操纵证券市场行为，连续10个交易日的累计成交量达到同期该证券总成交量50%以上的；（2）实施《刑法》第182条第1款第2项、第3项操纵证券市场行为，连续10个交易日的累计成交量达到同期该证券总成交量50%以上的；（3）实施本解释第1条第1项至第4项操纵证券市场行为，证券交易成交额在5000万元以上的；（4）实施《刑法》第182条第1款第1项及本解释第1条第6项操纵期货市场行为，实际控制的账户合并持仓连续10个交易日的最高值超过期货交易所限仓标准的5倍，累计成交量达到同期该期货合约总成交量50%以上，且期货交易占用保证金数额在2500万元以上的；（5）实施《刑法》第182条第1款第2项、第3项及本解释第1条第1项、第2项操纵期货市场行为，实际控制的账户连续10个交易日的累计成交量达到同期该期货合约总成交量50%以上，且期货交易占用保证金数额在2500万元以上的；（6）实施操纵证券、期货市场行为，违法所得数额在1000万元以上的。实施操纵证券、期货市场行为，违法所得数额在500万元以上，并具有本解释第3条规定的7种情形之一的，应当认定为“情节特别严重”。

根据《刑法》第182条第2款的规定，单位犯前款罪的，对单位判处罚金，并对其直接负责的主管人员和其他直接责任人员，依照前款的规定处罚。

第二十二节　背信运用受托财产案

一、背信运用受托财产罪的概念和构成要件

（一）概念

背信运用受托财产罪，是指商业银行、证券交易所、期货交易所、证券公司、期货公司、保险公司或者其他金融机构，违背受托义务，擅自运用客户资金或者其他委托、信托的财产，情节严重的行为。

本罪是《刑法修正案（六）》新增设的，主要针对目前金融机构委托理财和公众资金经营、管理领域出现的问题。金融领域的委托理财是我国资本市场新兴的业务，它是委托人通过委托或者信托与受托人约定，将资金、证券等金融性资产交给受托人，由受托人在一定期限内按照委托人的意愿管理，投资于证券、期货等金融市场，并按期支付给委托人一定比例收益的资产管理活动。作为一种

资产经营方式，委托理财具有效率高、风险低、范围广和投资性强等优点。特别是对于从事受托理财的证券公司、信托公司来说，传统的证券、期货自营业务和经纪业务已经走向微利时代，而委托理财可为其带来一种新的盈利模式。但是在实际操作中，由于法律法规的不完善和监管的失控，金融机构委托理财业务中的违法违规行为屡见不鲜。在委托人基于对金融机构的信任将资金或证券交付给受托人后，对资金和证券往往处于失控状态，又由于市场信息和投资知识方面的欠缺，使得委托人难以及时、有效地监督和制约受托人，只能被动地接受受托人处置财产的结果，处于十分弱势的地位。由于客户资金和其他委托、信托的财产数额巨大，受托人稍加运用，就可能带来超额的收益。因此，许多金融机构铤而走险，违背受托义务，对客户的资金进行违规操作，侵吞、擅自动用客户资产，或者将客户资金用于操纵市场，进行不必要的买卖以赚取交易手续费等违规行为，妄图获取更大的利益。这些行为的存在不仅败坏金融机构的声誉和信誉，动摇公众对金融机构受托理财的信任，严重损害委托人的利益，而且给资产管理活动带来较大金融风险，严重扰乱金融秩序，造成社会的不稳定，应当予以刑事制裁。《刑法》第185条对商业银行、证券交易所、期货交易所、证券公司、期货经纪公司、保险公司或者其他金融机构的工作人员利用职务上的便利，挪用本单位或者客户资金的行为规定了刑事处罚。但是，近期暴露了很多证券公司、信托投资公司等金融机构擅自运用客户资金的违法行为，并且对象不仅限于客户资金，还包括有价证券以及其他委托或者信托财产。对这类严重损害客户合法权益、扰乱金融秩序的行为，《刑法》却没有规定。因此，针对目前金融机构委托理财和公众资金经营、管理领域出现的这类具有严重社会危害性的行为，有必要增加追究刑事责任的法律规定，以有效惩戒犯罪分子，维护金融市场秩序。为此，《刑法》第185条之一第1款规定：“商业银行、证券交易所、期货交易所、证券公司、期货经纪公司、保险公司或者其他金融机构，违背受托义务，擅自运用客户资金或者其他委托、信托的财产，情节严重的，对单位判处罚金，并对其直接负责的主管人员和其他直接责任人员，处三年以下有期徒刑或者拘役，并处三万元以上三十万元以下罚金；情节特别严重的，处三年以上十年以下有期徒刑，并处五万元以上五十万元以下罚金。”该规定与2005年修订的《证券法》相呼应，是针对证券市场普遍存在的挪用客户资产的行为而作出的刑法规制措施。2007年10月25日最高人民法院、最高人民检察院《关于执行〈中华人民共和国刑法〉确定罪名的补充规定（三）》根据《刑法修正案（六）》第12条第1款补充规定了“背信运用受托财产罪”罪名。

（二）构成要件

1. 犯罪客体

本罪侵犯的客体为复杂客体，既破坏了正常的金融秩序，也损害了委托人的利益。由于市场信息和投资知识方面的欠缺，使得委托人难以及时、有效地监督和制约受托人，只能被动地接受受托人处置财产的结果。而且，目前的金融市场在管理上还不够规范，受托人往往利用优势地位滥用权力，具体表现为对客户资金进行违规操作，侵吞客户资产，或者运用客户资金操纵市场，进行不必要的买卖以赚取交易手续费等。这些行为不仅败坏金融机构的信誉和声誉，动摇公众对金融机构委托理财的信任，严重损害受托人的利益，而且给资产管理活动造成较大的金融风险，严重扰乱金融秩序，因此对于情节严重的行为，应当追究其刑事责任。

关于本罪的犯罪对象，曾是争论的焦点之一。一种观点认为，现行《刑法》中无论是挪用资金罪还是挪用公款罪，其对象都仅限于资金或款项，而不包括资产、财产等。假如将本罪的犯罪对象扩大到资金、款项之外的资产、财产以及财产权，可能会产生一系列问题。比如，国家机关工作人员长期将单位公车占为己用，或者长期无偿占用公房等行为，是否一律按挪用公款罪论处。另一种观点认为，增设本罪的目的不仅要解决单位不能构成挪用型犯罪的问题，而且要解决当前实践中存在的金融机构违背受托义务，擅自运用客户资金或者其他受托财产的问题。而后者恰恰是当今证券监管实践中最重大、最迫切、最棘手的难题。假如囿于传统观念，一味固守挪用型犯罪的对象仅限于资金或款项的观点，就不可能有效规制金融机构背信挪用行为。立法者最终采纳了后一种观点，将本罪的犯罪对象由客户资金扩大为包括资金、证券、财产权等在内的受托、信托财产。

2. 客观方面

本罪的客观方面表现为金融机构违背受托义务，擅自运用客户资金或者其他委托、信托的财产，情节严重的行为，具体而言：

（1）违背受托义务，是指金融机构实施了违背客户委托给它的义务的行为。无论是《证券投资基金法》《期货公司管理办法》，还是《信托法》，都规定基金管理公司、期货公司、受托人对客户、委托人应尽忠实勤勉、诚实信用的义务。所以，应当看到这里的受托义务不仅包括金融机构与客户之间约定的义务，还包括金融机构对客户应尽的法定义务。在《刑法修正案（六）》征求意见过程中，有的部门和地方建议，在“违背受托义务”之后应当增加“违反国家有关规定”。理由是受托人实施的损害当事人利益的行为，有的是违反了国家规定，但不一定在委托合同中有具体约定。立法机关研究后认为，本条所谓违背受托义务，不能简单地认为仅限于违背了委托人与受托人之间具体约定的义务，首先应当包括违背了法律、行政法规、部门规章规定的受托人应尽的法定义务。虽然从法律关系上讲，委托与信托是不同的法律关系，但受托人应当遵守法律、行政法规、部门规章规定的法定义务，以及与委托人约定的具体义务，才真正构成受托义务的完整内容。因为法律、行政法规和部门规章在制定的过程中，针对受托人在受托理财实践中出现的损害委托人利益的突出问题，对受托人必须履行的职责和禁止行为作了明确规定。虽然普通委托人对受托人应当遵守的这些法定义务难以了解得十分清楚，也难以在合同中约定得十分具体，但受托人也必须严格依法履行该义务。例如，法律、行政法规和部门规章规定受托人从事资产管理业务，应当对不同客户资产分别设置账户、独立核算、分账管理。对委托人的受托财产负有忠实和注意义务，受托人在投资决策可能对委托人的利益产生重大影响时，应当及时向委托人报告并征得委托人的同意。受托人从事委托理财不得有下列行为：①擅自运用客户资金；②以欺诈手段或者其他不正当方式误导、诱导客户；③将客户资产管理业务与其他业务混合操作；④以转移资产管理账户收益或者亏损为目的，在自营账户与资产管理账户之间或者不同的资产管理账户之间进行买卖，损害客户的利益；⑤以获取佣金或者其他利益为目的运用客户资金进行超出委托授权以外的交易；⑥将委托理财资产用于资金拆借、贷款、抵押融资、对外担保或者用于可能承担无限责任的投资；等等。特别是受托人往往采取格式合同的方式逃避这些必须严格依法履行的法定义务。因此，仅仅将受托义务限定为合同义务不仅有悖于立法原意，也不利于维护委托人的合法权益。

（2）擅自运用客户资金或者其他委托、信托的财产。擅自是相对于客户或者委托人而言的，是指未经客户或者委托人的同意而运用其资产的行为，不是指没有经上级或主管部门的同意或批准。换言之，即使经过上级或主管部门的同意或批准，只要未经客户或者委托人的同意，仍属“擅自”。

这里的运用应包括动用、提取、动支、挪用等含义。

这里的委托、信托的财产主要是指在当前的委托理财业务中，存放在各类金融机构中的以下几类客户资金和资产：①证券投资业务中的客户交易结算资金。在我国的证券交易制度中，客户交易结算资金是指客户在证券公司存放的用于买卖证券的资金。②委托理财业务中的客户资产。委托理财业务，是指金融机构接受客户的委托，对客户存放在金融机构的资产进行管理的客户资产管理业务。这些资产包括资金、证券等。③信托业务中的信托财产。信托财产分为资金信托和一般财产信托。④证券投资基金。证券投资基金，是指通过公开发售基金份额募集的客户资金。从法律性质上说，基金的本质是标准份额的集合资金信托，客户购买的基金的性质是客户委托基金公司管理的财产。

(3) 违背受托义务的行为必须达到“情节严重”才构成本罪。这也是区分本罪罪与非罪的重要界限。这里的“情节严重”是指运用资产数额、后果、主观因素、客观影响等各方面的情节严重，如运用资金数额巨大、给委托人财产造成重大损失、行为造成巨大影响等情节。

3. 犯罪主体

本罪的主体为特殊主体，只能是商业银行、证券交易所、期货交易所、证券公司、期货公司、保险公司、信托公司或者其他开展相关业务的金融机构，至于金融机构的性质是国有还是非国有，不影响本罪的成立。另外，本罪为单位犯罪，自然人不能构成本罪的主体，这是由于我国目前有资格开展委托理财业务的机构只有经国家有关主管部门批准的金融机构，自然人不准开展此项业务。

4. 主观方面

本罪的主观方面表现为故意，即单位直接负责的主管人员和其他直接责任人员明知本单位与客户、委托人之间签订了委托合同或信托合同，为了本单位的利益，以单位的名义，经单位决策机构决定或者决策人同意，违背受托义务，运用客户资金或者其他委托、信托的财产。过失不能构成本罪。

二、背信运用受托财产罪案立案追诉标准适用指南

《立案追诉标准（二）》第三十五条规定：

商业银行、证券交易所、期货交易所、证券公司、期货公司、保险公司或者其他金融机构，违背受托义务，擅自运用客户资金或者其他委托、信托的财产，涉嫌下列情形之一的，应予立案追诉：

（一）擅自运用客户资金或者其他委托、信托的财产数额在三十万元以上的；

（二）虽未达到上述数额标准，但多次擅自运用客户资金或者其他委托、信托的财产，或者擅自运用多个客户资金或者其他委托、信托的财产的；

（三）其他情节严重的情形。

背信运用受托财产罪是《刑法修正案（六）》新增设的。关于本罪案的立案追诉标准，2008 年《补充规定》第 5 条规定：“商业银行、证券交易所、期货交易所、证券公司、期货公司、保险公司或者其他金融机构，违背受托义务，擅自运用客户资金或者其他委托、信托的财产，涉嫌下列情形之一的，应予追诉：1. 擅自运用客户资金或者其他委托、信托的财产数额累计在三十万元以上的；2. 虽未达到上述数额标准，但多次擅自运用客户资金或者其他委托、信托的财

产，或者擅自运用多个客户资金或者其他委托、信托的财产的；3. 有其他严重情节的。”

2010年《立案追诉标准（二）》制定过程中，鉴于2008年《补充规定》刚刚发布，为了保持司法解释的连续性与稳定性，沿用了2008年《补充规定》中对本罪案立案追诉标准的规定。本次修订沿用了2010年《立案追诉标准（二）》，主要考虑是目前未见该类犯罪的判例，原标准并无明显不妥，证监会、实务部门亦未提出修改意见。在适用本罪案的立案追诉标准时，需要注意的是：

（1）以擅自运用客户资金或者其他委托、信托的财产数额30万元作为立案追诉起点。2005年修订的《证券法》规定客户结算资金的存管模式由证券公司直接存管变为第三方（商业银行）存管，2019年修订的《证券法》第131条规定："证券公司客户的交易结算资金应当存放在商业银行，以每个客户的名义单独立户管理。证券公司不得将客户的交易结算资金和证券归入其自有财产。禁止任何单位或者个人以任何形式挪用客户的交易结算资金和证券。证券公司破产或者清算时，客户的交易结算资金和证券不属于其破产财产或者清算财产。非因客户本身的债务或者法律规定的其他情形，不得查封、冻结、扣划或者强制执行客户的交易结算资金和证券。"新的存管模式基本堵住了证券公司挪用客户结算资金的漏洞，经综合考虑，将本罪数额起点定为30万元。

（2）擅自运用客户资金或者其他委托、信托的财产数额没有达到30万元，但多次擅自运用客户资金或者其他委托、信托的财产，或者擅自运用多个客户资金或者其他委托、信托的财产自然属于情节严重，也应当追究刑事责任。

（3）第三种情形为兜底性规定。需要说明的是，《刑法修正案（六）》在对犯罪主体的表述中使用了"期货经纪公司"的概念，其根据是1999年《期货交易管理暂行条例》。《刑法修正案（六）》施行后，2007年3月国务院公布的《期货交易管理条例》将"期货经纪公司"修改为"期货公司"。2022年4月20日第十三届全国人大常委会第三十四次会议通过的《期货和衍生品法》也表述为"期货公司"。因此，《立案追诉标准（二）》沿用了新的法律的规定。

三、认定背信运用受托财产罪应注意的问题

（一）背信运用受托财产罪罪与非罪的界限

如前所述，本罪属于情节犯，构成本罪，必须达到情节严重的程度。一般情况下，情节严重主要是指给委托人造成了重大财产损失或者多次实施违背受托义务的行为等。具体来讲，就是只要具备《立案追诉标准（二）》所规定的情形之一，就构成本罪。否则，即使故意实施了背信运用受托财产的行为，但是不具

备《立案追诉标准（二）》所规定的情形，也不构成本罪。

（二）背信运用受托财产罪与相关犯罪的界限

1. 背信运用受托财产罪与违法运用资金罪的界限

违法运用资金罪，是指社会保障基金管理机构、住房公积金管理机构等公众资金管理机构，以及保险公司、保险资产管理公司、证券投资基金管理公司，违反国家规定运用资金的行为。

背信运用受托财产罪与违法运用资金罪都是《刑法修正案（六）》新增设的，并且都规定在《刑法》第185条之一中，两罪的共同之处还有：（1）客观上都表现为擅自运用资金。（2）犯罪主体都是单位，并有重合之处，如保险公司，既可以成为背信运用受托财产罪的犯罪主体，也可以成为违法运用资金罪的犯罪主体。（3）对两罪中的自然人处罚的法定刑相同。

两罪的区别在于：（1）客观方面不同。背信运用受托财产罪是违背受托义务，擅自运用客户资金或者其他委托、信托的财产的行为，其中的违背受托义务不仅限于违背委托人与受托人之间具体约定的义务，还包括违背法律、行政法规、部门规章规定的法定义务；而违法运用资金罪是违反国家规定运用公众资金。（2）犯罪主体不同。背信运用受托财产罪的犯罪主体主要是商业银行、证券交易所、期货交易所、证券公司、期货公司、保险公司或者其他金融机构；而违法运用资金罪的犯罪主体则主要是社会保障基金管理机构、住房公积金管理机构等公众资金管理机构，以及保险公司、保险资产管理公司、证券投资基金管理公司。（3）处罚的范围不同。背信运用受托财产罪实行的是双罚制，即对单位判处罚金，对直接负责的主管人员和其他直接责任人员判处自由刑和罚金；而违法运用资金罪实行的是单罚制，即只处罚单位直接负责的主管人员和其他直接责任人员，不对单位判处罚金。之所以这样规定，是因为作为违法运用资金罪犯罪主体的社会保障基金管理机构、住房公积金管理机构等公众资金管理机构，以及保险公司、保险资产管理公司、证券投资基金管理公司，其管理的资金是公众资金，并且对公众资金所承担管理的职能具有社会管理性质，其对公众资金负有保值增值义务，其合法运用资金经营所得的收益应归公众资金的受益者，而不是这些承担管理责任的机构。违法运用资金的行为本来就可能对公众资金造成损害，如果再对其判处罚金，将会加重对公众资金的损害程度，损害的是公共利益。值得说明的是，不判处罚金并不意味着对违法运用资金的收益漠视不管，有关机关应将其纳入公众资金收益的范围，而不能作为犯罪单位的收益由其自行支配或者从中提取相关规费。

有观点认为，《刑法》对违法运用资金罪也应实行双罚制，因为《刑法》第

185 条之一第 2 款规定的是“依照前款的规定处罚”，这种观点是错误的。《刑法》第 185 条之一第 2 款在叙明罪状后，紧接着规定的是“对其直接负责的主管人员和其他直接责任人员，依照前款的规定处罚”，强调的是对单位中自然人的处罚。立法者显然注意到了违法运用资金罪与背信运用受托财产罪的区别，在规定处罚时，明确规定对单位中自然人的处罚。

2. 背信运用受托财产罪与金融机构工作人员实施的挪用资金罪的界限

挪用资金罪，是指公司、企业或者其他单位的工作人员，利用职务上的便利，挪用本单位资金归个人使用或者借贷给他人，超过 3 个月未还，或者虽未超过 3 个月，但进行营利活动或者非法活动的行为。

商业银行、证券交易所、期货交易所、证券公司、期货公司、保险公司或者其他金融机构的工作人员利用职务上的便利，挪用本单位或者客户资金的，依照《刑法》第 272 条挪用资金罪定罪处罚。背信运用受托财产罪与金融机构工作人员实施的挪用资金罪在客观方面具有相同之处，都可以表现为客户资金被挪用，并且行为人都是金融机构的工作人员。但是两罪的区别表现在：（1）犯罪主体不同。背信运用受托财产罪是单位犯罪，主体是商业银行、证券交易所、期货交易所、证券公司、期货公司、保险公司或者其他金融机构；而金融机构工作人员实施的挪用资金罪只能由自然人构成。（2）对被挪用资金的用途规定不同。《刑法》规定此罪的意图在于打击背信行为，只要金融机构违背受托义务，擅自运用资金即属于背信行为，没有对资金或者财产被擅自运用后的具体用途以及使用时间长短加以规定，且不要求为金融机构自身利益使用或者被金融机构用于借贷他人、进行自身的营利活动等；而金融机构工作人员实施的挪用资金罪，除了有挪用资金行为外，还必须具有归个人使用 3 个月以上或者用于营利活动、非法活动等使用去向。金融机构负责人利用职务便利，操纵单位意志，背信运用受托财产，并符合挪用资金构成条件的，对金融机构负责人应当以处罚较重的规定定罪处罚。

四、背信运用受托财产罪的处罚

根据《刑法》第 185 条之一第 1 款的规定，商业银行、证券交易所、期货交易所、证券公司、期货经纪公司、保险公司或者其他金融机构，违背受托义务，擅自运用客户资金或者其他委托、信托的财产，情节严重的，对单位判处罚金，并对其直接负责的主管人员和其他直接责任人员，处 3 年以下有期徒刑或者拘役，并处 3 万元以上 30 万元以下罚金；情节特别严重的，处 3 年以上 10 年以下有期徒刑，并处 5 万元以上 50 万元以下罚金。

第二十三节 违法运用资金案

一、违法运用资金罪的概念和构成要件

（一）概念

违法运用资金罪，是指社会保障基金管理机构、住房公积金管理机构等公众资金管理机构，以及保险公司、保险资产管理公司、证券投资基金管理公司，违反国家规定运用资金的行为。

1979 年《刑法》、单行刑法和 1997 年《刑法》均没有规定本罪。2006 年 6 月 29 日《刑法修正案（六）》第 12 条增加一条作为《刑法》第 185 条之一，其第 2 款规定了本罪。2007 年 10 月 25 日最高人民法院、最高人民检察院《关于执行〈中华人民共和国刑法〉确定罪名的补充规定（三）》根据《刑法修正案（六）》第 12 条第 2 款补充规定了“违法运用资金罪”罪名。

（二）构成要件

1. 犯罪客体

本罪侵犯的客体是国家关于公众资金的管理制度。公众资金主要用于保障广大人民群众基本生活所需的吃饭钱、看病钱、购房钱、养老钱，与广大人民群众的切身利益息息相关。根据国家规定，对社会保障基金、住房公积金等公众资金，以及保险资金和证券投资基金，任何单位和个人不得挪用，不得用于向他人提供担保。违反国家规定运用公众资金，以及保险资金和证券投资基金的行为，严重损害了公众资金的安全，冲击了正常的金融市场秩序，造成了不稳定因素。在实践中，发生的违法运用资金的案件往往数额特别巨大，造成的损失特别严重。对此应予严惩。

本罪的犯罪对象是社会保障基金、住房公积金等公众资金，以及保险资金和证券投资基金。

社会保障基金是根据《社会保险法》《全国社会保障基金条例》等国家有关法律法规和政策的规定，为实施社会保障制度而建立起来、专款专用的资金。全国社会保障基金是国家社会保障储备基金，用于人口老龄化高峰时期的养老保险等社会保障支出的补充、调剂。国家设立全国社会保障基金，由中央财政预算拨款以及国务院批准的其他方式筹集的资金构成。全国社会保障基金由全国社会保障基金管理运营机构负责管理运营，在保证安全的前提下实现保值增值。全国社会保障基金应当定期向社会公布收支、管理和投资运营的情况。国务院财政部

门、社会保险行政部门、审计机关对全国社会保障基金的收支、管理和投资运营情况实施监督。社会保障支出涉及社会保险、救济、福利等方方面面。国家建立基本养老保险、基本医疗保险、工伤保险、失业保险、生育保险等社会保险制度。目前，我国社会保险基金包括基本养老保险基金、基本医疗保险基金、工伤保险基金、失业保险基金和生育保险基金。其中的基本养老保险基金数额最大，在整个社会保险制度中占有重要地位。社会保障基金投资的范围限于银行存款、买卖国债和其他具有良好流动性的金融工具，包括上市流通的证券投资基金、股票，信用等级在投资级以上的企业债、金融债等有价证券。社会保障基金是不向个人投资者开放的。社会保障基金投资运作的基本原则是在保证基金资产安全性、流动性的前提下，实现基金资产的增值。国家规定社会保障基金可以进入股市，当然不是全部，而是有比例的限制。主要目的是让社会保障基金实现增值，保证人民的利益。社会保障基金资产是独立于理事会、社会保障基金投资管理人、社会保障基金托管人的资产，由财政部会同人力资源和社会保障部拟定社会保障基金管理运作的有关政策，对社会保障基金的投资运作和托管情况进行监督。国家外汇管理局、证监会、银保监会（国家金融监督管理总局）、人民银行等监督管理机构按照各自的职权对社会保障基金投资管理人和托管人的经营活动进行监督。

住房公积金是国家机关、国有企业、城镇集体企业、外商投资企业、城镇私营企业及其他城镇企业、事业单位、民办非企业单位、社会团体及其在职职工缴存的长期住房储备金，具有政策性、义务性、互助性和社会保障性质。无论有房还是无房的在职职工都可以参加住房公积金储存。住房公积金由两部分组成：一是个人缴存部分，由所在单位每月从在职职工工资中代扣代缴，汇缴到住房公积金专用账户；二是单位资助部分，单位按职工缴存的金额给予同等数额的资助，也划入住房公积金专用账户。这两部分资金的本息均属职工个人所有，单位不得以任何理由和形式予以扣除。住房公积金对需要解决住房困难的职工来说是一种资金机制上的保障。职工购买、建造、翻建、大修自住房，职工本人及其配偶、共同居住的父母和子女均可按规定申请提取其住房公积金账户内已结息的存储余额；若提取后资金仍不足，只要符合政策性住房抵押贷款条件，还可申请住房公积金贷款。而对暂不需要解决住房困难的职工来说，住房公积金亦可视作养老金的一种补充，离退休时，可以提取本息供养老之用。

保险资金的运用，是指保险公司在组织经济补偿的过程中，将积聚的各种保险资金用于投融资，使保险资金不断增值，以增强保险公司的经济实力和承保能力的活动。为了保障保险公司稳健经营，避免投融资风险，维护投保人、被保险人的利益，《保险法》对保险资金运用的原则、形式、禁止行为及其管理作了明确的规定。保险公司的资金运用必须稳健，遵循安全性原则，并保证保险公司的资产保值增值。为此，保险公司的投融资一定要坚持多渠道、多方式和相对分散，一定要选择回报率高的投融资项目。安全与效益原则相互联系、相互制约，安全是基础，效益是目的。因此，在保险资金运用中，稳健的经营不是先追求效益，而是先保证安全，在这个基础上再努力提高资金运用效益。保险公司的资金运用限于银行存款，买卖债券、股票、证券投资基金份额等有价证券，投资不动产，投资股权和国务院规定的其他资金运用形式。保险公司的资金要保障投融资安全有效，尽可能地减少风险；要保持足够的变现能力，以保证及时赔偿或者给付保险金的需要。

证券投资基金管理人运用基金财产进行证券投资，根据《公开募集证券投资基金运作管理办法》规定，不得有下列情形：（1）一只基金持有一家公司发行的证券，其市值超过基金资产净值的10%；（2）同一基金管理人管理的全部基金持有一家公司发行的证券，超过该证券的10%；（3）基金财产参与股票发行申购，单只基金所申报的金额超过该基金的总资产，单只基金所申报的股票数量超过拟发行股票公司本次发行股票的总量；（4）一只基金持有其他基金（不含货币市场基金），其市值超过基金资产净值的10%，但基金中基金除外；（5）基金中基金持有其他单只基金，其市值超过基金资产净值的20%，或者投资于其他基金中基金；（6）基金总资产超过基金净资产的140%；（7）违反基金合同关于投资范围、投资策略和投资比例等约定；（8）中国证监会规定禁止的其他情形。完全按照有关指数的构成比例进行证券投资的基金品种可以不受前款第1项、第2项规定的比例限制。基金管理人运用基金财产投资证券衍生品种的，应当根据风险管理的原则，并制定严格的授权管理制度和投资决策流程。基金管理人运用基金财产投资证券衍生品种的具体比例，应当符合中国证监会的有关规定。中国证监会另行规定的其他特殊基金品种可不受上述比例的限制。

2. 客观方面

本罪的客观方面表现为行为人违反国家规定运用资金的行为。

这里的违反国家规定是指违反《全国社会保障基金条例》《住房公积金管理条例》《保险法》《证券投资基金法》等法律、行政法规关于资金管理的规定。

《全国社会保障基金条例》第16条规定："全国社会保障基金投资管理人、托管人不得有下列行为：（一）将全国社会保障基金财产混同于其他财产投资、保管；（二）泄露因职务便利获取的全国社会保障基金未公开的信息，利用该信息从事或者明示、暗示他人从事相关交易活动；（三）法律、行政法规和国务院有关部门规章禁止的其他行为。"第18条第2款规定："任何单位和个人不得侵占、挪用或者违规投资运营全国社会保障基金。"

《住房公积金管理条例》规定，住房公积金管理委员会是住房公积金管理的决策机构。住房公积金管理中心是直属城市人民政府的不以营利为目的的独立的事业单位，负责住房公积金的管理运作。住房公积金管理中心不得向他人提供担保。挪用住房公积金的，由国务院建设行政主管部门或者省、自治区人民政府建设行政主管部门依据管理职权，追回挪用的住房公积金，没收违法所得；对挪用或者批准挪用住房公积金的人民政府负责人和政府有关部门负责人以及住房公积金管理中心负有责任的主管人员和其他直接责任人员，依照《刑法》关于挪用公款罪或者其他罪的规定，依法追究刑事责任；尚不够刑事处罚的，给予降级或者撤职的行政处分。

《保险法》规定，保险公司的资金运用必须稳健，遵循安全性原则。保险公司的资金运用限于下列形式：（1）银行存款；（2）买卖债券、股票、证券投资基金份额等有价证券；（3）投资不动产；（4）国务院规定的其他资金运用形式。保险公司资金运用的具体管理办法，由国务院保险监督管理机构依照前述规定制定。《保险资金运用管理办法》进一步明确规定，保险资金运用限于下列形式：（1）银行存款；（2）买卖债券、股票、证券投资基金份额等有价证券；（3）投资不动产；（4）投资股权；（5）国务院规定的其他资金运用形式。除中国保监会另有规定以外，保险集团（控股）公司、保险公司从事保险资金运用，不得有下列行为：（1）存款于非银行金融机构；（2）买入被交易所实行"特别处理""警示存在终止上市风险的特别处理"的股票；（3）投资不符合国家产业政策的企业股权和不动产；（4）直接从事房地产开发建设；（5）将保险资金运用形成的投资资产用于向他人提供担保或者发放贷款，个人保单质押贷款除外；（6）中国保监会禁止的其他投资行为。

《证券投资基金法》规定，基金财产应当用于下列投资：（1）上市交易的股票、债券；（2）国务院证券监督管理机构规定的其他证券及其衍生品种。基金财产不得用于下列投资或者活动：（1）承销证券；（2）违反规定向他人贷款或者提供担保；（3）从事承担无限责任的投资；（4）买卖其他基金份额，但是国务院证券监督管理机构另有规定的除外；（5）向基金管理人、基金托管人出资；（6）从事内幕交易、操纵证券交易价格及其他不正当的证券交易活动；（7）法律、行政法规和国务院证券监督管理机构规定禁止的其他活动。

3. 犯罪主体

本罪的主体为特殊主体，仅限于单位，即社会保障基金管理机构、住房公积金管理机构等公众资金管理机构，以及保险公司、保险资产管理公司、证券投资基金管理公司。

保险公司是依照我国《保险法》和《公司法》设立的经营商业保险业务的

金融机构，是专门从事经营商业保险业务的企业。我国保险公司的组织形式为股份有限公司和国有独资公司两种。

保险资产管理公司是专门管理保险资金的金融机构。其主要业务是接受保险公司委托管理保险基金，使保险基金保值增值。保险资产管理公司一般由保险公司或保险公司的控股股东发起设立。

证券投资基金管理公司，是指经中国证监会批准，在中华人民共和国境内设立，从事证券投资基金管理业务的企业法人。

4. 主观方面

本罪的主观方面表现为故意。

二、违法运用资金罪案立案追诉标准适用指南

《立案追诉标准（二）》第三十六条规定：

社会保障基金管理机构、住房公积金管理机构等公众资金管理机构，以及保险公司、保险资产管理公司、证券投资基金管理公司，违反国家规定运用资金，涉嫌下列情形之一的，应予立案追诉：

（一）违反国家规定运用资金数额在三十万元以上的；

（二）虽未达到上述数额标准，但多次违反国家规定运用资金的；

（三）其他情节严重的情形。

本罪与背信运用受托财产罪在客观方面近似，在法定刑上完全一致，因而在立案追诉标准上与背信运用受托财产罪案的立案追诉标准也一致。此次修订沿用了2010年《立案追诉标准（二）》的规定。具体适用时，可以参见“背信运用受托财产罪案立案追诉标准适用指南”的内容。

三、认定违法运用资金罪应注意的问题

关于违法运用资金罪罪与非罪的界限，在司法实践中，需要注意的是本罪的犯罪主体是特殊主体，不符合本主体要求的，不能构成本罪。根据《刑法修正案（六）》的规定，本罪的主体仅限于社会保障基金管理机构、住房公积金管理机构等公众资金管理机构，以及保险公司、保险资产管理公司、证券投资基金管理公司。其他任何单位和个人都不能成为本罪的犯罪主体。另外，构成本罪须以特定后果或者情节为要件，但这并不意味着任何违法运用资金的行为都构成本罪，都要追究刑事责任。根据《刑法》第13条的规定，如果违法运用资金的行为情节显著轻微，如初次违法运用、数额不大且未造成严重后果的，应依法不认为是犯罪。

四、违法运用资金罪的处罚

根据《刑法》第 185 条之一第 2 款的规定，犯违法运用资金罪的，对其直接负责的主管人员和其他直接责任人员，处 3 年以下有期徒刑或者拘役，并处 3 万元以上 30 万元以下罚金；情节特别严重的，处 3 年以上 10 年以下有期徒刑，并处 5 万元以上 50 万元以下罚金。

可见，本罪虽然是单位犯罪，但是法律却规定了单罚制，即仅处罚犯罪单位的直接负责的主管人员和其他直接责任人员。

第二十四节 违法发放贷款案

一、违法发放贷款罪的概念和构成要件

（一）概念

违法发放贷款罪，是指银行或者其他金融机构的工作人员违反国家规定发放贷款，数额巨大或者造成重大损失的行为。

1979 年《刑法》没有专门的违法发放贷款罪罪名，当时违法发放贷款犯罪行为被认定为玩忽职守罪的一种行为方式，以玩忽职守罪定罪处罚。1979 年《刑法》第 187 条规定："国家工作人员由于玩忽职守，致使公共财产、国家和人民利益遭受重大损失的，处五年以下有期徒刑或者拘役。"1995 年 6 月 30 日全国人大常委会《关于惩治破坏金融秩序犯罪的决定》第 9 条的规定是我国第一次单独针对违法发放贷款行为进行的刑事立法，是打击违法发放贷款犯罪行为的一个里程碑。它规定了违法向关系人发放贷款和违法发放贷款两个具体犯罪行为，与以玩忽职守罪处罚违法发放贷款犯罪行为相比更科学、更合理，无论是在犯罪主体还是在处罚上都发生了巨大的变化。它符合金融机构改革后的实际变化需要，有利于更好地打击此类犯罪。1997 年修订《刑法》时，针对违法发放贷款犯罪行为基本采纳了全国人大常委会《关于惩治破坏金融秩序犯罪的决定》第 9 条的规定，将违法向关系人发放贷款罪和违法发放贷款罪两个具体犯罪纳入《刑法》第 186 条。《刑法修正案（六）》第 13 条对《刑法》第 186 条第 1 款、第 2 款进行了重大修改：一是对犯罪构成做了修改，将违反国家规定向一般人发放贷款构成犯罪的标准，从"造成较大损失"修改为"数额巨大或者造成重大损失"；二是将违法向关系人或一般人发放贷款构成犯罪的不同损失标准合二为一，将向关系人违法发放贷款构成犯罪的作为违法发放贷款罪的从重处罚情节。

2007年10月25日最高人民法院、最高人民检察院《关于执行〈中华人民共和国刑法〉确定罪名的补充规定（三）》正式取消了“违法向关系人发放贷款罪”罪名，将“违法向关系人发放贷款罪”和“违法发放贷款罪”两个具体犯罪合并为一个犯罪，即“违法发放贷款罪”，也使本罪的概念、构成要件发生了实质性的重要变化。

（二）构成要件

1. 犯罪客体

本罪侵犯的客体是国家金融管理秩序，具体来说是国家的贷款管理制度。发放贷款是银行和其他金融机构的一项重要金融业务，它为国民经济的发展提供了重要的资金保障。为了规范贷款行为，提高贷款质量，保证贷款的安全性和使用的有效性，加速信贷资金周转，我国制定了一系列金融法律法规，对有关贷款问题作出了规定。贷款人在办理发放贷款业务过程中，玩忽职守或者滥用职权，不认真调查借款人的偿还能力或资信情况，或未经批准擅自发放贷款等行为，不仅破坏了国家的贷款管理制度，同时还会造成贷款的损失，影响国家金融秩序的稳定。本罪的犯罪对象是贷款，即贷款人对借款人提供的并按约定的利率和期限还本付息的货币资金。如果犯罪行为人发放的不是贷款，则不能构成本罪。

2. 客观方面

本罪的客观方面表现为违反国家规定发放贷款，数额巨大或者造成重大损失的行为。只有在违反国家规定的情况下发放贷款的行为才能构成本罪。否则，无论发放贷款的数额是否巨大、是否造成损失，均不能构成本罪。这里的违反国家规定是指违反全国人大及其常委会制定的法律，国务院制定的行政法规、规定的行政措施、发布的决定和命令等。行为人违反国家规定发放贷款必须具备数额巨大的情节或者因此造成重大损失的结果，才能构成本罪。与骗取贷款、票据承兑、金融票证罪不同的是，本罪不以造成损失为唯一入罪条件，违法发放贷款数额巨大的，即使没有造成损失，也可以构成本罪。

贷款包括信用贷款和担保贷款。所谓信用贷款，是指银行不要求借款人提供任何的经济担保，只凭借款人的信用发放的贷款。所谓担保贷款，是指借款人向银行提供具有相应经济实力的单位或者个人的经济担保，或者向银行提供物资、银行票据、股票、债券等实物作为抵押、质押，以取得银行贷款。

商业银行与客户的业务往来应当遵循平等、自愿、公平和诚实信用的原则。商业银行开展业务，应当遵守公平竞争的原则，不得从事不正当竞争。商业银行贷款应当实行审贷分离、分级审批的制度，应当对借款人的借款用途、偿还能力、还款方式等情况进行严格审查，并对保证人的偿还能力，抵押物、质物的权属和价值以及实现抵押权、质权的可行性进行严格审查。经商业银行审查、评估，确认借款人资信良好，确实能偿还贷款的，可以不提供担保。商业银行贷款，应当与借款人订立书面合同。合同应当约定贷款种类、借款用途、金额、利率、还款期限、还款方式、违约责任和双方认为需要约定的其他事项。《商业银行法》第 38 条规定，商业银行应当按照中国人民银行规定的贷款利率的上下限，确定贷款利率。第 39 条第 1 款规定，商业银行贷款，应当遵守下列资产负债比例管理的规定：（1）资本充足率不得低于 8%；（2）流动性资产余额与流动性负债余额的比例不得低于 25%；（3）对同一借款人的贷款余额与商业银行资本余额的比例不得超过 10%；（4）国务院银行业监督管理机构对资产负债比例管理的其他规定。第 40 条第 1 款规定，商业银行不得向关系人发放信用贷款；向关系人发放担保贷款的条件不得优于其他借款人同类贷款的条件。第 47 条规定，商业银行不得违反规定提高或者降低利率以及采用其他不正当手段，吸收存款，发放贷款。

《金融违法行为处罚办法》第 16 条规定，金融机构办理贷款业务，不得有下列行为：（1）向关系人发放信用贷款；（2）向关系人发放担保贷款的条件优于其他借款人同类贷款的条件；（3）违反规定提高或者降低利率以及采用其他不正当手段发放贷款；（4）违反中国人民银行规定的其他贷款行为。金融机构有上述所列行为之一的，给予警告，没收违法所得，并处违法所得 1 倍以上 5 倍以下的罚款，没有违法所得的，处 10 万元以上 50 万元以下的罚款；对该金融机构直接负责的高级管理人员、其他直接负责的主管人员和直接责任人员，给予撤职直至开除的纪律处分；情节严重的，责令该金融机构停业整顿或者吊销经营金融业务许可证；构成违法发放贷款罪或者其他罪的，依法追究刑事责任。

违反《商业银行法》《金融违法行为处罚办法》便属于违反国家规定。《商业银行法》对金融机构发放贷款的要求规定得相对较为原则，《贷款通则》规定得较为具体，虽然《贷款通则》属于部门规章，不是刑法规定的国家规定，但判断行为人是否违反了《商业银行法》等国家规定发放贷款，可以参照《贷款通则》的有关规定进行判断。比如，《贷款通则》第 3 条规定，贷款的发放和使用应当符合国家的法律、行政法规和中国人民银行发布的行政规章，应当遵循效益性、安全性和流动性的原则。第 4 条规定，借款人与贷款人的借贷活动应当遵循平等、自愿、公平和诚实信用的原则。第 5 条规定，贷款人开展贷款业务，应当遵循公平竞争、密切协作的原则，不得从事不正当竞争。第 11 条规定，贷款期限根据借款人的生产经营周期、还款能力和贷款人的资金供给能力由借贷双方共同商议后确定，并在借款合同中载明。自营贷款期限最长一般不得超过 10 年，超过10年应当报中国人民银行备案。票据贴现的贴现期限最长不得超过6个月，贴现期限为从贴现之日起到票据到期日止。第13条规定，贷款人应当按照中国人民银行规定的贷款利率的上下限，确定每笔贷款利率，并在借款合同中载明。第14条规定，贷款人和借款人应当按借款合同和中国人民银行有关计息规定按期计收或交付利息。贷款的展期期限加上原期限达到新的利率期限档次时，从展期之日起，贷款利息按新的期限档次利率计收。逾期贷款按规定计收罚息。第17条规定，借款人应当是经工商行政管理（现为市场监督管理）机关（或主管机关）核准登记的企（事）业法人、其他经济组织、个体工商户或具有中华人民共和国国籍的具有完全民事行为能力的自然人。借款人申请贷款，应当具备产品有市场、生产经营有效益、不挤占挪用贷款资金、恪守信用等基本条件，并且应当符合以下要求：（1）有按期还本付息的能力，原应付贷款利息和到期贷款已清偿；没有清偿的，已经做了贷款人认可的偿还计划。（2）除自然人和不需要经工商部门（现为市场监督管理部门）核准登记的事业法人外，应当经过工商部门（现为市场监督管理部门）办理年检手续。（3）已开立基本账户或一般存款账户。（4）除国务院规定外，有限责任公司和股份有限公司对外股本权益性投资累计额未超过其净资产总额的50%。（5）借款人的资产负债率符合贷款人的要求。（6）申请中期、长期贷款的，新建项目的企业法人所有者权益与项目所需总投资的比例不低于国家规定的投资项目的资本金比例。第20条规定，对借款人的限制：（1）不得在一个贷款人同一辖区内的两个或两个以上同级分支机构取得贷款。（2）不得向贷款人提供虚假的或者隐瞒重要事实的资产负债表、损益表等。（3）不得用贷款从事股本权益性投资，国家另有规定的除外。（4）不得用贷款在有价证券、期货等方面从事投机经营。（5）除依法取得经营房地产资格的借款人以外，不得用贷款经营房地产业务；依法取得经营房地产资格的借款人，不得用贷款从事房地产投机。（6）不得套取贷款用于借贷牟取非法收入。（7）不得违反国家外汇管理规定使用外币贷款。（8）不得采取欺诈手段骗取贷款。第21条规定，贷款人必须经中国人民银行批准经营贷款业务，持有中国人民银行颁发的《金融机构法人许可证》或《金融机构营业许可证》，并经工商行政管理（现为市场监督管理）部门核准登记。第22条规定，贷款人的权利：根据贷款条件和贷款程序自主审查和决定贷款，除国务院批准的特定贷款外，有权拒绝任何单位和个人强令其发放贷款或者提供担保。（1）要求借款人提供与借款有关的资料；（2）根据借款人的条件，决定贷与不贷、贷款金额、期限和利率等；（3）了解借款人的生产经营活动和财务活动；（4）依合同约定从借款人账户上划收贷款本金和利息；（5）借款人未能履行借款合同规定义务的，贷款人有权依合同约定要求借款人提前归还贷款或停止支付借款人尚未使用的贷款；（6）在贷款将受或已受损失的，可依据合同规定，采取使贷款免受损失的措施。第 23 条规定，贷款人的义务：（1）应当公布所经营的贷款的种类、期限和利率，并向借款人提供咨询。（2）应当公开贷款审查的资信内容和发放贷款的条件。（3）贷款人应当审议借款人的借款申请，并及时答复贷与不贷。短期贷款答复时间不得超过 1 个月，中期、长期贷款答复时间不得超过 6 个月；国家另有规定者除外。（4）应当对借款人债务、财务、生产、经营情况保密，但对依法查询者除外。第 24 条规定，对贷款人的限制：（1）贷款的发放必须严格执行《商业银行法》第 39 条关于资产负债比例管理的有关规定，第 40 条关于不得向关系人发放信用贷款、向关系人发放担保贷款的条件不得优于其他借款人同类贷款条件的规定。（2）借款人有下列情形之一者，不得对其发放贷款：①不具备该通则第四章第 17 条所规定的资格和条件的；②生产、经营或投资国家明文禁止的产品、项目的；③违反国家外汇管理规定的；④建设项目按国家规定应当报有关部门批准而未取得批准文件的；⑤生产经营或投资项目未取得环境保护部门许可的；⑥在实行承包、租赁、联营、合并（兼并）、合作、分立、产权有偿转让、股份制改造等体制变更过程中，未清偿原有贷款债务、落实原有贷款债务或提供相应担保的；⑦有其他严重违法经营行为的。（3）未经中国人民银行批准，不得对自然人发放外币币种的贷款。（4）自营贷款和特定贷款，除按中国人民银行规定计收利息之外，不得收取其他任何费用；委托贷款，除按中国人民银行规定计收手续费之外，不得收取其他任何费用。（5）不得给委托人垫付资金，国家另有规定的除外。（6）严格控制信用贷款，积极推广担保贷款。

3. 犯罪主体

本罪的主体既可以是单位，也可以是自然人。单位主体，是指银行或者其他金融机构，具体包括商业银行、政策性银行、合作银行、农村信用合作社、城市信用合作社等具有贷款业务资格的金融机构。自然人主体，是指前述单位主体中从事贷款业务活动的工作人员。非金融机构工作人员与金融机构工作人员通谋，通过金融机构工作人员违法发放贷款的，非金融机构工作人员构成违法发放贷款罪的共同犯罪。

4. 主观方面

本罪的主观方面表现为故意，还是过失，实践中有争论。

二、违法发放贷款罪案立案追诉标准适用指南

《立案追诉标准（二）》第三十七条规定：

银行或者其他金融机构及其工作人员违反国家规定发放贷款，涉嫌下

列情形之一的，应予立案追诉：

（一）违法发放贷款，数额在二百万元以上的；

（二）违法发放贷款，造成直接经济损失数额在五十万元以上的。

2001 年《追诉标准》将“直接经济损失”规定为 50 万元，在 2010 年《立案追诉标准（二）》制定讨论中，行政主管部门和地方公安、检察机关都认为 50 万元过高，不利于打击此类犯罪，要求降低数额标准，经研究采纳了这一意见，将“造成直接经济损失数额”规定在 20 万元以上。

此次修订对 2010 年《立案追诉标准（二）》关于本罪案的立案追诉标准做了较大修改。

一是参照最高人民法院、最高人民检察院、公安部、司法部《关于办理非法放贷刑事案件若干问题的意见》的规定，“个人非法放贷数额累计在 200 万元以上的”属于刑法第 225 条规定的“情节严重”标准，将违法发放贷款罪案立案追诉数额标准提高为 200 万元。

二是参照国有公司、企业、事业单位人员失职案“直接经济损失 50 万元以上”标准，将该案件直接经济损失的立案追诉标准提高至 50 万元。

由于违法发放贷款罪、吸收客户资金不入账罪、违规出具金融票证罪，以及对违法票据承兑、付款、保证罪这四种犯罪同属于金融机构及其工作人员违规经营、执业类型犯罪，犯罪主体相同，侵害客体相同，行为手段不同，确定相应立案追诉标准应考虑保持相互协调平衡，尽可能保持一致，此次修订对上述四类罪案立案追诉标准进行了同步调整，保持相关数额标准的一致性。

违法发放贷款，即行为人违反国家规定发放贷款，数额在 200 万元以上或者造成直接经济损失数额在 50 万元以上的，应予立案追诉。直接经济损失包括无法收回的贷款本金等损失。

2010 年《立案追诉标准（二）》取消了 2001 年《追诉标准》关于本罪单位犯罪的立案追诉标准的特别规定，因此单位与自然人适用相同的标准，此次修订予以沿用。

银行或者其他金融机构的工作人员违反国家规定向关系人发放贷款的，从重处罚。根据《商业银行法》第 40 条的规定，所谓关系人，是指：（1）商业银行的董事、监事、管理人员、信贷业务人员及其近亲属；（2）前项所列人员投资或者担任高级管理职务的公司、企业和其他经济组织。

三、认定违法发放贷款罪应注意的问题

（一）违法发放贷款罪罪与非罪的界限

本罪是以侵害行为具备一定的情节或者发生一定的危害后果为构成要件的犯罪。如果侵害行为没有达到规定的标准，则可能属于一般违法行为。具体来说，区分违法发放贷款罪罪与非罪的界限主要应注意以下几点：（1）行为人是否违反国家规定。如果行为人并未直接违反国家规定，而只是违反所在单位的内部规定向借款人发放贷款，该内部规定的内容也没有被国家规定所涵盖，则不能对其追究刑事责任。（2）贷款数额是否巨大或者是否造成重大损失。如果既不属于数额巨大，也未造成重大损失的，不能以本罪论处。

（二）违法发放贷款罪与相关犯罪的界限

1. 违法发放贷款罪与国有公司、企业、事业单位人员失职罪的界限

国有公司、企业、事业单位人员失职罪，是指国有公司、企业、事业单位的工作人员，由于严重不负责任，造成国有公司、企业破产或者国有公司、企业、事业单位严重损失，致使国家利益遭受重大损失的行为。

全国人大常委会《关于惩治破坏金融秩序犯罪的决定》施行以前，违法发放贷款犯罪行为是按照玩忽职守进行处罚的。国有公司、企业、事业单位人员失职罪是1999年《刑法修正案》第2条新增设的，亦是从1979年《刑法》规定的玩忽职守罪中分离出来的，与1997年《刑法》第397条规定的玩忽职守罪比较接近。两者的区别主要是：（1）侵犯的客体不同。违法发放贷款罪侵犯的是国家金融管理秩序；而国有公司、企业、事业单位人员失职罪侵犯的是国有公司、企业、事业单位的管理秩序和国家利益。（2）客观方面不同。违法发放贷款罪表现为违反国家规定发放贷款，数额巨大或者造成重大损失的行为，其造成的损失为经济损失。而国有公司、企业、事业单位人员失职罪表现为对工作严重不负责任，造成国有公司、企业破产或者国有公司、企业、事业单位严重损失，致使国家利益遭受重大损失的行为，其给国有公司、企业、事业单位造成的损失既包括经济损失，也包括国有公司、企业、事业单位的声誉及商品和服务信誉等其他方面的损失；既包括造成单位严重亏损的损失情况，也包括虽然未造成总体亏损但使单位利益受到影响的情况。同样，致使国家利益遭受重大损失既包括使国家经济利益遭受损失的情况，也包括使国家形象、政府声誉受到损害等情况。（3）犯罪主体不同。违法发放贷款罪的主体是我国经营贷款业务的金融机构及其工作人员；而国有公司、企业、事业单位人员失职罪的主体为国有公司、企业、事业单位的工作人员。

2．违法发放贷款罪与贷款诈骗罪的界限

贷款诈骗罪，是指以非法占有为目的，编造引进资金、项目等虚假理由，或者使用虚假的经济合同，或者使用虚假的证明文件，或者使用虚假的产权证明作担保或者超出抵押物价值重复担保，或者使用其他方法，诈骗银行或者其他金融机构的贷款，数额较大的行为。

违法发放贷款罪与贷款诈骗罪一同于 1995 年被单行刑法所规定，在 1997 年被纳入《刑法》。违法发放贷款罪与贷款诈骗罪的主要区别在于：（1）侵犯的客体不同。违法发放贷款罪侵犯的客体为国家金融管理秩序；而贷款诈骗罪侵犯的客体是复杂客体，既侵犯了银行或者其他金融机构的财物所有权，又侵犯了国家对金融机构贷款的管理秩序。（2）犯罪主体不同。违法发放贷款罪的主体既可以是自然人（金融机构工作人员），也可以是单位（金融机构）；而贷款诈骗罪的主体只能是自然人。（3）主观方面不同。违法发放贷款罪是故意还是过失，实践中尚有争论；而贷款诈骗罪只能是故意，并以非法占有为目的。两罪同时也存在一定的联系，如果违法发放贷款行为人（指其中的自然人）能够认识到自己的行为是在帮助贷款诈骗行为人，并希望通过自己的帮助使贷款诈骗顺利实现，则构成贷款诈骗罪的共犯，而不以本罪论处。

（三）其他问题

关于违法发放贷款案件中的损失认定问题。在案件侦办过程中，如有证据证明犯罪嫌疑人实施了违法发放贷款的行为，只要发生贷款已无法收回的情况且达到立案追诉标准的，就应视为《刑法》第 186 条所规定的“数额巨大或者造成重大损失”。

四、违法发放贷款罪的处罚

根据《刑法》第 186 条的规定，自然人犯违法发放贷款罪的，处 5 年以下有期徒刑或者拘役，并处 1 万元以上 10 万元以下罚金；数额特别巨大或者造成特别重大损失的，处 5 年以上有期徒刑，并处 2 万元以上 20 万元以下罚金。

银行或者其他金融机构的工作人员违反国家规定，向关系人发放贷款的，依照前述规定从重处罚。

单位犯违法发放贷款罪的，对单位判处罚金，并对其直接负责的主管人员和其他直接责任人员，依照自然人犯本罪的规定处罚。

第二十五节 吸收客户资金不入账案

一、吸收客户资金不入账罪的概念和构成要件

（一）概念

吸收客户资金不入账罪，是指银行或者其他金融机构的工作人员吸收客户资金不入账，数额巨大或者造成重大损失的行为。

对于本罪，1979年《刑法》和全国人大常委会《关于惩治破坏金融秩序犯罪的决定》均没有作出规定。1997年修订《刑法》时，增加了用账外客户资金非法拆借、发放贷款罪的规定。其第187条规定："银行或者其他金融机构的工作人员以牟利为目的，采取吸收客户资金不入账的方式，将资金用于非法拆借、发放贷款，造成重大损失的，处五年以下有期徒刑或者拘役，并处二万元以上二十万元以下罚金；造成特别重大损失的，处五年以上有期徒刑，并处五万元以上五十万元以下罚金。单位犯前款罪的，对单位判处罚金，并对其直接负责的主管人员和其他直接责任人员，依照前款的规定处罚。"这主要是针对当时频发的一些金融机构工作人员利用办理存储业务，发放贷款的便利，收受储户存款，开出存单，所收资金却不入账，以银行名义为单位之间非法拆借巨额资金做担保，或者高息吸收存款后私自放贷等逃避金融监管，扰乱金融秩序的行为作出的规定。这一规定为严惩这种新型犯罪，维护金融秩序，保护储户的合法利益和国家财产不受损害提供了有力的刑法保障。在司法实践中，有关部门提出，目前有的金融机构账外经营问题时有发生，由于是在账外经营，它所造成的负债无法监控，潜在的风险难以预防，直接影响金融安全。1997年《刑法》条文中的"以牟利为目的""将资金用于非法拆借、发放贷款""造成重大损失"等的规定存在适用范围小、实践中难以认定等问题。考虑到金融机构工作人员吸收客户资金不入账的行为不仅逃避了国家对金融机构运营资金的监管，造成潜在的金融风险，危害金融安全，而且容易引发其他犯罪，只要达到数额巨大就应追究刑事责任。因此，《刑法修正案（六）》对此做了如下修改：（1）删去了"以牟利为目的"的规定。这种犯罪的牟利目的是不言而喻的，主观目的在实践中往往难以证明。而无论是否以牟利为目的，客观上都对金融秩序和金融安全构成威胁，应当予以惩处。（2）删去了"将资金用于非法拆借、发放贷款"的规定。将资金用于非法拆借、发放贷款只是一种用途，不入账的行为可能会发生不同的结果，如个人侵吞、非法拆借、私自发放贷款、挪用等。只要行为人实施了吸收客户资金不入

账的行为，就逃避了金融监管，扰乱了金融秩序，至于将这部分资金用于何处不影响对其追究刑事责任。（3）增加了吸收客户资金不入账“数额巨大”也可构成犯罪的规定，将吸收客户资金不入账“数额特别巨大”增加作为加重处罚的情节之一。

1997 年 12 月 11 日最高人民法院《关于执行〈中华人民共和国刑法〉确定罪名的规定》、1997 年 12 月 25 日最高人民检察院《关于适用刑法分则规定的犯罪的罪名的意见》根据 1997 年《刑法》第 187 条规定了“用账外客户资金非法拆借、发放贷款罪”罪名。2007 年 10 月 25 日最高人民法院、最高人民检察院《关于执行〈中华人民共和国刑法〉确定罪名的补充规定（三）》根据《刑法修正案（六）》第 14 条将“用账外客户资金非法拆借、发放贷款罪”罪名修改为“吸收客户资金不入账罪”罪名。

（二）构成要件

1. 犯罪客体

本罪侵犯的客体是国家金融管理秩序，特别是客户资金的管理制度。根据有关金融法律法规的规定，金融机构及其工作人员如果实施吸收客户资金不入账的行为，直接破坏了国家对信贷资金的总量控制和比例管理，即直接影响到国家金融管理秩序。同时也增加了客户资金的风险，侵犯了客户的合法权益。

2. 客观方面

本罪的客观方面表现为吸收客户资金不入账，数额巨大或者造成重大损失的行为。

根据国家金融法律法规以及金融主管部门的有关规定，银行等金融机构吸收存款都必须如实记入会计账目以供金融监管机关以及金融机构内部稽核部门监督。吸收客户资金不入账实际上逃避了金融监管，构成资金“体外循环”，从而导致信用失控。因此，《金融违法行为处罚办法》第 11 条第 1 款规定，金融机构不得以下列方式从事账外经营行为：（1）办理存款、贷款等业务不按照会计制度记账、登记，或者不在会计报表中反映；（2）将存款与贷款等不同业务在同一账户内轧差处理；（3）经营收入未列入会计账册；（4）其他方式的账外经营行为。

根据《金融违法行为处罚办法》的规定，吸收客户资金不入账的行为有下列几种表现形式：一是办理存款、贷款等业务不按照会计制度记账、登记，或者不在会计报表中反映。金融机构在从事业务活动时，必须根据存款、贷款的原始凭证如实记账。而账外经营往往是为逃避国家监管，不按会计制度记账、登记，或虽在内部记账，但在上报给主管部门审查的报表中不做反映。存款是金融机构的负债，应按活期和定期分别设置会计科目，在报表中按短期、长期进行反映；而贷款则是金融机构的资产，分短期贷款、中长期贷款等科目记录。二是将存款与贷款等不同业务在同一账户内轧差处理，只能反映存、贷款余额，无法反映存、贷款业务的真实情况。三是经营收入未列入会计账册。四是其他方式的账外经营行为。

《商业银行法》第55条规定："商业银行应当按照国家有关规定，真实记录并全面反映其业务活动和财务状况，编制年度财务会计报告，及时向国务院银行业监督管理机构、中国人民银行和国务院财政部门报送。商业银行不得在法定的会计账册外另立会计账册。"可见，金融机构在法定账户外设置账外账的，或者在会计账目中记载的资金数额与实际收储的资金数额不符，不依照规定将新增存款金额、放贷资金去向和利差收入记入法定银行财务会计科目的，都属于"不入账"的行为方式。

3. 犯罪主体

本罪的主体是特殊主体，只能由银行或者其他金融机构的工作人员构成。单位也可以构成本罪的犯罪主体。

本罪的单位犯罪主体是银行或者其他金融机构。本罪的自然人犯罪主体包括两类：一类是上述单位犯罪中的直接负责的主管人员和其他直接责任人员；另一类是纯粹自然人犯罪的行为人，即银行或者其他金融机构的工作人员。

4. 主观方面

本罪的主观方面表现为故意，一般是直接故意。过失不构成本罪。

二、吸收客户资金不入账罪案立案追诉标准适用指南

《立案追诉标准（二）》第三十八条规定：

银行或者其他金融机构及其工作人员吸收客户资金不入账，涉嫌下列情形之一的，应予立案追诉：

（一）吸收客户资金不入账，数额在二百万元以上的；

（二）吸收客户资金不入账，造成直接经济损失数额在五十万元以上的。

本罪是《刑法修正案（六）》修改的，法定主刑与违法发放贷款罪相同，所以2010年《立案追诉标准（二）》制定参照了违法发放贷款罪案的立案追诉标准。此次修订对本罪与违法发放贷款罪等相近案件立案追诉标准进行了同步调整，保持类罪案件相关数额标准的一致性。

2010年《立案追诉标准（二）》取消了2001年《追诉标准》本罪单位犯

罪的立案追诉标准的特别规定，因此单位与自然人适用相同的标准，此次修订予以沿用。

三、认定吸收客户资金不入账罪应注意的问题

（一）吸收客户资金不入账罪罪与非罪的界限

行为人吸收客户资金不入账，数额巨大或者造成重大损失的，才构成犯罪。数额巨大或者造成重大损失的具体标准按照《立案追诉标准（二）》予以确定。

（二）吸收客户资金不入账罪与贷款诈骗罪的界限

贷款诈骗罪，是指以非法占有为目的，编造引进资金、项目等虚假理由，或者使用虚假的经济合同，或者使用虚假的证明文件，或者使用虚假的产权证明作担保或者超出抵押物价值重复担保，或者使用其他方法，诈骗银行或者其他金融机构的贷款，数额较大的行为。

两罪的共同之处在于：侵犯的客体相同，均侵犯了国家金融秩序；在主观方面都是出于故意；犯罪主体既可以是自然人，也可以是单位。两罪的区别主要有：（1）犯罪的客观方面不同。吸收客户资金不入账罪的客观方面表现为吸收客户资金不入账，数额巨大或者造成重大损失的行为；而贷款诈骗罪的客观方面表现为以非法占有为目的，编造引进资金、项目等虚假理由，或者使用虚假的经济合同，或者使用虚假的证明文件，或者使用虚假的产权证明作担保或者超出抵押物价值重复担保，或者使用其他方法，诈骗银行或者其他金融机构的贷款，数额较大的行为。（2）两罪虽然均是结果犯，但吸收客户资金不入账罪必须是“数额巨大或者造成重大损失”的才能构成；而贷款诈骗罪必须是“数额较大”的才能构成。（3）犯罪主体不同。吸收客户资金不入账罪的主体是特殊主体，只有银行或者其他金融机构及其工作人员才能构成；而贷款诈骗罪的犯罪主体是一般主体，任何达到刑事责任年龄、具有刑事责任能力的自然人均可构成。

四、吸收客户资金不入账罪的处罚

根据《刑法》第 187 条的规定，自然人犯吸收客户资金不入账罪的，处 5 年以下有期徒刑或者拘役，并处 2 万元以上 20 万元以下罚金；数额特别巨大或者造成特别重大损失的，处 5 年以上有期徒刑，并处 5 万元以上 50 万元以下罚金。

单位犯吸收客户资金不入账罪的，对单位判处罚金，并对其直接负责的主管人员和其他直接责任人员，依照自然人犯本罪的规定处罚。

第二十六节　违规出具金融票证案

一、违规出具金融票证罪的概念和构成要件

（一）概念

违规出具金融票证罪，是指银行或者其他金融机构的工作人员违反规定，为他人出具信用证或者其他保函、票据、存单、资信证明，情节严重的行为。

银行或者其他金融机构的工作人员违反规定，为他人出具信用证或其他保函、票据、存单、资信证明等行为，一方面会给国家造成经济上的重大损失；另一方面又给犯罪分子进行诈骗犯罪创造了条件，提供了帮助，严重扰乱了金融秩序和社会秩序。为严厉打击这类犯罪，全国人大常委会《关于惩治破坏金融秩序犯罪的决定》第15条规定："银行或者其他金融机构的工作人员违反规定为他人出具信用证或者其他保函、票据、资信证明，造成较大损失的，处五年以下有期徒刑或者拘役；造成重大损失的，处五年以上有期徒刑。单位犯前款罪的，对单位判处罚金，并对直接负责的主管人员和其他直接责任人员，依照前款的规定处罚。"这一规定对于整顿金融秩序，严明金融法纪，防止和惩治金融领域的职务犯罪具有十分重要的意义。1997年《刑法》第188条沿用了上述规定内容，并在犯罪对象中增加了"存单"这一金融票证。《刑法修正案（六）》将《刑法》第188条第1款修改为："银行或者其他金融机构的工作人员违反规定，为他人出具信用证或者其他保函、票据、存单、资信证明，情节严重的，处五年以下有期徒刑或者拘役；情节特别严重的，处五年以上有期徒刑。"修改的内容是将"造成较大损失"修改为"情节严重"，将"造成重大损失"修改为"情节特别严重"，即将本罪由结果犯改为情节犯。

1997年12月11日最高人民法院《关于执行〈中华人民共和国刑法〉确定罪名的规定》、1997年12月25日最高人民检察院《关于适用刑法分则规定的犯罪的罪名的意见》根据《刑法》第188条规定了"非法出具金融票证罪"罪名。2007年10月25日最高人民法院、最高人民检察院《关于执行〈中华人民共和国刑法〉确定罪名的补充规定（三）》根据《刑法修正案（六）》第15条的规定，将本罪罪名修改为"违规出具金融票证罪"，取消了"非法出具金融票证罪"罪名。

（二）构成要件

1. 犯罪客体

本罪侵犯的客体是复杂客体，即国家金融管理秩序和金融机构的财产权。

本罪的犯罪对象为信用证、保函、票据、存单、资信证明。其中，信用证、票据和存单已在相关犯罪（如伪造、变造金融票证罪，信用证诈骗罪）中做了介绍，这里不再赘述。保函又称担保函，是指应申请人的请求，向第三方开具的保证受益人会按照保函的规定履行某种特定的义务，一旦申请人未能履行保函所规定的义务时，则由担保人代为履行义务的书面保证文件。保函是银行主要的日常业务之一，也是银行最为重要的资信文件之一，但保函业务存在着较大的金融风险。首先，由于申请人作为第一付款人在申请开立保函时，一般不需要交纳保证金，一旦申请人破产、倒闭或采取一些欺诈方法不履行义务，银行依照保函规定履行某种义务如偿还约定债务后，缺少必要的手段追索代偿资金。其次，银行出具的保函不能借助于抵押物品作为申请人未能履行义务的保证，对该用于抵押的物品的处理，往往要受到这样或那样的限制。最后，申请人违约不履行义务时，为了彻底推卸责任，往往也是极力阻碍银行承付，而否认自己的违约行为，从而易使银行牵涉到贸易纠纷中去。由于保函受益人的不间断索债的行为往往造成银行陷于被动的境地，尤其是融资性的保函，其索偿条款一般都是无条件的，即使面对受益人的不公正的索赔要求，担保银行也无力抗拒，除付款之外，别无选择。为此，银行在承办保函业务时，必须对申请人的资信情况、经营能力及状况等各方面进行认真的审查，避免为那些资信情况不好、经营状况不佳的客户出具保函。出具时，应要求申请人提供充分的有效质押，密切注意基础交易即申请人与受益人之间的经济交易的执行情况，加强风险防范工作，不得不负责任地草率为之。

在现代经济生活中，为了避免交易过程中所带来的各种风险，交易双方总是希望对方的经济实力强，资信情况好。所谓资信，包括单位或个人经济实力与信用两个方面：前者是指单位或个人的注册资本、实收资本、公积金以及其他财产和资产负债等方面的情况；后者主要是指经营作风、履约方面的情况。资信情况的好坏，一是看资产情况的好坏，即是否具有相当可观的资产，经济状况是否良好，履行契约的能力如何等；二是看是否遵守合同，讲究诚实信用。资信证明则是一种反映单位或个人资金与信用情况的书面证明文件。在我国，一般都委托银行等金融机构开展资信调查，出具资信证明，是银行等金融机构的主要业务之一。从狭义上讲，资信证明，是指由银行及其他金融机构经过资信调查后，就资金和信用两个方面提供的一种书面情况反映与报告。但从广义上来说，票据、银行存单、房契、地契以及其他各种产权证明都可以表现某个单位或个人的资产情况，反映出经济实力、资信能力，从而成为持有人的资信证明。除此之外，由银行及其他金融机构出具的有关财产方面的委托书、协议书、意向书亦可反映持有人的资信情况，成为其资信证明。银行及其他金融机构在出具资信证明时，应当认真审查申请人的资信情况，进行必要的资信调查。资信调查的主要内容及范围应当包括：（1）企业的组织情况，包括企业的经济性质、创建历史、分支机构、主要负责人及其担任的职务等；（2）资信情况，包括资金和信用两个方面；（3）经营范围，主要是指企业的生产、经营及服务活动范围；（4）经营能力，包括每年的经营额、销售途径、贸易关系、经营措施、方式等。一些本无可靠资信能力的人，为了获取非法利润，便用银行资信证明标榜自己的经济实力与资信情况，骗取他人的信任，再与他人交易，趁机诈取财物。因此，银行等金融机构在为他人出具资信证明时，必须严格依照有关法律法规的规定，认真审查其资信情况，不能玩忽职守或滥用职权，非法为他人出具资信证明，从而为不法分子招摇撞骗、诈骗财物大开方便之门。

2. 客观方面

本罪的客观方面表现为违反规定，为他人出具信用证或者其他保函、票据、存单、资信证明，情节严重的行为。违反规定，是指违反有关金融法律法规以及金融机构内部制定的相关业务规则和规章制度。他人，包括其他个人或者单位。具体来讲，违规出具金融票证的行为包括以下几种方式：

（1）违反规定为他人出具信用证。这主要是指银行等从事信用证业务的金融机构，违反法律法规等规定，非法为他人提供、开出信用证的情况。信用证，是指银行应卖方的要求开具的、保证买方有支付能力的一种凭证。信用证一经开出，就意味着信用证中规定的各方当事人之间权利义务已经达成一致，受益人履行了信用证规定的义务后，银行就必须保证付款，银行要承担买方信用不佳或者破产、倒闭的风险。由于信用证具有银行担保的性质，为了保证银行利益不受损失，有关规定对开立信用证的要求非常严格。

（2）违反规定为他人出具保函。保函，是指银行以其自身的信用为他人承担责任的担保文件。保函是重要的银行资信文件。根据相关法律规定，为他人提供担保业务的银行只限于商业银行，人民银行不能从事此项业务。各商业银行的工作人员违反规定，为他人出具保函或者人民银行的工作人员越权擅自为他人出具保函都属于违反规定为他人出具保函的行为。

（3）违反规定为他人出具票据。这里的票据是指《票据法》规定的汇票、本票、支票。汇票，是指由出票人签发的，委托付款人在见票时或者在指定日期无条件支付确定的金额给收款人或者持票人的票据；本票，是指由出票人签发的，承诺自己在见票时无条件支付确定的金额给收款人或者持票人的票据；支票，是指由出票人签发的，委托办理支票存款业务的银行或者其他金融机构在见票时无条件支付确定的金额给收款人或者持票人的票据。本票只涉及两个当事人，一个是出票人，同时也是付款人（银行），另一个是收款人。汇票和支票均涉及三个当事人，即出票人、付款人和收款人，汇票一般适用于异地结算，而支票则一般仅在当地使用。银行或者其他金融机构为他人出具票据是以金融机构本身的信用为基础的，如果不严格按规定出具票据，就会给金融机构带来不应有的损失。

（4）违反规定为他人出具存单。存单，是指银行等金融机构签发给存款人的存款凭证。金融机构出具存单应以存款人在本单位有存款为前提，存单上所注明的金额应与存款人实际存入的金额一致，如果不按规定如实出具存单，就会使金融机构蒙受损失。

（5）违反规定为他人出具资信证明。资信证明，是指证明个人或者单位经济实力和信用情况的文件。如前所述，票据、银行存单、房契、地契以及其他各种产权证明都属于资信证明。此外，由银行出具的有关财产的书面委托书、协议书、意向书等也都能成为持有人的资信证明。

3. 犯罪主体

本罪的主体为特殊主体。虽然本罪既可以由自然人构成，也可以由单位构成，但仅限于银行或者其他金融机构及其工作人员，其他单位和个人单独不能构成本罪。

4. 主观方面

本罪的主观方面表现为故意还是过失，实践中有争论。

二、违规出具金融票证罪案立案追诉标准适用指南

《立案追诉标准（二）》第三十九条规定：

银行或者其他金融机构及其工作人员违反规定，为他人出具信用证或者其他保函、票据、存单、资信证明，涉嫌下列情形之一的，应予立案追诉：

（一）违反规定为他人出具信用证或者其他保函、票据、存单、资信证明，数额在二百万元以上的；

（二）违反规定为他人出具信用证或者其他保函、票据、存单、资信证明，造成直接经济损失数额在五十万元以上的；

（三）多次违规出具信用证或者其他保函、票据、存单、资信证明的；

（四）接受贿赂违规出具信用证或者其他保函、票据、存单、资信证明的；

（五）其他情节严重的情形。

鉴于本罪与违法发放贷款罪、吸收客户资金不入账罪的社会危害性相近、法

定主刑相同，2010年《立案追诉标准（二）》在数额及损失方面参照了违法发放贷款罪案、吸收客户资金不入账罪案的立案追诉标准，对于多次违规出具及接受贿赂违规出具信用证或其他保函、票据、存单、资信证明的行为，表明行为人主观恶性大，应予立案追诉。同时，增加了“其他情节严重的情形”作为兜底性条款备用。

此次修订对本罪与违法发放贷款罪等相近罪案立案追诉标准进行了同步调整，保持类罪案件相关数额标准的一致性。对2010年《立案追诉标准（二）》规定中，除数额以外的其他三项情节严重标准予以沿用。

2010年《立案追诉标准（二）》取消了2001年《追诉标准》本罪单位犯罪的立案追诉标准的特别规定，因此单位与自然人适用相同的标准，此次修订也予以沿用。

在司法实践中，需要注意的是：

（1）“造成直接经济损失”中“损失”的认定。对于借款人有下列情形之一，其借款不能归还的，应认定为损失：①人民法院宣布借款人破产，已清算完毕的；②借款人被依法撤销、关闭、解散，并终止法人资格的；③借款人虽未被依法终止法人资格，但生产经营活动已停止，借款人名存实亡的；④借款人的经营活动虽未停止，但公司或者企业已亏损严重，资不抵债的；⑤其他应认定为损失的情形。损失的认定时间应分为定罪损失和量刑损失两种情形来考虑：定罪损失是立案损失、成罪损失；量刑损失是人民法院审理案件时的实际损失，以确定最终量刑幅度。

（2）“为他人出具信用证”中“他人”的认定。“为他人出具信用证”中的“他人”，是指银行或者其他金融机构以外的个人或者单位。银行内部机构的工作人员以本部门与他人合办的公司为受益人，违反规定开具信用证，也属于为他人出具信用证。

三、认定违规出具金融票证罪应注意的问题

（一）违规出具金融票证罪罪与非罪的界限

在具体办案过程中，衡量违规出具金融票证罪罪与非罪的界限，主要应从两个方面加以考虑：（1）看行为人出具金融票证行为是否违反了规定，如果没有违反规定，即使造成了较大损失，也不构成本罪；（2）看行为人出具金融票证的行为是否达到“情节严重”的标准，如果行为人虽然违规出具了金融票证，但由于采取了得力的补救措施或者有其他原因，没有达到情节严重的，可以给予行为人相应的行政处分，但不应以犯罪论处。

(二) 违规出具金融票证罪与国有公司、企业、事业单位人员失职罪，国有公司、企业、事业单位人员滥用职权罪的界限

在实践中，违规出具金融票证行为可能表现为失职，也可能表现为滥用职权，因而与《刑法》第168条规定的国有公司、企业、事业单位人员失职罪，国有公司、企业、事业单位人员滥用职权罪有许多相似之处。区别的关键是犯罪主体不同：国有公司、企业、事业单位人员失职罪，国有公司、企业、事业单位人员滥用职权罪与违规出具金融票证罪的主体存在交叉，因为国有金融机构也属于国有企业性质，在国有金融机构的工作人员违规出具金融票证，情节严重的情况下，其行为可能同时触犯国有公司、企业、事业单位人员失职罪或国有公司、企业、事业单位人员滥用职权罪与违规出具金融票证罪。此时，根据特别法优于普通法的原则，应以违规出具金融票证罪追究行为人的刑事责任。

(三) 违规出具金融票证罪共同犯罪问题

从实际情况看，违规出具的金融票证往往被犯罪分子用以进行金融诈骗、合同诈骗及其他诈骗犯罪活动。在司法实践中，对于确有证据证明行为人与他人相互勾结，为他人实施上述犯罪而非法出具金融票证的，应以金融诈骗犯罪、合同诈骗犯罪及其他诈骗犯罪与违规出具金融票证罪择一重罪处罚。其中，以各种诈骗犯罪论处的，应根据行为人在共同犯罪中的地位和作用处以相应的刑罚。如果行为人与他人无诈骗犯罪的犯意联络的，则应以本罪论处。

四、违规出具金融票证罪的处罚

根据《刑法》第188条的规定，自然人犯违规出具金融票证罪的，处5年以下有期徒刑或者拘役；情节特别严重的，处5年以上有期徒刑。

单位犯违规出具金融票证罪的，对单位判处罚金，并对其直接负责的主管人员和其他直接责任人员，依照自然人犯本罪的规定处罚。

第二十七节 对违法票据承兑、付款、保证案

一、对违法票据承兑、付款、保证罪的概念和构成要件

(一) 概念

对违法票据承兑、付款、保证罪，是指银行或者其他金融机构的工作人员在票据业务中，对违反《票据法》规定的票据予以承兑、付款或者保证，造成重

大损失的行为。

1979年《刑法》没有关于对违法票据承兑、付款、保证罪的具体规定。近几年来，随着我国改革开放的不断深入，银行结算制度也发生了很大变革，银行结算票据化已成为一个发展方向，票据在社会经济生活中发挥着越来越重要的作用。为了调整和规范票据活动，促进社会主义市场经济的发展，《票据法》对票据的签发、背书、承兑、付款、保证等作了明确的规定。为了保证银行或者其他金融机构的工作人员严格按照规定开展票据业务，《票据法》第104条规定："金融机构工作人员在票据业务中玩忽职守，对违反本法规定的票据予以承兑、付款或者保证的，给予处分；造成重大损失，构成犯罪的，依法追究刑事责任。由于金融机构工作人员因前款行为给当事人造成损失的，由该金融机构和直接责任人员依法承担赔偿责任。"1997年《刑法》第189条在此规定的基础上专门规定了对违法票据承兑、付款、保证罪。1997年12月11日最高人民法院《关于执行〈中华人民共和国刑法〉确定罪名的规定》、1997年12月25日最高人民检察院《关于适用刑法分则规定的犯罪的罪名的意见》根据1997年《刑法》第189条规定了"对违法票据承兑、付款、保证罪"罪名。

（二）构成要件

1. 犯罪客体

本罪侵犯的客体是票据管理制度、国家金融管理秩序以及金融机构的财产权。票据业务是金融机构的一项重要业务，是否严格按照《票据法》的规定开展票据业务，直接关系到金融机构及有关票据当事人的资金安全。如果金融机构的工作人员在工作中不认真负责，不按规定认真审查票据申请人或者被保证人的资金状况，轻易就对票据予以承兑、付款或者保证，甚至在明知票据不符合规定的情况下出于种种原因予以承兑、付款或者保证，这就会造成很大的风险，导致重大损失。

2. 客观方面

本罪的客观方面表现为在票据业务中，对违反《票据法》规定的票据予以承兑、付款或者保证，造成重大损失的行为。票据，包括汇票、本票和支票。票据业务，通常包括票据支付、流通、信用、结算、融资等业务。违反《票据法》规定的票据，一般是指作废的票据、过期的票据、无效的票据。《票据法》明确规定，票据活动应当遵守法律、行政法规，不得损害社会公共利益。票据出票人制作票据，应当按照法定条件在票据上签章，并按照所记载的事项承担票据责任。持票人行使票据权利，应当按照法定程序在票据上签章，并出示票据。其他票据债务人在票据上签章的，按照票据所记载的事项承担票据责任。票据权利，是指持票人向票据债务人请求支付票据金额的权利，包括付款请求权和追索权。票据责任，是指票据债务人向持票人支付票据金额的义务。票据当事人可以委托其代理人在票据上签章，并应当在票据上表明其代理关系。没有代理权而以代理人名义在票据上签章的，应当由签章人承担票据责任；代理人超越代理权限的，应当就其超越权限的部分承担票据责任。无民事行为能力人或者限制民事行为能力人在票据上签章的，其签章无效，但是不影响其他签章的效力。票据上的签章，为签名、盖章或者签名加盖章。法人和其他使用票据的单位在票据上的签章，为该法人或者该单位的盖章加其法定代表人或者其授权的代理人的签章。在票据上的签名，应当为该当事人的本名。票据金额以中文大写和数码同时记载，二者必须一致，二者不一致的，票据无效。票据上的记载事项必须符合《票据法》的规定。票据金额、日期、收款人名称不得更改，更改的票据无效。对票据上的其他记载事项，原记载人可以更改，更改时应当由原记载人签章证明。根据《票据法》的规定，对于违反《票据法》规定的票据，银行或者其他金融机构有权拒绝承兑、付款，不得予以保证。一旦银行或者其他金融机构对违法票据予以承兑、保证则必须对持票人负绝对票据责任，如果予以付款，也应承担相应责任。

承兑，是指汇票付款人承诺在汇票到期日支付汇票金额的票据行为。为了保证承兑行为的规范和汇票流通安全，《票据法》明确规定了汇票承兑应包括三个步骤：第一，除见票即付的汇票外，定日付款或者出票后定期付款的汇票，持票人应当在汇票到期日前向付款人提示承兑。第二，付款人对向其提示承兑的汇票，应当自收到提示承兑的汇票之日起 3 日内承兑或者拒绝承兑。第三，付款人承兑汇票的，应当在汇票正面记载“承兑”字样和承兑日期并签章；见票后定期付款的汇票，应当在承兑时记载付款日期。以上三个步骤应同时具备，缺一不可，否则就是非法的承兑行为。

保证，是指票据债务人以外的第三人以担保特定票据债务人履行债务为目的而在票据上所为的票据行为。《票据法》规定，保证人对合法取得汇票的持票人所享有的汇票权利，承担保证责任。被保证的汇票，保证人应当与被保证人对持票人承担连带责任。汇票到期后得不到付款的，持票人有权向保证人请求付款，保证人应当足额付款。

付款，是指汇票的付款人或代理付款人（担当付款人）支付汇款金额以消灭票据关系的票据行为。根据《票据法》的有关规定，付款应当包括三个步骤：第一，持票人按照规定期限提示付款，其中见票即付的汇票，自出票日起 1 个月内向付款人提示付款；定日付款、出票后定期付款或者见票后定期付款的汇票，自到期日起 10 日内向承兑人提示付款。第二，持票人依照前述规定提示付款的，付款人必须在当日足额付款。第三，持票人获得付款的，应当在汇票上签收，并将汇票交给付款人。

在实践中，对违法票据承兑、付款、保证行为通常表现为：对没有真实委托付款关系的汇票予以承兑；对背书不连续（以其他合法方式取得的除外）、形式要件欠缺、签章与预留签章不符、票据金额（文字与数码记载）不一致、超过时效及其他违反《票据法》规定的票据予以付款；对没有财产担保的出票人签发的票据或者没有财产担保的承兑人承兑的汇票予以保证；等等。行为人的违法承兑、付款、保证行为给国家、单位和公民个人的财产造成重大损失的，应依法追究其刑事责任。

3. 犯罪主体

本罪的主体为特殊主体，只有银行或者其他金融机构及其工作人员才能构成本罪，其他任何自然人和单位单独不能成为本罪的主体。

4. 主观方面

本罪的主观方面表现为故意还是过失，实践中有争论。

二、对违法票据承兑、付款、保证罪案立案追诉标准适用指南

《立案追诉标准（二）》第四十条规定：

银行或者其他金融机构及其工作人员在票据业务中，对违反票据法规定的票据予以承兑、付款或者保证，造成直接经济损失数额在五十万元以上的，应予立案追诉。

本罪案的构成要件之一是“造成重大损失”，关于其具体数额，2010年《立案追诉标准（二）》参照了违法发放贷款罪案、吸收客户资金不入账罪案立案追诉标准中关于“造成重大损失”的规定。

此次修订对本罪与违法发放贷款罪等相近罪案立案追诉标准进行了同步调整，保持类罪案件相关数额标准的一致性。2010年《立案追诉标准（二）》取消了2001年《追诉标准》关于本罪单位犯罪的立案追诉标准的特别规定，因此单位与自然人适用相同的标准，此次修订也予以沿用。

在司法实践中，需要注意以下问题：

（1）关于直接经济损失的计算。直接经济损失，是指与行为有直接因果关系而造成的财产实际价值的损毁、减少。这里的直接经济损失是指因个人或者单位对违法票据承兑、付款或者保证行为直接造成的损失，主要表现为银行或者其他金融机构因此所蒙受的直接经济损失，如果由此给有关单位或者个人造成损失的，该损失也应计算在内。损失的范围一般应当包括票据金额中不能收回的部分等。

（2）一般情况下，行为人所造成的直接经济损失是实施一次上述某种行为所造成的。但是，如果行为人多次实施上述某种行为或者多种行为的，其所造成的直接经济损失应该累计计算。

三、认定对违法票据承兑、付款、保证罪应注意的问题

（一）对违法票据承兑、付款、保证罪罪与非罪的界限

银行或者其他金融机构及其工作人员对违反《票据法》规定的票据予以承兑、付款或者保证的行为，只有造成重大损失的，才按犯罪处理。

（二）对违法票据承兑、付款、保证罪与违规出具金融票证罪的界限

违规出具金融票证罪，是指银行或者其他金融机构的工作人员违反规定，为他人出具信用证或者其他保函、票据、存单、资信证明，情节严重的行为。

对违法票据承兑、付款、保证罪与违规出具金融票证罪存在许多相似之处，主要包括二者的犯罪主体、主观罪过、法定刑相同。两罪的主要区别在于：行为方式及要求不同。对违法票据承兑、付款、保证罪是对违反《票据法》规定的票据予以承兑、付款、保证的行为，行为人的行为只有造成重大损失的，才按犯罪处理；而违规出具金融票证罪则是违反规定为他人出具信用证或者其他保函、票据、存单、资信证明，情节严重的，才构成犯罪。

四、对违法票据承兑、付款、保证罪的处罚

根据《刑法》第189条的规定，自然人犯对违法票据承兑、付款、保证罪的，处5年以下有期徒刑或者拘役；造成特别重大损失的，处5年以上有期徒刑。

单位犯对违法票据承兑、付款、保证罪的，对单位判处罚金，并对其直接负责的主管人员和其他直接责任人员依照自然人犯本罪的规定处罚。

第二十八节　逃汇案

一、逃汇罪的概念和构成要件

（一）概念

逃汇罪，是指公司、企业或者其他单位，违反国家规定，擅自将外汇存放境外，或者将境内的外汇非法转移到境外，数额较大的行为。

为了维护外汇管理秩序，防止外汇大量流失，国家先后制定了一系列有关外汇管理方面的法律法规，同时也加大了打击外汇犯罪方面的刑事立法。1988年1月21日全国人大常委会通过的《关于惩治走私罪的补充规定》第9条规定："全民所有制、集体所有制企业事业单位、机关、团体违反外汇管理法规，在境外取得的外汇，应该调回境内而不调回，或者不存入国家指定的银行，或者把境内的外汇非法转移到境外，或者把国家拨给的外汇非法出售牟利的，由外汇管理机关依照外汇管理法规强制收兑外汇、没收违法所得，可以并处罚款，并对其直接负责的主管人员和其他直接责任人员，由其所在单位或者上级主管机关酌情给予行政处分；情节严重的，除依照外汇管理法规强制收兑外汇、没收违法所得外，判处罚金，并对其直接负责的主管人员和其他直接责任人员，处5年以下有期徒刑或者拘役。企业事业单位、机关、团体或者个人非法倒买倒卖外汇牟利，情节严重的，按照投机倒把罪处罚。"1997年修改《刑法》时，除了一些文字技术性改动外，基本上沿用了全国人大常委会《关于惩治走私罪的补充规定》的内容，其中第190条规定："国有公司、企业或者其他国有单位，违反国家规定，擅自将外汇存放境外，或者将境内的外汇非法转移到境外，情节严重的，对单位判处罚金，并对其直接负责的主管人员和其他直接责任人员，处五年以下有期徒刑或者拘役。"上述有关逃汇罪的规定对于依法打击犯罪，维护外汇管理秩序发挥了积极作用。但是，在实践中也出现了一些新情况、新问题，特别是1997年开始的亚洲金融危机对我国经济造成一定的影响，我国郑重向世界承诺人民币不贬值，这一行为为维护世界经济稳定作出了重大贡献，同时我国也因此承受了巨大压力，付出了相当大的代价，逃汇行为日益突出便是表现之一。1998年12月29日第九届全国人大常委会第六次会议通过了《关于惩治骗购外汇、逃汇和非法买卖外汇犯罪的决定》，其中第3条对《刑法》第190条做了修改，主要内容有以下三点：一是扩大了犯罪主体，将逃汇罪的犯罪主体由国有公司、企业和其他国有单位扩大为所有的公司、企业和其他单位；二是提高了法定刑，对单位犯罪中直接负责的主管人员和其他直接责任人员的处罚增加了一个量刑档次，最高法定刑由原来的5年有期徒刑提高到15年有期徒刑；三是增加了对罚金数额的规定，明确将对单位判处罚金的数额标准规定为逃汇数额5%以上30%以下。1997年12月11日最高人民法院《关于执行〈中华人民共和国刑法〉确定罪名的规定》、1997年12月25日最高人民检察院《关于适用刑法分则规定的犯罪的罪名的意见》根据1997年《刑法》第190条规定了"逃汇罪"罪名。

（二）构成要件

1. 犯罪客体

本罪侵犯的客体是国家外汇管理秩序。外汇管理秩序是国家宏观经济管理的重要组成部分，对于加强外汇管理，保证国家外汇储备的充足，维持国际收支平衡，促进国际贸易发展，提高金融监管水平，保证经济的安全运行，促进国民经济的可持续发展具有重要意义。逃汇行为不仅使国家的外汇收入和外汇储备减少，而且直接影响到人民币汇率的稳定和国家金融安全，必须依法予以严惩。本罪的犯罪对象是外汇，根据《外汇管理条例》第 3 条的规定，外汇，是指下列以外币表示的可以用作国际清偿的支付手段和资产：（1）外币现钞，包括纸币、铸币；（2）外币支付凭证或者支付工具，包括票据、银行存款凭证、银行卡等；（3）外币有价证券，包括债券、股票等；（4）特别提款权；（5）其他外汇资产。

2. 客观方面

本罪的客观方面表现为违反国家规定，擅自将外汇存放境外，或者将境内的外汇非法转移到境外，数额较大的行为。违反国家规定，是指违反国家有关外汇管理方面的法律、法规、部门规章，包括《外汇管理条例》《境内外汇账户管理规定》《境外外汇账户管理规定》等的规定。

逃汇行为包括两种方式：（1）擅自将外汇存放境外。行为人违反国家有关外汇管理规定，将应当调回国内的外汇存放在境外。根据国家有关规定，境内机构在境外的经常项目外汇收入必须调回境内，不得违反国家有关规定将外汇擅自存放在境外。境内机构的经常项目外汇收入，应当按照国务院关于结汇、售汇及付汇管理的规定卖给外汇指定银行，或者经批准在外汇指定银行开立外汇账户。经常项目，是指国际收支中经常发生的交易项目，包括贸易收支、劳务收支、单方面转移等。境内机构的资本项目外汇收入，除国务院另有规定外，应当调回境内。境内机构的资本项目外汇收入，应当按照国家有关规定在外汇指定银行开立外汇账户；卖给外汇指定银行的，须经外汇管理机关批准。资本项目，是指国际收支中因资金输出和输入而产生的资产与负债的增减项目，包括直接投资、各类贷款、证券投资等。（2）将境内的外汇非法转移到境外。非法转移，是指违反国家规定携带外汇出境或者将外汇汇往境外，或者未经外汇管理机关批准，擅自将外汇存款凭证、外币有价证券携带、邮寄出境的行为。根据《外汇管理条例》的规定，经常项目外汇收支应当具有真实、合法的交易基础。经营结汇、售汇业务的金融机构应当按照国务院外汇管理部门的规定，对交易单证的真实性及其与外汇收支的一致性进行合理审查。外汇管理机关有权对前述规定事项进行监督检查。经常项目外汇收入可以按照国家有关规定保留或者卖给经营结汇、售汇业务的金融机构。经常项目外汇支出应当按照国务院关于付汇与购汇的管理规定，凭有效单证以自有外汇支付或者向经营结汇、售汇的金融机构购汇支付。携带、申报外币现钞出入境的限额，由国务院外汇管理部门规定。

在实践中，逃汇行为的具体表现主要有：（1）境内机构未报经外汇管理机关批准，将出口收入的外汇，或者应售给银行的外汇，以及佣金、费用等其他收入的外汇私自保存、使用、存放境外的；（2）境内机构未经外汇管理机关批准，以企事业单位或私人名义，将收入的外汇存放在境外的外资银行或企业、中资银行或者企业及其他机构的；（3）以出口收入的外汇抵付进口，或者以其他收入抵付外汇支出；少报外汇收入、多报外汇支出，将余下的外汇私自留用或者存放境外的；（4）驻外和驻港澳的临时机构、代表团、工作组未经管汇机关批准，将剩余的经费和劳务所得的外汇未及时调回，私自保存、留用或存放境外的；（5）驻外机构和企事业单位不按国家规定，对应调回的外汇收入或国家拨给的专项外汇资金的剩余部分擅自存放境外，或对收入的外汇隐匿不报，留在当地营运或者移作他用的，以及在境外私自购买债券、股票的；（6）以低报出口货价、佣金等手段少报外汇收入，或者以高报进口货价、费用、佣金等手段多报外汇支出，或者接受外汇捐赠不报，将隐匿的外汇私自保存或者存放境外的；（7）未经主管部门批准，私自向境外借款或借款存放境外的。

3. 犯罪主体

本罪的主体是公司、企业和其他单位，包括机关、团体、事业单位。本罪属于单位犯罪，自然人不能构成本罪。

4. 主观方面

本罪的主观方面表现为故意，过失不构成本罪。

二、逃汇罪案立案追诉标准适用指南

《立案追诉标准（二）》第四十一条规定：

公司、企业或者其他单位，违反国家规定，擅自将外汇存放境外，或者将境内的外汇非法转移到境外，单笔在二百万美元以上或者累计数额在五百万美元以上的，应予立案追诉。

2001年《追诉标准》规定，公司、企业或者其他单位，违反国家规定，擅自将外汇存放境外，或者将境内的外汇非法转移到境外，单笔或者累计数额在500万美元以上的，应予追诉。制定2010年《立案追诉标准（二）》征求意见时，外汇主管部门建议将单笔数额和累计数额的标准分别加以规定，即单笔以数额200万美元或者累计以数额500万美元作为追诉起点；同时，外汇主管部门认为，由于美元是目前运用最广泛的币种，而且外汇管理通常按美元计算，且已形成惯例，建议仍沿用美元计算。经研究，2010 年《立案追诉标准（二）》采纳了上述意见。本次修订过程中，考虑到外汇直接涉及我国的金融安全，目前我国的汇率基本处于一个稳定的状态，而且立案追诉标准已经属于比较高的水平，继续提高可能会对我国外汇储备造成不利影响，征求相关部门意见后决定维持原标准。

根据《立案追诉标准（二）》第 41 条的规定，公司、企业或者其他单位，违反国家规定，擅自将外汇存放境外，或者将境内的外汇非法转移到境外，单笔在 200 万美元以上或者累计数额在 500 万美元以上的，应予立案追诉。在实践中，对于行为人既有擅自将外汇存放境外行为，又有将境内的外汇非法转移到境外行为的，应对其数额累计计算；如果行为人多次实施同一种行为的，对其逃汇数额也应累计计算；如果逃汇行为涉及不同种外汇的，应以案发时国家外汇管理机关制定的统一折算汇率折合成美元计算数额。当行为人逃汇数额达到单笔 200 万美元以上或者累计数额 500 万美元以上的，应依法进行立案追诉。

三、认定逃汇罪应注意的问题

（一）逃汇罪罪与非罪的界限

判断逃汇行为是否构成犯罪，可以从以下几个方面加以把握：（1）从主体上讲，本罪属于单位犯罪，如果逃汇行为系个人所为，则不构成本罪；（2）从行为方式上讲，在实践中，逃汇的行为方式多种多样，但《刑法》只规定擅自将外汇存放境外或者将境内的外汇非法转移到境外两种逃汇方式为犯罪，如果以其他方式进行逃汇的，则不构成本罪；（3）从犯罪数额上讲，逃汇行为只有数额较大的，才按犯罪处理。单笔在 200 万美元以上或者累计数额在 500 万美元以上的，应予立案追诉。根据《外汇管理条例》第 39 条的规定，对于逃汇行为尚未构成犯罪的，应由外汇管理机关责令限期调回外汇，处逃汇金额 30%以下的罚款；情节严重的，处逃汇金额 30%以上等值以下的罚款。

（二）逃汇罪与走私罪的界限

在全国人大常委会《关于惩治走私罪的补充规定》通过以前，逃汇行为是按走私罪定性处理的。逃汇行为在许多时候也是通过逃避海关监管方式实施的，而且逃汇罪与走私罪都使国家外汇收入减少。两罪的主要区别是：（1）犯罪主体不同。逃汇罪的主体仅限于单位，自然人不能构成本罪；而走私罪是一般主体，既可以是单位也可以是自然人。（2）侵犯的客体不同。逃汇罪侵犯的是国家的外汇管理秩序；而走私罪侵犯的是国家的对外贸易管理制度和海关监管秩序。（3）犯罪手段不同。逃汇罪表现为违反国家外汇管理法规，擅自将外汇存放境外或者将境内的外汇非法转移到境外的行为；而走私罪表现为逃避海关监督、检查，非法运输、携带、邮寄货物、物品进出口国（边）境的行为。（4）犯罪对象不同。逃汇罪的犯罪对象仅限于外汇；而走私罪的犯罪对象可以是任何一种国家禁止或限制进出口国（边）境的货物、物品以及应当缴纳关税的货物、物品，外汇也可以成为走私的对象。

四、逃汇罪的处罚

根据《刑法》第 190 条的规定，犯逃汇罪的，对单位判处逃汇数额 5%以上 30%以下罚金，并对其直接负责的主管人员和其他直接责任人员处 5 年以下有期徒刑或者拘役；数额巨大或者有其他严重情节的，对单位判处逃汇数额 5%以上 30%以下罚金，并对其直接负责的主管人员和其他直接责任人员处 5 年以上有期徒刑。

第二十九节　骗购外汇案

一、骗购外汇罪的概念和构成要件

（一）概念

骗购外汇罪，是指使用伪造、变造的海关签发的报关单、进口证明、外汇管理部门核准件等凭证和单据，或者重复使用海关签发的报关单、进口证明、外汇管理部门核准件等凭证和单据，或者以其他欺骗方法，骗购外汇，数额较大的行为。

我国 1979 年《刑法》和 1997 年《刑法》均未明确规定骗购外汇罪。1997 年修订《刑法》时，正值逐步放宽外汇管制，在当时的形势下只规定了逃汇罪。1997 年第四季度以来，随着亚洲金融危机的蔓延，一些不法分子千方百计地骗购外汇，非法截留、转移和买卖外汇活动十分猖獗，发案数量激增，涉案资额巨大。这种情况如不及时制止，将严重损害国家金融、经济的稳定和安全。针对上述情况，国务院及有关部门采取了一系列加强外汇管理的措施。同时，为了惩治违反外汇管理的犯罪活动，加大打击力度，最高人民法院于 1998 年 8 月 28 日发布了《关于审理骗购外汇、非法买卖外汇刑事案件具体应用法律若干问题的解释》，对打击违反外汇管理的违法犯罪行为发挥了重要作用。但该解释难以将新发生的各种违法行为都包括进去，特别是无法对骗购外汇行为给予刑事处罚。为了有力打击骗汇、逃汇、非法买卖外汇的违法犯罪行为，保持人民币汇率的稳定，有效防范金融风险，第九届全国人大常委会第六次会议于1998年12月29日通过了《关于惩治骗购外汇、逃汇和非法买卖外汇犯罪的决定》（本节以下简称《外汇决定》），其中第1条明确规定了骗购外汇罪。2002年3月15日最高人民法院、最高人民检察院《关于执行〈中华人民共和国刑法〉确定罪名的补充规定》根据《外汇决定》第1条规定了“骗购外汇罪”罪名。

（二）构成要件

1. 犯罪客体

本罪侵犯的客体是国家外汇管理秩序。我国历来对外汇实行集中管理、统一经营的管理方针，先后制定了相应的法律法规，严禁任何个人和单位进行危害外汇管理的违法犯罪活动。1982年3月8日全国人大常委会通过的《关于严惩严重破坏经济的罪犯的决定》中将逃汇与走私、投机倒把并列作了规定。1988年1月全国人大常委会通过的《关于惩治走私罪的补充规定》将逃汇、套汇行为规定了单独的罪名。2008年8月修订的《外汇管理条例》从第39条至第51条分别对逃汇、套汇、违法经营外汇和非法买卖外汇、变相买卖外汇或者倒卖外汇等各种违法犯罪行为作了具体详细的列举性规定。1997年《刑法》亦未规定骗购外汇罪，仅规定了逃汇罪。从以上关于外汇管理的违法犯罪的规定以及演变情况来看，虽然对外汇管理的违法犯罪行为的法律规制越来越严密、可行，但是在取消了投机倒把罪之后，尚未将骗购外汇的行为规定为独立的犯罪行为，因而尚无骗购外汇罪及其刑罚，显然不利于对骗购外汇行为的惩罚。骗购外汇违法犯罪社会危害性十分严重，严重扰乱了外汇管理的正常秩序以至金融秩序。骗购外汇者一般是为了变卖外汇以牟取暴利或进行走私等违法犯罪，这样势必导致汇率不正常波动，扰乱金融秩序，直接危害经济安全和破坏对外贸易制度，以至破坏整个经济秩序。因此，在《刑法》中增设骗购外汇罪具有十分重要的意义。

2. 客观方面

本罪的客观方面表现为使用欺骗的方式购买外汇，数额较大的行为。具体体现在以下几点：（1）使用伪造、变造的海关签发的报关单、进口证明、外汇管理部门核准件等凭证和单据的欺骗方法骗购外汇。海关签发的报关单主要包括进出口货物报关单和登记手册。其中，进出口货物报关单是海关印制的制式表格，由进出口单位根据海关的规定填制的单证，是进出口单位向海关申报货物进出口的单证，同时也是海关查验和审批货物进出口的主要单证，报关单必须经过海关签发，才能认定进出口行为合法。登记手册包括进料加工登记手册和加工装配、中小型补偿贸易出口货物登记手册。进口证明，是指报关单位在申请进口付汇时，依法提交的、除进口货物报关单以外的相关单据和凭证，包括进口许可证、进口合同等。外汇管理部门核准件，是指在进口付汇过程中，由外汇管理部门制发，进口单位及受委托单位填写，海关据以受理报关、外汇管理部门据以核销付汇的凭证，如进口付汇备案表等。其他单据包括运输单据、发票等。（2）重复使用海关签发的报关单、进口证明、外汇管理部门核准件等凭证和单据骗购外汇。所谓重复使用，主要是指已经使用完毕或者正在使用并已用于进口付汇的海关签发的报关单、进口证明、外汇管理部门核准件等凭证和单据。（3）以其他欺骗的方式购买外汇。例如，使用无效、过期、捡来的或者通过签发虚假合同向海关、外汇管理部门骗取而来的，甚至与海关人员串通以虚假合同领取的海关签发的报关单、进口证明、外汇管理部门核准件等凭证和单据去骗购外汇的行为。

本罪的犯罪对象为外汇，根据《外汇管理条例》第3条的规定，是指下列以外币表示的可以用作国际清偿的支付手段和资产：（1）外币现钞，包括纸币、铸币；（2）外币支付凭证或者支付工具，包括票据、银行存款凭证、银行卡等；（3）外币有价证券，包括债券、股票等；（4）特别提款权；（5）其他外汇资产。

3. 犯罪主体

本罪的主体为一般主体，自然人和单位均可成为本罪的主体。

4. 主观方面

本罪的主观方面表现为故意。此种犯罪动机可以多种多样，如有的是意图将骗购来的外汇用于外汇市场的炒作而牟利，还有的是用于走私犯罪等。但是不论其犯罪动机如何，均不影响本罪的构成。

二、骗购外汇罪案立案追诉标准适用指南

《立案追诉标准（二）》第四十二条规定：

骗购外汇，数额在五十万美元以上的，应予立案追诉。

本罪案的立案追诉标准沿用了2010年《立案追诉标准（二）》的规定。因为骗购外汇犯罪直接侵害了我国的金融安全，容易引起我国的外汇储备危机。从办案实践角度看，此类案件相对较少，经商相关部门，决定继续沿用原标准。

在实践中，适用本罪案立案追诉标准的规定时应注意以下几个问题：

一是关于骗购外汇行为适用法律及追诉罪名的确定问题。对于骗购外汇行为，如果是发生在《外汇决定》公布实施后的，应当依照《外汇决定》办理；对于《外汇决定》公布实施前发生、公布后尚未处理或者正在处理的，应当依照《刑法》第12条第1款规定的原则确定适用的法律及罪名，如果确定适用《刑法》的，应根据最高人民法院《关于审理骗购外汇、非法买卖外汇刑事案件具体应用法律若干问题的解释》的规定进行追诉并依此确定追诉的罪名；如果确

定适用《外汇决定》的，则应以骗购外汇罪进行立案追诉。

二是在实践中，骗购外汇行为在很多情况下表现为公司、企业或者其他单位违反有关外贸代理业务管理制度的规定，采用非法手段，或者明知是伪造、变造的凭证、商业单据，而为他人向外汇指定银行骗购外汇，或者居间介绍骗购外汇。在具体认定这些行为时应把握以下原则：（1）采用非法手段，是指有国家批准的进出口经营权的外贸代理企业在经营代理进口业务时，不按国家经济贸易主管部门有关规定履行职责，放任被代理方自带客户、自带货源、自带汇票、自行报关，在不见进口产品、不见供货货主、不见外商（即“四自三不见”）的情况下代理进口业务，或者采取法律、行政法规和部门规章禁止的其他手段代理进口业务。（2）在认定行为人是否“明知”时，要结合案件的具体情节予以综合考虑，不能仅仅因为行为人不供述就不予认定。报关行为先于签订外贸代理协议的，或者委托方提供的购汇凭证明显与真实凭证、商业单据不符的，应当认定为明知。（3）居间介绍骗购外汇，是指收受他人利益、以虚假购汇凭证委托外贸公司、企业骗购外汇，获取非法利益的行为。

三是根据《刑法》第 64 条的规定，对于骗购外汇的，其违法所得应予追缴，对其用于骗购外汇的资金应予没收，上缴国库。

四是如果行为人骗购的外汇属于不同种类的，应统一按美元计算，以案发时国家外汇管理机关制定的统一折算率折合美元在 50 万以上的，即应予立案追诉。

三、认定骗购外汇罪应注意的问题

（一）骗购外汇罪罪与非罪的界限

判断某一骗购外汇行为是否构成犯罪，应以所骗购外汇的数额为依据，如果骗购数额达到《立案追诉标准（二）》规定的“较大”的标准的，应予立案追诉。根据《立案追诉标准（二）》的规定，骗购外汇，数额在 50 万美元以上的，属于“数额较大”。

（二）骗购外汇罪与相关犯罪的界限

1. 骗购外汇罪与诈骗罪的界限

诈骗罪，是指以非法占有为目的，使用虚假事实或者隐瞒真相的方法，骗取数额较大的公私财物的行为。

骗购外汇罪与诈骗罪在行为方式上均表现为使用欺骗的手段，且均属于故意犯罪，在犯罪数额上均以“数额较大”作为其犯罪标准。两罪的主要区别：（1）犯罪主体不同。骗购外汇罪的主体既可以是自然人，也可以是单位；而诈骗罪的主体只能是自然人。（2）侵犯的客体和对象不同。骗购外汇罪侵犯的客体是国家外汇管理秩序；而诈骗罪侵犯的客体是公私财产的所有权。骗购外汇罪的对象仅限于外汇，而诈骗罪的对象不只是外汇，可包括一切财物。

2. 骗购外汇罪与非法经营罪的界限

非法经营罪，是指违反国家规定，从事非法经营活动，扰乱市场秩序，情节严重的行为。

根据《外汇决定》第 4 条的规定，在国家规定的交易场所以外非法买卖外汇，扰乱市场秩序，情节严重的行为，应依照《刑法》第 225 条规定的非法经营罪定罪处罚；2019 年 1 月 31 日最高人民法院、最高人民检察院《关于办理非法从事资金支付结算业务、非法买卖外汇刑事案件适用法律若干问题的解释》第 2 条规定，违反国家规定，实施倒买倒卖外汇或者变相买卖外汇等非法买卖外汇行为，扰乱金融市场秩序，情节严重的，依照《刑法》第 225 条第 4 项的规定，以非法经营罪定罪处罚。此时，骗购外汇罪与非法经营罪存在许多共同之处，两罪的犯罪对象均为外汇，且在客观上均包含购买（或变相购买）外汇的行为，主观方面均是故意违反国家外汇管理法规。两罪的区别主要有：(1) 实施犯罪的场所不同。骗购外汇罪是以欺骗方法向外汇管理部门指定的机构骗购外汇；而非法经营罪是在国家规定的交易场所以外非法买卖外汇或者变相买卖外汇。(2) 侵犯的客体不同。骗购外汇罪侵犯的客体是国家外汇管理秩序，属于破坏金融管理秩序犯罪；而非法经营罪虽然也侵犯了金融管理秩序，但更主要的是扰乱了市场交易的正常秩序。

3. 骗购外汇罪与逃汇罪的界限

逃汇罪，是指公司、企业或者其他单位，违反国家规定，擅自将外汇存放境外，或者将境内的外汇非法转移到境外，数额较大的行为。

骗购外汇罪与逃汇罪都是侵犯国家外汇管理秩序的犯罪。两罪均以外汇为犯罪对象，主观上均表现为故意违反国家外汇管理法规；在客观方面，均以数额较大为定罪标准。两罪的主要区别有：（1）犯罪主体不同。骗购外汇罪的主体不仅包括单位，还包括自然人；逃汇罪的主体只能是单位。（2）客观方面不同。骗购外汇罪表现为使用欺骗的方式购买外汇，数额较大的行为；而逃汇罪表现为违反国家规定，擅自将外汇存放境外，或者将境内的外汇非法转移到境外，数额较大的行为。

（三）关于一罪与数罪的问题

在处理骗购外汇犯罪案件时，还必须注意罪数的问题。在骗购外汇犯罪过程中，一般存在牵连犯和吸收犯等罪数形态，应在分清一罪还是数罪后进行定罪处罚。

1. 以一罪定罪论处的情况

如果行为人为了骗购外汇而伪造、变造、买卖或者盗窃、抢夺国家机关公文、证件、印章的，则其犯罪行为分别触犯了《刑法》第280条规定之罪和骗购外汇罪，属于我国刑法理论中的牵连犯。对此，依照《外汇决定》第1条第2款的规定，应按处罚较重的骗购外汇罪从重处罚。对于查明仅只有前一犯罪行为的，则应以《刑法》第280条规定之罪处罚。同时，如果仅有买卖、伪造、变造的海关签发的报关单、进口证明、外汇管理部门核准件等凭证和单据或者国家机关的其他公文、证件、印章的，则应依照《外汇决定》第2条的规定，按照《刑法》第280条的规定定罪处罚。如果行为人将骗购来的外汇非法转移到境外的，可分别构成骗购外汇罪与逃汇罪，此时应按重罪吸收轻罪的原则定罪处罚，即以骗购外汇罪定罪处罚。如果行为人将骗购而来的外汇进行非法买卖的，可分别构成骗购外汇罪与非法经营罪，此时同样以重罪即骗购外汇罪定罪处罚。

2. 数罪并罚的情况

如果行为人将骗购来的外汇用于走私或赌博等行为，分别构成骗购外汇罪与走私罪或赌博罪等罪的，不属于牵连犯和吸收犯，应对此实行数罪并罚。

四、骗购外汇罪的处罚

根据《外汇决定》第1条的规定，自然人犯骗购外汇罪的，处5年以下有期徒刑或者拘役，并处骗购外汇数额5%以上30%以下罚金；数额巨大或者有其他严重情节的，处5年以上10年以下有期徒刑，并处骗购外汇数额5%以上30%以下罚金；数额特别巨大或者有其他特别严重情节的，处10年以上有期徒刑或者无期徒刑，并处骗购外汇数额5%以上30%以下罚金或者没收财产。

伪造、变造海关签发的报关单、进口证明、外汇管理部门核准件等凭证和单据，并用于骗购外汇的，依照《外汇决定》第1条第1款的规定从重处罚。

明知用于骗购外汇而提供人民币资金的，以共犯论处。

单位犯骗购外汇罪的，对单位依照《外汇决定》第1条第1款的规定判处罚金，并对其直接负责的主管人员和其他直接责任人员，处5年以下有期徒刑或者拘役；数额巨大或者有其他严重情节的，处5年以上10年以下有期徒刑；数额特别巨大或者有其他特别严重情节的，处10年以上有期徒刑或者无期徒刑。

根据《外汇决定》第5条的规定，海关、外汇管理部门以及金融机构、从事对外贸易经营活动的公司、企业或者其他单位的工作人员与骗购外汇或者逃汇的行为人通谋，为其提供购买外汇的有关凭证或者其他便利的，或者明知是伪造、变造的凭证和单据而售汇、付汇的，以共犯论，依照《外汇决定》从重处罚。

第三十节　洗钱案

一、洗钱罪的概念和构成要件

（一）概念

洗钱罪，是指为掩饰、隐瞒毒品犯罪、黑社会性质的组织犯罪、恐怖活动犯罪、走私犯罪、贪污贿赂犯罪、破坏金融管理秩序犯罪、金融诈骗犯罪的所得及其产生的收益的来源和性质，提供资金账户，将财产转换为现金、金融票据、有价证券，通过转账或者其他支付结算方式转移资金，跨境转移资产，或者以其他方法掩饰、隐瞒犯罪所得及其收益的来源和性质的行为。

洗钱就是把“肮脏的钱洗干净”，把非法收入合法化的过程，是对隐瞒或者掩饰犯罪收益的各种非法活动的总称。从目前来看，洗钱罪已经成为国际社会公认的需要严厉打击的一种犯罪。洗钱犯罪的社会危害性主要表现在三个方面：第一，洗钱行为使犯罪分子的赃款得以转移，逃避法律的制裁；第二，犯罪分子将所得赃款“洗净”之后，获得了丰厚的收益，这也同时加强了其犯罪的经济能力；第三，非法资金进入经济领域会给正常的经济秩序造成严重的侵害。正是由于洗钱犯罪具有如此严重的社会危害性，所以当今世界上许多国家都制定了有关控制洗钱犯罪的法律，并将其规定为一种经济犯罪行为予以打击。1988年12月19日在维也纳通过的《联合国禁止非法贩运麻醉药品和精神药物公约》是国际社会第一个有关跨国洗钱犯罪的国际公约。我国的反洗钱立法是随着国内洗钱犯罪行为的不断出现以及适应国际社会惩治洗钱犯罪的形势而逐步建立和完善起来的。1990年12月28日全国人大常委会《关于禁毒的决定》第4条规定：“包庇走私、贩卖、运输、制造毒品的犯罪分子的，为犯罪分子窝藏、转移、隐瞒毒品或者犯罪所得的财物的，掩饰、隐瞒出售毒品获得财物的非法性质和来源的，处七年以下有期徒刑、拘役或者管制，可以并处罚金。犯前款罪事先通谋的，以走私、贩卖、运输、制造毒品罪的共犯论处。”这一规定虽然也是关于洗钱犯罪的规定，但其对象仅限于毒品犯罪。为了遏制洗钱犯罪，防止罪犯逃避法律制裁，同时也为了有利于追缴犯罪所得，我国在1997年修订《刑法》时，明确规定了洗钱罪，并将其适用范围扩大，增加了黑社会性质组织犯罪和走私犯罪，将洗钱犯罪的行为方式归纳为五种，同时明确规定洗钱罪的罚金刑处罚幅度为“洗钱数额百分之五以上百分之二十以下”。1997年12月11日最高人民法院《关于执行〈中华人民共和国刑法〉确定罪名的规定》、1997年12月25日最高人民检察院

《关于适用刑法分则规定的犯罪的罪名的意见》根据1997年《刑法》第191条规定了"洗钱罪"罪名。

为了适应打击恐怖犯罪的需要，2001年12月29日第九届全国人大常委会第二十五次会议通过的《刑法修正案（三）》对洗钱罪做了第一次修改，将恐怖活动犯罪规定为洗钱罪的上游犯罪，并加重了单位犯罪中直接责任人员的法定刑，即增加规定"情节严重的，处五年以上十年以下有期徒刑"。

为了更好地履行我国承担的国际义务，2006年6月29日第十届全国人大常委会第二十二次会议通过的《刑法修正案（六）》对洗钱罪做了第二次修改，将洗钱罪的上游犯罪在原来规定的毒品犯罪、黑社会性质的组织犯罪、恐怖活动犯罪和走私犯罪四种犯罪的基础上又增加了贪污贿赂犯罪、破坏金融管理秩序犯罪、金融诈骗犯罪三类犯罪。同时，根据司法实践，在罪状的第2项中增加了协助将财产转换为有价证券的规定。《刑法修正案（六）》第16条规定："将刑法第一百九十一条第一款修改为：'明知是毒品犯罪、黑社会性质的组织犯罪、恐怖活动犯罪、走私犯罪、贪污贿赂犯罪、破坏金融管理秩序犯罪、金融诈骗犯罪的所得及其产生的收益，为掩饰、隐瞒其来源和性质，有下列行为之一的，没收实施以上犯罪的所得及其产生的收益，处五年以下有期徒刑或者拘役，并处或者单处洗钱数额百分之五以上百分之二十以下罚金；情节严重的，处五年以上十年以下有期徒刑，并处洗钱数额百分之五以上百分之二十以下罚金：（一）提供资金帐户的；（二）协助将财产转换为现金、金融票据、有价证券的；（三）通过转帐或者其他结算方式协助资金转移的；（四）协助将资金汇往境外的；（五）以其他方法掩饰、隐瞒犯罪所得及其收益的来源和性质的。'"

2017年8月29日国务院办公厅发布的《关于完善反洗钱、反恐怖融资、反逃税监管体制机制的意见》第10条规定，推动研究完善相关刑事立法，修改惩治洗钱犯罪和恐怖融资犯罪相关规定。按照我国参加的国际公约和明确承诺执行的国际标准要求，研究扩大洗钱罪的上游犯罪范围，将上游犯罪本犯纳入洗钱罪的主体范围。2020年7月22日最高人民检察院《关于充分发挥检察职能服务保障"六稳""六保"的意见》第5条指出，加大惩治洗钱犯罪的力度。切实转变"重上游犯罪，轻洗钱犯罪"的做法，办理上游犯罪案件时要同步审查是否涉嫌洗钱犯罪，上游犯罪共犯以及掩饰、隐瞒犯罪所得、非法经营地下钱庄等行为同时构成洗钱罪的，择一重罪依法从严追诉。

在加大对洗钱犯罪打击力度的国际和国内背景下，为进一步防范化解金融风险，保障金融改革，维护金融秩序，保护人民群众利益，进一步完善刑法有关规定，2020年12月26日第十三届全国人大常委会第二十四次会议通过的《刑法修正案（十一）》对洗钱罪进行了第三次修改。修改的主要内容及考虑是：

一是明确将“自洗钱”规定为犯罪，即将上游犯罪本犯纳入洗钱罪的主体范围。《刑法修正案（十一）》排除了原条文将“自洗钱”解释为犯罪的文本障碍，删除了洗钱罪罪状表述中的“明知”“协助”等表述，从而将“自洗钱”行为纳入刑事惩治的范围①。在总体国家安全观确立后，我国开始从国家战略高度认识反洗钱，在顶层进行制度设计。2017年国务院办公厅发布《关于完善反洗钱、反恐怖融资、反逃税监管体制机制的意见》，要求“研究扩大洗钱罪的上游犯罪范围，将上游犯罪本犯纳入洗钱罪的主体范围”。从国际反洗钱实践来看，我国是国际反洗钱金融特别工作组（FATF）的成员，将洗钱罪适用于实施上游犯罪的人符合FATF反洗钱建议，亦是国际通行做法。

二是增加列举以“支付”方式转移资金的犯罪行为。在司法实践中，一些地方从事“地下钱庄”的非法活动较为猖獗，且经常涉及洗钱行为。“地下钱庄”如果通过转账、汇兑、委托收款等方式进行资金结算，协助资金转移的，可以依法按照洗钱罪惩处。但是当“地下钱庄”提供支付工具协助资金转移的，则较难予以惩处。尤其是随着网络的发展，网上支付方式成为主流。涉嫌洗钱犯罪的支付工具和方式既有传统模式，如搬运现金货币、运输现金货币出入境等，也有通过信息网络进行的网络支付。因此，《刑法修正案（十一）》在刑法第191条原第3项中增加以其他“支付”方式协助资金转移的规定，将该种行为认定构成洗钱罪。

三是将刑法第191条第1款第4项的“将资金汇往境外”修改为“跨境转移资产”。在实践中，不仅有将资金汇往境外的洗钱行为，也有将资金从境外汇往境内洗钱的行为。在洗钱的对象上，不仅限于资金，也出现有价证券、珠宝、艺术品、不动产等资产。因此，《刑法修正案（十一）》将刑法第191条原第4项规定的“协助将资金汇往境外”修改为“跨境转移资产”。

四是将比例罚金刑“洗钱数额百分之五以上百分之二十以下罚金”修改为不定额罚金刑。在实践中，当上游犯罪的所得及其收益是资金时，可以根据比例直接确定罚金；当属于非资金形式的其他资产时，需要估算后再按照比例确定罚金。在诉讼过程中，相关资产的估算价格随着时间变化也会产生变化，往往不利于罚金的最终确定。因此，此次修改将本罪原来规定的比例罚金修改为不定额罚金。司法机关可以根据案件的实际情况自主确定罚金数额，做到罪责刑相适应。

五是对单位犯罪中直接责任人员的处罚增加规定了罚金刑。原来本条规定的单位犯罪，对单位判处罚金，并对其直接负责的主管人员和其他直接责任人员判处自由刑，没有规定罚金刑。在实践中，单位犯洗钱罪的情况越来越多，洗钱罪

① 孙谦：《刑法修正案（十一）的理解与适用》，载《人民检察》2021年第8期。

属于破坏金融管理秩序犯罪，有必要对单位的相关责任人员也处以罚金刑。此次修改对单位犯罪的直接负责的主管人员和其他直接责任人员增加了罚金刑，以加大对洗钱犯罪的惩处力度。[①]

（二）构成要件

1. 犯罪客体

本罪侵犯的客体是复杂客体，行为人既侵犯了国家正常的金融管理秩序，又侵犯了社会管理秩序，妨害正常的司法活动。从司法的角度看，洗钱犯罪的目的是掩饰、隐瞒犯罪所得的来源和性质。在洗钱过程中，赃款赃物被转来转去，其真实来源被掩盖，去向变得无影无踪。这无疑是为犯罪的追查和赃款赃物的追缴设置了障碍，实际上成为一种“犯罪屏障”，严重妨碍了司法机关对犯罪活动的追究。而且，洗钱犯罪的成功无疑会使相关犯罪活动更加猖獗，为了获取更多非法利益，犯罪分子会不断实施这些犯罪，这就给正常的社会秩序造成了更大的危害。从金融管理秩序的角度看，洗钱罪往往借助于合法的金融网络使得大笔的“黑钱”被“洗净”。这不仅侵害了金融管理秩序，而且也严重破坏了市场公平竞争原则，阻碍了市场经济主体之间的自由竞争，破坏了经济秩序。本罪的犯罪对象是特定对象，即只能是毒品犯罪、黑社会性质的组织犯罪、恐怖活动犯罪、走私犯罪、贪污贿赂犯罪、破坏金融管理秩序犯罪、金融诈骗犯罪的所得及其产生的收益。

本罪规定的上游犯罪为毒品犯罪、黑社会性质的组织犯罪、恐怖活动犯罪、走私犯罪、贪污贿赂犯罪、破坏金融管理秩序犯罪、金融诈骗犯罪。这里的上游犯罪是指《刑法》规定中的某一类犯罪。例如，毒品犯罪，是指《刑法》分则第六章第七节规定的各种有关毒品的犯罪。黑社会性质的组织犯罪，是指以黑社会性质的组织为主体所实施的各种犯罪。恐怖活动犯罪，是指恐怖组织实施的各种犯罪。走私犯罪，是指《刑法》分则第三章第二节规定的各种走私犯罪。贪污贿赂犯罪，是指《刑法》分则第八章规定的所有犯罪。破坏金融管理秩序犯罪和金融诈骗犯罪，是指《刑法》分则第三章第四节和第五节两节中规定的所有犯罪。值得注意的是，根据 2009 年 11 月 4 日最高人民法院《关于审理洗钱等刑事案件具体应用法律若干问题的解释》第 4 条的规定，上游犯罪事实可以确认，依法以其他罪名定罪处罚的，不影响洗钱罪的认定。因此，如果上游犯罪的事实成立，但因为行为属于牵连犯、想象竞合犯等原因导致行为人定罪处罚的罪名不属于七类上游犯罪具体罪名，也不影响对洗钱罪的认定。

犯罪所得及其产生的收益的来源和性质，是指上游犯罪行为人犯罪所获得的

---

① 黄永主编：《中华人民共和国刑法立法背景与条文解读》，中国法制出版社 2021 年版，第 470-472 页。

非法利益以及利用犯罪所得的非法利益所产生的孳息或者进行经营活动所产生的经济利益。

2．客观方面

本罪的客观方面表现为实施了掩饰、隐瞒毒品犯罪、黑社会性质的组织犯罪、恐怖活动犯罪、走私犯罪、贪污贿赂犯罪、破坏金融管理秩序犯罪、金融诈骗犯罪的所得及其产生的收益的来源和性质的行为。掩饰，是指行为人以捏造事实或者弄虚作假的手法进行掩盖。隐瞒，是指行为人把事实真相掩盖起来不让其他人知道。一般而言，掩饰行为比隐瞒行为更具有主动性，掩饰行为表现为主动采取各种方式对毒品犯罪、黑社会性质的组织犯罪、恐怖活动犯罪、走私犯罪、贪污贿赂犯罪、破坏金融管理秩序犯罪、金融诈骗犯罪的所得及其产生的收益的来源和性质进行遮掩、粉饰，使他人误认为是合法所得；而隐瞒行为则相对具有被动性，通常表现为司法机关向行为人查询有关犯罪所得及其产生的收益的来源和性质时，行为人明知真实情况而故意不予说明，甚至制造假象干扰调查活动等。掩饰、隐瞒的手段和方式尽管多种多样，但是其实质都是为了掩盖事实真相，为上游犯罪的犯罪所得及其产生的收益披上合法的外衣，逃避法律追究和制裁，实现犯罪所得的安全循环使用。

洗钱的具体表现形式有以下五种：（1）提供资金账户。其主要是指为犯罪分子开设银行资金账户或者将现有的银行资金账户提供给犯罪分子使用。（2）将财产转换为现金、金融票据、有价证券。既包括将实物转换为现金、金融票据、有价证券，也包括将现金、金融票据、有价证券相互转换，还包括将此种现金转换为另一种现金（如将人民币转换为美元），将此种金融票据转换为另一种金融票据（如将外国金融机构出具的金融票据转换为中国金融机构出具的金融票据），将此种有价证券转换为另一种有价证券（如将股票转换为债券）。（3）通过转账或者其他支付结算方式转移资金。所谓转账，一般是指利用支票、本票、汇票等金融票据或者书面、电话委托，将违法所得从一个账户转往另一个账户，以掩饰、隐瞒其非法来源和性质。所谓其他支付结算方式，包括汇兑、委托收款，以及用电子资金划拨、网络支付结算工具等方式。（4）跨境转移资产。既包括从境内向境外转移资产，也包括从境外向境内转移资产，即境内外双向的资产转移均可以构成洗钱罪。行为人将境外获取的非法资产转移到中国国内也符合洗钱罪的行为要件。这就覆盖了我国派往海外工作人员将在境外获取的"黑钱"转移至境内的情形，并有利于应对打击跨国犯罪的洗钱问题。[①] 资产，包括资金和其

① 王新：《〈刑法修正案（十一）〉对洗钱罪的立法发展和辐射影响》，载《中国刑事法杂志》2021年第2期。

他财物。在实践中，主要是将非法资金、资产从境内转移到那些金融监管比较宽松的国家、地区或者严格实行银行保密法、保密程度较高的国家或地区。(5) 以其他方法掩饰、隐瞒犯罪所得及其产生的收益的来源和性质的。这里指其他掩饰、隐瞒犯罪所得及其产生的收益的来源与性质的一切方法，如将犯罪所得投资于某种行业，用犯罪所得购买不动产等。

3. 犯罪主体

本罪的主体是一般主体，自然人和单位均可构成本罪。需要注意的是，本罪的犯罪主体既包括实施上游犯罪的行为人，即“自洗钱”行为人，也包括没有实施上游犯罪而为了掩饰、隐瞒上游犯罪所得及其产生收益的来源和性质的行为人，即“他洗钱”行为人。长期以来，我国基于上游犯罪本犯洗钱行为属于“事后不可罚”，“自洗钱”行为一直未能入罪。从犯罪学研究和国际反洗钱的实践看，为了支配、享用从上游犯罪中获取的犯罪所得和犯罪收益，以及为了逃避打击和切断自己与上游犯罪的“黑金”联系，上游犯罪行为人必然会实施洗钱活动，这既表现为通过第三方进行（即“他洗钱”），也可以是本人亲自去实施（即“自洗钱”）。如果刑法只规定“他洗钱”的模式，等于给“自洗钱”入罪带上了禁锢的“枷锁”，这就意味着将很大比例的“自洗钱”行为排除在犯罪圈之外。可以说，《刑法修正案（十一）》将“自洗钱”入罪，是在总结长期司法实践基础上的立法“解套”。[①]

4. 主观方面

本罪的主观方面表现为故意。

二、洗钱罪案立案追诉标准适用指南

《立案追诉标准（二）》第四十三条规定：

为掩饰、隐瞒毒品犯罪、黑社会性质的组织犯罪、恐怖活动犯罪、走私犯罪、贪污贿赂犯罪、破坏金融管理秩序犯罪、金融诈骗犯罪的所得及其产生的收益的来源和性质，涉嫌下列情形之一的，应予立案追诉：

（一）提供资金账户的；

（二）将财产转换为现金、金融票据、有价证券的；

（三）通过转账或者其他支付结算方式转移资金的；

（四）跨境转移资产的；

（五）以其他方法掩饰、隐瞒犯罪所得及其收益的来源和性质的。

---

① 王新：《自洗钱入罪的意义与司法适用》，载《检察日报》2021年3月25日第3版。

在制定 2010 年《立案追诉标准（二）》本罪案立案追诉标准时，基本上沿用了 2001 年《追诉标准》，并根据《刑法修正案（六）》的规定，相应增加了协助将财产转换为有价证券的情形，将 2001 年《追诉标准》规定的“以其他方法掩饰、隐瞒犯罪的违法所得及其收益的性质和来源的”修改为“以其他方法掩饰、隐瞒犯罪所得及其收益的来源和性质的”。《立案追诉标准（二）》重点结合《刑法修正案（十一）》进行了修订，保持了该罪案立案追诉标准的“行为犯”特征，未设定相关数额、情节规定；五项追诉标准的理解参见本罪“客观方面”对洗钱的具体表现形式的分析。

在司法执法实践中，需要注意以下两个方面：

一是“他洗钱”行为人对资金来源和性质的认识仍应进行必要的查证。《刑法修正案（十一）》删除“明知”“协助”等表述的主要目的是将“自洗钱”纳入刑事评价范畴，扩大了该罪的适用范围。实施上游犯罪的行为人对犯罪所得及其收益的来源和性质当然“明知”，《刑法》第 191 条如果仍保留“明知”则无法将“自洗钱”行为人纳入犯罪主体评价中；删除“协助”也是基于同样的目的考虑的。但删除“明知”后，在司法执法实践中，对行为人实施犯罪过程中的主观故意内容仍需进行必要的查证，这主要是因为：第一，犯罪故意包含认识因素和意志因素两方面内容。《刑法》第 14 条第 1 款规定：“明知自己的行为会发生危害社会的结果，并且希望或者放任这种结果发生，因而构成犯罪的，是故意犯罪。”也即不论《刑法》分则条文是否包含“明知”，就一个行为构成犯罪而言，基于《刑法》总则关于“故意”的规定，司法机关应当查明行为人的故意内容。第二，对于上游犯罪行为人来说不需要“明知”，因为自己对自己的犯罪及收益事实自然知道；对于“他洗钱”行为人，查明其是否明知毒品犯罪等上游犯罪所得及其产生的收益的来源和性质对于认定其是否应当承担刑事责任仍然具有现实影响；修订后的刑法第 191 条仍包含着“为掩饰、隐瞒……犯罪的所得及其产生的收益的来源和性质”的表述，这里的“为……”是对行为人主观认识的表达，即为了掩饰、隐瞒毒品犯罪等的犯罪所得及其收益。是否对行为人立案追诉，包含对行为人应否承担刑事责任的判断，因此仍应当对洗钱罪主观故意的内容进行必要的查证。

二是洗钱罪是否需要在上游犯罪判决后才能认定的问题。洗钱罪应当以上游犯罪事实成立为认定前提。上游犯罪尚未依法裁判但查证属实的，不影响洗钱罪的认定。根据 2009 年 11 月 4 日最高人民法院《关于审理洗钱等刑事案件具体应用法律若干问题的解释》第 4 条规定，以下几种情形不影响洗钱罪的认定：（1）上游犯罪尚未依法裁判，但查证属实的（2）上游犯罪事实可以确认，因行为人死亡等原因依法不予追究刑事责任的；（3）上游犯罪事实可以确认，依法以其他罪名定罪处罚的。

办理上游犯罪案件时应当注意发现洗钱犯罪案件线索，避免出现“重上游犯罪、轻洗钱犯罪”以至出现“漏罪”情形，应该尽可能“打财断流”，截断上游犯罪的经济血脉，更加有效地实现打击犯罪的整体效果。

三、认定洗钱罪应注意的问题

（一）洗钱罪罪与非罪的界限

判断洗钱行为是否构成犯罪，一般应从以下两方面入手：（1）洗钱犯罪对象的性质。行为人掩饰、隐瞒的对象是否属于毒品犯罪、黑社会性质的组织犯罪、恐怖活动犯罪、走私犯罪、贪污贿赂犯罪、破坏金融管理秩序犯罪、金融诈骗犯罪的所得及其产生的收益，如果不是上述对象，即不构成本罪。（2）行为人主观上是为了掩饰、隐瞒上游犯罪的所得及其收益，并且客观上实施了提供资金账户，将财产转换为现金、金融票据、有价证券，通过转账或者其他支付结算方式转移资金，跨境转移资产的，以及以其他方法掩饰、隐瞒犯罪所得及其收益的来源和性质等行为。

（二）洗钱罪与掩饰、隐瞒犯罪所得、犯罪所得收益罪，包庇毒品犯罪分子罪，窝藏、转移、隐瞒毒品、毒赃罪的界限

洗钱罪与掩饰、隐瞒犯罪所得、犯罪所得收益罪，包庇毒品犯罪分子罪，窝藏、转移、隐瞒毒品、毒赃罪存在一定的竞合关系，几个罪名的主要区别在于犯罪对象不同。同时，根据《关于审理洗钱等刑事案件具体应用法律若干问题的解释》第3条的规定，明知是犯罪所得及其产生的收益而予以掩饰、隐瞒，构成掩饰、隐瞒犯罪所得、犯罪所得收益罪，同时又构成洗钱罪或者包庇毒品犯罪分子罪，窝藏、转移、隐瞒毒品、毒赃罪的，依照处罚较重的规定定罪处罚。

四、洗钱罪的处罚

根据《刑法》第191条第1款的规定，自然人犯洗钱罪的，没收犯罪的所得及其产生的收益，处5年以下有期徒刑或者拘役，并处或者单处罚金；情节严重的，处5年以上10年以下有期徒刑，并处罚金。

根据《刑法》第191条第2款的规定，单位犯洗钱罪的，对单位判处罚金，并对其直接负责的主管人员和其他直接责任人员，依照自然人犯洗钱罪的规定处罚。

第六章 金融诈骗犯罪案件立案追诉标准

第一节 集资诈骗案

一、集资诈骗罪的概念和构成要件

（一）概念

集资诈骗罪，是指以非法占有为目的，使用诈骗方法非法集资，数额较大的行为。

1979年《刑法》未单独规定集资诈骗罪。1995年6月30日全国人大常委会通过的《关于惩治破坏金融秩序犯罪的决定》第8条对集资诈骗罪是这样规定的："以非法占有为目的，使用诈骗方法非法集资的，处三年以下有期徒刑或者拘役，并处二万元以上二十万元以下罚金；数额巨大或者有其他严重情节的，处三年以上十年以下有期徒刑，并处五万元以上五十万元以下罚金；数额特别巨大或者有其他特别严重情节的，处十年以上有期徒刑、无期徒刑或者死刑，并处没收财产。单位犯前款罪的，对单位判处罚金，并对直接负责的主管人员和其他直接责任人员，依照前款的规定处罚。"《关于惩治破坏金融秩序犯罪的决定》对集资诈骗罪并没有规定集资诈骗数额较大才构成犯罪。1996年12月16日最高人民法院《关于审理诈骗案件具体应用法律的若干问题的解释》也只对"数额巨大""数额特别巨大"作了规定。该解释第3条规定，个人进行集资诈骗数额在20万元以上的，属于"数额巨大"；个人进行集资诈骗数额在100万元以上的，属于"数额特别巨大"。单位进行集资诈骗数额在50万元以上的，属于"数额巨大"；单位进行集资诈骗数额在250万元以上的，属于"数额特别巨大"。《刑法》第192条关于集资诈骗罪的规定与《关于惩治破坏金融秩序犯罪的决定》关于集资诈骗罪的规定相比，一方面规定非法集资必须是"数额较大"才构成犯罪；另一方面对法定刑做了修改。1997年12月11日最高人民法院《关于执行

〈中华人民共和国刑法〉确定罪名的规定》、1997 年 12 月 25 日最高人民检察院《关于适用刑法分则规定的犯罪的罪名的意见》根据 1997 年《刑法》第 192 条规定了“集资诈骗罪”罪名。

2011 年 2 月 25 日第十一届全国人大常委会第十九次会议通过的《刑法修正案（八）》对《刑法》第 200 条做了修改，增加了对单位犯集资诈骗罪中的直接负责的主管人员和其他直接责任人员处以罚金的规定。实践中在单位实施集资诈骗犯罪的情况下，直接负责的主管人员或者其他直接责任人员不仅仅是单位犯罪的实施者，在为单位获取非法利益的同时，往往其本人也获得非法利益。对单位犯集资诈骗罪中的直接负责的主管人员和其他直接责任人员规定罚金刑，一方面是罪刑相适应原则的要求，有利于与个人犯罪在刑罚适用上的均衡；另一方面也使犯罪分子在经济上占不到便宜，并且剥夺其再次实施犯罪的能力，符合双罚制原则的要求。

2015 年 8 月 29 日第十二届全国人大常委会第十六次会议通过的《刑法修正案（九）》第 12 条对本罪刑罚做了修改，即删去《刑法》第 199 条关于本罪死刑的规定，即“犯本节第一百九十二条规定之罪，数额特别巨大并且给国家和人民利益造成特别重大损失的，处无期徒刑或者死刑，并处没收财产。”

2020 年 12 月 26 日第十三届全国人大常委会第二十四次会议通过的《刑法修正案（十一）》第 15 条对本罪刑罚结构做了如下修改：(1) 将原来的“三档”法定刑调整为“两档”，即取消了“数额特别巨大或者有其他特别严重情节”的量刑档次，将其量刑幅度压缩到第二档法定刑中；(2) 将第一档刑罚中的自由刑由“五年以下有期徒刑或者拘役”调整为“三年以上七年以下”；(3) 将罚金刑由定额罚金刑修改为不定额罚金刑；(4) 将原《刑法》第 200 条中单位犯本罪的规定调整至本条第 2 款，规定“对单位判处罚金，并对其直接负责的主管人员和其他直接责任人员，依照前款的规定处罚”。这里有几方面问题需要注意：一是将三档法定刑压缩为两档，做了与非法吸收公众存款罪相反的调整方式，并分别实质提高了该罪的两档法定刑的最低刑、最高刑，即第一档最低刑从“拘役”到“三年以上有期徒刑”，最高刑从“五年以下有期徒刑”到“七年以下有期徒刑”，第二档最低刑从“五年以上有期徒刑”到“七年以上有期徒刑”，最高刑从“十年以下有期徒刑”到“无期徒刑”，进一步体现了将集资诈骗罪评价为“重罪”，且体现“从严”的立法趋势。二是由定额罚金刑修改为不定额罚金刑，增加了罚金刑的适用范围，对经济社会发展变化的适应性更强。三是对单位犯罪的直接负责的主管人员和其他直接责任人员的刑罚档次与自然人犯罪的刑罚档次同步调整，也一并体现“从严”。此外，不同于修订非法吸收公众存款罪新增的“在提起公诉前积极退赃退赔、减少损害结果发生的，可以从轻或者减轻处罚”的规定，对于属于重罪的集资诈骗罪修订过程中并未新增此项规定，因此在刑事司法中仍应当把握从严惩治的原则，在提起公诉前退赃退赔的只能作为酌定量刑情节。

（二）构成要件

1. 犯罪客体

本罪侵犯的客体是复杂客体，既侵犯了国家金融管理秩序，又侵犯了公私财物所有权。

2. 客观方面

本罪的客观方面表现为使用诈骗方法非法集资，数额较大的行为。所谓使用诈骗方法，是指行为人以非法占有为目的，使用编造谎言、捏造事实或者隐瞒真相等欺骗方法，骗取他人资金。

3. 犯罪主体

本罪的主体是一般主体，自然人和单位均可成为本罪主体。从司法实践来看，在自然人作为犯罪主体时，一般也是以公司、企业或者其他组织等单位的名义进行的。因为以单位名义实施的各种社会活动更具有可信性，更容易使不知实情、盲目听信的人受骗上当。需要注意的是，对于以单位名义实施的集资诈骗犯罪行为，根据最高人民法院《关于审理单位犯罪案件具体应用法律有关问题的解释》规定，为违法犯罪活动而设立的单位实施犯罪；单位设立后以实施犯罪为主要活动以及盗用单位名义实施犯罪，违法所得由个人私分的，均应以自然人犯罪处理。

4. 主观方面

本罪的主观方面表现为故意，而且需以非法占有为目的。所谓以非法占有为目的，是指行为人在主观上具有将非法募集的资金据为己有的目的。根据最高人民法院《关于审理非法集资刑事案件具体应用法律若干问题的解释》第7条的规定，使用诈骗方法非法集资，具有下列情形之一的，可以认定为“以非法占有为目的”：(1) 集资后不用于生产经营活动或者用于生产经营活动与筹集资金规模明显不成比例，致使集资款不能返还的；(2) 肆意挥霍集资款，致使集资款不能返还的；(3) 携带集资款逃匿的；(4) 将集资款用于违法犯罪活动的；(5) 抽逃、转移资金、隐匿财产，逃避返还资金的；(6) 隐匿、销毁账目，或者搞假破产、假倒闭，逃避返还资金的；(7) 拒不交代资金去向，逃避返还资金的；(8) 其他可以认定非法占有目的的情形。

在司法实践中，认定是否具有非法占有的目的，应当坚持主客观相一致的原则，既要避免以诈骗方法的认定替代非法占有目的的认定，又要避免单纯根据损失结果客观归罪，同时也不能仅凭行为人自己的供述，而是应当根据案件具体情况具体分析。对于因经营不善、市场风险等意志以外的原因造成较大数额的集资款不能返还的，不应当认定为集资诈骗罪。行为人部分非法集资行为具有非法占有目的的，对该部分非法集资行为所涉集资款以集资诈骗罪定罪处罚；非法集资共同犯罪中部分行为人具有非法占有目的，其他行为人没有非法占有集资款的共同故意和行为的，对具有非法占有目的的行为人以集资诈骗罪定罪处罚，对不具有非法占有目的的其他行为人以非法吸收公众存款罪定罪处罚。

二、集资诈骗罪案立案追诉标准适用指南

《立案追诉标准（二）》第四十四条规定：

以非法占有为目的，使用诈骗方法非法集资，数额在十万元以上的，应予立案追诉。

2010年《立案追诉标准（二）》确定集资诈骗罪案立案追诉标准时区分了“个人集资诈骗数额10万元以上”和“单位集资诈骗数额50万元以上”的不同标准。《立案追诉标准（二）》统一了单位和个人集资诈骗罪案的立案追诉标准，相关考虑主要是：

《刑法修正案（十一）》对非法吸收公众存款犯罪和集资诈骗犯罪的定罪量刑作出了不同的调整思路，我们对集资诈骗罪、非法吸收公众存款罪、金融诈骗罪进行比较后发现：（1）集资诈骗罪与非法吸收公众存款罪都属于非法集资案件，非法吸收公众存款罪侵犯的是我国的金融管理秩序，集资诈骗罪不仅仅侵犯了我国的金融管理秩序，还侵犯了公民的财产权。从司法实践角度来看，集资诈骗案件中，行为人将涉案款物非法占为已有，主观恶性更强，社会危害性更大，造成的集资参与人损失更为严重。结合社会发展状况和司法实践，适当提高了非法吸收公众存款数额、非法吸收公众存款人数、造成直接经济损失数额，给行政处罚留出一定空间。为充分体现从严惩处集资诈骗犯罪的立法精神，集资诈骗罪案立案追诉标准并未提高。（2）集资诈骗罪与贷款诈骗罪、票据诈骗罪等其他金融诈骗罪的显著区别在于涉及人数多，一旦发案，通常会给集资参与人带来巨大经济损失，极易引发危害社会稳定的事件，结合社会发展状况和司法实践，此次修订适当提高了其他金融诈骗罪案的立案追诉标准，并未提高集资诈骗罪案的立案追诉标准。

在司法实践中应当注意的是，根据《关于审理非法集资刑事案件具体应用法律若干问题的解释》第8条第3款的规定，集资诈骗的数额以行为人实际骗取的数额计算，在案发前已归还的数额应予扣除。行为人为实施集资诈骗活动而支付

的广告费、中介费、手续费、回扣，或者用于行贿、赠与等费用，不予扣除。行为人为实施集资诈骗活动而支付的利息，除本金未归还可予折抵本金以外，应当计入诈骗数额。

三、认定集资诈骗罪应注意的问题

（一）集资诈骗罪罪与非罪的界限

非法集资行为能否构成集资诈骗罪，主要从两个方面来把握：

第一，判断行为人主观上是否具有非法占有的目的。如果具有非法占有的目的，一般可认定为集资诈骗罪。如果没有非法占有的目的，则不能认定为集资诈骗罪。关于非法占有的目的，《关于审理非法集资刑事案件具体应用法律若干问题的解释》作出了具体的列举，在司法实践中需要结合行为人非法集资时的主观目的和集资后资金的使用情况等综合认定。

第二，从集资的数额大小来把握。达到“数额较大”的标准，即集资诈骗数额达到10万元以上，应予立案追诉。如果没有达到“数额较大”标准，则不应该以集资诈骗罪立案追诉，构成其他犯罪的依法追究相应刑事责任。

（二）集资诈骗罪与诈骗罪的界限

诈骗罪，是指以非法占有为目的，采用虚构事实或者隐瞒真相的方法，骗取数额较大的公私财物的行为。集资诈骗罪是诈骗犯罪中的一种特殊类型。两罪的区别主要有：（1）侵犯的客体不同。集资诈骗罪侵犯的客体是复杂客体，既侵犯了公私财物所有权，又侵犯了国家金融管理秩序；而诈骗罪侵犯的客体是单一客体，即只侵犯了公私财物所有权。（2）犯罪主体不同。集资诈骗罪的主体既可以是自然人，也可以是单位；而诈骗罪的主体只能是自然人，单位不能成为诈骗罪的主体。（3）客观方面不同。集资诈骗罪的客观方面只能表现为以集资的形式诈骗公私财物；而诈骗罪则可以各种虚构事实、隐瞒真相的形式诈骗公私财物。（4）构成“数额较大”的标准也不同。集资诈骗罪“数额较大”的标准是集资诈骗数额在10万元以上；诈骗罪“数额较大”的标准是诈骗公私财物3千元至1万元以上。

（三）集资诈骗罪与组织、领导传销活动罪的界限

组织、领导传销活动罪，是指组织、领导以推销商品、提供服务等经营活动为名，要求参加者以缴纳费用或者购买商品、服务等方式获得加入资格，并按照一定顺序组成层级，直接或者间接以发展人员的数量作为计酬或者返利依据，引诱、胁迫参加者继续发展他人参加，骗取财物，扰乱经济社会秩序的传销活动的行为。

集资诈骗罪与组织、领导传销罪存在一定程度的竞合，但是两罪在客观行为及法益内容上存在不同。近年来的司法执法实践中，非法集资领域出现大量新情况、新变化，尤其是以传销手段开展非法集资活动在定性上常常存在争议。为此，2013 年最高人民法院、最高人民检察院、司法部《关于办理组织领导传销活动刑事案件适用法律若干问题的意见》第 6 条第 1 款、《关于审理非法集资刑事案件具体应用法律若干问题的解释》第 13 条相继作出规定，通过传销手段向社会公众非法吸收资金，构成非法吸收公众存款罪或者集资诈骗罪，同时又构成组织、领导传销活动罪的，依照处罚较重的规定定罪处罚。

四、集资诈骗罪的处罚

根据《刑法》第 192 条第 1 款和《关于审理非法集资刑事案件具体应用法律若干问题的解释》第 9 条第 2 款的规定，自然人犯集资诈骗罪的，处 3 年以上 7 年以下有期徒刑，并处 10 万元以上 500 万元以下罚金；数额巨大或者有其他严重情节的，处 7 年以上有期徒刑或者无期徒刑，并处 50 万元以上罚金或者没收财产。

根据《刑法》第 192 条第 2 款的规定，单位犯集资诈骗罪的，对单位判处罚金，并对其直接负责的主管人员和其他直接责任人员，依照自然人犯集资诈骗罪的规定处罚。

第二节 贷款诈骗案

一、贷款诈骗罪的概念和构成要件

（一）概念

贷款诈骗罪，是指以非法占有为目的，编造引进资金、项目等虚假理由，或者使用虚假的经济合同，或者使用虚假的证明文件，或者使用虚假的产权证明作担保或者超出抵押物价值重复担保，或者使用其他方法，诈骗银行或者其他金融机构的贷款，数额较大的行为。

本罪是 1997 年《刑法》新增设的，1979 年《刑法》没有贷款诈骗罪的规定。1995 年 6 月 30 日全国人大常委会通过的《关于惩治破坏金融秩序犯罪的决定》第 10 条规定：“有下列情形之一，以非法占有为目的，诈骗银行或者其他金融机构的贷款，数额较大的，处五年以下有期徒刑或者拘役，并处二万元以上二十万元以下罚金；数额巨大或者有其他严重情节的，处五年以上十年以下有期徒刑，并处五万元以上五十万元以下罚金；数额特别巨大或者有其他特别严重情节的，处十年以上有期徒刑或者无期徒刑，并处没收财产：（一）编造引进资金、项目等虚假理由的；（二）使用虚假的经济合同的；（三）使用虚假的证明文件的；（四）使用虚假的产权证明作担保的；（五）以其他方法诈骗贷款的。”1997年修订《刑法》时吸收该决定的内容改为《刑法》的具体规定。1997年12月11日最高人民法院《关于执行〈中华人民共和国刑法〉确定罪名的规定》、1997年12月25日最高人民检察院《关于适用刑法分则规定的犯罪的罪名的意见》根据1997年《刑法》第193条规定了“贷款诈骗罪”罪名。

（二）构成要件

1. 犯罪客体

本罪侵犯的客体是复杂客体，一方面，侵犯了银行或者其他金融机构的财物所有权；另一方面，扰乱了国家对金融机构贷款的管理秩序。本罪的犯罪对象是银行或者其他金融机构的贷款。

2. 客观方面

本罪的客观方面表现为编造引进资金、项目等虚假理由，或者使用虚假的经济合同，或者使用虚假的证明文件，或者使用虚假的产权证明作担保或者超出抵押物价值重复担保，或者使用其他方法，诈骗银行或者其他金融机构的贷款，数额较大的行为。

所谓编造引进资金、项目等虚假理由，是指没有从国外或者境外引进资金、项目，却虚构从国外或者境外引进资金、项目的事实，以从银行或者其他金融机构骗取贷款。所谓使用虚假的经济合同，是指不存在与他人签订经济合同的事实，却制作假的经济合同，并以此从银行或者其他金融机构骗取贷款。所谓使用虚假的证明文件，是指本不存在该证明文件，却制作假的证明文件，并以此从银行或者其他金融机构骗取贷款。证明文件，主要是指银行的存款证明、公司或者金融机构的担保函、划款证明等向银行或者其他金融机构申请贷款时所需要的文件。所谓使用虚假的产权证明作担保，是指本不存在产权证明，却制作假的产权证明，并以该假的产权证明作为向银行或者其他金融机构申请贷款的担保，以骗取银行或者其他金融机构的贷款。产权证明，主要是指能够证明行为人对房屋等不动产或者汽车、货币、可即时兑付的票据等动产具有所有权的证明文件。所谓超出抵押物价值重复担保，是指抵押物已经作为贷款抵押或者其他担保行为的抵押，又用该抵押物作为担保向银行或者其他金融机构申请贷款，以骗取银行或者其他金融机构的贷款。所谓使用其他方法，是指使用编造引进资金、项目等虚假理由，虚假的经济合同，虚假的证明文件，虚假的产权证明作担保或者超出抵押物价值重复担保以外的其他方法，如伪造单位公章、印鉴，以假币作抵押，用合法方法贷款后拒不归还等，以骗取银行或者其他金融机构的贷款。所谓诈骗银行或者其他金融机构的贷款，是指编造引进资金、项目等虚假理由，使用虚假的经济合同，使用虚假的证明文件，使用虚假的产权证明作担保或者超出抵押物价值重复担保，以及使用其他方法，骗取银行或者其他金融机构的贷款，非法据为己有。

3. 犯罪主体

本罪的主体是自然人。单位不能成为贷款诈骗罪的主体。

4. 主观方面

本罪的主观方面表现为故意，并需以非法占有为目的。所谓以非法占有为目的，是指行为人在主观上具有将诈骗所得银行或者其他金融机构的贷款据为己有的目的。

二、贷款诈骗罪案立案追诉标准适用指南

《立案追诉标准（二）》第四十五条规定：

以非法占有为目的，诈骗银行或者其他金融机构的贷款，数额在五万元以上的，应予立案追诉。

1996 年 12 月 16 日最高人民法院《关于审理诈骗案件具体应用法律的若干问题的解释》第 4 条规定，个人进行贷款诈骗数额在 1 万元以上的，属于“数额较大”。2001 年《追诉标准》第 42 条规定：“以非法占有为目的，诈骗银行或者其他金融机构的贷款，数额在一万元以上的，应予追诉。”2010 年《立案追诉标准（二）》规定本罪的立案追诉标准为 2 万元。

《立案追诉标准（二）》将金融诈骗犯罪中贷款诈骗罪、票据诈骗罪、金融凭证诈骗罪、有价证券诈骗罪、保险诈骗罪案立案追诉数额标准统一确定为 5 万元。主要理由：一是金融诈骗数额相对较大，数额标准一般应高于普通诈骗罪、合同诈骗罪；二是参照信用卡恶意透支的数额标准 5 万元。恶意透支本身就是简单的信贷关系，5 万元以下已不追究刑事责任，同类金融诈骗数额标准与之应尽可能保持协调一致；三是考虑到经济社会实际、5 万元以下相关案件占比偏低等因素，适当调整部分金融诈骗犯罪案件立案追诉数额标准切实可行。《立案追诉标准（二）》对于票据诈骗案、金融凭证诈骗案、保险诈骗案不再区分个人犯罪和单位犯罪的立案追诉标准。

在司法实践中，应当注意以下两个问题：

一是单位不能构成贷款诈骗罪。2001 年 1 月 21 日最高人民法院《全国法院审理金融犯罪案件工作座谈会纪要》规定，对于单位实施的贷款诈骗行为不能以贷款诈骗罪定罪处罚，也不能以贷款诈骗罪追究直接负责的主管人员和其他直接

责任人员的刑事责任。但是，在司法实践中，对于单位十分明显地以非法占有为目的，利用签订、履行借款合同诈骗银行或其他金融机构贷款的行为，符合《刑法》第224条规定的合同诈骗罪构成要件的，应当以合同诈骗罪定罪处罚。2014年4月24日全国人大常委会《关于〈中华人民共和国刑法〉第三十条的解释》规定，公司、企业、事业单位、机关、团体等单位实施刑法规定的危害社会的行为，刑法分则和其他法律未规定追究单位的刑事责任的，对组织、策划、实施该危害社会行为的人依法追究刑事责任。据此，对于单位以非法占有为目的诈骗银行或者其他金融机构贷款的，对组织、策划、实施人员，以贷款诈骗罪定罪处罚，解决了单位从事贷款诈骗，对组织、实施、策划人员以合同诈骗罪追究刑事责任的冲突问题。

二是要严格区分贷款诈骗与贷款纠纷的界限。对于合法取得贷款后，没有按规定的用途使用贷款，到期没有归还贷款的，不能以贷款诈骗罪定罪处罚；对于确有证据证明行为人不具有非法占有的目的，因不具备贷款的条件而采取了欺骗手段获取贷款，案发时有能力履行还贷义务，或者案发时不能归还贷款是因为意志以外的原因，如因经营不善、被骗、市场风险等，不应以贷款诈骗罪定罪处罚，应当进一步判断是否构成骗取贷款罪。

三、认定贷款诈骗罪应注意的问题

（一）贷款诈骗罪罪与非罪的界限

编造引进资金、项目等虚假理由，使用虚假的经济合同，使用虚假的证明文件，使用虚假的产权证明作担保或者超出抵押物价值重复担保，或者使用其他方法，向银行或者其他金融机构贷款的行为，能否成立贷款诈骗罪，主要从行为人主观上是否具有非法占有的目的，以及诈骗数额是否较大来认定和把握。

如果行为人具有非法占有的目的，且诈骗的数额达到5万元以上的，一般可认定前述行为成立贷款诈骗罪，应予立案追诉，否则不能认定成立贷款诈骗罪，不应予以立案追诉。

其中，行为人是否具有非法占有目的是贷款诈骗案认定中的难点。《全国法院审理金融犯罪案件工作座谈会纪要》对包括贷款诈骗罪在内的金融诈骗犯罪明确规定了可以认定具有非法占有目的的七种情形：（1）明知没有归还能力而大量骗取资金的；（2）非法获取资金后逃跑的；（3）肆意挥霍骗取资金的；（4）使用骗取的资金进行违法犯罪活动的；（5）抽逃、转移资金、隐匿财产，以逃避返还资金的；（6）隐匿、销毁账目，或者搞假破产、假倒闭，以逃避返还资金的；（7）其他非法占有资金、拒不返还的行为。上述七种情形为司法实践中判断具有非法占有目的提供了指引。在司法实践中，通常需要综合案件具体情况对行为人的主观目的进行判断。

（二）贷款诈骗罪与诈骗罪的界限

诈骗罪，是指以非法占有为目的，采用虚构事实或者隐瞒真相的方法，骗取数额较大的公私财物的行为。

贷款诈骗罪与诈骗罪都是故意犯罪，且主观上都具有非法占有的目的；在客观上都使用了虚构事实、隐瞒真相的方法；犯罪主体都为自然人。两罪在一定程度上容易混淆。两罪的区别主要有：（1）侵犯的客体不同。贷款诈骗罪侵犯的客体是复杂客体，既侵犯了银行或者其他金融机构的财物所有权，又侵犯了金融管理秩序；而诈骗罪侵犯的客体是单一客体，即只侵犯了公私财物所有权。（2）客观方面不同。贷款诈骗罪的客观方面只能表现为编造引进资金、项目等虚假理由，使用虚假的经济合同，使用虚假的证明文件，使用虚假的产权证明作担保或者超出抵押物价值重复担保，或者使用其他方法，诈骗贷款的行为；而诈骗罪的客观方面表现为采用虚构事实或者隐瞒真相的方法，骗取数额较大的公私财物的行为。（3）构成“数额较大”的标准不同。根据《立案追诉标准（二）》的规定，贷款诈骗罪“数额较大”的标准是5万元以上；而根据2011年3月1日最高人民法院、最高人民检察院《关于办理诈骗刑事案件具体应用法律若干问题的解释》的规定，诈骗罪“数额较大”的标准是3千元至1万元以上。

四、贷款诈骗罪的处罚

根据《刑法》第193条的规定，犯贷款诈骗罪的，处5年以下有期徒刑或者拘役，并处2万元以上20万元以下罚金；数额巨大或者有其他严重情节的，处5年以上10年以下有期徒刑，并处5万元以上50万元以下罚金；数额特别巨大或者有其他特别严重情节的，处10年以上有期徒刑或者无期徒刑，并处5万元以上50万元以下罚金或者没收财产。

第三节 票据诈骗案

一、票据诈骗罪的概念和构成要件

（一）概念

票据诈骗罪，是指明知是伪造、变造的汇票、本票、支票而使用，或者明知是作废的汇票、本票、支票而使用，或者冒用他人的汇票、本票、支票，或者签发空头支票或者与其预留印鉴不符的支票，骗取财物，或者汇票、本票的出票人签发无资金保证的汇票、本票或者在出票时作虚假记载，骗取财物，进行金融票据诈骗活动，数额较大的行为。

本罪是 1997 年《刑法》新增设的，1979 年《刑法》没有票据诈骗罪的规定。1995 年 6 月 30 日全国人大常委会通过的《关于惩治破坏金融秩序犯罪的决定》第 12 条规定："有下列情形之一，进行金融票据诈骗活动，数额较大的，处五年以下有期徒刑或者拘役，并处二万元以上二十万元以下罚金；数额巨大或者有其他严重情节的，处五年以上十年以下有期徒刑，并处五万元以上五十万元以下罚金；数额特别巨大或者有其他特别严重情节的，处十年以上有期徒刑、无期徒刑或者死刑，并处没收财产：（一）明知是伪造、变造的汇票、本票、支票而使用的；（二）明知是作废的汇票、本票、支票而使用的；（三）冒用他人的汇票、本票、支票的；（四）签发空头支票或者与其预留印鉴不符的支票，骗取财物的；（五）汇票、本票的出票人签发无资金保证的汇票、本票或者在出票时作虚假记载，骗取财物的。使用伪造、变造的委托收款凭证、汇款凭证、银行存单等其他银行结算凭证的，依照前款的规定处罚。单位犯前两款罪的，对单位判处罚金，并对直接负责的主管人员和其他直接责任人员，依照第一款的规定处罚。"1997 年修订《刑法》时，吸收该决定的内容改为《刑法》的具体规定。1997 年 12 月 11 日最高人民法院《关于执行〈中华人民共和国刑法〉确定罪名的规定》、1997 年 12 月 25 日最高人民检察院《关于适用刑法分则规定的犯罪的罪名的意见》根据 1997 年《刑法》第 194 条第 1 款规定了"票据诈骗罪"罪名。

2011 年 2 月 25 日第十一届全国人大常委会第十九次会议通过的《刑法修正案（八）》对票据诈骗罪的刑罚做了修改：一是修改了《刑法》第 199 条，取消了票据诈骗罪的死刑；二是修改了《刑法》第 200 条，增加了对单位犯票据诈骗罪中的直接负责的主管人员和其他直接责任人员处以罚金的规定。

（二）构成要件

1. 犯罪客体

本罪侵犯的客体是复杂客体，一方面，扰乱了国家金融管理秩序；另一方面，侵犯了公私财物所有权。金融票据是可流通转让的信用支付工具。广义的金融票据包括各种有价证券；狭义的金融票据仅指汇票、本票和支票。本罪的票据是指狭义的金融票据。作为一种可流通转让的有价证券，金融票据具有有价性、物权性、无因性、要式性等特点。有价性即金融票据以支付一定金钱为目的；物权性即占有票据就享有物权，持票人可以依法向票据债务人行使请求权；无因性即持票人出示票据就可以行使票据权利，对取得票据的原因不负证明责任；要式性即票据形式和内容必须符合法律规定，否则无效。由于金融票据具有上述特点，使用金融票据可以使资金使用效益大大提高，加速资金周转，及时清结债权债务，规范商业信用，还可以减少现金使用，节省流通费用。因此，发展金融票据业务已成为我国金融制度改革的一个重要方向。但是，金融票据的上述特点也使想方设法利用票据或者使用伪造、变造的票据骗取他人财物的犯罪日益突出。这类犯罪往往是在金融票据的流通和使用过程中进行的，因而它不仅侵犯了他人的财产权利，更影响了金融票据的信誉，妨害了金融票据的正常流通和使用，破坏了国家对金融票据业务的管理制度。

2. 客观方面

本罪的客观方面表现为明知是伪造、变造的汇票、本票、支票而使用，或者明知是作废的汇票、本票、支票而使用，或者冒用他人的汇票、本票、支票，或者签发空头支票或者与其预留印鉴不符的支票，骗取财物，或者汇票、本票的出票人签发无资金保证的汇票、本票或者在出票时作虚假记载，骗取财物，进行金融票据诈骗活动，数额较大的行为。

《票据法》第19条规定："汇票是出票人签发的，委托付款人在见票时或者在指定日期无条件支付确定的金额给收款人或者持票人的票据。汇票分为银行汇票和商业汇票。"《支付结算办法》第53条规定，银行汇票是出票银行签发的，由其在见票时按照实际结算金额无条件支付给收款人或者持票人的票据。银行汇票的出票银行为银行汇票的付款人。第72条规定，商业汇票是出票人签发的，委托付款人在指定日期无条件支付确定的金额给收款人或者持票人的票据。第73条规定，商业汇票分为商业承兑汇票和银行承兑汇票。商业承兑汇票由银行以外的付款人承兑。银行承兑汇票由银行承兑。商业汇票的付款人为承兑人。本票，即银行本票，是出票人签发的，承诺自己在见票时无条件支付确定的金额给收款人或者持票人的票据。支票是出票人签发的，委托办理支票存款业务的银行或者其他金融机构在见票时无条件支付确定的金额给收款人或者持票人的票据。

所谓明知是伪造、变造的汇票、本票、支票而使用，是指行为人在主观上知道该汇票、本票、支票是伪造、变造的，但仍然使用，以骗取财物。《票据法》第14条规定："票据上的记载事项应当真实，不得伪造、变造。伪造、变造票据上的签章和其他记载事项的，应当承担法律责任。票据上有伪造、变造的签章的，不影响票据上其他真实签章的效力。票据上其他记载事项被变造的，在变造之前签章的人，对原记载事项负责；在变造之后签章的人，对变造之后的记载事项负责；不能辨别是在票据被变造之前或者之后签章的，视同在变造之前签章。"这里的伪造、变造的汇票、本票、支票既包括伪造、变造票据上的签章和其他记载事项的汇票、本票、支票，也包括伪造的并不存在的汇票、本票、支票。

所谓明知是作废的汇票、本票、支票而使用，是指行为人在主观上知道该汇票、本票、支票是作废的，但仍然使用，以骗取财物。所谓作废的汇票、本票、支票，是指根据法律和有关规定不能使用的汇票、本票、支票。作废，是广义的，既包括过期的，也包括无效的，还包括依法宣布作废的。关于无效的汇票、本票、支票，《票据法》有明确的规定。例如，《票据法》第 8 条规定："票据金额以中文大写和数码同时记载，二者必须一致，二者不一致的，票据无效。"第 9 条第 1 款、第 2 款规定："票据上的记载事项必须符合本法的规定。票据金额、日期、收款人名称不得更改，更改的票据无效。"第 22 条规定："汇票必须记载下列事项：（一）表明'汇票'的字样；（二）无条件支付的委托；（三）确定的金额；（四）付款人名称；（五）收款人名称；（六）出票日期；（七）出票人签章。汇票上未记载前款规定事项之一的，汇票无效。"第 75 条规定："本票必须记载下列事项：（一）表明'本票'的字样；（二）无条件支付的承诺；（三）确定的金额；（四）收款人名称；（五）出票日期；（六）出票人签章。本票上未记载前款规定事项之一的，本票无效。"第 84 条规定："支票必须记载下列事项：（一）表明'支票'的字样；（二）无条件支付的委托；（三）确定的金额；（四）付款人名称；（五）出票日期；（六）出票人签章。支票上未记载前款规定事项之一的，支票无效。"

所谓冒用他人的汇票、本票、支票，是指行为人在主观上明知是他人的汇票、本票、支票，而冒用合法持票人的名义使用该汇票、本票、支票，骗取财物的行为。根据《票据法》的规定，汇票、本票、支票的持票人享有法律规定的票据权利，冒用他人的汇票、本票、支票，直接侵犯了合法持票人享有的法律规定的票据权利，为法律所禁止。例如，《票据法》第 4 条第 2 款规定："持票人行使票据权利，应当按照法定程序在票据上签章，并出示票据。"第 4 款规定："本法所称票据权利，是指持票人向票据债务人请求支付票据金额的权利，包括付款请求权和追索权。"第 5 条规定："票据当事人可以委托其代理人在票据上签章，并应当在票据上表明其代理关系。没有代理权而以代理人名义在票据上签章的，应当由签章人承担票据责任；代理人超越代理权限的，应当就其超越权限的部分承担票据责任。"第 10 条规定："票据的签发、取得和转让，应当遵循诚实信用的原则，具有真实的交易关系和债权债务关系。票据的取得，必须给付对价，即应当给付票据双方当事人认可的相对应的代价。"第 12 条规定："以欺诈、偷盗或者胁迫等手段取得票据的，或者明知有前列情形，出于恶意取得票据的，不得享有票据权利。持票人因重大过失取得不符合本法规定的票据的，也不得享有票据权利。"第 15 条第 1 款规定："票据丧失，失票人可以及时通知票据的付款人挂失止付，但是，未记载付款人或者无法确定付款人及其代理付款人的票据除外。”根据上述规定，冒用他人的汇票、本票、支票，一般是以欺诈、偷盗或者胁迫等手段取得汇票、本票、支票，或者明知有前列情形，出于恶意取得汇票、本票、支票，或者代理人超越代理权限，或者捡拾他人丢失的汇票、本票、支票，并冒充汇票、本票、支票的合法所有人或者持票人而使用该汇票、本票、支票的行为。

所谓签发空头支票或者与其预留印鉴不符的支票，骗取财物，是指故意签发空头支票或者与其预留印鉴不符的支票，骗取财物。根据《票据法》的规定，支票的出票人所签发的支票金额不得超过其付款时在付款人处实有的存款金额。出票人签发的支票金额超过其付款时在付款人处实有的存款金额的，为空头支票。禁止签发空头支票。开立支票存款账户，申请人应当预留其本名的签名式样和印鉴。支票的出票人不得签发与其预留本名的签名式样或者印鉴不符的支票。签发空头支票或者与其预留印鉴不符的支票直接违反了上述规定。

所谓汇票、本票的出票人签发无资金保证的汇票、本票或者在出票时作虚假记载，骗取财物，是指汇票、本票的出票人故意签发无资金保证的汇票、本票或者故意在出票时作虚假记载，骗取财物。《票据法》规定，票据出票人制作票据，应当按照法定条件在票据上签章，并按照所记载的事项承担票据责任。《票据法》所称票据责任，是指票据债务人向持票人支付票据金额的义务。出票是指出票人签发票据并将其交付给收款人的票据行为。汇票的出票人必须与付款人具有真实的委托付款关系，并且具有支付汇票金额的可靠资金来源。不得签发无对价的汇票用以骗取银行或者其他票据当事人的资金。汇票必须记载下列事项：（1）表明“汇票”的字样；（2）无条件支付的委托；（3）确定的金额；（4）付款人名称；（5）收款人名称；（6）出票日期；（7）出票人签章。汇票上未记载前述事项之一的，汇票无效。汇票上记载付款日期、付款地、出票地等事项的，应当清楚、明确。付款日期可以按照下列形式之一记载：（1）见票即付；（2）定日付款；（3）出票后定期付款；（4）见票后定期付款。上述规定的付款日期为汇票到期日。出票人签发汇票后，即承担保证该汇票承兑和付款的责任。出票人在汇票得不到承兑或者付款时，应当向持票人清偿《票据法》第70条、第71条规定的金额和费用。《票据法》第70条规定：“持票人行使追索权，可以请求被追索人支付下列金额和费用：（一）被拒绝付款的汇票金额；（二）汇票金额自到期日或者提示付款日起至清偿日止，按照中国人民银行规定的利率计算的利息；（三）取得有关拒绝证明和发出通知书的费用。被追索人清偿债务时，持票人应当交出汇票和有关拒绝证明，并出具所收到利息和费用的收据。”第71条规定：“被追索人依照前条规定清偿后，可以向其他汇票债务人行使再追索权，请求其他汇票债务人支付下列金额和费用：（一）已清偿的全部金额；（二）前项金额自清偿日起至再追索清偿日止，按照中国人民银行规定的利率计算的利息；（三）发出通知书的费用。行使再追索权的被追索人获得清偿时，应当交出汇票和有关拒绝证明，并出具所收到利息和费用的收据。”本票必须记载下列事项：（1）表明“本票”的字样；（2）无条件支付的承诺；（3）确定的金额；（4）收款人名称；（5）出票日期；（6）出票人签章。本票上未记载上述规定事项之一的，本票无效。本票的出票人必须具有支付本票金额的可靠资金来源，并保证支付。本票的出票人在持票人提示见票时，必须承担付款的责任。汇票、本票的出票人签发无资金保证的汇票、本票或者在出票时作虚假记载的，直接违反了上述规定。

3. 犯罪主体

本罪的主体是自然人和单位。

4. 主观方面

本罪的主观方面表现为故意。

二、票据诈骗罪案立案追诉标准适用指南

《立案追诉标准（二）》第四十六条规定：

进行金融票据诈骗活动，数额在五万元以上的，应予立案追诉。

本罪案的立案追诉标准主要涉及票据诈骗的数额应如何确定的问题。

1996年12月16日最高人民法院《关于审理诈骗案件具体应用法律的若干问题的解释》与2001年《追诉标准》对个人和单位票据诈骗规定了不同的数额标准，单位票据诈骗的数额是个人票据诈骗的数额的20倍，即个人进行金融票据诈骗，数额在5千元以上；单位进行金融票据诈骗，数额在10万元以上。

2010年《立案追诉标准（二）》将本罪案的立案追诉标准确定为：个人进行金融票据诈骗，数额在1万元以上的；单位进行金融票据诈骗，数额在10万元以上的。《立案追诉标准（二）》为保持与司法解释工作协调、类罪平衡，根据经济社会的发展变化，参照贷款诈骗罪案立案追诉标准的规定，将票据诈骗罪案立案追诉数额标准确定为5万元。修订后的票据诈骗罪案立案追诉标准不再区分个人犯罪和单位犯罪的立案追诉标准。

三、认定票据诈骗罪应注意的问题

（一）票据诈骗罪罪与非罪的界限

使用伪造、变造的汇票、本票、支票，使用作废的汇票、本票、支票，冒用他人的汇票、本票、支票，签发空头支票或者与其预留印鉴不符的支票，骗取财

物，汇票、本票的出票人签发无资金保证的汇票、本票或者在出票时作虚假记载，骗取财物的行为能否构成票据诈骗罪，主要从两个方面来把握：

（1）行为人主观上是否明知。如果明知则可以构成票据诈骗罪；如果不是明知则不能构成票据诈骗罪。

（2）从票据诈骗的数额上把握。达到数额较大，即个人或单位进行金融票据诈骗，数额达到5万元以上，应予立案追诉；如果没有达到数额较大，也即个人或单位进行金融票据诈骗，数额没有达到5万元，不应予以立案追诉，应按一般的票据诈骗行为处理，予以行政处罚。全国人大常委会《关于惩治破坏金融秩序犯罪的决定》中有关行政处罚和行政措施的规定继续有效。根据该决定第21条规定，有本决定第12条规定的（金融票据诈骗）行为，情节轻微不构成犯罪的，可以由公安机关处15日以下拘留、5千元以下罚款。

（二）票据诈骗罪与相关犯罪的界限

1. 票据诈骗罪与伪造、变造金融票证罪的界限

伪造、变造金融票证罪，是指伪造、变造汇票、本票、支票，委托收款凭证、汇款凭证、银行存单等其他银行结算凭证、信用证或者附随的单据、文件以及伪造信用卡等金融票证的行为。为实施票据诈骗伪造、变造汇票、本票、支票的，同时构成伪造、变造金融票证罪和票据诈骗罪，应当按照牵连犯的处理原则择一重罪定罪处罚。在对伪造、变造汇票、本票、支票案件进行立案侦查时，应当注意侦查其是否从事票据诈骗，是否与其他票据诈骗人员存在共谋等情形，准确认定犯罪性质。

2. 票据诈骗罪与诈骗罪的界限

诈骗罪，是指以非法占有为目的，采用虚构事实或者隐瞒真相的方法，骗取数额较大的公私财物的行为。票据诈骗罪是诈骗犯罪的一种特殊类型，票据诈骗罪侵犯的客体是复杂客体，既侵犯了公私财物所有权，又侵犯了国家金融管理秩序；而诈骗罪侵犯的客体是单一客体，即只侵犯了公私财物所有权。对于明知是伪造、变造的汇票、本票、支票而使用，或者明知是作废的汇票、本票、支票而使用，或者冒用他人的汇票、本票、支票，或者签发空头支票或者与其预留印鉴不符的支票，骗取财物，或者汇票、本票的出票人签发无资金保证的汇票、本票或者在出票时作虚假记载，骗取财物的行为，应当以票据诈骗罪定罪处罚。

四、票据诈骗罪的处罚

根据《刑法》第194条第1款的规定，自然人犯票据诈骗罪的，处5年以下有期徒刑或者拘役，并处2万元以上20万元以下罚金；数额巨大或者有其他严

重情节的，处 5 年以上 10 年以下有期徒刑，并处 5 万元以上 50 万元以下罚金；数额特别巨大或者有其他特别严重情节的，处 10 年以上有期徒刑或者无期徒刑，并处 5 万元以上 50 万元以下罚金或者没收财产。

根据《刑法》第 200 条的规定，单位犯票据诈骗罪的，对单位判处罚金，并对其直接负责的主管人员和其他直接责任人员，处 5 年以下有期徒刑或者拘役，可以并处罚金；数额巨大或者有其他严重情节的，处 5 年以上 10 年以下有期徒刑，并处罚金；数额特别巨大或者有其他特别严重情节的，处 10 年以上有期徒刑或者无期徒刑，并处罚金。

第四节　金融凭证诈骗案

一、金融凭证诈骗罪的概念和构成要件

（一）概念

金融凭证诈骗罪，是指使用伪造、变造的委托收款凭证、汇款凭证、银行存单等其他银行结算凭证进行诈骗活动的行为。

本罪是 1997 年《刑法》新增设的，1979 年《刑法》没有金融凭证诈骗罪的规定。1995 年 6 月 30 日全国人大常委会通过的《关于惩治破坏金融秩序犯罪的决定》第 12 条第 2 款、第 3 款规定，使用伪造、变造的委托收款凭证、汇款凭证、银行存单等其他银行结算凭证的，依照前款的规定处罚。单位犯前两款罪的，对单位判处罚金，并对直接负责的主管人员和其他直接责任人员，依照第 1 款的规定处罚。1997 年修订《刑法》时，吸收该决定的内容改为《刑法》的具体规定。1997 年 12 月 11 日最高人民法院《关于执行〈中华人民共和国刑法〉确定罪名的规定》、1997 年 12 月 25 日最高人民检察院《关于适用刑法分则规定的犯罪的罪名的意见》根据 1997 年《刑法》第 194 条第 2 款规定了“金融凭证诈骗罪”罪名。

2011 年 2 月 25 日第十一届全国人大常委会第十九次会议通过的《刑法修正案（八）》对金融凭证诈骗罪的刑罚做了修改：一是修改了《刑法》第 199 条，取消了金融凭证诈骗罪的死刑；二是修改了《刑法》第 200 条，增加了对单位犯金融凭证诈骗罪中的直接负责的主管人员和其他直接责任人员处以罚金的规定。

（二）构成要件

1. 犯罪客体

本罪侵犯的客体是复杂客体，一方面侵犯了公私财物所有权，另一方面又扰

乱了国家金融管理秩序。从广义上来说，汇票、本票、支票都属于银行的结算凭证，与委托收款凭证、汇款凭证、银行存单等其他银行结算凭证等金融凭证具有相同的性质。使用伪造、变造的委托收款凭证、汇款凭证及银行存单等其他银行结算凭证，构成本罪。如果使用伪造、变造的汇票、本票、支票进行诈骗构成犯罪的，不构成本罪，而应是票据诈骗罪。

2. 客观方面

本罪的客观方面表现为使用伪造、变造的委托收款凭证、汇款凭证、银行存单等其他银行结算凭证进行诈骗的行为。所谓伪造，是指未经国家有关主管部门批准，非法印刷、制造。所谓变造，是指在真实、合法的委托收款凭证、汇款凭证、银行存单等其他银行结算凭证的基础上，通过剪接、挖补、涂改等手段，对委托收款凭证、汇款凭证、银行存单等其他银行结算凭证的主要内容非法加以改变的行为。

银行结算凭证，根据中国人民银行颁布的《支付结算办法》等相关规定，主要包括汇票、本票、支票、信用证、信用卡以及委托收款凭证、汇款凭证、银行存单等。这里的使用伪造、变造的委托收款凭证、汇款凭证、银行存单等其他银行结算凭证进行诈骗的行为不包括使用伪造、变造的汇票、本票、支票、信用证、信用卡。使用伪造、变造的汇票、本票、支票的行为，按照《刑法》第 194 条第 1 款的规定，属票据诈骗犯罪行为。使用伪造、变造的信用证及使用伪造的信用卡的行为，按照《刑法》第 195 条、第 196 条的规定，分别属于信用证诈骗、信用卡诈骗犯罪行为。

所谓委托收款凭证，是指收款人在委托银行向付款人收取款项时所提供的凭据和证明。单位和个人凭已承兑的商业汇票、债券、存单等付款人债务证明办理款项的结算，均可以使用委托收款结算方式。委托收款在同城和异地都可以使用。委托收款凭证分为邮寄和电报划回两种，由收款人选择。签发委托收款凭证必须记载下列事项：表明“委托收款”的字样、确定的金额、付款人名称、收款人名称、委托收款凭据名称及附寄单证张数、委托日期、收款人签章。欠缺上述记载事项之一的，银行不予受理。委托收款这种结算方式的特点是简便、灵活、通用面广，实行委托收款结算方式的前提必须是收款人向开户银行填写委托收款凭证，并提供收款依据。收款依据主要包括：经济合同、各项劳务费用的收费单据、各项代办业务的手续费凭证等。在付款期内，付款人对托收的款项未提出异议，开户银行即视为同意付款，银行在付款期满后，将款项划转到收款人的账户上。

所谓汇款凭证，是指汇款人委托银行将款项汇给外地收款人时所填写的凭据和证明。这里的汇款凭证是指银行汇款凭证，不包括邮局汇款凭证。汇款凭证是针对汇兑结算方式而言的，汇兑结算按照银行传递凭证的方法不同，分为信汇和电汇。信汇，是指汇款委托银行使用邮寄的方式划转款项。电汇，是指汇款委托银行使用电报的方式划转款项。签发汇款凭证必须记载下列事项：表明“信汇”或“电汇”的字样、无条件支付的委托、确定的金额、收款人名称、汇款人名称、汇入地点、汇入银行名称、汇出地点、汇出银行名称、委托日期、汇款人签章。汇款凭证上欠缺上述记载事项之一的，银行不予受理。汇兑结算具有简便、灵活、迅速的特点，既可以将款项由汇入银行转入收款人的账户，也可以在现金管理规定的范围内向收款人支付现金。

所谓银行存单，既是一种信用凭证，又是一种银行结算凭证，是由储户向银行交存款项，办理开户，银行签发载有户名、账号、存款金额、存入日、利率等内容的存单，凭以办理存款的存取单。

所谓使用伪造、变造的委托收款凭证、汇款凭证、银行存单等其他银行结算凭证，是指明知委托收款凭证、汇款凭证、银行存单等其他银行结算凭证是伪造、变造的，仍予以使用，骗取财物。这里的“数额较大”，根据《立案追诉标准（二）》的规定，是指进行金融凭证诈骗，数额在5万元以上。

3. 犯罪主体

本罪的主体是自然人和单位。

4. 主观方面

本罪的主观方面表现为故意。

二、金融凭证诈骗罪案立案追诉标准适用指南

《立案追诉标准（二）》第四十七条规定：

使用伪造、变造的委托收款凭证、汇款凭证、银行存单等其他银行结算凭证进行诈骗活动，数额在五万元以上的，应予立案追诉。

本罪与票据诈骗罪的法定刑相同，根据罪刑法定原则，同时出于保持与司法解释的协调等考虑，2010年《立案追诉标准（二）》对金融凭证诈骗罪案与票据诈骗罪案的立案追诉标准作了一致规定。《立案追诉标准（二）》对金融凭证诈骗罪案与票据诈骗罪案的立案追诉标准仍作了一致规定，将金融凭证诈骗罪案立案追诉数额标准确定为5万元。修订后的金融凭证诈骗罪案立案追诉标准不再区分个人犯罪和单位犯罪的立案追诉标准。具体参见贷款诈骗案、票据诈骗案的论述。

三、认定金融凭证诈骗罪应注意的问题

（一）金融凭证诈骗罪罪与非罪的界限

使用伪造、变造的委托收款凭证、汇款凭证、银行存单等其他银行结算凭证进行诈骗的行为是否构成金融凭证诈骗罪，主要从两个方面来把握：

（1）行为人主观上是否明知。如果明知则可以构成金融凭证诈骗罪；如果不是明知则不能构成金融凭证诈骗罪。

（2）从金融凭证诈骗的数额上把握。达到数额较大，也即个人或单位进行金融凭证诈骗，数额达到5万元以上，应予立案追诉；如果没有达到数额较大，也即个人或单位进行金融凭证诈骗，数额没有达到5万元，不应予以立案追诉，应按一般的金融凭证诈骗行为处理，予以行政处罚。全国人大常委会《关于惩治破坏金融秩序犯罪的决定》中有关行政处罚和行政措施规定继续有效。根据该决定第21条规定，有本决定第12条规定的（金融凭证诈骗）行为，情节轻微不构成犯罪的，可以由公安机关处15日以下拘留、5千元以下罚款。

（二）伪造、变造委托收款凭证、汇款凭证、银行存单等其他银行结算凭证并使用的行为的定性问题

根据《刑法》第177条第1款的规定，伪造、变造委托收款凭证、汇款凭证、银行存单等其他银行结算凭证的，构成伪造、变造金融票证罪。因此，如果行为人只有伪造、变造委托收款凭证、汇款凭证、银行存单等其他银行结算凭证行为的，构成伪造、变造金融票证罪；如果行为人不仅伪造、变造了委托收款凭证、汇款凭证、银行存单等其他银行结算凭证，而且使用该伪造、变造的银行结算凭证进行诈骗，数额较大的，同时构成金融凭证诈骗罪。伪造、变造金融票证罪与金融凭证诈骗罪的法定刑不同，处罚条件也有所差别。之所以会出现这种情况，一种观点认为分别成立伪造、变造金融票证罪和金融凭证诈骗罪，应数罪并罚。另一种观点认为，其伪造、变造委托收款凭证、汇款凭证、银行存单等其他银行结算凭证的行为是使用伪造、变造的委托收款凭证、汇款凭证、银行存单等其他银行结算凭证进行诈骗的手段行为，属牵连犯，应以伪造、变造金融票证罪和金融凭证诈骗罪择一重罪处罚，不应数罪并罚。

经研究认为，如果行为人伪造、变造委托收款凭证、汇款凭证、银行存单等其他银行结算凭证仅仅是自己使用进行诈骗，应认为属牵连犯，可以伪造、变造金融票证罪和金融凭证诈骗罪择一重罪处罚，不必数罪并罚。但是，如果行为人伪造、变造委托收款凭证、汇款凭证、银行存单等其他银行结算凭证不仅仅是自己使用进行诈骗，同时还出卖获利，或者送给他人使用的，应认定为分别成立伪

造、变造金融票证罪和金融凭证诈骗罪，予以数罪并罚。

四、金融凭证诈骗罪的处罚

根据《刑法》第194条第2款的规定，自然人犯金融凭证诈骗罪的，处5年以下有期徒刑或者拘役，并处2万元以上20万元以下罚金；数额巨大或者有其他严重情节的，处5年以上10年以下有期徒刑，并处5万元以上50万元以下罚金；数额特别巨大或者有其他特别严重情节的，处10年以上有期徒刑或者无期徒刑，并处5万元以上50万元以下罚金或者没收财产。

根据《刑法》第200条的规定，单位犯金融凭证诈骗罪的，对单位判处罚金，并对其直接负责的主管人员和其他直接责任人员，处5年以下有期徒刑或者拘役，可以并处罚金；数额巨大或者有其他严重情节的，处5年以上10年以下有期徒刑，并处罚金；数额特别巨大或者有其他特别严重情节的，处10年以上有期徒刑或者无期徒刑，并处罚金。

第五节　信用证诈骗案

一、信用证诈骗罪的概念和构成要件

（一）概念

信用证诈骗罪，是指使用伪造、变造的信用证或者附随的单据、文件，或者使用作废的信用证，或者骗取信用证，或者以其他方法进行信用证诈骗活动的行为。

本罪是1997年《刑法》新增设的，1979年《刑法》没有信用证诈骗罪的规定。1995年6月30日全国人大常委会通过的《关于惩治破坏金融秩序犯罪的决定》第13条规定："有下列情形之一，进行信用证诈骗活动的，处五年以下有期徒刑或者拘役，并处二万元以上二十万元以下罚金；数额巨大或者有其他严重情节的，处五年以上十年以下有期徒刑，并处五万元以上五十万元以下罚金；数额特别巨大或者有其他特别严重情节的，处十年以上有期徒刑、无期徒刑或者死刑，并处没收财产：（一）使用伪造、变造的信用证或者附随的单据、文件的；（二）使用作废的信用证的；（三）骗取信用证的；（四）以其他方法进行信用证诈骗活动的。单位犯前款罪的，对单位判处罚金，并对直接负责的主管人员和其他直接责任人员，依照前款的规定处罚。"1997年修订《刑法》时，吸收该决定的内容改为《刑法》的具体规定。1997年12月11日最高人民法院《关于执行

〈中华人民共和国刑法〉确定罪名的规定》、1997 年 12 月 25 日最高人民检察院《关于适用刑法分则规定的犯罪的罪名的意见》根据 1997 年《刑法》第 195 条规定了“信用证诈骗罪”罪名。

2011 年 2 月 25 日第十一届全国人大常委会第十九次会议通过的《刑法修正案（八）》对信用证诈骗罪的刑罚做了修改：一是修改了《刑法》第 199 条，取消了信用证诈骗罪的死刑；二是修改了《刑法》第 200 条，增加了对单位犯信用证诈骗罪中的直接负责的主管人员和其他直接责任人员处以罚金的规定。

（二）构成要件

1. 犯罪客体

本罪侵犯的客体是复杂客体，既侵犯了国家金融管理秩序，又侵犯了公私财物所有权。当前国际上对信用证管理的规定主要是 2007 年 7 月 1 日生效的国际商会第 600 号出版物《ICC 跟单信用证统一惯例（UCP600）》。我国除承认此国际惯例的所有条款外，还自行作出了一系列严格规定。20 世纪 80 年代以来，我国在外债外汇管理的相关文件中就信用证使用问题作了明确规定。90 年代以来，中国人民银行为信用证业务制定了相关监管规定，各商业银行均制定了对信用证业务的内部管理办法，如 1996 年发布的《结汇、售汇及付汇管理规定》、1997 年发布的《境内机构借用国际商业贷款管理办法》均涉及信用证业务。信用证诈骗罪直接违反有关信用证业务的管理规定，既侵犯了国家金融管理秩序，又侵犯了公私财物所有权。

2. 客观方面

本罪的客观方面表现为使用伪造、变造的信用证或者附随的单据、文件，或者使用作废的信用证，或者骗取信用证，或者以其他方法进行信用证诈骗活动的行为。

信用证出现于 19 世纪后期。当时，在国际贸易中出现了一种怪象，即进口商、出口商互不信任。进口商害怕付了货款收不到货，而出口商则担心发了货收不到款。在这种背景下信用证应运而生，它最大的特点是由银行保证付款。信用证是现代国际贸易中最为常见的一种支付手段。简单地说，就是买卖双方签订合同后，买方向其所在地银行申请开立信用证，银行基于对买方的信任，同意其申请后，即成为开证行。开证行将信用证传递给卖方所在地相关银行（通知行），再由当地银行转交卖方。卖方得到信用证后，据此发货，并凭发货单据向当地银行直接索取货款。当地银行垫付货款后，再凭发货单据向开证行索回垫付货款，开证行收到单据后再向买方收款。买方用货款换回发货单据，再用这些单据去提货，即完成整个买卖过程。信用证是基于商业信用、银行信用的支付方式，本身也存在一些风险。由于只要卖方发货单据相符，银行就应垫付货款，但如果买卖双方相互勾结，开证行就有可能被骗。

所谓伪造的信用证，是指行为人采用描绘、复制、印刷等方法，仿照信用证的格式、内容制造的假信用证，或者以编造、冒用的银行名义开出的信用证。所谓变造的信用证，是指行为人在真实的信用证的基础上，采用涂改、剪贴、挖补等方法将信用证原来的内容予以改变的信用证。所谓使用伪造、变造的信用证，是指行为人利用伪造、变造的信用证骗取公私财物的行为。所谓使用伪造、变造附随的单据、文件，是指行为人使用信用证时，同时使用了伪造、变造的提单等附随信用证使用的单据、文件。所谓使用作废的信用证，是指行为人使用过期的信用证、无效的信用证骗取公私财物的行为。所谓骗取信用证，是指行为人编造虚假的事实或者隐瞒真相，骗取银行开具信用证并骗取公私财物的行为。所谓以其他方法进行信用证诈骗活动，是指行为人使用伪造、变造的信用证或者附随的单据、文件或者使用作废的信用证或者骗取信用证以外的方法，利用信用证诈骗公私财物的行为。以其他方法进行信用证诈骗的手段很多，如利用“软条款”信用证进行诈骗活动。所谓“软条款”，是指在开立信用证时，故意制造一些隐蔽性的条款，这些条款实际上赋予了开证人或者开证行单方面的主动权，从而使信用证随时因开证人或者开证行单方面的行为而得以解除，以此达到骗取财物的目的。又如利用远期信用证诈骗，由于采用远期信用证支付时，进口商是先取货后付款，有的犯罪分子利用信用证到期付款前的这段时间制造付款障碍，如将财产转移、宣布企业破产，或者与银行勾结，在信用证到期付款前将银行资金转移，宣布银行破产。国外有的小银行，其本身资金就少于信用证所开出的金额，仍以开证行名义为进口商开具信用证，待进口商取得货物后，宣告资不抵债，从而达到骗取财物的目的。

3. 犯罪主体

本罪的主体既可以是自然人，也可以是单位。

4. 主观方面

本罪的主观方面表现为故意。

二、信用证诈骗罪案立案追诉标准适用指南

《立案追诉标准（二）》第四十八条规定：

进行信用证诈骗活动，涉嫌下列情形之一的，应予立案追诉：

（一）使用伪造、变造的信用证或者附随的单据、文件的；

（二）使用作废的信用证的；

（三）骗取信用证的；

（四）以其他方法进行信用证诈骗活动的。

信用证诈骗罪是行为犯，只要行为人实施了信用证诈骗行为，就成立信用证诈骗罪。因此，《立案追诉标准（二）》本罪案立案追诉标准沿用了以往标准，与2010年《立案追诉标准（二）》、2001年《追诉标准》的规定保持一致，没有规定数额标准。在适用过程中只要查明行为人实施了使用伪造、变造的信用证或者附随的单据、文件，或者使用作废的信用证，或者骗取信用证，或者以其他方法进行信用证诈骗活动的行为，即应予立案追诉。

在司法实践中，具体适用本罪案的立案追诉标准时需要注意的是：

（1）在办理信用证诈骗案件中，是否必须查明虚假议付单据、文件的来源和议付款项的最终流向不能一概而论，应当视案件的证据情况决定。对属于认定行为人主观上“是否明知”必不可少的证据，则应当查清。

（2）关于委托境外执法部门协助提供的证人证言可否作为证据使用的问题。根据《刑事诉讼法》第18条的规定，依照刑事司法协助的内容委托境外执法机构询问证人的情况可以作为证据使用。但如果境外执法部门所取得的证言上加盖有“不得作呈堂证供”印章的，应当经过适当形式的转换后使用。

三、认定信用证诈骗罪应注意的问题

（一）信用证诈骗罪罪与非罪的界限

使用伪造、变造的信用证或者附随的单据、文件以及使用作废的信用证的行为能否构成信用证诈骗罪，主要是看行为人主观上是否明知。如果明知则可以构成信用证诈骗罪；如果不是明知，则不能构成信用证诈骗罪。

骗取信用证行为一般可直接认定主观上存在故意。能否成立信用证诈骗罪，具体衡量标准为《立案追诉标准（二）》规定的几种情形。如果符合则构成本罪；如果不符合则不构成本罪。

（二）信用证诈骗罪与伪造、变造金融票证罪的界限

伪造、变造金融票证罪，是指伪造、变造汇票、本票、支票、委托收款凭证、汇款凭证、银行存单等其他银行结算凭证、信用证或者附随的单据、文件以及伪造信用卡等金融票证的行为。

信用证诈骗罪与伪造、变造金融票证罪同属故意犯罪，在客观方面又都涉及伪造、变造的信用证，犯罪主体都为自然人和单位，因此在一定程度上容易混淆。两罪的区别主要有：（1）侵犯的客体不同。信用证诈骗罪侵犯的客体是复

杂客体，既侵犯了公私财物所有权，又侵犯了国家金融管理秩序；而伪造、变造金融票证罪侵犯的客体是单一客体，即只侵犯了国家金融管理秩序。（2）客观方面不同。信用证诈骗罪的客观方面表现为使用伪造、变造的信用证或者附随的单据、文件，或者使用作废的信用证，或者骗取信用证，或者以其他方法进行信用证诈骗活动的行为；而伪造、变造金融票证罪的客观方面表现为伪造、变造汇票、本票、支票、委托收款凭证、汇款凭证、银行存单等其他银行结算凭证、信用证或者附随的单据、文件以及伪造信用卡的行为。（3）构成犯罪的标准不同。信用证诈骗罪的行为人只要实施了使用伪造、变造的信用证或者附随的单据、文件，或者使用作废的信用证，或者骗取信用证，或者以其他方法进行信用证诈骗活动的行为，就构成犯罪；而伪造、变造金融票证罪必须达到一定的数额标准，即伪造、变造汇票、本票、支票、委托收款凭证、汇款凭证、银行存单等其他银行结算凭证、信用证或者附随的单据、文件，总面额在 1 万元以上或者数量在 10 张以上的；伪造信用卡 1 张以上，或者伪造空白信用卡 10 张以上的，才构成犯罪。

（三）伪造、变造信用证或者附随的单据、文件并使用的行为的定性问题

根据《刑法》第 177 条第 1 款的规定，伪造、变造信用证或者附随的单据、文件的，构成伪造、变造金融票证罪。因此，如果行为人只有伪造、变造信用证或者附随的单据、文件的行为的，应认定为构成伪造、变造金融票证罪。如果行为人不仅伪造、变造了信用证或者附随的单据、文件，而且使用该伪造、变造的信用证或者附随的单据、文件进行诈骗活动的，应认定为同时构成信用证诈骗罪。伪造、变造金融票证罪与信用证诈骗罪的法定刑不同，处罚条件也有所差别。行为人伪造、变造的信用证或者附随的单据、文件仅仅是自己使用进行诈骗，应认定为牵连犯，可以伪造、变造金融票证罪和信用证诈骗罪择一重罪处罚，不必数罪并罚。但是，如果行为人伪造、变造信用证或者附随的单据、文件不仅仅是自己使用进行诈骗，同时还出卖获利，或者送给他人，应认为分别成立伪造、变造金融票证罪和信用证诈骗罪，予以数罪并罚。

四、信用证诈骗罪的处罚

根据《刑法》第 195 条的规定，自然人犯信用证诈骗罪的，处 5 年以下有期徒刑或者拘役，并处 2 万元以上 20 万元以下罚金；数额巨大或者有其他严重情节的，处 5 年以上 10 年以下有期徒刑，并处 5 万元以上 50 万元以下罚金；数额特别巨大或者有其他特别严重情节的，处 10 年以上有期徒刑或者无期徒刑，并处 5 万元以上 50 万元以下罚金或者没收财产。

根据《刑法》第200条的规定，单位犯信用证诈骗罪的，对单位判处罚金，并对其直接负责的主管人员和其他直接责任人员，处5年以下有期徒刑或者拘役，可以并处罚金；数额巨大或者有其他严重情节的，处5年以上10年以下有期徒刑，并处罚金；数额特别巨大或者有其他特别严重情节的，处10年以上有期徒刑或者无期徒刑，并处罚金。

至于何为数额巨大、数额特别巨大、其他严重情节、其他特别严重情节，需要司法解释予以明确。在司法解释予以明确规定以前，应由司法机关根据案件的具体情况来认定和把握。

第六节 信用卡诈骗案

一、信用卡诈骗罪的概念和构成要件

（一）概念

信用卡诈骗罪，是指使用伪造的信用卡，或者使用以虚假的身份证明骗领的信用卡，或者使用作废的信用卡，或者冒用他人的信用卡，或者恶意透支，进行信用卡诈骗活动，数额较大的行为。

1979年《刑法》没有规定信用卡诈骗罪。1995年6月30日全国人大常委会通过的《关于惩治破坏金融秩序犯罪的决定》增设了信用卡诈骗罪。其第14条规定："有下列情形之一，进行信用卡诈骗活动，数额较大的，处五年以下有期徒刑或者拘役，并处二万元以上二十万元以下罚金；数额巨大或者有其他严重情节的，处五年以上十年以下有期徒刑，并处五万元以上五十万元以下罚金；数额特别巨大或者有其他特别严重情节的，处十年以上有期徒刑或者无期徒刑，并处没收财产：（一）使用伪造的信用卡的；（二）使用作废的信用卡的；（三）冒用他人信用卡的；（四）恶意透支的。盗窃信用卡并使用的，依照刑法关于盗窃罪的规定处罚。"

1997年修订《刑法》时，其第196条基本沿用了《关于惩治破坏金融秩序犯罪的决定》第14条的规定，对"数额特别巨大或者有其他特别严重情节"的情形的法定刑做了修改，由"处十年以上有期徒刑或者无期徒刑，并处没收财产"修改为"处十年以上有期徒刑或者无期徒刑，并处五万元以上五十万元以下罚金或者没收财产"，即增加了罚金刑。另外，其第196条第2款对"恶意透支"的含义进行了明确："前款所称恶意透支，是指持卡人以非法占有为目的，超过规定限额或者规定期限透支，并且经发卡银行催收后仍不归还的行为。"

1997 年 12 月 11 日最高人民法院《关于执行〈中华人民共和国刑法〉确定罪名的规定》、1997 年 12 月 25 日最高人民检察院《关于适用刑法分则规定的犯罪的罪名的意见》根据 1997 年《刑法》第 196 条规定了“信用卡诈骗罪”罪名。

2005 年 2 月 28 日第十届全国人大常委会第十四次会议通过的《刑法修正案（五）》对《刑法》第 196 条做了修改，将使用以虚假的身份证明骗领信用卡的行为增加规定为犯罪，修改后的《刑法》第 196 条规定：“有下列情形之一，进行信用卡诈骗活动，数额较大的，处五年以下有期徒刑或者拘役，并处二万元以上二十万元以下罚金；数额巨大或者有其他严重情节的，处五年以上十年以下有期徒刑，并处五万元以上五十万元以下罚金；数额特别巨大或者有其他特别严重情节的，处十年以上有期徒刑或者无期徒刑，并处五万元以上五十万元以下罚金或者没收财产：（一）使用伪造的信用卡，或者使用以虚假的身份证明骗领的信用卡的；（二）使用作废的信用卡的；（三）冒用他人信用卡的；（四）恶意透支的。前款所称恶意透支，是指持卡人以非法占有为目的，超过规定限额或者规定期限透支，并且经发卡银行催收后仍不归还的行为。盗窃信用卡并使用的，依照本法第二百六十四条的规定定罪处罚。”

（二）构成要件

1. 犯罪客体

本罪侵犯的客体是复杂客体，既侵害了国家的信用卡管理制度，也侵害了公私财产的所有权。本罪的犯罪对象是信用卡。信用卡作为一种大众化的支付工具，使用范围广、环节多，任何一个环节出现问题都有可能给发卡机构或者特约商户增加损失的风险，或者造成经济损失。利用信用卡进行诈骗活动更容易给金融机构和社会公众的利益造成严重损失，对金融机构的信誉和金融秩序造成严重破坏。

2. 客观方面

本罪的客观方面表现为使用伪造的信用卡，或者使用以虚假的身份证明骗领的信用卡，或者使用作废的信用卡，或者冒用他人的信用卡，或者恶意透支，进行信用卡诈骗活动，数额较大的行为。

具体来说，信用卡诈骗罪的客观方面包括以下四种行为方式：

（1）使用伪造的信用卡，或者使用以虚假的身份证明骗领的信用卡。所谓伪造的信用卡，是指采取复制他人信用卡、将他人信用卡信息资料写入磁条介质、芯片的方法或者以其他方法非法制造的假信用卡。所谓使用以虚假的身份证明骗领的信用卡，是指违背他人意愿，使用其居民身份证、军官证、士兵证、港澳地区居民来往内地通行证、台湾地区居民来往大陆通行证、护照等身份证明申领的信用卡，或者使用伪造、变造的身份证明骗领的信用卡。这里的使用伪造的信用卡，或者使用以虚假的身份证明骗领的信用卡包括使用伪造的信用卡或者使用以虚假的身份证明骗领的信用卡购买商品、在银行或者 ATM 机上支取现金以及接受用信用卡进行支付结算的各种服务等。

（2）使用作废的信用卡。所谓作废的信用卡，是指因法定原因失去效用的信用卡，主要包括以下几种情况：一是信用卡超过有效使用期限而自动失效。一般情况下，信用卡都规定了有效使用期限。根据发卡银行和信用卡的种类不同，信用卡的有效使用期限也有所不同，有的规定为 1 年，有的规定为 2 年或者更长的时间。超过有效使用期限的信用卡无效。信用卡有效使用期限届满时，持卡人如需继续使用，应到发卡银行办理更换手续。对于超过有效使用期限而不再继续使用或者需要继续使用而办理换卡手续的，都应将过期的信用卡交回发卡银行。如果没有交回发卡银行而继续使用，则属使用作废的信用卡。二是信用卡持卡人在信用卡有效期内中途停止使用，办理了退卡手续的信用卡。由于种种原因，有的持卡人决定不再使用某种信用卡，而该信用卡还在有效使用期限内，持卡人可将该信用卡退回发卡机构办理退卡手续。此时该信用卡虽未到有效期，但在办理退卡手续后即属于作废的信用卡。三是挂失作废的信用卡。信用卡挂失后，就失去使用效力，任何特约商户将不再接受该信用卡进行消费活动。如果使用该被挂失的信用卡，则属使用作废的信用卡。需要指出的是，目前由于计算机、通信等信用卡管理系统不完备，从银行传递信用卡挂失申请，到特约商户接到止付令，有时需要两三天甚至更长的时间，由此产生一个时间差。于是一些不法分子向银行谎称自己的信用卡丢失，向银行申请挂失。办完挂失手续后，从法律意义上来说，该信用卡已经作废，不法分子便钻了银行不能立即将挂失的信用卡的号码等有关信息传至特约商户的空子，利用这一时间差迅速到特约商户进行大量消费。待特约商户向银行要求付款时，由于不法分子已以信用卡丢失为由办理了挂失手续而不再承担还款责任，遂使银行蒙受损失。这种情况是目前使用作废的信用卡进行诈骗的主要手段。

（3）冒用他人的信用卡。所谓冒用他人的信用卡，是指非持卡人以持卡人的名义使用持卡人的信用卡的行为。根据最高人民法院、最高人民检察院公布的《关于办理妨害信用卡管理刑事案件具体应用法律若干问题的解释》第 5 条的规定，“冒用他人信用卡”包括以下四种情形：①拾得他人信用卡并使用的。这里的使用包括在 ATM 机上使用，也包括在 POS 机上使用，还包括在银行柜台等其他场所使用。拾得他人信用卡并在 ATM 机上使用的行为在司法实践中通常表现为以下三种情形：一是拾得他人遗留在 ATM 机里的信用卡并使用的；二是拾得他人信用卡及密码并在 ATM 机上使用的；三是拾得他人信用卡后，通过猜配密码在ATM机上使用的。②骗取他人信用卡并使用的。在该行为中，骗取他人信用卡不等于骗取了信用卡所记载的钱款，只有使用才能取得他人的财产，从而构成犯罪，这时以冒用他人信用卡的信用卡诈骗罪评价其行为性质更恰当。③窃取、收买、骗取或者以其他非法方式获取他人信用卡信息资料，并通过互联网、通信终端等使用的。由于通过网上银行、电话银行等方式进行信用卡交易时，银行交易系统是通过对信用卡信息资料的识别来确定持卡人身份的，所以该行为具有冒用他人信用卡的性质。④其他冒用他人信用卡的情形。

（4）恶意透支。所谓透支，是指在银行设立账户的客户在账户上已无资金或者资金不足的情况下，经过银行批准，允许客户以超过其账户上资金的额度支用款项的行为。透支实际上是银行贷款给客户。信用卡的透支实际上是银行向持卡人提供的消费贷款，即允许持卡人先消费，并在一定的期限内补足资金，交纳利息。根据《刑法》第196条第2款的规定，所谓恶意透支，是指持卡人以非法占有为目的，超过规定限额或者规定期限透支，并且经发卡银行催收后仍不归还的行为。

3. 犯罪主体

本罪的主体是一般主体，即任何达到刑事责任年龄、具有刑事责任能力的自然人都可以构成本罪。

4. 主观方面

本罪在主观方面表现为故意。

二、信用卡诈骗罪案立案追诉标准适用指南

《立案追诉标准（二）》第四十九条规定：

进行信用卡诈骗活动，涉嫌下列情形之一的，应予立案追诉：

（一）使用伪造的信用卡、以虚假的身份证明骗领的信用卡、作废的信用卡或者冒用他人信用卡，进行诈骗活动，数额在五千元以上的；

（二）恶意透支，数额在五万元以上的。

本条规定的“恶意透支”，是指持卡人以非法占有为目的，超过规定限额或者规定期限透支，经发卡银行两次有效催收后超过三个月仍不归还的。

恶意透支的数额，是指公安机关刑事立案时尚未归还的实际透支的本金数额，不包括利息、复利、滞纳金、手续费等发卡银行收取的费用。归还或者支付的数额，应当认定为归还实际透支的本金。

恶意透支，数额在五万元以上不满五十万元的，在提起公诉前全部归

还或者具有其他情节轻微情形的，可以不起诉。但是，曾因信用卡诈骗受过二次以上处罚的除外。

本罪案的立案追诉标准依据2018年11月28日最高人民法院、最高人民检察院《关于修改〈关于办理妨害信用卡管理刑事案件具体应用法律若干问题的解释〉的决定》（自2018年12月1日起施行，本节以下简称《修改决定》）对2010年《立案追诉标准（二）》的规定进行了修订。主要在文字表述上做了些修改与完善；适度提高了恶意透支的立案追诉数额标准，将2010年《立案追诉标准（二）》规定的“一万元以上”修改为“五万元以上”；明确恶意透支“催收”应为“有效催收”；增加完善了恶意透支数额的计算认定标准；对恶意透支情节轻微从宽处理规则做了进一步完善。

在司法实践中，具体适用本罪案的立案追诉标准时应注意从以下几个方面加以把握：

1．信用卡诈骗罪的数额标准

本罪案的立案追诉标准第1款第1项沿用了2010年《立案追诉标准（二）》的规定，与2001年《追诉标准》《全国法院审理金融犯罪案件工作座谈会纪要》以及最高人民法院、最高人民检察院《关于办理妨害信用卡管理刑事案件具体应用法律若干问题的解释》规定保持一致，采用了5千元的标准。第2项恶意透支型信用卡诈骗犯罪，2010年《立案追诉标准（二）》将2001年《追诉标准》规定的标准提高1倍，确定为恶意透支数额在1万元以上。主要考虑是恶意透支行为较“使用伪造的信用卡，或者使用以虚假的身份证明骗领的信用卡，或者使用作废的信用卡，或者冒用他人信用卡”行为所反映的社会危害后果和行为人主观恶性可能更小，在定罪的数额标准上就应该有所差别。而且透支是贷记卡的基本功能，恶意透支与善意透支在实践中有时不易区分，涉及人数众多，其立案追诉标准应当从宽掌握。因此，对恶意透支的立案追诉标准规定为其他方式信用卡诈骗的2倍，以免打击面过大。《立案追诉标准（二）》依照《修改决定》，将2010年《立案追诉标准（二）》规定的恶意透支立案追诉标准“一万元以上”修改为“五万元以上”。

2．恶意透支的认定

根据《刑法》第196条第2款的规定，恶意透支，是指持卡人以非法占有为目的，超过规定限额或者规定期限透支，并且经发卡银行催收后仍不归还的行为。根据最高人民法院、最高人民检察院《关于办理妨害信用卡管理刑事案件具体应用法律若干问题的解释》第6条的规定，持卡人以非法占有为目的，超过规定限额或者规定期限透支，经发卡银行2次有效催收后超过3个月仍不归还的，应当认定为“恶意透支”。对于是否以非法占有为目的，应当综合持卡人信用记录、还款能力和意愿、申领和透支信用卡的状况、透支资金的用途、透支后的表现、未按规定还款的原因等情节作出判断。不得单纯依据持卡人未按规定还款的事实认定非法占有目的。在司法实践中，对于如何认定持卡人“经发卡银行催收后仍不归还”存在不同认识，有必要对其进行一定的限定和明确，既要控制打击面，又要便于司法机关从程序和条件上认定恶意透支。因此，本罪案的立案追诉标准第 2 款对《刑法》规定的“恶意透支”中“经发卡银行催收后仍不归还”规定了“两次有效催收”和“超过三个月”两个条件。

认定恶意透支时，行为人必须同时具有非法占有目的，不能仅以符合“经发卡银行催收后仍不归还”这一客观要件直接认定。没有非法占有目的的，不构成恶意透支型信用卡诈骗罪。根据最高人民法院、最高人民检察院《关于办理妨害信用卡管理刑事案件具体应用法律若干问题的解释》第 6 条的规定，具有以下情形之一的，应当认定为“以非法占有为目的”，但有证据证明持卡人确实不具有非法占有目的的除外：(1) 明知没有还款能力而大量透支，无法归还的；(2) 使用虚假资信证明申领信用卡后透支，无法归还的；(3) 透支后通过逃匿、改变联系方式等手段，逃避银行催收的；(4) 抽逃、转移资金，隐匿财产，逃避还款的；(5) 使用透支的资金进行犯罪活动的；(6) 其他非法占有资金，拒不归还的情形。

本罪案的立案追诉标准第 3 款规定，恶意透支的数额，是指公安机关刑事立案时尚未归还的实际透支的本金数额，不包括利息、复利、滞纳金、手续费等发卡银行收取的费用。归还或者支付的数额，应当认定为归还实际透支的本金。需要强调的是，“归还或者支付的数额，应当认定为归还实际透支的本金”的规定是公安机关、司法机关计算恶意透支犯罪数额的方法，而《商业银行信用卡业务监督管理办法》第 57 条“逾期 1-90 天（含）的，按照先应收利息或各项费用、后本金的顺序进行冲还；逾期 91 天以上的，按照先本金、后应收利息或各项费用的顺序进行冲还”的规定，则属于银行的信用卡业务规则，二者的法律依据、适用范围、制度目的等均不相同，应当并行但不能混同。[1] 恶意透支，数额在 5 万元以上不满 50 万元的，应当认定为《刑法》第 196 条规定的“数额较大”。

在实践中，有的持卡人因短期资金周转不灵或者因客观原因无法及时还款，这种情况下持卡人向发卡银行说明情况，积极设法归还，应当认为不具有非法占有的目的，除承担民事上的违约责任并按规定还本付息外，无须承担刑事责任。

---

① 耿磊：《〈关于修改《关于办理妨害信用卡管理刑事案件具体应用法律若干问题的解释》的决定〉的理解与适用》，载《人民司法》2019 年第 1 期。

3. 有效催收的认定

根据最高人民法院、最高人民检察院《关于办理妨害信用卡管理刑事案件具体应用法律若干问题的解释》第7条规定，催收同时符合下列条件的，应当认定为“有效催收”：(1) 在透支超过规定限额或者规定期限后进行；(2) 催收应当采用能够确认持卡人收悉的方式，但持卡人故意逃避催收的除外；(3) 二次催收至少间隔30日；(4) 符合催收的有关规定或者约定。对于是否属于有效催收，应当根据发卡银行提供的电话录音、信息送达记录、信函送达回执、电子邮件送达记录、持卡人或者其家属签字以及其他催收原始证据材料作出判断。发卡银行提供的相关证据材料应当有银行工作人员签名和银行公章。

4. 恶意透支情节轻微从宽处理问题

对此种情况的从宽处理，1995年最高人民检察院、最高人民法院《关于办理利用信用卡诈骗犯罪案件具体适用法律若干问题的解释》规定，行为人恶意透支构成犯罪的，案发后至人民检察院起诉前已归还全部透支款息的，可以从轻、减轻处罚或者免予追究刑事责任。在2010年《立案追诉标准（二）》第54条第3款研究起草过程中存在不同观点，形成两种意见：一种意见认为，公安机关立案前已偿还全部透支款息的，可以不予追究刑事责任；另一种意见认为，对减轻、免除处罚和不予追究刑事责任应严格按照《刑法》的规定，司法解释不宜扩大减轻、免除处罚或者不予追究刑事责任的范围。

透支是信用卡的基本功能之一，持卡人与发卡银行之间存在民事借贷关系，恶意透支与通常的诈骗犯罪行为有一定的区别，有必要在符合《刑法》规定的前提下，明确从轻处罚的事由，以体现宽严相济刑事政策。恶意透支数额较大，在公安机关立案前已偿还全部透支款息，情节显著轻微的，可以依法不追究刑事责任，这一情形符合《刑法》第13条“情节显著轻微危害不大的，不认为是犯罪”的规定。这样规定既有利于挽回发卡银行的经济损失，又能严格控制刑事打击面。

2009年12月3日最高人民法院、最高人民检察院《关于办理妨害信用卡管理刑事案件具体应用法律若干问题的解释》第6条第5款规定，恶意透支应当追究刑事责任，但在公安机关立案后人民法院判决宣告前已偿还全部透支款息的，可以从轻处罚，情节轻微的，可以免除处罚。恶意透支数额较大，在公安机关立案前已偿还全部透支款息，情节显著轻微的，可以依法不追究刑事责任。对恶意透支情节轻微从宽处理规定予以了适当调整。2010年《立案追诉标准（二）》第54条第3款规定：“恶意透支，数额在一万元以上不满十万元的，在公安机关立案前已偿还全部透支款息，情节显著轻微的，可以依法不追究刑事责任。”与之保持一致。

2018年11月28日《修改决定》第5条在原有规定的基础上对恶意透支情节轻微从宽处理做了进一步完善规定："恶意透支数额较大，在提起公诉前全部归还或者具有其他情节轻微情形的，可以不起诉；在一审判决前全部归还或者具有其他情节轻微情形的，可以免予刑事处罚。但是，曾因信用卡诈骗受过两次以上处罚的除外。"

《立案追诉标准（二）》本罪案的立案追诉标准第4款规定："恶意透支，数额在五万元以上不满五十万元的，在提起公诉前全部归还或者具有其他情节轻微情形的，可以不起诉。但是，曾因信用卡诈骗受过二次以上处罚的除外。"该规定结合立案追诉实际，吸收了《修改决定》的规定，对恶意透支从宽处理规定予以进一步明确和完善。应注意把握以下重点：（1）"全部归还"的对象由"款息"限缩为"实际透支的本金数额"。（2）从宽处理的时间限制由"公安机关立案前"放宽为"在提起公诉前"（含侦查、审查起诉、提起公诉阶段）全部归还恶意透支数额或者具有其他情节轻微情形的，检察机关可以不起诉；在检察机关提起公诉后、一审判决前全部归还恶意透支数额或者具有其他情节轻微情形的，人民法院可以对其免予刑事处罚。（3）从宽处理的适用范围只限于恶意透支数额较大，对于恶意透支达到数额巨大、数额特别巨大标准的，以及曾因信用卡诈骗受过二次以上处罚的，均不适用本条规定。

三、认定信用卡诈骗罪应注意的问题

（一）信用卡诈骗罪与一般透支违约的界限

区分一般透支违约行为与信用卡诈骗罪主要在于行为人是否具有非法占有目的。客观上逾期不还不等同于行为人以非法占有为目的。由于客观原因导致未能按照发卡行约定的限额、期限还款，主观上并无非法占有目的，系一般的违约行为。信用卡诈骗罪必须具有非法占有的目的，根据最高人民法院、最高人民检察院《关于办理妨害信用卡管理刑事案件具体应用法律若干问题的解释》第6条的规定，具有以下情形之一的，应当认定为"以非法占有为目的"，但有证据证明持卡人确实不具有非法占有目的的除外：（1）明知没有还款能力而大量透支，无法归还的；（2）使用虚假资信证明申领信用卡后透支，无法归还的；（3）透支后通过逃匿、改变联系方式等手段，逃避银行催收的；（4）抽逃、转移资金，隐匿财产，逃避还款的；（5）使用透支的资金进行犯罪活动的；（6）其他非法占有资金，拒不归还的情形。

（二）信用卡诈骗罪与盗窃罪的界限

盗窃罪，是指以非法占有为目的，秘密窃取公私财物，数额较大或者多次窃取的行为。

根据《刑法》第 196 条第 3 款的规定，盗窃信用卡并使用的，依照盗窃罪定罪处罚。所谓盗窃信用卡并使用的，既包括犯罪分子盗窃信用卡后自己使用，也包括犯罪分子将盗窃来的信用卡交由其他人使用。对使用者应当按照具体情况和情节，依照有关法律处理。例如，某犯罪分子窃得一张信用卡后，对其朋友说是拾来的，由其朋友使用，在这种情况下，对使用者应当按照冒用他人信用卡进行诈骗的规定处理。

四、信用卡诈骗罪的处罚

根据《刑法》第 196 条的规定，犯信用卡诈骗罪的，处 5 年以下有期徒刑或者拘役，并处 2 万元以上 20 万元以下罚金；数额巨大或者有其他严重情节的，处 5 年以上 10 年以下有期徒刑，并处 5 万元以上 50 万元以下罚金；数额特别巨大或者有其他特别严重情节的，处 10 年以上有期徒刑或者无期徒刑，并处 5 万元以上 50 万元以下罚金或者没收财产。

第七节 有价证券诈骗案

一、有价证券诈骗罪的概念和构成要件

（一）概念

有价证券诈骗罪，是指使用伪造、变造的国库券或者国家发行的其他有价证券，进行诈骗活动，数额较大的行为。

本罪是 1997 年《刑法》新增设的，1979 年《刑法》没有有价证券诈骗罪的规定。1997 年《刑法》第 197 条规定："使用伪造、变造的国库券或者国家发行的其他有价证券，进行诈骗活动，数额较大的，处五年以下有期徒刑或者拘役，并处二万元以上二十万元以下罚金；数额巨大或者有其他严重情节的，处五年以上十年以下有期徒刑，并处五万元以上五十万元以下罚金；数额特别巨大或者有其他特别严重情节的，处十年以上有期徒刑或者无期徒刑，并处五万元以上五十万元以下罚金或者没收财产。" 1997 年 12 月 11 日最高人民法院《关于执行〈中华人民共和国刑法〉确定罪名的规定》、1997 年 12 月 25 日最高人民检察院《关于适用刑法分则规定的犯罪的罪名的意见》根据 1997 年《刑法》第 197 条规定了"有价证券诈骗罪"罪名。

（二）构成要件

1. 犯罪客体

本罪侵犯的客体是复杂客体，既侵犯了公私财物所有权，又侵犯了国家金融管理秩序。所谓有价证券，是指以票面货币价值表示的财产权利凭证，并被作为替代货币使用的信用工具或者代表持有者资本所有权和资本收益请求权，在特定范围和条件下，进行支付、汇兑、信贷、清算等融资活动的凭证。它具有以下三个特征：一是有价证券必须以财产权利为内容，表明一定的财产价值。二是有价证券必须以一定的票面货币价值加以表示。某些证券虽然是以财产权利为内容的，但其本身未以票面货币价值加以表示，如物品寄存凭证、运输部门的行李托运单和提单等都不是有价证券。三是有价证券是支付、汇兑、信贷、清算等融资活动的工具。发行有价证券的目的就在于以有价证券为手段进行支付、汇兑、信贷、清算等金融活动，方便经济往来，提高结算效率，加速货币流通，这是有价证券最重要和最本质的特征。与本罪有关的有价证券是国库券或者国家发行的其他有价证券，亦即公债券。公债券由国家发行，由国库（国家财政）作为还款保证，它对国家金融市场的稳定起着不可低估的作用。国家发行的有价证券包括国库券和国家发行的其他有价证券。前者即国库券，是指为解决急需预算支出而由财政部发行的一种国家债券。其以面值发行，过一段时间后可以依法转让，到期则由国家还本付息；后者即国家发行的其他有价证券，是指国家发行的除国库券之外的，载明一定财产权利的有价证券，如保值公债、国家重点建设债券、财政债券等，但不包括非国家发行的本票、汇票、支票、存单、委托付款凭证、股票、公司或者企业债券等有价证券。使用伪造、变造的国库券或者国家发行的其他有价证券进行诈骗活动，不仅侵犯了公私财产所有权，而且侵犯了国家金融管理秩序。

2. 客观方面

本罪的客观方面表现为使用伪造、变造的国库券或者国家发行的其他有价证券进行诈骗活动，数额较大的行为。

为了筹集社会资金，进行社会主义现代化建设，1992年3月18日国务院发布了《国库券条例》。根据该条例的规定，国库券的发行对象是居民个人、个体工商户、企业、事业单位、机关、社会团体和其他组织。国库券以人民币为计算单位。每年国库券的发行数额、利率、偿还期等，经国务院确定后，由财政部予以公告。国库券发行采取承购包销、认购等方式。国家下达的国库券发行计划应当按期完成。国库券按期偿还本金。国库券利息在偿还本金时一次付给，不计复利。国库券的发行和还本付息事宜，在各级人民政府统一领导下，由财政部门和中国人民银行组织有关部门多渠道办理。国库券可以用于抵押，但是不得作为货币流通。国库券可以转让，但是应当在国家批准的交易场所办理。发行国库券筹集的资金，由国务院统一安排使用。国库券的利息收入享受免税待遇。

所谓国家发行的其他有价证券，是指国家发行的除国库券之外的，载明一定财产权利的有价证券，如保值公债、国家重点建设债券、财政债券等，但不包括非国家发行的本票、汇票、支票、存单、委托付款凭证、股票、公司或者企业债券等有价证券。所谓伪造，是指行为人仿照真实的国库券或者国家发行的其他有价证券的式样、图案、颜色、面额，通过印刷、复印、描绘等方法非法制造国库券或者国家发行的其他有价证券的行为。所谓变造，是指行为人在真实的国库券或者国家发行的其他有价证券的基础上或者以真实的国库券或者国家发行的其他有价证券为基本材料，通过挖补、剪贴、涂改等方法，对真实的国库券或者国家发行的其他有价证券的面额、日期等主要内容非法加以改变的行为。所谓使用，是指行为人将伪造、变造的国库券或者国家发行的其他有价证券用于兑换现金、抵销债务或者获取其他物质利益的行为。所谓数额较大，是指数额在 5 万元以上。

3. 犯罪主体

本罪的主体是达到刑事责任年龄，并具有刑事责任能力的自然人。

4. 主观方面

本罪的主观方面表现为故意。

二、有价证券诈骗罪案立案追诉标准适用指南

《立案追诉标准（二）》第五十条规定：

使用伪造、变造的国库券或者国家发行的其他有价证券进行诈骗活动，数额在五万元以上的，应予立案追诉。

2010 年《立案追诉标准（二）》制定时，鉴于 2000 年以来我国的经济、收入及消费都增长了 1 倍，经济的变化也要求对 2001 年《追诉标准》进行相应的提高，提高幅度与经济增长幅度基本一致，所以 2010 年《立案追诉标准（二）》把本罪案的立案追诉标准提高了 1 倍，将原有数额标准“五千元”适当提高修改为“一万元”。

《立案追诉标准（二）》为保持与司法解释工作协调、类罪平衡，参照贷款诈骗罪案立案追诉标准的规定，将有价证券诈骗罪案立案追诉数额标准确定为 5 万元。具体参见贷款诈骗案论述。

三、认定有价证券诈骗罪应注意的问题

（一）有价证券诈骗罪罪与非罪的界限

使用伪造、变造的国库券或者国家发行的其他有价证券的行为能否构成有价证券诈骗罪，就主观而言，要看行为人是否明知。如果明知是伪造、变造的国库券或者国家发行的其他有价证券而故意使用，则可以构成有价证券诈骗罪；如果不明知是伪造、变造的国库券或者国家发行的其他有价证券而使用，则不能构成有价证券诈骗罪。就客观而言，要看行为人使用伪造、变造的国库券或者国家发行的其他有价证券进行诈骗的数额是否达到较大，如果达到数额较大，即达到5万元以上的，应予立案追诉；如果没有达到数额较大，即没有达到5万元的，不应予以立案追诉。

（二）有价证券诈骗罪与相关犯罪的界限

1．有价证券诈骗罪与伪造、变造国家有价证券罪的界限

伪造、变造国家有价证券罪，是指伪造、变造国库券或者国家发行的其他有价证券，数额较大的行为。

有价证券诈骗罪与伪造、变造国家有价证券罪在主观上都属故意，在客观上都涉及伪造、变造国库券或者国家发行的其他有价证券，在一定程度上容易混淆。两罪的区别主要有：（1）侵犯的客体不同。有价证券诈骗罪侵犯的客体是复杂客体，既侵犯了公私财物所有权，又侵犯了国家金融管理秩序；而伪造、变造国家有价证券罪侵犯的客体是单一客体，即只侵犯了国家金融管理秩序。（2）犯罪主体不同。有价证券诈骗罪的主体是自然人；而伪造、变造国家有价证券罪的主体既可以是自然人，也可以是单位。（3）客观方面不同。有价证券诈骗罪的客观方面表现为使用伪造、变造的国库券或者国家发行的其他有价证券进行诈骗活动的行为；而伪造、变造国家有价证券罪的客观方面表现为伪造、变造国库券或者国家发行的其他有价证券的行为，即仅有伪造、变造行为而没有使用进行诈骗的行为。

2．有价证券诈骗罪与诈骗罪的界限

诈骗罪，是指以非法占有为目的，采用虚构事实或者隐瞒真相的方法，骗取数额较大的公私财物的行为。

有价证券诈骗罪与诈骗罪都属故意犯罪，且主观上都具有非法占有的目的，在客观上都使用了虚构事实、隐瞒真相的方法，两罪在一定程度上容易混淆。两罪的区别主要有：（1）侵犯的客体不同。有价证券诈骗罪侵犯的客体是复杂客体，既侵犯了公私财物所有权，又侵犯了国家金融管理秩序；而诈骗罪侵犯的客

体是单一客体，即只侵犯了公私财物所有权。（2）客观方面不同。有价证券诈骗罪的客观方面表现为使用伪造、变造的国库券或者国家发行的其他有价证券进行诈骗活动的行为；而诈骗罪则可表现为以各种虚构事实、隐瞒真相的形式诈骗公私财物。（3）构成犯罪的数额标准也不同。根据《立案追诉标准（二）》的规定，有价证券诈骗罪数额较大的标准是5万元以上；而根据2011年3月1日最高人民法院、最高人民检察院《关于办理诈骗刑事案件具体应用法律若干问题的解释》的规定，诈骗罪数额较大的标准是3千元至1万元以上。

（三）伪造、变造国家有价证券并使用的行为的定性问题

根据《刑法》第178条的规定，伪造、变造国库券或者国家发行的其他有价证券，数额较大的，构成伪造、变造国家有价证券罪。如果行为人只有伪造、变造国库券或者国家发行的其他有价证券的行为，应认定为构成伪造、变造国家有价证券罪。如果行为人不仅伪造、变造了国库券或者国家发行的其他有价证券，而且使用该伪造、变造的国库券或者国家发行的其他有价证券进行诈骗，数额较大的，应认定为同时构成有价证券诈骗罪。伪造、变造国家有价证券罪与有价证券诈骗罪的法定刑不同，处罚条件也有所差别。行为人伪造、变造国库券或者国家发行的其他有价证券仅仅是自己使用进行诈骗，应认定为牵连犯，可以伪造、变造有价证券罪和有价证券诈骗罪择一重罪处罚，不必数罪并罚。但是，如果行为人伪造、变造有价证券进行诈骗，同时还出卖获利，或者送给他人，应认定为分别成立伪造、变造有价证券罪和有价证券诈骗罪，予以数罪并罚。

四、有价证券诈骗罪的处罚

根据《刑法》第197条的规定，犯有价证券诈骗罪的，处5年以下有期徒刑或者拘役，并处2万元以上20万元以下罚金；数额巨大或者有其他严重情节的，处5年以上10年以下有期徒刑，并处5万元以上50万元以下罚金；数额特别巨大或者有其他特别严重情节的，处10年以上有期徒刑或者无期徒刑，并处5万元以上50万元以下罚金或者没收财产。

第八节 保险诈骗案

一、保险诈骗罪的概念和构成要件

（一）概念

保险诈骗罪，是指投保人故意虚构保险标的，或者投保人、被保险人或者受

益人对发生的保险事故编造虚假的原因或者夸大损失的程度，或者投保人、被保险人或者受益人编造未曾发生的保险事故，或者投保人、被保险人故意造成财产损失的保险事故，或者投保人、受益人故意造成被保险人死亡、伤残或者疾病，骗取保险金，进行保险诈骗活动，数额较大的行为。

本罪是1997年《刑法》新增设的，1979年《刑法》没有保险诈骗罪的规定。1995年6月30日全国人大常委会通过的《关于惩治破坏金融秩序犯罪的决定》第16条规定："有下列情形之一，进行保险诈骗活动，数额较大的，处五年以下有期徒刑或者拘役，并处一万元以上十万元以下罚金；数额巨大或者有其他严重情节的，处五年以上十年以下有期徒刑，并处二万元以上二十万元以下罚金；数额特别巨大或者有其他特别严重情节的，处十年以上有期徒刑，并处没收财产：（一）投保人故意虚构保险标的，骗取保险金的；（二）投保人、被保险人或者受益人对发生的保险事故编造虚假的原因或者夸大损失的程度，骗取保险金的；（三）投保人、被保险人或者受益人编造未曾发生的保险事故，骗取保险金的；（四）投保人、被保险人故意造成财产损失的保险事故，骗取保险金的；（五）投保人、受益人故意造成被保险人死亡、伤残或者疾病，骗取保险金的。有前款第（四）项、第（五）项所列行为，同时构成其他犯罪的，依照刑法数罪并罚的规定处罚。保险事故的鉴定人、证明人、财产评估人故意提供虚假的证明文件，为他人诈骗提供条件的，以保险诈骗的共犯论处。单位犯第一款罪的，对单位判处罚金，并对直接负责的主管人员和其他直接责任人员，依照第一款的规定处罚。"1997年修订《刑法》时，吸收该决定的内容改为《刑法》的具体规定。1997年12月11日最高人民法院《关于执行〈中华人民共和国刑法〉确定罪名的规定》、1997年12月25日最高人民检察院《关于适用刑法分则规定的犯罪的罪名的意见》根据1997年《刑法》第198条规定了"保险诈骗罪"罪名。

（二）构成要件

1. 犯罪客体

本罪侵犯的客体是复杂客体，既侵犯了公私财产所有权，又侵犯了国家金融管理秩序。本罪的对象是保险金。保险金又称保险金额、保额，它是保险人承担赔偿或者给付保险金责任的最高限额。如果行为人以欺骗方法骗取保险公司保险金以外的其他财产的，不能构成本罪。

2. 客观方面

本罪的客观方面表现为投保人故意虚构保险标的，或者投保人、被保险人或者受益人对发生的保险事故编造虚假的原因或者夸大损失的程度，或者投保人、被保险人或者受益人编造未曾发生的保险事故，或者投保人、被保险人故意造成财产损失的保险事故，或者投保人、受益人故意造成被保险人死亡、伤残或者疾病，骗取保险金，进行保险诈骗活动，数额较大的行为。

保险，是指投保人根据合同约定，向保险人支付保险费，保险人对于合同约定的可能发生的事故因其发生所造成的财产损失承担赔偿保险金责任，或者当被保险人死亡、伤残、疾病或者达到合同约定的年龄、期限等条件时承担给付保险金责任的商业保险行为。

保险人，是指与投保人订立保险合同，并按照合同约定承担赔偿或者给付保险金责任的保险公司。

保险合同，是指投保人与保险人约定保险权利义务关系的协议。根据《保险法》第 18 条第 1 款的规定："保险合同应当包括下列事项：(一) 保险人的名称和住所；(二) 投保人、被保险人的姓名或者名称、住所，以及人身保险的受益人的姓名或者名称、住所；(三) 保险标的；(四) 保险责任和责任免除；(五) 保险期间和保险责任开始时间；(六) 保险金额；(七) 保险费以及支付办法；(八) 保险金赔偿或者给付办法；(九) 违约责任和争议处理；(十) 订立合同的年、月、日。"保险合同分为财产保险合同与人身保险合同。根据《保险法》的规定，财产保险合同是以财产及其有关利益为保险标的的保险合同；人身保险合同是以人的寿命和身体为保险标的的保险合同。

被保险人，是指其财产或者人身受保险合同保障，享有保险金请求权的人。投保人可以成为被保险人。

受益人，是指人身保险合同中由被保险人或者投保人指定的享有保险金请求权的人。投保人、被保险人可以为受益人。

保险事故，是指保险合同约定的保险责任范围内的事故。

所谓投保人故意虚构保险标的，是指投保人违背有关保险法律法规的规定，在签订保险合同时故意虚构本不存在或者与实际不相符的保险标的的行为。根据《保险法》的规定，投保人和保险人订立保险合同，应当遵循公平互利、协商一致、自愿订立的原则，不得损害社会公共利益。保险人对保险标的应当具有保险利益。投保人对保险标的不具有保险利益的，保险合同无效。保险利益，是指投保人对保险标的具有的法律上承认的利益。投保人故意虚构保险标的的行为直接违反上述法律规定。

所谓投保人、被保险人或者受益人对发生的保险事故编造虚假的原因或者夸大损失的程度，是指投保人、被保险人或者受益人在发生保险事故后，对保险事故编造原因，或者隐瞒事实，或者编造事实夸大损失的行为。根据《保险法》的规定，保险事故发生后，按照保险合同请求保险人赔偿或者给付保险金时，投保人、被保险人或者受益人应当向保险人提供其所能提供的与确认保险事故的性质、原因、损失程度等有关的证明和资料。保险事故发生后，投保人、被保险人或者受益人以伪造、变造的有关证明、资料或者其他证据编造虚假的事故原因或者夸大损失程度的，保险人对其虚假的部分不承担赔偿或者给付保险金的责任。投保人、被保险人或者受益人对发生的保险事故编造虚假的原因或者夸大损失的程度的行为直接违反上述法律规定。

所谓投保人、被保险人或者受益人编造未曾发生的保险事故，是指投保人、被保险人或者受益人在未发生保险事故的情况下，虚构事实，谎称发生了保险事故。根据《保险法》第 27 条第 1 款的规定，被保险人或者受益人谎称发生了保险事故，向保险人提出赔偿或者给付保险金请求的，保险人有权解除保险合同，并不退还保险费。投保人、被保险人或者受益人编造未曾发生的保险事故的行为直接违反上述法律规定。

所谓投保人、被保险人故意造成财产损失的保险事故，是指投保人、被保险人在保险合同的有效期内，故意人为地制造保险标的出险的保险事故，造成财产损失的行为。根据《保险法》第 27 条第 2 款的规定："投保人、被保险人故意制造保险事故的，保险人有权解除合同，不承担赔偿或者给付保险金的责任；除本法第四十三条规定外，不退还保险费。"

所谓投保人、受益人故意造成被保险人死亡、伤残或者疾病，是指投保人、受益人采取杀害、伤害、虐待、遗弃、投毒、传播传染病以及其他方法故意造成被保险人死亡、伤残或者疾病的行为。根据《保险法》第 43 条的规定："投保人故意造成被保险人死亡、伤残或者疾病的，保险人不承担给付保险金的责任。投保人已交足二年以上保险费的，保险人应当按照合同约定向其他权利人退还保险单的现金价值。受益人故意造成被保险人死亡、伤残、疾病的，或者故意杀害被保险人未遂的，该受益人丧失受益权。"

所谓骗取保险金，是指投保人、被保险人或者受益人采取故意虚构保险标的，或者对发生的保险事故编造虚假的原因或者夸大损失的程度，或者编造未曾发生的保险事故，或者故意造成财产损失的保险事故，或者故意造成被保险人死亡、伤残或者疾病的手段，骗取保险金的行为。

3. 犯罪主体

本罪的主体是达到刑事责任年龄，并具有刑事责任能力的自然人，单位也可成为本罪的主体。需要指出的是，保险诈骗罪的 5 种情形从主体上看是有区别的。这主要是根据保险活动的各个阶段的特点和保险当事人参与保险活动的情况确定的。投保人故意虚构保险标的，骗取保险金的行为，只列举了投保人，这是因为这类犯罪行为发生在保险活动的开始，一般只能由投保人所为。投保人、被保险人或者受益人对发生的保险事故编造虚假的原因或者夸大损失的程度，骗取保险金的行为，以及投保人、被保险人或者受益人编造未曾发生的保险事故，骗取保险金的行为，列举了投保人、被保险人和受益人，因为对发生的保险事故编造虚假的原因或者夸大损失的程度，以及编造未曾发生的保险事故，这三种人都有可能实施这类行为。投保人、被保险人故意造成财产损失的保险事故，骗取保险金的行为，列举了投保人、被保险人，因为在一般情况下，对财产的保险，被保险人就是受益人。投保人、受益人故意造成被保险人死亡、伤残或者疾病，骗取保险金的行为，只列举了投保人和受益人，这种情形虽然也可能涉及被保险人，如被保险人为了受益人取得保险金而自杀、自残，但这类情况《保险法》规定是不予赔偿的，如《保险法》第44条规定："以被保险人死亡为给付保险金条件的合同，自合同成立或者合同效力恢复之日起二年内，被保险人自杀的，保险人不承担给付保险金的责任，但被保险人自杀时为无民事行为能力人的除外。保险人依照前款规定不承担给付保险金责任的，应当按照合同约定退还保险单的现金价值。"由于这种被保险人自杀的情形，依照《刑事诉讼法》第16条第5项的规定，犯罪嫌疑人、被告人死亡的，不追究刑事责任，因此没有必要将被保险人明确列出。

4. 主观方面

本罪的主观方面表现为故意。

二、保险诈骗罪案立案追诉标准适用指南

《立案追诉标准（二）》第五十一条规定：

进行保险诈骗活动，数额在五万元以上的，应予立案追诉。

2010年《立案追诉标准（二）》中本罪案的立案追诉标准沿用了2001年《追诉标准》的规定，个人犯罪数额标准"在一万元以上的"，单位犯罪数额标准"在五万元以上的"。这样规定符合当时我国的实际需要，而且与同时调整后的票据诈骗、金融凭证诈骗、信用卡诈骗、有价证券诈骗4种金融诈骗犯罪案件的立案追诉标准基本协调，因此没有调整的必要。

《立案追诉标准（二）》为保持与司法解释工作协调、类罪平衡，参照贷款诈骗罪案立案追诉标准的规定，将保险诈骗罪案立案追诉数额标准确定为5万元。修订后的保险诈骗罪案立案追诉标准不再区分个人犯罪和单位犯罪的立案追诉标准。具体参见贷款诈骗案论述。

三、认定保险诈骗罪应注意的问题

（一）保险诈骗罪罪与非罪的界限

投保人故意虚构保险标的，或者投保人、被保险人或者受益人对发生的保险事故编造虚假的原因或者夸大损失的程度，或者投保人、被保险人或者受益人编造未曾发生的保险事故，或者投保人、被保险人故意造成财产损失的保险事故，或者投保人、受益人故意造成被保险人死亡、伤残或者疾病，骗取保险金的行为能否构成保险诈骗罪，主要从两个方面来把握：（1）行为人主观上是否故意和具有非法占有的目的。如果是故意且具有非法占有的目的，则可以构成保险诈骗罪；如果不是故意，也没有非法占有的目的，则不能构成保险诈骗罪。（2）从保险诈骗的数额上来把握。达到数额较大，也即个人或单位进行保险诈骗，数额在 5 万元以上的，应予立案追诉。如果没有达到数额较大，也即个人或单位进行保险诈骗，数额没有达到 5 万元，不应立案追诉，应按一般的保险诈骗行为处理。根据《保险法》第 174 条的规定，实施保险诈骗行为，尚不构成犯罪的，依法给予行政处罚。全国人大常委会《关于惩治破坏金融秩序犯罪的决定》中有关行政处罚和行政措施规定继续有效。根据该决定第 21 条规定：有本决定第 16 条规定的（保险诈骗）行为，情节轻微不构成犯罪的，可以由公安机关处 15 日以下拘留、5 千元以下罚款。

（二）保险诈骗罪与合同诈骗罪的界限

合同诈骗罪，是指以非法占有为目的，在签订、履行合同过程中，以虚构的单位或者冒用他人名义签订合同，或者以伪造、变造、作废的票据或者其他虚假的产权证明作担保，或者没有实际履行能力，以先履行小额合同或者部分履行合同的方法，诱骗对方当事人继续签订和履行合同，或者收受对方当事人给付的货物、货款、预付款或者担保财产后逃匿，或者以其他方法骗取对方当事人财物，数额较大的行为。

保险诈骗罪与合同诈骗罪都是故意犯罪，且主观上都以非法占有为目的，客观上都表现为签订合同的行为，且都占有了对方的财物，因此具有较大的相似性。两罪的区别主要有：（1）侵犯的客体不同。保险诈骗罪侵犯的客体是复杂客体，既侵犯了公私财产所有权，又侵犯了国家金融管理秩序；而合同诈骗罪侵犯的客体尽管也是复杂客体，但其侵犯的是他人以及公司、企业或者其他有关单位的财物所有权和市场交易秩序。（2）客观方面不完全相同。保险诈骗罪的客观方面表现为投保人故意虚构保险标的，或者投保人、被保险人或者受益人对发生的保险事故编造虚假的原因或者夸大损失的程度，或者投保人、被保险人或者受益人编造未曾发生的保险事故，或者投保人、被保险人故意造成财产损失的保险事故，或者投保人、受益人故意造成被保险人死亡、伤残或者疾病，骗取保险金，数额较大的行为；而合同诈骗罪的客观方面表现为在签订、履行合同过程中，以虚构的单位或者冒用他人名义签订合同，或者以伪造、变造、作废的票据或者其他虚假的产权证明作担保，或者没有实际履行能力，以先履行小额合同或者部分履行合同的方法，诱骗对方当事人继续签订和履行合同，或者收受对方当事人给付的货物、货款、预付款或者担保财产后逃匿，或者以其他方法骗取对方当事人财物，数额较大的行为。（3）构成犯罪的数额标准不同。保险诈骗罪成立的数额标准是 5 万元以上。而合同诈骗罪成立的数额标准是 2 万元以上。（4）主体不完全相同。保险诈骗罪无论是自然人主体还是单位主体，必须是保险合同的投保人，或者约定的被保险人、受益人。非上述三类人员单独不构成保险诈骗罪，但可以追究诈骗罪等其他犯罪的刑事责任。而合同诈骗罪无论是自然人主体还是单位主体，一般都是签订、履行合同的自然人或者单位。

（三）其他问题

关于保险诈骗罪的共同犯罪问题，根据《刑法》第 198 条第 4 款的规定，保险事故的鉴定人、证明人、财产评估人故意提供虚假的证明文件，为他人诈骗提供条件的，以保险诈骗罪的共犯论处。在认定过程中，要注意以下几点：（1）查明保险事故的鉴定人、证明人、财产评估人提供虚假的证明文件在主观上是否是故意。如果是故意，可依法认定成立保险诈骗罪的共犯；如果主观上没有故意，不应认定成立保险诈骗罪的共犯。（2）行为人提供虚假的证明文件的行为是否实际上为他人进行保险诈骗提供了条件。如果实际上提供了条件，应认定成立保险诈骗罪的共犯。（3）他人的保险诈骗罪是否成立。如果他人实施的保险诈骗行为没有成立保险诈骗罪，不应认定行为人的行为成立保险诈骗罪的共犯；反之，可认定成立保险诈骗罪的共犯。

关于保险诈骗罪一罪与数罪的问题。根据《刑法》第 198 条第 2 款的规定，投保人、被保险人故意造成财产损失的保险事故，骗取保险金，或者投保人、受益人故意造成被保险人死亡、伤残或者疾病，骗取保险金，同时构成其他犯罪的，依照数罪并罚的规定处罚。所谓构成其他犯罪，主要是指构成《刑法》第 232 条所规定的故意杀人罪，第 234 条所规定的故意伤害罪，第 275 条所规定的故意毁坏财物罪。另外也可能构成《刑法》第 114 条、第 115 条所规定的放火罪、决水罪、爆炸罪、投放危险物质罪、以危险方法危害公共安全罪，第 260 条所规定的虐待被监护、看护人罪，第 261 条所规定的遗弃罪。至于具体构成何罪，要看行为人使用何种手段造成财产损失或者造成被保险人死亡、伤残或者疾病。如果同时构成保险诈骗罪和上述其他犯罪的，应当数罪并罚。

四、保险诈骗罪的处罚

根据《刑法》第198条的规定，自然人犯保险诈骗罪的，处5年以下有期徒刑或者拘役，并处1万元以上10万元以下罚金；数额巨大或者有其他严重情节的，处5年以上10年以下有期徒刑，并处2万元以上20万元以下罚金；数额特别巨大或者有其他特别严重情节的，处10年以上有期徒刑，并处2万元以上20万元以下罚金或者没收财产。

单位犯保险诈骗罪的，对单位判处罚金，并对其直接负责的主管人员和其他直接责任人员，处5年以下有期徒刑或者拘役；数额巨大或者有其他严重情节的，处5年以上10年以下有期徒刑；数额特别巨大或者有其他特别严重情节的，处10年以上有期徒刑。

第七章 危害税收征管犯罪案件立案追诉标准

第一节 逃税案

一、逃税罪的概念和构成要件

(一) 概念

逃税罪，是指纳税人采取欺骗、隐瞒手段进行虚假纳税申报或者不申报，逃避缴纳税款数额较大并且占应纳税额10%以上的，或者扣缴义务人采取上述手段，不缴或者少缴已扣、已收税款，数额较大的行为。

我国《刑法》有关逃税罪的规定经过了一个不断发展变化的过程。1979年《刑法》第121条规定："违反税收法规，偷税、抗税，情节严重的，除按照税收法规补税并且可以罚款外，对直接责任人员，处三年以下有期徒刑或者拘役。"这一规定对打击偷税犯罪活动发挥了重要作用。但随着经济体制改革的不断深入，经济成分在由计划经济向商品经济再向社会主义市场经济转变的过程中日趋多元化，纳税主体的范围越来越广泛，1979年《刑法》规定的内容已不能完全适应打击偷税犯罪的需要。1992年9月4日全国人大常委会《关于惩治偷税、抗税犯罪的补充规定》对偷税罪的规定做了重要修改补充，将罪状由以前的空白罪状改为叙明罪状，将单位也列为其犯罪主体，并提高了法定刑，同时增加规定了罚金刑。该补充规定第1条明确规定，纳税人采取伪造、变造、隐匿、擅自销毁账簿、记账凭证，在账簿上多列支出或者不列、少列收入，或者进行虚假的纳税申报的手段，不缴或者少缴应纳税款的，是偷税。偷税数额占应纳税额的10%以上并且偷税数额在1万元以上的，或者因偷税被税务机关给予二次行政处罚又偷税的，处3年以下有期徒刑或者拘役，并处偷税数额5倍以下的罚金；偷税数额占应纳税额的30%以上并且偷税数额在10万元以上的，处3年以上7年以下有期徒刑，并处偷税数额 5 倍以下的罚金。扣缴义务人采取前款所列手段，不缴或者少缴已扣、已收税款，数额占应缴税额的 10%以上并且数额在 1 万元以上的，依照前款规定处罚。对多次犯有前两款规定的违法行为未经处罚的，按照累计数额计算。

1997 年《刑法》第 201 条吸收了上述规定内容，明确规定："纳税人采取伪造、变造、隐匿、擅自销毁帐簿、记帐凭证，在帐簿上多列支出或者不列、少列收入，经税务机关通知申报而拒不申报或者进行虚假的纳税申报的手段，不缴或者少缴应纳税款，偷税数额占应纳税额的百分之十以上不满百分之三十并且偷税数额在一万元以上不满十万元的，或者因偷税被税务机关给予二次行政处罚又偷税的，处三年以下有期徒刑或者拘役，并处偷税数额一倍以上五倍以下罚金；偷税数额占应纳税额的百分之三十以上并且偷税数额在十万元以上的，处三年以上七年以下有期徒刑，并处偷税数额一倍以上五倍以下罚金。扣缴义务人采取前款所列手段，不缴或者少缴已扣、已收税款，数额占应缴税额的百分之十以上并且数额在一万元以上的，依照前款的规定处罚。对多次犯有前两款行为，未经处理的，按照累计数额计算。"

2009 年 2 月 28 日第十一届全国人大常委会第七次会议通过的《刑法修正案（七）》对偷税罪的规定做了重要修改。《刑法修正案（七）》第 3 条规定："将刑法第二百零一条修改为：'纳税人采取欺骗、隐瞒手段进行虚假纳税申报或者不申报，逃避缴纳税款数额较大并且占应纳税额百分之十以上的，处三年以下有期徒刑或者拘役，并处罚金；数额巨大并且占应纳税额百分之三十以上的，处三年以上七年以下有期徒刑，并处罚金。扣缴义务人采取前款所列手段，不缴或者少缴已扣、已收税款，数额较大的，依照前款的规定处罚。对多次实施前两款行为，未经处理的，按照累计数额计算。有第一款行为，经税务机关依法下达追缴通知后，补缴应纳税款，缴纳滞纳金，已受行政处罚的，不予追究刑事责任；但是，五年内因逃避缴纳税款受过刑事处罚或者被税务机关给予二次以上行政处罚的除外。'"上述修改开创了刑事立法上入罪与出罪相结合的先例，在行为已构成犯罪的情况下，只要行为人满足了法律规定的条件，就不予追究刑事责任，从立法上体现了宽严相济的刑事政策，既有利于税款征收，又节约了司法资源。1997 年 12 月 11 日最高人民法院《关于执行〈中华人民共和国刑法〉确定罪名的规定》、1997 年 12 月 25 日最高人民检察院《关于适用刑法分则规定的犯罪的罪名的意见》根据 1997 年《刑法》第 201 条规定了"偷税罪"罪名。2009 年 10 月 14 日最高人民法院、最高人民检察院《关于执行〈中华人民共和国刑法〉确定罪名的补充规定（四）》根据《刑法修正案（七）》第 3 条将"偷税罪"修改为"逃税罪"，取消了"偷税罪"罪名。

（二）构成要件

1. 犯罪客体

本罪侵犯的客体是国家的税收管理秩序。税收管理制度是国家各种税收和税款征收办法的总称，是我国社会主义经济制度的重要组成部分，包括征收对象、开征税种、税率、纳税申报、发票管理、出口退税、税收征收等一系列制度。税收是国家组织财政收入、积累社会主义经济建设资金的重要来源。我国《宪法》第56条明确规定："中华人民共和国公民有依照法律纳税的义务。"为了加强税收征收管理，规范税收征收和缴纳行为，保障国家税收收入，保护纳税人的合法权益，促进经济和社会发展，我国先后制定了《税收征收管理法》《企业所得税法》《个人所得税法》《个人所得税法实施条例》《税收征收管理法实施细则》等一系列法律法规。

2. 客观方面

本罪的客观方面表现为纳税人采取欺骗、隐瞒手段进行虚假纳税申报或者不申报，逃避缴纳税款数额较大并且占应纳税额10%以上的，或者扣缴义务人采取上述手段，不缴或者少缴已扣、已收税款，数额较大的行为。构成本罪，行为人在客观方面必须同时具备以下三个条件：

（1）行为人违反了国家税收法规。2015年修订后的《税收征收管理法》规定，法律、行政法规规定负有纳税义务的单位和个人为纳税人。法律、行政法规规定负有代扣代缴、代收代缴税款义务的单位和个人为扣缴义务人。纳税人、扣缴义务人必须依照法律、行政法规的规定缴纳税款、代扣代缴、代收代缴税款。纳税人、扣缴义务人和其他有关单位应当按照国家有关规定如实向税务机关提供与纳税和代扣代缴、代收代缴税款有关的信息。企业，企业在外地设立的分支机构和从事生产、经营的场所，个体工商户和从事生产、经营的事业单位（以下统称从事生产、经营的纳税人）自领取营业执照之日起30日内，持有关证件，向税务机关申报办理税务登记。从事生产、经营的纳税人应当按照国家有关规定，持税务登记证件，在银行或者其他金融机构开立基本存款账户和其他存款账户，并将其全部账号向税务机关报告。纳税人、扣缴义务人按照有关法律、行政法规和国务院财政、税务主管部门的规定设置账簿，根据合法、有效凭证记账，进行核算。从事生产、经营的纳税人的财务、会计制度或者财务、会计处理办法和会计核算软件，应当报送税务机关备案。纳税人、扣缴义务人的财务、会计制度或者财务、会计处理办法与国务院或者国务院财政、税务主管部门有关税收的规定抵触的，依照国务院或者国务院财政、税务主管部门有关税收的规定计算应纳税款、代扣代缴和代收代缴税款。从事生产、经营的纳税人、扣缴义务人必须按照国务院财政、税务主管部门规定的保管期限保管账簿、记账凭证、完税凭证及其他有关资料。账簿、记账凭证、完税凭证及其他有关资料不得伪造、变造或者擅自损毁。纳税人必须依照法律、行政法规规定或者税务机关依照法律、行政法规的规定确定的申报期限、申报内容如实办理纳税申报，报送纳税申报表、财务会计报表以及税务机关根据实际需要要求纳税人报送的其他纳税资料。扣缴义务人必须依照法律、行政法规规定或者税务机关依照法律、行政法规的规定确定的申报期限、申报内容如实报送代扣代缴、代收代缴税款报告表以及税务机关根据实际需要要求扣缴义务人报送的其他有关资料。

（2）行为人实施了逃税行为。逃税行为表现为采取欺骗、隐瞒手段进行虚假纳税申报或者不申报，以逃避缴纳税款。

虚假纳税申报，是指虽然做了纳税申报，但不如实填写纳税申报或者对所应报送的有关证件、资料弄虚作假的行为，如虚报生产、经营状况，虚报应纳税项目，虚报生产经营规模、收入、职工人数等。所谓纳税申报，是指纳税人、扣缴义务人为正确履行纳税义务或者扣缴义务，就纳税或者扣缴税的有关事项向税务机关申报的行为。不申报，是指行为人无正当理由不进行纳税申报的行为。逃税犯罪是故意犯罪，故以不申报方式逃税的，以行为人明知应申报纳税而故意不申报为前提。纳税人办理设立登记时，登记机关即告知纳税人依法申报纳税义务，纳税人发生应税行为而不申报纳税或者经税务机关依法通知其申报而不申报纳税的，均属于逃税罪的不申报。在实践中，采取欺骗、隐瞒手段进行虚假纳税申报或者不申报主要包括如下情形：

①伪造、变造、转移、隐匿、擅自销毁账簿、记账凭证或者其他相关资料。账簿、记账凭证或者其他相关资料是纳税人经济活动的客观记载，也是税务机关据以征税的重要依据。账簿，是指由一定格式、互有关系的若干账页组成，以会计凭证为依据，用以全面、系统、序时、分类记录各项经济业务的簿籍，包括总账明细表、日记账以及其他辅助性账簿。记账凭证，是财会部门根据原始凭证填制，记载经济业务简要内容，确定会计分录，作为记账依据的会计凭证。记账凭证按其反映经济业务内容的不同，又可以分为收款凭证、付款凭证和转账凭证。其他相关资料，是指账簿、记账凭证以外可以作为计税依据的资料，对这部分资料予以伪造、变造、转移、隐匿、擅自销毁，逃避税务稽查的，也应作为逃税犯罪的手段。根据《税收征收管理法》的规定，从事生产、经营的纳税人、扣缴义务人必须按照国务院财政、税务主管部门规定的保管期限保管账簿、记账凭证、完税凭证及其他有关资料，并不得伪造、变造或者擅自损毁。伪造，是指行为人为了逃税，不依法建立账簿，为了应付税务机关检查而编制假记账凭证、假账簿，无中生有，以虚假的情况欺骗税务机关的行为。变造，是指采用对已经建

立的真实的账簿、记账凭证进行涂改、挖补、剪贴、拼凑等方法，使账簿、记账凭证上的税款增多或者减少，以致对其经营额和应纳税项目产生误解，从而达到不缴或者少缴税款的目的。转移、隐匿，是指有意将账簿、记账凭证转移或隐匿起来，使税务机关无法检查、了解其生产、经营情况，从而任意进行不真实的纳税申报，以偷逃税款。擅自销毁，是指违反有关财税管理法规，没有达到法定保存期限，也没有经过法定程序报经有关主管部门审核，故意丢弃、毁坏账簿、记账凭证，从而达到偷逃税款的目的。

②在账簿上多列支出或者不列、少列、分解收入。由于税额一般是以营业额、销售额、利润为基数而设定的，支出的多少直接决定应纳税数额的多少。账簿上反映的支出和收入情况不真实，借此达到逃税目的是逃税行为的常见手段。其中，多列支出的方法主要包括虚列、多列生产成本（如采用转移材料运杂费、改变低值易耗品核算方法、扩大产品工资成本等），多提固定资产折旧等。少列、不列收入的方法主要包括隐瞒或者少记销售收入，减少营业外收入及隐瞒其他收入，私设小金库等。分解收入指的是将应该一次性收取纳税的个人、企业所得，通过拆解的方式，以各种非应税方式收取。比如影视行业演员以片酬方式收取部分收入，剩余部分由制片人与影视演员实际控制公司签订虚假合同，以“增资入股”的形式支付，规避行业监管获取“天价片酬”，隐瞒收入进行虚假申报、偷逃税款。

③设立账外账。纳税人设立两本账册，真实记载的账册留作自用，虚假记载的账册交给税务机关检查并作为纳税依据。在假账上隐瞒盈利，制造亏损，造成经营状况不佳的假象，以逃避缴纳税款。

④假借发票逃避缴纳税款。用虚开的发票，虚假增加成本，或者虚假减少销售金额，制造少盈利甚至亏损的假象，从而达到逃缴税款的不法目的。

⑤利用税收优惠或税率进行逃税。比如利用国家对安置残疾人单位实行的一系列税收优惠政策，伪造安置残疾人就业材料或者虚报员工残疾人人数实施逃税。利用一般纳税人和小规模纳税人以及个人与企业不同的税率，将高税率收入转化为低税率收入所得，比如通过设立个人独资企业、合伙企业虚构业务，将个人佣金或劳动报酬所得转换为企业经营所得进行虚假申报偷逃税款。

⑥虚报专项附加扣除或者虚抵进项税额。自 2019 年起，个人所得税允许对子女教育、继续教育、大病医疗、住房贷款利息、住房租金和赡养老人六项专项附加扣除。纳税义务人虚报专项扣除项目、金额逃税的，也应视为逃税行为。虚抵进项税额是指把虚开的进项发票用来抵扣销项税额的行为。

（3）行为人逃税数额较大并且占应纳税额 10% 以上。根据刑法规定，并非所有逃税行为均按逃税罪处罚，而是对情节严重的才按犯罪处理。在这种情况下，采取的是“数额加比例”标准，行为人的行为必须同时具备“10%以上”和“数额较大”两个条件才按犯罪处理，否则不构成逃税罪。

值得注意的是，纳税人实施了逃避缴纳税款的行为后，经税务机关依法下达追缴通知后，补缴应纳税款，缴纳滞纳金，已受行政处罚的，则不予追究刑事责任。但是，如果行为人5年内因逃避缴纳税款受过刑事处罚或者被税务机关给予二次以上行政处罚，又逃税且达到立案追诉标准的，经税务机关依法下达追缴通知后，即便行为人补缴应纳税款，缴纳滞纳金，且已受行政处罚，仍然要追究刑事责任。

3. 犯罪主体

本罪的主体是特殊主体，只有纳税人和扣缴义务人才能成为本罪的主体，而且既包括自然人，也包括单位。纳税人，是指法律、行政法规规定负有纳税义务的单位和个人。扣缴义务人，是指法律、行政法规规定负有代扣代缴、代收代缴税款义务的单位和个人。各种专门的税收法律法规都明确规定了具体税种的纳税人。例如，《企业所得税法》第1条第1款规定：“在中华人民共和国境内，企业和其他取得收入的组织（以下统称企业）为企业所得税的纳税人，依照本法的规定缴纳企业所得税。”《个人所得税法》第1条第1、2款规定，在中国境内有住所，或者无住所而一个纳税年度内在中国境内居住累计满183天的个人，为居民个人。居民个人从中国境内和境外取得的所得，依照本法规定缴纳个人所得税。在中国境内无住所又不居住，或者无住所而一个纳税年度内在中国境内居住累计不满183天的个人，为非居民个人。非居民个人从中国境内取得的所得，依照本法规定缴纳个人所得税。《增值税暂行条例》第1条规定，在中华人民共和国境内销售货物或者加工、修理修配劳务，销售服务、无形资产、不动产以及进口货物的单位和个人，为增值税的纳税义务人，应当依照本条例缴纳增值税。扣缴义务人主要存在于各种所得税中。例如，《个人所得税法》第9条第1款规定：“个人所得税以所得人为纳税人，以支付所得的单位或者个人为扣缴义务人。”

4. 主观方面

本罪的主观方面表现为故意，过失不构成本罪。

二、逃税罪案立案追诉标准适用指南

《立案追诉标准（二）》第五十二条规定：

逃避缴纳税款，涉嫌下列情形之一的，应予立案追诉：

（一）纳税人采取欺骗、隐瞒手段进行虚假纳税申报或者不申报，逃避缴纳税款，数额在十万元以上并且占各税种应纳税总额百分之十以上，经税务机关依法下达追缴通知后，不补缴应纳税款、不缴纳滞纳金或者不接受行政处罚的；

（二）纳税人五年内因逃避缴纳税款受过刑事处罚或者被税务机关给予二次以上行政处罚，又逃避缴纳税款，数额在十万元以上并且占各税种应纳税总额百分之十以上的；

（三）扣缴义务人采取欺骗、隐瞒手段，不缴或者少缴已扣、已收税款，数额在十万元以上的。

纳税人在公安机关立案后再补缴应纳税款、缴纳滞纳金或者接受行政处罚的，不影响刑事责任的追究。

刑法对本罪的规定前后变化较大，因此相关的立案追诉标准前后变化也较大。鉴于1997年《刑法》第201条已明确规定了偷税罪的具体定罪量刑标准，2001年《追诉标准》作为具体执行《刑法》的司法解释性规定，不再另行规定标准，直接将刑法规定的偷税罪的起刑点作为偷税罪案的立案追诉标准。2010年《立案追诉标准（二）》考虑到《刑法修正案（七）》将偷税罪改为逃税罪，罪状也做了重大修改，因此重新制定了本罪案的立案追诉标准。本次立案追诉标准修改主要针对2010年《立案追诉标准（二）》数额进行了调整。

根据《立案追诉标准（二）》第52条规定，逃避缴纳税款，涉嫌下列情形之一的，应予立案追诉：

（1）纳税人采取欺骗、隐瞒手段进行虚假纳税申报或者不申报，逃避缴纳税款，数额在10万元以上并且占各税种应纳税总额10%以上，经税务机关依法下达追缴通知后，不补缴应纳税款、不缴纳滞纳金或者不接受行政处罚的。本项主要是对纳税人的逃税行为规定了立案追诉标准。2010年《立案追诉标准（二）》第57条第1款第1项规定“纳税人采取欺骗、隐瞒手段进行虚假纳税申报或者不申报，逃避缴纳税款，数额在五万元以上并且占各税种应纳税总额百分之十以上，经税务机关依法下达追缴通知后，不补缴应纳税款、不缴纳滞纳金或者不接受行政处罚的”应予立案追诉。从2010年《立案追诉标准（二）》出台到现在，我国经济总量已有很大增长，原立案追诉标准已与经济发展水平不相适应，如再以原来过低的标准定罪量刑，打击面过宽。此外，近年来有关经济犯罪、职务犯罪的定罪量刑数额标准都已大幅提高，逃税罪的定罪量刑标准也应适当提高。再者，《刑法修正案（七）》对逃税罪增加“经税务机关依法下达追缴通知后，补缴应纳税款，缴纳滞纳金，已受行政处罚的，不予追究刑事责任”的出罪规定，表明立法上对逃税行为也不是一味强调刑事打击，与之前的刑法规定相比，更加侧重税款损失的挽回。基于上述考虑，此次立案追诉标准修订时决定适当提高逃税罪的追诉标准，制定了逃避缴纳税款 10 万元的标准，同时对扣缴义务人犯逃税罪的相关数额也以相同标准进行了调整，提高到 10 万元。

需要指出的是，《刑法》第 201 条第 4 款规定：“有第一款行为，经税务机关依法下达追缴通知后，补缴应纳税款，缴纳滞纳金，已受行政处罚的，不予追究刑事责任；但是，五年内因逃避缴纳税款受过刑事处罚或者被税务机关给予二次以上行政处罚的除外。”对于这一规定，实践中存在着在不同理解。

第一种观点认为，行政处罚程序不是刑事追诉的前置程序。理由是从《刑法》第 201 条第 1 款规定来看，只要是纳税人采取欺骗、隐瞒手段进行虚假纳税申报或者不申报，逃避缴纳税款数额较大并且占应纳税额 10%以上，公安机关就可以立案。立案之后，如果犯罪嫌疑人补缴了应纳税款，缴纳了滞纳金，接受了行政处罚的，公安机关应予撤案，《刑法》第 201 条第 4 款的规定并不排斥公安机关的立案权。如果认为行政处罚程序是刑事追诉的前置程序，就等于给公安机关查处逃税犯罪案件设置了一道障碍。

第二种观点认为，行政处罚程序是刑事追诉的前置程序。理由是根据《刑法》第 201 条第 4 款的规定，经税务机关依法下达追缴通知后，纳税人补缴了应纳税款，缴纳了滞纳金，已经接受了行政处罚的，不予追究刑事责任。这就意味着只有在逃税行为人不符合《刑法》规定的不予追究刑事责任的条件下才能启动刑事追诉程序，在是否符合刑事追诉条件没有确定的情况下，不能启动刑事追诉程序。《刑法》对逃税行为给予了较以往更轻的评价，刑事制裁是为保证税务机关追缴税款而设定的，如果国家税收没有遭受损失，公安机关就不应立案。这种观点对于如何界定本罪应予立案追诉的具体情形又有两种不同意见。

一种意见认为，“不补缴应纳税款”“不缴纳滞纳金”“不接受生效的行政处罚”三者之间应是并列关系，也就是三个条件同时具备才可以立案追诉。另外，纳税人实施逃避缴纳税款的行为后，其是否补缴应纳税款，缴纳滞纳金，接受生效的行政处罚尚不确定，特别是税务机关作出行政处罚决定后，申请行政复议和提起行政诉讼是纳税人的法定权利，不能纳税人一旦不接受行政处罚就立即启动刑事追诉程序，否则将剥夺纳税人法定的申请行政复议权和提起行政诉讼权。因此，行政处罚应解释为“生效的行政处罚”，对初次逃避缴纳税款的行为人，在穷尽所有的行政救济程序之前公安机关不能立案。

另一种意见认为，“不补缴应纳税款”“不缴纳滞纳金”“不接受行政处罚”三者之间是选择关系，只要有一个条件具备，就可以立案追诉，而且行政处罚不需要限定为“生效的行政处罚”。

我们同意第二种观点的后一种意见。理由是：一是打击逃税犯罪的主要目的是维护税收征管秩序，促使纳税义务人依法积极履行纳税义务，保证国家税收收人。只有纳税人不积极配合税务机关履行义务，不满足刑法规定的不追究刑事责任的条件时，税务机关才应当将案件移交公安机关立案侦查进入刑事司法程序，这符合刑法的立法原意。二是《刑法》第 201 条第 4 款规定的“补缴应纳税款”“缴纳滞纳金”“已受行政处罚”属于并列关系，只有在上述三个条件同时满足的情况下才不予追究行为人的刑事责任，反过来只要其中一个条件不满足就应追究行为人的刑事责任。因此，立案追诉标准中的“不补缴应纳税款”“不缴纳滞纳金”“不接受行政处罚”应为选择关系而非并列关系。三是从立法精神来看，“已受行政处罚”不仅是指纳税人收到了税务机关的行政处罚决定书，而且更为重要的是纳税人应当已经积极缴纳了罚款，这是对其已经构成犯罪的行为有无悔改之意的重要判断标准，因此不宜将“已受行政处罚”限定为“生效的行政处罚”。另外，纳税人无条件接受行政处罚并不意味着其申请行政复议权和提起行政诉讼权的灭失。根据《行政复议法》第 21 条和《行政诉讼法》第 44 条的规定，在行政复议和行政诉讼期间，均不停止具体行政行为的执行，即行政相对人在此期间仍需履行其义务。换言之，纳税人接受税务机关的行政处罚是其法定义务，在接受税务机关的行政处罚并免予刑事追诉后仍可以申请行政复议或者提起行政诉讼。

（2）纳税人 5 年内因逃避缴纳税款受过刑事处罚或者被税务机关给予二次以上行政处罚，又逃避缴纳税款，数额在 10 万元以上并且占各税种应纳税总额 10%以上的。本项主要是对受过处罚的纳税人的逃税行为规定了立案追诉标准。根据《刑法》第 201 条第 4 款的规定，对 5 年内因逃避缴纳税款受过刑事处罚或者被税务机关给予二次以上行政处罚，又逃避缴纳税款的纳税人进行立案追诉的前提条件是有《刑法》第 201 条第 1 款行为，即采取欺骗、隐瞒手段进行虚假纳税申报或者不申报，逃避缴纳税款数额较大并且占应纳税额 10%以上。而该项的规定中既有数额较大的要求，又有占应纳税总额的比例要求。在此种情形下，即使行为人补缴了应纳税款，缴纳了滞纳金，已经接受了行政处罚，也要追究其刑事责任。与前一项情形相同，本次立案追诉标准对于本项情形的修改主要将 2010 年《立案追诉标准（二）》规定的“数额在五万元以上”提高至“数额在十万元以上”。

（3）扣缴义务人采取欺骗、隐瞒手段，不缴或者少缴已扣、已收税款，数额在 10 万元以上的。本项主要是对扣缴义务人的逃税行为规定了立案追诉标准。扣缴义务人承诺为纳税人代付税款，在其向纳税人支付所得时，应当认定扣缴义务人已扣、已收税款。扣缴义务人构成逃税罪只要达到数额较大即可，没有逃税比例之要求。为防止扣缴义务人与纳税人就应纳税款是否已扣相互推诿，不必要求书面承诺，只要有证据证明扣缴义务人有承诺即可。向纳税人支付所得时视为已扣、已收税款符合客观实际，便于认定。与前两项情形相同，本次立案追诉标准对于本项情形的修改主要将 2010 年《立案追诉标准（二）》规定的“数额在五万元以上”提高至“数额在十万元以上”。

本条第 2 款明确了“纳税人在公安机关立案后再补缴应纳税款、缴纳滞纳金或者接受行政处罚的，不影响刑事责任的追究”。本次立案追诉标准修订沿用了 2010 年《立案追诉标准（二）》的相关规定。本款规定将“公安机关立案后”设置为纳税人的刑事免责截止时间点。刑法给予纳税人的刑事免责不是无限期的，应有一个截止时间点，否则容易导致纳税人滥用权利，使相关的刑事诉讼程序长期处于不确定状态。有观点认为，在一审或者二审判决前，纳税人补缴应纳税款、缴纳滞纳金、接受行政处罚的，都可以不予追究刑事责任。经研究认为，如果将纳税人的刑事免责截止时间点放宽到一审或者二审判决前，这将使前面已经经过的刑事诉讼程序全部归于无效，这不仅浪费司法资源，影响立案、起诉、审判等刑事诉讼活动的严肃性，损害司法尊严，而且也不符合《刑法修正案（七）》体现的促使纳税人积极履行纳税义务的立法精神。因此，将“公安机关立案后”作为纳税人刑事免责截止时间点，即公安机关立案前，纳税人不补缴应纳税款，或者不缴纳滞纳金，或者不接受行政处罚，就意味着其放弃了刑事免责的机会；公安机关立案后，纳税人再补缴应纳税款，缴纳滞纳金，接受行政处罚的，只能作为量刑时的一个从轻情节予以考虑，不影响司法机关对其刑事责任的追究。

此外，还需要说明的是：

一是本罪的三种应予立案追诉的情形是并列、选择关系，只要具备其中之一，即应予立案追诉。对于第一、二种情形，逃税数额在 10 万元以上和逃税数额占各税种应纳税总额的 10% 以上两个条件必须同时具备，否则不能立案追诉；而对于第三种情形，只要逃税数额在 10 万元以上的，即应立案追诉，并不要求逃税数额占各税种应纳税总额的 10% 以上。

二是关于“逃避缴纳税款数额”“应纳税额”“逃避缴纳税款数额占应纳税额的百分比”的计算。刑法第 201 条第 1 款规定的逃避缴纳税款数额是指在确定的纳税期间不缴或者少缴税务机关负责征收的各税种税款的总额。应纳税额，是指应税行为发生年度内依照税收法律、行政法规规定应当缴纳的税额，不包括海关代征的增值税、关税及纳税人依法预缴的税额。逃避缴纳税款数额占应纳税额的百分比，是指行为人在一个纳税年度的各税种逃税总额与该纳税年度应纳税总额的比例；不按纳税年度确定纳税期的，按照最后一次逃税行为发生之日前一年中各税种逃税总额与该年应纳税总额的比例确定。

三是对多次实施逃税行为未经处理，或者一次逃避缴纳多个应纳税种的，其逃税数额应当累计计算。

三、认定逃税罪应注意的问题

（一）逃税罪罪与非罪的界限

首先，要注意区分逃税与漏税的界限。漏税，是指纳税人（包括扣缴义务人）由于过失，没有依照税法规定缴纳或者足额缴纳税款的行为。漏税是一种一般税务违法行为，应由税务机关责令其补缴漏缴的税款，并按规定加收滞纳金；而逃税则是一种故意行为，行为人的目的就是逃避缴纳税款。从性质上看，逃税要比漏税严重得多，逃税情节严重，符合刑法规定的入罪条件的，应当依法追究刑事责任。

其次，要注意区分逃税与避税的界限。避税，是指采用转移资金、费用、成本、利润等合法手段减轻或者不履行纳税义务的行为。逃税与避税虽然都是减少或者不履行纳税义务的行为，但二者之间有着本质的不同。法律有无明确禁止是区分逃税与避税的关键。避税是在纳税义务发生前采取各种合乎法律规定的方法，有意减轻或者免除税收负担的行为，多数情况下是不违背立法意图的，如利用税收优惠政策投资，但也有些是钻税收法律法规不够完善的空子；而逃税是在发生纳税义务后，采用非法的手段减少或者不履行纳税义务，在任何情况下逃税都是国家法律所不允许的。对于钻法律空子的避税，只能通过不断完善税收法律法规的方法来防止；而对于逃税，应依法追究刑事责任。实践证明，加强打击是减少逃税犯罪的重要手段之一。

最后，要注意区分逃税犯罪与一般逃税行为的界限。根据刑法第 201 条规定，只有逃税数额占应税数额的比例和实际逃税的数额这两个指标都符合才构成逃税罪。如果逃税数额未达到立案标准的数额或者占比未达到应税额 10%以上的，属于一般逃税违法行为。对于不符合《立案追诉标准（二）》逃税犯罪的立案追诉标准情形的，由税务机关追缴其不缴或者少缴的税款、滞纳金，并处不缴或者少缴的税款 50%以上 5 倍以下的罚款；对于扣缴义务人，由税务机关追缴其不缴或者少缴的税款、滞纳金，并处不缴或者少缴的税款 50%以上 5 倍以下的罚款。对于初犯，经税务机关指出后积极补缴税款和滞纳金，履行了纳税义务，已接受行政处罚的，可不作为犯罪追究刑事责任。

（二）逃税罪与相关犯罪的界限

1. 逃税罪与走私普通货物、物品罪的界限

走私普通货物、物品罪，是指违反海关管理法规，逃避海关监管，走私《刑法》第 151 条（走私武器、弹药罪，走私核材料罪，走私假币罪，走私文物罪，走私贵重金属罪，走私珍贵动物、珍贵动物制品罪，走私国家禁止进出口的货物、物品罪）、第 152 条（走私淫秽物品罪，走私废物罪）、第 347 条（走私毒

品罪）规定以外的货物、物品，偷逃应缴税额较大或者 1 年内曾因走私被给予二次行政处罚后又走私的行为。

逃税罪与走私普通货物、物品罪都是偷逃国家税收的犯罪行为，主观上都是故意，都可以由自然人和单位构成，均破坏了社会主义市场经济秩序。两罪的主要区别在于：（1）犯罪客体不尽相同。逃税罪侵犯的是国家税收征管秩序；而走私普通货物、物品罪侵犯的是国家对外贸易管理制度和海关监管秩序。（2）客观方面表现不同。逃税罪的客观方面表现为纳税人采取欺骗、隐瞒手段进行虚假纳税申报或者不申报，逃避缴纳税款数额较大并且占应纳税额 10% 以上，或者扣缴义务人采取上述手段，不缴或者少缴已扣、已收税款，数额较大的行为；而走私普通货物、物品罪的客观方面则表现为违反海关管理法规，逃避海关监管，非法运输、携带、邮寄普通货物、物品进出国（边）境偷逃应缴税款的行为。（3）犯罪主体不同。逃税罪的主体是特殊主体，只有纳税人和扣缴义务人才能构成；而走私普通货物、物品罪的主体则是一般主体。

2. 逃税罪与隐匿、故意销毁会计凭证、会计账簿、财务会计报告罪的界限

隐匿、故意销毁会计凭证、会计账簿、财务会计报告罪，是指隐匿或者故意销毁依法应当保存的会计凭证、会计账簿、财务会计报告，情节严重的行为。

逃税罪中隐匿、擅自销毁账簿、记账凭证的行为与隐匿、故意销毁会计凭证、会计账簿、财务会计报告罪相似，应注意加以区别。两罪的区别在于：（1）犯罪主体不同。逃税罪是特殊主体，只有纳税人和扣缴义务人才能构成；而隐匿、故意销毁会计凭证、会计账簿、财务会计报告罪则是一般主体。（2）侵犯的客体不同。逃税罪侵犯的客体是国家税收征管秩序；而隐匿、故意销毁会计凭证、会计账簿、财务会计报告罪侵犯的客体则是国家会计管理秩序和有关国家机关的正常管理活动。

（三）其他问题

1. 关于逃税罪的共同犯罪

在实践中，要注意追究与逃税有关的其他犯罪分子的刑事责任，尤其是单位逃税犯罪在一般情况下涉及的直接责任人员比较多，除直接负责的主管人员和其他直接责任人员外，有时还有人为单位逃税犯罪提供账户、发票、证明，或者以其他手段为单位逃税犯罪提供帮助。在实践中，甚至有些税务工作人员也收受贿赂，参与了逃税犯罪。在查处逃税犯罪案件时，要注意在追究纳税人和扣缴义务人的刑事责任的同时，对于税务工作人员唆使或者参与逃税犯罪的，也应当依法追究刑事责任。

2. 关于无证经营的行为人能否构成逃税主体

未按照规定办理税务登记的从事生产、经营的纳税人以及临时从事经营的纳

税人可以构成逃税罪的犯罪主体。其行为触犯《刑法》第 201 条规定的，应当以逃税罪立案追诉，依法追究刑事责任。

四、逃税罪的处罚

根据《刑法》第 201 条的规定，自然人犯逃税罪的，处 3 年以下有期徒刑或者拘役，并处罚金；数额巨大并且占应纳税额 30%以上的，处 3 年以上 7 年以下有期徒刑，并处罚金。扣缴义务人采取欺骗、隐瞒手段，不缴或者少缴已扣、已收税款，数额较大的，依照前述规定处罚。对多次实施逃税行为，未经处理的，按照累计数额计算。

根据《刑法》第 211 条的规定，单位犯逃税罪的，对单位判处罚金，并对其直接负责的主管人员和其他直接责任人员，依照自然人犯本罪的规定处罚。

根据《刑法》第 212 条的规定，犯逃税罪被判处罚金的，在执行前，应当先由税务机关追缴税款。

第二节　抗税案

一、抗税罪的概念和构成要件

（一）概念

抗税罪，是指负有纳税义务或者代扣代缴、代收代缴义务的个人或者企事业单位的直接责任人员，故意违反税收征管法规，以暴力、威胁方法拒不缴纳税款的行为。

1979 年《刑法》第 121 条规定了抗税罪，根据该条规定，违反税收法规，抗税情节严重的，除按照税收法规补税并且可以罚款外，对直接责任人员，处 3 年以下有期徒刑或者拘役。由于该条将抗税罪与偷税罪规定在一起，内容比较简单，且要求情节严重的才按犯罪处理，显得不够科学和合理，在实践中许多时候也难以操作。随着经济的发展和改革开放的深化，抗税犯罪活动日益增多，这种犯罪的主要危害在于以暴力、威胁方法，危及他人的人身安全，比其他危害税收犯罪更恶劣。1992 年 9 月 4 日全国人大常委会《关于惩治偷税、抗税犯罪的补充规定》对抗税罪的规定做了补充修改，该补充规定第 6 条规定："以暴力、威胁方法拒不缴纳税款的，是抗税，处三年以下有期徒刑或者拘役，并处拒缴税款五倍以下的罚金；情节严重的，处三年以上七年以下有期徒刑，并处拒缴税款五倍以下的罚金。以暴力方法抗税，致人重伤或者死亡的，按照伤害罪、杀人罪从重处罚，并依照前款规定处以罚金。”1997年《刑法》吸收了前述规定的基本内容并做了适当的修改和补充。1997年12月11日最高人民法院《关于执行〈中华人民共和国刑法〉确定罪名的规定》、1997年12月25日最高人民检察院《关于适用刑法分则规定的犯罪的罪名的意见》根据1997年《刑法》第202条规定了“抗税罪”罪名。

（二）构成要件

1. 犯罪客体

本罪侵犯的客体是复杂客体，不仅侵犯了国家税收征管秩序，而且侵犯了执行征税职务活动的税务工作人员的人身权利。

2. 客观方面

本罪的客观方面表现为以暴力或者威胁方法拒不缴纳税款的行为。暴力，是指对税务工作人员的人身实施殴打和强制，以及对税务机关进行冲击和打砸等。威胁，是指对税务工作人员以实施杀害、伤害等进行恐吓或者要挟。拒不缴纳税款，是指纳税人依法应当缴纳税款并且有能力缴纳而公然拒不缴纳的行为。抗税的前提是行为人依法负有缴纳税款的义务，如果行为人不是纳税义务人，就不存在抗税问题。

3. 犯罪主体

本罪的主体是纳税义务人和扣缴义务人，且只能由自然人构成。《刑法》没有具体规定本罪的主体范围。刑法学界存在两种观点：一种观点认为，本罪的主体仅指纳税人，不包括扣缴义务人；另一种观点认为，本罪的主体包括纳税人和扣缴义务人。经研究，我们同意后一种观点。因为在司法实践中，抗税行为往往是由于纳税人、扣缴义务人逃税或者拖欠税款，当税务工作人员依法征税时，由纳税人或扣缴义务人实施的。如果抗税罪的主体范围排除扣缴义务人，就会使扣缴义务人的抗税行为不能得到刑事制裁。

4. 主观方面

本罪的主观方面表现为直接故意，即明知负有纳税义务而故意抗拒缴纳税款，并且具有通过暴力、威胁方法而公开拒不缴纳税款、非法获利的目的，过失不构成本罪。

二、抗税罪案立案追诉标准适用指南

《立案追诉标准（二）》第五十三条规定：

以暴力、威胁方法拒不缴纳税款，涉嫌下列情形之一的，应予立案追诉：

（一）造成税务工作人员轻微伤以上的；

（二）以给税务工作人员及其亲友的生命、健康、财产等造成损害为威胁，抗拒缴纳税款的；

（三）聚众抗拒缴纳税款的；

（四）以其他暴力、威胁方法拒不缴纳税款的。

1997年刑法第202条规定，以暴力、威胁方法拒不缴纳税款的，处3年以下有期徒刑或者拘役，并处拒缴税款1倍以上5倍以下罚金；情节严重的，处3年以上7年以下有期徒刑，并处拒缴税款1倍以上5倍以下罚金。2002年最高人民法院《关于审理偷税抗税刑事案件具体应用法律若干问题的解释》第5条规定，实施抗税行为具有下列情形之一的，属于刑法第202条规定的"情节严重"：（1）聚众抗税的首要分子；（2）抗税数额在10万元以上的；（3）多次抗税的；（4）故意伤害致人轻伤的；（5）具有其他严重情节。据此，抗税罪在我国刑法体系中得以确立。2001年《追诉标准》沿袭了《刑法》条文的规定，不要求有行为危害后果发生，也不受所抗税数额多少的限制，只要实施暴力、威胁方法拒不缴纳税款的行为，即应予立案追诉。考虑到这样规定缺乏可操作性，2010年《立案追诉标准（二）》对抗税罪的立案追诉情形做了进一步细化与量化。本次立案追诉标准修订主要考虑到随着我国全面免除农业税以及税款网络线上征收的普及，税务部门现场执法收税的情形越来越少，抗税案件实际很少发生，因此未对2010年《立案追诉标准（二）》的相关规定进行修改，继续予以沿用。

根据《立案追诉标准（二）》第53条规定，以暴力、威胁方法拒不缴纳税款，涉嫌下列情形之一的，应予立案追诉：

（1）造成税务工作人员轻微伤以上的。《税收征收管理法》第67条规定："以暴力、威胁方法拒不缴纳税款的，是抗税，除由税务机关追缴其拒缴的税款、滞纳金外，依法追究刑事责任。情节轻微，未构成犯罪的，由税务机关追缴其拒缴的税款、滞纳金，并处拒缴税款一倍以上五倍以下的罚款。"《刑法》第13条规定："……但是情节显著轻微危害不大的，不认为是犯罪"。根据上述规定，并非所有的抗税行为都是犯罪行为，只有情节较为严重造成一定危害的抗税行为才构成犯罪。参照2002年最高人民法院《关于审理偷税抗税刑事案件具体应用法律若干问题的解释》第5条第4项的规定，故意伤害致人（税务工作人员）轻伤的，属于《刑法》第202条规定的"情节严重"。因此，将"造成税务工作人员轻微伤以上的"作为抗税罪案的立案追诉标准，同时将行为人对税务工作人员推推搡搡、拉拉扯扯等显著轻微的抗税行为排除在犯罪行为之外，以此划分一般违法行为与犯罪的界限。

（2）以给税务工作人员及其亲友的生命、健康、财产等造成损害为威胁，抗拒缴纳税款的。本项规定对以威胁的方法抗拒缴纳税款的行为进行了规定。以给税务工作人员及其亲友的生命、健康、财产等造成损害为威胁，抗拒缴纳税款的，可认定构成威胁。其本质在于，行为人的行为已给税务工作人员造成了实际的精神压力，使税务工作人员迫于对现实可能发生的危害结果而不敢收税，从而使税收工作受阻。如此规定可以将行为人对税务工作人员一般的态度粗鲁、言语粗俗、辱骂等显著轻微的抗税行为排除在犯罪行为之外，以此划分一般违法行为与犯罪的界限。

（3）聚众抗拒缴纳税款的。聚众抗拒缴纳税款系公然聚众对抗国家税收征管制度，社会危害性大、影响恶劣，对此必须予以坚决打击。2002年最高人民法院《关于审理偷税抗税刑事案件具体应用法律若干问题的解释》亦将聚众抗税的首要分子认定为《刑法》第202条规定的“情节严重”。

（4）以其他暴力、威胁方法拒不缴纳税款的。本项规定为兜底性条款，以防挂一漏万。

此外，需要注意的是，对于以暴力方法抗税，致人（包括税务工作人员和其他人）重伤或者死亡的，应以伤害罪、杀人罪进行立案追诉，而不应以抗税罪立案追诉，也不按数罪进行追诉。因为《刑法》第202条虽然删除了《关于惩治偷税、抗税犯罪的补充规定》第6条第2款的规定内容，但由于《刑法》第202条规定的法定最高刑仅为7年有期徒刑，显然对于因抗税致人重伤或者死亡的，应当以伤害罪、杀人罪处罚，否则就会罚不当罪。①

三、认定抗税罪应注意的问题

（一）抗税罪罪与非罪的界限

抗税罪虽然属于刑法理论上的行为犯，但为了便于操作，《立案追诉标准（二）》还是进行了细化与量化，对于抗税行为情节显著轻微，危害不大，未达到立案追诉标准的，不应按犯罪处理，而应按《税收征收管理法》的有关规定，由税务机关追缴其拒缴的税款、滞纳金，并处以拒缴税款1倍以上5倍以下罚款。

（二）抗税罪与相关犯罪的界限

1. 抗税罪与妨害公务罪的界限

妨害公务罪，是指以暴力、威胁方法阻碍国家机关工作人员依法执行职务的

① 赵秉志主编：《新刑法典的创制》，法律出版社1997年版，第266-267页。

行为。

两罪的客观方面均表现为使用暴力、威胁方法阻碍国家机关工作人员依法执行职务活动，可见两罪存在法条竞合关系。但是，《刑法》将抗税罪从妨害公务罪中分离出来，作为一种特别犯罪加以规定，根据法条竞合时在法律适用上特别法优于普通法的原则，对于抗税行为，只适用抗税罪的规定而不适用妨害公务罪的规定，也不实行数罪并罚。此外，两罪的犯罪主体和犯罪对象都不相同。抗税罪的主体是特殊主体，只有纳税义务人才能构成本罪，而妨害公务罪的主体是一般主体；抗税罪的犯罪对象是依法执行征税职务的税务工作人员，而妨害公务罪的犯罪对象较为广泛，可以是税务机关以外的其他国家机关工作人员、正在履行职务的人大代表、依法履行公共管理职能的红十字会工作人员等。

2. 抗税罪与逃税罪、逃避追缴欠税罪的界限

逃税罪，是指纳税人采取欺骗、隐瞒手段进行虚假纳税申报或者不申报，逃避缴纳税款数额较大并且占应纳税额10%以上，或者扣缴义务人采取上述手段，不缴或者少缴已扣、已收税款，数额较大的行为。逃避追缴欠税罪，是指纳税人欠缴应纳税款，采取转移或者隐匿财产的手段，致使税务机关无法追缴欠缴的税款，数额在1万元以上的行为。

这三个罪均侵犯了国家税收征管秩序，犯罪主体均为纳税义务人，主观上均出于故意。其主要区别在于：（1）犯罪主体不尽相同。抗税罪只能由自然人构成；而逃税罪和逃避追缴欠税罪则既可以由自然人构成，也可以由单位构成。（2）犯罪客体和对象不尽相同。抗税罪侵犯的客体除了国家税收征管秩序外，还包括他人的人身权利，犯罪对象是税务工作人员；而逃税罪和逃避追缴欠税罪侵犯的客体是国家税收征管秩序，犯罪对象则是依法应当缴纳的税款。（3）行为表现不同。抗税罪表现为采用暴力、威胁手段；而逃税罪和逃避追缴欠税罪并不采用暴力、威胁手段。

四、抗税罪的处罚

根据《刑法》第202条的规定，犯抗税罪的，处3年以下有期徒刑或者拘役，并处拒缴税款1倍以上5倍以下罚金；情节严重的，处3年以上7年以下有期徒刑，并处拒缴税款1倍以上5倍以下罚金。

根据《刑法》第212条的规定，犯抗税罪，被判处罚金的，在执行前，应当先由税务机关追缴税款。

第三节　逃避追缴欠税案

一、逃避追缴欠税罪的概念和构成要件

（一）概念

逃避追缴欠税罪，是指纳税人故意违反税收法规，欠缴应纳税款，采取转移或者隐匿财产的手段，致使税务机关无法追缴欠缴的税款，数额较大的行为。

1979 年《刑法》对逃避追缴欠税行为没有明确规定，当时对这类行为只能按偷税罪或者抗税罪论处。1992 年 9 月 4 日全国人大常委会《关于惩治偷税、抗税犯罪的补充规定》增加规定了逃避追缴欠税罪。根据该补充规定第 2 条的规定，纳税人欠缴应纳税款，采取转移或者隐匿财产的手段，致使税务机关无法追缴欠缴的税款，数额在 1 万元以上不满 10 万元的，处 3 年以下有期徒刑或者拘役，并处欠缴税款 5 倍以下的罚金；数额在 10 万元以上的，处 3 年以上 7 年以下有期徒刑，并处欠缴税款 5 倍以下的罚金。1997 年《刑法》完全吸收了前述规定的内容，并对罚金刑的适用方法做了进一步完善。1997 年 12 月 11 日最高人民法院《关于执行〈中华人民共和国刑法〉确定罪名的规定》、1997 年 12 月 25 日最高人民检察院《关于适用刑法分则规定的犯罪的罪名的意见》根据 1997 年《刑法》第 203 条规定了“逃避追缴欠税罪”罪名。

（二）构成要件

1. 犯罪客体

本罪侵犯的客体是国家税收征管秩序。根据《税收征收管理法》的规定，纳税人、扣缴义务人应当按照法律、行政法规规定或者税务机关依照法律、行政法规规定确定的期限缴纳税款。纳税人欠缴应纳税款，采取转移或者隐匿财产的手段，妨碍税务机关追缴欠缴的税款，构成犯罪的，依法追究刑事责任。

2. 客观方面

本罪的客观方面表现为纳税人欠缴应纳税款，采取转移或者隐匿财产的手段，致使税务机关无法追缴欠缴的税款，数额较大的行为。构成本罪，行为人在客观方面必须同时具备以下条件：（1）必须存在纳税人欠缴应纳税款的事实。欠缴税款，是指纳税人未按税法规定或者税务机关依照税法规定确定的期限缴纳税款，拖欠税款的行为。因此，本罪只能发生在纳税人超过纳税期限未缴纳应纳税款之后。如果纳税人在纳税期限之前有逃避纳税义务的行为，税务机关可以依法责成纳税人提供纳税担保，或者采取税收保全措施，或者责令限期缴纳应缴税

款，但不能移送司法机关追究纳税人的刑事责任。（2）纳税人采取了转移或者隐匿财产的手段，致使税务机关无法追缴欠缴的税款。转移财产，主要是指通过将财产（包括现金、存款、有价证券及其他财产，可以是不动产）变更场所、改变位置、低价或者无偿转让等方式，逃避税务机关依法追缴税款的行为。隐匿财产，主要是指通过做假账、进行虚假支付等手段将财产予以隐匿、藏匿，使税务机关无法实施追缴的行为。追究纳税人逃避追缴欠税的刑事责任，其前提不但是纳税人采取了转移或者隐匿财产的手段，还包括导致税务机关无法追缴欠缴的税款的后果。如果纳税人虽然实施了逃避追缴欠税的行为，但税务机关通过采取强制执行措施依法追缴到了欠税款，则不必再移送司法机关追究刑事责任。追缴到欠税款的时间，应当以司法机关依法开始立案侦查为界，司法机关立案后税务机关追缴到欠税款的，可以作为量刑的情节，但不影响纳税人构成逃避追缴欠税罪。（3）致使税务机关因纳税人逃避追缴欠税行为而无法追缴到的欠缴的税款数额达到1万元以上的。纳税人逃避追缴欠税，数额不满1万元的，应当依照《税收征收管理法》的规定，由税务机关追缴欠缴的税款，处以欠缴税款50%以上5倍以下的罚款，但不构成犯罪。

3. 犯罪主体

本罪的主体是特殊主体，即法律规定负有纳税义务的单位和个人，不具有纳税义务的单位和个人（包括扣缴义务人）均不能构成本罪主体。根据《税收征收管理法》第4条规定，纳税人，是指法律、行政法规规定负有纳税义务的单位和个人。每一种实体税收法律法规都对该税种的纳税人范围作了具体、明确的规定，税种不同，纳税人范围也各不相同。例如，根据《增值税暂行条例》第1条的规定，增值税的纳税人是在中华人民共和国境内销售货物或者加工、修理修配劳务，销售服务、无形资产、不动产以及进口货物的单位和个人；而根据《消费税暂行条例》第1条的规定，消费税的纳税人则是在中华人民共和国境内生产、委托加工和进口本条例规定的消费品的单位和个人，以及国务院确定的销售本条例规定的消费品的其他单位和个人。

4. 主观方面

本罪的主观方面表现为故意，并且具有逃避缴纳应缴纳税款而非法获利的目的，行为人的故意不仅表现为其对欠款应纳税款的事实是明知的，还表现为行为人为达到最终逃避纳税的目的而故意转移或隐匿财产，致使税务机关无法追缴其欠缴的税款。逃避缴纳税款的动机可以是多样的，可能为个人牟利，也可能出于本单位的发展经营。但动机如何不影响本罪成立。纳税人在主观上必须有逃避欠税的故意，过失不构成本罪。

二、逃避追缴欠税罪案立案追诉标准适用指南

《立案追诉标准（二）》第五十四条规定：

纳税人欠缴应纳税款，采取转移或者隐匿财产的手段，致使税务机关无法追缴欠缴的税款，数额在一万元以上的，应予立案追诉。

逃避追缴欠税罪是全国人大常委会《关于惩治偷税、抗税犯罪的补充规定》增加规定的罪名，在此之前，这种行为以偷税罪或抗税罪论处。例如，1990年8月30日最高人民检察院《关于检察机关积极配合全国税收财务物价大检查依法严惩偷税抗税犯罪的通知》规定，对于已被查明具有偷、漏、欠税违法事实，而采取各种手段拒绝履行纳税义务，情节严重的，应按抗税罪依法从严惩处。又如，1992年3月16日最高人民法院、最高人民检察院《关于办理偷税、抗税刑事案件具体应用法律的若干问题的解释》第8条明确规定，以各种借口拖延不缴或者抵制缴纳税款，时间超过6个月的，也属于抗税情节严重。《关于惩治偷税、抗税犯罪的补充规定》第2条对逃避追缴欠税行为的定罪处罚问题作了明确规定。根据该条规定，纳税人欠缴应纳税款，采取转移或者隐匿财产的手段，致使税务机关无法追缴欠缴的税款，数额在1万元以上不满10万元的，处3年以下有期徒刑或者拘役，并处欠缴税款5倍以下的罚金；数额在10万元以上的，处3年以上7年以下有期徒刑，并处欠缴税款5倍以下的罚金。1997年修订《刑法》时除了对法定刑做了个别修改外，基本上沿用该补充规定的内容。2001年《追诉标准》沿袭了《刑法》规定的数额标准，规定“纳税人欠缴应纳税款，采取转移或者隐匿财产的手段，致使税务机关无法追缴欠缴的税款，数额在一万元以上的，应予追诉。”2010年《立案追诉标准（二）》沿用了2001年《追诉标准》的相关规定。本次修订继续沿用2010年《立案追诉标准（二）》立案追诉标准的相关规定。

在司法实践中，如果纳税人多次实施逃避追缴欠税行为，或者一次转移或者隐匿多项财产的，其所逃避追缴的税款数额均应累计计算，当行为人逃避追缴行为致使税务机关无法追缴欠缴的税款累计达到1万元以上的，即应予立案追诉。需要注意的是，逃避追缴欠税的手段很多，需要在办案过程中进行全面调查。

三、认定逃避追缴欠税罪应注意的问题

（一）逃避追缴欠税罪罪与非罪的界限

在税收征收管理实践中，欠税是一种常见的税收违法行为。造成欠税的原因

很多，有的是纳税人经营管理不善，资金紧张，客观上确实无力按期缴纳应纳税款；有的是工作失误，导致逾期缴纳；有的是纳税义务人同税务机关之间在征税对象、税目、税率、纳税期限、减免税等问题上发生争议，影响了按期缴纳税款；等等。采取隐匿或者转移财产等手段，逃避税务机关依法追缴欠缴的税款是欠税的一种特殊形式，其中按照所造成的后果又可以分为确实致使税务机关无法追缴欠缴的税款，以及税务机关通过采取税收保全措施及强制执行措施，排除妨碍，追缴到欠缴税款两种情况。在所有欠税违法行为中，只有纳税人逃避追缴欠税，并致使税务机关无法追缴欠缴的税款，且数额达到1万元以上的，才构成逃避追缴欠税罪，其他欠税行为都属于一般违法行为，可以由税务机关依法采取强制执行措施追缴其不缴或者少缴的税款，从滞纳税款之日起，按日加收滞纳税款5‰的滞纳金，并可处以不缴或者少缴税款50%以上5倍以下的罚款。

（二）逃避追缴欠税罪与逃税罪的界限

逃税罪，是指纳税人采取欺骗、隐瞒手段进行虚假纳税申报或者不申报，逃避缴纳税款数额较大并且占应纳税额10%以上，或者扣缴义务人采取上述手段，不缴或者少缴已扣、已收税款，数额较大的行为。

逃避追缴欠税罪与逃税罪之间有着明显区别，主要是犯罪行为的具体表现形式不同。逃避追缴欠税罪的行为方式表现为纳税人采取转移或者隐匿财产的手段，逃避税务机关追缴税款，其行为旨在达到使税务机关无法追缴到欠缴税款的效果；而逃税罪的行为方式一般表现为采取欺骗、隐瞒手段进行虚假纳税申报或不申报，逃避缴纳税款，其所要达到的效果是旨在造成纳税人没有纳税义务或有较少的纳税义务的假象，使税务机关没有或者失去追缴应纳税款的依据。此外，两罪的犯罪主体也有所不同。逃避追缴欠税罪的主体限于纳税人；而逃税罪的主体包括纳税人和扣缴义务人。

（三）犯逃税罪又采取转移或者隐匿财产的手段逃避追缴欠税的处理

逃避追缴欠税的行为既可以独立构罪，也可以是逃税的延续。对于既采取欺骗、隐瞒手段进行虚假纳税申报或者不申报，又采取转移或者隐匿财产逃避追缴的，其前端行为已构成逃税罪，后端行为是逃税行为的延续，无须对其数罪并罚，应以逃税罪从重处罚，按照逃税罪从重处罚符合主客观相统一和罪责刑相适应原则。

四、逃避追缴欠税罪的处罚

根据《刑法》第203条的规定，自然人犯逃避追缴欠税罪，数额在1万元以上不满10万元的，处3年以下有期徒刑或者拘役，并处或者单处欠缴税款1倍以上5倍以下罚金；数额在10万元以上的，处3年以上7年以下有期徒刑，并处欠缴税款1倍以上5倍以下罚金。

根据《刑法》第211条的规定，单位犯逃避追缴欠税罪的，对单位判处罚金，并对其直接负责的主管人员和其他直接责任人员，依照自然人犯本罪的规定处罚。

根据《刑法》第212条的规定，犯逃避追缴欠税罪，被判处罚金的，在执行前，应当先由税务机关追缴税款。

第四节　骗取出口退税案

一、骗取出口退税罪的概念和构成要件

（一）概念

骗取出口退税罪，是指以假报出口或者其他欺骗手段，骗取国家出口退税款，数额较大的行为。

出口退税是指在国际贸易业务中，对我国报关出口的货物退还在国内各个生产环节和流转环节按税法规定缴纳的增值税和消费税，即出口环节免税且退还以前纳税环节的已纳税款。作为国际通行惯例，出口退税可以使出口货物的整体税负归零，有效避免国际双重课税，有利于增强本国商品在国际市场上的竞争力。出口退税一般分为两种：一是退还进口税，即出口产品企业用进口原料或半成品，加工制成产品出口时，退还其已纳的进口税；二是退还已纳的国内税款，即企业在商品报关出口时，退还其生产该商品已纳的国内税金。我国的出口货物退（免）税制度是参考国际上的通行做法，在多年实践基础上形成的、自成体系的专项税收制度。我国从1985年开始实行出口退税政策，至今已多次调整出口退税政策。骗取出口退税是利用国家出口退税的优惠政策，采用没有出口退税产品而假报出口等欺骗手段，骗取国家出口退税款，属于侵犯国家财产所有权的行为，必须予以惩处。《税收征收管理法》规定，以假报出口或者其他欺骗手段，骗取国家出口退税款的，由税务机关追缴其骗取的退税款，并处骗取税款1倍以上5倍以下的罚款；构成犯罪的，依法追究刑事责任。

本罪是1997年《刑法》新增设的，1979年《刑法》没有骗取出口退税罪的规定。1992年9月4日全国人大常委会《关于惩治偷税、抗税犯罪的补充规定》第5条第1款规定："企业事业单位采取对所生产或者经营的商品假报出口等欺骗手段，骗取国家出口退税款，数额在一万元以上的，处骗取税款五倍以下的罚

金，并对负有直接责任的主管人员和其他直接责任人员，处三年以下有期徒刑或者拘役。”1997 年《刑法》对本罪做了较大修改，其第 204 条规定：“以假报出口或者其他欺骗手段，骗取国家出口退税款，数额较大的，处五年以下有期徒刑或者拘役，并处骗取税款一倍以上五倍以下罚金；数额巨大或者有其他严重情节的，处五年以上十年以下有期徒刑，并处骗取税款一倍以上五倍以下罚金；数额特别巨大或者有其他特别严重情节的，处十年以上有期徒刑或者无期徒刑，并处骗取税款一倍以上五倍以下罚金或者没收财产。纳税人缴纳税款后，采取前款规定的欺骗方法，骗取所缴纳的税款的，依照本法第二百零一条的规定定罪处罚；骗取税款超过所缴纳的税款部分，依照前款的规定处罚。”1997 年 12 月 11 日最高人民法院《关于执行〈中华人民共和国刑法〉确定罪名的规定》、1997 年 12 月 25 日最高人民检察院《关于适用刑法分则规定的犯罪的罪名的意见》根据 1997 年《刑法》第 204 条第 1 款规定了“骗取出口退税罪”罪名。

（二）构成要件

1. 犯罪客体

本罪侵犯的客体是复杂客体，行为人的行为同时侵犯了国家出口退税管理制度和国家财产所有权。

2. 客观方面

本罪的客观方面表现为以假报出口或者其他欺骗手段，骗取国家出口退税款，数额较大的行为。根据国家税务总局印发的《出口货物退（免）税管理办法（试行）》的规定，出口商自营或委托出口的货物，除另有规定者外，可在货物报关出口并在财务上做销售核算后，凭有关凭证报送所在地国家税务局批准退还或免征增值税、消费税。企业办理出口退税必须提供以下凭证：（1）购进出口货物的增值税专用发票（税款抵扣联）或普通发票。申请退消费税的企业还应提供由工厂开具并经税务机关和银行（国库）签章的《税收（出口产品专用）缴款书》。（2）出口货物销售明细账。（3）盖有海关验讫章的《出口货物报关单（出口退税联）》。（4）出口收汇单证。

目前常见的骗税案件假报出口或者其他欺骗手段主要有四种类型：（1）“借货出口”型骗税，也被称为“买单配票”或者“借货配票”。其中，买单是指伪造、签订虚假的销售合同，非法获取套换骗税企业名称的其他真实货主无法申请退税或者不需要退税的出口货物单证信息虚构出口事实，而配票是指非法购买或者以其他非法手段取得增值税专用发票或者其他可以用于出口退税的发票。（2）“道具出口”型骗税。道具出口又可分为两类：一类是将货物出口后走私夹带入境实施循环出口，这一行为包含了走私和骗税两种违法行为；另一类是将货物出口后不再走私夹带入境，可能就地低价出售或者抛弃。(3)“低值高报”型骗税，是指通过高报超出实际出口商品的价格骗取出口退税，可以说是以次充好、多报少出，此种手段有的单独使用于真实出口货物，比如将未纳税或者免税的出口业务申报为已税的出口业务，也常见于和“借货出口”手段叠加使用。(4)“低退税率高报”型骗税，是指将退税率低甚至不适用出口退税的商品谎报为退税率较高商品税号骗取出口退税。

3. 犯罪主体

本罪的主体是一般主体，凡是达到刑事责任年龄且具备刑事责任能力的自然人均能构成本罪的主体，依据《刑法》第211条之规定，单位亦能构成本罪。

4. 主观方面

本罪的主观方面表现为故意，实施骗税行为的单位或者个人必须具有骗取出口退税的犯罪故意。由于出口企业工作人员的失误，或者产品出口以后由于质量等原因又被退回，造成税务机关多退税款，出口企业没有骗税的犯罪故意，因此不能以骗取出口退税罪追究单位的刑事责任。如果行为人所骗取的是自己缴纳的税款，属于逃税罪而不定骗取出口退税罪，只有行为人明知自己没有缴纳有关税款而采取欺骗手段骗取国家出口退税款的才定本罪。

二、骗取出口退税罪案立案追诉标准适用指南

《立案追诉标准（二）》第五十五条规定：

以假报出口或者其他欺骗手段，骗取国家出口退税款，数额在十万元以上的，应予立案追诉。

如何确定“数额较大”的标准是制定骗取出口退税罪案立案追诉标准的核心问题。2001年《追诉标准》规定：“以假报出口或者其他欺骗手段，骗取国家出口退税款，数额在一万元以上的，应予追诉。”2010年《立案追诉标准（二）》制定过程中，考虑到2002年9月17日最高人民法院公布的《关于审理骗取出口退税刑事案件具体应用法律若干问题的解释》第3条规定了“骗取国家出口退税款5万元以上的，为刑法第二百零四条规定的‘数额较大’”，为了保持司法解释的稳定性，将本罪案的立案追诉标准定为5万元。一方面不致发生轻纵犯罪的不利局面；另一方面也兼顾了本罪与其他涉税犯罪入罪标准之间的大体平衡。

本次立案追诉标准修订，将假报出口或者其他欺骗手段，骗取国家出口退税款的数额由5万元提高至10万元。一是考虑自2010年《立案追诉标准（二）》修订至今，我国经济大幅发展，骗取出口退税罪的入罪标准应予提高。二是考虑类罪平衡，逃税罪、骗取出口退税罪均属于《刑法》第三章第六节危害税收征

管犯罪中涉及税款的罪名，本质上都是严重危害国家税收的行为，两个罪名的追诉标准应该予以统一。

在实践中，具体适用本罪案的立案追诉标准的规定时应注意从以下几个方面把握：

（1）根据《关于惩治偷税、抗税犯罪的补充规定》的规定，本罪只能由企业事业单位构成，1997年《刑法》扩大了犯罪的主体，自然人或者单位均可构成本罪。在实践中，由于出口业务都是由单位进行经营的，所以即使是个人实施骗取出口退税行为，也要打着单位的名义进行，对此应注意区分个人行为与单位行为的界限。

（2）对于多次实施骗取出口退税行为的，其数额应累计计算，当累计骗取出口退税数额达到10万元以上的，应予追诉。

（3）对于纳税人骗取出口退税行为，应当分不同情况处理：如果行为人是以假报出口或者其他欺骗手段骗取自己所缴纳的税款的，应当以逃税罪追诉；如果所骗取的税款超过其所缴纳的税款的，对超过部分应以骗取出口退税罪追诉。

（4）在具体认定骗取出口退税行为时，可根据有关部门提供的情况和实际办案中掌握的原则认定：如果用于办理出口退税业务的外汇核销单系伪造、涂改、变造的，一般即可认定有骗取出口退税嫌疑；退税机关在办理出口退税业务中，一般都有货源函调的程序，如果发现出口退税业务中的实际供货企业不存在或者出口业务是虚假的，一般也可认定有骗取出口退税嫌疑；单纯以“空箱出口”等手段套取海关报关单的行为本身不构成骗取出口退税罪，但属于犯罪预备，可以认定有骗取出口退税嫌疑。

三、认定骗取出口退税罪应注意的问题

（一）骗取出口退税罪罪与非罪的界限

骗取出口退税行为，只有数额较大的，才按犯罪处理。根据《立案追诉标准（二）》的规定，只有骗取出口退税数额在10万元以上的，才予以追究刑事责任。根据《税收征收管理法》第66条的规定，对尚未构成犯罪的骗取国家出口退税行为，由税务机关追缴其骗取的退税款，并处骗取税款1倍以上5倍以下的罚款。对骗取国家出口退税款的，税务机关可以在规定期间内停止为其办理出口退税。

（二）骗取出口退税罪与相关犯罪的界限

1. 骗取出口退税罪与逃税罪的界限

逃税罪，是指纳税人采取欺骗、隐瞒手段进行虚假纳税申报或者不申报，逃避缴纳税款数额较大并且占应纳税额10%以上，或者扣缴义务人采取上述手段，

不缴或者少缴已扣、已收税款，数额较大的行为。

骗取出口退税罪与逃税罪都属于危害税收征管秩序的犯罪，在手段上一般均表现为以虚假事实欺骗有关国家机关，犯罪主体均包括自然人和单位，主观方面均为故意。其主要区别在于：（1）犯罪主体不同。骗取出口退税罪的主体是一般主体；而逃税罪的主体属于特殊主体，只有纳税人和扣缴义务人才能构成。（2）具体行为方式不同。骗取出口退税罪是以欺骗的手段骗取国家出口退税款；而逃税罪是采取各种虚假手段逃避纳税义务。如果行为人骗取的国家出口退税款确是其已缴纳过的税款，则应以逃税罪定罪处罚。

2. 骗取出口退税罪与诈骗罪的界限

诈骗罪，是指以非法占有为目的，采用虚构事实或者隐瞒真相的方法，骗取数额较大的公私财物的行为。

根据《关于惩治偷税、抗税犯罪的补充规定》的规定，对于从事生产、经营的企业事业单位以外的单位或者个人骗取国家出口退税款的行为，以诈骗罪定罪处罚。1997 年《刑法》扩大了骗取出口退税罪的主体范围，诈骗罪和骗取出口退税罪的规定属于普通法与特别法的关系。两罪区别在于：（1）犯罪对象不同。骗取出口退税罪的犯罪对象是国家出口退税款；而诈骗罪的犯罪对象是国家出口退税款以外的公私财物。（2）犯罪主体不尽相同。骗取出口退税罪的主体包括自然人和单位；而诈骗罪的主体仅限于自然人。

（三）其他问题

1. 一罪与数罪问题

在实施骗取出口退税犯罪过程中，犯罪分子常常伴有其他一些相关犯罪行为，如伪造公文、证件、印章或行贿等。对于同时触犯伪造国家机关公文、证件、印章罪的，应当依照牵连犯的处理原则择一重罪处罚；对于为了达到骗取出口退税款的目的，向税务工作人员等有关国家工作人员行贿构成行贿罪的，应当依法实行数罪并罚。

2. 共同犯罪问题

在办理出口退税流程中，申请退税企业需要提供确有货物出口的报关单，国内货源生产、采购的相关合同，开具的增值税专用发票，出口货物收取外汇的结汇单据等证明材料。在犯罪分子骗取出口退税过程中，有代理出口权的出口企业，报关、货代、会计、税务等企业及中介服务人员都有可能参与其中，对有代理出口权的出口企业严重违反国家有关进出口经营规定，致使他人骗取国家出口退税款，构成犯罪的，以骗取出口退税罪的共犯论处。从事货物运输代理、报关、会计、税务、外贸综合服务等中介组织及其人员违反国家有关进出口经营规定，故意为他人提供虚假证明文件，致使他人骗取国家出口退税款，情节严重的，或者严重不负责任，出具的证明文件有重大失实，造成严重后果的，依照刑法第229条的规定追究刑事责任；与他人共谋或明知他人骗取出口退税，为他人提供与实际不符的证明、单证、代理业务或者其他帮助，构成犯罪的，以骗取出口退税罪的共犯论处。

3. 既遂未遂问题

骗取出口退税罪严重危害国家税收，本质上是骗取国家财产的诈骗行为，同时严重扰乱国家进出口制度，危害极大，应依法从严打击。对于实施骗取国家出口退税行为，没有实际取得出口退税款的，可以比照既遂犯从轻或者减轻处罚。既有既遂，又有未遂，分别达到不同量刑幅度的，依照处罚较重的规定处罚；达到同一量刑幅度的，以骗取出口退税罪既遂处罚。

四、骗取出口退税罪的处罚

根据《刑法》第204条的规定，自然人犯骗取出口退税罪，数额较大的，处5年以下有期徒刑或者拘役，并处骗取税款1倍以上5倍以下罚金；数额巨大或者有其他严重情节的，处5年以上10年以下有期徒刑，并处骗取税款1倍以上5倍以下罚金；数额特别巨大或者有其他特别严重情节的，处10年以上有期徒刑或者无期徒刑，并处骗取税款1倍以上5倍以下罚金或者没收财产。纳税人缴纳税款后，以假报出口或者其他欺骗手段，骗取所缴纳的税款的，应当以逃税罪定罪处罚；骗取税款超过所缴纳的税款部分，以骗取出口退税罪定罪处罚。

根据《刑法》第211条的规定，单位犯骗取出口退税罪的，对单位判处罚金，并对其直接负责的主管人员和其他直接责任人员，依照自然人犯本罪的规定处罚。

根据《刑法》第212条的规定，犯骗取出口退税罪，被判处罚金、没收财产的，在执行前，应当先由税务机关追缴所骗取的出口退税款。

第五节 虚开增值税专用发票、用于骗取出口退税、抵扣税款发票案

一、虚开增值税专用发票、用于骗取出口退税、抵扣税款发票罪的概念和构成要件

（一）概念

虚开增值税专用发票、用于骗取出口退税、抵扣税款发票罪，是指违反发票

管理法规，虚开增值税专用发票或者虚开用于骗取出口退税、抵扣税款的其他发票的行为。

1979 年《刑法》没有规定虚开增值税专用发票、用于骗取出口退税、抵扣税款发票罪。从 1994 年开始，我国对税收体制进行重大改革，全面推行以增值税为主体的流转税制度，与此同时也出现了一些新的犯罪行为。由于增值税专用发票不仅是一般的商事凭证，还是出口退税和抵扣税款的依据，一些不法分子便采用虚开、伪造和非法买卖增值税专用发票等手段进行逃税、骗税等犯罪活动，严重破坏国家税收征管秩序，危害税制改革的顺利进行，给国家利益造成巨大损失。当时对这类案件一般是根据最高人民法院、最高人民检察院于 1994 年 6 月 3 日印发的《关于办理伪造、倒卖、盗窃发票刑事案件适用法律的规定》来办理，即对虚开增值税专用发票行为，以投机倒把罪追究刑事责任。为了适应我国社会主义市场经济发展的需要，维护国家正常的税收征管秩序，全国人大常委会于 1995 年 10 月 30 日通过了《关于惩治虚开、伪造和非法出售增值税专用发票犯罪的决定》，将虚开用于骗取出口退税、抵扣税款的其他发票行为作为一个独立罪名加以规定。该决定第 1 条规定："虚开增值税专用发票的，处三年以下有期徒刑或者拘役，并处二万元以上二十万元以下罚金；虚开的税款数额较大或者有其他严重情节的，处三年以上十年以下有期徒刑，并处五万元以上五十万元以下罚金；虚开的税款数额巨大或者有其他特别严重情节的，处十年以上有期徒刑或者无期徒刑，并处没收财产。有前款行为骗取国家税款，数额特别巨大、情节特别严重、给国家利益造成特别重大损失的，处无期徒刑或者死刑，并处没收财产。虚开增值税专用发票的犯罪集团的首要分子，分别依照前两款的规定从重处罚。虚开增值税专用发票是指有为他人虚开、为自己虚开、让他人为自己虚开、介绍他人虚开增值税专用发票行为之一的。"第 5 条规定："虚开用于骗取出口退税、抵扣税款的其他发票的，依照本决定第一条的规定处罚。虚开用于骗取出口退税、抵扣税款的其他发票是指有为他人虚开、为自己虚开、让他人为自己虚开、介绍他人虚开用于骗取出口退税、抵扣税款的其他发票行为之一的。"1997 年《刑法》将这两个罪名统一规定为一个罪名，并对单位犯罪的刑罚作出专门规定。1997 年 12 月 11 日最高人民法院《关于执行〈中华人民共和国刑法〉确定罪名的规定》、1997 年 12 月 25 日最高人民检察院《关于适用刑法分则规定的犯罪的罪名的意见》根据 1997 年《刑法》第 205 条规定了"虚开增值税专用发票、用于骗取出口退税、抵扣税款发票罪"罪名。2011 年 2 月 25 日第十一届全国人大常委会第十九次会议通过的《刑法修正案（八）》删除了《刑法》第 205 条第 2 款，取消了虚开增值税专用发票、用于骗取出口退税、抵扣税款发票罪的死刑，充分体现了宽严相济刑事政策精神。

（二）构成要件

1. 犯罪客体

本罪侵犯的客体是国家发票管理制度和国家税收征管秩序，犯罪对象是增值税专用发票和可以用于骗取出口退税、抵扣税款的其他发票。增值税，是以商品生产、流通和劳务的增值额为对象所征收的一种流转税。按照《增值税暂行条例》规定，在中华人民共和国境内销售货物或者加工、修理修配劳务，销售服务、无形资产、不动产以及进口货物的单位和个人，为增值税的纳税人，应当依照本条例缴纳增值税。按照《增值税专用发票使用规定》规定，专用发票，是增值税一般纳税人销售货物或者提供应税劳务开具的发票，是购买方支付增值税额并可按照增值税有关规定据以抵扣增值税进项税额的凭证。

2. 客观方面

本罪的客观方面表现为虚开增值税专用发票或者虚开用于骗取出口退税、抵扣税款的其他发票的行为。虚开的具体行为方式有以下四种：（1）为他人虚开增值税专用发票或者用于骗取出口退税、抵扣税款的其他发票。具体是指合法拥有增值税专用发票或者可以用于出口退税、抵扣税款的其他发票的单位或者个人，明知他人（包括单位和个人，下同）没有货物销售或者没有提供应税劳务而为其开具增值税专用发票或者用于骗取出口退税、抵扣税款的其他发票，或者即使有货物销售或者提供了应税劳务但为其开具内容不实的增值税专用发票或者用于骗取出口退税、抵扣税款的其他发票的行为。（2）为自己虚开增值税专用发票或者用于骗取出口退税、抵扣税款的其他发票。具体是指合法拥有增值税专用发票或者可以用于出口退税、抵扣税款的其他发票的单位或者个人，在本身没有货物销售或者没有提供应税劳务的情况下为自己开具增值税专用发票或者用于骗取出口退税、抵扣税款的其他发票，或者即使有货物销售或者提供了应税劳务但为自己开具内容不实的增值税专用发票或者用于骗取出口退税、抵扣税款的其他发票的行为。（3）让他人为自己虚开增值税专用发票或者用于骗取出口退税、抵扣税款的其他发票。具体是指没有货物销售或者没有提供应税劳务的单位或者个人，要求合法拥有增值税专用发票或者可以用于出口退税、抵扣税款的其他发票的单位或者个人，为其开具增值税专用发票或者用于骗取出口退税、抵扣税款的其他发票，或者即使有货物销售或者提供了应税劳务但要求他人开具内容不实的增值税专用发票或者用于骗取出口退税、抵扣税款的其他发票的行为。（4）介绍他人虚开增值税专用发票或者用于骗取出口退税、抵扣税款的其他发票。具体是指合法拥有增值税专用发票或者可以用于出口退税、抵扣税款的其他发票的单位或者个人，与要求虚开增值税专用发票或者用于骗取出口退税、抵扣税款的其他发票的单位或者个人之间沟通联系、牵线搭桥的行为。

3. 犯罪主体

本罪的主体为一般主体，凡是具有为他人虚开增值税专用发票或者用于骗取出口退税、抵扣税款的其他发票，为自己虚开增值税专用发票或者用于骗取出口退税、抵扣税款的其他发票，让他人为自己虚开增值税专用发票或者用于骗取出口退税、抵扣税款的其他发票，介绍他人虚开增值税专用发票或者用于骗取出口退税、抵扣税款的其他发票行为之一的自然人或者单位，均可成为本罪的主体。

4. 主观方面

本罪的主观方面表现为故意，过失不构成本罪。

二、虚开增值税专用发票、用于骗取出口退税、抵扣税款发票罪案立案追诉标准适用指南

《立案追诉标准（二）》第五十六条规定：

虚开增值税专用发票或者虚开用于骗取出口退税、抵扣税款的其他发票，虚开的税款数额在十万元以上或者造成国家税款损失数额在五万元以上的，应予立案追诉。

关于虚开增值税专用发票行为追究刑事责任的标准，1994 年 6 月 3 日最高人民法院、最高人民检察院《关于办理伪造、倒卖、盗窃发票刑事案件适用法律的规定》曾作出过规定。根据该规定第 2 条的规定，以营利为目的，非法为他人代开、虚开发票金额累计在 5 万元以上的，或者非法为他人代开、虚开增值税专用发票抵扣税额累计在 1 万元以上的，以投机倒把罪追究刑事责任。该规定对虚开可以用于骗取出口退税、抵扣税款的其他发票行为没有明确规定，对此只能以虚开普通发票处理。其后，根据立法机关对《刑法》所做的相关修改补充，1996 年 10 月 17 日发布的最高人民法院《关于适用〈全国人民代表大会常务委员会关于惩治虚开、伪造和非法出售增值税专用发票犯罪的决定〉的若干问题的解释》对虚开增值税专用发票行为和虚开可以用于骗取出口退税、抵扣税款发票行为的定罪量刑标准分别作出规定。根据该解释第 1 条的规定，虚开增值税专用发票税款数额 1 万元以上的或者虚开增值税专用发票致使国家税款被骗取 5000 元以上的，应当依法以虚开增值税专用发票罪定罪处罚。根据该解释第 5 条的规定，虚开用于骗取出口退税、抵扣税款的其他发票的，构成虚开专用发票罪，其定罪处罚标准依照虚开增值税专用发票罪的标准进行处罚。

考虑到上述规定体现了从严打击增值税专用发票犯罪和骗税犯罪的精神，2001 年《追诉标准》、2010 年《立案追诉标准（二）》沿用了该司法解释所规

定的相应标准，规定“虚开增值税专用发票或者虚开用于骗取出口退税、抵扣税款的其他发票，虚开的税款数额在一万元以上或者致使国家税款被骗数额在五千元以上的”，应予立案追诉。

此次立案追诉标准修订将虚开的税款税额由“一万元”调整至“十万元”，将“致使国家税款被骗数额在五千元以上”修改为“造成国家税款损失数额在五万元以上”主要是基于以下考虑：1996 年 10 月 17 日发布的最高人民法院《关于适用〈全国人民代表大会常务委员会关于惩治虚开、伪造和非法出售增值税专用发票犯罪的决定〉的若干问题的解释》对本罪构罪及加重数额、情节作了规定。但是 2018 年 8 月最高人民法院《关于虚开增值税专用发票定罪量刑标准有关问题的通知》（法〔2018〕226 号）将该解释第 1 条规定的数额、情节标准予以废除，同时规定在新的司法解释出台前，本罪的数额标准可以参照最高人民法院《关于审理骗取出口退税刑事案件具体应用法律若干问题的解释》第 3 条的规定执行，即虚开的税款数额在 5 万元以上的，以虚开增值税专用发票罪处 3 年以下有期徒刑或者拘役，并处 2 万元以上 20 万元以下罚金；虚开的税款数额在 50 万元以上的，认定为刑法第 205 条规定的“数额较大”；虚开的税款数额在 250 万元以上的，认定为刑法第 205 条规定的“数额巨大”。因虚开增值税专用发票犯罪行为不仅扰乱增值税专用发票管理秩序，更主要的是严重危害税收征管，需要兼顾与骗取出口退税罪数额标准的协调，对入罪数额标准，经研究将虚开税款数额统一确定为 10 万元以上，2010 年《立案追诉标准（二）》中“虚开税款数额”与“国家损失数额”的比例为 2∶1。本次修订维持该比例，将造成国家税款损失数额提高到 5 万元以上。将“致使国家税款被骗”修改为“造成国家税款损失”，主要考虑到违法发放贷款，诱骗投资者买卖证券、期货合约，编造并传播证券、期货交易虚假信息，擅自发行股票、公司、企业债券等罪名的追诉标准中对于客观行为造成损失的，均表述为造成损失，为体现追诉标准的一致性，对表述进行统一。

在实践中，具体适用本罪案的立案追诉标准规定时应注意以下几个问题：

（1）本罪案的立案追诉标准规定的两种情形是并列、选择关系，不要求同时具备，行为人只要具备虚开的税款数额在 10 万元以上或者造成国家税款损失数额在 5 万元以上两个条件之一的，即应予立案追诉。这里的“10 万元以上”“5 万元以上”均包括本数。

（2）关于虚开增值税专用发票行为的具体表现及认定。具有下列行为之一的，应当认定为“虚开增值税专用发票”：①没有实际业务，为他人、为自己、让他人为自己开具增值税专用发票、用于骗取出口退税、抵扣税款发票的；②有实际应抵扣业务，但为他人、为自己、让他人为自己开具超过实际应抵扣税款的增值税专用发票、用于骗取出口退税、抵扣税款发票的；③对依法不能抵扣税款的业务，通过虚构交易主体开具增值税专用发票、用于骗取出口退税、抵扣税款发票的；④明知他人为骗取抵扣税款而介绍他人虚开增值税专用发票、用于骗取出口退税、抵扣税款发票的；⑤非法篡改增值税专用发票或者用于骗取出口退税、抵扣税款发票相关电子信息，骗抵税款的。

（3）利用虚开增值税专用发票或者用于骗取出口退税、抵扣税款的其他发票，骗取抵扣税款的，既不以其他罪名也不按数罪处理，而是应该直接按本罪立案追诉。如果以其他手段骗取国家税款的，则应按刑法的有关规定以其他相关罪名进行立案追诉。

（4）虚开增值税专用发票或者虚开用于骗取出口退税、抵扣税款的其他发票的犯罪分子与骗取税款的犯罪分子不是同一行为人的，则各行为人均应对虚开的税款数额和实际骗取的国家税款数额承担刑事责任，对各行为人均应予立案追诉。

（5）《发票管理办法》第22条规定，开具发票应当按照规定的时限、顺序、栏目，全部联次一次性如实开具，并加盖发票专用章。任何单位和个人不得为他人、为自己、让他人为自己或者介绍他人开具与实际经营业务情况不符的发票。根据《发票管理办法》的上述规定，认定虚开增值税专用发票行为时需要把握两点：一是行为方面，有开具与实际经营业务情况不符的增值税专用发票行为，既包括没有实际经营业务，也包括虽然有实际经营业务，但开具的增值税专用发票中所列的品名、数量、价值等与实际交易不符。二是虚开增值税专用发票的行为造成了国家税款损失，或者具有可能造成国家税款损失的危险。

三、认定虚开增值税专用发票、用于骗取出口退税、抵扣税款发票罪应注意的问题

（一）虚开增值税专用发票、用于骗取出口退税、抵扣税款发票罪罪与非罪的界限

行为人在没有实际经营业务的情况下，以所设立或者实际控制的公司、企业名义实施虚开增值税专用发票行为，虚开的税款数额达到入罪标准的，应当追究刑事责任。行为人为了获取“开票费”“好处费”或者其他经济利益，通过虚增交易环节，实施虚开增值税专用发票行为，是否造成国家增值税款损失，不影响认定虚开增值税专用发票罪。个人为进行虚开增值税专用发票等违法犯罪活动而设立公司、企业的，或者公司、企业设立后，以实施虚开增值税专用发票等犯罪为主要活动的，对以该公司、企业名义实施的虚开增值税专用发票，应当作为自

然人犯罪处理，不以单位犯罪论处。

虽然刑法对本罪名未规定任何情节上的限制，但并非所有的虚开增值税专用发票、用于骗取出口退税、抵扣税款发票的行为都应以犯罪论处，根据《刑法》有关犯罪概念的规定，虚开增值税专用发票或者用于骗取出口退税、抵扣税款的其他发票的行为情节显著轻微危害不大的，不应该认定是犯罪。此外，在办理实体企业的虚开增值税专用发票案件时，注意把握一般涉税违法行为与以骗取国家税款为目的的涉税犯罪的界限。2020 年 7 月最高人民检察院印发的《关于充分发挥检察职能服务保障“六稳”“六保”工作的意见》规定，对于有实际生产经营活动的企业为虚增业绩、融资、贷款等非骗税目的且没有造成税款损失的虚开增值税专用发票行为，不以虚开增值税专用发票罪定性处理。

（二）介绍他人虚开增值税专用发票或者用于骗取出口退税、抵扣税款的其他发票犯罪与教唆犯罪及传授犯罪方法犯罪的区别

介绍他人虚开增值税专用发票或者用于骗取出口退税、抵扣税款的其他发票，是指在合法拥有增值税专用发票或者可以用于出口退税、抵扣税款的其他发票的单位或者个人（即开票方）与要求虚开增值税专用发票或者用于骗取出口退税、抵扣税款的其他发票的单位或者个人（即受票方）之间相互介绍、牵线搭桥的行为。这种行为使虚开增值税专用发票或者用于骗取出口退税、抵扣税款的其他发票的犯罪行为得以成立。介绍人属于中介人，是虚开增值税专用发票、用于骗取出口退税、抵扣税款发票罪的主体，对其应按《刑法》第 205 条的规定处罚。教唆虚开增值税专用发票或者用于骗取出口退税、抵扣税款的其他发票犯罪，是指唆使他人虚开增值税专用发票或者用于骗取出口退税、抵扣税款的其他发票的行为。对教唆犯应按其在共同犯罪中所起的作用处罚。传授虚开增值税专用发票或者用于骗取出口退税、抵扣税款的其他发票的犯罪方法，是指具体传授虚开增值税专用发票或者用于骗取出口退税、抵扣税款的其他发票的方法和技巧的行为，犯罪主体只能是自然人，对其应按《刑法》第 295 条的规定，以传授犯罪方法罪定罪处罚。

（三）存在真实交易的情况下虚开增值税专用发票行为的认定

在实践中，有的行为人虽然进行了真实交易，但因交易对象不具有一般纳税人或者小额纳税人资格等原因，未能从交易对象处取得与真实交易相对应的增值税专用发票，行为人为了抵扣税款，通过从第三方购买等方式非法获取增值税专用发票用于抵扣，对于这种行为是否涉嫌犯罪不能一概而论，应分情况处理。其中，对于行为人从其他途径获取增值税专用发票用以抵扣税款，抵扣税款未超过真实交易数额，且没有造成国家税款损失的，可以不予追究刑事责任，由税务机

关进行行政处罚；对于行为人为了多抵扣税款，从第三方非法获取高于真实交易价额的增值税专用发票，然后用于抵扣造成国家税款损失的，以及以不含税价格购进生产原料，为抵扣税款，从第三方以支付开票费的方式购买增值税专用发票用以抵扣税款，造成国家税款损失，达到入罪标准的，均应按照虚开增值税专用发票罪定罪处罚。

另外，部分行业企业因销售对象系个人消费者（部分消费者不需要开具发票）积攒大量的“富余票”，为了获得非法利益，指使上游开票方将本应开给自己的增值税专用发票开给没有交易关系的第三方，自己从第三方获得开票费或者其他经济利益，对此也应认定为“介绍他人开具”行为，应以虚开增值税专用发票罪论处。同时，如果明知第三方利用虚开的增值税专用发票骗取出口退税，仍然采取上述方式为第三方提供增值税专用发票的，对该交易双方以骗取出口退税罪的共犯追究刑事责任；同时构成虚开增值税专用发票罪和骗取出口退税罪的，适用处罚较重的规定。

（四）没有真实交易，相互开具或循环开具增值税专用发票的认定

在没有真实交易的情况下，行为人之间互相开具或者循环开具增值税专用发票，理论上称之为“对开”和“环开”。所谓互相开具，即甲公司给乙公司开具增值税专用发票后，乙公司再给甲公司开具相同数额的增值税专用发票。所谓循环开具，即甲公司给乙公司开具增值税专用发票，乙公司给丙公司开具相同数额的增值税专用发票，丙公司再给甲公司开具相同数额的增值税专用发票，在此种开具活动中可能无限加入公司，但最终各参与者之间形成一个闭合的环形，且开具的增值税数额是相同的。虽然刑法并未明确规定成立虚开增值税专用发票罪必须具有特定的目的，但从本罪设立的立法原意和司法实践中的掌握来看，行为人虚开增值税专用发票的目的应是抵扣税款或者挣取“交易费”“介绍费”。因此，如果行为人是为虚增营业额、扩大销售收入或者制造企业虚假繁荣，相互对开或循环虚开增值税专用发票，没有造成国家税款的流失，不宜以虚开增值税专用发票罪论处。但是如果在互相开具或者循环开具过程中出现销项税额与进项税额不能互相抵销，造成国家税款损失，达到入罪标准的，应当以虚开增值税专用发票罪追究刑事责任。

（五）其他问题

1. 一罪与数罪问题

凡是利用虚开的增值税专用发票或虚开的用于骗取出口退税、抵扣税款的其他发票进行逃税、骗取出口退税，同时构成逃税罪或者骗取出口退税罪的，应当依照牵连犯的处理原则择一重罪处罚。为获得政府部门招商引资或税收返还奖励，

在税收优惠地区设立企业或者分支机构，在没有实际生产经营或者真实交易的情况下，通过虚增交易环节等手段虚开增值税专用发票，或者将本应在其他地方缴纳增值税通过关联交易、利润转移等方式，转移到税收优惠地区缴纳，骗取地方政府奖励、财政补贴、返还等政策优惠，构成犯罪的，以诈骗罪追究刑事责任。

2. 共同犯罪问题

虚开增值税专用发票或者虚开用于骗取出口退税、抵扣税款的其他发票是一种多环节、跨地区、跨部门的犯罪，一般都是共同犯罪，涉及人员多，而且容易形成集团犯罪，长期作案，多次作案，其危害极为严重。对共同犯罪，应按《刑法》关于共同犯罪的处罚原则和《刑法》第 205 条的有关规定分别予以处罚。对于那些不具有共同犯罪故意而分别虚开增值税专用发票或者虚开用于骗取出口退税、抵扣税款的其他发票和利用虚开的发票骗取出口退税、抵扣税款的犯罪分子，应当根据其所虚开的税款的数额或者骗取的税款的数额分别追究刑事责任。

3. “虚开”与“代开”的关系

自实施新税制以来，无论是在理论上还是在实践中，习惯上都把“虚开”增值税专用发票和“代开”增值税专用发票这两个概念并列起来使用，甚至许多正式文件也是这么使用的。所谓虚开，是指没有货物销售或者没有提供应税劳务但开具增值税专用发票，或者是有货物销售或者提供了应税劳务但开具内容不实的增值税专用发票，用于抵扣税款或者骗取出口退税的行为。所谓代开，是指在本人没有货物销售或者没有提供应税劳务的情况下，根据他人的要求代为开具增值税专用发票给受票方，用于抵扣税款或者骗取出口退税的行为。可见，从严格意义上说，“代开”也是“虚开”的一种行为方式。有鉴于此，《关于惩治虚开、伪造和非法出售增值税专用发票犯罪的决定》的表述中只使用了“虚开”而未使用“代开”。为了明确“虚开”的含义，该决定第 1 条第 4 款规定：“虚开增值税专用发票是指有为他人虚开、为自己虚开、让他人为自己虚开、介绍他人虚开增值税专用发票行为之一的。”这一概念不仅涵盖了包括“代开”在内的虚开增值税专用发票的各种行为方式，而且涵盖了开具人、受票人、中介人等各类相关的行为人，体现了我国立法的全面性和科学性。1997 年《刑法》沿袭了这一规定内容，也即对代开增值税专用发票行为的处罚，应适用有关虚开增值税专用发票的规定，并注意不再使用“代开”的表述。

4. 虚开增值税专用发票数额计算问题

对只有虚开进项发票，或仅虚开销项发票的情况，按照总数额计算。但实践中涉及增值税专用发票案件的行为人大多既虚开进项发票，又虚开销项发票，对此是按照总数额计算，还是按照数额较大的计算，存在不同争议。对于行为人以同一项购销业务的名义，既虚开进项发票，又虚开销项发票的，以其中较大的数额作为虚开金额计算，不再累计计算。对不能区分是否基于同一业务既虚开进项发票，又虚开销项发票的，如何认定，税务机关也没有形成统一认识，在个案中可以依据有权税务机关的税务稽查报告认定。

四、虚开增值税专用发票、用于骗取出口退税、抵扣税款发票罪的处罚

根据《刑法》第205条第1款的规定，自然人犯虚开增值税专用发票、用于骗取出口退税、抵扣税款发票罪的，处3年以下有期徒刑或者拘役，并处2万元以上20万元以下罚金；虚开的税款数额较大或者有其他严重情节的，处3年以上10年以下有期徒刑，并处5万元以上50万元以下罚金；虚开的税款数额巨大或者有其他特别严重情节的，处10年以上有期徒刑或者无期徒刑，并处5万元以上50万元以下罚金或者没收财产。

根据《刑法》第205条第2款的规定，单位犯虚开增值税专用发票、用于骗取出口退税、抵扣税款发票罪的，对单位判处罚金，并对其直接负责的主管人员和其他直接责任人员，处3年以下有期徒刑或者拘役；虚开的税款数额较大或者有其他严重情节的，处3年以上10年以下有期徒刑；虚开的税款数额巨大或者有其他特别严重情节的，处10年以上有期徒刑或者无期徒刑。

根据《刑法》第212条的规定，犯虚开增值税专用发票、用于骗取出口退税、抵扣税款发票罪，被判处罚金、没收财产的，在执行前，应当先由税务机关追缴税款和所骗取的出口退税款。

第六节　虚开发票案

一、虚开发票罪的概念和构成要件

（一）概念

虚开发票罪，是指违反发票管理法规，虚开《刑法》第205条规定以外的其他发票，情节严重的行为。

1979年《刑法》和1997年《刑法》均没有规定本罪。1997年《刑法》针对当时虚开增值税专用发票或者虚开用于骗取出口退税、抵扣税款的其他发票特别严重的情况，将虚开增值税专用发票或者虚开用于骗取出口退税、抵扣税款的其他发票的行为规定为犯罪。近年来，国家全面推行“金税工程”，虚开增值税

专用发票的违法犯罪活动得到有效遏制，不法分子把违法犯罪目标和重点转向普通发票。由于普通发票种类繁多，真伪判别较为困难，为这类违法犯罪活动提供了便利条件。一些单位利用虚假发票套现后用于本单位福利补贴等非法用途；一些人利用虚假发票报账；在政府采购和基建项目中，有的商品或劳务提供商开具虚假发票降低成本，并通过降低价格、行贿等渠道输送利益；有的利用虚假发票逃避缴纳税款等。从税务机关和审计部门的抽查情况看，在金融保险、建筑安装、餐饮服务等行业，乃至部分行政事业单位，使用假发票的问题已经十分普遍。需求巨大的假发票买方市场的存在又催生了卖方市场，一些不法分子和单位以貌似合法的经营和纳税为掩护，从税务机关大量套购骗领发票，在无实际经营业务的情况下，为获取非法利益，从事虚开发票活动，采取"大头小尾""阴阳票"等手段虚开发票，有些甚至直接用伪造的假发票虚开。虚假发票的泛滥为逃税、骗税、财务造假、贪污贿赂、挥霍公款、洗钱等违法犯罪的发生提供了便利，也严重扰乱了市场经济秩序，助长腐败蔓延，败坏社会风气，具有严重的社会危害性。

为了进一步加强发票管理，加大对虚开发票行为的打击力度，维护正常的经济秩序，2011 年 2 月 25 日第十一届全国人大常委会第十九次会议通过的《刑法修正案（八）》将虚开《刑法》第 205 条规定以外的其他发票的行为规定为犯罪。2011 年 4 月 27 日最高人民法院、最高人民检察院《关于执行〈中华人民共和国刑法〉确定罪名的补充规定（五）》根据《刑法修正案（八）》第 33 条补充规定了"虚开发票罪"罪名。

（二）构成要件

1. 犯罪客体

本罪侵犯的客体是国家发票管理制度和国家税收征管秩序。发票，是指在购销商品、提供或者接受服务以及从事其他经营活动中，开具、收取的收付款凭证。发票是财务收支的法定凭证和会计核算的原始凭据，是税务机关对有关单位和个人依法征税的重要依据，同时也是税务稽查的重点对象。为了加强发票管理和财务监督，保障国家税收收入，维护经济秩序，《税收征收管理法》《发票管理办法》等法律法规对发票管理作了明确规定。根据《发票管理办法》的有关规定，销售商品、提供服务以及从事其他经营活动的单位和个人，对外发生经营业务收取款项，收款方应当向付款方开具发票；特殊情况下，由付款方向收款方开具发票。所有单位和从事生产、经营活动的个人在购买商品、接受服务以及从事其他经营活动支付款项，应当向收款方取得发票。取得发票时，不得要求变更品名和金额。不符合规定的发票不得作为财务报销凭证，任何单位和个人都有权拒收。开具发票应当按照规定的时限、顺序、栏目，全部联次一次性如实开具，并加盖发票专用章。任何单位和个人不得有下列虚开发票行为：（1）为他人、为自己开具与实际经营业务情况不符的发票；（2）让他人、为自己开具与实际经营业务情况不符的发票；（3）介绍他人开具与实际经营业务情况不符的发票。违反上述规定，虚开《刑法》第205条规定以外的其他发票，构成犯罪的，应予立案追诉。

2. 客观方面

本罪的客观方面表现为违反发票管理法规，虚开《刑法》第205条规定以外的其他发票，情节严重的行为。所谓虚开发票，与《刑法》第205条规定的虚开行为是一致的，是指为他人虚开、为自己虚开、让他人为自己虚开、介绍他人虚开行为之一的。虚开的手段则多种多样，如“大头小尾”、开“阴阳票”、改变品目，甚至使用假发票等。虚开的目的可以是赚取手续费，也可以是通过虚开发票少报收入、逃税、骗税，甚至是用于非法经营、贪污贿赂、侵占等违法犯罪活动。所谓《刑法》第205条规定以外的其他发票，是指除增值税专用发票以及其他具有出口退税、抵扣税款功能的发票以外的普通发票，既包括真的普通发票，也包括伪造、变造的假的普通发票。所谓情节严重，主要表现为虚开的发票数量大，或者虚开的发票票面数额大。

实施下列行为之一的，应当认定为虚开《刑法》第205条规定以外的其他发票：（1）没有实际业务而为他人、为自己、让他人为自己开具发票的；（2）有实际业务，但为他人、为自己、让他人为自己开具与实际业务的货物品名、服务名称、货物数量、金额等不符的发票的；（3）有实际业务，但违反规定让与业务无关的第三方代为开具发票的；（4）介绍他人虚开发票的；（5）非法篡改发票相关电子信息的。

3. 犯罪主体

本罪的主体是一般主体，自然人和单位均可以构成本罪。

4. 主观方面

本罪的主观方面表现为故意，过失不构成本罪。

二、虚开发票罪案立案追诉标准适用指南

《立案追诉标准（二）》第五十七条规定：

虚开刑法第二百零五条规定以外的其他发票，涉嫌下列情形之一的，应予立案追诉：

（一）虚开发票金额累计在五十万元以上的；

（二）虚开发票一百份以上且票面金额在三十万元以上的；

（三）五年内因虚开发票受过刑事处罚或者二次以上行政处罚，又虚开发票，数额达到第一、二项标准百分之六十以上的。

虚开发票罪是2011年《刑法修正案（八）》增加的新罪名，之前这种虚开发票行为并不作为犯罪处理。2011年《补充规定》第2条对本罪的立案追诉标准进行了规定。本次修订对2011年《补充规定》再次进行了完善。根据《立案追诉标准（二）》第57条规定，虚开刑法第205条规定以外的其他发票，涉嫌下列情形之一的，应予立案追诉：

（1）虚开发票金额累计在50万元以上的。本项规定以虚开金额作为立案追诉标准。2011年《补充规定》规定虚开金额累计在40万元以上应予立案追诉，本次修订将虚开金额的立案追诉标准提高至50万元以上，主要是考虑到原标准至今已逾10年，经济社会均取得巨大发展，适当提高更具有相适应性。

（2）虚开发票100份以上且票面金额在30万元以上的。本项规定以“虚开份数+票面金额”作为立案追诉标准。2011年《补充规定》单纯以虚开份数作为立案追诉标准，规定虚开发票100份以上应予立案追诉。本次修订时考虑到虚开发票份数多，固然反映行为人主观恶性较深，但如果仅考虑虚开的发票份数而不考虑金额，容易导致处罚不公平。有的虚开发票行为人虽然虚开的发票份数多，但虚开的金额却很小，如虚开停车票行为，这种行为在日常生活中比较普遍。综合考虑上述情况，经研究采用了虚开发票份数与票面金额相结合的方式。

（3）5年内因虚开发票受过刑事处罚或者二次以上行政处罚，又虚开发票，数额达到第1、2项标准60%以上的。本项规定针对的是数额未达到前述两项标准，但是属于受过处罚后又虚开发票的情形。对于在5年内因虚开发票受过一定处罚而再次虚开发票，达到一定标准的，表明行为人主观恶性深，屡教不改，故对这种行为人的入罪标准较对初犯规定的标准低。2011年《补充规定》规定“虽未达到上述数额标准，但五年内因虚开发票行为受过行政处罚二次以上，又虚开发票”的，应予立案追诉。本次修订一方面再次降低了数额标准，从“虽未达到上述数额标准”（根据《立案追诉标准（二）》附则规定需达到数额的80%）降低至60%，以加大对受过处罚后又虚开发票这种性质恶劣行为的打击力度；另一方面，在5年内因虚开发票受过二次以上行政处罚的基础上增加了5年内因虚开发票受过刑事处罚的情形，与其他相关规定保持一致。

在实践中，具体适用本罪案的立案追诉标准规定时应注意以下几个问题：

（1）“虚开发票金额累计在五十万元以上的”“虚开发票一百份以上且票面金额在三十万元以上的”与“五年内因虚开发票受过刑事处罚或者二次以上行

政处罚，又虚开发票，数额达到第一、二项标准百分之六十以上的”三者之间是选择关系，只要符合其中一项标准，就应予追诉。

（2）第三项“五年内因虚开发票受过刑事处罚或者二次以上行政处罚，又虚开发票，数额达到第一、二项标准百分之六十以上的”标准中关于达到第2项标准的60%，是指同时满足100份的60%和票面金额30万元的60%。

三、认定虚开发票罪应注意的问题

行为人实施的虚开发票行为是否构成虚开发票罪，除法定的犯罪构成要件外，主要看其虚开发票的行为是否符合立案追诉标准规定的条件。对于尚未达到立案追诉标准的一般虚开普通发票行为，尚不够刑事处罚的，可以根据《发票管理办法》第37条的规定，由税务机关没收违法所得；虚开金额在1万元以下的，可以并处5万元以下的罚款；虚开金额超过1万元的，并处5万元以上50万元以下的罚款。

四、虚开发票罪的处罚

根据《刑法》第205条之一第1款的规定，自然人犯虚开发票罪的，处2年以下有期徒刑、拘役或者管制，并处罚金；情节特别严重的，处2年以上7年以下有期徒刑，并处罚金。

根据《刑法》第205条之一第2款的规定，单位犯虚开发票罪的，对单位判处罚金，并对其直接负责的主管人员和其他直接责任人员，依照自然人犯本罪的规定处罚。

第七节　伪造、出售伪造的增值税专用发票案

一、伪造、出售伪造的增值税专用发票罪的概念和构成要件

（一）概念

伪造、出售伪造的增值税专用发票罪，是指伪造增值税专用发票或者出售伪造的增值税专用发票的行为。

伪造、出售伪造的增值税专用发票罪是在新税制实施过程中伴随着虚开增值税专用发票等犯罪出现的一种新的犯罪行为。由于我国对增值税专用发票采取了一套比较严格的管理制度，只有经税务机关认定的增值税一般纳税人才能领购增

值税专用发票，而且领购增值税专用发票应提供相应的证件并通过法定程序领购，这就使得一些单位和个人利用增值税专用发票进行犯罪活动的企图无法得逞。但是，一些不法分子见有利可图、有机可乘，便置国家政策、法律于不顾，干起了伪造或者出售伪造的增值税专用发票的勾当。由于当时我国法律对伪造或者出售伪造的增值税专用发票行为没有明确的规定，在司法实践中，对这类案件一般都是根据 1994 年 6 月 3 日最高人民法院、最高人民检察院《关于办理伪造、倒卖、盗窃发票刑事案件适用法律的规定》来办理。按照该规定，以营利为目的，伪造增值税专用发票的，应以伪造税票罪追究刑事责任；以营利为目的，出售（倒卖）伪造的增值税专用发票的，应以投机倒把罪追究刑事责任。显然，这一规定并不能充分体现伪造或者出售伪造的增值税专用发票犯罪的特点，不利于从严打击这类犯罪。为了惩治伪造或者出售伪造的增值税专用发票犯罪，维护国家发票管理和税收秩序，保证国家税收，全国人大常委会于 1995 年 10 月 30 日公布了《关于惩治虚开、伪造和非法出售增值税专用发票犯罪的决定》，其中将伪造、出售伪造的增值税专用发票作为一个独立罪名作了专门规定，从而为打击这类犯罪提供了有力的法律武器。该决定第 2 条规定："伪造或者出售伪造的增值税专用发票的，处三年以下有期徒刑或者拘役，并处二万元以上二十万元以下罚金；数量较大或者有其他严重情节的，处三年以上十年以下有期徒刑，并处五万元以上五十万元以下罚金；数量巨大或者有其他特别严重情节的，处十年以上有期徒刑或者无期徒刑，并处没收财产。伪造并出售伪造的增值税专用发票，数量特别巨大、情节特别严重、严重破坏经济秩序的，处无期徒刑或者死刑，并处没收财产。伪造、出售伪造的增值税专用发票的犯罪集团的首要分子，分别依照前两款的规定从重处罚。"1997 年《刑法》吸收了该决定的上述规定内容，完善了有关刑罚的规定，并对单位犯本罪的刑罚作了单独规定。1997 年 12 月 11 日最高人民法院《关于执行〈中华人民共和国刑法〉确定罪名的规定》、1997 年 12 月 25 日最高人民检察院《关于适用刑法分则规定的犯罪的罪名的意见》根据 1997 年《刑法》第 206 条规定了"伪造、出售伪造的增值税专用发票罪"罪名。

2011 年 2 月 25 日第十一届全国人大常委会第十九次会议通过的《刑法修正案（八）》删除了《刑法》第 206 条第 2 款，取消了伪造、出售伪造的增值税专用发票罪的死刑。

（二）构成要件

1. 犯罪客体

本罪侵犯的客体是复杂客体，不仅侵犯了国家的发票管理制度，而且侵犯了国家税收征管秩序。增值税专用发票具有出口退税、抵扣税款功能，《税收征收管理法》《发票管理办法》和《增值税专用发票使用规定》等法律法规对增值税专用发票的印制和发售规定了一系列严格的制度，违反这些规定，伪造、出售伪造的增值税专用发票的，必须严肃处理。

2. 客观方面

本罪的客观方面表现为伪造增值税专用发票和出售伪造的增值税专用发票两种行为方式。所谓伪造，是指无权印制增值税专用发票的单位和个人私自印制增值税专用发票的行为。具体表现为仿照增值税专用发票的图案、色彩、形状等，使用印制、复印、描绘、拓印等各种制作方法，非法印制增值税专用发票。根据《发票管理办法》规定，增值税专用发票由国务院税务主管部门确定的企业印制；其他发票按照国务院税务主管部门的规定，由省、自治区、直辖市税务机关确定的企业印制。禁止私自印制、伪造、变造发票。《税收征收管理法》第 22 条也明确规定："增值税专用发票由国务院税务主管部门指定的企业印制；其他发票，按照国务院税务主管部门的规定，分别由省、自治区、直辖市国家税务局、地方税务局指定企业印制。未经前款规定的税务机关指定，不得印制发票。"违反上述规定，伪造增值税专用发票或者出售伪造的增值税专用发票的，或者伪造并出售伪造的增值税专用发票的，均可构成本罪。

3. 犯罪主体

本罪的主体是一般主体，自然人和单位均可构成本罪。

4. 主观方面

本罪的主观方面表现为故意，过失不构成本罪。

二、伪造、出售伪造的增值税专用发票罪案立案追诉标准适用指南

《立案追诉标准（二）》第五十八条规定：

伪造或者出售伪造的增值税专用发票，涉嫌下列情形之一的，应予立案追诉：

（一）票面税额累计在十万元以上的；

（二）伪造或者出售伪造的增值税专用发票十份以上且票面税额在六万元以上的；

（三）非法获利数额在一万元以上的。

关于伪造或者出售伪造的增值税专用发票行为的立案追诉标准，1996 年 10 月 17 日最高人民法院《关于适用〈全国人民代表大会常务委员会关于惩治虚开、伪造和非法出售增值税专用发票犯罪的决定〉的若干问题的解释》第 2 条规定，伪造或者出售伪造的增值税专用发票 25 份以上或者票面额（百元版以每份 100

元，千元版以每份1000元，万元版以每份1万元计算，以此类推）累计10万元以上的应当依法以伪造、出售伪造的增值税专用发票罪定罪处罚。2001年《追诉标准》沿用了上述解释的标准，规定“伪造或者出售伪造的增值税专用发票二十五份以上或者票面额累计在十万元以上”的，应予追诉。2010年《立案追诉标准（二）》考虑到刑法条文关于本罪的构成要件没有变化，并且原标准经实践证明是切实可行的，维持了2001年《追诉标准》。当时，对于在伪造、出售伪造的增值税专用发票案、非法出售增值税专用发票案等发票犯罪案件中，是规定发票份数的评判指标，还是规定可开票面额的评判指标，抑或是前述两个指标均有必要规定，以及具体的立案追诉标准的评判指标，应确定怎样的数额比较合适等问题，专门征求了国家税务总局的意见。国家税务总局认为，增值税专用发票改用税控器具进行开具后，其性质并未发生变化，建议对涉及增值税专用发票案的立案追诉标准仍维持原标准。

本次修订在2010年《立案追诉标准（二）》的基础上，根据经济发展水平等新情况进行了调整和完善。根据《立案追诉标准（二）》第58条规定，伪造或者出售伪造的增值税专用发票，涉嫌下列情形之一的，应予立案追诉：

（1）票面税额累计在10万元以上的。增值税专用发票最基本的功能是凭票抵扣税款。本次修订以伪造、出售伪造的增值税专用发票“票面税额”代替了2010年《立案追诉标准（二）》的“票面额”。伪造、出售伪造的增值税专用发票行为不仅扰乱增值税专用发票管理秩序，还使国家增值税税款处于被骗抵的危险，其行为的社会危害性与骗取税款的行为相当，故将本罪的基本定罪标准规定为伪造、出售伪造的增值税专用发票税额超过10万元，与骗取出口退税罪定罪标准相当。

（2）伪造或者出售伪造的增值税专用发票10份以上且票面税额在6万元以上的。对于伪造、出售伪造的增值税专用发票数量多的，表明行为人主观恶性较大，如果同时伪造、出售伪造的多份增值税专用发票票面税额达到一定金额的，即便没有达到第1项规定的10万元标准，也可作为犯罪处罚，故本次修订规定了第2项“份数+票面税额”的情形。相较于2010年《立案追诉标准（二）》单纯以份数作为立案追诉标准，即“伪造或者出售伪造的增值税专用发票二十五份以上”，本次修订后的“份数+票面税额”标准更有利于实践的可行性和打击的平衡性。在份数方面予以适当降低，在票面税额方面参照虚开发票罪的60%以上的标准，确定为6万元以上。

（3）非法获利数额在1万元以上的。本次修订根据行为人的非法获利情况，增加规定了非法获利数额1万元以上作为入罪标准。这样规定主要是考虑到实践中有些案件确实难以查明行为人伪造、出售伪造的增值税专用发票的具体票面税额、份数等，但行为人的非法获利情况却能认定。此外，伪造、出售伪造的增值税专用发票行为非法获利1万元的，涉及的发票数量、金额一般也都已达到较大程度。

在实践中，具体适用本罪案的立案追诉标准的规定时应注意以下几个问题：

（1）本罪案的立案追诉标准包括份数、票面税额和非法获利数额标准，三者之间是并列、选择关系，只要具备其中之一，即应予立案追诉。

（2）根据有关规定，票面税额的具体计算方法为：百元版按每份100元计算，千元版按每份1000元计算，万元版按每份1万元计算，以此类推。

（3）伪造并出售同一宗增值税专用发票的，其数量或者票面税额不重复计算，而是按其中处罚较重的标准计算。

三、认定伪造、出售伪造的增值税专用发票罪应注意的问题

（一）伪造、出售伪造的增值税专用发票罪罪与非罪的界限

刑法对伪造、出售伪造的增值税专用发票罪没有数量限制，从字面上分析，即使伪造1张或者出售1张伪造的增值税专用发票的，都可以构成犯罪。但是，从实际情况看，本罪一般都是以营利为目的，伪造或者出售伪造的增值税专用发票的数量一般都较多，而且根据《发票管理办法》第38条和《关于惩治虚开、伪造和非法出售增值税专用发票犯罪的决定》第11条的规定，有伪造或者出售伪造的增值税专用发票的行为，情节显著轻微，尚不构成犯罪的，可以由税务机关或者公安机关给予行政处罚。如果对伪造或者出售伪造的增值税专用发票的行为不论数量多少均以犯罪论处，不但与上述规定及《刑法》关于犯罪概念的规定原则不符，同时也不利于准确有力地打击犯罪，所以有必要对本罪的数量问题作出具体规定，《立案追诉标准（二）》解决了这一问题。

（二）关于变造增值税专用发票行为的处罚

违反增值税专用发票印制规定的行为，除了上述伪造增值税专用发票的行为外，在实践中，还有变造增值税专用发票的行为。所谓变造，是指在真增值税专用发票的基础上或者以真增值税专用发票为基本材料，经过挖补、剪贴、涂改、揭层等加工处理，使原增值税专用发票改变数量、形态和面值的行为。《发票管理办法》明确规定，禁止变造发票。最高人民法院、最高人民检察院《关于办理伪造、倒卖、盗窃发票刑事案件适用法律的规定》规定，对变造增值税专用发票的行为，以伪造税票罪追究刑事责任。对增值税专用发票而言，变造与伪造的一样，两种行为的社会危害性无差别；从刑法语词解释角度分析，伪造与变造原本就是难以区分的；将变造解释为伪造并不超出“伪造”一词的可能含义。最高人民法院《关于适用〈全国人民代表大会常务委员会关于惩治虚开、伪造和非法出售增值税专用发票犯罪的决定〉的若干问题的解释》也规定，变造增值

税专用发票的，按照伪造增值税专用发票行为处理。《关于惩治虚开、伪造和非法出售增值税专用发票犯罪的决定》和《刑法》对这种行为如何处理没有明确规定，鉴于这种行为也具有很大的危害性，而且以往的司法实践中也是按犯罪处理的，所以应认为对此可以依照伪造增值税专用发票罪处理。

（三）关于伪造、出售伪造的增值税专用发票罪的罪数问题

伪造并出售同一增值税专用发票的，以伪造、出售伪造的增值税专用发票罪论处，数量不重复计算。对刑法中的选择性罪名，被告人对同一犯罪对象实施了多个选择性行为的，按照其实施的选择性行为种类定罪，数量不重复计算，这既符合刑法关于选择性罪名的处罚原理，也是司法解释的惯例，如 2001 年最高人民法院《全国法院审理金融犯罪案件工作座谈会纪要》规定，对同一宗假币实施了法律规定为选择性罪名的行为，应根据行为人所实施的数个行为，按相关罪名刑法规定的排列顺序并列确定罪名，数额不累计计算，不实行数罪并罚。对在伪造增值税专用发票的过程中实施的伪造国家机关公文、证件、印章行为，应当依照牵连犯的处理原则择一重罪处罚。

四、伪造、出售伪造的增值税专用发票罪的处罚

根据《刑法》第 206 条第 1 款的规定，自然人犯伪造、出售伪造的增值税专用发票罪的，处 3 年以下有期徒刑、拘役或者管制，并处 2 万元以上 20 万元以下罚金；数量较大或者有其他严重情节的，处 3 年以上 10 年以下有期徒刑，并处 5 万元以上 50 万元以下罚金；数量巨大或者有其他特别严重情节的，处 10 年以上有期徒刑或者无期徒刑，并处 5 万元以上 50 万元以下罚金或者没收财产。

根据《刑法》第 206 条第 2 款的规定，单位犯伪造、出售伪造的增值税专用发票罪的，对单位判处罚金，并对其直接负责的主管人员和其他直接责任人员，处 3 年以下有期徒刑、拘役或者管制；数量较大或者有其他严重情节的，处 3 年以上 10 年以下有期徒刑；数量巨大或者有其他特别严重情节的，处 10 年以上有期徒刑或者无期徒刑。

第八节 非法出售增值税专用发票案

一、非法出售增值税专用发票罪的概念和构成要件

（一）概念

非法出售增值税专用发票罪，是指无权出售增值税专用发票的单位或者个人

违反规定非法出售增值税专用发票的行为。

对非法出售增值税专用发票的行为应如何定罪处罚，1979年《刑法》没有明确规定。为了解决司法实践中出现的大量此类案件，最高人民法院、最高人民检察院于1994年6月3日印发了《关于办理伪造、倒卖、盗窃发票刑事案件适用法律的规定》，按照该规定，对非法出售（倒卖）增值税专用发票情节严重的，以投机倒把罪追究刑事责任。为了弥补立法上的不足，《关于惩治虚开、伪造和非法出售增值税专用发票犯罪的决定》增设了非法出售增值税专用发票罪。该决定第3条规定："非法出售增值税专用发票的，处三年以下有期徒刑或者拘役，并处二万元以上二十万元以下罚金；数量较大的，处三年以上十年以下有期徒刑，并处五万元以上五十万元以下罚金；数量巨大的，处十年以上有期徒刑或者无期徒刑，并处没收财产。"1997年《刑法》完全吸收了前述规定的内容，并对本罪的刑罚做了进一步补充完善。1997年12月11日最高人民法院《关于执行〈中华人民共和国刑法〉确定罪名的规定》、1997年12月25日最高人民检察院《关于适用刑法分则规定的犯罪的罪名的意见》根据1997年《刑法》第207条规定了"非法出售增值税专用发票罪"罪名。

（二）构成要件

1. 犯罪客体

本罪侵犯的客体是国家发票管理制度和税收征管秩序。为了加强对增值税专用发票的管理，保证国家税收，国家对增值税专用发票的出售管理采取了严格控制措施，只有税务机关有权出售增值税专用发票。1994年国家在部分地区和行业进行税控系统应用试点，取得良好效果。2000年2月12日国务院办公厅转发了国家税务总局《关于全面推广应用增值税防伪税控系统的意见》，要求在2002年年底以前，将税控系统覆盖到所有的增值税一般纳税人。根据《增值税专用发票使用规定》第3条的规定，增值税一般纳税人应通过增值税防伪税控系统使用增值税专用发票。使用，包括领购、开具、缴销、认证纸质专用发票及其相应的数据电文。在实践中，一些没有资格领购增值税专用发票的单位和个人，出于逃税、骗税等目的，到处高价收购增值税专用发票；一些持有增值税专用发票的单位和个人，则在金钱的利诱下，违反规定，非法出售增值税专用发票。非法买卖增值税专用发票的行为严重破坏了国家有关增值税专用发票管理制度，影响了国家税收，应依法予以惩处。

2. 客观方面

本罪的客观方面表现为违反有关发票管理法规，非法出售增值税专用发票的行为。我国对增值税专用发票实行严格的管理制度。根据《发票管理办法》和国家税务总局制定的《增值税专用发票使用规定》，禁止倒买倒卖发票。凡是经税务机关批准认定为一般纳税人的，可持批准的文件，向主管税务机关领购发票。增值税专用发票的发售单位只能是主管税务机关，任何单位和个人都无权出售增值税专用发票，非法出售增值税专用发票的行为就是犯罪行为。这是与税务机关依法出售增值税专用发票行为的主要区别，同时也是出售伪造的增值税专用发票罪与本罪的区别所在。出售，是指以各种方式按一定的价格将增值税专用发票出卖给他人的行为，包括出售一张或几张的行为，也包括大量出售的行为。

3. 犯罪主体

本罪的主体是一般主体。凡是达到刑事责任年龄，且具有刑事责任能力的自然人均可构成。依据《刑法》第 211 条的规定，单位也可以构成本罪，单位构成本罪的，实行两罚制，对单位判处罚金，并对直接负责的主管人员和其他直接责任人员依照本条规定追究刑事责任。

4. 主观方面

本罪的主观方面表现为直接故意，只要行为人故意实施了非法出售增值税专用发票的行为，不论出于任何动机和目的，也不论其是否达到营利的目的，均构成本罪。一般情况下，实施该犯罪大多具有营利的目的。过失不构成本罪。

二、非法出售增值税专用发票罪案立案追诉标准适用指南

《立案追诉标准（二）》第五十九条规定：

非法出售增值税专用发票，涉嫌下列情形之一的，应予立案追诉：

（一）票面税额累计在十万元以上的；

（二）非法出售增值税专用发票十份以上且票面税额在六万元以上的；

（三）非法获利数额在一万元以上的。

关于非法出售增值税专用发票行为追究刑事责任的标准，2001 年《追诉标准》规定“非法出售增值税专用发票二十五份以上或者票面额累计在十万元以上的，应予追诉”。2010 年《立案追诉标准（二）》为了保证司法解释的连续性与稳定性，加上当时实践证明标准切实可行，因而沿用了 2001 年《追诉标准》的相关规定。此次立案追诉标准修订，考虑到因本罪与出售伪造的增值税专用发票罪的行为手段类似，社会危害性相当，法定刑也一致，故将本罪的定罪量刑标准与出售伪造的增值税专用发票罪一致，具体修订理由此处不再赘述。

在实践中，具体适用本罪案立案追诉标准的规定时应当注意以下几个问题：

(1) 本罪应予立案追诉的三种情形是并列、选择关系，行为人的行为只要具备非法出售增值税专用发票票面税额累计超过 10 万元的，或者非法出售增值

税专用发票10份以上且票面税额超过6万元的，或者非法获利超过1万元的，即应予立案追诉。

（2）根据有关规定，在具体计算非法出售的增值税专用发票的票面税额时，应按以下标准进行：百元版以每份100元计算，千元版以每份1000元计算，万元版以每份1万元计算，以此类推。

三、认定非法出售增值税专用发票罪应注意的问题

（一）非法出售增值税专用发票罪罪与非罪的界限

《刑法》并没有规定本罪的起刑点，体现了严厉打击这类犯罪的立法目的。鉴于实践中行为人一般是出于牟利目的，非法出售增值税专用发票的数量一般较多，同时根据《发票管理办法》第39条和《关于惩治虚开、伪造和非法出售增值税专用发票犯罪的决定》第11条的规定，有非法出售增值税专用发票的行为，情节显著轻微，尚不构成犯罪的，可以由税务机关或者公安机关给予行政处罚。因此，有必要对本罪规定一个适当的数量标准，《立案追诉标准（二）》的规定即体现了上述精神，分别从发票份数、票面税额和非法获利三个方面进行了规定。

（二）关于倒卖增值税专用发票行为的处罚

所谓倒卖，一般是指贩卖或者以贩卖为目的而收买的行为。鉴于倒卖实际上是出卖的形式之一，而且“倒卖”一词的含义不太明确和科学，《关于惩治虚开、伪造和非法出售增值税专用发票犯罪的决定》及1997年《刑法》均没有对倒卖增值税专用发票行为进行规定，实践中对这种行为应直接按非法出售增值税专用发票罪追究刑事责任。

（三）其他问题

关于非法出售增值税专用发票罪的共同犯罪问题。在实践中，对于税务机关或者其他国家机关的工作人员与犯罪分子勾结，从事非法出售增值税专用发票犯罪的，或者明知犯罪分子非法出售增值税专用发票，而向其出售增值税专用发票或者提供其他帮助的，应按共同犯罪论处。

四、非法出售增值税专用发票罪的处罚

根据《刑法》第207条的规定，自然人犯非法出售增值税专用发票罪的，处3年以下有期徒刑、拘役或者管制，并处2万元以上20万元以下罚金；数量较大的，处3年以上10年以下有期徒刑，并处5万元以上50万元以下罚金；数量巨

大的，处10年以上有期徒刑或者无期徒刑，并处5万元以上50万元以下罚金或者没收财产。

根据《刑法》第211条的规定，单位犯非法出售增值税专用发票罪的，对单位判处罚金，并对其直接负责的主管人员和其他直接责任人员，依照自然人犯本罪的规定处罚。

第九节　非法购买增值税专用发票、购买伪造的增值税专用发票案

一、非法购买增值税专用发票、购买伪造的增值税专用发票罪的概念和构成要件

（一）概念

非法购买增值税专用发票、购买伪造的增值税专用发票罪，是指通过非法渠道从无权出售增值税专用发票的单位和个人手中非法购买增值税专用发票，或者明知是伪造的增值税专用发票而购买的行为。

增值税专用发票是增值税一般纳税人销售货物或者提供应税劳务开具的发票，是购买方支付增值税额并可按照增值税有关规定据以抵扣增值税进项税额的凭证。1979年《刑法》对非法购买增值税专用发票、购买伪造的增值税专用发票行为没有作出专门规定。自从国家进行税制改革，实行增值税专用发票制度后，不断出现违法犯罪分子非法买卖增值税专用发票或者买卖伪造的增值税专用发票的行为。为此，《关于惩治虚开、伪造和非法出售增值税专用发票犯罪的决定》第4条规定："非法购买增值税专用发票或者购买伪造的增值税专用发票的，处五年以下有期徒刑、拘役，并处或者单处二万元以上二十万元以下罚金。非法购买增值税专用发票或者购买伪造的增值税专用发票又虚开或者出售的，分别依照第一条、第二条、第三条的规定处罚。"1997年《刑法》基本吸收了上述规定内容，仅做了个别文字技术性改动。1997年12月11日最高人民法院《关于执行〈中华人民共和国刑法〉确定罪名的规定》、1997年12月25日最高人民检察院《关于适用刑法分则规定的犯罪的罪名的意见》根据1997年《刑法》第208条第1款规定了"非法购买增值税专用发票、购买伪造的增值税专用发票罪"罪名。

（二）构成要件

1. 犯罪客体

本罪侵犯的客体是国家发票管理制度和国家税收征管秩序。我国《发票管理

办法》《发票管理办法实施细则》和《增值税专用发票使用规定》等对增值税专用发票的领购问题作了严格规定。根据相关规定，一般纳税人凭《发票领购簿》、IC卡和经办人身份证明领购专用发票。一般纳税人有下列情形之一的，不得领购开具专用发票：（1）会计核算不健全，不能向税务机关准确提供增值税销项税额、进项税额、应纳税额数据以及其他有关增值税税务资料的。上述其他有关增值税税务资料的内容，由省、自治区、直辖市和计划单列市国家税务局确定。（2）有《税收征收管理法》规定的税收违法行为，拒不接受税务机关处理的。（3）有下列行为之一，经税务机关责令限期改正而仍未改正的：①虚开增值税专用发票；②私自印制专用发票；③向税务机关以外的单位和个人买取专用发票；④借用他人专用发票；⑤未按本规定第11条开具专用发票；⑥未按规定保管专用发票和专用设备；⑦未按规定申请办理防伪税控系统变更发行；⑧未按规定接受税务机关检查。有上述情形的，如已领购专用发票，主管税务机关应暂扣其结存的专用发票和IC卡。此外，国家还对增值税一般纳税人领购增值税专用发票的具体程序和要求作了详细规定。如果违反上述规定，非法购买增值税专用发票，甚至购买伪造的增值税专用发票，给国家利益造成重大损害的，应予以惩治。

2. 客观方面

本罪的客观方面表现为违反国家发票管理法规，非法购买增值税专用发票或者购买伪造的增值税专用发票的行为。本罪的具体行为表现为两种方式：一是非法购买增值税专用发票，即违反国家有关领购增值税专用发票的规定，私自购买增值税专用发票的行为；二是购买伪造的增值税专用发票，即购买伪造的而不是由国家税务机关发售的增值税专用发票的行为。

3. 犯罪主体

本罪的主体是一般主体，自然人和单位均可构成本罪主体。

4. 主观方面

本罪的主观方面表现为故意，过失不构成本罪。具体表现为，明知增值税专用发票不能私自买卖而非法购买，或者明知是伪造的增值税专用发票而购买。如果行为人虽不明知是伪造的增值税专用发票，但明知是无权出售增值税专用发票的单位或者个人而向其购买的，应视为非法购买增值税专用发票的行为。

二、非法购买增值税专用发票、购买伪造的增值税专用发票罪案立案追诉标准适用指南

《立案追诉标准（二）》第六十条规定：

非法购买增值税专用发票或者购买伪造的增值税专用发票，涉嫌下列

情形之一的，应予立案追诉：

（一）非法购买增值税专用发票或者购买伪造的增值税专用发票二十份以上且票面税额在十万元以上的；

（二）票面税额累计在二十万元以上的。

关于非法购买增值税专用发票、购买伪造的增值税专用发票行为追究刑事责任的标准，2001 年《追诉标准》规定“非法购买增值税专用发票或者购买伪造的增值税专用发票二十五份以上或者票面额累计在十万元以上的，应予追诉”。2010 年《立案追诉标准（二）》为了保证司法解释的连续性与稳定性，加上当时实践证明标准切实可行，因而沿用了 2001 年《追诉标准》的相关规定。本次立案追诉标准修订过程中，考虑到本罪法定刑较低，社会危害性和行为人主观恶性相对较小，对本罪的追诉标准不宜规定得过于严格，因而进行了适当调整完善。

根据《立案追诉标准（二）》第 60 条规定，非法购买增值税专用发票或者购买伪造的增值税专用发票，涉嫌下列情形之一的，应予立案追诉：

（1）非法购买增值税专用发票或者购买伪造的增值税专用发票 20 份以上且票面税额在 10 万元以上的。2001 年《追诉标准》和 2010 年《立案追诉标准（二）》均采用的是“份数或者票面额”的标准，即非法购买增值税专用发票或者购买伪造的增值税专用发票 25 份以上或者票面额累计在 10 万元以上的，应予立案追诉。本次修订为了进一步体现打击的适度性原则，不再单纯将份数作为立案追诉标准，而是在份数的基础上增加了票面税额的限制要求，并且比照伪造、出售伪造的增值税专用发票罪案的追诉标准 2 倍数额，规定“二十份以上且票面税额在十万元以上的”，应予立案追诉。

（2）票面税额累计在 20 万元以上的。对于非法购买增值税专用发票或者购买伪造的增值税专用发票票面税额较高的，表明行为人主观恶性较大，社会危害性也较大，因此本项情形规定了单纯以票面税额作为立案追诉标准的情况，进一步完善打击的覆盖范围。比照伪造、出售伪造的增值税专用发票罪案的追诉标准 2 倍数额，规定“票面税额累计在 20 万元以上的”，应予立案追诉。

在实践中，具体适用本罪案的立案追诉标准的规定时应注意从以下几个方面把握：

（1）《立案追诉标准（二）》规定的本罪应予立案追诉的两种情形是并列、选择关系，行为人只要具备其中之一，即应予立案追诉。

（2）根据有关规定，增值税专用发票或者伪造的增值税专用发票票面税额的计算方法为：百元版以每份 100 元计算，千元版以每份 1000 元计算，万元版以每份 1 万元计算，以此类推。

（3）如果行为人非法购买的发票中，既包括真增值税专用发票，又包括伪造的增值税专用发票的，不分别计算其数量、数额，累计计算即可。因刑法第 208 条规定的是关于不同犯罪对象的选择性罪名，对既购买真实的增值税专用发票，又购买虚假的增值税专用发票行为，按照选择性罪名不予并罚的原则，以该选择性罪名追究刑事责任而不数罪并罚，但对涉案的数额要累计计算，否则将导致放纵犯罪。

三、认定非法购买增值税专用发票、购买伪造的增值税专用发票罪应注意的问题

（一）非法购买增值税专用发票、购买伪造的增值税专用发票罪罪与非罪的界限

《刑法》对本罪的具体构成标准问题没有涉及，从理论上讲，即使非法购买 1 张增值税专用发票或者购买 1 张伪造的增值税专用发票也可构成本罪。当然，从实践中的发案情况及《刑法》第 13 条规定的原则来看，这是不现实也是不合适的，而且《发票管理办法》第 39 条和《关于惩治虚开、伪造和非法出售增值税专用发票犯罪的决定》第 11 条分别对非法购买增值税专用发票或者购买伪造的增值税专用发票情节显著轻微，尚不构成犯罪的行为的行政处罚问题作了规定。根据这些规定，非法购买增值税专用发票或者购买伪造的增值税专用发票，情节显著轻微，尚不构成犯罪的，由税务机关或者公安机关给予行政处罚。在实践中，对于非法购买增值税专用发票或者购买伪造的增值税专用发票不满 20 份，或者虽满 20 份但票面税额不满 10 万元，或者票面税额累计不满 20 万元的，应依照前述规定给予行政处罚，不追究刑事责任。

（二）其他问题

关于非法购买增值税专用发票、购买伪造的增值税专用发票罪的一罪与数罪问题。购买伪造的增值税专用发票又出售的，购买行为是手段，出售行为是目的，如构成不同的犯罪，则依照牵连犯的处理原则择一重罪处罚。比较购买伪造的增值税专用发票罪和出售伪造的增值税专用发票的法定刑，后者更重，因此购买伪造的增值税专用发票又出售的，以出售伪造的增值税专用发票罪定罪处罚。同样的道理，非法购买增值税专用发票用于骗取抵扣税款、出口退税款的，也按照处罚较重的罪名定罪处罚。

四、非法购买增值税专用发票、购买伪造的增值税专用发票罪的处罚

根据《刑法》第 208 条第 1 款的规定，自然人犯非法购买增值税专用发票、购买伪造的增值税专用发票罪的，处 5 年以下有期徒刑或者拘役，并处或者单处 2 万元以上 20 万元以下罚金。

根据《刑法》第 211 条的规定，单位犯非法购买增值税专用发票、购买伪造的增值税专用发票罪的，对单位判处罚金，并对其直接负责的主管人员和其他直接责任人员，依照自然人犯本罪的规定处罚。

第十节　非法制造、出售非法制造的用于骗取出口退税、抵扣税款发票案

一、非法制造、出售非法制造的用于骗取出口退税、抵扣税款发票罪的概念和构成要件

（一）概念

非法制造、出售非法制造的用于骗取出口退税、抵扣税款发票罪，是指伪造、擅自制造或者出售伪造、擅自制造的可以用于骗取出口退税、抵扣税款的其他发票的行为。

根据 2005 年 12 月 29 日全国人大常委会《关于〈中华人民共和国刑法〉有关出口退税、抵扣税款的其他发票规定的解释》的规定，出口退税、抵扣税款的其他发票，是指除增值税专用发票以外的，具有出口退税、抵扣税款功能的收付款凭证或者完税凭证。

1979 年《刑法》对非法制造、出售非法制造的用于骗取出口退税、抵扣税款发票行为没有专门规定。在实践中，对于伪造、擅自制造或者出售伪造、擅自制造的可以用于骗取出口退税、抵扣税款的发票行为，一般以投机倒把罪或者伪造税票罪定罪处罚。1995 年 10 月 30 日全国人大常委会《关于惩治虚开、伪造和非法出售增值税专用发票犯罪的决定》对本罪作了规定。根据该决定第 6 条第 1 款的规定，伪造、擅自制造或者出售伪造、擅自制造的可以用于骗取出口退税、抵扣税款的其他发票的，处 3 年以下有期徒刑或者拘役，并处 2 万元以上 20 万元以下罚金；数量巨大的，处 3 年以上 7 年以下有期徒刑，并处 5 万元以上 50 万元以下罚金；数量特别巨大的，处 7 年以上有期徒刑，并处没收财产。1997 年

《刑法》除了对刑罚做了适当补充完善外，基本吸收了前述规定的内容。1997年12月11日最高人民法院《关于执行〈中华人民共和国刑法〉确定罪名的规定》、1997年12月25日最高人民检察院《关于适用刑法分则规定的犯罪的罪名的意见》根据1997年《刑法》第209条第1款规定了“非法制造、出售非法制造的用于骗取出口退税、抵扣税款发票罪”罪名。

（二）构成要件

1. 犯罪客体

本罪侵犯的客体是国家发票管理制度和国家税收征管秩序。《税收征收管理法》和《发票管理办法》等法律法规对发票的印制和发售、领售问题作了专门规定。根据相关规定，发票的印制、领购等事宜均由税务机关负责管理和监督，除增值税专用发票由国家税务总局统一印制外，其他发票，包括可以用于获取出口退税、抵扣税款的发票，按照国务院税务主管部门的规定，分别由省、自治区、直辖市国家税务局、地方税务局指定企业印制。未经上述税务机关指定，不得印制发票，而且被指定印制发票的企业，也只能按照税务机关批准的式样和要求的数量在主管税务机关下达通知后才能印制。如果违反上述规定，伪造、擅自制造或者出售伪造、擅自制造的可以用于骗取出口退税、抵扣税款的其他发票，不仅扰乱了国家发票管理制度，而且直接危及国家的税收利益。本罪的犯罪对象仅限于除增值税专用发票以外的其他可以用于骗取出口退税、抵扣税款的发票。根据国家有关规定，这类发票可以证明收执人（即发票持有人）在购进货物或者接受劳务支付款项时已经履行纳税义务，兼计已经缴纳的税款、税率，从而可以作为完税凭证。

2. 客观方面

本罪的客观方面表现为违反国家发票管理法规，伪造、擅自制造或者出售伪造、擅自制造的除增值税专用发票以外的可以用于骗取出口退税、抵扣税款的其他发票的行为。具体包括以下几种行为方式：（1）伪造可以用于骗取出口退税、抵扣税款的其他发票。所谓伪造，是指无权印制发票的单位和个人私自印制可以用于骗取出口退税、抵扣税款的其他发票的行为。（2）擅自制造可以用于骗取出口退税、抵扣税款的其他发票。所谓擅自制造，是指行为人虽然有权制造发票，但未经有关主管部门批准，擅自开印或者加印、多印可以用于骗取出口退税、抵扣税款的其他发票的行为。（3）出售伪造的可以用于骗取出口退税、抵扣税款的其他发票。行为人出售的既可以是自己伪造的可以用于骗取出口退税、抵扣税款的其他发票，也可以是他人伪造的可以用于骗取出口退税、抵扣税款的其他发票。出售的方式可以是公开的，也可以是秘密的；可以是上门推销，也可以是通过中介介绍。（4）出售擅自制造的可以用于骗取出口退税、抵扣税款的其他发票。行为人出售的既可以是自己擅自制造的可以用于骗取出口退税、抵扣税款的其他发票，也可以是他人擅自制造的可以用于骗取出口退税、抵扣税款的其他发票。具体出售的方式可以是多种多样的。行为人只要具备上述行为之一的，就可构成本罪。

3. 犯罪主体

本罪的主体为一般主体，自然人和单位均可构成本罪。其中，擅自制造可以用于骗取出口退税、抵扣税款的其他发票行为，只能由省级税务机关指定的、具有可以用于出口退税、抵扣税款的其他发票的承印资格的企业才能构成，其他自然人和单位只能因伪造或者出售行为构成本罪。

4. 主观方面

本罪的主观方面表现为故意，过失不构成本罪。

二、非法制造、出售非法制造的用于骗取出口退税、抵扣税款发票罪案立案追诉标准适用指南

《立案追诉标准（二）》第六十一条规定：

伪造、擅自制造或者出售伪造、擅自制造的用于骗取出口退税、抵扣税款的其他发票，涉嫌下列情形之一的，应予立案追诉：

（一）票面可以退税、抵扣税额累计在十万元以上的；

（二）伪造、擅自制造或者出售伪造、擅自制造的发票十份以上且票面可以退税、抵扣税额在六万元以上的；

（三）非法获利数额在一万元以上的。

关于伪造、擅自制造或者出售伪造、擅自制造的可以用于骗取出口退税、抵扣税款的其他发票行为如何追究刑事责任，2001 年《追诉标准》规定“伪造、擅自制造或者出售伪造、擅自制造的可以用于骗取出口退税、抵扣税款的非增值税专用发票五十份以上的”，应予追诉。2010 年《立案追诉标准（二）》从票面额的角度对 2001 年《追诉标准》做了补充完善，主要考虑到司法实践中的确存在涉案发票份数少达不到立案追诉标准但发票面额却很大，不能追究行为人刑事责任的问题。

此次立案追诉标准修订，考虑到用于骗取出口退税、抵扣税款的发票与增值税专用发票都能被用以骗取税款，这也是《刑法》第 205 条将虚开这三种发票行为放在同一条中规定统一法定刑的理由。对非法制造、出售非法制造这两类发票的票面税额、非法获利数额的入罪标准，与伪造、出售伪造的增值税专用发票罪

的入罪标准保持一致更为适宜。

根据《立案追诉标准（二）》第 61 条规定，伪造、擅自制造或者出售伪造、擅自制造的用于骗取出口退税、抵扣税款的其他发票，涉嫌下列情形之一的，应予立案追诉：

（1）票面可以退税、抵扣税额累计在 10 万元以上的。2001 年《追诉标准》没有对票面可以退税、抵扣税额作出规定，2010 年《立案追诉标准（二）》增加规定"票面额累计在二十万元以上的"，应予立案追诉。本次修订参照伪造、出售伪造的增值税专用发票罪的立案追诉标准，规定"票面可以退税、抵扣税额累计在十万元以上的"，应予立案追诉。

（2）伪造、擅自制造或者出售伪造、擅自制造的发票 10 份以上且票面可以退税、抵扣税额在 6 万元以上的。2001 年《追诉标准》单纯采用了份数标准，规定 50 份以上的应予追诉。2010 年《立案追诉标准（二）》沿用了 2001 年《追诉标准》关于份数的规定。本次修订参照伪造、出售伪造的增值税专用发票罪案的立案追诉标准，采用了"份数+票面税额"的方式，规定"伪造、擅自制造或者出售伪造、擅自制造的发票十份以上且票面可以退税、抵扣税额在六万元以上的"，应予立案追诉。

（3）非法获利数额在 1 万元以上的。2001 年《追诉标准》和 2010 年《立案追诉标准（二）》均没有将非法获利数额作为立案追诉标准，本次修订参照伪造、出售伪造的增值税专用发票罪的立案追诉标准，增加规定了以非法获利数额作为立案追诉条件，对于非法获利数额在 1 万元以上的，应予立案追诉。

在实践中，具体适用本罪案的立案追诉标准的规定时，应注意行为人伪造并出售或者擅自制造并出售同一宗可以用于骗取出口退税、抵扣税款的其他发票的，其数量不重复计算。

三、认定非法制造、出售非法制造的用于骗取出口退税、抵扣税款发票罪应注意的问题

（一）非法制造、出售非法制造的用于骗取出口退税、抵扣税款发票罪罪与非罪的界限

1997 年《刑法》没有规定本罪的起刑点的数量标准。在实践中，伪造、擅自制造或者出售伪造、擅自制造的可以用于骗取出口退税、抵扣税款的其他发票案件涉案数量较多，从《刑法》总则关于犯罪概念的定义及《发票管理办法》第 38 条、《关于惩治虚开、伪造和非法出售增值税专用发票犯罪的决定》第 11 条规定的原则出发，《立案追诉标准（二）》对本罪规定了数量、数额标准，即

伪造、擅自制造或者出售伪造、擅自制造的用于骗取出口退税、抵扣税款的其他发票票面可以退税、抵扣税额累计在10万元以上的，伪造、擅自制造或者出售伪造、擅自制造的发票10份以上且票面可以退税、抵扣税额在6万元以上的，或者非法获利数额在1万元以上的，才追究刑事责任。根据该决定第11条的规定，伪造、擅自制造或者出售伪造、擅自制造的可以用于骗取出口退税、抵扣税款的其他发票，情节显著轻微，尚不构成犯罪的，由公安机关处15日以下拘留、5000元以下罚款。此外，对有资格承印可以用于出口退税、抵扣税款的其他发票的企业确因工作失误导致擅自印制了该类发票或者印制的数量多出税务机关要求数量，没有造成实际危害的，不应按犯罪处理。

（二）非法制造、出售非法制造的用于骗取出口退税、抵扣税款发票罪与伪造、出售伪造的增值税专用发票罪的界限

伪造、出售伪造的增值税专用发票罪，是指伪造增值税专用发票或者出售伪造的增值税专用发票的行为。

非法制造、出售非法制造的用于骗取出口退税、抵扣税款发票罪与伪造、出售伪造的增值税专用发票罪存在许多共同点，主要有：（1）从犯罪客体上看，两罪均侵犯了国家发票管理制度和国家税收征管秩序。（2）从行为方式上看，两罪均表现为伪造、出售伪造的发票行为。（3）从主观上看，两罪均属于故意犯罪，均表现为明知国家规定不允许私自制造发票、买卖伪造的发票而故意为之。（4）从犯罪主体上看，两罪均为一般主体，包括自然人和单位。两罪的主要区别在于：（1）犯罪对象不同。非法制造、出售非法制造的用于骗取出口退税、抵扣税款发票罪的犯罪对象为增值税专用发票以外的其他可以用于骗取出口退税、抵扣税款的发票；而伪造、出售伪造的增值税专用发票罪的犯罪对象则仅限于增值税专用发票。（2）行为方式不尽相同。非法制造、出售非法制造的用于骗取出口退税、抵扣税款发票罪的行为方式既包括伪造和出售伪造的可以用于骗取出口退税、抵扣税款的发票行为，也包括擅自制造和出售擅自制造的可以用于骗取出口退税、抵扣税款的发票行为；而伪造、出售伪造的增值税专用发票罪则只包括伪造和出售伪造的增值税专用发票行为，不包括擅自制造和出售擅自制造的增值税专用发票行为。

四、非法制造、出售非法制造的用于骗取出口退税、抵扣税款发票罪的处罚

根据《刑法》第209条第1款的规定，自然人犯非法制造、出售非法制造的用于骗取出口退税、抵扣税款发票罪的，处3年以下有期徒刑、拘役或者管制，

并处 2 万元以上 20 万元以下罚金；数量巨大的，处 3 年以上 7 年以下有期徒刑，并处 5 万元以上 50 万元以下罚金；数量特别巨大的，处 7 年以上有期徒刑，并处 5 万元以上 50 万元以下罚金或者没收财产。

根据《刑法》第 211 条的规定，单位犯非法制造、出售非法制造的用于骗取出口退税、抵扣税款发票罪的，对单位判处罚金，并对其直接负责的主管人员和其他直接责任人员，依照自然人犯本罪的规定处罚。

第十一节　非法制造、出售非法制造的发票案

一、非法制造、出售非法制造的发票罪的概念和构成要件

（一）概念

非法制造、出售非法制造的发票罪，是指违反国家发票管理法规，伪造、擅自制造不能用于骗取出口退税、抵扣税款的发票，或者出售伪造、擅自制造的不能用于骗取出口退税、抵扣税款的发票的行为。

1979 年《刑法》没有规定非法制造、出售非法制造的发票罪，当时在实践中对这类行为只能以伪造税票罪或者投机倒把罪予以处罚。《关于惩治虚开、伪造和非法出售增值税专用发票犯罪的决定》第 6 条第 2 款规定："伪造、擅自制造或者出售伪造、擅自制造的前款规定以外的其他发票的，比照刑法第一百二十四条的规定处罚。"1997 年《刑法》对本罪做了修改完善，规定了独立的法定刑。1997 年 12 月 11 日最高人民法院《关于执行〈中华人民共和国刑法〉确定罪名的规定》、1997 年 12 月 25 日最高人民检察院《关于适用刑法分则规定的犯罪的罪名的意见》根据 1997 年《刑法》第 209 条第 2 款规定了"非法制造、出售非法制造的发票罪"罪名。

（二）构成要件

1. 犯罪客体

本罪侵犯的客体是国家发票管理制度和国家税收征管秩序。发票是记载经济活动的原始财务会计凭证，是税务机关对有关单位和个人依法征税的重要依据，同时也是财税部门稽查的重点对象。根据《发票管理办法》的有关规定，发票由省、自治区、直辖市税务机关指定的企业印制。禁止私自印制、伪造、变造发票。发票防伪专用品由国家税务总局指定的企业生产。禁止非法制造发票防伪专用品。省、自治区、直辖市税务机关对发票印制实行统一管理的原则，严格审查印制发票企业的资格，对指定为印制发票的企业发给发票准印证。发票应当套印

全国统一发票监制章。全国统一发票监制章由省、自治区、直辖市税务机关制作。禁止伪造发票监制章。发票实行不定期换版制度。印制发票的企业按照税务机关的统一规定，建立发票印制管理制度和保管措施。发票监制章和发票防伪专用品的使用和管理实行专人负责制度。印制发票的企业必须按照税务机关批准的式样和数量印制发票。各省、自治区、直辖市内的单位和个人使用的发票，除增值税专用发票外，应当在本省、自治区、直辖市范围内印制；确有必要到外省、自治区、直辖市印制的，应当由省、自治区、直辖市税务机关商印制地省、自治区、直辖市税务机关同意，由印制地省、自治区、直辖市税务机关指定的印制发票的企业印制。禁止在境外印制发票。违反上述规定，伪造、擅自制造或者出售伪造、擅自制造的可以用于骗取出口退税、抵扣税款发票以外的其他发票（即通常所说的普通发票），构成犯罪的，应予立案追诉。

2. 客观方面

本罪的客观方面表现为违反发票管理法规，伪造、擅自制造或者出售伪造、擅自制造的普通发票的行为。具体表现为以下三种行为：（1）伪造普通发票。这里的伪造是指依照真实的规格、色彩、图案、联次、内容、版面排列等，私自制造普通发票的行为。伪造发票的具体方式多种多样，有的是手工伪造，制作比较粗糙，容易鉴别；有的则是采用相当先进的机器设备伪造，工艺精良，真假难辨。从伪造发票的条件、水平和数量上可以反映其危害性的大小。（2）擅自制造普通发票。擅自制造是相对于伪造而言的，凡是省、自治区、直辖市税务机关指定的印制发票的企业超过税务机关批准的数量印制发票的，均属于擅自印制发票；而无权印制发票的单位或者个人印制发票的，无论其采取何种方式，都属于伪造发票。省、自治区、直辖市税务机关指定的印制发票的企业没有按照税务机关批准的式样印制发票的，相对于超过税务机关批准的数量擅自印制发票而言，其危害性较小，一般可不做犯罪处理，而由税务机关按照《发票管理办法》第38条的规定，没收非法所得和作案工具，可以并处1万元以上5万元以下的罚款。如果省、自治区、直辖市税务机关指定的印制发票的企业有意擅自印制与税务机关批准的式样相类似的发票，并使其流入社会，造成严重危害的，应当以擅自制造发票行为追究刑事责任。（3）出售伪造、擅自制造的普通发票。伪造、擅自制造的发票，通常只有少数是伪造、擅自制造者自己使用，多数则是非法出售牟利。应当注意的是，对于伪造、擅自制造发票的单位或者个人出售其伪造、擅自制造的发票的，只以非法制造发票罪追究刑事责任，而不再实行数罪并罚。伪造、擅自制造发票的单位或者个人出售其他单位或者个人伪造、擅自制造的发票的，应当实行数罪并罚。

3. 犯罪主体

本罪的主体是一般主体，自然人和单位均可以构成本罪，但对于擅自制造普通发票行为而言，则只能由具有发票印制资格的企业才能构成。

4. 主观方面

本罪的主观方面表现为故意。如果具有承印发票资格的企业因过失未经税务机关允许和通知而印制了发票或者印数多于所要求数量的，有可能构成其他犯罪而不构成本罪，但如将过失制造的发票予以出售的则构成本罪。

二、非法制造、出售非法制造的发票罪案立案追诉标准适用指南

《立案追诉标准（二）》第六十二条规定：

伪造、擅自制造或者出售伪造、擅自制造的不具有骗取出口退税、抵扣税款功能的其他发票，涉嫌下列情形之一的，应予立案追诉：

（一）伪造、擅自制造或者出售伪造、擅自制造的不具有骗取出口退税、抵扣税款功能的其他发票一百份以上且票面金额累计在三十万元以上的；

（二）票面金额累计在五十万元以上的；

（三）非法获利数额在一万元以上的。

关于非法制造、出售非法制造的普通发票行为追究刑事责任的标准，2001 年《追诉标准》规定“伪造、擅自制造或者出售伪造、擅自制造的不具有骗取出口退税、抵扣税款功能的普通发票五十份以上的”，应予追诉。2010 年《立案追诉标准（二）》将本罪案的立案追诉标准由原来的“五十份以上”变更为“一百份以上或者票面额累计在四十万元以上”，主要考虑的是将非法制造、出售非法制造的用于骗取出口退税、抵扣税款发票罪与本罪进行比较，两罪在客观方面比较相似，但非法制造、出售非法制造的用于骗取出口退税、抵扣税款发票罪的最高法定刑为 15 年有期徒刑，而本罪的最高法定刑为 7 年有期徒刑，可见非法制造、出售非法制造的用于骗取出口退税、抵扣税款发票罪的社会危害性高于本罪，因此非法制造、出售非法制造的用于骗取出口退税、抵扣税款发票罪的立案追诉标准应比本罪低。当时，非法制造、出售非法制造的用于骗取出口退税、抵扣税款发票罪案的立案追诉标准为：伪造、擅自制造或者出售伪造、擅自制造的可以用于骗取出口退税、抵扣税款的非增值税专用发票 50 份以上或者票面额累计在 20 万元以上。因此，将本罪案的立案追诉标准定为：伪造、擅自制造或者出售伪造、擅自制造的不具有骗取出口退税、抵扣税款功能的普通发票 100 份以上或者票面额累计在 40 万元以上。

本次修订考虑到根据发票种类的不同，非法制造、出售非法制造的发票可以分为三种情形：伪造、出售伪造的增值税专用发票罪；非法制造、出售非法制造的用于骗取出口退税、抵扣税款发票罪；非法制造、出售非法制造的发票罪。发票种类的不同，相应的定罪量刑标准也不同，将伪造、擅自制造或者出售伪造、擅自制造的其他发票行为的定罪量刑标准规定得比伪造、出售伪造的增值税专用发票以及非法制造、出售非法制造的用于骗取出口退税、抵扣税款的其他发票行为的定罪量刑标准高，并按照5倍比例标准进行设置。

根据《立案追诉标准（二）》第62条规定，伪造、擅自制造或者出售伪造、擅自制造的不具有骗取出口退税、抵扣税款功能的其他发票，涉嫌下列情形之一的，应予立案追诉：

（1）伪造、擅自制造或者出售伪造、擅自制造的不具有骗取出口退税、抵扣税款功能的其他发票100份以上且票面金额累计在30万元以上的。2001年《追诉标准》单纯采用了份数标准，规定50份以上的应予追诉。2010年《立案追诉标准（二）》为了突出与非法制造、出售非法制造的用于骗取出口退税、抵扣税款发票罪不同的打击力度，将份数增加至100份以上。本次修订参照伪造、出售伪造的增值税专用发票罪和非法制造、出售非法制造的用于骗取出口退税、抵扣税款发票罪案的立案追诉标准，采用了“份数+票面税额”的方式，并按照5倍比例标准，规定“一百份以上且票面金额累计在三十万元以上的”，应予立案追诉。

（2）票面金额累计在50万元以上的。2001年《追诉标准》没有将票面金额作为立案追诉的条件，2010年《立案追诉标准（二）》参照非法制造、出售非法制造的用于骗取出口退税、抵扣税款发票罪案的立案追诉标准，增加规定了“票面额累计在四十万元以上的”，应予立案追诉。本次修订参照伪造、出售伪造的增值税专用发票罪案和非法制造、出售非法制造的用于骗取出口退税、抵扣税款发票罪案的立案追诉标准，按照5倍比例规定“票面金额累计五十万元以上的”，应予立案追诉。

（3）非法获利数额在1万元以上的。2001年《追诉标准》和2010年《立案追诉标准（二）》均没有将非法获利数额作为立案追诉标准，本次修订参照伪造、出售伪造的增值税专用发票罪案和非法制造、出售非法制造的用于骗取出口退税、抵扣税款发票罪案的立案追诉标准，增加规定了以非法获利数额作为立案追诉条件，对于非法获利数额在1万元以上的，应予立案追诉。

在实践中，适用本罪案的立案追诉标准的规定时应注意从以下几个方面把握：

（1）《立案追诉标准（二）》规定的本罪应予立案追诉的三种情形是并列、选择关系，行为人的行为只要具备伪造、擅自制造或者出售伪造、擅自制造的不具有骗取出口退税、抵扣税款功能的其他发票100份以上且票面金额30万元以上，票面金额累计50万元以上，或者非法获利1万元以上，即应予立案追诉。

（2）行为人伪造并出售或者擅自制造并出售同一宗不具有骗取出口退税、抵扣税款功能的普通发票的，其数量不重复计算，只按伪造或者擅自制造的数量计算。

三、认定非法制造、出售非法制造的发票罪应注意的问题

（一）非法制造、出售非法制造的发票罪罪与非罪的界限

1997年《刑法》对伪造、擅自制造或者出售伪造、擅自制造的不能用于骗取出口退税、抵扣税款的其他发票行为的定罪数量标准未作具体规定。根据《关于惩治虚开、伪造和非法出售增值税专用发票犯罪的决定》第11条和《发票管理办法》第38条的规定，并非所有的伪造、擅自制造或者出售伪造、擅自制造的不能用于骗取出口退税、抵扣税款的其他发票的行为都构成犯罪。对于伪造、擅自制造或者出售伪造、擅自制造的不能用于骗取出口退税、抵扣税款的其他发票的行为，没有达到《立案追诉标准（二）》规定的立案追诉标准的，由公安机关处15日以下拘留、5000元以下罚款，或者由公安机关没收违法所得和作案工具，可以并处1万元以上5万元以下罚款。

（二）非法制造、出售非法制造的发票罪与相关犯罪的界限

在实践中，应注意划清非法制造、出售非法制造的发票罪与伪造、出售伪造的增值税专用发票罪和非法制造、出售非法制造的用于骗取出口退税、抵扣税款发票罪的界限。伪造、出售伪造的增值税专用发票罪，是指伪造增值税专用发票或者出售伪造的增值税专用发票的行为。非法制造、出售非法制造的用于骗取出口退税、抵扣税款发票罪，是指伪造、擅自制造或者出售伪造、擅自制造的可以用于骗取出口退税、抵扣税款的其他发票的行为。

这三个罪所侵犯的客体都是国家发票管理制度和国家税收征管秩序，犯罪主体既包括自然人也包括单位，行为方式都包括伪造、出售伪造的发票的行为，主观方面均表现为故意。其主要区别在于：（1）犯罪对象不同。非法制造、出售非法制造的发票罪针对的对象是不能用于骗取出口退税、抵扣税款的其他发票；而伪造、出售伪造的增值税专用发票罪和非法制造、出售非法制造的用于骗取出口退税、抵扣税款发票罪所针对的对象分别是增值税专用发票和可以用于骗取出口退税、抵扣税款的其他发票。（2）行为方式也有不同之处。非法制造、出售非法制造的发票罪，非法制造、出售非法制造的用于骗取出口退税、抵扣税款发票罪的行为方式中包括擅自制造以及出售擅自制造的相关发票行为；而伪造、出

售伪造的增值税专用发票罪则不包括擅自制造以及出售擅自制造的增值税专用发票行为。

四、非法制造、出售非法制造的发票罪的处罚

根据《刑法》第209条第2款的规定，自然人犯非法制造、出售非法制造的发票罪的，处2年以下有期徒刑、拘役或者管制，并处或者单处1万元以上5万元以下罚金；情节严重的，处2年以上7年以下有期徒刑，并处5万元以上50万元以下罚金。

根据《刑法》第211条的规定，单位犯非法制造、出售非法制造的发票罪的，对单位判处罚金，并对其直接负责的主管人员和其他直接责任人员，依照自然人犯本罪的规定处罚。

第十二节　非法出售用于骗取出口退税、抵扣税款发票案

一、非法出售用于骗取出口退税、抵扣税款发票罪的概念和构成要件

（一）概念

非法出售用于骗取出口退税、抵扣税款发票罪，是指违反发票管理法规，非法出售增值税专用发票以外的可以用于骗取出口退税、抵扣税款的其他发票的行为。

1979年《刑法》没有规定非法出售用于骗取出口退税、抵扣税款发票罪。1994年实行税制改革后，确立了专门的发票税款抵扣制度。对于其后出现的非法出售可以用于骗取出口退税、抵扣税款的发票行为，一般是以投机倒把罪论处的。为了更加准确有力地惩治此类犯罪行为，1995年10月30日全国人大常委会《关于惩治虚开、伪造和非法出售增值税专用发票犯罪的决定》第6条第3款明确规定，非法出售可以用于骗取出口退税、抵扣税款的其他发票的，依照该条第1款的规定处罚，即依照非法制造、出售非法制造的用于骗取出口退税、抵扣税款发票罪的规定处罚。1997年修订《刑法》时完全吸收了该决定上述规定内容。1997年12月11日最高人民法院《关于执行〈中华人民共和国刑法〉确定罪名的规定》、1997年12月25日最高人民检察院《关于适用刑法分则规定的犯罪的罪名的意见》根据1997年《刑法》第209条第3款规定了“非法出售用于骗取出口退税、抵扣税款发票罪”罪名。

（二）构成要件

1. 犯罪客体

本罪侵犯的客体是国家发票管理制度和国家税收征管秩序。根据《发票管理办法》的有关规定，需要领购发票的单位和个人，应当持税务登记证件、经办人身份证明、按照国务院税务主管部门规定式样制作的发票专用章的印模，向主管税务机关办理发票领购手续。主管税务机关根据领购单位和个人的经营范围和规模，确认领购发票的种类、数量以及领购方式，在5个工作日内发给发票领购簿。单位和个人领购发票时，应当按照税务机关的规定报告发票使用情况，税务机关应当按照规定进行查验。需要临时使用发票的单位和个人，可以凭购销商品、提供或者接受服务以及从事其他经营活动的书面证明、经办人身份证明，直接向经营地税务机关申请代开发票。依照税收法律、行政法规规定应当缴纳税款的，税务机关应当先征收税款，再开具发票。税务机关根据发票管理的需要，可以按照国务院税务主管部门的规定委托其他单位代开发票。禁止非法代开发票。临时到本省、自治区、直辖市以外从事经营活动的单位或者个人，应当凭所在地税务机关的证明，向经营地税务机关领购经营地的发票。临时在本省、自治区、直辖市以内跨市、县从事经营活动领购发票的办法，由省、自治区、直辖市税务机关规定。税务机关对外省、自治区、直辖市来本辖区从事临时经营活动的单位和个人领购发票的，可以要求其提供保证人或者根据所领购发票的票面限额以及数量交纳不超过1万元的保证金，并限期缴销发票。按期缴销发票的，解除保证人的担保义务或者退还保证金；未按期缴销发票的，由保证人或者以保证金承担法律责任。任何单位和个人应当按照发票管理规定使用发票，不得有下列行为：(1）转借、转让、介绍他人转让发票、发票监制章和发票防伪专用品；(2）知道或者应当知道是私自印制、伪造、变造、非法取得或者废止的发票而受让、开具、存放、携带、邮寄、运输；(3）拆本使用发票；(4）扩大发票使用范围；(5）以其他凭证代替发票使用。违反上述规定，非法出售可以用于骗取出口退税、抵扣税款的其他发票的行为，扰乱了国家发票管理秩序，危害了税收征管秩序，必须依法追究法律责任，构成犯罪的，应予立案追诉。

2. 客观方面

本罪的客观方面表现为非法出售增值税专用发票以外的可以用于骗取出口退税、抵扣税款的其他发票的行为。根据《发票管理办法》的规定，开具发票仅限于销售商品、提供服务以及从事其他经营活动的单位和个人对外发生经营业务收取款项的情况。通常情况下，由收款方向付款方开具发票；在特殊情况下，则由付款方向收款方开具发票。所有单位和从事生产、经营活动的个人在购买商品、接受服务以及从事其他活动支付款项，应当向收款方取得发票。任何单位和个人都不得转借、转让、代开发票，未经税务机关批准，不得拆本使用发票；不得自行扩大发票使用范围。禁止倒卖发票。从事生产、经营的企业事业单位或者个人，如果需要使用发票，只能依法向主管税务机关申请领购。因此，除税务机关可以依法发售各种发票外，其他一切出售发票的行为都是非法的。对于出售，应当做狭义的理解，不包括行为人没有从中牟利的转借发票的行为。对于名为转借，实为非法出售的，应当按其实际性质认定为非法出售。对于非法购买用于骗取出口退税、抵扣税款发票的行为，应当根据行为人购买发票的目的和用途来确定。行为人购买发票的目的是转手倒卖的，其购买行为是倒卖发票犯罪的一个环节，应当认定为非法出售用于骗取出口退税、抵扣税款发票罪（未遂）；行为人购买发票是出于其他非法目的，如供自己使用的，不构成本罪，但可能构成其他行政违法行为或者其他犯罪，如利用购买的发票虚报冒领、贪污公款等。

3. 犯罪主体

本罪的主体是一般主体，自然人和单位均可构成本罪。在实践中，本罪犯罪主体的范围可以包括以下几种情况的自然人和单位：（1）有权出售可以用于骗取出口退税、抵扣税款的其他发票的税务机关及其工作人员违反规定出售此类发票；（2）经正常渠道申请领购到此类发票的单位或者个人违反规定出售此类发票；（3）通过非法途径（如骗购）获得此类发票的单位或者个人出售该发票；（4）以其他方式获得该类发票后又予以出售。①

4. 主观方面

本罪的主观方面表现为故意，而且只能由直接故意构成，即行为人必须具有非法出售增值税专用发票以外的可以用于骗取出口退税、抵扣税款的其他发票的犯罪故意，即明知不能私自出售发票而故意为之。

二、非法出售用于骗取出口退税、抵扣税款发票罪案立案追诉标准适用指南

《立案追诉标准（二）》第六十三条规定：

非法出售可以用于骗取出口退税、抵扣税款的其他发票，涉嫌下列情形之一的，应予立案追诉：

（一）票面可以退税、抵扣税额累计在十万元以上的；

（二）非法出售用于骗取出口退税、抵扣税款的其他发票十份以上且

① 曹康、黄河主编：《危害税收征管罪》，中国人民公安大学出版社1999年版，第222页。

票面可以退税、抵扣税额在六万元以上的；

（三）非法获利数额在一万元以上的。

关于对非法出售增值税专用发票以外的可以用于骗取出口退税、抵扣税款的其他发票行为追究刑事责任的标准问题，2001 年《追诉标准》规定“非法出售可以用于骗取出口退税、抵扣税款的发票五十份以上的”，应予追诉。2010 年《立案追诉标准（二）》考虑到刑法关于非法出售用于骗取出口退税、抵扣税款发票罪与非法制造、出售非法制造的用于骗取出口退税、抵扣税款发票罪在刑事责任方面的规定是一致的，两罪的立案追诉标准也应一致，因此将非法出售可以用于骗取出口退税、抵扣税款的立案追诉标准规定为“发票五十份以上或者票面额累计在二十万元以上”。

本次修订继续保持非法出售用于骗取出口退税、抵扣税款发票罪与非法制造、出售非法制造的用于骗取出口退税、抵扣税款发票罪在立案追诉标准方面的一致性，规定非法出售可以用于骗取出口退税、抵扣税款的其他发票，涉嫌下列情形之一的，应予立案追诉：（1）票面可以退税、抵扣税额累计在 10 万元以上的；（2）非法出售用于骗取出口退税、抵扣税款的其他发票 10 份以上且票面可以退税、抵扣税额在 6 万元以上的；（3）非法获利数额在 1 万元以上的。具体修订理由同非法制造、出售非法制造的用于骗取出口退税、抵扣税款发票罪，此处不再赘述。

在实践中，具体适用本罪案的立案追诉标准的规定时应注意把握本罪案应予立案追诉的三种情形是并列、选择关系，行为人的行为只要具备三者任何一个条件的，即应予立案追诉。

三、认定非法出售用于骗取出口退税、抵扣税款发票罪应注意的问题

（一）非法出售用于骗取出口退税、抵扣税款发票罪罪与非罪的界限

《刑法》对本罪的定罪数量标准未作具体规定。根据《关于惩治虚开、伪造和非法出售增值税专用发票犯罪的决定》第 11 条和《发票管理办法》第 38 条的规定，并非所有的非法出售用于骗取出口退税、抵扣税款的其他发票的行为都必须做犯罪处理，对于非法出售可以用于骗取出口退税、抵扣税款的其他发票，情节显著轻微，危害不大，尚不构成犯罪的，即尚未达到《立案追诉标准（二）》规定的立案追诉标准的，由税务机关没收违法所得，没收、销毁作案工具和非法物品，并处 1 万元以上 5 万元以下的罚款；情节严重的，并处 5 万元以上 50 万元以下的罚款；对印制发票的企业，可以并处吊销发票准印证。

（二）非法出售用于骗取出口退税、抵扣税款发票罪与相关犯罪的界限

1. 非法出售用于骗取出口退税、抵扣税款发票罪与出售非法制造的用于骗取出口退税、抵扣税款发票罪的界限

出售非法制造的用于骗取出口退税、抵扣税款发票罪，是指出售伪造、擅自制造的可以用于骗取出口退税、抵扣税款的其他发票的行为。

在实践中，应注意区别非法出售用于骗取出口退税、抵扣税款发票罪与出售非法制造的用于骗取出口退税、抵扣税款发票罪的界限。两罪都是针对可以用于骗取出口退税、抵扣税款的其他发票的犯罪，客观方面均表现为出售发票的行为，侵犯的客体均为国家发票管理制度和国家税收征管秩序，主观方面均表现为故意。区别两罪的关键在于出售的对象不同，非法出售用于骗取出口退税、抵扣税款发票罪中的行为人所出售的发票本身是通过正常合法的渠道印制的，也就是由税务机关依法印制的；而出售非法制造的用于骗取出口退税、抵扣税款发票罪中的行为人所出售的发票则是非法印制的，具体包括伪造的发票和擅自制造的发票两种。

2. 非法出售用于骗取出口退税、抵扣税款发票罪与虚开用于骗取出口退税、抵扣税款发票罪的界限

虚开用于骗取出口退税、抵扣税款发票罪，是指违反发票管理法规，虚开用于骗取出口退税、抵扣税款的其他发票的行为。

从犯罪对象看，非法出售用于骗取出口退税、抵扣税款发票罪与虚开用于骗取出口退税、抵扣税款发票罪的犯罪对象都是通过正常合法渠道印制的可以用于骗取出口退税、抵扣税款的发票。从犯罪客体看，两罪侵犯的均为国家发票管理制度和国家税收征管秩序。主观方面均表现为故意。两罪的犯罪主体均为一般主体，即自然人和单位均可构成两罪的主体。两罪的主要区别在于行为方式不同，前罪的行为方式表现为将可以用于骗取出口退税、抵扣税款的其他发票非法出售给其他单位和个人的行为；后罪的行为方式包括为他人虚开、为自己虚开、让他人为自己虚开、介绍他人虚开可以用于骗取出口退税、抵扣税款的其他发票的行为。其中，除为自己虚开的情形外，其他虚开行为可能也收取一定的手续费，但并不是出售发票本身。

四、非法出售用于骗取出口退税、抵扣税款发票罪的处罚

根据《刑法》第209条第3款的规定，自然人犯非法出售用于骗取出口退税、抵扣税款发票罪的，处3年以下有期徒刑、拘役或者管制，并处2万元以上20万元以下罚金；数量巨大的，处3年以上7年以下有期徒刑，并处5万元以上

50万元以下罚金；数量特别巨大的，处7年以上有期徒刑，并处5万元以上50万元以下罚金或者没收财产。

根据《刑法》第211条的规定，单位犯非法出售用于骗取出口退税、抵扣税款发票罪的，对单位判处罚金，并对其直接负责的主管人员和其他直接责任人员，依照自然人犯本罪的规定处罚。

第十三节　非法出售发票案

一、非法出售发票罪的概念和构成要件

（一）概念

非法出售发票罪，是指非法出售各种不能用于骗取出口退税、抵扣税款的其他发票的行为。

1979年《刑法》对非法出售发票行为没有明确规定，随着实践中非法出售发票行为的不断出现，有关司法解释对此作了规定，如1992年最高人民法院、最高人民检察院《关于办理偷税、抗税刑事案件具体应用法律的若干问题的解释》第13条规定："以营利为目的，倒卖发票，情节严重的，以投机倒把罪论处。"1994年最高人民法院、最高人民检察院《关于办理伪造、倒卖、盗窃发票刑事案件适用法律的规定》第1条规定，以营利为目的，倒卖发票，情节严重的，以投机倒把罪追究刑事责任。在此基础上，1995年全国人大常委会《关于惩治虚开、伪造和非法出售增值税专用发票犯罪的决定》第6条第4款规定："非法出售前款规定以外的其他发票的，比照刑法第一百二十四条的规定处罚。"1997年修订《刑法》时吸收了该决定规定的内容并做了完善。1997年12月11日最高人民法院《关于执行〈中华人民共和国刑法〉确定罪名的规定》、1997年12月25日最高人民检察院《关于适用刑法分则规定的犯罪的罪名的意见》根据1997年《刑法》第209条第4款规定了"非法出售发票罪"罪名。

（二）构成要件

1. 犯罪客体

本罪侵犯的客体是国家发票管理制度和国家税收征管秩序。这里的发票仅指依法办理了税务登记的单位或者个人在经过申请并且领取了税务登记证件后向税务机关领购的发票。发票是在购销商品、提供或者接受服务以及从事其他经营活动中开具、收取的收付款凭证，它直接反映出商品交易、劳务提供等经济活动的内容，是财务收支的法定凭证和会计核算的原始凭据，是税务稽查的重要依据。

为了加强发票管理和财务监督，保障国家税收收入，维护经济秩序，《税收征收管理法》《发票管理办法》等法律法规对发票管理规定了一系列严格的制度，如果不认真执行相关规定，就会严重影响国家财经秩序。本罪的犯罪对象为不能用于骗取出口退税、抵扣税款的其他发票，也就是通常所讲的普通发票。普通发票是相对于可以用于骗取出口退税、抵扣税款的发票而言的，它不包括可以用于骗取出口退税、抵扣税款的增值税专用发票和运输发票、农林牧产品收购发票。后面这几种发票虽不属于增值税专用发票，但又具有与增值税专用发票相同的作用，可以用于骗取出口退税、抵扣税款。按照一般理解，此处的普通发票主要是指由税务机关直接控制和管理的统一发票，而一般不包括经税务机关批准或者认可而由经营单位自行印制管理的专业发票和由行政部门按规定收取的规费以及从事非经营性活动的收款收据。[①] 这些专业发票和收据主要包括：（1）国有金融、邮电、铁路、民用航空、公路和水上运输等单位经营使用的各种专业发票，但这些单位承包、租赁给非国有单位和个人经营或采取国有民营形式所用的专业发票以及上述单位的其他应套印发票监制章的发票则应由税务机关统一管理；（2）文化娱乐行业的各种门票；（3）医疗保健、水电等公用事业单位的专门票据；（4）交通管理部门、文教单位的收据；（5）罚没款收据和司法部门的诉讼费、公证费、鉴定费等收据。专业发票和收据的专用性很强，具有其他经营活动不可替代的作用，利用这些发票逃税漏税的可能性较小，所以不套印税务机关核发的发票监制章和底纹模，并只能由税务机关指定的企业印制。普通发票按制发单位的不同分为两种：一种是由税务机关指定印制的“普通发票”；另一种是由具有固定生产经营场所、财务和发票管理制度健全、发票使用量大的单位报经县（市）以上税务机关批准，自行到税务机关指定的发票印制企业印制的“衔头发票”。按所有制形式的不同，分为甲、乙、丙、丁四类，分别适用于国有企业、集体企业、私营企业及从事临时经营活动的单位和个人；按经济性质及行业性质的不同，分为工业发票、商业发票、交通运输业发票、建筑安装业发票、服务业发票、其他行业发票和个体工商业发票等；按填开金额的不同，可以分为限额发票和非限额发票。

2. 客观方面

本罪的客观方面表现为非法出售各种不能用于骗取出口退税、抵扣税款的其他发票的行为。根据《发票管理办法》的规定，除税务机关可以依法发售各种发票外，其他一切出售发票的行为都是非法的。对于这里的出售应当做狭义的理

---

① 莫开勤著：《危害税收征管犯罪的定罪与量刑》，人民法院出版社 2000 年版，第 264-265 页。

解，不包括行为人没有从中牟利的转借发票的行为。对于名为转借，实为非法出售的，应当按其实际性质认定为非法出售。对于非法购买不能用于骗取出口退税、抵扣税款的其他发票的，应当根据行为人购买发票的目的、用途来确定。如果行为人购买发票的目的是转手倒卖，其购买行为是倒卖发票犯罪的其中一个环节，应当认定为非法出售发票罪（未遂）；如果行为人购买发票是出于其他非法目的，如供自己使用的，则不构成本罪，但可能构成行政违法行为或者其他犯罪，如利用购买的发票虚报冒领、贪污公款等行为分别构成职务侵占罪、贪污罪。行为人非法出售发票的前提是其事先持有正式的普通发票，这些发票可能是行为人依法向主管税务机关申请领购的“普通发票”，可能是发票使用量大的单位经县（市）以上税务机关批准后自行到税务机关指定的发票印制企业印制的“衔头发票”，也可能是通过向税务机关工作人员行贿或者向拥有普通发票的单位或个人购买等非法手段获得的发票。当然，在实践中，也有借用他人发票后出卖或者捡到发票后出卖等情况，但是发票的来源不影响本罪的构成。

3. 犯罪主体

本罪的主体是一般主体，自然人和单位均可构成本罪。由于税务机关的工作人员不按规定发售发票也属于非法出售发票行为，因此有观点认为，本罪的主体包括税务机关工作人员。对此应具体情况具体分析：如果税务机关工作人员利用职务之便徇私舞弊发售发票的，应依照《刑法》第405条规定的徇私舞弊发售发票罪定罪处罚；如果行为人虽是税务机关工作人员，但其非法发售发票行为没有利用职务之便的，则应以非法出售发票罪处理。

4. 主观方面

本罪的主观方面表现为故意，且只能是直接故意，即行为人明知只有税务机关才能发售发票，其他任何单位和个人均无权出售发票而为之。

二、非法出售发票罪案立案追诉标准适用指南

《立案追诉标准（二）》第六十四条规定：

非法出售增值税专用发票、用于骗取出口退税、抵扣税款的其他发票以外的发票，涉嫌下列情形之一的，应予立案追诉：

（一）非法出售增值税专用发票、用于骗取出口退税、抵扣税款的其他发票以外的发票一百份以上且票面金额累计在三十万元以上的；

（二）票面金额累计在五十万元以上的；

（三）非法获利数额在一万元以上的。

关于非法出售普通发票行为追究刑事责任的立案追诉标准，2001年《追诉

标准》规定“非法出售普通发票五十份以上的”，应予追诉。2010 年《立案追诉标准（二）》将本罪案的立案追诉标准由原来的“五十份以上”变更为“一百份以上或者票面额累计在四十万元以上”，与非法制造、出售非法制造的发票罪相一致，主要考虑的是：（1）非法出售普通发票犯罪是一种常发型犯罪，在司法实践中，存在大量涉案发票份数达不到立案追诉标准但发票面额累计值却很大的情形。因此，在规定发票数量标准的同时，有必要补充票面额的评价指标。（2）《刑法》第 209 条第 4 款规定：“非法出售第三款规定以外的其他发票的，依照第二款的规定处罚。”这也就是说非法出售发票罪与非法制造、出售非法制造的发票罪在社会危害性、刑事责任方面都是一致的。因此，两罪的立案追诉标准也应一致。

本次关于本罪案的立案追诉标准修订继续保持与非法制造、出售非法制造的发票罪相一致，规定非法出售增值税专用发票、用于骗取出口退税、抵扣税款的其他发票以外的发票的，涉嫌下列情形之一的，应予立案追诉：（1）非法出售增值税专用发票、用于骗取出口退税、抵扣税款的其他发票以外的发票 100 份以上且票面金额累计在 30 万元以上的；（2）票面金额累计在 50 万元以上的；（3）非法获利数额在 1 万元以上的。具体修订理由同非法制造、出售非法制造的发票罪的立案追诉标准，此处不再赘述。

在实践中，具体适用本罪案立案追诉标准的规定时应注意本罪立案追诉的三种情形是并列、选择关系，行为人的行为只要具备非法出售普通发票 100 份以上且票面金额在 30 万元以上、票面金额累计在 50 万元以上或者非法获利 1 万元以上这三者任何一个条件的，即应予立案追诉。

三、认定非法出售发票罪应注意的问题

（一）非法出售发票罪罪与非罪的界限

《刑法》对非法出售发票罪的定罪数量标准未作具体规定。根据《关于惩治虚开、伪造和非法出售增值税专用发票犯罪的决定》第 11 条和《发票管理办法》第 38 条的规定，并非所有的非法出售不能用于骗取出口退税、抵扣税款的其他发票的行为一律作为犯罪处理。对于非法出售不能用于骗取出口退税、抵扣税款的其他发票，情节显著轻微，危害不大，尚不构成犯罪的，即出售发票数量不满 100 份或者虽满 100 份但票面金额累计不满 30 万元的，票面金额累计不满 50 万元的，或者非法获利不满 1 万元的，由税务机关没收非法所得，可以并处 1 万元以上 5 万元以下的罚款。

（二）非法出售发票罪与相关犯罪的界限

在实践中，应注意区分非法出售发票罪与出售伪造的增值税专用发票罪，非法出售增值税专用发票罪，出售非法制造的用于骗取出口退税、抵扣税款发票罪，出售非法制造的发票罪，非法出售用于骗取出口退税、抵扣税款发票罪的界限。这6个罪均表现为非法出售有关发票的行为，侵犯的客体均为国家发票管理制度和国家税收征管秩序，犯罪主体均可以是自然人或者单位，主观方面均表现为故意。其主要区别是犯罪对象不同。此外，鉴于有关增值税专用发票行为的特殊危害性，其法定刑相对较重，立案追诉标准也较为严格。

四、非法出售发票罪的处罚

根据《刑法》第209条第4款的规定，自然人犯非法出售发票罪的，处2年以下有期徒刑、拘役或者管制，并处或者单处1万元以上5万元以下罚金；情节严重的，处2年以上7年以下有期徒刑，并处5万元以上50万元以下罚金。

这里的情节严重是指多次非法出售普通发票，非法出售普通发票数量巨大，因行为人的行为给国家、集体、他人利益造成重大损失等情形。

根据《刑法》第211条的规定，单位犯非法出售发票罪的，对单位判处罚金，并对其直接负责的主管人员和其他直接责任人员，依照自然人犯本罪的规定处罚。

第十四节　持有伪造的发票案

一、持有伪造的发票罪的概念和构成要件

（一）概念

持有伪造的发票罪，是指明知是伪造的发票而持有，数量较大的行为。

1979年《刑法》和1997年《刑法》均没有规定本罪。1997年《刑法》对利用增值税专用发票和其他发票破坏国家税收征管制度的各种犯罪行为作了明确的规定。对包括虚开增值税专用发票或者虚开用于骗取出口退税、抵扣税款的其他发票的犯罪，伪造或者出售伪造的增值税专用发票的犯罪，非法出售增值税专用发票的犯罪，非法购买增值税专用发票或者购买伪造的增值税专用发票的犯罪，伪造、擅自制造或者出售伪造、擅自制造的可以用于骗取出口退税、抵扣税款的其他发票的犯罪，盗窃增值税专用发票或者可以用于骗取出口退税、抵扣税

款的其他发票的犯罪，非法制造、出售非法制造的发票的犯罪，非法出售发票的犯罪等《刑法》都有追究刑事责任的规定。这些规定对于打击利用增值税专用发票和其他发票破坏国家税制的犯罪提供了有力的法律武器。

国家"金税工程"的联网实施后，对于伪造、虚开增值税专用发票等犯罪起到了明显的遏制作用。一些不法分子开始把目光转向普通发票犯罪。伪造、出售、虚开普通假发票已经成为不法分子牟取暴利的捷径。一张假发票的成本只有几分钱，但是经过运输、批发和销售等中间环节，最高可卖到几十元，如果按照开票金额出售，甚至可卖到数百乃至数千元。在巨额利益驱动下，假发票市场迅速滋生蔓延，并呈现出一些新特点：（1）犯罪职业化、网络化、地域性特征明显。一些不法分子以家族、朋友、地缘关系为纽带，常年盘踞在各大中城市，形成了分工细致、组织严密的伪造、销售、虚开假发票的职业犯罪网络，并不断向周边地区蔓延。（2）犯罪手段高科技化、专业化，隐蔽性强。从查获的案件来看，近年来假发票的制作水平明显提高。不法分子利用计算机、照相机、扫描仪、晒版机、印刷机等专业设备及专业绘图软件伪造发票，仿真度极高，真伪难辨，且不断变换手法，通过经常性迁移制假生产线，采取按需印制、流窜兜售、单线联系等方法逃避打击，隐蔽性强。（3）假发票种类繁多、数量大、涉及面广。近几年，公安、税务机关每年缴获的假发票数量就超亿份。就目前查处的假发票窝点情况看，每个窝点假发票种类最少的也有十几种，最多的达几百种。

假发票的泛滥不仅严重扰乱了市场经济秩序，还为其他违法犯罪提供了条件，进一步滋生贪污腐败，败坏社会风气，社会危害性大。在查处发票犯罪案件时，侦查机关经常在犯罪嫌疑人身边、处所或者运输工具上查获大量的假发票，但无法查明假发票是否系犯罪嫌疑人伪造。虽然根据种种迹象判断这些假发票很可能是用于出售，但由于证据缺乏，往往不能以非法出售发票罪追究刑事责任。如果对这类行为不追究刑事责任，不利于打击和遏制猖獗的假发票犯罪。为了进一步加强发票管理，加大对假发票犯罪的打击力度，维护正常的经济秩序，2011年2月25日第十一届全国人大常委会第十九次会议通过的《刑法修正案（八）》将持有伪造的发票的行为规定为犯罪。最高人民法院、最高人民检察院《关于执行〈中华人民共和国刑法〉确定罪名的补充规定（五）》根据《刑法修正案（八）》第35条补充规定了"持有伪造的发票罪"罪名。

（二）构成要件

1. 犯罪客体

本罪侵犯的客体是国家发票管理制度和国家税收征管秩序。发票，是指在购销商品、提供或者接受服务以及从事其他经营活动中，开具、收取的收付款凭证。发票是财务收支的法定凭证和会计核算的原始凭据，是税务机关对有关单位和个人依法征税的重要依据，同时也是税务稽查的重点对象。为了加强发票管理和财务监督，保障国家税收收入，维护经济秩序，《税收征收管理法》《发票管理办法》等法律法规对发票管理作了明确规定。根据《发票管理办法》的有关规定，任何单位和个人应当按照发票管理规定使用发票，不得有下列行为：（1）转借、转让、介绍他人转让发票、发票监制章和发票防伪专用品；（2）知道或者应当知道是私自印制、伪造、变造、非法取得或者废止的发票而受让、开具、存放、携带、邮寄、运输；（3）拆本使用发票；（4）扩大发票使用范围；（5）以其他凭证代替发票使用。除国务院税务主管部门规定的特殊情形外，任何单位和个人不得跨规定的使用区域携带、邮寄、运输空白发票。禁止携带、邮寄、运输空白发票出入境。违反上述规定，明知是伪造的发票而持有，构成犯罪的，应予立案追诉。

2. 客观方面

本罪的客观方面表现为明知是伪造的发票而持有，数量较大的行为。所谓持有，是指行为人对伪造的发票处于占有、支配、控制的一种状态，不仅随身携带的伪造的发票可以认定为持有，而且在其住所、驾驶的运输工具上发现的或者行为人邮寄的伪造的发票也同样可以认定为持有。所谓伪造的发票，既包括伪造的普通发票，也包括伪造的增值税专用发票和其他具有出口退税、抵扣税款功能的发票。构成本罪的，持有伪造的发票必须达到数量较大。如果达不到数量较大的程度，则不能按照刑事案件予以立案追诉。数量较大的具体界定由立案追诉标准作出相应规定。

3. 犯罪主体

本罪的主体是一般主体，自然人和单位均可以构成本罪。

4. 主观方面

本罪的主观方面表现为故意，过失不构成本罪。行为人必须明知发票是伪造的，不明知的不能认定为犯罪。对于是否明知，应当结合案件的有关证据材料全面分析，综合判断。

二、持有伪造的发票罪案立案追诉标准适用指南

《立案追诉标准（二）》第六十五条规定：

明知是伪造的发票而持有，涉嫌下列情形之一的，应予立案追诉：

（一）持有伪造的增值税专用发票或者可以用于骗取出口退税、抵扣税款的其他发票五十份以上且票面税额累计在二十五万元以上的；

（二）持有伪造的增值税专用发票或者可以用于骗取出口退税、抵扣税款的其他发票票面税额累计在五十万元以上的；

（三）持有伪造的第一项规定以外的其他发票一百份以上且票面金额在五十万元以上的；

（四）持有伪造的第一项规定以外的其他发票票面金额累计在一百万元以上的。

本罪案是2011年《刑法修正案（八）》新增设的罪名，2011年《补充规定》对本罪案的立案追诉标准进行了补充，本次修订结合其他罪案立案追诉标准的完善进行了调整。伪造的发票不仅包括不能抵扣税款的普通发票，也包括增值税专用发票和用于骗取出口退税、抵扣税款的发票在内。因为持有的发票类型不同，社会危害性也不同，根据刑法关于发票犯罪的有关规定，持有伪造的发票罪的犯罪对象主要包括两类：（1）伪造的增值税专用发票或可以用于骗取出口退税、抵扣税款的其他发票；（2）伪造的上述两类发票以外的其他发票。因此，本次修订根据发票的种类不同，针对两类发票分别从“份数+票面税额”“票面税额”“份数+票面金额”“票面金额”四个角度规定了四种情形的追诉标准。具体而言，根据《立案追诉标准（二）》第65条规定，明知是伪造的发票而持有，涉嫌下列情形之一的，应予立案追诉：

（1）持有伪造的增值税专用发票或者可以用于骗取出口退税、抵扣税款的其他发票50份以上且票面税额累计在25万元以上的。

（2）持有伪造的增值税专用发票或者可以用于骗取出口退税、抵扣税款的其他发票票面税额累计在50万元以上的。

2011年《补充规定》分别规定了持有伪造的增值税专用发票和持有可以用于骗取出口退税、抵扣税款的其他发票的立案追诉标准，前者为“五十份以上或者票面额累计在二十万元以上”，后者为“一百份以上或者票面额累计在四十万元以上”。份数和票面额之间是选择关系，满足其中之一即可。本次修订主要在两个方面进行了修改：一是将持有伪造的增值税专用发票和持有可以用于骗取出口退税、抵扣税款的其他发票的立案追诉标准进行了统一，不再予以区分；二是分别以“份数+票面税额”和“票面税额”作为立案追诉条件，不再单纯以份数作为立案追诉条件，以与其他相关罪名的立案追诉标准保持一致。

（3）持有伪造的第1项规定以外的其他发票100份以上且票面金额在50万元以上。

（4）持有伪造的第1项规定以外的其他发票票面金额累计在100万元以上的。

对于持有伪造的增值税专用发票以及可以用于骗取出口退税、抵扣税款的其他发票以外的其他发票，2011年《补充规定》同样采取了份数或者票面额的立案追诉标准，即“二百份以上或者票面额累计在八十万元以上的”，应予立案追诉。本次修订同样分别以“份数+票面金额”和“票面金额”作为立案追诉条件，不再单纯以份数作为立案追诉条件，以与其他相关罪案的立案追诉标准保持一致。至于具体数额，以持有伪造的增值税专用发票和持有可以用于骗取出口退税、抵扣税款的其他发票的立案追诉标准的2倍进行设置，即“一百份以上且票面金额在五十万元以上”或者“票面金额累计在一百万元以上”。

在实践中，具体适用本罪案立案追诉标准的规定时应注意本罪案立案追诉的四种情形是并列、选择关系，行为人的行为只要具备四种情形之一的，即应予立案追诉。此外，持有不包括伪造后的持有，也不包括非法购买后的持有，而是仅指明知是伪造的发票而对其进行占有、支配、控制的状态。如果行为人是伪造后非法持有或者是非法购买后持有的，则应该以相应的重罪处罚，而不以本罪论处。

三、认定持有伪造的发票罪应注意的问题

（一）持有伪造的发票罪罪与非罪的界限

行为人实施的虚开发票行为是否构成持有伪造的发票罪，除法定的犯罪构成要件外，主要看其持有伪造的发票的行为是否达到《立案追诉标准（二）》的标准。对于尚未达到立案追诉标准的一般持有伪造的发票的行为，尚不够刑事处罚的，可以根据《发票管理办法》的规定予以行政处罚。《发票管理办法》第39条规定：“有下列情形之一的，由税务机关处1万元以上5万元以下的罚款；情节严重的，处5万元以上50万元以下的罚款；有违法所得的予以没收：（一）转借、转让、介绍他人转让发票、发票监制章和发票防伪专用品的；（二）知道或者应当知道是私自印制、伪造、变造、非法取得或者废止的发票而受让、开具、存放、携带、邮寄、运输的。”

（二）一罪与数罪的问题

本罪的罪数形态问题主要是本罪与伪造、出售伪造的增值税专用发票罪，非法制造、出售非法制造的用于骗取出口退税、抵扣税款发票罪，非法制造、出售非法制造的发票罪的一罪与数罪问题。在司法实践中，应当注意区分以下几种情况：一是持有伪造的发票的行为人与伪造发票或者出售伪造的发票的行为人无共同故意或共同故意无法查明，或者伪造发票的真正来源无法查明时，以持有伪造的发票罪论处。二是行为人持有伪造的发票的行为是为了自己进一步实施伪造发

票或者出售伪造的发票行为的，两行为之间存在手段与目的的牵连关系，应当依照牵连犯的处理原则择一重罪处罚。三是行为人持有伪造的发票的行为，既用于自己实施伪造发票或者出售伪造的发票的行为，又将其非法提供给他人，同时构成持有伪造的发票罪与伪造、出售伪造的增值税专用发票罪，非法制造、出售非法制造的用于骗取出口退税、抵扣税款发票罪，非法制造、出售非法制造的发票罪，应实行数罪并罚。

四、持有伪造的发票罪的处罚

根据《刑法》第 210 条之一第 1 款的规定，自然人犯持有伪造的发票罪的，处 2 年以下有期徒刑、拘役或者管制，并处罚金；数量巨大的，处 2 年以上 7 年以下有期徒刑，并处罚金。

根据《刑法》第 210 条之一第 2 款的规定，单位犯持有伪造的发票罪的，对单位判处罚金，并对其直接负责的主管人员和其他直接责任人员，依照自然人犯本罪的规定处罚。

第八章　扰乱市场秩序犯罪案件立案追诉标准

第一节　损害商业信誉、商品声誉案

一、损害商业信誉、商品声誉罪的概念和构成要件

（一）概念

损害商业信誉、商品声誉罪，是指捏造并散布虚伪事实，损害他人的商业信誉、商品声誉，给他人造成重大损失或者有其他严重情节的行为。

本罪是1997年《刑法》新增设的，1979年《刑法》和单行刑法均没有规定本罪。1993年《反不正当竞争法》第14条规定："经营者不得捏造、散布虚伪事实，损害竞争对手的商业信誉、商品声誉。"商业信誉和商品声誉，是指产品质量或者商业服务信用在社会公众心目中的良好形象。良好的商业信誉是信誉享有人经过自己的艰苦努力而获取的。同样，商品声誉也要靠提高商品的质量和服务信用来取悦商品购买者或使用人。因此，商品本身包含了一定的成本投入，也意味着相当程度的市场竞争力。为了适应社会主义市场经济发展的需要，保护商品生产者和经营者的合法权益，维护市场经济秩序，在《反不正当竞争法》的基础上，《刑法》第221条设立了损害商业信誉、商品声誉罪这一新罪，并规定了单独的法定刑。1997年12月11日最高人民法院《关于执行〈中华人民共和国刑法〉确定罪名的规定》、1997年12月25日最高人民检察院《关于适用刑法分则规定的犯罪的罪名的意见》根据1997年《刑法》第221条规定了"损害商业信誉、商品声誉罪"罪名。

（二）构成要件

1. 犯罪客体

本罪侵犯的客体是经营者的商业信誉权、商品声誉权和市场的公平竞争秩

序。商业信誉，是指经营者在商业活动中的信用程度和名誉。它包括社会公众对该经营者的资信状况、商业道德、技术水平、经济实力等方面的评价。商品声誉，是指企业投放市场的商品在质量、品牌、价格等方面的可信赖程度和知名度。经营者的商业信誉，生产者、经营者的商品声誉关系到他们在市场上的形象，影响他们市场竞争力的高低，直接关系到他们的经济利益。因此，根据《刑法》第 221 条的规定，损害商业信誉和商品声誉，给他人造成重大损失或者有其他严重情节的行为构成犯罪，必须予以刑事处罚。

2. 客观方面

本罪的客观方面表现为捏造并散布虚伪事实，损害他人的商业信誉、商品声誉，给他人造成重大损失或者有其他严重情节的行为。所谓捏造，一般有两种表现形式：一种是虚构、编造完全不符合真相或者根本不存在的事实，即凭空捏造；另一种是对既存的事实进行恶意歪曲、夸大，即部分捏造。对于后一种情况，只要行为人的行为使既存事实与改编后的事实丧失同一性，就应当认为是捏造；未经核实散布虚伪事实的，如果未明显歪曲或者超出信息原意，仅仅属于载体和形式变化与加工的，不宜认定为捏造。所谓散布，是指以语言、文字，或者通过新闻媒介等各种方式在公众中宣传、扩散捏造的虚伪事实的行为。捏造和散布行为必须同时具备才能构成本罪。在实践中，其表现形式多样，如在商品洽谈会、商品交易会或者其他公众场合造谣、中伤、诋毁竞争对手，散布他人企业债台高筑、资不抵债、即将破产的谣言；捏造事实，散布他人企业管理、财务制度陷于混乱；含沙射影，贬低他人商品质量，标榜自己商品质量如何好；唆使、收买他人，以客户或消费者的名义歪曲事实，并向新闻媒介、市场监督管理部门、消费者协会等投诉，损害竞争对手形象；等等。

3. 犯罪主体

本罪的主体为一般主体，包括单位和自然人。在司法实践中，主要表现为两类主体：一是商誉主体的竞争对手、处于不利地位的同行、其他生产者和经营者；二是新闻、报刊、电视台等媒介。

4. 主观方面

本罪的主观方面表现为故意，即行为人明知行为会发生损害他人商业信誉、商品声誉，扰乱市场竞争秩序的结果，并且希望或者放任危害结果发生。一般而言，行为人捏造并散布虚伪事实，损害他人的商业信誉、商品声誉，动机在于降低他人的竞争力，从而使自己战胜竞争对手，获得经济利益。但也不排除行为人具有报复、泄愤、嫉妒、仇恨等其他动机。

二、损害商业信誉、商品声誉罪案立案追诉标准适用指南

《立案追诉标准（二）》第六十六条规定：

捏造并散布虚伪事实，损害他人的商业信誉、商品声誉，涉嫌下列情形之一的，应予立案追诉：

（一）给他人造成直接经济损失数额在五十万元以上的；

（二）虽未达到上述数额标准，但造成公司、企业等单位停业、停产六个月以上，或者破产的；

（三）其他给他人造成重大损失或者有其他严重情节的情形。

商业信誉和商品声誉关系到企业的形象和经济效益，关系到企业之间在社会主义市场经济中的竞争力。根据《反不正当竞争法》的有关规定，《刑法》第221 条将损害商业信誉、商品声誉的行为规定为犯罪。由于《刑法》第 221 条明确规定，损害商业信誉、商品声誉的行为，必须是“给他人造成重大损失”或者“有其他严重情节”的行为，才构成犯罪。因此，制定损害商业信誉、商品声誉罪案的立案追诉标准，主要是对上述犯罪构成要件予以细化和明确。

2010 年《立案追诉标准（二）》为了体现全国人大常委会《关于维护互联网安全的决定》的立法精神，增设了“利用互联网或者其他媒体公开损害他人商业信誉、商品声誉”应予立案追诉的情形；在此次修订立案追诉标准的过程中，经研究删除了“利用互联网或者其他媒体公开损害他人商业信誉、商品声誉”这一立案追诉标准。主要理由在于：2010 年《立案追诉标准（二）》制定时，互联网在经济建设和社会生活中的应用广度和深度不断拓展，对国民经济、科学技术的发展和社会服务信息化进程影响不断扩大。因此，当时考虑“利用互联网或者其他媒体公开损害他人商业信誉、商品声誉”的社会危害性要比通过“街头宣传”“口口相传”等传统方式实施该行为的危害性更大，故对利用互联网或者其他媒体实施该罪行为结合“虽未达到上述数额标准”规定，降低了“给他人造成直接经济损失”的数额标准（即“接近上述数额标准且已达到该数额的百分之八十以上”）。此次修订立案追诉标准过程中，我们认为，经济和社会形势的发展已经出现了深刻变化，互联网、自媒体在社会生活中得到广泛而普遍的应用，大数据、信息化时代已经来临，再特别强调该种行为方式的特殊社会危害性已显得必要性不足。

2001 年《追诉标准》规定“严重妨害他人正常生产经营活动或者导致停产、破产的”，2010 年《立案追诉标准（二）》修改为“造成公司、企业等单位停业、停产六个月以上，或者破产的”，考虑到此类犯罪的受害方大多是经营型企

业，既从事生产又从事销售等经营性业务，也可能是单纯经营销售业务，因此有必要增加停业的情形。同时考虑到停业、停产和破产的性质不同，尤其是停业、停产时间较短的情况，为了增加可操作性，有必要量化相应的具体时间，因此增加了“六个月以上”的时间限制，去掉了“严重妨害他人正常生产经营活动”的表述。《立案追诉标准（二）》未再对该标准进行修改。

在司法实践中，具体适用本罪案的立案追诉标准时应注意把握以下几点：

（1）本罪案立案追诉标准第1项具体规定了“给他人造成直接经济损失数额在五十万元以上的”。因为捏造并散布虚伪事实，诋毁企业信誉的行为，致使他人的大量合格产品积压、滞销，或者退货、退订单、解除合同等，造成直接经济损失数额在50万元以上的，则构成本罪，应当依法立案追诉。

（2）《立案追诉标准（二）》虽然删除了“利用互联网或者其他媒体公开损害他人商业信誉、商品声誉”应予立案追诉的情形；但随着互联网应用的普及，利用互联网实施损害商业信誉、商品声誉的行为不可避免地仍将成为该类案件的主要作案手段。

（3）本罪案立案追诉标准第3项规定“其他给他人造成重大损失或者有其他严重情节的情形”。由于司法实践中的情形千变万化，为了避免挂一漏万，规定了此项作为兜底性条款。

三、认定损害商业信誉、商品声誉罪应注意的问题

（一）损害商业信誉、商品声誉罪罪与非罪的界限

首先，根据《刑法》第221条的规定，捏造并散布虚伪事实，损害他人的商业信誉、商品声誉的行为必须具备“给他人造成重大损失”或者“有其他严重情节”两个要件之一，才构成本罪。否则，只是一般违法行为，只能依照相关行政法规给予行政处罚。这是本罪罪与非罪的界限。其次，要注意把握“捏造并散布虚伪事实”的含义，“捏造”一般是指完全没有依据，仅靠自己的凭空想象臆造事物，与“杜撰”“虚构”等基本属于同义词，但将他人的真实信息进行篡改导致足以损害他人商业信誉、商品声誉的，也应当认定为“捏造”①；损害他人商业信誉、商品声誉的实行行为在于通过“散布”捏造的事实导致他人商业信誉降低、商品声誉评价下降等后果，因此发布真实的商业状况、真实的商品评价，即便产生相应的后果，也不应当认定为“捏造并散布虚伪事实”。再次，要注意区分行为人是故意还是过失实施损害他人商业信誉、商品声誉的行为，如果

① 张明楷：《刑法学（第六版）（下册）》，法律出版社2021年版，第1079页。

行为人的主观方面表现为故意，又具备上述两个客观行为要件之一的，则构成本罪。对于没有损害商业信誉、商品声誉的故意，听信他人传谣，而散布虚伪事实乃至对虚伪事实进行某种程度的加工的行为不构成本罪。最后，要注意区分损害商誉行为与新闻监督行为、合法投诉行为。对于新闻机构经过正常采访，公开披露、曝光、批评一些商誉不好的经营者和一些消费者通过正常渠道反映经营者商品的质量问题的行为应予以法律保护和支持。

（二）损害商业信誉、商品声誉罪与诽谤罪的界限

诽谤罪，是指故意捏造并散布某些虚构的事实，损害他人人格，破坏他人名誉，情节严重的行为。

损害商业信誉、商品声誉罪与诽谤罪的根本区别在于：（1）侵犯的客体不同。损害商业信誉、商品声誉罪侵犯的客体是经营者的商业信誉权、商品声誉权和市场的公平竞争秩序；而诽谤罪侵犯的客体是公民的人身权利。（2）造谣诽谤的内容不同。损害商业信誉、商品声誉罪直接针对企业的生产经营、销售活动和商品造谣中伤；诽谤罪则针对个人的人格名誉。如果损害经营者的商誉的行为，同时又损害了经营者个人的名誉，对符合损害商业信誉、商品声誉罪案的立案追诉标准的，则应认定为损害商业信誉、商品声誉罪；损害经营者个人名誉的行为，可作为量刑从重情节来考虑。

四、损害商业信誉、商品声誉罪的处罚

根据《刑法》第221条的规定，自然人犯损害商业信誉、商品声誉罪的，处2年以下有期徒刑或者拘役，并处或者单处罚金。

根据《刑法》第231条的规定，单位犯损害商业信誉、商品声誉罪的，对单位判处罚金，并对其直接负责的主管人员和其他直接责任人员，依照自然人犯本罪的规定处罚。

第二节 虚假广告案

一、虚假广告罪的概念和构成要件

（一）概念

虚假广告罪，是指广告主、广告经营者、广告发布者违反国家规定，利用广告对商品或者服务作虚假宣传，情节严重的行为。

本罪是 1997 年《刑法》增设的罪名，1979 年《刑法》和其后的单行刑法没有规定本罪。广告是与人们日常生活密切相关的事物。虚假广告宣传，由于是通过电视、电台、报纸、书刊等媒介进行散布，影响范围广，容易造成较大社会危害。为了保护消费者的合法权益，维护市场经济的正常秩序，《刑法》第 222 条设立虚假广告罪，并规定了单独的法定刑。1997 年 12 月 11 日最高人民法院《关于执行〈中华人民共和国刑法〉确定罪名的规定》、1997 年 12 月 25 日最高人民检察院《关于适用刑法分则规定的犯罪的罪名的意见》根据 1997 年《刑法》第 222 条规定了"虚假广告罪"罪名。

（二）构成要件

1. 犯罪客体

本罪侵犯的客体是国家关于广告经营的管理制度。《广告法》第 3 条规定："广告应当真实、合法，以健康的表现形式表达广告内容，符合社会主义精神文明建设和弘扬中华民族优秀传统文化的要求。"第 5 条规定："广告主、广告经营者、广告发布者从事广告活动，应当遵守法律、法规，诚实信用，公平竞争。"但在现实生活中，一些不法的广告主、广告经营者、广告发布者为了谋取非法利益，违反国家法律规定，故意制作、发布虚假广告，欺骗和误导广大消费者，严重损害了消费者的合法权益，损害了正当的商品交易活动和公平的市场竞争秩序，严重侵害了国家对广告经营的管理秩序，应当予以惩处。

2. 客观方面

本罪的客观方面表现为行为人实施了违反国家规定，利用广告对商品或者服务作虚假宣传，并且情节严重的行为。这里的广告是指商品经营者或者服务提供者通过一定媒介和形式直接或者间接地介绍自己所推销的商品或者服务的商业广告活动。违反国家规定，根据刑法第 96 条的规定，是指违反全国人民代表大会及其常务委员会制定的法律和决定，国务院制定的行政法规、规定的行政措施、发布的决定和命令。这里的违反国家规定主要是指违反了国家制定发布的有关广告管理的法律、行政法规。例如，《广告法》第 4 条第 1 款规定："广告不得含有虚假或者引人误解的内容，不得欺骗、误导消费者。"第 11 条第 2 款规定："广告使用数据、统计资料、调查结果、文摘、引用语等引证内容的，应当真实、准确，并表明出处。引证内容有适用范围和有效期限的，应当明确表示。"又如，《反不正当竞争法》第 8 条规定："经营者不得对其商品的性能、功能、质量、销售状况、用户评价、曾获荣誉等作虚假或者引人误解的商业宣传，欺骗、误导消费者。经营者不得通过组织虚假交易等方式，帮助其他经营者进行虚假或者引人误解的商业宣传。"这里的利用广告对商品或者服务作虚假宣传是指违反了上述法律和行政法规的规定，利用广告这种特殊的传播媒介，对所生产的产品或者提供的服务作夸张、虚伪和不实的宣扬或传播，足以使消费者受到欺骗或者被误导消费。

3. 犯罪主体

本罪的主体是特殊主体，即广告主、广告经营者和广告发布者。单位可以构成本罪的主体。根据广告法规定，广告主是指为推销商品或者服务，自行或者委托他人设计、制作、发布广告的自然人、法人或者其他组织；广告经营者是指接受委托提供广告设计、制作、代理服务的自然人、法人或者其他组织；广告发布者是指为广告主或者广告主委托的广告经营者发布广告的自然人、法人或者其他组织。

4. 主观方面

本罪的主观方面表现为故意，过失不构成本罪。行为人必须明知是虚假广告仍作宣传的才构成本罪。

二、虚假广告罪案立案追诉标准适用指南

《立案追诉标准（二）》第六十七条规定：

广告主、广告经营者、广告发布者违反国家规定，利用广告对商品或者服务作虚假宣传，涉嫌下列情形之一的，应予立案追诉：

（一）违法所得数额在十万元以上的；

（二）假借预防、控制突发事件、传染病防治的名义，利用广告作虚假宣传，致使多人上当受骗，违法所得数额在三万元以上的；

（三）利用广告对食品、药品作虚假宣传，违法所得数额在三万元以上的；

（四）虽未达到上述数额标准，但二年内因利用广告作虚假宣传受过二次以上行政处罚，又利用广告作虚假宣传的；

（五）造成严重危害后果或者恶劣社会影响的；

（六）其他情节严重的情形。

关于本罪的立案追诉标准，本次修订主要做了以下修改：一是删除“给单个消费者造成直接经济损失数额在五万元以上的，或者给多个消费者造成直接经济损失数额累计在二十万元以上的”和“造成人身伤残的”这两项规定，增加规定“造成严重危害后果或者恶劣社会影响的”。二是增加规定假借传染病防治的名义以及利用广告对食品、药品作虚假宣传，作为从严打击的情形。

根据《立案追诉标准（二）》第67条规定，广告主、广告经营者、广告发

布者违反国家规定，利用广告对商品或者服务作虚假宣传，涉嫌下列情形之一的，应予立案追诉：

（1）违法所得数额在 10 万元以上的。2001 年《追诉标准》将违法所得数额 10 万元以上作为立案追诉标准，2010 年《立案追诉标准（二）》沿用了这一标准。鉴于虚假广告案件日趋增多，为了切实保护广大消费者的利益，严厉打击此类犯罪，本次修订对本项情形未做修改，即虚假广告违法所得数额在 10 万元以上的，即应予立案追诉。需要指出的是，以违法所得数额在 10 万元以上作为认定标准，针对的是不具有特殊情节的实施虚假广告行为。

（2）假借预防、控制突发事件、传染病防治的名义，利用广告作虚假宣传，致使多人上当受骗，违法所得数额在 3 万元以上的。2001 年《追诉标准》对此项情形并未作出规定，2010 年《立案追诉标准（二）》增加规定“假借预防、控制突发事件的名义，利用广告作虚假宣传，致使多人上当受骗，违法所得数额在三万元以上的”，应予立案追诉。2003 年最高人民法院、最高人民检察院《关于办理妨害预防、控制突发传染病疫情等灾害的刑事案件具体应用法律若干问题的解释》第 5 条规定：“广告主、广告经营者、广告发布者违反国家规定，假借预防、控制突发传染病疫情等灾害的名义，利用广告对所推销的商品或者服务作虚假宣传，致使多人上当受骗，违法所得数额较大或者有其他严重情节的，依照刑法第二百二十二条的规定，以虚假广告罪定罪处罚。”

从司法实践需求来看，2003 年“非典”期间就出现过不法分子假借预防、控制“非典”的名义，利用群众和社会对突发疾病的恐惧，对推销的商品作虚假广告宣传，致使很多群众上当受骗，社会影响恶劣，危害面广。2009 年年末，随着“甲型 H1N1 流感”的不断蔓延，尤其是重症患者和死亡人数的不断增加，一些不法广告主、广告经营者和广告发布者又利用公众的恐惧心理，进行虚假的广告宣传，借此推销产品。为了严厉打击此类行为，2010 年《立案追诉标准（二）》增加了此项立案追诉标准，并将此类情形的数额标准规定为“三万元”。

另外，根据 2007 年《突发事件应对法》的规定，突发事件已经涵盖了突发传染病疫情等灾害，因而采用了突发事件的表述。本次修订立案追诉标准过程中，为了进一步凸显对假借传染病防治的名义实施违法犯罪行为的打击，将 2010 年《立案追诉标准（二）》中的“假借预防、控制突发事件的名义”修改为“假借预防、控制突发事件、传染病防治的名义”。

突发事件，是指突然发生，造成或者可能造成严重社会危害，需要采取应急处置措施予以应对的自然灾害、事故灾难、公共卫生事件和社会安全事件。如前所述，从广义上来看，突发事件涵盖了包括传染病事件在内的公共卫生事件。本次修订立案追诉标准将假借传染病防治名义实施虚假广告的行为单独进行规定，意在突出强调对该行为的从严打击，以更好地预防、控制和消除传染病的发生与流行，保障人体健康和公共卫生。传染病的范畴在《传染病防治法》第 3 条进行了明确规定。多人上当受骗是指 3 个以上消费者上当受骗。

（3）利用广告对食品、药品作虚假宣传，违法所得数额在 3 万元以上的。将利用广告对食品、药品作虚假宣传作为特殊情节予以规定是本次修订的新增内容，2001 年《追诉标准》和 2010 年《立案追诉标准（二）》均未作出规定。食品和药品安全事关人民群众的身体健康和生命安全，是重大的民生问题。增加这一规定，旨在贯彻最严谨的标准、最严格的监管、最严厉的处罚、最严肃的问责的要求，体现依法严惩危害食品药品安全犯罪的政策导向，充分回应人民群众对食品药品安全的关切。最高人民法院、最高人民检察院《关于办理危害食品安全刑事案件适用法律若干问题的解释》第 19 条规定："违反国家规定，利用广告对保健食品或者其他食品作虚假宣传，符合刑法第二百二十二条规定的，以虚假广告罪定罪处罚……"最高人民法院、最高人民检察院《关于办理危害药品安全刑事案件适用法律若干问题的解释》第 12 条规定："广告主、广告经营者、广告发布者违反国家规定，利用广告对药品作虚假宣传，情节严重的，依照刑法第二百二十二条的规定，以虚假广告罪定罪处罚。"鉴于此，将利用广告对食品、药品作虚假宣传，违法所得数额在 3 万元以上的行为作为应当立案追诉的情形。

（4）虽未达到上述数额标准，但 2 年内因利用广告作虚假宣传受过二次以上行政处罚，又利用广告作虚假宣传的。2001 年《追诉标准》将"虽未达到上述数额标准，但因利用广告作虚假宣传，受过行政处罚二次以上，又利用广告作虚假宣传的"作为应予立案追诉的情形，2010 年《立案追诉标准（二）》增加了"两年内"的时间限制。本次修订沿用了 2010 年《立案追诉标准（二）》的相关规定，但是在文字表述上将"两年内"修改为"二年内"，将"受过行政处罚二次以上"修改为"受过二次以上行政处罚"，与其他法律文件表述保持一致性。

对于实施虚假广告行为，虽然在数额上未达到上述三种情形所规定的标准，但属于 2 年内因利用广告作虚假宣传受过二次以上行政处罚，又利用广告作虚假宣传的，应当将其认定为"情节严重"予以立案追诉。"虽未达到上述数额标准"是指接近上述三种情形规定数额标准且已达到该数额的 80%以上。

（5）造成严重危害后果或者恶劣社会影响的。将实施虚假广告行为，造成严重危害后果或者恶劣社会影响的作为立案追诉的情形是本次修订新增内容。对于实施虚假广告产生的危害结果，2001 年《追诉标准》规定了"给消费者造成的直接经济损失数额在五十万元以上的"和"造成人身伤残或者其他严重后果的"两种情形。2010 年《立案追诉标准（二）》考虑到"给消费者造成的直接经济损失数额在五十万元以上”的标准过高，在实际操作中存在取证难、证明难的问题，不利于打击虚假广告行为和保护消费者的利益，将其修改为“给单个消费者造成直接经济损失数额在五万元以上的，或者给多个消费者造成直接经济损失数额累计在二十万元以上的”，保留了“造成人身伤残的”这一情形。本次修订采取了“造成严重危害后果或者恶劣社会影响的”的表述，而情节的具体认定则留给公安司法机关根据个案情况进行综合判定，以免出现行为人依法不构成犯罪，而广告经营者、广告发布者却构成虚假广告罪的不合理现象。

造成严重危害后果包括消费者相信广告宣传的内容而接受所宣传的商品、服务，致使生产、经营、生活等造成严重损失或受阻的，或者导致人身伤亡的严重后果等。认定危害后果时应主要从经济损失和人身伤亡等方面进行判断。造成恶劣社会影响，包括引发媒体广泛关注，引起社会强烈反响，以及引发群体性事件、矛盾纠纷和上访活动等恶劣社会影响。在认定影响恶劣时应主要从特定环境、犯罪形势、涉案规模、社会影响等方面去判断。

（6）其他情节严重的情形。虚假广告罪的刑法表述是情节犯，2010 年《立案追诉标准（二）》取消了 2001 年《追诉标准》中“其他严重后果”的情形，增加了“其他情节严重的情形”的兜底性规定。本次修订沿用了 2010 年《立案追诉标准（二）》的相关规定。在实践中，可以从虚假广告在媒体上发布所持续的时间、虚假广告在媒体上播出的频率、虚假广告投放到媒体上的数量以及虚假广告内容的欺骗程度等方面进行判断。

三、认定虚假广告罪应注意的问题

（一）虚假广告罪罪与非罪的界限

利用广告作虚假宣传的行为，必须情节严重才构成犯罪。如果行为人实施的是一般虚假广告宣传行为，可以根据广告法或者其他有关法律规定给予相应的行政处罚或者通过民事索赔的方式进行解决。例如，《广告法》第 55 条第 1 款至第 3 款规定：“违反本法规定，发布虚假广告的，由市场监督管理部门责令停止发布广告，责令广告主在相应范围内消除影响，处广告费用三倍以上五倍以下的罚款，广告费用无法计算或者明显偏低的，处二十万元以上一百万元以下的罚款；两年内有三次以上违法行为或者有其他严重情节的，处广告费用五倍以上十倍以下的罚款，广告费用无法计算或者明显偏低的，处一百万元以上二百万元以下的罚款，可以吊销营业执照，并由广告审查机关撤销广告审查批准文件、一年内不受理其广告审查申请。医疗机构有前款规定违法行为，情节严重的，除由市场监督管理部门依照本法处罚外，卫生行政部门可以吊销诊疗科目或者吊销医疗机构执业许可证。广告经营者、广告发布者明知或者应知广告虚假仍设计、制作、代理、发布的，由市场监督管理部门没收广告费用，并处广告费用三倍以上五倍以下的罚款，广告费用无法计算或者明显偏低的，处二十万元以上一百万元以下的罚款；两年内有三次以上违法行为或者有其他严重情节的，处广告费用五倍以上十倍以下的罚款，广告费用无法计算或者明显偏低的，处一百万元以上二百万元以下的罚款，并可以由有关部门暂停广告发布业务、吊销营业执照。”第56条规定：“违反本法规定，发布虚假广告，欺骗、误导消费者，使购买商品或者接受服务的消费者的合法权益受到损害的，由广告主依法承担民事责任。广告经营者、广告发布者不能提供广告主的真实名称、地址和有效联系方式的，消费者可以要求广告经营者、广告发布者先行赔偿。关系消费者生命健康的商品或者服务的虚假广告，造成消费者损害的，其广告经营者、广告发布者、广告代言人应当与广告主承担连带责任。前款规定以外的商品或者服务的虚假广告，造成消费者损害的，其广告经营者、广告发布者、广告代言人，明知或者应知广告虚假仍设计、制作、代理、发布或者作推荐、证明的，应当与广告主承担连带责任。”

（二）虚假广告罪与相关犯罪的界限

1. 虚假广告罪与销售伪劣产品罪的界限

销售伪劣产品罪，是指销售者故意在产品中掺杂、掺假，以假充真，以次充好或者以不合格产品冒充合格产品的行为。

虚假广告罪与销售伪劣产品罪的不同之处在于：（1）侵犯的客体不同。虚假广告罪侵犯的是国家对广告经营的管理秩序；而销售伪劣产品罪侵犯的是国家对产品质量的管理制度。（2）犯罪对象不同。虚假广告罪的犯罪对象是广告；而销售伪劣产品罪的犯罪对象是伪劣产品。在司法实践中，有些是在销售伪劣产品过程中制作、发布虚假广告的，利用广告作虚假宣传只是销售伪劣产品的一种手段。在此种情况下，行为人既触犯了虚假广告罪，又触犯了销售伪劣产品罪，依照牵连犯的处理原则择一重罪处罚。

2. 虚假广告罪与假冒注册商标罪的界限

假冒注册商标罪，是指违反国家商标管理规定，未经注册商标所有人许可，在同一种商品、服务上使用与其注册商标相同的商标，情节严重的行为。

虚假广告罪与假冒注册商标罪虽然行为人都有虚假、假冒的一面，但这两个罪仍有不同：（1）侵犯的客体不同。虚假广告罪侵犯的是国家对广告经营的管理秩序；而假冒注册商标罪侵犯的客体是国家关于注册商标的管理秩序。（2）客观行为不同。虚假广告罪的客观方面是违反国家规定，利用广告对商品或者服务作虚假宣传，情节严重的行为；而假冒注册商标罪的客观方面是实施假冒他人注册商标的行为。

四、虚假广告罪的处罚

根据《刑法》第 222 条的规定，自然人犯虚假广告罪的，处 2 年以下有期徒刑或者拘役，并处或者单处罚金。

根据《刑法》第 231 条的规定，单位犯虚假广告罪的，对单位判处罚金，并对其直接负责的主管人员和其他直接责任人员，依照自然人犯本罪的规定处罚。

第三节 串通投标案

一、串通投标罪的概念和构成要件

（一）概念

串通投标罪，是指投标人相互串通投标报价，损害招标人或者其他投标人利益，或者投标人与招标人串通投标，损害国家、集体、公民的合法利益，情节严重的行为。

本罪是 1997 年《刑法》新增设的，1979 年《刑法》和单行刑法均没有规定本罪。1993 年《反不正当竞争法》第 15 条规定："投标者不得串通投标，抬高标价或者压低标价。投标者和招标者不得相互勾结，以排挤竞争对手的公平竞争。"第 27 条规定："投标者串通投标，抬高标价或者压低标价；投标者和招标者相互勾结，以排挤竞争对手的公平竞争的，其中标无效。监督检查部门可以根据情节处以一万元以上二十万元以下的罚款。"为了维护招标投标市场的正当竞争，维护社会主义市场经济秩序，在《反不正当竞争法》的基础上，根据司法实践，《刑法》在第 223 条设立了串通投标罪，并规定了单独的法定刑。1997 年 12 月 11 日最高人民法院《关于执行〈中华人民共和国刑法〉确定罪名的规定》、1997 年 12 月 25 日最高人民检察院《关于适用刑法分则规定的犯罪的罪名的意见》根据 1997 年《刑法》第 223 条规定了"串通投标罪"罪名。

（二）构成要件

1. 犯罪客体

本罪侵犯的客体是招标投标市场秩序。招标，是指公布标准和条件，提出价格，招人承包或承买的活动。投标，是指在承包建筑工程或承买成套设备、大宗商品时，承包人或者买主按照招标公告的标准和条件提出价格，填具标单，请求承包或承买的活动。招标与投标是在我国建筑工程等领域普遍推行的一种常用的竞争方式。如果投标人相互串通投标报价，将会损害招标人或者其他投标人的利益；如果投标人与招标人串通投标，将会损害国家、集体、公民的合法利益，违背公平、公正的竞争原则，严重扰乱市场管理秩序。

2. 客观方面

本罪的客观方面表现为：

（1）投标人相互串通投标报价，损害招标人或者其他投标人利益的行为。投标人，是指在投标竞争活动中，决定并影响投标报价、请求承包或承买的参与人。根据《招标投标法实施条例》第 39 条的规定："禁止投标人相互串通投标。有下列情形之一的，属于投标人相互串通投标：（一）投标人之间协商投标报价等投标文件的实质性内容；（二）投标人之间约定中标人；（三）投标人之间约定部分投标人放弃投标或者中标；（四）属于同一集团、协会、商会等组织成员的投标人按照该组织要求协同投标；（五）投标人之间为谋取中标或者排斥特定投标人而采取的其他联合行动。"第 40 条规定："有下列情形之一的，视为投标人相互串通投标：（一）不同投标人的投标文件由同一单位或者个人编制；（二）不同投标人委托同一单位或者个人办理投标事宜；（三）不同投标人的投标文件载明的项目管理成员为同一人；（四）不同投标人的投标文件异常一致或者投标报价呈规律性差异；（五）不同投标人的投标文件相互混装；（六）不同投标人的投标保证金从同一单位或者个人的账户转出。"相互串通投标报价，是指在投标过程中，暗中商量好抬高或者压低标价的行为。损害招标人或者其他投标人利益，是指由于投标人相互串通投标报价，而使招标人没有达到最佳的竞标结果，或者其他投标人无法在公平竞争的条件下参与投标竞争而受到损失的情况。上述投标人相互串通投标报价，损害招标人或者其他投标人利益的行为必须达到情节严重的，才构成本罪。这里的情节严重一般包括多次串通投标屡教不改的；对其他投标人、招标人采取威胁、利诱手段达到排挤其他竞争对手的目的的；造成招标、投标工作管理严重混乱的；造成直接经济损失数额巨大的；等等。

（2）投标人与招标人串通投标，损害国家、集体、公民的合法利益的行为。招标人，是指公布标准和条件，提出价格、寻求最佳承包人的发包方。所谓投标人与招标人串通投标，损害国家、集体、公民的合法利益的行为，是指投标人与招标人在招标过程中相互勾结，影响、破坏和干扰招标秩序，使国家、集体、公民的合法利益受到严重损害的行为。例如，投标人通过行贿等非法手段买通招标人提前获得有关报价条件、标准、信息；招标人审查评论投标人申请时，优先让与其暗中相勾结的投标者中标等。

3. 犯罪主体

本罪的主体是特殊主体，即招标人和投标人。根据《招标投标法》规定，招标人是依法提出招标项目、进行招标的法人或者其他组织。投标人是响应招标、参加投标竞争的法人或者其他组织。如果依法招标的科研项目允许个人参加投标的，投标的个人适用投标人的相关规定。

4. 主观方面

本罪的主观方面表现为故意，过失不构成本罪。行为人的动机多种多样，有的是受贿；有的是受亲友所托；有的是非法交易，互相向对方承诺好处或者利益；等等。但不论动机如何，均不影响本罪成立。

二、串通投标罪案立案追诉标准适用指南

《立案追诉标准（二）》第六十八条规定：

投标人相互串通投标报价，或者投标人与招标人串通投标，涉嫌下列情形之一的，应予立案追诉：

（一）损害招标人、投标人或者国家、集体、公民的合法利益，造成直接经济损失数额在五十万元以上的；

（二）违法所得数额在二十万元以上的；

（三）中标项目金额在四百万元以上的；

（四）采取威胁、欺骗或者贿赂等非法手段的；

（五）虽未达到上述数额标准，但二年内因串通投标受过二次以上行政处罚，又串通投标的；

（六）其他情节严重的情形。

在社会主义市场经济中，招标与投标必须依法进行，必须遵循行业制度和规则，只有这样才能使招标投标市场顺利地进行公平、公正的竞争，推动市场经济正当交易、公平发展。由于《刑法》第223条规定，投标人相互串通投标报价，损害招标人或者其他投标人利益的行为，必须达到情节严重的标准；又规定投标人与招标人串通投标的行为，必须达到损害国家、集体、公民的合法利益的严重后果，因此，参照《招标投标法》的有关规定，结合司法实践，制定串通投标罪案的立案追诉标准，具体界定何为情节严重以及损害国家、集体、公民的合法利益的标准。为了增加标准的可操作性，根据立法原意，2010年《立案追诉标准（二）》增加了“违法所得数额在十万元以上的”“中标项目金额在二百万元以上的”等应予立案追诉的具体情形。

在此次立案追诉标准修订过程中，重点对第2、3项的数额标准进行了调整。

根据《招标投标法》第3条规定，在中华人民共和国境内进行下列工程建设项目包括项目的勘察、设计、施工、监理以及与工程建设有关的重要设备、材料等的采购，必须进行招标：（1）大型基础设施、公用事业等关系社会公共利益、公众安全的项目；（2）全部或者部分使用国有资金投资或者国家融资的项目；（3）使用国际组织或者外国政府贷款、援助资金的项目。2000年《工程建设项目招标范围和规模标准规定》第7条第1项规定，各类工程建设项目“施工单项合同估算价在200万元人民币以上”属于必须招标项目。2018年《必须招标的工程项目规定》第5条规定，各类工程项目“施工单项合同估算价在400万元人民币以上”属于必须招标的项目。经研究认为，此次修订该罪案立案追诉标准可以参照上述规定中必须招标项目的施工单项合同估算价的调整，将立案追诉标准中标金额调整至400万元；同时，考虑到工程利润率等因素，基于对应关系，将违法所得数额调整为20万元。

在司法实践中，具体适用本罪案的立案追诉标准时应注意把握以下几点：

（1）损害招标人、投标人或者国家、集体、公民的合法利益，造成直接经济损失数额在50万元以上的。作此规定是由于投标人相互串通投标报价，或者投标人与招标人串通投标，损害招标人、投标人或者国家、集体、公民的合法利益，造成的直接经济损失数额巨大，由此作为情节严重的情形之一来考虑的。衡量直接经济损失数额巨大的标准为50万元以上的，应予立案追诉。

（2）违法所得数额在20万元以上的。在《立案追诉标准（二）》制定过程中，经调研和征求执法部门意见，发现2001年《追诉标准》中的“直接经济损失数额在五十万元以上”的标准很难证明，不易操作，由此造成一些具有严重社会危害性的串通投标行为难以纳入立案追诉程序。为了有效打击此类犯罪，加强立案追诉标准的可操作性，经讨论决定加入违法所得数额、中标项目金额的标准。在此次修订立案追诉标准过程中，结合第3项的修订将该部分数额标准由原来的10万元调整为20万元。

（3）中标项目金额在400万元以上的。在此次修订立案追诉标准过程中，将原标准中标项目金额在“二百万元以上”调整为中标项目金额在“四百万元以上”。通过调研发现，招标投标领域的串通行为隐蔽性相对较强，通过数据化分析模型发现，招标投标领域的串通行为涉嫌违法犯罪的，存在相当数量未受行政、刑事处罚的情形。在司法执法实践中应当注意的是，除法律规定必须招标的项目外，其他招标投标活动中单项合同中标金额不满400万元的情形，如果仍存在串通投标行为的，应当注意结合第4、5项标准中的情节标准进行认定，并做好行政执法与刑事司法的衔接。

（4）采取威胁、欺骗或者贿赂等非法手段的。2001年《追诉标准》所采用的表述为“对其他投标人、招标人等投标招标活动的参加人采取威胁、欺骗等非法手段的”，考虑到对行为对象的表述过于冗长，且会产生歧义，而《刑法》的原意在于打击在招标投标活动中串通投标的行为。在此只是把通过非法手段串通投标的行为作为情节严重的细化标准，因此为了更准确地体现《刑法》原意，避免言语上的歧义，《立案追诉标准（二）》去掉了关于行为对象的表述，修改为“采取威胁、欺骗或者贿赂等非法手段的”；同时考虑到在此类犯罪中，行为人往往通过行贿的手段达到犯罪目的，因此增加了贿赂这一行为方式作为情节严重的细化。

（5）虽未达到上述数额标准，但二年内因串通投标受过二次以上行政处罚，又串通投标的。2010 年《立案追诉标准（二）》制定过程中在 2001 年《追诉标准》的基础上增加了“二年内”的时间限制，本次修订立案追诉标准未再调整。根据此规定，投标人相互串通投标报价，或者投标人与招标人串通投标的行为，虽未达到上述数额标准，但 2 年内因串通投标受过二次以上行政处罚，又串通投标的，应予立案追诉。

（6）其他情节严重的情形。为了更加贴近立法原意，严密法网，根据《刑法》原文，增加了兜底性规定。

三、认定串通投标罪应注意的问题

（一）串通投标罪罪与非罪的界限

认定串通投标罪罪与非罪的界限关键在于是否情节严重。达到上述串通投标罪案立案追诉标准之一的就是情节严重的行为，即构成本罪。投标人相互串通投标报价，损害招标人或者其他投标人利益，或者投标人与招标人串通投标，损害国家、集体、公民的合法利益，如果情节不严重的，则不构成犯罪，属于一般违法行为，应当由有关行政执法部门给予行政处罚。

《招标投标法》第 50、52、53 条分别对招标代理机构、依法必须进行招标的项目的招标人以及投标人串通投标行为进行了规定。第 50 条规定，招标代理机构违反本法规定，泄露应当保密的与招标投标活动有关的情况和资料的，或者与招标人、投标人串通损害国家利益、社会公共利益或者他人合法权益的，处 5 万元以上 25 万元以下的罚款；对单位直接负责的主管人员和其他直接责任人员处单位罚款数额 5%以上 10%以下的罚款；有违法所得的，并处没收违法所得；情节严重的，禁止其 1 年至 2 年内代理依法必须进行招标的项目并予以公告，直至由工商行政管理机关吊销营业执照。第 52 条规定，依法必须进行招标的项目的招标人向他人透露已获取招标文件的潜在投标人的名称、数量或者可能影响公平竞争的有关招标投标的其他情况的，或者泄露标底的，给予警告，可以并处 1 万元以上10万元以下的罚款；对单位直接负责的主管人员和其他直接责任人员依法给予处分。第53条规定，投标人相互串通投标或者与招标人串通投标的，投标人以向招标人或者评标委员会成员行贿的手段谋取中标的，中标无效，处中标项目金额5‰以上10‰以下的罚款，对单位直接负责的主管人员和其他直接责任人员处单位罚款数额5%以上10%以下的罚款；有违法所得的，并处没收违法所得；情节严重的，取消其1年至2年内参加依法必须进行招标的项目的投标资格并予以公告，直至由市场监管部门吊销营业执照。

（二）其他问题

本罪必须是共同犯罪，即必须有2个以上的主体，即投标人相互串通投标报价，或者招标人和投标人串通投标，共同实施犯罪的，才能构成本罪。本罪要根据案件的具体情况，确定在共同犯罪中各自的地位、作用、应负的责任等，并依照《刑法》总则关于共同犯罪的处罚原则分清各自的罪责，分别处罚。

四、串通投标罪的处罚

根据《刑法》第223条的规定，自然人犯串通投标罪的，处3年以下有期徒刑或者拘役，并处或者单处罚金。

根据《刑法》第231条的规定，单位犯串通投标罪的，对单位判处罚金，并对其直接负责的主管人员和其他直接责任人员，依照自然人犯本罪的规定处罚。

第四节　合同诈骗案

一、合同诈骗罪的概念和构成要件

（一）概念

合同诈骗罪，是指以非法占有为目的，在签订、履行合同过程中，骗取对方当事人财物，数额较大的行为。

本罪是1997年《刑法》新增设的，1979年《刑法》和单行刑法均没有规定本罪。合同是民事活动主体之间就商品交换或者提供、接受劳务达成的协议，是市场经济交易的一种基本方式。随着改革开放和经济建设的发展，合同作为经济交往的重要手段，在我国经济生活中的地位和作用愈加重要。同时，利用合同进行诈骗的犯罪也十分突出。因此，《刑法》在第224条设立了合同诈骗罪，并规定了单独的法定刑。1997年12月11日最高人民法院《关于执行〈中华人民共和国刑法〉确定罪名的规定》、1997年12月25日最高人民检察院《关于适用刑法分则规定的犯罪的罪名的意见》根据1997年《刑法》第224条规定了“合同诈骗罪”罪名。

（二）构成要件

1. 犯罪客体

本罪侵犯的客体是市场交易秩序和公私财物所有权。合同是民事主体之间设立、变更、终止民事法律关系的协议。《民法典》规定，民事主体在民事活动中的法律地位一律平等，民事主体从事民事活动，应当遵循自愿原则，按照自己的意思设立、变更、终止民事法律关系；应当遵循公平原则，合理确定各方的权利和义务；应当遵循诚信原则，秉持诚实，恪守承诺；不得违反法律，不得违背公序良俗。依法成立的合同，对当事人具有法律约束力，受法律保护。但是，一些犯罪分子以非法占有为目的，在签订、履行合同过程中，骗取他人财物，不仅侵害了市场交易秩序，而且侵害了公私财物的所有权，具有严重的社会危害性。

2. 客观方面

本罪的客观方面表现为在签订、履行合同过程中，骗取对方当事人财物，数额较大的行为。

根据《刑法》第224条的规定，合同诈骗表现为以下几种行为：

（1）以虚构的单位或者冒用他人名义签订合同的。也就是以凭空捏造出来的单位的名义或者未经他人授权或同意，以他人的名义签订合同的行为。

（2）以伪造、变造、作废的票据或者其他虚假的产权证明作担保的。票据，是指汇票、本票和支票等金融票据。其他虚假的产权证明，是指证明其对某些本不享有权利的财产享有权利的证明文件，如虚假的土地使用权证、虚假的房屋所有权证等。担保，即合同担保，是签订合同的当事人，根据法律规定或者双方约定，为保证合同的履行而设定的一种权利与义务关系，是减少合同风险和保障合同履行的常规做法。犯罪分子为了取得对方当事人的信任，往往以伪造、变造、作废的票据或者其他虚假的产权证明作担保，以达到利用合同骗取他人钱财的目的。

（3）没有实际履行能力，以先履行小额合同或者部分履行合同的方法，诱骗对方当事人继续签订和履行合同的。犯罪分子履行小额合同或者部分履行合同，使对方当事人对其履约的能力和诚意信以为真，进而与之签订标的额更大的合同，以此达到诈骗钱财的目的，这是犯罪分子惯用的伎俩。

（4）收受对方当事人给付的货物、货款、预付款或者担保财产后逃匿的。行为人从未打算履行合同，只要签订了合同，对方当事人给付了货物、货款、预付款或者担保财产，达到了犯罪目的，就逃跑、隐藏、躲避起来。这是合同诈骗罪较为典型的犯罪手段。

（5）以其他方法骗取对方当事人财物的。由于合同诈骗犯罪的手段多种多样，法律上不可能穷尽，在尽可能一一列举上述行为后，规定了以其他方法骗取对方当事人财物的兜底性规定，以避免遗漏应当追究的行为。例如，合同签订、履行过程中虚构工程项目骗取对方交付工程保证金、诚意金等财产后，大肆挥霍，致使无法归还；或者隐瞒自己不具有履约能力的真相，合同签订后无正当理由既不履行合同义务，也不退还货物、货款，而将相关财物用于其他违法活动；等等。

《刑法》第 224 条还规定，以非法占有为目的，在签订、履行合同过程中，骗取对方当事人财物的行为必须达到数额较大的，才构成本罪。

3. 犯罪主体

本罪的主体为一般主体，自然人和单位均可构成本罪的主体。

4. 主观方面

本罪的主观方面表现为故意，过失不构成本罪。

二、合同诈骗罪案立案追诉标准适用指南

《立案追诉标准（二）》第六十九条规定：

以非法占有为目的，在签订、履行合同过程中，骗取对方当事人财物，数额在二万元以上的，应予立案追诉。

在 2010 年《立案追诉标准（二）》制定过程中，确定了骗取对方当事人财物数额在“二万元以上”的，应予立案追诉。在征求意见过程中，有关部门提出该标准提升幅度过大。合同诈骗作为常见多发犯罪，同时考虑到自 2001 年至今通货膨胀、消费指数升高、GDP 持续增长等因素，因此在 2001 年《追诉标准》“五千元至二万元以上”的幅度内取了最高限，适当提高了数额标准，这样有利于节约经侦部门的警力，更加合理地统筹侦查资源。2010 年《立案追诉标准（二）》结合最高人民法院、最高人民检察院逐步统一自然人和单位犯罪的定罪量刑标准的趋势，统一了单位犯罪和自然人犯罪的数额标准。

在修订立案追诉标准的过程中，有人认为，合同诈骗罪是经济犯罪领域的高发罪名，发案量长期居高不下，且涉案金额以十万、百万级别案件较为常见，同时考虑到侦查、司法资源的“稀缺性”，提高立案追诉标准有利于节约侦查、司法资源，应当仅将该类罪名中危害后果较为严重的部分纳入刑法评价，建议提高合同诈骗罪案立案追诉标准。这些建议具有一定的合理性。经研究，我们重点考

虑合同诈骗罪与诈骗罪入罪标准的平衡问题。对于合同诈骗罪和诈骗罪，刑法规定的量刑幅度和最高刑一致。《刑法》第266条中规定“本法另有规定的，依照规定”，合同诈骗罪可以认定为诈骗罪的特殊形式，其犯罪构成要件仍在诈骗罪的构成要件范围之内。根据2011年3月1日最高人民法院、最高人民检察院《关于办理诈骗刑事案件具体应用法律若干问题的解释》规定，诈骗公私财物价值3千元至1万元以上、3万元至10万元以上、50万元以上的，应当分别认定为刑法第266条规定的“数额较大”“数额巨大”“数额特别巨大”；各省、自治区、直辖市高级人民法院、人民检察院可以结合本地区经济社会发展状况，在上述规定的数额幅度内，共同研究确定本地区执行的具体数额标准，报最高人民法院、最高人民检察院备案。如果提高合同诈骗罪案的立案追诉标准，将有一部分高于旧标准低于新标准的合同诈骗行为不能被认定为合同诈骗罪，但行为符合诈骗罪的情形，以诈骗罪定罪量刑在一定程度上会导致量刑上的不平衡。如果将合同诈骗罪案的立案追诉标准提高到诈骗罪的第二量刑幅度内（3万元至10万元以上），则可能导致一部分未达到合同诈骗罪案立案追诉标准但已经进入诈骗罪第二量刑幅度范围内的问题，量刑不平衡问题更加突出（达到合同诈骗“数额较大”标准的处罚轻，未达到合同诈骗“数额较大”标准但达到诈骗罪“数额巨大”标准的处罚重）。经综合考量后，《立案追诉标准（二）》仍沿用原标准。

三、认定合同诈骗罪应注意的问题

（一）合同诈骗罪罪与非罪的界限

区分合同诈骗罪罪与非罪的关键在于判断行为人主观上是否具有非法占有对方当事人财物的目的。认定行为人是否具有非法占有的目的，应当坚持主客观相一致的原则，既要避免单纯根据损失结果客观归罪，也不能仅凭行为人自己的供述，而应当根据案件具体情况具体分析。具体来讲，应该综合考察行为人是否采取欺诈行为骗取数额较大资金，是否非法获取资金后逃匿，是否肆意挥霍骗取资金，是否使用骗取的资金进行违法犯罪活动，是否存在逃避返还等情形，以及行为人是否自始不具有履约能力、履约能力丧失的原因等。因此，在司法执法实践中应当注意区分以下情形：

（1）注意把握合同诈骗罪与夸大履约能力骗签合同行为的区别。夸大履约能力骗签合同的行为人具有一定的履约能力，但故意夸大自己的履约能力，其目的只是使对方当事人信任自己，而与其签订合同。所签订的合同应为真实的合同，行为人签订合同后能积极履行合同，但经过努力仍然不能完全地履行合同，或者只是履行了部分合同，给对方当事人造成一定的经济损失，但其有归还所欠财物的意图，这种情况下则不应当按照合同诈骗罪论处，可以根据《民法典》的规定，通过民事途径进行解决。

（2）注意划清合同诈骗罪与因一时资金困难，企图临时占用他人财物用于自己的某种临时用途，在短期内会予以偿还的行为的界限。前者是想永久地占有对方当事人的财物，后者的行为俗称“借鸡生蛋”，只要能在短期内偿还财物并赔偿损失，就不应当以合同诈骗罪论处。

（二）合同诈骗罪与相关犯罪的界限

1. 合同诈骗罪与诈骗罪的界限

诈骗罪，是指以非法占有为目的，采用虚构事实或隐瞒真相的方法，骗取数额较大的公私财物的行为。

合同诈骗罪与诈骗罪的区别在于：（1）客观方面不同。合同诈骗罪在客观方面表现为在签订、履行合同过程中，骗取对方当事人财物，数额较大的行为；而诈骗罪的客观方面表现为采用虚构事实或隐瞒真相的方法，骗取他人财物。（2）客体不同。合同诈骗罪侵犯的客体为市场交易秩序和公私财物所有权；而诈骗罪侵犯的客体是公私财产所有权。应当注意的是，并非在诈骗过程中存在合同就是合同诈骗，合同诈骗只是诈骗犯罪的一种表现形式；《刑法》第224条所规定的合同诈骗罪是从一般诈骗罪中分离出来的，其作为诈骗犯罪的一种特殊表现形式单独规定法定刑。

2. 合同诈骗罪与各种金融诈骗犯罪的界限

金融诈骗犯罪有集资诈骗罪、贷款诈骗罪、票据诈骗罪、金融凭证诈骗罪、信用证诈骗罪、信用卡诈骗罪、有价证券诈骗罪、保险诈骗罪。

合同诈骗罪与各种金融诈骗犯罪的主要区别在于犯罪构成的客观方面表现不同。合同诈骗罪在客观方面表现为在签订、履行合同过程中，骗取对方当事人财物，数额较大的行为。而集资诈骗罪在客观方面表现为使用诈骗方法非法集资，数额较大的行为；贷款诈骗罪在客观方面表现为诈骗银行或者其他金融机构的贷款，数额较大的行为；票据诈骗罪在客观方面表现为利用金融票据进行诈骗活动，骗取财物，数额较大的行为；金融凭证诈骗罪在客观方面表现为使用伪造、变造的委托收款凭证、汇款凭证、银行存单等其他银行结算凭证，骗取财物，数额较大的行为；信用证诈骗罪在客观方面表现为利用信用证进行诈骗活动的行为；信用卡诈骗罪在客观方面表现为利用信用卡进行诈骗活动，骗取财物，数额较大的行为；有价证券诈骗罪在客观方面表现为使用伪造、变造的国库券或者国家发行的其他有价证券进行诈骗活动，骗取财物，数额较大的行为；保险诈骗罪在客观方面表现为进行保险诈骗活动，骗取保险金，数额较大的行为。只要掌握了诈骗犯罪在客观方面表现上的不同，就能区分合同诈骗罪与各种金融诈骗犯罪的界限。

刑法中规定的金融诈骗犯罪，大多也会利用经济合同的形式，但由于刑法对金融诈骗犯罪另有规定，如符合金融诈骗的犯罪构成，原则上以金融诈骗犯罪追究刑事责任。

四、合同诈骗罪的处罚

根据《刑法》第224条的规定，自然人犯合同诈骗罪的，处3年以下有期徒刑或者拘役，并处或者单处罚金；数额巨大或者有其他严重情节的，处3年以上10年以下有期徒刑，并处罚金；数额特别巨大或者有其他特别严重情节的，处10年以上有期徒刑或者无期徒刑，并处罚金或者没收财产。

根据《刑法》第231条的规定，单位犯合同诈骗罪的，对单位判处罚金，并对其直接负责的主管人员和其他直接责任人员，依照自然人犯本罪的规定处罚。

第五节 组织、领导传销活动案

一、组织、领导传销活动罪的概念和构成要件

（一）概念

组织、领导传销活动罪，是指组织、领导以推销商品、提供服务等经营活动为名，要求参加者以缴纳费用或者购买商品、服务等方式获得加入资格，并按照一定顺序组成层级，直接或者间接以发展人员的数量作为计酬或者返利依据，引诱、胁迫参加者继续发展他人参加，骗取财物，扰乱经济社会秩序的传销活动的行为。

20世纪90年代初，一些国外直销公司开始进入中国。当时我国正处于社会主义市场经济发展的初级阶段，市场发育程度较低，有关管理法规不够完善，直销逐渐发展成为各种形式的传销活动。一些不法单位和个人打着“快速致富”的旗号，诱骗群众参与传销，利用虚假宣传、组成封闭人际网络、收取高额入门费等手段敛取钱财，还有一些人利用传销从事价格欺诈、推销假冒伪劣产品等违法犯罪活动，不仅干扰了正常的经济秩序，严重损害人民群众的利益，还严重影响了我国的社会稳定。针对上述情况，1998年4月国务院《关于禁止传销经营活动的通知》明确指出，传销经营不符合我国现阶段的国情，已造成严重危害，对传销经营活动必须坚决予以禁止。2005年8月国务院通过《禁止传销条例》，

以行政法规的形式进一步明确禁止传销活动，加大打击力度。

根据 2001 年 4 月最高人民法院《关于情节严重的传销或者变相传销行为如何定性问题的批复》的规定，传销犯罪主要涉及非法经营罪，如果同时构成其他犯罪的，则从一重罪论处。其后，2003 年最高人民检察院法律政策研究室《关于 1998 年 4 月 18 日以前的传销或者变相传销行为如何处理的答复》再次予以了确认。但是，把传销犯罪定性为非法经营罪，在当时看来即有着很大的局限性。

一是非法经营罪难以适用当时的传销犯罪形式。2000 年前后，以“拉人头”、收取“入门费”等方式组织的传销违法犯罪活动严重扰乱社会秩序，影响社会稳定，危害严重。但“拉人头”传销欺骗他人发展会员或者缴纳一定的费用，才能取得入门资格，既没有商品，也不提供服务，不存在真实的交易标的，实际上也没有“经营活动”，难以适用非法经营罪进行打击，给办案带来困难。

二是侦查力量难以及时、有效介入，难以打早、打小。根据 2001 年《追诉标准》第 70 条的规定，非法经营罪是典型的数额犯。在没有查清非法经营额和违法所得时，公安机关不能立案。同时，传销犯罪跨区域性很强。同一个传销组织可能在其他地区已经形成了较大的规模，但是在特定地区，部分传销行为可能处于发展的早期和小规模阶段，当地公安机关难以及时立案，对于一些组织聚众和讲课的行为，当地公安机关也只能采取遣送和教育的手段。因此，侦查力量难以及时、有效介入。

为有效打击、防控传销犯罪，2009 年 2 月 28 日第十一届全国人大常委会第十次会议通过了《刑法修正案（七）》，其中第 4 条规定，在《刑法》第 224 条后增加一条，作为第 224 条之一，明确规定了组织、领导传销活动罪。2009 年 10 月 14 日最高人民法院、最高人民检察院《关于执行〈中华人民共和国刑法〉确定罪名的补充规定（四）》根据《刑法修正案（七）》第 4 条规定了“组织、领导传销活动罪”罪名。

（二）构成要件

1. 犯罪客体

本罪侵犯的客体为复杂客体，既侵犯了公民的财产所有权，又侵犯了市场经济秩序和社会管理秩序。由于行为人要求参加者以缴纳费用或者购买商品、服务等方式获得加入资格，并按照一定顺序组成层级，直接或者间接以发展人员的数量作为计酬或者返利依据。因此，组织、领导传销活动在本质上是一种谋取非法经济利益的行为。由于传销活动的隐蔽性，传销网络的扩张性，组织、领导传销活动也极大地危害了正常的市场经济秩序，威胁着稳定的社会环境，侵犯了多个法律保护的社会关系。

2. 客观方面

本罪的客观方面表现为以下几个方面：

(1) 以推销商品、提供服务等经营活动为名，要求参加者以缴纳费用或者购买商品、服务等方式获得加入资格——这是传销组织诱骗成员取得传销资格常采用的一种引诱方式和必经的程序。一些不法分子利用一些群众急于摆脱贫困、发家致富的迫切心情，以加入组织推销商品就可获得高额回报或者以特许加盟、地区代理等许诺为诱饵，或者以为会员提供网络空间、帮助会员开办网上店铺、为会员提供金融服务或投资理财产品、帮助会员制订创业计划等服务为名，引诱不明真相的群众加入传销组织，成为传销组织会员。随着互联网的发展，传统的以“一日游”“找工作”“谈恋爱”“交友”等方式诱骗群众加入传销组织的聚集型传销继续存在，新型的利用虚拟货币、外汇交易、社交电商、消费返利、慈善互助等名义实施的网络传销犯罪案件急剧增多。在“美好前景”的诱惑下，群众缴纳的所谓购买商品、服务的费用实际上是参加传销活动的入门费，只有交费才能取得发展下线的资格。所谓以推销商品、提供服务等经营活动为名，揭露了传销组织者在发展成员时，所谓的“商品”“服务”只是一个道具，而收取费用才是他们的真正目的。所谓要求参加者以缴纳费用或者购买商品、服务等方式获得加入资格，揭穿了取得传销资格的两种途径：一是对于“拉人头”传销，“缴纳费用”——直接交钱即可取得资格，购买商品、推销服务等道具已成为多余，根本不需要；二是对于那些对传销还心存疑惑的群众来说，以“购买商品、服务等方式”更容易打消他们的顾虑。但无论哪种入会方式，不交钱是绝对不可能取得传销资格的。从实际查处的案件情况看，入门费一般按人头计算，费用不等。

(2) 按照一定顺序组成层级——这是传销的组织结构特点。这里所称的层级和级系指组织者、领导者与参与传销活动人员之间的上下线关系层次，而非组织者、领导者在传销组织中的身份等级。对传销组织内部人数和层级数的计算，以及对组织者、领导者直接或者间接发展参与传销活动人员人数和层级数的计算，包括组织者、领导者本人及其本层级在内。传销组织不论规模大小，在组织结构上都有一个共同的特点，就是呈“底大尖小”的金字塔形结构。在传销组织中，一般以加入的顺序、发展人员的多少或者“业绩”的大小分成不同的层级。每个人都有一定的级别，只有发展一定数量的下线以后才能升级。传销人员往往只知道自己的上下线，组织者往往是幕后策划、遥控指挥，在本地获取的钱财也都迅速转入外地甚至境外账户。传销组织并不是一个遵循自愿、平等原则的松散的经济组织，而是结构严密、内部封闭的非法组织。

(3) 直接或者间接以发展人员的数量作为计酬或者返利依据，引诱、胁迫参加者继续发展他人参加——这是传销组织计酬方式的特点。传销组织按照发展人头的多少分成不同的等级，还通过提成或者淘汰等方式建立了强烈的激励和惩罚机制，按照传销组织的要求行动并卓有成效地发展下线，就可以获得可观的收入。直接或者间接以发展人员的数量作为计酬或者返利依据是传销组织赖以生存的必然要求。参加者通过发展人员，再要求被发展者不断发展其他人员加入，形成上下线关系，并以下线发展的人数多少为依据计算和给付上线报酬。只有新成员不断加入，传销组织的人员链和资金链才不致断裂。由于采用复式计酬的方法，每个上线不仅从自己的下线缴纳的资金中获得提成，也从间接下线处滚雪球似地获得提成，而实际上传销获得的资金只够支付一定级别上线的报酬，处于传销金字塔底层的多数人员如不能发展到足够下线人员加入，连入门费都拿不回来。因此，处于金字塔结构最低几层的传销人员只有拼命发展下线，以求回本、获利。但是，每个人能够发展的下线数量是有限的，所以传销组织最终走向崩溃只是时间问题。随着网络传销的发展，一些传销组织为了规避打击，除了少部分采取传统的“五级三阶制”计酬方式以外，也在不断创新各种计酬方式，包括隔代计酬、两级返利，但本质上仍然是以发展下线数量及其缴纳费用为计酬依据。引诱、胁迫参加者继续发展他人参加是传销组织在发展过程中经常采用的手段。在传统的聚集型传销中，一旦传销参与人员来到传销窝点，传销头目往往会对其进行全程、全方位的监控。对于中途反悔的传销人员，往往安排人员盯梢、监视，甚者非法拘禁、绑架乃至实施人身伤害。这些胁迫措施成为保证传销组织生存的重要手段。在新型的网络传销中，会员一旦退出，其前期缴纳费用或获利将无法提取或者“归零”，也可以视为传销组织对参与人员施加的一种变相的压力。

（4）骗取财物——这是传销的最本质特征。传销活动的组织者、领导者采取编造、歪曲国家政策，虚构、夸大经营、投资、服务项目及盈利前景，掩饰计酬、返利真实来源或者其他欺诈手段，实施组织、领导传销活动的行为，从参与传销活动人员缴纳的费用或者购买商品、服务的费用中非法获利的，应当认定为骗取财物。参与传销活动人员是否认为被骗，不影响骗取财物的认定。传销活动的一切最终目的都是骗取钱财。为了让参与人员死心塌地进行传销，在采取温情攻势的同时，传销组织者都要通过上课、培训、宣传等方式对参与人员进行洗脑。随着信息化时代的来临和移动互联网的发展，一些传销组织利用直播平台、自媒体等进行线上洗脑。通过这些方式灌输的传销理念带有强大的心理驱动力，使参与传销人员产生强烈的按照传销理念行动的愿望。

（5）扰乱经济社会秩序——这是传销活动的多重危害。一是破坏社会伦理体系，损害社会稳定的基础。传销组织利用亲情、友情，教唆参与者以“善意的谎言”将亲朋好友诱骗参与传销。骗局揭露后，直接导致人与人、人与社会之间的信任度严重下降。由于每个被骗者又成为骗人者，因此传销人员既不信任他人，也不被他人信任，从而破坏了以亲情、友情、诚信维系的社会伦理体系，并把金钱和欺骗作为其社会生活的基本指导原则，最终对社会信任互利机制造成影响。二是侵犯公私财产所有权，破坏市场经济秩序和社会管理秩序。传销组织利用几何倍增原理发展人员，发展速度快，涉及人员多，骗取了大量资金。传销的组织者、领导者在短期内就能聚敛巨量社会财富，而大量参与人员经济损失巨大。而且，传销作为一种地下经济活动，不存在商品或者服务的等价交换，不会使社会财富增值，传销资金只在传销人员之间转移，最后汇聚于少数人之手，使巨量民间资金脱离金融监管，隐藏着很大的金融风险。三是引发治安案件乃至刑事案件，侵犯公民人身权利，破坏社会治安秩序。以往在聚集型传销较为突出的地区，通常是经济不发达地区或者城乡接合部，聚集了大量的传销人员，结伴出行、喊口号、唱歌，甚至打架斗殴、嫖娼等，影响了周围群众的生活，也对出租房屋、外来人口管理造成冲击，有时还会引发刑事犯罪。近年来，聚集型传销得到有效遏制，与传销相关的治安、刑事案件大为减少，但仍偶有发生。四是影响社会稳定。由于传销违法犯罪具有很强的传播性，极易复制，每个参与传销的人员都是从事传销违法犯罪的“潜在火种”，会促生一系列违法犯罪活动。同时，很多参与人员迫切希望通过传销发财致富、改变命运，传销骗局一旦败露，反应必然非常强烈，易引发群体性事件，一些传销参与人员甚至在被“洗脑”后成为传销组织最忠实的守护者，可能因为达不到预想目的而迁怒于政府、社会，怂恿其他参与人员聚集闹事、非法“维权”，影响社会和谐稳定。

3. 犯罪主体

本罪的主体为一般主体，自然人和单位均可构成本罪的主体。需要注意的是，本罪对自然人的处罚限定在传销活动的组织者和领导者范围内。

4. 主观方面

本罪的主观方面表现为故意，过失不构成本罪。

二、组织、领导传销活动罪案立案追诉标准适用指南

《立案追诉标准（二）》第七十条规定：

组织、领导以推销商品、提供服务等经营活动为名，要求参加者以缴纳费用或者购买商品、服务等方式获得加入资格，并按照一定顺序组成层级，直接或者间接以发展人员的数量作为计酬或者返利依据，引诱、胁迫参加者继续发展他人参加，骗取财物，扰乱经济社会秩序的传销活动，涉

嫌组织、领导的传销活动人员在三十人以上且层级在三级以上的，对组织者、领导者，应予立案追诉。

下列人员可以认定为传销活动的组织者、领导者：

（一）在传销活动中起发起、策划、操纵作用的人员；

（二）在传销活动中承担管理、协调等职责的人员；

（三）在传销活动中承担宣传、培训等职责的人员；

（四）因组织、领导传销活动受过刑事追究，或者一年内因组织、领导传销活动受过行政处罚，又直接或者间接发展参与传销活动人员在十五人以上且层级在三级以上的人员；

（五）其他对传销活动的实施、传销组织的建立、扩大等起关键作用的人员。

本罪案的立案追诉标准基本沿用了2010年《立案追诉标准（二）》的规定，并结合2013年11月14日最高人民法院、最高人民检察院、公安部《关于办理组织领导传销活动刑事案件适用法律若干问题的意见》对“传销活动的组织者、领导者”进行了明确。

在司法实践中，具体适用本罪案的立案追诉标准时应当注意从以下两个方面加以把握：

（1）准确把握“组织、领导的传销活动人员在三十人以上且层级在三级以上的”立案追诉标准。对于如何确定本罪案的立案追诉标准有两种意见：一种意见认为，《刑法》没有对本罪中组织、领导的传销活动的人员数量、层级数量作限制性规定，这些情形与认定传销活动的组织者、领导者似乎无必然联系，建议按照《立案追诉标准（二）》中一些行为犯的标准，重申《刑法》规定即可。另一种意见认为，对于组织、领导传销活动不能笼统而论，有必要对组织、领导的传销活动的人数和层级进行界定，尽可能明确刑事打击的传销活动是达到何种规模的传销活动，强化立案追诉标准的可操作性，加强对基层办案的指导。经研究，采纳了第二种意见。考虑到本罪系涉众型经济犯罪，出于打击涉众型犯罪要“打早、打小”的实践需要，同时兼顾类罪平衡，避免刑事打击面过大等因素，根据《刑法》的规定，主要从组织、领导的传销活动的人员数量，以及组织、领导的传销活动的层级上进行量化。

本条第1款中规定“涉嫌组织、领导的传销活动人员在三十人以上且层级在三级以上的，对组织者、领导者，应予立案追诉”。这是源自“五级三阶制”。“五级三阶制”中的“五级”是奖金制度的五个级别，即E级会员、D级推广员、C级培训员、B级代理员、A级代理商；这里的“三阶”是加入者晋升的阶段，即从E级会员升为C级培训员为第一个阶段，从C级培训员升为B级代理员为第二个阶段，从B级代理员升为A级代理商为第三个阶段。“五级三阶制”带有很强的欺骗性，会员入门需缴纳高额入门费，或者购买与高额入门费等价的“道具商品”。此后，其等级晋升和奖金计算主要取决于发展下线的人数，传销组织就这样以呈几何级数倍增长的形式不断扩散。从公安机关打击传销犯罪和侦办案件的情况来看，按照“五级三阶制”发展的传销组织中，发展层级达到三级以上，即公安机关发现传销组织“C”级头目（主任、家长、寝室长）时，该传销组织的社会危害性已经明显呈现。这时“C”级头目虽不是传销活动的最大受益者，但已经是传销活动的组织者、领导者，负责其下线的人员调配、食宿安排等，应当纳入刑事打击的范围。同时，从公安机关掌握的情况来看，能够形成一定组织形态的传销组织，其发展人数大都在30人以上。特别是近年来加大对传销活动打击力度后，许多传销组织化整为零，分解成所谓“项目组”“小团队”开展活动，还有的传销活动的组织者、参与者之间是单线联系，侦破案件和收集证据难度大。据市场监管部门反映，如果没有公安机关的介入配合，仅依靠市场监管部门的手段和力量，很难查实传销组织的人员数量，也无从进行行政处罚。因此，为有效打击形成规模的传销活动，遏制传销活动的发展和蔓延，对组织、领导的传销活动的人员数量不宜做太高要求，以30人作为数量标准基本符合执法的实际情况。根据《关于办理组织领导传销活动刑事案件适用法律若干问题的意见》第1条规定，组织、领导多个传销组织，单个或者多个组织中的层级已达三级以上的，可将在各个组织中发展的人数合并计算。组织者、领导者形式上脱离原传销组织后，继续从原传销组织获取报酬或者返利的，原传销组织在其脱离后发展人员的层级数和人数，应当计算为其发展的层级数和人数。办理组织、领导传销活动刑事案件中，确因客观条件的限制无法逐一收集参与传销活动人员的言词证据的，可以结合依法收集并查证属实的缴纳、支付费用及计酬、返利记录，视听资料，传销人员关系图，银行账户交易记录，互联网电子数据，鉴定意见等证据，综合认定参与传销的人数、层级数等犯罪事实。

（2）准确把握“传销活动的组织者、领导者”。本条第2款对传销活动的组织者、领导者进行了界定。传销组织属于涉众型经济犯罪组织，涉及众多的参与人员。结合传销组织成员的社会危害性，在广泛总结侦办传销犯罪案例的基础上，对传销活动的组织者、领导者进行列举式的分类。既体现出严厉打击传销犯罪中起主要作用、社会危害性较大的人员的精神，又避免打击面过大，体现了宽严相济的刑事政策。同时，列举式的分类更有利于提高立案追诉标准的可操作性。本款第5项属于兜底性条款，避免挂一漏万，但要慎用。鉴于现实中一些传销活动的组织者、领导者因组织、领导传销活动被处罚后，仍然不思悔改，继续实施传销活动的，主观恶性和社会危害性都比较大。为了严厉打击此类行为者，此次修订立案追诉标准降低了对此类行为者的“三十人以上且层级在三级以上”的一般标准，采取“情节+人数”形式的立案追诉标准，规定因组织、领导传销活动受过刑事追究，或者1年内因组织、领导传销活动受过行政处罚，又直接或者间接发展参与传销活动人员在15人以上且层级在三级以上的人员，予以追究刑事责任。这里分为两种情形：一种情形是因组织、领导传销活动受过刑事追究，没有时间上的限制，但必须是因组织、领导传销活动被追究刑事责任，对于因其他行为被追究刑事责任的，不属于此种情形；另一种情形是因组织、领导传销活动受过行政处罚之后“一年内”，有时限上的要求。

根据《关于办理组织领导传销活动刑事案件适用法律若干问题的意见》第2条规定，以单位名义实施组织、领导传销活动犯罪的，对于受单位指派，仅从事劳务性工作的人员，一般不予追究刑事责任。

三、认定组织、领导传销活动罪应注意的问题

（一）是否要证明行为人具有非法占有他人财物的目的

《刑法修正案（七）》出台前后，关于组织、领导传销活动罪是否具有诈骗的基本属性有不同认识。有意见认为，骗取财物是传销活动的最本质特征，传销活动的一切最终目的都是骗取钱财。只有当行为人组织、领导的传销活动具备“骗取财物”的要素时，才可能成立组织、领导传销活动罪，并把此类传销行为称为“诈骗型传销活动”。也有意见认为，由于《刑法修正案（七）》把组织、领导传销活动罪定位在《刑法》第224条之一，那么《刑法》第224条规定的合同诈骗罪与之具有共性，可以认为它是合同诈骗罪的一种。如果把组织、领导传销活动罪定性为诈骗型传销活动，以非法占有为目的就成为了构成本罪的核心要件，组织、领导传销活动罪就成为了典型的目的犯。

我们认为，组织、领导传销活动罪不是目的犯，司法认定时不需要证明非法占有的目的，主要理由如下：

首先，如果需要证明以非法占有为目的就丧失了传销单独入罪的现实意义。传销单独入罪有利于严厉打击传销犯罪。按照我国传统处置传销犯罪的模式，无论是按照非法经营罪还是诈骗罪（集资诈骗罪）等犯罪进行处理，对传销犯罪的惩治都具有相当的滞后性。既然如此，如果组织、领导传销活动罪属于目的犯的话，其入罪的难度不降反升，这严重背离了立法的初衷。

其次，《刑法》第224条之一不受制于《刑法》第224条中的“以非法占有为目的”。我们不否认相近的法条规定的犯罪具有一定的共性，但是《刑法》第

224 条之一与《刑法》第 224 条有着本质的区别，《刑法》第 224 条之一并不受制于《刑法》第 224 条。从过去的立法方式看，如《刑法》第 177 条规定的是伪造、变造金融票证罪，《刑法修正案（五）》增加了妨害信用卡管理罪作为《刑法》第 177 条之一；《刑法》第 175 条规定的是高利转贷罪，《刑法修正案（六）》增加了骗取贷款、票据承兑、金融票证罪作为《刑法》第 175 条之一。由此可见，刑法修正案是不增加《刑法》总条文的一种立法模式，法条之间的相近性并不能决定罪与罪之间的相同性。如果一定要解释《刑法》第 224 条之一的含义的话，最精准的解释为“它既不是刑法第二百二十四条，也不是刑法第二百二十五条”。

最后，如果要证明以非法占有为目的，难以厘清此罪与诈骗罪、集资诈骗罪和合同诈骗罪的关系。有观点认为，从现实情况来看，组织、领导诈骗型传销组织与骗取财物其实是一个行为。换言之，成立诈骗型传销组织（或者活动）的行为，同时就是骗取他人财物的行为。由于《刑法》第 224 条之一中的“骗取财物”只是显示诈骗型传销组织（或者活动）特征的要素，所以既不应认为以传销手段骗取财物的行为一概包含在组织、领导传销活动罪中，也不应认为以传销手段骗取财物的行为一概另成立新罪。概言之，组织、领导以骗取财物为目的、以传销活动为外表的传销活动同时触犯集资诈骗、合同诈骗或者普通诈骗等犯罪的，应当以想象竞合犯从一重罪处罚。这种解释不仅存在循环定义之嫌，而且似乎前后矛盾，既然组织、领导传销活动罪属于诈骗类犯罪，那么必然存在非法占有的目的，而现行《刑法》规定的诈骗类犯罪的刑罚都要重于组织、领导传销活动罪，丧失了传销单独入罪的意义。反之，如果不具有非法占有的目的，此行为至少不能构成诈骗类犯罪。实际上，《刑法》第 175 条之一（《刑法修正案（六）》第 10 条）骗取贷款罪和第 193 条贷款诈骗罪的关系可以给我们很好的启发。虽然两罪都有骗取贷款的罪质特征，但是前者不要求证明“非法占有的目的”，而后者则需要证明特定的目的。民事领域的合同欺诈和刑事领域的合同诈骗罪也是相同的关系。因此，组织、领导传销活动罪在司法认定时不需要证明非法占有的目的，如果能够证明非法占有的目的，则从一重罪予以认定。

（二）组织、领导传销活动罪与团队计酬式传销的界限

根据《关于办理组织领导传销活动刑事案件适用法律若干问题的意见》第 5 条规定，“团队计酬”式传销活动是指传销活动的组织者或者领导者通过发展人员，要求传销活动的被发展人员发展其他人员加入，形成上下线关系，并以下线的销售业绩为依据计算和给付上线报酬，牟取非法利益的行为。以销售商品为目的、以销售业绩为计酬依据的单纯的“团队计酬”式传销活动，不作为犯罪处

理。形式上采取“团队计酬”方式，但实质上属于“以发展人员的数量作为计酬或者返利依据”的传销活动，构成组织、领导传销活动罪。

（三）关于一罪与数罪的问题

当前，传销活动有逐渐发展为复合型犯罪行为的趋势。传销活动与其他犯罪行为交织在一起，给认定此罪与彼罪、区分一罪和数罪带来了一定难度。如有的传销组织在实施传销犯罪活动中会采取限制人身自由、故意伤害、妨害公务、聚众扰乱社会秩序等其他犯罪行为。在近年来的司法实践中发现有的传销组织在传销活动中区分“静态收益”“动态收益”，将传销模式作为非法集资的“工具”，将取得的资金用于正常的投资经营或从事其他高风险投资活动甚至违法活动。因此，办理组织、领导传销案时要注意其是否属于非法集资的手段行为，在出现竞合情形时，应当注意根据相关司法解释等规定进行处理。《关于审理非法集资刑事案件具体应用法律若干问题的解释》第 13 条规定，通过传销手段向社会公众非法吸收资金，构成非法吸收公众存款罪或者集资诈骗罪，同时又构成组织、领导传销活动罪的，依照处罚较重的规定定罪处罚。《关于办理组织领导传销活动刑事案件适用法律若干问题的意见》第 6 条第 2 款规定，犯组织、领导传销活动罪，并实施故意伤害、非法拘禁、敲诈勒索、妨害公务、聚众扰乱社会秩序、聚众冲击国家机关、聚众扰乱公共场所秩序、交通秩序等行为，构成犯罪的，依照数罪并罚的规定处罚。

在认定组织、领导传销活动罪时，对于重大、复杂、疑难案件，尤其是涉及新技术、新产业、新业态、新模式的案件，要认真研究、审慎处理，对存在较大争议、难以把握的，要商行政监管部门研究性质认定，并可听取检法机关意见建议，严格把握案件定性。

四、组织、领导传销活动罪的处罚

根据《刑法》第 224 条之一的规定，自然人犯组织、领导传销活动罪的，处 5 年以下有期徒刑或者拘役，并处罚金；情节严重的，处 5 年以上有期徒刑，并处罚金。

根据《刑法》第 231 条的规定，单位犯组织、领导传销活动罪的，对单位判处罚金，并对其直接负责的主管人员和其他直接责任人员，依照自然人犯本罪的规定处罚。

第六节　非法经营案

一、非法经营罪的概念和构成要件

（一）概念

非法经营罪，是指违反国家规定，从事非法经营活动，扰乱市场秩序，情节严重的行为。

非法经营罪是1997年《刑法》新增罪名，是在分解投机倒把罪的基础上形成的。1979年《刑法》规定的投机倒把罪是指违反国家金融、外汇、金银、工商管理法规，情节严重的行为。由于投机倒把罪的立法规定过于笼统，界限不清楚，导致执法随意性很大，在一定程度上损害了法律的严肃性和公民的合法权益。1997年修订《刑法》时分解了投机倒把罪，增设了非法经营罪。这对于严厉打击扰乱市场秩序的犯罪行为，维护市场主体和消费者的合法权益具有极为重要的意义。为打击擅自从事证券、期货、保险业务的行为，1999年全国人大常委会通过的《刑法修正案》将未经国家有关主管部门批准，非法经营证券、期货或者保险业务，情节严重的行为规定为非法经营罪的一种行为方式。为惩治“地下钱庄”非法从事资金支付结算业务的行为，2009年2月28日第十一届全国人大常委会第七次会议通过的《刑法修正案（七）》将非法从事资金支付结算业务情节严重的行为增加规定为非法经营罪的行为方式。1997年12月11日最高人民法院《关于执行〈中华人民共和国刑法〉确定罪名的规定》、1997年12月25日最高人民检察院《关于适用刑法分则规定的犯罪的罪名的意见》根据1997年《刑法》第225条规定了“非法经营罪”罪名。

（二）构成要件

1. 犯罪客体

本罪侵犯的客体是市场交易的正常秩序。国家通过颁布法律、行政法规规范市场交易秩序。稳定、有序的市场交易秩序是保证市场经济发展的必要条件。非法经营的行为侵害了国家对市场的管理制度，破坏了市场交易的正常秩序，妨害了社会主义市场经济的正常运行，对此应当予以刑事制裁。本罪的犯罪对象包括：（1）法律、行政法规规定的专营、专卖物品或者其他限制买卖的物品；（2）进出口许可证、进出口原产地证明以及其他法律、行政法规规定的经营许可证或者批准文件；（3）证券、期货或者保险业务、资金支付结算业务；（4）其他严重扰乱市场秩序的非法经营行为的对象。

2. 客观方面

本罪的客观方面表现为行为人违反国家规定，从事非法经营活动，扰乱市场秩序，情节严重的行为。具体包括以下三个方面：

一是违反国家规定，即违反全国人大及其常委会制定的法律和决定，国务院制定的行政法规、规定的行政措施、发布的决定和命令，主要包括全国人大常委会《关于惩治骗购外汇、逃汇和非法买卖外汇犯罪的决定》《对外贸易法》《烟草专卖法》《矿产资源法》《中国人民银行法》《商业银行法》《证券法》《期货和衍生品法》《保险法》《食品安全法》《出版管理条例》《电信条例》等法律、行政法规。

二是从事了非法经营活动，具体表现为以下行为方式：

（1）未经许可经营法律、行政法规规定的专营、专卖物品或者其他限制买卖的物品的。其中，未经许可，是指未经国家有关主管部门的批准。法律、行政法规规定的专营、专卖物品，是指由法律、行政法规明确规定的由专门的机构经营的专营、专卖的物品，如烟草等。其他限制买卖的物品，是指国家根据经济发展和维护国家、社会和人民群众利益的需要，规定在一定时期实行限制性经营的物品，如化肥、种子、农药等。专营、专卖物品和限制买卖的物品的范围不是固定不变的，随着市场经济的发展，法律、行政法规的规定会根据需要予以调整。

（2）买卖进出口许可证、进出口原产地证明以及其他法律、行政法规规定的经营许可证或者批准文件的。为维护市场经济有序、规范的发展，国家对某些生产经营活动实行许可证管理制度或审批管理制度。其中，进出口许可证，是指国家外贸主管部门给企业颁发的可以从事进出口业务的确认资格的文件。进出口原产地证明，是指从事进出口经营活动中，由法律规定的，进出口产品时必须附带的由原产地有关主管机关出具的证明文件。其他法律、行政法规规定的经营许可证或者批准文件，是指其他法律、行政法规规定的所有的经营许可证或者批准文件，如林木采伐、矿产开采、野生动物猎捕等许可证及批准文件。

（3）未经国家有关主管部门批准非法经营证券、期货、保险业务的，或者非法从事资金支付结算业务的。其中，非法经营证券、期货业务，主要是指以下几种行为：非法设立证券交易所、期货交易所进行证券、期货交易；非法证券、期货经纪行为，如未经市场监督管理部门核准登记，擅自开展证券或者期货经纪业务；证券交易所、期货交易所、证券公司、期货公司超越经营权限非法从事证券、期货交易；从事证券、期货咨询性业务的证券、期货咨询公司、投资服务公司擅自超越经营范围从事证券、期货业务；等等。非法经营保险业务主要是指以下几种行为：保险公司同时经营财产保险和人身保险业务；未经授权进行保险代理业务；保险经纪人超越经营范围从事保险业务；等等。所谓资金支付结算业务，根据《支付结算办法》规定，是指单位、个人在社会经济活动中使用票据、银行卡和汇兑、托收承付、委托收款等结算方式进行货币给付及其资金清算的行为。2019 年 1 月 31 日最高人民法院、最高人民检察院《关于办理非法从事资金支付结算业务、非法买卖外汇刑事案件适用法律若干问题的解释》将“非法从事资金支付结算业务”归纳为：使用受理终端或者网络支付接口等方法，以虚构交易、虚开价格、交易退款等非法方式向指定付款方支付货币资金的；非法为他人提供单位银行结算账户套现或者单位银行结算账户转个人账户服务的；非法为他人提供支票套现服务的；其他非法从事资金支付结算业务的情形。但是，一些单位、自然人在未经行政主管部门批准的情形下擅自从事支付结算业务，扰乱金融市场秩序，如果情节严重的，应当将其纳入非法经营罪的范围予以惩治。

（4）其他严重扰乱市场秩序的非法经营行为。这是针对现实生活中非法经营犯罪活动的复杂性和多样性所作的概括性的规定，这里所说的其他非法经营行为应当具备以下条件：第一，发生在经营活动中，主要是生产、流通领域；第二，违反法律、行政法规的规定；第三，具有社会危害性，严重扰乱市场经济秩序。

三是非法经营行为达到情节严重的程度。根据非法经营的不同内容，综合考虑其行为性质、经营数额、违法所得额、行政再犯等因素对市场经济秩序的破坏程度，相关司法解释及《立案追诉标准（二）》对情节严重进行了量化规定。

3. 犯罪主体

本罪的主体为一般主体，自然人和单位均可成为本罪的主体。

4. 主观方面

本罪的主观方面表现为故意，即行为人明知其行为会扰乱市场秩序仍进行非法经营。过失不构成本罪。

二、非法经营罪案立案追诉标准适用指南

《立案追诉标准（二）》第七十一条规定：

违反国家规定，进行非法经营活动，扰乱市场秩序，涉嫌下列情形之一的，应予立案追诉：

（一）违反国家烟草专卖管理法律法规，未经烟草专卖行政主管部门许可，无烟草专卖生产企业许可证、烟草专卖批发企业许可证、特种烟草专卖经营企业许可证、烟草专卖零售许可证等许可证明，非法经营烟草专卖品，具有下列情形之一的：

1. 非法经营数额在五万元以上，或者违法所得数额在二万元以上的；

2. 非法经营卷烟二十万支以上的；

3. 三年内因非法经营烟草专卖品受过二次以上行政处罚，又非法经营烟草专卖品且数额在三万元以上的。

（二）未经国家有关主管部门批准，非法经营证券、期货、保险业务，或者非法从事资金支付结算业务，具有下列情形之一的：

1. 非法经营证券、期货、保险业务，数额在一百万元以上，或者违法所得数额在十万元以上的；

2. 非法从事资金支付结算业务，数额在五百万元以上，或者违法所得数额在十万元以上的；

3. 非法从事资金支付结算业务，数额在二百五十万元以上不满五百万元，或者违法所得数额在五万元以上不满十万元，且具有下列情形之一的：

（1）因非法从事资金支付结算业务犯罪行为受过刑事追究的；

（2）二年内因非法从事资金支付结算业务违法行为受过行政处罚的；

（3）拒不交代涉案资金去向或者拒不配合追缴工作，致使赃款无法追缴的；

（4）造成其他严重后果的。

4. 使用销售点终端机具（POS机）等方法，以虚构交易、虚开价格、现金退货等方式向信用卡持卡人直接支付现金，数额在一百万元以上的，或者造成金融机构资金二十万元以上逾期未还的，或者造成金融机构经济损失十万元以上的。

（三）实施倒买倒卖外汇或者变相买卖外汇等非法买卖外汇行为，扰乱金融市场秩序，具有下列情形之一的：

1. 非法经营数额在五百万元以上的，或者违法所得数额在十万元以上的；

2. 非法经营数额在二百五十万元以上，或者违法所得数额在五万元以上，且具有下列情形之一的：

（1）因非法买卖外汇犯罪行为受过刑事追究的；

（2）二年内因非法买卖外汇违法行为受过行政处罚的；

（3）拒不交代涉案资金去向或者拒不配合追缴工作，致使赃款无法追缴的；

（4）造成其他严重后果的。

3. 公司、企业或者其他单位违反有关外贸代理业务的规定，采用非法手段，或者明知是伪造、变造的凭证、商业单据，为他人向外汇指定银行骗购外汇，数额在五百万美元以上或者违法所得数额在五十万元以上的；

4. 居间介绍骗购外汇，数额在一百万美元以上或者违法所得数额在十万元以上的。

（四）出版、印刷、复制、发行严重危害社会秩序和扰乱市场秩序的非法出版物，具有下列情形之一的：

1. 个人非法经营数额在五万元以上的，单位非法经营数额在十五万元以上的；

2. 个人违法所得数额在二万元以上的，单位违法所得数额在五万元以上的；

3. 个人非法经营报纸五千份或者期刊五千本或者图书二千册或者音像制品、电子出版物五百张（盒）以上的，单位非法经营报纸一万五千份或者期刊一万五千本或者图书五千册或者音像制品、电子出版物一千五百张（盒）以上的；

4. 虽未达到上述数额标准，但具有下列情形之一的：

（1）二年内因出版、印刷、复制、发行非法出版物受过二次以上行政处罚，又出版、印刷、复制、发行非法出版物的；

（2）因出版、印刷、复制、发行非法出版物造成恶劣社会影响或者其他严重后果的。

（五）非法从事出版物的出版、印刷、复制、发行业务，严重扰乱市场秩序，具有下列情形之一的：

1. 个人非法经营数额在十五万元以上的，单位非法经营数额在五十万元以上的；

2. 个人违法所得数额在五万元以上的，单位违法所得数额在十五万元以上的；

3. 个人非法经营报纸一万五千份或者期刊一万五千本或者图书五千册或者音像制品、电子出版物一千五百张（盒）以上的，单位非法经营报纸五万份或者期刊五万本或者图书一万五千册或者音像制品、电子出版物五千张（盒）以上的；

4. 虽未达到上述数额标准，二年内因非法从事出版物的出版、印刷、复制、发行业务受过二次以上行政处罚，又非法从事出版物的出版、印刷、复制、发行业务的。

（六）采取租用国际专线、私设转接设备或者其他方法，擅自经营国际电信业务或者涉港澳台电信业务进行营利活动，扰乱电信市场管理秩序，具有下列情形之一的：

1. 经营去话业务数额在一百万元以上的；

2. 经营来话业务造成电信资费损失数额在一百万元以上的；

3. 虽未达到上述数额标准，但具有下列情形之一的：

(1) 二年内因非法经营国际电信业务或者涉港澳台电信业务行为受过二次以上行政处罚，又非法经营国际电信业务或者涉港澳台电信业务的；

(2) 因非法经营国际电信业务或者涉港澳台电信业务行为造成其他严重后果的。

（七）以营利为目的，通过信息网络有偿提供删除信息服务，或者明知是虚假信息，通过信息网络有偿提供发布信息等服务，扰乱市场秩序，具有下列情形之一的：

1. 个人非法经营数额在五万元以上，或者违法所得数额在二万元以上的；

2. 单位非法经营数额在十五万元以上，或者违法所得数额在五万元以上的。

（八）非法生产、销售“黑广播”“伪基站”、无线电干扰器等无线电设备，具有下列情形之一的：

1. 非法生产、销售无线电设备三套以上的；

2. 非法经营数额在五万元以上的；

3. 虽未达到上述数额标准，但二年内因非法生产、销售无线电设备受过二次以上行政处罚，又非法生产、销售无线电设备的。

（九）以提供给他人开设赌场为目的，违反国家规定，非法生产、销售具有退币、退分、退钢珠等赌博功能的电子游戏设施设备或者其专用软件，具有下列情形之一的：

1. 个人非法经营数额在五万元以上，或者违法所得数额在一万元以上的；

2. 单位非法经营数额在五十万元以上，或者违法所得数额在十万元以上的；

3. 虽未达到上述数额标准，但二年内因非法生产、销售赌博机行为受过二次以上行政处罚，又进行同种非法经营行为的；

4. 其他情节严重的情形。

（十）实施下列危害食品安全行为，非法经营数额在十万元以上，或者违法所得数额在五万元以上的：

1. 以提供给他人生产、销售食品为目的，违反国家规定，生产、销售国家禁止用于食品生产、销售的非食品原料的；

2. 以提供给他人生产、销售食用农产品为目的，违反国家规定，生产、销售国家禁用农药、食品动物中禁止使用的药品及其他化合物等有毒、有害的非食品原料，或者生产、销售添加上述有毒、有害的非食品原料的农药、兽药、饲料、饲料添加剂、饲料原料的；

3. 违反国家规定，私设生猪屠宰厂（场），从事生猪屠宰、销售等经营活动的。

（十一）未经监管部门批准，或者超越经营范围，以营利为目的，以超过百分之三十六的实际年利率经常性地向社会不特定对象发放贷款，具有下列情形之一的：

1. 个人非法放贷数额累计在二百万元以上的，单位非法放贷数额累计在一千万元以上的；

2. 个人违法所得数额累计在八十万元以上的，单位违法所得数额累计在四百万元以上的；

3. 个人非法放贷对象累计在五十人以上的，单位非法放贷对象累计在一百五十人以上的；

4. 造成借款人或者其近亲属自杀、死亡或者精神失常等严重后果的；

5. 虽未达到上述数额标准，但具有下列情形之一的：

（1）二年内因实施非法放贷行为受过二次以上行政处罚的；

（2）以超过百分之七十二的实际年利率实施非法放贷行为十次以上的。

黑恶势力非法放贷的，按照第1、2、3项规定的相应数额、数量标准的百分之五十确定。同时具有第5项规定情形的，按照相应数额、数量标准的百分之四十确定。

（十二）从事其他非法经营活动，具有下列情形之一的：

1. 个人非法经营数额在五万元以上，或者违法所得数额在一万元以上的；

2. 单位非法经营数额在五十万元以上，或者违法所得数额在十万元以上的；

3. 虽未达到上述数额标准，但二年内因非法经营行为受过二次以上行政处罚，又从事同种非法经营行为的；

4. 其他情节严重的情形。

法律、司法解释对非法经营罪的立案追诉标准另有规定的，依照其规定。

由于《刑法》第225条明确规定，非法经营行为，必须达到情节严重，才构成犯罪，因此制定2001年《追诉标准》时，主要是根据1998年最高人民法院《关于审理骗购外汇、非法买卖外汇刑事案件具体应用法律若干问题的解释》（本节以下简称《非法买卖外汇司法解释》）、1998年最高人民法院《关于审理非法出版物刑事案件具体应用法律若干问题的解释》（本节以下简称《非法出版物解释》）、2000年最高人民法院《关于审理扰乱电信市场管理秩序案件具体应用法律若干问题的解释》（本节以下简称《扰乱电信解释》）等司法解释的规定。在2010年《立案追诉标准（二）》制定过程中，结合2002年最高人民检察院《关于办理非法经营食盐刑事案件具体应用法律若干问题的解释》（2020年3月27日废止），2009年最高人民法院、最高人民检察院《关于办理妨害信用卡管理刑事案件具体应用法律若干问题的解释》（2018年11月28日修正）和2010年最高人民法院、最高人民检察院《关于办理非法生产、销售烟草专卖品等刑事案件具体应用法律若干问题的解释》（本节以下简称《烟草专卖品解释》）对相关非法经营行为的立案追诉标准进行了增加。同时根据《刑法修正案（七）》把“非法从事资金支付结算业务”纳入非法经营罪中，在2010年《立案追诉标准（二）》制定过程中，为及时确定司法实务中此类案件的入罪标准，统一执法尺度，对此类非法经营行为的立案追诉标准进行了补充。

在本次修订立案追诉标准过程中，结合2013年9月6日最高人民法院、最高人民检察院《关于办理利用信息网络实施诽谤等刑事案件适用法律若干问题的解释》（本节以下简称《网络诽谤解释》），2014年3月14日最高人民法院、最高人民检察院、公安部、国家安全部《关于依法办理非法生产销售使用“伪基站”设备案件的意见》（本节以下简称《“伪基站”意见》），2014年3月26日最高人民法院、最高人民检察院、公安部《关于办理利用赌博机开设赌场案件适用法律若干问题的意见》（本节以下简称《赌博机开设赌场意见》），2017年6月27日最高人民法院、最高人民检察院《关于办理扰乱无线电通讯管理秩序等刑事案件适用法律若干问题的解释》（本节以下简称《扰乱无线电通讯管理秩序解释》），2019年1月31日最高人民法院、最高人民检察院《关于办理非法从事资金支付结算业务、非法买卖外汇刑事案件适用法律若干问题的解释》（本节以下简称《资金支付结算及外汇解释》），2019年7月23日《关于办理非法放贷刑事案件若干问题的意见》（本节以下简称《非法放贷意见》），2020年3月27日最高人民检察院《关于废止〈最高人民检察院关于办理非法经营食盐刑事案件具体应用法律若干问题的解释〉的决定》，2021年12月30日《关于办理危害食品安全刑事案件适用法律若干问题的解释》（本节以下简称2021年《食品安全解释》）等一系列司法解释和规范性文件的出台，对相关非法经营行为的立案追诉标准进行了进一步明确。

在司法实践中，具体适用本罪案的立案追诉标准时，应注意把握以下几方面：

1. 关于第1项非法经营烟草专卖品犯罪

此标准来源于《烟草专卖品解释》第3条的规定。该条规定了对非法经营烟草专卖品犯罪按照非法经营罪处理的“情节严重”和“情节特别严重”的具体情形。

关于对非法经营烟草专卖品犯罪按照非法经营罪处理的“情节严重”的具体标准，《烟草专卖品解释》从非法经营数额和违法所得数额、卷烟支数、行政再犯三个方面予以具体化。

（1）非法经营数额在5万元以上的，或者违法所得数额在2万元以上的属于非法经营“情节严重”。具体数额标准是在总结分析司法实践有关案件具体情况的基础上作出的，从司法实践中涉烟刑事案件的统计数据分析，进入刑事处罚的涉烟案件只占到所有涉烟案件的1.1%，数量不多，非法经营犯罪案件打击面不大，其中非法经营数额在5万元以上的案件占涉烟非法经营犯罪案件的一半左右，如果把非法经营数额提高到5万元以上或者10万元的话，有5成多的非法经营犯罪案件得不到处理，总体考虑还是沿用最高人民法院、最高人民检察院、公安部、国家烟草专卖局《关于办理假冒伪劣烟草制品等刑事案件适用法律问题座谈会纪要》的规定，确定非法经营数额5万元的标准比较合适。从司法实践中查获的案件看，非法经营烟草的利润在50%左右，即非法经营5万元的话，获利数额大约2万多元。

（2）非法经营卷烟20万支以上的属于非法经营“情节严重”。有的案件现场查获的是散支烟，没有品牌，难以认定价格，但数量多，社会危害性较大。之所以规定为20万支，主要是考虑到20万支卷烟的价格，按照全国卷烟的平均批发价格计算，基本和非法经营数额的标准5万元相当。

（3）3 年内因非法经营烟草专卖品受过二次以上行政处罚，又非法经营烟草专卖品且数额在 3 万元以上的属于非法经营“情节严重”。对于行政再犯型非法经营行为的定罪标准，最高人民法院、最高人民检察院、公安部、国家烟草专卖局《关于办理假冒伪劣烟草制品等刑事案件适用法律问题座谈会纪要》规定，曾因非法经营烟草制品行为受过二次以上行政处罚又非法经营的，非法经营数额在 2 万元以上的，应以非法经营罪论处。《烟草专卖品解释》在保留此种情形的同时做了相应的完善：一是对受过行政处罚又非法经营的时间界限做了限制，即 3 年内，增强了明确性；二是将第三次非法经营数额由 2 万元调整为 3 万元。在 3 年内受到二次行政处罚后还非法经营烟草专卖品，说明其主观恶性大，可以认定为“情节严重”情形之一，这样规定与刑法理论和司法解释的一贯做法相符合。

2. 关于第 2 项非法经营证券、期货、保险业务或者非法从事资金支付结算业务犯罪

（1）“非法经营证券、期货、保险业务，数额在一百万元以上，或者违法所得数额在十万元以上的”。该标准的确定是在参照《资金支付结算及外汇解释》关于非法从事资金支付结算业务“情节严重”的基础上确定的，同时结合了 2010 年《立案追诉标准（二）》对“非法经营证券、期货、保险业务的非法经营额”与“非法从事资金支付结算业务非法经营额”的比例关系测算进行的调整。

（2）“非法从事资金支付结算业务，数额在五百万元以上，或者违法所得数额在十万元以上的”。《刑法修正案（七）》将“非法从事资金支付结算业务”规定为非法经营罪的行为方式。根据这一规定，2010 年《立案追诉标准（二）》将非法从事资金支付结算业务的立案追诉标准确定为数额在 200 万元以上，主要考虑了司法执法实践中的犯罪模式特点、通过违法犯罪取得的非法利益（在实践中，不法分子在为客户提供非法支付结算业务时，通常收取客户 0. 1%至 0. 5%的手续费，也就是说，每交易 100 万元，其获利为 1000 元至 5000 元）及非法从事资金支付结算业务同非法经营证券、期货、保险业务，同当时的第 4 目“违法所得数额在五万元以上的”立案追诉标准的类比等因素，经过综合权衡，并参考 1998 年出台的《非法买卖外汇司法解释》关于非法经营外汇的立案追诉标准进行确定。

《资金支付结算及外汇解释》明确非法从事资金支付结算业务或者非法买卖外汇，非法经营数额在 500 万元以上的，或者违法所得数额在 10 万元以上的，应当认定为非法经营行为“情节严重”。该解释再次将非法从事资金支付结算业务和非法买卖外汇业务一并规范，考虑到经济社会发展（尤其是人均 GDP 的增

长速度)、司法实践和案例数据等因素，经过论证确定了上述数额标准。

(3)“非法从事资金支付结算业务，数额在二百五十万元以上不满五百万元，或者违法所得数额在五万元以上不满十万元，且具有下列情形之一的：(1)因非法从事资金支付结算业务犯罪行为受过刑事追究的；(2)二年内因非法从事资金支付结算业务违法行为受过行政处罚的；(3)拒不交代涉案资金去向或者拒不配合追缴工作，致使赃款无法追缴的；(4)造成其他严重后果的”。《资金支付结算及外汇解释》考虑从严打击涉“地下钱庄”犯罪的需要，在规定数额标准的基础上又规定了可以认定为“情节严重”的“数额+情节”的情形。改变过去单纯“计赃论罚”“唯数额论”的做法，注重数额之外其他情节在定罪量刑中的作用。参照有关司法解释的规定，数额按照纯数额标准的50%折算，结合“地下钱庄”犯罪的实际，《资金支付结算及外汇解释》第3条第2款规定了四种可以认定为“情节严重”的“数额+情节”的标准。“情节严重”的认定标准符合我国经济社会发展状况和司法实践，充分体现了宽严相济刑事政策的精神，有利于突出打击重点，有效惩罚和预防涉“地下钱庄”刑事犯罪。

(4)“使用销售点终端机具(POS机)等方法，以虚构交易、虚开价格、现金退货等方式向信用卡持卡人直接支付现金，数额在一百万元以上的，或者造成金融机构资金二十万元以上逾期未还的，或者造成金融机构经济损失十万元以上的”。由于信用卡套现行为的危害主要在于将金融机构资金置于高度风险之中。因此，应把套现金额、逾期未还金额、金融机构经济损失数额作为立案追诉的具体情形。将套现商户累计交易金额达100万元作为定罪标准，既能有效地惩治已造成严重危害的套现商户，对社会上其他潜在的套现商户形成威慑，又能避免刑事打击面过宽。同时，根据对已经发生的套现案件的调查，通常一起套现案件发生后，所涉及的累计套现交易总额中，至少有20%的套现交易额经发卡行采取电话、传真等一般催收措施后，仍会形成逾期3个月不能归还的透支额。对于逾期3个月不能归还的透支额，经发卡行采取上门催收、外包的专业催收、律师诉讼及公安司法机关介入等特殊催收措施后，仍有约50%的透支额无法最终追回，形成发卡行的实际损失。如果以商户累计套现交易金额达100万元以上的数量标准为参考值，那么因商户从事套现“造成金融机构资金二十万元以上逾期未还的，或者造成金融机构经济损失十万元以上的”，其社会危害性是基本相当的。

3. 关于第3项非法经营外汇犯罪

(1)“非法经营数额在五百万元以上的，或者违法所得数额在十万元以上的”。《非法买卖外汇司法解释》第3条规定，非法买卖外汇20万美元以上的(注：根据当时人民币对美元的利率计算，约相当于200万元人民币)，或者违法所得5万元人民币以上的，属于“情节严重”。2010年《立案追诉标准(二)》

第79条第3项规定，非法从事资金支付结算业务，数额在200万元以上的，或者违法所得数额在5万元以上的，应以非法经营罪立案追诉。2019年制定新的司法解释时，《非法买卖外汇司法解释》的数额标准已经是20年前制定的。我国人均GDP从1998年至2016年增长了7倍多（1998年为6859元，2015年为55413元）。鉴于非法支付结算业务、非法买卖外汇犯罪属于经济犯罪，对此类犯罪的定罪量刑数额标准应与经济社会发展状况保持一定的适应性，适当提高数额标准有其客观社会基础。同时，从判决案例情况看，大部分案件非法经营数额均在500万元以上。从国家外汇管理局对外发布的典型案例和提供的统计数据看，行政处罚统计数据显示，自2015年1月1日至2017年10月1日，共查处“地下钱庄”客户案件1700起，其中850起案件的涉案金额在13.4万美元以上，425起案件的涉案金额在55.5万美元以上。2017年7月通报了25例外汇违规案例，其中非法买卖外汇涉及6件，交易金额均在500万元以上。虽然国家外汇管理局目前只有针对“地下钱庄”交易对手（即“地下钱庄”的客户）的统计数据和案例，没有直接针对“地下钱庄”经营者的行政处罚，但可以通过对交易对手的行政处罚情况来判断“地下钱庄”经营者的经营数额，“地下钱庄”经营者的经营外汇交易额要远远大于交易对手的金额。

（2）“非法经营数额在二百五十万元以上，或者违法所得数额在五万元以上，且具有下列情形之一的：（1）因非法买卖外汇犯罪行为受过刑事追究的；（2）二年内因非法买卖外汇违法行为受过行政处罚的；（3）拒不交代涉案资金去向或者拒不配合追缴工作，致使赃款无法追缴的；（4）造成其他严重后果的”。相关修订理由参见第2项第3目部分。

（3）“公司、企业或者其他单位违反有关外贸代理业务的规定，采用非法手段，或者明知是伪造、变造的凭证、商业单据，为他人向外汇指定银行骗购外汇，数额在五百万美元以上或者违法所得数额在五十万元以上的”，“居间介绍骗购外汇，数额在一百万美元以上或者违法所得数额在十万元以上的”。《资金支付结算及外汇解释》第12条规定，《最高人民法院关于审理骗购外汇、非法买卖外汇刑事案件具体应用法律若干问题的解释》（法释〔1998〕20号）与本解释不一致的，以本解释为准。因此，该立案追诉标准仍参照了《非法买卖外汇司法解释》第4条之规定，规定了2项立案追诉标准：（1）公司、企业或者其他单位违反有关外贸代理业务的规定，采用非法手段，或者明知是伪造、变造的凭证、商业单据，为他人向外汇指定银行骗购外汇，数额在500万美元以上或者违法所得数额在50万元人民币以上的；（2）居间介绍骗购外汇，数额在100万美元以上或者违法所得数额在10万元人民币以上的。

这里的采用非法手段是指由国家批准的进出口经营权的外贸代理企业在经营

代理进口业务时，不按国家经济主管部门有关规定履行职责，放任被代理方自带客户、自带货源、自带汇票、自行报关，在不见进口产品、不见供货货主、不见外商的情况下代理进口业务，或者采取法律、行政法规和部门规章禁止的其他手段代理进口业务。

这里的明知是伪造、变造的凭证、商业单据是指报关行为先于签订外汇代理协议的，或者委托方提供的购汇凭证明显与真实凭证、商业单据不符的。

这里的居间介绍骗购外汇是指收取他人人民币，以虚假购汇凭证委托外贸公司、企业骗购外汇，获取非法利益的行为。

4. 关于第 4 项出版、印刷、复制、发行非法出版物犯罪

此标准与《非法出版物解释》第 12－14 条中“情节严重”之规定保持了一致。

非法出版物，是指煽动分裂国家、破坏国家统一，或者煽动、颠覆国家政权、推翻社会主义制度，或者歧视侮辱少数民族，或者侵犯他人著作权，或者公然侮辱他人，或者捏造事实诽谤他人，或者内容淫秽等严重危害社会秩序和扰乱市场秩序的出版物。

此标准中的非法经营数额是指以非法出版物的定价数额乘以行为人经营的非法出版物数量所得的数额。

此标准中的违法所得数额是指获利数额。

《非法出版物解释》规定了两次行政处罚并确定了“两年”的时间期限，而 2001 年《追诉标准》并没有规定两次行政处罚。在 2010 年《立案追诉标准（二）》制定过程中，为了严密法网，沿用了上述司法解释规定，相对于 2001 年《追诉标准》，增加了“两年内因出版、印刷、复制、发行非法出版物受过行政处罚二次以上，又出版、印刷、复制、发行非法出版物”的情形。

《非法出版物解释》列出了“因出版、印刷、复制、发行非法出版物造成恶劣社会影响或者其他严重后果”的入罪情形，2001 年《追诉标准》并没有涉及这一情形的追诉标准。在 2010 年《立案追诉标准（二）》制定过程中，为了严密法网，加大打击力度，沿用了该司法解释的规定，加入了此情形。

5. 关于第 5 项非法从事出版物的出版、印刷、复制、发行业务犯罪

《非法出版物解释》第 11 条规定：“违反国家规定，出版、印刷、复制、发行本解释第一条至第十条规定以外的其他严重危害社会秩序和扰乱市场秩序的非法出版物，情节严重的，依照刑法第二百二十五条第（三）项的规定，以非法经营罪定罪处罚。”第 15 条规定：“非法从事出版物的出版、印刷、复制、发行业务，严重扰乱市场秩序，情节特别严重，构成犯罪的，可以依照刑法第二百二十五条第（三）项的规定，以非法经营罪定罪处罚。”

比较该司法解释第 11 条和第 15 条的规定，第 11 条的犯罪构成要件要求该行为和对象同时具备“严重危害社会秩序”和“扰乱市场秩序”，因此第 11 条主要打击内容非法的出版物，属于除已明确出版的特定出版物以外的兜底性条款。第 15 条规定的表述是“非法从事出版物的出版、印刷、复制、发行业务，严重扰乱市场秩序”，因此核心是是否具有合法的经营资质，而对出版物的内容没有规定，其打击的是“非法从事”行为，并且“情节特别严重”的才构成犯罪。2001 年《追诉标准》未规定“非法从事出版物的出版、印刷、复制、发行业务”行为的追诉标准。2010 年《立案追诉标准（二）》增加了这一情形，有关表述和数额标准来源于《非法出版物解释》第 12－14 条中关于出版、印刷、复制、发行非法出版物“情节特别严重”的规定。

6. 关于第 6 项扰乱电信市场管理秩序的非法经营犯罪

此标准基本与《扰乱电信解释》的规定保持一致，规定了以下立案追诉标准：

（1）“经营去话业务数额在一百万元以上的”。所谓经营去话业务数额，是指以行为人非法经营国际电信业务或者涉港澳台电信业务的总时长（分钟数）乘以行为人每分钟收取的用户使用费所得的数额。此处的以上包括本数在内。

（2）“经营来话业务造成电信资费损失数额在一百万元以上的”。所谓电信资费损失数额，是指以行为人非法经营国际电信业务或者涉港澳台电信业务的总时长（分钟数）乘以在合法电信业务中我国应当得到的每分钟国际结算价格所得的数额。

（3）关于“二年内”“受过二次以上行政处罚”的规定。《扰乱电信解释》对于二次行政处罚确定了“二年”的时间期限，2001 年《追诉标准》没有“二年”的时间期限。2010 年《立案追诉标准（二）》沿用了《扰乱电信解释》的规定。

（4）关于兜底性规定。《扰乱电信解释》列出了“因非法经营国际电信业务或者涉港澳台电信业务行为造成其他严重后果”的入罪情形，而 2001 年《追诉标准》没有列出。在 2010 年《立案追诉标准（二）》制定过程中，为了严密法网，加大打击力度，沿用上述表述，加入了此情形。

7. 关于第 7 项有偿删除信息或有偿发布虚假信息犯罪

此标准与《网络诽谤解释》第 7 条中“情节严重”之规定保持了一致。

《网络诽谤解释》第 7 条规定的认定行为人“违反国家规定”的依据，主要是指违反全国人大常委会《关于维护互联网安全的决定》和国务院《互联网信息服务管理办法》的相关规定。依照《关于维护互联网安全的决定》的规定，利用互联网实施该决定第 1-4 条所列行为以外的其他行为，构成犯罪的，依照刑法有关规定追究刑事责任。依照《互联网信息服务管理办法》，国家对经营性互联网信息服务实行许可制度，对非经营性互联网信息服务实行备案制度，未取得国家有关部门的许可，不得从事互联网有偿信息服务。在执法司法实践中发现，一些“网络公关公司”以营利为目的提供非法删帖服务，或者明知是虚假信息而提供发布信息等服务，扰乱了信息网络服务市场管理秩序，属于未经国家许可，“通过互联网向上网用户有偿提供信息或者网页制作等服务活动”中“等服务活动”的情形。对于“网络公关公司”“营销公司”通过在信息网络上进行信息炒作、发布不实信息等方式，吸引公众关注，进而谋取非法利益，这种以营利为目的，通过信息网络向他人有偿提供删除信息服务，或者明知是虚假信息，通过信息网络有偿提供发布信息等服务的行为，实际上是为诽谤、敲诈勒索、寻衅滋事等违法犯罪提供了传播虚假信息的手段、平台，扩大了信息网络上虚假信息的影响范围，不仅扰乱了网络秩序，而且破坏了市场管理秩序，是当前信息网络上种种乱象的重要推手，具有较大的社会危害性，应当以非法经营罪定罪处罚。对于个别网民并非专门从事经营活动，只是偶尔一两次帮助他人发帖，并收取一定费用的，即使数额达到了《网络诽谤解释》规定的标准，一般也不宜认定为非法经营罪。

《网络诽谤解释》第 7 条规定了利用信息网络实施非法经营犯罪的两种行为方式：一是通过信息网络有偿提供删除信息服务；二是明知是虚假信息，通过信息网络有偿提供发布信息等服务。对于通过信息网络向他人有偿提供删除信息服务的，《网络诽谤解释》不要求行为人明知所删除的信息为虚假信息。在执法司法实践中发现，一些“网络公关公司”的主要业务是删帖业务，但删除的信息中有相当一部分是广大网民发布的真实信息。国家依法保护网络用户合法的信息交流活动，这属于信息网络服务市场管理秩序的重要组成部分。行为人以营利为目的，有偿删除信息网络用户发布的真实信息，其行为既侵犯了广大网民的合法权益，也破坏了信息网络服务市场管理秩序，应当以非法经营罪定罪处罚。对于通过信息网络向他人有偿提供发布信息等服务的，《网络诽谤解释》明确规定，必须以行为人明知所发布的信息是虚假信息为前提。如果行为人通过信息网络有偿提供发布信息服务，但发布的信息是真实的，即使收取了一定数额的费用，也不应认定为非法经营罪。

8. 关于第 8 项非法生产、销售“黑广播”“伪基站”、无线电干扰器等无线电设备犯罪

此标准与《“伪基站”意见》第 1 条、《扰乱无线电通讯管理秩序解释》第 4 条中“情节严重”之规定保持了一致。

无线电通讯技术的广泛应用便利了人们的生产生活，但近年来利用“黑广播”“伪基站”等无线电技术手段进行的违法犯罪活动也日益增多。“黑广播”，

是指未经广播电视管理部门和无线电管理机构批准，擅自设置的无线电广播电台。“伪基站”，是指未取得电信设备进网许可和无线电发射设备型号核准的无线电通信设备及发射站点。“伪基站”具有收集手机用户信息，强行向不特定用户手机发送短信息等功能，使用“伪基站”技术通常会非法占用公众移动通信频率，局部阻断公众移动通信网络信号。在实践中，一些单位和个人为了牟利不择手段，使用“黑广播”“伪基站”等非法无线电设备，发送假药广告、诈骗消息等有害信息，既严重扰乱了无线电通讯管理秩序，又助推了电信诈骗犯罪，有的甚至对航空飞行安全造成了严重威胁。生产、销售“黑广播”“伪基站”等非法无线电设备具有明显的社会危害性，有必要予以刑事规制。

在非法生产、销售“黑广播”“伪基站”、无线电干扰器等无线电设备犯罪中，认定行为人“违反国家规定”的依据主要是指违反《无线电管理条例》的相关规定。根据《无线电管理条例》规定，在中华人民共和国境内使用无线电频率，设置、使用无线电台（站），生产、销售无线电发射设备，以及使用辐射无线电波的非无线电设备，应当遵守条例。除微功率短距离无线电发射设备外，生产或者进口在国内销售、使用的其他无线电发射设备，应当向国家无线电管理机构申请型号核准。销售依法规定应当取得型号核准的无线电发射设备，应当向省、自治区、直辖市无线电管理机构办理销售备案。不得销售未依法规定标注型号核准代码的无线电发射设备。对违反《无线电管理条例》规定的行为构成犯罪的，依法追究刑事责任。

在制定非法生产、销售“黑广播”“伪基站”、无线电干扰器等无线电设备犯罪的立案追诉标准时，重点参照的是发布时间较近、效力更高的《扰乱无线电通讯管理秩序解释》第4条之规定，从销售无线电设备的套数、非法经营额进行了规定；同时《扰乱无线电通讯管理秩序解释》第4条中的“其他情节严重情形”，参照《“伪基站”意见》规定，以“行政再犯”的形式进行了规定。

9. 关于第9项非法生产、销售具有赌博功能的电子游戏设施设备或者其专用软件犯罪

此标准与《赌博机开设赌场意见》第4条中“情节严重”之规定保持了一致。

《赌博机开设赌场意见》第4条规定，以提供给他人开设赌场为目的，违反国家规定，非法生产、销售具有退币、退分、退钢珠等赌博功能的电子游戏设施设备或者其专用软件，情节严重的，以非法经营罪定罪处罚。主要考虑是2000年国务院办公厅转发文化部等部门《关于开展电子游戏经营场所专项治理的意见》第6条规定，自本意见发布之日起，面向国内的电子游戏设备及其零、附件生产、销售即行停止。任何企业、个人不得再从事面向国内的电子游戏设备及其

零、附件的生产、销售活动。一经发现向电子游戏经营场所销售电子游戏设备及其零、附件的，由经贸、信息产业部门会同工商行政管理等部门依照有关规定进行处理。由此可见，以提供给他人开设赌场为目的，生产、销售赌博机或者其专用软件的行为，是以为他人从事违法犯罪活动提供商品为经营业务的行为，可以认定为刑法第 225 条规定的“其他严重扰乱市场秩序的非法经营行为”，情节严重的，以非法经营罪定罪处罚是适当的。同时，《赌博机开设赌场意见》出台前利用赌博机组织赌博的违法犯罪活动屡打不绝、屡禁不止的重要原因之一，就是存在受利益驱动生产、销售赌博机及其专用软件的上游产业链条，对其予以刑事打击具有现实必要性，在罪名适用上也体现了惩治源头犯罪的精神。

对非法生产、销售赌博机或者其专用软件，构成非法经营行为“情节严重”的，从非法经营额、违法所得额、行政再犯等维度确定了数额、情形标准，同时为避免遗漏应当追究犯罪情形设置了兜底情形。

10. 关于第 10 项危害食品安全的非法经营罪

此标准与 2021 年《食品安全解释》第 16-18 条中“情节严重”之规定保持了一致。

2013 年 5 月，最高人民法院、最高人民检察院联合发布《关于办理危害食品安全刑事案件适用法律若干问题的解释》（以下简称 2013 年《食品安全解释》），为依法惩治危害食品安全犯罪、保护人民群众饮食安全发挥了重要作用。2013 年《食品安全解释》制定时，考虑到非法生产销售国家禁止用于食品生产、销售的非食品原料，以及国家禁止生产、销售、使用的农药、兽药，饲料、饲料添加剂，或者饲料原料、饲料添加剂原料的行为，如非法生产、销售“三聚氰胺蛋白粉”“工业明胶”“瘦肉精”及含有“瘦肉精”的饲料等，存在严重的食品安全危险。对于生产、销售国家禁止食品使用物质的行为，有的定性问题当时已有司法解释明确规定，如 2002 年最高人民法院、最高人民检察院《关于办理非法生产、销售、使用禁止在饲料和动物饮用水中使用的药品等刑事案件具体应用法律若干问题的解释》规定，对非法生产、销售盐酸克仑特罗等禁止在饲料和动物饮用水中使用的药品的行为，以非法经营罪定罪处罚。但对于其他国家禁止食品使用物质的生产、销售行为的定性并无规定，2013 年《食品安全解释》对之进行了明确。

2021 年《食品安全解释》第 16 条第 1 款沿用 2013 年《食品安全解释》的相关规定，“以提供给他人生产、销售食品为目的，违反国家规定，生产、销售国家禁止用于食品生产、销售的非食品原料，情节严重的，依照刑法第二百二十五条的规定以非法经营罪定罪处罚。”主要考虑是禁止用于食品生产、销售的非食品原料，因不存在对应的合格产品，一般不宜以生产、销售伪劣产品罪定罪处罚。研究认为，以提供给他人生产、销售食品为目的，违反国家规定，生产、销售国家禁止用于食品生产、销售的非食品原料，属于刑法第225条规定的“其他严重扰乱市场秩序的非法经营行为”，以非法经营罪定罪处罚比较适当。

2021年《食品安全解释》第16条第2款对2013年《食品安全解释》的该款规定进行了修改完善。2013年《食品安全解释》主要考虑到违反《农药管理条例》《兽药管理条例》《饲料和饲料添加剂管理条例》等行政法规的规定，生产、销售国家禁止生产、销售、使用的农药、兽药、饲料、饲料添加剂，或者饲料原料、饲料添加剂原料，属于刑法第225条规定的“其他严重扰乱市场秩序的非法经营行为”，应当以非法经营罪定罪。2021年《食品安全解释》增加了农药、兽药、饲料、饲料添加剂、饲料原料中非法添加行为的定性处理规定，主要考虑是：在司法实践中，在农药、兽药、饲料、饲料添加剂、饲料原料中非法添加禁用药物的违法犯罪问题突出。据农业农村部农药产品监督抽查结果显示，2018年抽检样品中擅自添加其他农药成分的占质量不合格产品的40.3%。此类行为严重威胁食用农产品的质量安全，亟待惩治。生产、销售添加禁用农药、食品动物中禁止使用的药品及其他化合物等有毒、有害的非食品原料的农药、兽药、饲料、饲料添加剂、饲料原料，与生产、销售国家禁用农药、食品动物中禁止使用的药品及其他化合物的行为性质和危害性相当，均属于非法经营罪第4项规定的“其他严重扰乱市场经济秩序的非法经营行为”，应以非法经营罪定罪处罚。另外，该款增加了“以提供给他人生产、销售食用农产品为目的”的规定，使该款适用范围更为清晰，惩治对象更加明确。这里的生产、销售食用农产品实际上涵盖食用农产品种植、养殖、销售、运输、贮存等各个环节。

2021年《食品安全解释》第17条第1款沿用2013年《食品安全解释》的相关规定，“违反国家规定，私设生猪屠宰厂（场），从事生猪屠宰、销售等经营活动，情节严重的，依照刑法第二百二十五条的规定以非法经营罪定罪处罚。”根据《生猪屠宰管理条例》的规定，国家实行生猪定点屠宰制度；未经定点，除了农村地区个人自宰自食之外，任何单位和个人不得从事生猪屠宰活动。地下生猪屠宰厂（场）是病死、毒死、死因不明以及未经检验检疫的猪肉流入市场的一个重要通道，依法惩治私设生猪屠宰厂（场）、非法从事生猪屠宰经营活动是确保猪肉及其制品安全的重要环节。违反国家规定，私设生猪屠宰厂（场），从事生猪屠宰、销售等经营活动，情节严重的，应当以非法经营罪定罪处罚。主要考虑到国家规定生猪屠宰实行定点屠宰，屠宰同时进行强制检验检疫制度，违反上述规定，情节严重的，符合非法经营罪的构成要件，应以非法经营罪定罪处罚。

同时，根据2021年《食品安全解释》第18条第2款的规定，实施本解释规定的非法经营行为，同时构成生产、销售伪劣产品罪，生产、销售不符合安全标准的食品罪，生产、销售有毒、有害食品罪，生产、销售伪劣农药、兽药罪等其他犯罪的，依照处罚较重的规定定罪处罚。

11. 关于第 11 项非法经营放贷业务犯罪

此标准与《非法放贷意见》第 2、3、7 条中“情节严重”相关规定保持了一致。

随着民间借贷对外出借资金行为背离本质的问题愈加严重，一些已经脱离民间借贷个体的、偶然的、互助式的存在模式，演化为出借人的经常性牟利手段，并向着资本运作方式规模化发展，客观上已经形成一种未经有权部门批准、未取得合法资质从事发放贷款业务的非法金融业务活动。非法放贷活动不仅扰乱金融市场秩序，而且易于滋生黑恶势力，引发各类伴生和次生违法犯罪活动，是扫黑除恶专项斗争聚焦的重点领域之一。在实践中，由于非法放贷的认定缺乏明确、统一标准，是否应纳入刑事司法调整范围也存在较大争议，导致部分严重扰乱金融市场秩序的非法放贷活动得不到有效的打击处理，社会各界和一线政法单位对此反映强烈。《非法放贷意见》第 1 条第 1 款将“非法放贷行为”界定为“违反国家规定，未经监管部门批准，或者超越经营范围，以营利为目的，经常性地向社会不特定对象发放贷款，扰乱金融市场秩序”，并在此基础上进一步明确实施非法放贷行为达到“情节严重”程度，依照刑法第 225 条第 4 项的规定，以非法经营罪定罪处罚。

认定非法放贷行为构成非法经营罪时应着重把握放贷行为的违法性、放贷活动的职业性、放贷对象的不特定性以及“情节严重”的标准等问题。

首先，《银行业监督管理法》第 19 条规定：“未经国务院银行业监督管理机构批准，任何单位或者个人不得设立银行业金融机构或者从事银行业金融机构的业务活动。”第 44 条规定：“擅自设立银行业金融机构或者非法从事银行业金融机构的业务活动的，由国务院银行业监督管理机构予以取缔；构成犯罪的，依法追究刑事责任……”因此，从事发放贷款业务需要经过有关金融监管部门批准。未经监管部门批准，或者超越经营范围是认定非法放贷行为并进而视情节对其以非法经营罪论处的必要条件。其次，有别于互助式的、偶然的民间资金融通行为，非法放贷作为一种经营行为，必然包含着出借目的营利性和出借行为反复性。《非法放贷意见》第 1 条第 2 款规定“前款规定中的‘经常性地向社会不特定对象发放贷款’，是指 2 年内向不特定多人（包括单位和个人）以借款或其他名义出借资金 10 次以上。”第 3 款还进一步明确了贷款到期后延长还款期限这一情况下，发放贷款次数的计算问题。应当注意的是，在延长还款期限后仅改变约定利率或者利息计算方式，但出借的本金金额未实际增加的，发放贷款次数仍按照 1 次计算；如果在延长还款期限后追加出借资金，或者将借款人已偿还贷款重新借出的，放贷次数另行计算。最后，发放贷款行为的开放性是非法放贷这一非法金融业务活动与民间借贷的又一重要区别。为此，《非法放贷意见》第1条第1款强调非法放贷行为人发放贷款的对象是“社会不特定对象”，并且在该意见第1条第2款将“社会不特定对象”解读为“不特定多人（包括单位和个人）”，即非法放贷行为人需要2年内累计向多个不特定的单位或者个人，以借款或其他名义出借资金10次以上。

在实践中，非法高利放贷是非法放贷活动中危害最突出的部分，所造成的后果和引发的问题是多方面的，不仅严重扰乱金融市场秩序，制约实体经济发展，使企业或个人陷入债务深渊，而且还诱发大量非法拘禁、寻衅滋事等违法犯罪活动，并为黑恶势力滋生蔓延提供了土壤。因此，《非法放贷意见》将运用刑法手段打击的目标锁定为非法高利放贷，明确“以超过36%的实际年利率实施非法放贷行为”是认定非法放贷“情节严重”的前提条件，从而有效防止扩大打击面，并为民事司法和行政执法留出必要空间。此外，根据司法统计和调研所掌握的情况，从非法放贷数额、违法所得数额、非法放贷对象数量以及所造成的危害后果等方面规定了非法放贷“情节严重”的具体认定标准。此外，一些犯罪嫌疑人、被告人曾因非法放贷行为受过行政处罚，但拒不悔改并再次实施。还有一些案件，犯罪嫌疑人、被告人以超高利率大量放贷，社会危害极为严重。针对这两种恶劣情形，根据《非法放贷意见》第3条规定了“情节严重”的特殊认定标准，相应降低入罪门槛，体现依法从严惩处的精神。

在实践中，非法放贷是黑恶势力易于染指的重点领域。一方面，非法放贷行为人为了扩大业务范围，确保能够收回本金及高息，往往会有组织地发放贷款并采取暴力、威胁等方式催收，从而形成非法放贷、讨债团伙，如果任其发展，很容易蜕变为黑恶势力；另一方面，由于获利快、收益高，非法放贷也成为了一些黑恶势力聚敛钱财的重要手段。为了对黑恶势力非法放贷充分体现区别对待、依法严惩的政策精神，《非法放贷意见》第7条第2款对黑恶势力非法放贷的入罪标准和加重处罚标准均大幅降低，明确据以认定“情节严重”的非法放贷数额、违法所得数额、非法放贷对象数量起点标准，可以分别按照一般情况下相应数额、数量标准的50%确定；同时具有《非法放贷意见》第3条第1款规定情形的，可以分别按照一般情况下相应数额、数量标准的40%确定。

12. 关于第12项“从事其他非法经营活动”的

该项标准沿用了2010年《立案追诉标准（二）》的兜底性条款。所谓从事其他非法经营活动，是指除上述非法经营行为以外的其他所有非法经营活动。

需要说明的是，《立案追诉标准（二）》对非法经营罪规定了包括兜底性条款共 12 种具体的非法经营行为和这 12 种非法经营行为应予立案追诉的具体情形，但非法经营行为并不限于此。最高人民法院、最高人民检察院有关司法解释对非法经营行为另有规定的，按照司法解释的规定。

需要注意的是，根据最高人民法院《关于准确理解和适用刑法中“国家规定”的有关问题的通知》规定，“各级人民法院审理非法经营犯罪案件，要依法严格把握刑法第二百二十五条第（四）的适用范围。对被告人的行为是否属于刑法第二百二十五条第（四）规定的‘其它严重扰乱市场秩序的非法经营行为’，有关司法解释未作明确规定的，应当作为法律适用问题，逐级向最高人民法院请示。”2019 年最高人民法院、最高人民检察院、公安部、司法部印发《关于办理非法放贷刑事案件若干问题的意见》的通知，再次重申上述通知。因此，在非法经营罪的认定上，刑事司法中存在“限缩适用”“严格适用”“审慎适用”的导向。在执法司法实践中，如果没有明确的司法解释规定，认定行为人是否构成非法经营罪，要结合经营行为是否违反全国人大常委会制定的法律和决定，国务院制定的行政法规、规定的行政措施、发布的决定和命令，经营行为是否扰乱市场经济秩序并达到“情节严重”程度等进行规范判断。同时还要注意刑法修订过程中陆续增补的其他带有经营性质的罪名和非法经营罪之间的关系，根据实际情况和法条竞合理论，注意选择运用特殊法条予以规制，避免出现过度依赖非法经营这个“口袋罪”，导致出现罪责刑不一致情形。

三、认定非法经营罪应注意的问题

（一）非法经营罪罪与非罪的界限

1. 非法经营罪与正当经营行为的界限

正当经营行为，是指根据国家法律、行政法规规定或者政府有关部门批准获得经营许可，经营法律、行政法规规定的专营、专卖物品及其他限制买卖物品。正确区分本罪与正当经营行为需要考虑如下因素：（1）客观方面。行为人的行为是否在国家法律法规和政策允许的范围内，即行为人的行为在客观方面有无违反国家关于物品专营、专卖及许可制度的法律规定，未获有关主管部门审批的经营许可而经营的行为。（2）主观方面。行为人在主观方面有无非法经营的故意。（3）从整体上而言，行为是否违反国家规定，是否达到扰乱市场经济秩序且“情节严重”程度。如果行为人主观上出于故意，客观上违反了国家规定，实施的经营行为扰乱了市场经济秩序且达到情节严重程度，则构成非法经营罪。

2. 非法经营罪与一般违法经营行为的界限

本罪与一般违法经营行为外在表现形式相同，行为是否构成非法经营罪，关键在于非法经营行为是否情节严重。情节严重的，构成非法经营罪；情节一般的，属于违反相关法律法规的一般违法经营行为，不构成犯罪，可依据相关法律法规予以行政处罚。行为人是否构成非法经营罪，主要在于其非法经营行为是否达到《立案追诉标准（二）》规定的数额、数量、情节标准。如果没有达到规定的标准，则不构成犯罪，属于一般违法经营行为，可以依据有关法律法规予以行政处罚。

（二）非法经营罪与相关犯罪的界限

1. 非法经营罪与擅自设立金融机构罪的界限

擅自设立金融机构罪，是指未经国家有关主管部门批准，擅自设立商业银行、证券交易所、期货交易所、证券公司、期货公司、保险公司或者其他金融机构的行为。

两罪的主要区别在于客观方面的行为方式不同，非法经营罪是针对经营行为的，即使行为人形式上没有成立所谓的商业银行、证券交易所、期货交易所、证券公司、期货公司、保险公司或者其他金融机构，但是实际上从事了证券、期货、保险等业务活动，情节严重的，就可以构成犯罪；而擅自设立金融机构罪是针对设立行为的，只要行为人有非法设立商业银行、证券交易所、期货交易所、证券公司、期货公司、保险公司或者其他金融机构的行为，不必实际开展证券、期货、保险等金融业务，就可以构成犯罪。实践中许多从事非法经营证券、期货、保险业务的犯罪分子，表面上不设立公司，甚至连固定的办公地点都没有，有的在宾馆、饭店租用几间房，摆几个终端，就打着某公司的旗号干起证券、期货、保险等交易活动，这些都是典型的非法经营证券、期货、保险业务的行为，应以非法经营罪论处。

2. 非法经营罪与擅自发行股票、公司、企业债券罪的界限

擅自发行股票、公司、企业债券罪，是指未经国家有关主管部门批准，擅自发行股票或者公司、企业债券，数额巨大、后果严重或者有其他严重情节的行为。

两罪的区别主要表现在客观行为方式不同：非法经营罪的行为方式表现之一为未经国家有关主管部门批准，非法经营证券、期货或者保险业务的行为；而擅自发行股票、公司、企业债券罪的行为方式表现为未经国家有关主管部门批准，擅自发行股票或者公司、企业债券的行为。根据2008年1月最高人民法院、最高人民检察院、公安部、中国证券监督管理委员会《关于整治非法证券活动有关

问题的通知》的有关规定，任何单位和个人经营证券业务，必须经证监会批准。未经批准的，属于非法经营证券业务，应予以取缔；涉嫌犯罪的，以非法经营罪追究刑事责任。对于中介机构非法代理买卖非上市公司股票，涉嫌犯罪的，以非法经营罪追究刑事责任；所代理的非上市公司涉嫌擅自发行股票，构成犯罪的，以擅自发行股票罪追究刑事责任。非上市公司和中介机构共谋擅自发行股票，构成犯罪的，以擅自发行股票罪的共犯论处。

3. 非法经营罪与诈骗罪的界限

诈骗罪，是指以非法占有为目的，采用虚构事实或者隐瞒真相的方法，骗取数额较大的公私财产的行为。

非法经营罪与诈骗罪的区别主要在于：（1）侵犯的客体不同。非法经营罪侵犯的客体是市场交易的正常秩序；而诈骗罪侵犯的客体是公私财产所有权。（2）客观方面不同。非法经营罪的行为人是通过非法经营业务来赚取非法利润；而诈骗罪的行为人采用虚构事实或者隐瞒真相的方法骗取数额较大的公私财产。

4. 非法经营罪与信用卡诈骗罪的界限

信用卡诈骗罪，是指使用伪造的信用卡，或者使用以虚假的身份证明骗领的信用卡，使用作废的信用卡，冒用他人的信用卡，或者恶意透支，进行信用卡诈骗活动，数额较大的行为。

在司法实践中，应当注意把握非法经营罪与信用卡诈骗罪的界限：如果持卡人以套取现金为目的，通过 POS 机商户实施套现行为的，对持卡人不按犯罪处理，对套现行为情节严重的 POS 机商户以非法经营罪定罪处罚；如果持卡人以非法占有为目的，通过 POS 机商户实施套现行为的，则对持卡人应当以信用卡诈骗罪定罪处罚。

四、非法经营罪的处罚

根据《刑法》第 225 条的规定，自然人犯非法经营罪的，处 5 年以下有期徒刑或者拘役，并处或者单处违法所得 1 倍以上 5 倍以下罚金；情节特别严重的，处 5 年以上有期徒刑，并处违法所得 1 倍以上 5 倍以下罚金或者没收财产。

根据《刑法》第 231 条的规定，单位犯非法经营罪的，对单位判处罚金，并对其直接负责的主管人员和其他直接责任人员，依照自然人犯本罪的规定处罚。

第七节　非法转让、倒卖土地使用权案

一、非法转让、倒卖土地使用权罪的概念和构成要件

（一）概念

非法转让、倒卖土地使用权罪，是指以牟利为目的，违反土地管理法规，非法转让、倒卖土地使用权，情节严重的行为。

本罪是1997年《刑法》增设的罪名，1979年《刑法》和其后的单行刑法没有规定本罪。由于我国人口多、耕地面积少，所以应当十分重视对土地资源的合理利用和保护。鉴于当时土地违法案件日益增多，严重扰乱了土地管理秩序，非法转让和倒卖土地使用权则是其中的一个重要表现。为了规范土地管理秩序，制止非法转让、倒卖土地使用权的行为，1997年《刑法》第228条设立了非法转让、倒卖土地使用权罪，并规定了单独的法定刑。1997年12月11日最高人民法院《关于执行〈中华人民共和国刑法〉确定罪名的规定》、1997年12月25日最高人民检察院《关于适用刑法分则规定的犯罪的罪名的意见》根据1997年《刑法》第228条规定了“非法转让、倒卖土地使用权罪”罪名。

（二）构成要件

1. 犯罪客体

本罪侵犯的客体是国家的土地管理秩序和土地使用权。《土地管理法》第2条规定：“中华人民共和国实行土地的社会主义公有制，即全民所有制和劳动群众集体所有制。全民所有，即国家所有土地的所有权由国务院代表国家行使。任何单位和个人不得侵占、买卖或者以其他形式非法转让土地。土地使用权可以依法转让。国家为了公共利益的需要，可以依法对土地实行征收或者征用并给予补偿。国家依法实行国有土地有偿使用制度。但是，国家在法律规定的范围内划拨国有土地使用权的除外。”第12条规定：“土地的所有权和使用权的登记，依照有关不动产登记的法律、行政法规执行。依法登记的土地的所有权和使用权受法律保护，任何单位和个人不得侵犯。”根据《土地管理法实施条例》的有关规定，国有土地使用权出让等应当依照国家有关规定通过公开的交易平台进行交易，并纳入统一的公共资源交易平台体系；除依法可以采取协议方式外，应当采取招标、拍卖、挂牌等竞争性方式确定土地使用者。通过出让等方式取得的集体经营性建设用地使用权依法转让、互换、出资、赠与或者抵押的，双方应当签订书面合同，并书面通知土地所有权人。因此，国家允许土地使用权依法转让，但

不允许非法转让，更不允许以牟利为目的加价转手倒卖。如果违反土地管理法规，非法转让、倒卖土地使用权，则会对国家土地管理制度造成破坏，制约社会经济的可持续发展。

2. 客观方面

本罪的客观方面表现为实施了违反土地管理法规，非法转让、倒卖土地使用权，情节严重的行为。违反土地管理法规，根据全国人大常委会《关于〈中华人民共和国刑法〉第二百二十八条、第三百四十二条、第四百一十条的解释》规定，是指违反土地管理法、森林法、草原法等法律以及有关行政法规中关于土地管理的规定。非法转让土地使用权，是指将依法管理和持有的土地使用权，违反上述法律和行政法规的规定，擅自转让给他人的行为。非法倒卖土地使用权，是指违反上述法律和行政法规的规定，将土地使用权进行倒卖，从而进行牟利的行为。非法转让、倒卖土地使用权的行为必须达到情节严重的程度，才构成犯罪。

3. 犯罪主体

本罪的主体是一般主体，包括单位和自然人。任何单位和个人违反土地管理法规，实施非法转让、倒卖土地使用权的行为，情节严重的，均可触犯本罪。

4. 主观方面

本罪的主观方面表现为故意，过失不构成本罪。

二、非法转让、倒卖土地使用权罪案立案追诉标准适用指南

《立案追诉标准（二）》第七十二条规定：

以牟利为目的，违反土地管理法规，非法转让、倒卖土地使用权，涉嫌下列情形之一的，应予立案追诉：

（一）非法转让、倒卖永久基本农田五亩以上的；

（二）非法转让、倒卖永久基本农田以外的耕地十亩以上的；

（三）非法转让、倒卖其他土地二十亩以上的；

（四）违法所得数额在五十万元以上的；

（五）虽未达到上述数额标准，但因非法转让、倒卖土地使用权受过行政处罚，又非法转让、倒卖土地的；

（六）其他情节严重的情形。

土地是人类赖以生存和发展的重要物质基础。由于《刑法》第228条规定非法转让、倒卖土地使用权必须是情节严重的才构成犯罪，根据2000年最高人民法院《关于审理破坏土地资源刑事案件具体应用法律若干问题的解释》（本节以

下简称《土地资源解释》）第1条的规定，具体界定非法转让、倒卖土地使用权行为的“情节严重”。

2019年8月26日，第十三届全国人大常委会第十二次会议对《土地管理法》进行了第三次修正，该修正案以“永久基本农田”全面替代了第二次修正案中的“基本农田”。将“基本农田”全部修改为“永久基本农田”，这不是简单的文字修改，而是理念的重大转变，体现了我国对基本农田实行永久保护、严格保护的价值理念。基于上述立法修改，本次立案追诉标准修订将2010年《立案追诉标准（二）》中的相关表述进行了相应的修改完善，即将第1项和第2项情形中的“基本农田”修改为“永久基本农田”。

在司法实践中，具体适用本罪案的立案追诉标准时应注意把握：

（1）非法转让、倒卖永久基本农田5亩以上的。2001年《追诉标准》规定“非法转让、倒卖基本农田五亩以上的”应予立案追诉。该标准来源于《土地资源解释》第1条第1项的规定。2010年《立案追诉标准（二）》沿用了2001年《追诉标准》。为了科学规定立案追诉标准，将非法转让、倒卖土地的类别分为永久基本农田、永久基本农田以外的耕地、其他土地，分别作出相应的数额标准规定。永久基本农田，是指按照一定时期人口和社会经济发展对农产品的需求，依据土地利用总体规划确定的不得占用的耕地。《土地管理法》和《基本农田保护条例》明确规定，国家实行永久基本农田保护制度；永久基本农田经依法划定后，任何单位和个人不得擅自占用或者改变其用途。本次立案追诉标准修订除将“基本农田”的表述修改为“永久基本农田”以外，对非法转让、倒卖永久基本农田的行为，立案追诉数额标准继续沿用5亩以上，实行最严格的永久基本农田保护措施，维护我国的粮食安全。

（2）非法转让、倒卖永久基本农田以外的耕地10亩以上的。2001年《追诉标准》规定“非法转让、倒卖基本农田以外的耕地十亩以上的”应予立案追诉。该标准来源于《土地资源解释》第1条第2项的规定。2010年《立案追诉标准（二）》沿用了2001年《追诉标准》。耕地是我国最为宝贵的资源，耕地保护是关系14亿人吃饭的大事，事关国家安全。当前，我国经济发展进入新常态，新型工业化、城镇化建设深入推进，耕地后备资源不断减少，耕地保护面临多重压力。本次立案追诉标准修订除将“基本农田”的表述修改为“永久基本农田”以外，对非法转让、倒卖永久基本农田以外的耕地，立案追诉数额标准继续沿用10亩以上，实行较为严格的耕地保护措施，坚决遏制非法转让、倒卖耕地使用权的行为。

（3）非法转让、倒卖其他土地20亩以上的。2001年《追诉标准》规定“非法转让、倒卖其他土地二十亩以上的”应予立案追诉。该标准来源于《土地资源解释》第1条第3项的规定。2010年《立案追诉标准（二）》沿用了2001年《追诉标准》。根据《土地管理法》的相关规定，国家实行土地用途管制制度，编制土地利用总体规划，规定土地用途，将土地分为农用地、建设用地和未利用地。农用地是指直接用于农业生产的土地，包括耕地、林地、草地、农田水利用地、养殖水面等；建设用地是指建造建筑物、构筑物的土地，包括城乡住宅和公共设施用地、工矿用地、交通水利设施用地、旅游用地、军事设施用地等；未利用地是指农用地和建设用地以外的土地。本次修订立案追诉标准继续沿用这一标准，对于非法转让、倒卖除永久基本农田、耕地以外的其他土地面积较大作为"情节严重"之一来考虑，进行严厉打击。

（4）违法所得数额在50万元以上的。2001年《追诉标准》规定"违法所得数额在五十万元以上的"应予立案追诉。该标准来源于《土地资源解释》第1条第4项的规定。2010年《立案追诉标准（二）》沿用了2001年《追诉标准》。这是从非法转让、倒卖土地使用权非法牟利数额较大，作为"情节严重"之一来考虑的。本次立案追诉标准修订继续沿用，以凸显对非法转让、倒卖土地使用权的打击力度，维护国家土地管理制度，保障社会经济的可持续发展。

（5）虽未达到上述数额标准，但因非法转让、倒卖土地使用权受过行政处罚，又非法转让、倒卖土地的。2001年《追诉标准》规定了数额标准（80%）加二次"行政处罚"的情形应予立案追诉，但《土地资源解释》第1条第5项规定的情形是数额标准（80%）加一次"行政处罚"，因此2010年《立案追诉标准（二）》选择沿用了司法解释的规定。本次修订继续沿用了2010年《立案追诉标准（二）》的相关规定，维持对此类犯罪的打击力度。

虽未达到上述数额标准，是指接近上述四种情形规定数额标准且已达到该数额的80%以上。如果行为人因非法转让、倒卖土地使用权受过行政处罚，又非法转让、倒卖土地的，属于屡教不改、性质恶劣的情形。对此，在数额标准上适度降低，有利于更好地打击此类犯罪。

（6）其他情节严重的情形。2001年《追诉标准》规定"造成恶劣影响的"应予立案追诉。2010年《立案追诉标准（二）》取消了"造成恶劣影响"的表述，参照《刑法》规定，增加"其他情节严重的情形"的兜底性规定。本次立案追诉标准修订继续沿用2010年《立案追诉标准（二）》的表述。

这一规定可理解为在尽可能列举后，规定了其他严重情形的兜底性规定，以避免遗漏应当追究的犯罪行为。在司法实践中，有以下几种表现形式：（1）由于非法转让、倒卖土地使用权，影响国家对土地的使用的；（2）由于故意降低价格倒卖，给国家造成严重经济损失的；（3）造成耕地被破坏、植被被破坏，影响群众生产和生活等其他严重后果和恶劣影响的；等等。

三、认定非法转让、倒卖土地使用权罪应注意的问题

（一）非法转让、倒卖土地使用权罪罪与非罪的界限

违反土地管理法规，非法转让、倒卖土地使用权的行为，必须达到情节严重的程度，才构成犯罪。如果单位和个人非法转让、倒卖土地使用权的行为没有达到情节严重的程度，不能按犯罪处理。另外，非法转让、倒卖土地使用权，行为人主观上必须是直接故意，且必须具有牟利的目的。《土地管理法》第 74 条规定："买卖或者以其他形式非法转让土地的，由县级以上人民政府自然资源主管部门没收违法所得；对违反土地利用总体规划擅自将农用地改为建设用地的，限期拆除在非法转让的土地上新建的建筑物和其他设施，恢复土地原状，对符合土地利用总体规划的，没收在非法转让的土地上新建的建筑物和其他设施；可以并处罚款；对直接负责的主管人员和其他直接责任人员，依法给予处分；构成犯罪的，依法追究刑事责任。"

（二）非法转让、倒卖土地使用权罪与相关犯罪的界限

1. 非法转让、倒卖土地使用权罪与非法占用农用地罪的界限

非法占用农用地罪，是指违反土地管理法规，非法占用耕地、林地等农用地，改变被占用土地用途，数量较大，造成耕地、林地等农用地大量毁坏的行为。

两罪都违反了土地管理法规，都是针对土地实施的犯罪。两罪的区别主要在于：（1）犯罪客体不同。非法转让、倒卖土地使用权罪侵犯的客体是国家土地管理秩序和土地使用权；而非法占用农用地罪侵犯的客体是国家对耕地的保护制度。（2）犯罪对象不完全相同。非法转让、倒卖土地使用权罪的犯罪对象是广义上的土地，包括农用地和其他土地；而非法占用农用地罪的犯罪对象仅限于农用地。（3）客观方面不同。非法转让、倒卖土地使用权罪的客观方面表现为违反土地管理法规，非法转让、倒卖土地使用权；而非法占用农用地罪的客观方面表现为违反土地管理法规，非法改变被占用土地用途，造成农用地的大量毁坏。

2. 非法转让、倒卖土地使用权罪与非法批准征收、征用、占用土地罪的界限

非法批准征收、征用、占用土地罪，是指国家机关工作人员徇私舞弊，违反土地管理法规，滥用职权，非法批准征收、征用、占用土地，情节严重的行为。

两罪都违反了土地管理法规，侵犯的对象都是土地。两罪的区别主要在于：（1）犯罪客体不同。非法转让、倒卖土地使用权罪侵犯的客体是国家土地管理

秩序和土地使用权；而非法批准征收、征用、占用土地罪属于渎职犯罪，侵犯的客体是国家机关工作人员职务行为的廉洁性和国家的土地利益。（2）客观方面不同。非法转让、倒卖土地使用权罪的客观方面表现为违反土地管理法规，非法转让、倒卖土地使用权；而非法批准征收、征用、占用土地罪的客观方面表现为违反土地管理法规，滥用职权，非法批准征收、征用、占用土地。（3）犯罪主体不同。非法转让、倒卖土地使用权罪的主体是一般主体，包括自然人和单位；而非法批准征收、征用、占用土地罪的主体是特殊主体，只能是国家机关工作人员。

3. 非法转让、倒卖土地使用权罪与非法低价出让国有土地使用权罪的界限

非法低价出让国有土地使用权罪，是指国家机关工作人员徇私舞弊，违反土地管理法规，滥用职权，非法低价出让国有土地使用权，情节严重的行为。

两罪都违反了土地管理法规，都侵犯了土地使用权。两罪的区别主要在于：（1）犯罪客体不同。非法转让、倒卖土地使用权罪侵犯的客体是国家土地管理秩序和土地使用权；而非法低价出让国有土地使用权罪属于渎职犯罪，侵犯的客体是国家机关工作人员职务行为的廉洁性和国家的土地利益。（2）客观方面不同。非法转让、倒卖土地使用权罪的客观方面表现为违反土地管理法规，非法转让、倒卖土地使用权；而非法低价出让国有土地使用权罪的客观方面表现为违反土地管理法规，滥用职权，非法低价出让国有土地使用权。（3）犯罪对象不同。非法转让、倒卖土地使用权罪的犯罪对象包括国有土地和集体土地；而非法低价出让国有土地使用权罪的犯罪对象只能是国有土地。（4）犯罪主体不同。非法转让、倒卖土地使用权罪的主体是一般主体，包括自然人和单位；而非法低价出让国有土地使用权罪的主体是特殊主体，只能是国家机关工作人员。

四、非法转让、倒卖土地使用权罪的处罚

根据《刑法》第228条的规定，自然人犯非法转让、倒卖土地使用权罪的，处3年以下有期徒刑或者拘役，并处或者单处非法转让、倒卖土地使用权价额5%以上20%以下罚金；情节特别严重的，处3年以上7年以下有期徒刑，并处非法转让、倒卖土地使用权价额5%以上20%以下罚金。

根据《刑法》第231条的规定，单位犯非法转让、倒卖土地使用权罪的，对单位判处罚金，并对其直接负责的主管人员和其他直接责任人员，依照自然人犯本罪的规定处罚。

第八节 提供虚假证明文件案

一、提供虚假证明文件罪的概念和构成要件

（一）概念

提供虚假证明文件罪，是指承担资产评估、验资、验证、会计、审计、法律服务、保荐、安全评价、环境影响评价、环境监测等职责的中介组织的人员故意提供虚假证明文件，情节严重的行为。

1979年《刑法》没有单独规定本罪。1995年全国人大常委会通过的《关于惩治违反公司法的犯罪的决定》第6条规定："承担资产评估、验资、验证、审计职责的人员故意提供虚假证明文件，情节严重的，处五年以下有期徒刑或者拘役，可以并处二十万元以下罚金。单位犯前款罪的，对单位判处违法所得五倍以下罚金，并对直接负责的主管人员和其他直接责任人员，依照前款的规定，处五年以下有期徒刑或者拘役。"1997年修订《刑法》时吸收了上述内容。2020年12月26日第十三届全国人大常委会第二十四次会议通过的《刑法修正案（十一）》对该罪的适用主体、法定刑以及罪数等进行了修改。1997年12月11日最高人民法院《关于执行〈中华人民共和国刑法〉确定罪名的规定》、1997年12月25日最高人民检察院《关于适用刑法分则规定的犯罪的罪名的意见》根据1997年《刑法》第229条第1款、第2款规定了"中介组织人员提供虚假证明文件罪"罪名。2002年3月15日最高人民法院、最高人民检察院《关于执行〈中华人民共和国刑法〉确定罪名的补充规定》将"中介组织人员提供虚假证明文件罪"修改为"提供虚假证明文件罪"。

在社会主义市场经济条件下，我国现代企业制度逐步建立，与此同时，资产（资信）评估事务所、会计师事务所、审计师事务所、律师事务所等中介组织在社会经济生活中的作用愈加重要；社会主义市场经济要求中介组织及其人员提供客观、公正、高水平的服务。反之，如果中介组织及其人员提供虚假的证明文件，将会妨碍国家对中介组织及其中介活动的监督管理制度，侵犯国家、公众以及其他投资者的合法利益，扰乱正常的社会主义市场经济秩序。因此，在《刑法》中增设本罪名将对维护社会主义经济发展发挥重要作用。

2020年12月26日第十三届全国人大常委会第二十四次会议通过的《刑法修正案（十一）》第25条对本罪做了如下修改：一是新增承担保荐、安全评价、环境影响评价、环境监测等职责的中介组织人员作为犯罪主体，扩大主体适用范

围。二是对故意提供虚假证明文件存在三种特定情形的，增设一档法定刑“处五年以上十年以下有期徒刑，并处罚金”，分别是：（1）提供与证券发行相关的虚假的资产评估、会计、审计、法律服务、保荐等证明文件，情节特别严重的；（2）提供与重大资产交易相关的虚假的资产评估、会计、审计等证明文件，情节特别严重的；（3）在涉及公共安全的重大工程、项目中提供虚假的安全评价、环境影响评价等证明文件，致使公共财产、国家和人民利益遭受特别重大损失的。三是修改了刑法第229条第2款规定，对提供虚假证明文件同时索取他人财物或者非法收受他人财物构成犯罪的，由“处五年以上十年以下有期徒刑，并处罚金”调整为“依照处罚较重的规定定罪处罚”。

（二）构成要件

1. 犯罪客体

本罪侵犯了国家依法对中介组织及其中介活动的监督管理制度，侵害了国家市场监督管理部门对公司的有效管理，同时也侵犯了国家、公众以及其他投资者的合法利益，严重扰乱了市场秩序。其中，国家对中介组织及其中介活动的监督管理制度是本罪的主要客体。承担资产评估、验资、验证、会计、审计、法律服务、保荐、安全评价、环境影响评价、环境监测等职责的中介组织人员在社会生活中具有重要的监督职责。2020年11月29日修订的《国有资产评估管理办法》第31、32、35条，1993年4月22日国务院发布的《股票发行与交易管理暂行条例》第18、73、77、78条，2014年8月31日修正的《注册会计师法》第20、21、39条，2018年10月26日修正的《公司法》第207条，2017年9月1日修正的《律师法》第40、49条，2019年12月28日修订的《证券法》第10、163、182、213条，2021年6月10日修正的《安全生产法》第72、92条，2014年4月24日修订的《环境保护法》第65条，2018年12月29日修正的《环境影响评价法》第32条均明确规定了承担资产评估、验资、验证、会计、审计、法律服务、保荐、安全评价、环境影响评价、环境监测的中介组织人员的职责，即必须真实地、客观公正地提供资产评估报告、验资报告、验证报告、会计报告、审计报告、法律文书、保荐书、安全评价报告、环境影响评价报告书（表）、环境监测报告等证明文件，以及对这些中介人员提供虚假证明文件行为的行政处罚，直至构成犯罪的，依法追究刑事责任。

2. 客观方面

本罪的客观方面表现为提供虚假的资产评估报告、验资报告、验证报告、会计报告、审计报告、法律文书、保荐书、安全评价报告、环境影响评价报告书（表）、环境监测报告等证明文件，情节严重的行为。所谓资产评估，是指由评估机构依法按照评估目的、规定的标准和程序，对被评估资产的价格所进行的一种专业活动。根据《公司法》的规定，在国有企业改建公司或者成立有限责任公司、股份有限公司时，对国有资产和公司股东或者发起人作为出资的实物（厂房、机器设备等）、知识产权、土地使用权，都必须由国家核准登记的资产评估机构按照国家有关规定进行评估作价。公司解散时，一般也应对公司资产进行清理、评估，评估后要作出资产评估报告。资产评估报告，是指评估人员在调查、收集、验证和评价有关数据的基础上形成的关于资产评估情况和结果的公证性文件。资产评估报告应当真实、公正地反映资产评估工作的情况。所谓验资，是指法定的验资机构中的有关人员依法在被审验单位设立、变更时，对股东（投资者、合伙人、主管部门等）是否出资、是否按规定数额出资以及出资是否及时等情况进行审验并出具相应证明的活动。验资报告是在注册会计师完成预定验资程序，获得充分、适当的验资证据，分析、评价验资结论，形成验资意见的基础上出具的具有法律效力的证明文件。注册会计师必须对验资报告的真实性和合法性负责。所谓验证，是指按照《公司法》的规定，法定的验资机构及其工作人员对公司财务报告的真实性、准确性和可信性作出审查与核实，并出具相应的证明。所谓会计，是指由注册会计机构及其工作人员对公司、企业的财务账目进行审查、清算，并出具会计报告的活动。所谓审计，是指法定的审计机构及其工作人员依法对公司的财务会计报表，公司在合并、分立、清算时的审计业务以及法律、行政法规规定的其他审计业务进行分析、研究和调查，以确定其真实性、合法性、经济性和效率性，进而作出客观、公正的评价，并根据审查结果出具报告书或者证明书的活动。所谓审计报告，是指审计人员在审计工作完结以后，就审计任务完成情况和审计结果编成的书面报告。所谓法律服务，是指律师事务所、公证处、仲裁委员会等组织中的律师、公证员、仲裁员以及其他法律服务人员依照有关法律的规定，就涉及的法律专业知识为社会公众提供的代理诉讼，出具法律意见书，办理公证、仲裁事务等法律事务服务的活动。所谓保荐，是指依法成立的保荐机构尽职推荐发行人证券发行上市，并在发行人证券上市后，持续督导发行人履行规范运作、信守承诺、信息披露等义务等职责的活动。所谓安全评价，是指具备国家规定的资质条件的机构，对矿山、金属冶炼建设项目和用于生产、储存、装卸危险物品的建设项目，按照国家有关规定对其安全性进行分析、预测和评估，并提出相关意见的活动。所谓环境影响评价，是指对规划和建设项目实施后可能造成的环境影响进行分析、预测和评估，提出预防或者减轻不良环境影响的对策和措施，进行跟踪监测的方法与制度。所谓环境监测，是指依法取得检验检测机构资质的环境监测机构通过建立覆盖布点、采样、现场测试、样品制备、分析测试、数据传输等方法、流程，对大气、土壤、水资源等环境质量进行评价和综合分析的活动。

资产评估、验资、验证、会计、审计、法律服务、保荐、安全评价、环境影响评价、环境监测等行为的共同特点在于这些行为都是社会中介组织站在第三方的立场上，按照法定的程序，由具有法定资格的专业人员运用专业知识以客观、公正、实事求是的态度进行的服务、评价、证明活动。这些活动具有服务、沟通、公证、监督作用，是维护正常的社会主义市场经济秩序不可或缺的环节。这些活动专业性强，一般社会公众不易掌握，因而资产评估、验资、验证、会计、审计、法律服务、保荐、安全评价、环境影响评价、环境监测等中介组织出具的证明文件的真实性、公正性就具有特别重要的意义。

这里的虚假证明文件是指资产评估报告、验资报告、验证报告、会计报告、审计报告、法律文书、保荐书、安全评价报告、环境影响评价报告书（表）、环境监测报告等证明文件的内容虚假，与实际情况不相符合。所谓提供虚假证明文件，是指故意提供伪造的或者内容不实的证明文件，包括有关资料、报表、数额和各种结果、结论、意见方面的报告和材料等。

提供虚假证明文件罪除具备上述客观表现外，还必须具备“情节严重”的要件，才能构成本罪。这里的“情节严重”，在司法实践中有下列几种表现：(1) 造成直接经济损失数额巨大的；(2) 多次提供虚假证明文件，造成国有资产大量流失的；(3) 导致一些注册资本实缴登记制的公司没有达到注册资本最低限额而成立，[①] 造成恶劣影响的；(4) 严重破坏公司的财务会计制度，经济损失巨大的；(5) 导致不符合法定条件或者法定程序的证券得以通过注册、发行，给证券持有人、投资者造成重大损失的；(6) 导致存在安全隐患、环境污染等公共安全重大工项目通过验收、投入使用，致使公共财产、国家和人民利益遭受重大损失的；等等。

3. 犯罪主体

本罪的主体是特殊主体，即承担资产评估、验资、验证、会计、审计、法律服务、保荐、安全评价、环境影响评价、环境监测等职责的中介组织及其工作人员，具体是指依法成立的资产评估事务所、会计师事务所、审计师事务所、律师事务所、公证处、保荐机构、安全评价机构、环境影响评价机构、环境检测机构等中介机构以及其中具有国家认可的专业资格、负有职责的专业从业人员，即资产评估师和其他承担资产评估职责的人员、注册会计师和其他承担验资职责的人

---

① 根据2014年2月7日国务院《关于印发注册资本登记制度改革方案的通知》（国发〔2014〕7号），依据相关法律法规，仍有27类行业的公司实行注册资本实缴登记制。参见 http：//www.gov.cn/zwgk/2014-02/18/content_ 2611545.htm，最后访问日期：2022年6月27日。

员、依法取得会计师资格的人员、审计师和其他承担审计职责的人员、律师、公证员、保荐人以及安全评价机构、环境影响评价机构、环境检测机构中的有关工作人员等。

4. 主观方面

本罪的主观方面表现为故意，过失不构成本罪。行为人必须明知是虚假证明文件而提供的才构成本罪。犯罪动机多样，有的是因受贿而提供虚假证明文件，有的是受亲友委托而提供虚假证明文件等，但动机如何不影响本罪的成立。

二、提供虚假证明文件罪案立案追诉标准适用指南

《立案追诉标准（二）》第七十三条规定：

承担资产评估、验资、验证、会计、审计、法律服务、保荐、安全评价、环境影响评价、环境监测等职责的中介组织的人员故意提供虚假证明文件，涉嫌下列情形之一的，应予立案追诉：

（一）给国家、公众或者其他投资者造成直接经济损失数额在五十万元以上的；

（二）违法所得数额在十万元以上的；

（三）虚假证明文件虚构数额在一百万元以上且占实际数额百分之三十以上的；

（四）虽未达到上述数额标准，但二年内因提供虚假证明文件受过二次以上行政处罚，又提供虚假证明文件的；

（五）其他情节严重的情形。

承担资产评估、验资、验证、会计、审计、法律服务、保荐、安全评价、环境影响评价、环境监测等职责的中介组织及其工作人员，必须遵循合法、诚实、守信、谨慎等工作原则。《刑法》第 229 条第 1 款、第 2 款将中介组织人员违反国家规定，提供虚假证明文件，情节严重的行为规定为犯罪。根据《公司法》《证券法》的规定，并结合司法实践制定提供虚假证明文件罪案的立案追诉标准，加以具体界定中介组织提供虚假证明文件行为的“情节严重”。2010 年《立案追诉标准（二）》取消了 2001 年《追诉标准》中“造成恶劣影响的”规定，增加了“违法所得数额在十万元以上的”“虚假证明文件虚构数额在一百万元以上且占实际数额百分之三十以上的”等应予立案追诉的情形。在司法实践中，具体适用本罪案的立案追诉标准时应注意把握：

（1）本标准第一种情形，“给国家、公众或者其他投资者造成直接经济损失数额在五十万元以上的”，应予立案追诉。此项情形是指由于中介组织人员提供

虚假证明文件，造成的直接经济损失数额巨大，作为“情节严重”之一来考虑的。衡量提供虚假证明文件，造成的直接经济损失的数额标准为“在五十万元以上”，应予立案追诉。

（2）本标准第二种情形，“违法所得数额在十万元以上的”，应予立案追诉。此情形是2010年《立案追诉标准（二）》增加的。从实际工作来看，承担资产评估、验资、验证、会计、审计、法律服务、保荐、安全评价、环境影响评价、环境监测等职责的中介组织的人员出具虚假证明文件，是导致骗取贷款、贷款诈骗、欺诈发行证券等案件大量出现的重要原因之一，给国家造成了巨额损失。在司法实践中，“直接经济损失数额在五十万元以上”很难证明，判断直接和间接经济损失的认识分歧也很大，因此，2010年《立案追诉标准（二）》中增加了此项可以立案追诉的情形。

（3）本标准第三种情形，“虚假证明文件虚构数额在一百万元以上且占实际数额百分之三十以上的”，应予立案追诉。从实际工作来看，承担资产评估、验资、验证、会计、审计、法律服务、保荐、安全评价、环境影响评价、环境监测等职责的中介组织的人员出具虚假证明文件，导致相关案件出现后给国家、公众或其他投资者造成了巨额损失。在司法实践中，“直接经济损失数额在五十万元以上”很难证明，判断直接和间接经济损失的认识分歧也很大，因此，2010年《立案追诉标准（二）》增加了此项应予立案追诉的情形。关于具体数额和比例标准，经征求有关部委和地方公安机关意见，认为就资产评估项目而言，其评估对象既有价值数万元的单项资产，也有价值数亿元甚至百亿元的企业整体资产。同时，评估人员职业判断也会影响评估结论，产生评估误差，一些评估对象价值过高，由于职业判断带来的评估误差即使很小也可能超过100万元，因此只规定绝对数额不合理。考虑到一些特殊的评估对象客观存在，此项立案追诉标准规定了“数额+比例”的计算方式。

（4）本标准第4项“虽未达到上述数额标准，但二年内因提供虚假证明文件受过二次以上行政处罚，又提供虚假证明文件的”统一了行政再犯的表述结构。

（5）本标准第五种情形，2010年《立案追诉标准（二）》取消了2001年《追诉标准》“造成恶劣影响的”表述，沿用《刑法》表述，增加了“其他情节严重的情形”的兜底性规定。根据此项规定，承担资产评估、验资、验证、会计、审计、法律服务、保荐、安全评价、环境影响评价、环境监测等职责的中介组织的人员故意提供虚假证明文件，具有其他情节严重的情形，应予立案追诉。这个规定可理解为在尽可能列举后，规定了其他严重后果的兜底性规定，以避免遗漏应当追究的犯罪行为。

三、认定提供虚假证明文件罪应注意的问题

（一）提供虚假证明文件罪罪与非罪的界限

中介组织人员提供虚假证明文件的行为必须达到上述“情节严重”情形之一的，才构成犯罪；达不到“情节严重”的，属于一般违法行为，应当由主管部门给予行政处罚。提供虚假证明文件的行为人可以是单位或个人，必须具备主观故意，即明知是虚假证明文件而故意提供的。

（二）提供虚假证明文件罪与伪证罪的界限

伪证罪，是指在刑事诉讼中，证人、鉴定人、记录人、翻译人对与案件有重要关系的情节，故意作虚假证明、鉴定、记录、翻译，意图陷害他人或者隐匿罪证的行为。

提供虚假证明文件罪与伪证罪的区别在于：（1）犯罪客体不同。提供虚假证明文件罪侵犯了国家依法对中介组织及其中介活动的监督管理制度，侵害了国家市场监督管理部门对公司的有效管理，同时也侵犯了国家、公众以及其他投资者的合法利益，严重扰乱了市场秩序；伪证罪侵犯的客体是司法机关的正常活动。（2）犯罪主体不同。提供虚假证明文件罪的犯罪主体是承担资产评估、验资、验证、会计、审计、法律服务、保荐、安全评价、环境影响评价、环境监测等职责的中介组织及其工作人员；而伪证罪的犯罪主体是刑事诉讼中的证人、鉴定人、记录人、翻译人四类特定人员。

（三）一罪与数罪问题

关于提供虚假证明文件罪的一罪与数罪问题，根据《刑法》第 229 条第 1 款、第 2 款的规定，对于承担资产评估、验资、验证、会计、审计、法律服务、保荐、安全评价、环境影响评价、环境监测等职责的中介组织的人员，索取他人财物或者非法收受他人财物而故意提供虚假证明文件的，应当依照处罚较重的规定定罪处罚。但需要注意的是，《刑法修正案（十一）》对该罪的刑罚结构进行了调整，修正前的《刑法》第 229 条第 2 款规定此种情形下对行为人定罪仍定“提供虚假证明文件罪”，仅在量刑上规定“处五年以上十年以下有期徒刑，并处罚金”；修正后则规定为“依照处罚较重的规定定罪处罚”。

四、提供虚假证明文件罪的处罚

根据《刑法》第 229 条第 1 款、第 2 款的规定，自然人犯提供虚假证明文件罪的，处 5 年以下有期徒刑或者拘役，并处罚金；有下列情形之一的，处 5 年以

上10年以下有期徒刑，并处罚金：（1）提供与证券发行相关的虚假的资产评估、会计、审计、法律服务、保荐等证明文件，情节特别严重的；（2）提供与重大资产交易相关的虚假的资产评估、会计、审计等证明文件，情节特别严重的；（3）在涉及公共安全的重大工程、项目中提供虚假的安全评价、环境影响评价等证明文件，致使公共财产、国家和人民利益遭受特别重大损失的。有提供虚假证明文件行为，同时索取他人财物或者非法收受他人财物构成犯罪的，依照处罚较重的规定定罪处罚。

根据《刑法》第231条的规定，单位犯提供虚假证明文件罪的，对单位判处罚金，并对其直接负责的主管人员和其他直接责任人员，依照自然人犯本罪的规定处罚。

第九节　出具证明文件重大失实案

一、出具证明文件重大失实罪的概念和构成要件

（一）概念

出具证明文件重大失实罪，是指承担资产评估、验资、验证、会计、审计、法律服务、保荐、安全评价、环境影响评价、环境监测等职责的中介组织的人员，严重不负责任，出具的证明文件有重大失实，造成严重后果的行为。

1979年《刑法》没有单独规定本罪。1991年发布的《国有资产评估管理办法》、1993年发布的《股票发行与交易管理暂行条例》和《注册会计师法》、2005年修订的《公司法》和《证券法》均明确规定了承担评估、验资、验证、会计、审计、法律服务的中介组织及其人员的职责，以及对这些中介组织人员违法行为的行政处罚，构成犯罪的，依法追究刑事责任。1995年全国人大常委会通过的《关于惩治违反公司法的犯罪的决定》第6条规定，对承担资产评估、验资、验证、审计职责的人员故意提供虚假证明文件，情节严重的，确定为犯罪，并给予刑事处罚。在1997年修订《刑法》时，吸收了该决定的相关规定，增设了中介组织人员提供虚假证明文件罪，并规定了独立的法定刑。考虑到中介组织人员有时并非出于故意，而是由于工作中严重不负责任导致的过失行为，在犯罪程度上有差别，应具体加以区分，所以在《刑法》第229条第3款新增设了中介组织人员出具证明文件重大失实罪，并规定了独立的法定刑。这项规定对国家强化对公司的监督、管理，维护社会主义市场经济秩序起到了重要的作用。1997年12月11日最高人民法院《关于执行〈中华人民共和国刑法〉确定罪名的规

定》、1997年12月25日最高人民检察院《关于适用刑法分则规定的犯罪的罪名的意见》根据1997年《刑法》第229条第3款规定了“中介组织人员出具证明文件重大失实罪”罪名。2002年3月15日最高人民法院、最高人民检察院《关于执行〈中华人民共和国刑法〉确定罪名的补充规定》将“中介组织人员出具证明文件重大失实罪”修改为“出具证明文件重大失实罪”。

2020年12月26日第十三届全国人大常委会第二十四次会议通过的《刑法修正案（十一）》第25条对本罪做了修改，新增承担保荐、安全评价、环境影响评价、环境监测等职责的中介组织人员作为犯罪主体，扩大了主体适用范围。

（二）构成要件

1. 犯罪客体

本罪侵犯的客体是国家依法对中介组织及其中介活动的监督管理制度和国家、公众以及其他投资者的合法利益，严重扰乱了市场秩序。承担资产评估、验资、验证、会计、审计、法律服务、保荐、安全评价、环境影响评价、环境监测等职责的中介组织人员在社会生活中具有重要的监督职责，他们必须恪守行业规则，在科学、公正、客观、合法的基础上得出权威性的意见，保证国家、公众及相关投资者有效地对公司、企业实行监督，同时也使公司、企业可以依据真实可靠的中介证明文件，分析、决定自己的经营行为，实现经济、社会、生态目标，取得良好的综合效益。

2. 客观方面

本罪的客观方面表现为承担资产评估、验资、验证、会计、审计、法律服务、保荐、安全评价、环境影响评价、环境监测等职责的中介组织的人员，严重不负责任，出具的证明文件有重大失实，造成严重后果的行为。这里的严重不负责任是指承担资产评估、验资、验证、会计、审计、法律服务、保荐、安全评价、环境影响评价、环境监测等职责的中介组织的人员严重违反《公司法》《会计法》《审计法》《律师法》《证券法》《安全生产法》《环境保护法》《环境影响评价法》等有关法律的规定，不履行应尽职责，应当审查检验有关文件却不审查检验或者审查检验不认真的。这里的出具的证明文件有重大失实是指所出具的文件在内容上有不符合实际的重大错误，缺乏客观、科学的依据。这里的造成严重后果一般是指给国家、集体和公民个人造成严重损失的或者在社会上造成特别恶劣影响的。比如，由于虚增或者虚减资产、营业收入、利润以及隐瞒、编造重大事项，导致经营状况、经济效益并不好的公司、企业掩盖真实情况，欺骗公众投资或者发行证券、违规披露信息，这些都会使国家、公众和投资者的合法利益蒙受重大损失，严重妨碍国家对市场中介组织及其中介活动的监督管理，扰乱正常的市场秩序。

3. 犯罪主体

本罪的主体是特殊主体，即承担资产评估、验资、验证、会计、审计、法律服务、保荐、安全评价、环境影响评价、环境监测等职责的中介组织及其工作人员。具体是指依法成立的资产评估事务所、会计师事务所、审计师事务所、律师事务所、公证处、保荐机构、安全评价机构、环境影响评价机构、环境检测机构等中介机构以及其中具有国家认可的专业资格、负有职责的专业从业人员，即资产评估师和其他承担资产评估职责的人员、注册会计师和其他承担验资职责的人员、依法取得会计师资格的人员、审计师和其他承担审计职责的人员、律师、公证员、保荐人以及安全评价机构、环境影响评价机构、环境检测机构中的有关工作人员等。

4. 主观方面

本罪的主观方面表现为过失，即行为人由于工作漫不经心、敷衍塞责等严重不负责任的行为而出具了重大失实的证明文件。

二、出具证明文件重大失实罪案立案追诉标准适用指南

《立案追诉标准（二）》第七十四条规定：

承担资产评估、验资、验证、会计、审计、法律服务、保荐、安全评价、环境影响评价、环境监测等职责的中介组织的人员严重不负责任，出具的证明文件有重大失实，涉嫌下列情形之一的，应予立案追诉：

（一）给国家、公众或者其他投资者造成直接经济损失数额在一百万元以上的；

（二）其他造成严重后果的情形。

承担资产评估、验资、验证、会计、审计、法律服务、保荐、安全评价、环境影响评价、环境监测等职责的中介组织的工作人员在工作中必须严肃认真、谨慎负责，出具客观、公正、真实的证明文件，这样才有利于维护国家的中介监管制度，有利于维护国家、集体、公众、投资者的合法利益。《刑法》第229条第1款和第3款将中介组织人员出具证明文件重大失实的行为规定为犯罪，出具证明文件重大失实，必须“造成严重后果”，才构成犯罪。2010年《立案追诉标准（二）》制定过程中，根据《公司法》《证券法》的相关规定，并征求了财政部、司法部等有关部门的意见，结合司法实践制定出具证明文件重大失实罪案的立案追诉标准，具体规定了“造成严重后果”的情形。

在司法实践中，适用本罪案的立案追诉标准时应注意把握：

（1）本标准第一种情形，“给国家、公众或者其他投资者造成直接经济损失数额在一百万元以上的”，应予立案追诉。此情形是作为中介组织人员严重不负责任，出具的证明文件有重大失实，造成直接经济损失数额巨大，造成“严重后果”情形之一来考虑的。衡量出具的证明文件有重大失实，造成直接经济损失数额巨大的标准为“一百万元以上”，应予立案追诉。在制定出具证明文件重大失实罪案的立案追诉标准的过程中，有人建议将“给企业经营者造成五十万元以上损失的”或者“导致公众和投资者判断失误，而造成五十万元以上损失的”作为立案追诉的数额标准。经讨论认为，中介组织人员出具证明文件重大失实行为是由于其严重不负责任的过失行为，与提供虚假证明文件罪中的中介组织人员明知犯罪而故意为之应有所区别。在制定数额标准上，既不能等同也不能低于提供虚假证明文件所造成的直接经济损失的标准。因此，数额标准高于1倍较为合适。

（2）本标准第二种情形，2010年《立案追诉标准（二）》取消了2001年《追诉标准》“造成恶劣影响”的表述，沿用《刑法》表述，增加“其他造成严重后果的情形”的兜底性规定。这个规定可理解为兜底性规定，以避免遗漏应当追究的行为。

三、认定出具证明文件重大失实罪应注意的问题

（一）出具证明文件重大失实罪罪与非罪的界限

认定出具证明文件重大失实罪，在司法实践中必须注意把握以下几个方面：（1）中介组织人员出具证明文件重大失实的行为必须发生于中介活动中。（2）行为人对工作严重不负责任，在执业时不遵守法律、法规、规章、制度的规定，漫不经心。（3）出具的必须是“重大失实”的证明文件，影响了客观、公正、真实的原则，不是一般文字、细节上的误差。（4）必须造成了严重后果。本罪是结果犯，并且出具的证明文件有重大失实与造成严重后果之间须具有刑法上的因果关系，才能追究行为人的刑事责任。

（二）出具证明文件重大失实罪与提供虚假证明文件罪的界限

提供虚假证明文件罪，是指承担资产评估、验资、验证、会计、审计、法律服务、保荐、安全评价、环境影响评价、环境监测等职责的中介组织的人员故意提供虚假证明文件，情节严重的行为。

两罪区分的关键在于：出具证明文件重大失实罪的行为人主观上是出于过失，是由于工作严重不负责任造成的；而提供虚假证明文件罪的行为人主观上是出于故意，是明知故犯的行为。出具证明文件重大失实罪必须造成严重后果的才

构成犯罪；而提供虚假证明文件罪并不把造成严重后果作为构成犯罪的必要条件。

四、出具证明文件重大失实罪的处罚

根据《刑法》第229条第3款的规定，自然人犯出具证明文件重大失实罪的，处3年以下有期徒刑或者拘役，并处或者单处罚金。

根据《刑法》第231条的规定，单位犯出具证明文件重大失实罪的，对单位判处罚金，并对其直接负责的主管人员和其他直接责任人员，依照自然人犯本罪的规定处罚。

第十节　逃避商检案

一、逃避商检罪的概念和构成要件

（一）概念

逃避商检罪，是指违反进出口商品检验法的规定，逃避商品检验，将必须经商检机构检验的进口商品未报经检验而擅自销售、使用，或者将必须经商检机构检验的出口商品未报经检验合格而擅自出口，情节严重的行为。

本罪是1997年《刑法》新增设的。1979年《刑法》和单行刑法均没有规定本罪。国家对进出口商品检验，是指由专门检验机构运用各种检测手段和经验，依法对进出口商品实施检查，是保证进出口商品质量，维护对外贸易有关各方的合法权益的必需和有效的手段。报经商检机构依法检验是每一个从事进出口商品贸易的单位或者个人的法定义务。为了规范商检管理秩序，制止逃避商检的行为，在1989年《进出口商品检验法》规定的基础上，1997年《刑法》第230条设立了逃避商检罪，并规定了单独的法定刑。1997年12月11日最高人民法院《关于执行〈中华人民共和国刑法〉确定罪名的规定》、1997年12月25日最高人民检察院《关于适用刑法分则规定的犯罪的罪名的意见》根据1997年《刑法》第230条规定了“逃避商检罪”罪名。

（二）构成要件

1．犯罪客体

本罪侵犯的客体是国家对进出口商品检验的管理秩序。本罪的犯罪对象是《出入境检验检疫机构实施检验检疫的进出境商品目录》中的商品和其他法律法规规定必须经商检机构检验的进出口商品，如《食品安全法》《进出口商品检验法》等列出的进出口商品。对于不在这一范围内的商品的擅自销售、使用的行为不构成本罪。

2. 客观方面

本罪的客观方面表现为违反进出口商品检验法的规定，逃避商品检验，将必须经商检机构检验的进口商品未报经检验而擅自销售、使用，或者将必须经商检机构检验的出口商品未报经检验合格而擅自出口的行为。违反进出口商品检验法的规定，是指违反《进出口商品检验法》及其实施条例，以及国家商检部门根据对外贸易发展的需要，制定、调整并公布的《出入境检验检疫机构实施检验检疫的进出境商品目录》的规定。未报经检验而擅自销售、使用，是指将进口商品未报经商检机构检验就自行将商品在境内销售、使用的行为。未报经检验合格而擅自出口，是指没有经商检机构检验合格而擅自出口的行为。商检机构，是指国家商检局在各省、自治区、直辖市以及进出口商品的口岸、集散地设立的进出口商品检验局及其分支机构。对列入《出入境检验检疫机构实施检验检疫的进出境商品目录》的进出口商品检查项目一般是指商品的品质、规格、卫生、安全、检疫、包装、数量、重量、残损以及装运技术和装运条件等。逃避商检的行为必须具备“情节严重”的要件，才能构成本罪。这里的情节严重在司法实践中一般是指以下几种情况：（1）因未报经商品检验导致对不合格进口商品无法索赔，或者出口商品未经检验合格导致他人索赔，给国家、单位或者个人造成经济损失等严重后果的；（2）造成环境污染，严重影响人们身体健康、社会安定的；（3）给国家对外经济贸易活动造成重大影响的；（4）逃避商检的手段恶劣的，如伪造、变造、盗用、买卖、涂改商检机构的证章、印章、标志、封识等。

3. 犯罪主体

本罪的主体为一般主体，即从事商品进出口业务的自然人和单位。具体是指应当向商检机构报检进出口商品的发货人和收货人。

4. 主观方面

本罪的主观方面表现为故意，过失不构成本罪。

二、逃避商检罪案立案追诉标准适用指南

《立案追诉标准（二）》第七十五条规定：

违反进出口商品检验法的规定，逃避商品检验，将必须经商检机构检验的进口商品未报经检验而擅自销售、使用，或者将必须经商检机构检验的出口商品未报经检验合格而擅自出口，涉嫌下列情形之一的，应

予立案追诉：

（一）给国家、单位或者个人造成直接经济损失数额在五十万元以上的；

（二）逃避商检的进出口货物货值金额在三百万元以上的；

（三）导致病疫流行、灾害事故的；

（四）多次逃避商检的；

（五）引起国际经济贸易纠纷，严重影响国家对外贸易关系，或者严重损害国家声誉的；

（六）其他情节严重的情形。

商品检验是国家保证进出口商品质量，维护社会主义市场经济秩序，维护对外贸易发展的必要手段。刑法将违反《进出口商品检验法》的规定，逃避商品检验，必须经商检机构检验的进口商品未报经检验而擅自销售、使用，或者将必须经商检机构检验的出口商品未报经检验合格而擅自出口，情节严重的行为规定为犯罪。2001 年《追诉标准》规定了 3 项认定为“情节严重”的情形，2010 年《立案追诉标准（二）》制定时进行了适当的修订完善，本次修订沿用了 2010 年《立案追诉标准（二）》的相关内容。根据《立案追诉标准（二）》第 75 条规定，违反进出口商品检验法的规定，逃避商品检验，将必须经商检机构检验的进口商品未报经检验而擅自销售、使用，或者将必须经商检机构检验的出口商品未报经检验合格而擅自出口，涉嫌下列情形之一的，应予立案追诉：

（1）给国家、单位或者个人造成直接经济损失数额在 50 万元以上的。本项规定是将造成的直接经济损失数额作为“情节严重”的情形之一。2001 年《追诉标准》和 2010 年《立案追诉标准（二）》均规定了此项情形，并将直接经济损失数额确定为 50 万元以上，本次立案追诉标准修订予以沿用。直接经济损失，是指由于行为人的行为造成进出口商品的合同、订单被取消后，导致我方无法索赔数额或者外商向我方索赔数额等情形。

（2）逃避商检的进出口货物货值金额在 300 万元以上的。本项规定是将进出口货物货值金额作为“情节严重”的情形之一。2001 年《追诉标准》没有规定此项情形，2010 年《立案追诉标准（二）》进行了增设，本次立案追诉标准修订予以沿用。在实践中，对于直接经济损失数额很难证明，对直接和间接经济损失的认识分歧也很大，因此办理此类案件难度很大。与之相对应的是，一些逃避商检的犯罪行为，尤其是在出口环节的逃避商检行为，由于产品质量问题给国内特定领域的出口产业造成了巨大的负面影响，甚至引起国际贸易争端。为了有力打击此类犯罪行为，立案追诉标准修订时采纳了有关行政机关的意见，将货值金额数额作为标准之一。由于低价值货物在出入境时，收发货人逃避检验的概率较低，而在出口环节，高价值的货物（如部分食品）单批货物价值可达 10 万至 30 万美元以上，折算成人民币单批可超过 200 万元；同时，在进口环节，一些生产原料、进口设备单批即超过百万元。考虑到内地与沿海口岸的差距较大，如将立案追诉标准定为 50 万元，实际工作中可能出现大量违法案件，后果并不严重，但根据货值金额却必须移送司法机关立案追诉的情形。综合国际经济贸易及物价水平等多方因素，将货值金额确定在 300 万元以上比较适宜。

（3）导致病疫流行、灾害事故的。本项规定是将逃避商检造成的严重后果作为"情节严重"的情形之一。2001 年《追诉标准》规定"导致病疫流行、灾害事故或者造成其他严重后果的"，应予追诉。2010 年《立案追诉标准（二）》取消了 2001 年《追诉标准》中"或者造成其他严重后果"的内容，修改为"导致病疫流行、灾害事故的"，本次立案追诉标准修订沿用 2010 年《立案追诉标准（二）》的相关表述。导致病疫流行、灾害事故，主要是结合实践中逃避商检可能存在的实际危害进行规定。例如，在出口环节使用未取得适载合格证书或者检验不合格的船舱、集装箱装运易腐烂变质食品、冷冻食品或者提供、使用未经商检机构鉴定的危险货物出口包装容器，导致严重影响人们身体健康或者环境污染等严重后果。

（4）多次逃避商检的。本项规定是将多次逃避商检作为"情节严重"的情形之一。2001 年《追诉标准》没有规定此项情形，2010 年《立案追诉标准（二）》进行了增设，本次立案追诉标准修订予以沿用。增设此项规定主要针对的是实践中反复出现逃避商检行为，性质恶劣的情况。多次，是指 3 次以上，包括本数。

（5）引起国际经济贸易纠纷，严重影响国家对外贸易关系，或者严重损害国家声誉的。2001 年《追诉标准》规定"造成恶劣影响的"，应予追诉。2010 年《立案追诉标准（二）》参照了 2006 年最高人民检察院《关于渎职侵权犯罪案件立案标准的规定》第 25 条的规定，"商检失职罪是指出入境检验检疫机关、检验检疫机构工作人员严重不负责任，对应当检验的物品不检验，或者延误检验出证、错误出证，致使国家利益遭受重大损失的行为。涉嫌下列情形之一的，应予立案……5. 不检验或者延误检验出证、错误出证，引起国际经济贸易纠纷，严重影响国家对外经贸关系，或者严重损害国家声誉的……"鉴于本罪与商检失职罪在社会危害性上有一定的相似性，因此参照商检失职罪的立案追诉标准增加了此项情形。本次立案追诉标准修订予以沿用。

（6）其他情节严重的情形。本项规定属于兜底性条款。在实践中，逃避商检使不合格商品出口，导致外商向我方索赔，或者逃避商检使不合格商品进口，应向外方索赔而未能索赔的，前者严重影响我国出口商品信誉，后者造成重大经济损失，均影响我国对外贸易发展。此项规定可理解为在尽可能列举后，规定了其他恶劣影响的兜底性情形，以避免遗漏应当立案追诉的行为。

需要说明的是，根据罪名管辖的相关规定，虽然逃避商检罪不再由公安机关经侦部门管辖，但是本次立案追诉标准修订时，考虑到其他划归其他部门管辖的罪名有司法解释、规范性文件等作为依据，而逃避商检罪没有其他适用标准，故保留此罪名。

三、认定逃避商检罪应注意的问题

其一，逃避商检的行为必须达到情节严重，才构成本罪。如果逃避商检的行为情节不严重的，属于一般违法行为，应当由商检机关给予行政处罚。根据《进出口商品检验法》第 32 条规定："违反本法规定，将必须经商检机构检验的进口商品未报经检验而擅自销售或者使用的，或者将必须经商检机构检验的出口商品未报经检验合格而擅自出口的，由商检机构没收违法所得，并处货值金额百分之五以上百分之二十以下的罚款；构成犯罪的，依法追究刑事责任。"

其二，逃避商检的行为主体可以是单位，也可以是自然人，但都必须具备主观故意，即从事商品进出口业务的单位和个人实施以下行为：（1）不如实向商检机构报验，骗取商检机构的有关证单的；（2）向商检人员行贿、拉关系等，不向商检机构报验的；（3）擅自调换商检机构抽样的样品或者改变商检机构检验合格的出口商品的质量、规格、数量、重量以及包装的；（4）擅自调换、损毁商检机构加施于商品及其包装上的商检标志、封识以及认证标志的；（5）伪造、变造、盗用商检机构的证单、印章、标志、封识和质量认证标志的；（6）买卖、涂改商检证单、标志的等。上述行为只要达到逃避商检罪案立案追诉标准，即可构成逃避商检罪。

四、逃避商检罪的处罚

根据《刑法》第 230 条的规定，自然人犯逃避商检罪的，处 3 年以下有期徒刑或者拘役，并处或者单处罚金。

根据《刑法》第 231 条的规定，单位犯逃避商检罪的，对单位判处罚金，并对其直接负责的主管人员和其他直接责任人员，依照自然人犯本罪的规定处罚。

第九章　侵犯财产犯罪案件立案追诉标准

第一节　职务侵占案

一、职务侵占罪的概念和构成要件

（一）概念

职务侵占罪，是指公司、企业或者其他单位的工作人员，利用职务上的便利，将本单位财物非法占为己有，数额较大的行为。

1995年2月28日全国人大常委会通过的《关于惩治违反公司法的犯罪的决定》第10条规定："公司董事、监事或者职工利用职务或者工作上的便利，侵占本公司财物，数额较大的，处五年以下有期徒刑或者拘役；数额巨大的，处五年以上有期徒刑，可以并处没收财产。"该决定第14条还规定，有限责任公司、股份有限公司以外的企业职工有上述犯罪行为的，也适用该规定。1997年《刑法》在此基础上规定了职务侵占罪，并做了两点修改：一是扩大了主体范围，主体不仅包括公司董事、监事或者职工，还包括其他单位的工作人员；二是将客观方面中利用工作上的便利的情形删除，只保留了利用职务上的便利的情形。1997年12月11日最高人民法院《关于执行〈中华人民共和国刑法〉确定罪名的规定》、1997年12月25日最高人民检察院《关于适用刑法分则规定的犯罪的罪名的意见》根据1997年《刑法》第271条第1款规定了"职务侵占罪"罪名。

2020年12月26日第十三届全国人大常委会第二十四次会议通过的《刑法修正案（十一）》第29条对本罪的刑罚配置做了修改，将"数额较大的，处五年以下有期徒刑或者拘役；数额巨大的，处五年以上有期徒刑，可以并处没收财产"修改为"数额较大的，处三年以下有期徒刑或者拘役，并处罚金；数额巨大的，处三年以上十年以下有期徒刑，并处罚金；数额特别巨大的，处十年以上有期徒刑或者无期徒刑，并处罚金"。这就有几方面需要注意：一是主刑中的法定最高刑、量刑幅度有所调整。主刑从“两档、最高刑期为十五年有期徒刑”调整到了“三档、最高刑期为无期徒刑”。二是增加了轻刑的适用空间。第一档法定刑由“五年以下”调整到了“三年以下”，增加了轻刑适用的范围，体现了宽严相济的刑事政策。三是增加了罚金刑的适用，取消了“没收财产”的附加刑。和调整前的刑罚仅在第二档法定刑中设置“可以并处没收财产”比较起来，调整后的刑罚三档法定刑中每一档都增加了“并处罚金”附加刑。

（二）构成要件

1. 犯罪客体

本罪侵犯的客体为公司、企业或者其他单位的财产所有权。职务侵占罪的犯罪对象是单位所有的各种财产，包括有体物与无体物，也包括已在单位控制中的财物与应归单位占有而尚未占有的财物，如系本单位管理、使用或者运输中的私人财产，应以本单位财产论，也属于本罪的犯罪对象。至于公司、企业或者其他单位财产的所有权性质，可以是私人所有，也可以是集体所有，还可以是国家所有或者混合所有制经济组织所有。

2. 客观方面

本罪的客观方面表现为利用职务上的便利，将本单位的财物非法占为己有。利用职务上的便利，是指行为人利用本人职务范围内的权力和地位形成的便利条件或者利用自己从事劳务过程中，持有本单位财产的便利条件，即利用自己主管或者管理、经手、控制、支配本单位财物的方便条件。关于职务侵占罪中的利用职务上的便利，大致有两种观点，一种观点认为，利用职务上的便利是指利用职务上所具有的主管或者管理本单位财物的便利条件；另一种观点认为，利用职务上的便利不仅指行为人利用本人职务范围内的权力和地位形成的便利条件，也包括利用从事劳务过程中持有本单位财物的便利。职务侵占罪中利用职务上的便利与贪污罪中利用职务上的便利含义不同。贪污罪中利用职务上的便利是指利用本人职务范围内的权力和地位形成的便利条件。职务侵占罪中利用职务上的便利不仅包括利用本人职务范围内的权力和地位形成的便利条件，而且包括利用从事劳务过程中持有本单位财物的便利。

将本单位的财物非法占为己有，是指行为人利用已经形成的职务便利条件将自己管理、经手、控制、支配的本单位的财物据为己有。刑法理论的实践与通说均认为，职务侵占罪包括利用职务上的便利窃取、骗取、侵占本单位财物的行为以及其他将本单位财物据为己有的行为。也就是说，这里的将本单位的财物非法占为己有既包括将基于职务管理的本单位财物非法占为己有，也包括利用职务之便的通过窃取、骗取等行为将本单位财物占为己有。

3. 犯罪主体

本罪的主体为公司、企业或者其他单位的工作人员。《刑法》第 93 条规定了国家工作人员范围。需要注意的是，在国有公司、企业中，区分国家工作人员和非国家工作人员需要看其是否从事公务，即是否行使组织、领导、监督、管理职能以及经管单位财物的职责。在非国有公司、企业中，区分国家工作人员和非国家工作人员则需要从两个方面来考虑：一是是否受国家机关、国有公司、企业、事业单位的委派，到非国有公司、企业工作；二是是否在非国有公司、企业从事管理性职务的工作，即是否行使组织、领导、监督、管理职能。对于虽然在非国有公司、企业行使组织、领导、监督、管理职能，但不代表国家机关、国有公司、企业、事业单位从事公务的人员，应认定为职务侵占罪的主体。

根据《刑法》第 271 条第 2 款之规定，同时结合 2000 年 6 月 30 日最高人民法院《关于审理贪污、职务侵占案件如何认定共同犯罪几个问题的解释》、2003 年 11 月 13 日《全国法院审理经济犯罪案件工作座谈会纪要》之规定，公司、企业或者其他单位中，不具有国家工作人员身份的人与国家工作人员勾结，分别利用各自的职务便利，共同将本单位财物非法占为己有的，按照主犯的犯罪性质定罪。在司法实践中，如果根据案件的实际情况，各共同犯罪人在共同犯罪中的地位、作用相当，难以区分主从犯的，可以贪污罪定罪处罚。

4. 主观方面

本罪的主观方面表现为直接故意，并且以非法占有本单位财物为目的。

二、职务侵占罪案立案追诉标准适用指南

《立案追诉标准（二）》第七十六条规定：

公司、企业或者其他单位的工作人员，利用职务上的便利，将本单位财物非法占为己有，数额在三万元以上的，应予立案追诉。

2010 年《立案追诉标准（二）》对本罪的立案追诉标准沿用了 2001 年《追诉标准》的相关规定。当时在研究制定过程中，有意见认为 2001 年《追诉标准》的数额幅度是依据 1995 年 12 月 25 日最高人民法院《关于办理违反公司法受贿、侵占、挪用等刑事案件适用法律若干问题的解释》中所规定的数额标准制定的，该解释规定“侵占公司、企业财物五千元至二万元以上的，属于‘数额较大’”。但是，由于各地在适用追诉数额标准上的不统一容易产生争议，故应取消数额的幅度。而且考虑到社会经济的发展，控制犯罪，与贪污罪立案标准的平衡等因素，应该提高此类案件数额标准至 2 万元。当时经过综合多种因素的考虑，认为不宜对此标准进行改动，主要原因在于我国地域广阔，社会经济发展不

平衡的情况是客观存在的，短时间内不会改变，数额幅度标准正好与之相适应，且此类犯罪属于多发犯罪，一旦修改，涉及面广，因此应该保持本罪案立案追诉标准的稳定性，若要修改应在时机成熟后再进行。

2016 年 4 月 18 日施行的最高人民法院、最高人民检察院《关于办理贪污贿赂刑事案件适用法律若干问题的解释》（本节以下简称《贪污贿赂司法解释》）对非国家工作人员职务犯罪一并作出规定，明确非国家工作人员受贿罪、职务侵占罪中的“数额较大”的数额起点，按照该解释关于受贿罪、贪污罪相对应的数额标准规定的 2 倍执行，即 6 万元。上述司法解释施行后，司法实践中对非国家工作人员受贿罪的立案追诉标准已经按照“数额在六万元以上”进行把握。在修订立案追诉标准过程中，有的意见认为非国家工作人员职务犯罪的立案追诉标准应当与《贪污贿赂司法解释》保持一致；也有的意见认为《贪污贿赂司法解释》对非国家工作人员职务犯罪确定的立案追诉标准过高，应当下调使国家工作人员职务犯罪和非国家工作人员职务犯罪的立案追诉标准“拉平”。经研究采纳了后一种意见（相关讨论见本书第四章第八节非国家工作人员受贿罪案立案追诉标准适用指南）。

在司法实践中，具体适用本罪案立案追诉标准时应注意把握以下几方面：

（1）这里的公司、企业或者其他单位的工作人员，是指公司、企业或者其他单位中除国家工作人员以外的人员。应该说明的是，在国有资本控股、参股的股份有限公司中从事管理工作的人员，除受国家机关、国有公司、企业、事业单位委派从事公务的以外，不属于国家工作人员。对其利用职务上的便利，将本单位财物非法占为己有，数额较大的，应当以职务侵占罪立案追诉。对村民小组组长、业委会主任及成员利用职务上的便利，将村民小组的集体财产、居民小区的业主共有财产非法占为己有，数额较大的行为，也应当以职务侵占罪立案追诉。

（2）这里的利用职务上的便利是指行为人利用其职责范围内主管、经手、管理本单位财物的便利条件。认定公司、企业或者其他单位的工作人员是否具有职务上的便利，应当从其所在的岗位或者所担负的工作上看其有无主管、管理或者经手单位财物的职责。只有行为人利用自己职责范围内的、对单位财物具有一定权限而实施的侵占行为，才属于利用职务上的便利侵占本单位财物。如果行为人仅仅是利用了工作中易于接触他人管理、经手的单位财物，或者熟悉作案环境，则属于利用工作上的便利，由此实施的侵占财产犯罪，应当根据行为人的具体行为，分别认定为盗窃罪、诈骗罪或者侵占罪等其他犯罪。这里还要明确的是，利用职务上的便利不包含国家工作人员利用从事公务职务的便利。具体而言，国家工作人员利用在国有单位中从事主管、管理、经手单位财物的职务便利，或者利用被委派到非国有单位中从事管理工作的职务便利而实施的侵占行为，应当依法以贪污罪予以追究。

（3）这里的将本单位财物非法占为己有在实践中一般表现为行为人使用侵吞、盗窃、骗取等非法手段。所占有的对象应是行为人所在公司、企业或者其他单位占有的一切财物，包括动产和不动产。这种侵占行为既可以是作为，如将自己保管的单位财物拿回家占为己有，或者将单位的存款存入自己的银行账户等；也可以是不作为，如对自己掌管、经手的本单位财物应上缴的不上缴，应下发的不下发，应入账的不入账，将其占为己有的行为等。

（4）由于本罪是数额犯，根据《立案追诉标准（二）》第 76 条的规定，公司、企业或者其他单位的工作人员，利用职务上的便利，将本单位财物非法占为己有，数额在 3 万元以上的，才构成本罪，应予立案追诉，这里的数额应当累计计算。

三、认定职务侵占罪应注意的问题

（一）职务侵占罪罪与非罪的界限

区分职务侵占罪罪与非罪的界限，主要是要正确区分职务侵占罪与一般侵占单位财物行为的界限。一般侵占单位财物行为，是指单位职工利用职务上的便利侵占单位数量不大或者数额很小的财物，即未达到 3 万元，拒不退还的行为。公司、企业或者其他单位的工作人员将本单位财物非法占为己有，尚未达到本罪案规定的数额标准的，不构成本罪。而一般侵占单位财物行为属于普通侵权行为，由其所在的公司、企业或其他单位责令其退还非法占有的本单位的财物，并依照相关法规及所在的公司、企业或者其他单位的有关规定进行处理。

（二）职务侵占罪与相关犯罪的界限

1. 职务侵占罪与贪污罪的界限

贪污罪，是指国家工作人员利用职务上的便利，侵吞、窃取、骗取或者以其他手段非法占有公共财物的行为。

两罪的主要区别是：（1）犯罪主体不同。职务侵占罪的主体为公司、企业或者其他单位的工作人员；而贪污罪的主体为国家工作人员或者受国家机关、国有公司、企业、事业单位、人民团体委托管理、经营国有财产的人员。（2）犯罪客体不同。职务侵占罪侵犯的客体为公司、企业或者其他单位的财产所有权；而贪污罪侵犯的客体为公共财物的所有权和国家正常管理活动及国家公职人员职务活动的廉洁性。（3）犯罪对象不同。职务侵占罪的犯罪对象为行为人所在公司、企业或其他单位的财物；而贪污罪的犯罪对象为公共财物或者国有财物。

2. 职务侵占罪与侵占罪的界限

侵占罪，是指以非法占有为目的，将代为保管的他人财物或者他人的遗忘物、埋藏物非法占为己有，数额较大且拒不退还或者拒不交出的行为。

两罪的主要区别是：（1）犯罪主体不同。职务侵占罪的主体为公司、企业或者其他单位的工作人员；而侵占罪的主体为一般主体，任何达到刑事责任年龄、具有刑事责任能力的自然人均可构成。（2）客观方面不同。职务侵占罪表现为利用职务上的便利，将公司、企业或者其他单位的财物非法占为己有；而侵占罪则表现为将代为保管的他人财物或者他人的遗忘物、埋藏物非法占为己有，拒不退还或拒不交出。（3）犯罪对象不同。职务侵占罪的犯罪对象为行为人所在公司、企业或者其他单位的财物；而侵占罪的犯罪对象为代为保管的他人财物或者他人的遗忘物、埋藏物。

3．职务侵占罪与盗窃罪、诈骗罪的界限

盗窃罪，是指以非法占有为目的，秘密窃取公私财物，数额较大或者多次窃取的行为。诈骗罪，是指以非法占有为目的，采用虚构事实或者隐瞒真相的方法骗取数额较大的公私财物的行为。

三罪的主要区别是：（1）犯罪主体不同。职务侵占罪的主体为公司、企业或者其他单位的工作人员；而盗窃罪、诈骗罪的主体为一般主体。（2）犯罪对象不同。职务侵占罪的犯罪对象为行为人所在公司、企业或者其他单位的财物；而盗窃罪、诈骗罪的犯罪对象为公私财物。（3）客观方面不同。职务侵占罪表现为利用职务上的便利，用侵吞、盗窃、骗取方式将本单位的财物非法占为己有；而盗窃罪、诈骗罪表现为秘密窃取或者用虚构事实、隐瞒真相的手段骗取公私财物，与职务无关。

四、职务侵占罪的处罚

根据《刑法》第271条第1款的规定，犯职务侵占罪的，处3年以下有期徒刑或者拘役，并处罚金；数额巨大的，处3年以上10年以下有期徒刑，并处罚金；数额特别巨大的，处10年以上有期徒刑或者无期徒刑，并处罚金。

第二节 挪用资金案

一、挪用资金罪的概念和构成要件

（一）概念

挪用资金罪，是指公司、企业或者其他单位的工作人员，利用职务上的便利，挪用本单位资金归个人使用或者借贷给他人，数额较大、超过3个月未还的，或者虽未超过3个月，但数额较大、进行营利活动的，或者进行非法活动的行为。

1979年《刑法》没有规定挪用资金罪。1995年2月28日全国人大常委会通过的《关于惩治违反公司法的犯罪的决定》第11条规定，公司董事、监事或者职工利用职务上的便利，挪用本单位资金归个人使用或者借贷给他人，数额较大、超过3个月未还的，或者虽未超过3个月，但数额较大、进行营利活动的，或者进行非法活动的，处3年以下有期徒刑或者拘役。该条同时还规定，“挪用本单位资金数额较大不退还的”依照该决定规定的侵占罪定罪处罚。有限责任公司、股份有限公司以外的企业职工也可以构成挪用资金罪的主体。1997年修订《刑法》时，吸收了该决定的相关规定。1997年12月11日最高人民法院《关于执行〈中华人民共和国刑法〉确定罪名的规定》、1997年12月25日最高人民检察院《关于适用刑法分则规定的犯罪的罪名的意见》根据1997年《刑法》第272条第1款规定了“挪用资金罪”罪名。

2020年12月26日第十三届全国人大常委会第二十四次会议通过的《刑法修正案（十一）》第30条对本罪的刑罚配置做了修改，将“挪用本单位资金数额巨大的，或者数额较大不退还的，处三年以上十年以下有期徒刑”修改为“挪用本单位资金数额巨大的，处三年以上七年以下有期徒刑；数额特别巨大的，处七年以上有期徒刑”“有第一款行为，在提起公诉前将挪用的资金退还的，可以从轻或者减轻处罚。其中，犯罪较轻的，可以减轻或者免除处罚”。这就有几个方面需要注意：一是主刑中的法定最高刑、量刑幅度有所调整。主刑从“两档、最高刑期为十年有期徒刑”调整为“三档、最高刑期为十五年有期徒刑”，强化了打击力度。二是删除了第1款第二档法定刑中“或者数额较大不退还的”，解决了与贪污罪、职务侵占罪之间刑罚不协调的问题。三是增加一款作为第3款，明确“挪用资金行为在提起公诉前将挪用的资金退还的，可以从轻或者减轻处罚；其中，犯罪较轻的，可以减轻或者免除处罚”。增设了特别从宽处罚情节后，更有利于行为人积极退赃以弥补给被害单位带来的资金损失，也有利于认罪认罚从宽制度的实施。

（二）构成要件

1. 犯罪客体

本罪侵犯的客体为公司、企业或者其他单位的财产所有权。犯罪对象为公司、企业或者其他单位的资金。挪用本单位的公物不构成本罪。需要说明的是，根据2000年10月9日最高人民检察院《关于挪用尚未注册成立公司资金的行为适用法律问题的批复》的规定，筹建公司的工作人员在公司登记注册前，利用职务上的便利，挪用准备设立的公司在银行开设的临时账户上的资金，归个人使用或者借贷给他人，数额较大、超过3个月未还的，或者虽未超过3个月，但数额较大、进行营利活动的，或者进行非法活动的，应当根据《刑法》第272条的规定，追究刑事责任。因此，准备设立的公司在银行开设的临时账户上的资金也可以成为挪用资金罪的犯罪对象。

2. 客观方面

本罪的客观方面表现为利用职务上的便利，挪用本单位资金归个人使用或者借贷给他人，数额较大、超过3个月未还的，或者虽未超过3个月，但数额较大、进行营利活动的，或者进行非法活动的行为。具体包括以下几个方面：(1) 行为人利用了职务上的便利，即公司、企业或者其他单位的工作人员利用其所享有的主管、管理或者经手本单位资金的职权。主管，是指对本单位资金享有调拨、配置、使用的权力，如单位经理对单位资金的调拨、使用。管理，是指对本单位资金的保管与管理。经手，是指因工作需要而在一定时间内控制本单位的资金，包括因工作需要在一定时间内合法持有本单位资金。(2) 行为人有挪用本单位资金的行为。挪用，是指行为人违反财经制度，动用其经手、管理、使用、调配的单位资金。从客观上看，往往表现为秘密进行挪用。(3) 行为人挪用本单位资金是归个人使用或者借贷给他人或者进行营利活动或者进行非法活动。具体表现为：①行为人挪用本单位资金归个人使用或者借贷给他人，数额较大、超过3个月未还的。②虽未超过3个月，但数额较大、进行营利活动的。进行营利活动，是指用所挪用的资金进行经营或者其他获取利润的行为，至于其是否实际获得利益不影响本罪的成立。③进行非法活动的。这里的非法活动是广义的，既包括一般的违法行为，如赌博、嫖娼等，也包括犯罪行为，如走私、贩毒等。挪用资金罪的前两项均有数额较大的要求，后一项则无此要求。

3. 犯罪主体

本罪的主体为公司、企业或者其他单位的工作人员。国有公司、企业或者其他国有单位中从事公务的人员和国有公司、企业或者其他国有单位委派到非国有公司、企业以及其他单位从事公务的人员实施挪用资金犯罪行为的，依照《刑法》第384条规定的挪用公款罪定罪处罚。

4. 主观方面

本罪的主观方面表现为故意。

二、挪用资金罪案立案追诉标准适用指南

《立案追诉标准（二）》第七十七条规定：

公司、企业或者其他单位的工作人员，利用职务上的便利，挪用本单

位资金归个人使用或者借贷给他人，涉嫌下列情形之一的，应予立案追诉：

（一）挪用本单位资金数额在五万元以上，超过三个月未还的；

（二）挪用本单位资金数额在五万元以上，进行营利活动的；

（三）挪用本单位资金数额在三万元以上，进行非法活动的。

具有下列情形之一的，属于本条规定的"归个人使用"：

（一）将本单位资金供本人、亲友或者其他自然人使用的；

（二）以个人名义将本单位资金供其他单位使用的；

（三）个人决定以单位名义将本单位资金供其他单位使用，谋取个人利益的。

1995年最高人民法院《关于办理违反公司法受贿、侵占、挪用等刑事案件适用法律若干问题的解释》（本节以下简称《解释》）规定，公司、企业人员"挪用本单位资金一万元至三万元以上的，为'数额较大'；为进行非法活动，挪用本单位资金五千元至二万元以上的，追究刑事责任。"2010年《立案追诉标准（二）》基本上采纳了《解释》的内容。在2010年《立案追诉标准（二）》制定过程中，有人提出将所有数额标准都修改为1万元至3万元，也有人建议将所有数额标准都直接修改为3万元。当时研究认为，这两种建议在数额上不能对挪用本单位资金归个人使用、进行营利活动或者进行非法活动有所区别，而根据立法精神，挪用本单位资金归个人使用、进行营利活动均有数额较大的要求，挪用本单位资金进行非法活动则无数额要求，三种行为的社会危害性是不一样的，故该建议未被采纳。也有人提出，《解释》是1995年制定的，数额偏低，建议挪用本单位资金归个人使用或者借贷给他人进行非法活动的、进行营利活动的、超过3个月未还的数额分别修改为1万元、2万元、2万元。但是，由于各地经济发展水平不一致，全国实行一个数额标准并不现实。另外，本罪案的立案追诉标准的制定基本上采纳了《解释》的相关规定，也是考虑司法解释的延续性。最后，2010年《立案追诉标准（二）》沿用了2001年《追诉标准》相关情形数额的规定，并增设了有关"归个人使用"的解释性条文。

2016年4月18日施行的最高人民法院、最高人民检察院《关于办理贪污贿赂刑事案件适用法律若干问题的解释》（本节以下简称《贪污贿赂司法解释》）对非国家工作人员职务犯罪一并作出规定，明确挪用资金罪中的"数额较大"以及"进行非法活动"情形的数额起点，按照本解释关于挪用公款罪"数额较大"以及"进行非法活动"的数额标准规定的2倍执行，即10万元、6万元。上述司法解释施行后，实践中已经分别按照10万元、6万元进行把握。《贪污贿赂司法解释》施行后，相对于国家工作人员犯受贿罪的打击力度而言，刑事司法对非国家工作人员受贿罪的打击力度较弱，保护力度不足。

随着 2016 年 11 月 4 日中共中央、国务院印发《关于完善产权保护制度依法保护产权的意见》，最高人民法院、最高人民检察院相继出台《关于充分发挥审判职能作用切实加强产权司法保护的意见》《关于充分履行检察职能加强产权司法保护的意见》等文件对各类产权主体适用“平等保护”原则的司法导向日益受到重视，而“法律适用和法律责任平等、法律保护和法律服务平等”是“平等保护”的重要内容。《刑法修正案（十一）》从加大惩治民营企业内部发生的侵害民营企业财产的犯罪的角度出发，进一步提高和调整职务侵占罪、非国家工作人员受贿罪、挪用资金罪的刑罚配置，落实产权平等保护精神。我们认为在此背景下，应当重新审视《贪污贿赂司法解释》中的规定，有必要将国家工作人员、非国家工作人员的职务犯罪行为的立案追诉标准进行统一，让“平等保护”原则在刑事司法启动程序上得以体现。因此，《立案追诉标准（二）》将非国家工作人员受贿罪、对非国家工作人员行贿罪、职务侵占罪、挪用资金罪的立案追诉标准参照《贪污贿赂司法解释》中的受贿罪、行贿罪、贪污罪、挪用公款罪定罪量刑标准执行。

在修订立案追诉标准过程中，有的意见认为非国家工作人员职务犯罪的立案追诉标准应当维持《贪污贿赂司法解释》已经明确的规定；也有的意见认为《贪污贿赂司法解释》对非国家工作人员职务犯罪确定的立案追诉标准过高，应当下调使国家工作人员职务犯罪和非国家工作人员职务犯罪的立案追诉标准“拉平”。经研究采纳了后一种意见（相关讨论见本书第四章第八节非国家工作人员受贿罪案立案追诉标准适用指南）。

在实践中，适用本罪案的立案追诉标准时应注意把握以下几个方面：

（1）挪用本单位资金数额在 5 万元以上，超过 3 个月未还的，应予立案追诉。此种情形的挪用资金行为，是指挪用资金进行非法活动和营利活动以外的其他挪用资金行为，如挪用资金进行旅游观光、购买生活资料等行为。如何理解“超过三个月未还”；在案发前（指被司法机关、主管单位或有关部门发现前）已经归还的能否认定为犯罪？根据本罪案的立案追诉标准，构成本罪须满足三个条件：一是数额较大，挪用本单位资金在 5 万元以上，为数额较大。二是挪用时间超过 3 个月，从行为人挪用时开始计算，只要超过 3 个月，就满足这一条件。三是挪用本单位资金数额较大，超过 3 个月未还的。这是三个条件中的重要条件。因此，即使案发时挪用的资金已经归还，若挪用的资金数额较大且从挪用之日起超过 3 个月未还的，也构成本罪，但其归还行为结合《刑法》第 272 条第 3 款规定，在量刑时可以作为酌定情节考虑。

（2）挪用本单位资金数额在5万元以上，进行营利活动的，应予立案追诉。营利活动，是指进行各种能够获得经济利益的活动，如投资股市，投资办公司、企业，购买债券等。这里的营利活动只包括合法活动，不包括非法活动。并且挪用本单位资金进行营利活动的，不论归还与否，不影响本罪的成立，但可作为量刑时的一个考虑因素。

（3）挪用本单位资金数额在3万元以上，进行非法活动的，应予立案追诉。这里的非法活动既包括犯罪活动，又包括其他非法活动，如赌博、放高利贷、行贿等。这里的挪用本单位资金进行非法活动没有时间限制，也没有归还与否的问题。

这里需要注意，对于多次挪用本单位资金数额如何计算，可参照最高人民检察院《关于人民检察院直接受理立案侦查案件立案标准的规定（试行）》的规定："多次挪用公款不还的，挪用公款数额累计计算；多次挪用公款并以后次挪用的公款归还前次挪用的公款，挪用公款数额以案发时未还的数额认定"。对多次挪用本单位资金不还的，挪用资金数额累计计算；多次挪用本单位资金并以后次挪用的资金归还前次挪用的资金，挪用资金数额以案发时未还的数额认定。

（4）增加了有关"归个人使用"的三种情形的解释性规定作为挪用资金罪案立案追诉标准的第2款，该款规定参照了全国人大常委会《关于〈中华人民共和国刑法〉第三百八十四条第一款的解释》，该解释规定，有下列情形之一的，属于挪用公款"归个人使用"：①将公款供本人、亲友或者其他自然人使用的；②以个人名义将公款供其他单位使用的；③个人决定以单位名义将公款供其他单位使用，谋取个人利益的。关于挪用资金罪中"归个人使用"的问题，2004年全国人大常委会法工委刑法室《关于挪用资金罪有关问题的答复》有明确的意见，《刑法》第272条规定的挪用资金罪中的"归个人使用"与《刑法》第384条规定的挪用公款罪中的"归个人使用"的含义基本相同。在理解时，可以参照2002年全国人大常委会《关于〈中华人民共和国刑法〉第三百八十四条第一款的解释》。根据全国人大常委会法工委刑法室的答复意见，2004年9月8日公安部经济犯罪侦查局作出了《关于对挪用资金罪中"归个人使用"有关问题的批复》，指出《刑法》第272条规定的挪用资金罪中的"归个人使用"与《刑法》第384条规定的挪用公款罪中的"归个人使用"的含义基本相同。1997年修订《刑法》时，针对当时挪用资金中比较突出的情况，在规定"归个人使用"的同时，进一步明确了"借贷给他人"属于挪用资金罪的一种表现形式。在2010年《立案追诉标准（二）》制定过程中，对第2款的解释性规定是否列入标准，在讨论中有两种意见：一种意见认为，此规定系对挪用资金行为特征的解释和说明，不宜在立案追诉标准中进行规定。另一种意见认为，对"挪用资金归个人使用"的理解，没有司法解释，目前都参照"挪用公款归个人使用"的立法解释和司法解释来适用，有必要在这里加以明确。由于司法实践中形成的具体案件的法律适用指导性意见能够增强规定的可操作性，因此将“归个人使用”的解释性规定引入了立案追诉标准。

三、认定挪用资金罪应注意的问题

（一）挪用资金罪与挪用公款罪的界限

挪用公款罪，是指国家工作人员利用职务上的便利，挪用公款归个人使用，进行非法活动的，或者挪用公款数额较大、进行营利活动的，或者挪用公款数额较大、超过3个月未还的行为。

两罪的区别主要表现为：（1）犯罪主体不同。挪用资金罪的主体为公司、企业或者其他单位中的非国家工作人员；而挪用公款罪的主体为国家工作人员。（2）犯罪客体不同。挪用资金罪侵犯的客体为公司、企业或者其他单位的财产所有权；而挪用公款罪侵犯的客体为国家工作人员职务的廉洁性和公共财产的使用权。（3）犯罪对象不同。挪用资金罪的犯罪对象为公司、企业或者其他单位的资金；而挪用公款罪的犯罪对象为公款。（4）处罚不同。对挪用公款罪的处罚重于挪用资金罪，体现了对国家工作人员的从严处罚。

（二）挪用资金罪与挪用特定款物罪的界限

挪用特定款物罪，是指挪用用于救灾、抢险、防汛、优抚、扶贫、移民、救济款物，情节严重，致使国家和人民群众利益遭受重大损害的行为。

两罪的区别主要表现为：（1）犯罪对象不同。挪用资金罪的犯罪对象为公司、企业或者其他单位的资金；而挪用特定款物罪的犯罪对象为国家特定的用于救灾、抢险、防汛、优抚、扶贫、移民、救济的专项款物。（2）犯罪成立的条件不同。挪用资金罪根据挪用的类型不同而规定了不同的犯罪成立条件；而挪用特定款物罪要求情节严重，致使国家和人民群众利益遭受重大损害才构成犯罪。

四、挪用资金罪的处罚

根据《刑法》第272条第1款的规定，犯挪用资金罪的，处3年以下有期徒刑或者拘役；挪用本单位资金数额巨大的，处3年以上7年以下有期徒刑；数额特别巨大的，处7年以上有期徒刑。

根据《刑法》第272条第3款规定，行为人犯挪用资金罪，在提起公诉前将挪用的资金退还的，可以从轻或者减轻处罚。其中，犯罪较轻的，可以减轻或者免除处罚。

第十章 虚假诉讼犯罪案件立案追诉标准

一、虚假诉讼罪的概念和构成要件

（一）概念

虚假诉讼罪，是指以捏造的事实提起民事诉讼，妨害司法秩序或者严重侵害他人合法权益的行为。

近年来，随着人民群众法律意识和法治观念的不断增强，公民、法人和其他组织之间发生民事纠纷后，选择向人民法院提起民事诉讼，通过法律途径保护权利、定分止争，成为解决民事纠纷、维护自身权益的重要途径。为保护公民、法人和其他组织依法行使诉权，人民法院自 2015 年起全面实行立案登记制改革。与此同时，部分个人和单位出于种种目的，故意捏造事实向人民法院提起虚假民事诉讼，意图骗取人民法院生效裁判文书，谋取不正当利益。此类行为不仅严重侵害他人合法权益，同时也扰乱了正常的诉讼秩序，损害了司法权威。

党的十八届四中全会通过的《中共中央关于全面推进依法治国若干重大问题的决定》明确提出，加大对虚假诉讼的惩治力度。2012 年修正的《民事诉讼法》规定，当事人之间恶意串通，企图通过诉讼、调解等方式侵害他人合法权益的，人民法院应当驳回其请求，并根据情节轻重予以罚款、拘留，构成犯罪的，依法追究刑事责任；被执行人与他人恶意串通，通过诉讼、仲裁、调解等方式逃避履行法律文书确定的义务的，人民法院应当根据情节轻重予以罚款、拘留，构成犯罪的，依法追究刑事责任。上述规定针对虚假诉讼犯罪行为的定罪处罚设置了指引性规定，但是当时的刑法条文中尚无相应的虚假诉讼罪名。

2015 年施行的《刑法修正案（九）》增设了虚假诉讼罪，在刑法第 307 条后增加一条，作为第 307 条之一并规定："以捏造的事实提起民事诉讼，妨害司法秩序或者严重侵害他人合法权益的，处三年以下有期徒刑、拘役或者管制，并处或者单处罚金；情节严重的，处三年以上七年以下有期徒刑，并处罚金。单位犯前款罪的，对单位判处罚金，并对其直接负责的主管人员和其他直接责任人员，依照前款的规定处罚。有第一款行为，非法占有他人财产或者逃避合法债务，又构成其他犯罪的，依照处罚较重的规定定罪从重处罚。司法工作人员利用职权，与他人共同实施前三款行为的，从重处罚；同时构成其他犯罪的，依照处罚较重的规定定罪从重处罚。”2015 年最高人民法院、最高人民检察院《关于执行〈中华人民共和国刑法〉确定罪名的补充规定（六）》根据《刑法修正案（九）》第 35 条规定了“虚假诉讼罪”罪名。

（二）构成要件

1. 犯罪客体

本罪侵犯的客体是复杂客体，既包括司法机关的正常活动秩序，也包括他人的财产权等合法权益。虚假诉讼行为妨害司法秩序，侵害他人合法权益，社会危害十分严重，必须充分发挥刑罚的惩罚和预防犯罪功能，依法追究有关人员刑事责任。

2. 客观方面

本罪的客观方面表现为行为人实施了以捏造的事实提起民事诉讼，妨害司法秩序或者严重侵害他人合法权益的行为。具体而言，构成本罪在客观方面应当同时满足以下两个条件：

一是以捏造的事实提起民事诉讼，这是构成本罪的行为条件。捏造的事实，是指凭空编造的不存在的事实和法律关系，如根本不存在的债权债务关系、从未发生过的商标侵权行为等。如果民事纠纷确实存在，只是行为人对具体数额、期限等事实做夸大、隐瞒或者虚假陈述的，不属于这里的捏造。提起民事诉讼，是指依照民事诉讼法的规定向法院提起诉讼。以捏造的事实提起民事诉讼，是指通过伪造物证和书证、恶意串通、指使证人提供虚假证言等手段，以凭空捏造的根本不存在的事实为基础，向人民法院提起民事诉讼请求，要求法院作出裁判。

二是妨害司法秩序或者严重侵害他人合法权益，这是构成本罪的结果条件。妨害司法秩序，是指对国家司法机关进行审判活动、履行法定职责的正常秩序造成妨害，包括导致司法机关作出错误判决造成司法权威和司法公信力的损害，也包括提起虚假诉讼占用司法资源，影响司法机关的正常司法活动等。严重侵害他人合法权益，是指虚假诉讼活动对被害人的财产权等合法权益造成严重损害。如司法机关执行错误判决或者因行为人提起诉讼采取保全措施造成被害人财产的严重损失，被害人一定数额的合法债权得不到及时清偿等。

3. 犯罪主体

本罪的主体为一般主体，包括个人和单位。

4. 主观方面

本罪的主观方面为故意，一般来说是直接故意，明知自己是用捏造的事实提起诉讼。本罪并未规定行为人需具备特定的主观目的，所以行为人进行虚假诉讼的主观目的是否为谋取利益、谋取利益的性质是否正当均不影响本罪的成立。

二、虚假诉讼罪案立案追诉标准适用指南

《立案追诉标准（二）》第七十八条规定：

单独或者与他人恶意串通，以捏造的事实提起民事诉讼，涉嫌下列情形之一的，应予立案追诉：

（一）致使人民法院基于捏造的事实采取财产保全或者行为保全措施的；

（二）致使人民法院开庭审理，干扰正常司法活动的；

（三）致使人民法院基于捏造的事实作出裁判文书、制作财产分配方案，或者立案执行基于捏造的事实作出的仲裁裁决、公证债权文书的；

（四）多次以捏造的事实提起民事诉讼的；

（五）因以捏造的事实提起民事诉讼被采取民事诉讼强制措施或者受过刑事追究的；

（六）其他妨害司法秩序或者严重侵害他人合法权益的情形。

2015 年施行的《刑法修正案（九）》增设了虚假诉讼罪，因此本条是本次立案追诉标准修订新增内容。在司法实践中，准确认定和把握本罪案立案追诉标准应注意以下问题：

（1）虚假诉讼犯罪行为的具体实施方式可以表现为“单方欺诈”和“双方串通”两种类型。前者是指一方当事人提起虚假诉讼，侵害另一方当事人合法权益，双方当事人之间存在实质的利益对抗关系。后者是指双方当事人恶意串通进行虚假诉讼，侵害案外第三人合法权益，损害国家、公共利益，或者逃避履行法定义务，规避相关管理义务，双方当事人之间不存在实质对抗关系。刑法中的虚假诉讼犯罪行为与民事诉讼法规定的虚假诉讼行为并不完全等同，除了当事人双方恶意串通之外，一方当事人以捏造的事实提起民事诉讼，意图使对方当事人败诉，以达到非法占有对方财产等目的的，也可以构成虚假诉讼罪。

（2）根据 2018 年最高人民法院、最高人民检察院《关于办理虚假诉讼刑事案件适用法律若干问题的解释》第 1 条规定：“采取伪造证据、虚假陈述等手段，实施下列行为之一，捏造民事法律关系，虚构民事纠纷，向人民法院提起民事诉讼的，应当认定为刑法第三百零七条之一第一款规定的‘以捏造的事实提起民事诉讼’：（一）与夫妻一方恶意串通，捏造夫妻共同债务的；（二）与他人恶意串通，捏造债权债务关系和以物抵债协议的；（三）与公司、企业的法定代表人、

董事、监事、经理或者其他管理人员恶意串通，捏造公司、企业债务或者担保义务的；（四）捏造知识产权侵权关系或者不正当竞争关系的；（五）在破产案件审理过程中申报捏造的债权的；（六）与被执行人恶意串通，捏造债权或者对查封、扣押、冻结财产的优先权、担保物权的；（七）单方或者与他人恶意串通，捏造身份、合同、侵权、继承等民事法律关系的其他行为。隐瞒债务已经全部清偿的事实，向人民法院提起民事诉讼，要求他人履行债务的，以'以捏造的事实提起民事诉讼'论。向人民法院申请执行基于捏造的事实作出的仲裁裁决、公证债权文书，或者在民事执行过程中以捏造的事实对执行标的提出异议、申请参与执行财产分配的，属于刑法第三百零七条之一第一款规定的'以捏造的事实提起民事诉讼'。"

此外，根据2021年最高人民法院、最高人民检察院、公安部、司法部《关于进一步加强虚假诉讼犯罪惩治工作的意见》第4条规定，实施捏造事实行为，并有下列情形之一的，应当认定为虚假诉讼罪中的"以捏造的事实提起民事诉讼"：①提出民事起诉的；②向人民法院申请宣告失踪、宣告死亡，申请认定公民无民事行为能力、限制民事行为能力，申请认定财产无主，申请确认调解协议，申请实现担保物权，申请支付令，申请公示催告的；③在民事诉讼过程中增加独立的诉讼请求、提出反诉，有独立请求权的第三人提出与本案有关的诉讼请求的；④在破产案件审理过程中申报债权的；⑤案外人申请民事再审的；⑥向人民法院申请执行仲裁裁决、公证债权文书的；⑦案外人在民事执行过程中对执行标的提出异议，债权人在民事执行过程中申请参与执行财产分配的；⑧以其他手段捏造民事案件基本事实，虚构民事纠纷，提起民事诉讼的。

（3）虚假诉讼罪以"妨害司法秩序或者严重侵害他人合法权益"作为入罪标准，"妨害司法秩序"与"严重侵害他人合法权益"两个构罪要件既表现为并列关系，也是内在统一的，两者在司法实践中存在交叉重合关系，很难完全割裂或截然分开，应当予以综合考量。

三、认定虚假诉讼罪应注意的问题

（一）关于虚假诉讼罪的行为方式及其认定

实践中虚假诉讼违法犯罪行为呈现多发态势，在民事诉讼和行政诉讼中均有发生。但是，根据《刑法》规定，虚假诉讼犯罪行为表现为"以捏造的事实提起民事诉讼"，即虚假诉讼罪仅适用于民事诉讼领域。对于实践中出现的以捏造的事实提起刑事自诉或者行政诉讼的行为，不能以虚假诉讼罪定罪处刑，可以依照诬告陷害罪等规定进行处罚，或者作为妨害诉讼活动进行处理。需要指出的是，如果刑事自诉人以捏造的事实提起附带民事诉讼的，可以认定为“以其他手段捏造民事案件基本事实，虚构民事纠纷，提起民事诉讼的”情形，可能构成虚假诉讼罪。此外，民事诉讼当事人在一审宣判后以捏造的事实提出上诉的，因其上诉请求不超出一审之诉的范围，不符合无中生有捏造事实的行为特征，不宜认定为虚假诉讼罪中的“提起民事诉讼”。

在司法实践中，从行为上看，虚假诉讼犯罪一般仅限于“无中生有型”行为，即凭空捏造根本不存在的民事法律关系和因该民事法律关系产生民事纠纷的情形。对于“部分篡改型”虚假诉讼行为，即民事法律关系和民事纠纷客观存在，行为人只是对具体的诉讼标的额、履行方式等部分事实做夸大或者隐瞒的行为，一般不属于刑法规定的虚假诉讼罪的范畴，不宜以虚假诉讼罪立案追诉，也不宜以诈骗罪、职务侵占罪等侵财类犯罪处理，可以通过承担败诉后果、给予司法处罚使其受到制裁。如果存在真实的民事法律关系，行为人采取伪造证据等手段篡改案件事实，向人民法院提起民事诉讼，构成犯罪的，如行为人伪造证据时伪造了某单位的印章或者行为人有指使他人作伪证的行为，可以以伪造公司、企业、事业单位、人民团体印章罪或者妨害作证罪等罪名追究其刑事责任。

此外，实践中还存在设置诉讼陷阱、滥用诉讼权利、故意拖延诉讼、扰乱审判秩序的恶意诉讼行为，这类行为与程序性权利有关，属于滥用诉权的情形，也不能认定为虚假诉讼罪。

（二）关于虚假诉讼罪与其他犯罪的竞合

行为人实施以骗取财物为目的的虚假诉讼犯罪，又构成诈骗罪，职务侵占罪，拒不执行判决、裁定罪，贪污罪等犯罪的，依照处罚较重的规定定罪从重处罚。

司法工作人员利用职权，与他人共同实施虚假诉讼行为的，从重处罚；同时构成滥用职权罪，民事枉法裁判罪，执行判决、裁定滥用职权罪等犯罪的，依照处罚较重的规定定罪从重处罚。

诉讼代理人、证人、鉴定人等诉讼参与人与他人通谋，代理提起虚假民事诉讼、故意作虚假证言或者出具虚假鉴定意见，共同实施虚假诉讼犯罪行为的，依照共同犯罪的规定定罪处罚；同时构成妨害作证罪，帮助毁灭、伪造证据罪等犯罪的，依照处罚较重的规定定罪从重处罚。

依照处罚较重的规定定罪从重处罚，首先要比较虚假诉讼罪规定的刑罚和刑法其他条文规定的刑罚，适用处罚较重的条文。虚假诉讼罪和诈骗罪、贪污罪、职务侵占罪等犯罪的条文规定了多个量刑幅度，在适用时要根据案件事实和条文规定，确定适用某一犯罪的具体量刑幅度，再进行比较并选择处罚较重的规定定罪。同时，还要根据确定适用的规定和量刑幅度从重处罚，即在从一重罪的基础上进行从重处罚，实行“双从重”。

四、虚假诉讼罪的处罚

根据《刑法》第 307 条之一第 1 款的规定，自然人犯虚假诉讼罪的，处 3 年以下有期徒刑、拘役或者管制，并处或者单处罚金；情节严重的，处 3 年以上 7 年以下有期徒刑，并处罚金。

根据《刑法》第 307 条之一第 2 款的规定，单位犯虚假诉讼罪的，对单位判处罚金，并对其直接负责的主管人员和其他直接责任人员，依照自然人犯本罪的规定处罚。

第十一章　附则

为加强《立案追诉标准（二）》的统一性、可操作性，此次修订沿用了2010年《立案追诉标准（二）》的体例，设置附则部分并进行了适当调整。《立案追诉标准（二）》的附则部分包括7条内容（第79条至第85条），其中有4条是对涉及本规定全文的关键词的理解、计算标准及内涵进行明确界定，分别是第79条明确“货币”是指在境内外正在流通的法定货币；第80条明确“多次”，是指3次以上；第81条明确“虽未达到上述数额标准”，是指接近上述数额标准且已达到该数额的80%以上；第84条明确本规定中的“以上”，包括本数。

除了上述4条以外，需要注意的主要是其他3条内容。这3条包括：第82条规定：“对于预备犯、未遂犯、中止犯，需要追究刑事责任的，应予立案追诉。”第83条规定：“本规定中的立案追诉标准，除法律、司法解释、本规定中另有规定的以外，适用于相应的单位犯罪。”第85条规定：“本规定自2022年5月15日施行。《最高人民检察院、公安部关于公安机关管辖的刑事案件立案追诉标准的规定（二）》（公通字〔2010〕23号）和《最高人民检察院、公安部关于公安机关管辖的刑事案件立案追诉标准的规定（二）的补充规定》（公通字〔2011〕47号）同时废止。”

一、关于《立案追诉标准（二）》第79条的理解与适用

2010年《立案追诉标准（二）》在伪造货币案下解释了“货币”的概念。经研究，《立案追诉标准（二）》第2条走私假币案，第14条伪造货币案，第15条出售、购买、运输假币案，第16条金融工作人员购买假币、以假币换取货币案，第17条持有、使用假币案，第18条变造货币案6种案件均涉及货币概念。为充分发挥货币概念的统领功能，将货币概念置于附则之中。

此次立案追诉标准修订将货币概念中的“流通的以下货币”修改为“在境内外正在流通的以下货币”。“境内外”与解释中的“人民币、港元、澳门元、新台币及其他国家及地区”范围相对应，概念外延更加周延。特别强调“正在

流通中的货币”区别于“已经停止流通的货币”。货币具有价值尺度、流通手段、支付手段、贮藏手段四大基本属性。“已经停止流通的货币”已经失去了货币的基本属性，制贩“已经停止流通的货币”行为并未侵害国家货币发行权和货币管理秩序，不能成为货币犯罪的对象，构成其他犯罪的，以其他罪名追究刑事责任。

二、关于《立案追诉标准（二）》第82条的理解与适用

规定这一原则性问题有助于指导司法实践中公安机关经侦部门针对经济犯罪的犯罪预备、犯罪未遂以及犯罪中止的情形判断是否予以立案追诉。

根据《刑事诉讼法》第109条和第112条关于立案的规定，以及《刑法》第22条至第24条的规定，对于犯罪预备、犯罪未遂和犯罪中止，需要追究刑事责任的，同样应当立案追诉，只是在量刑时与既遂犯的处罚不同。在司法实践中，很多人将经济犯罪理解成为结果犯，认为只有在危害造成一定后果的情况下才构成犯罪，这种理解与《刑法》的相关规定是相悖的。经济犯罪案件具有一定的特殊性，有些经济犯罪处于预备阶段时，如果判断行为人实施的行为需要追究刑事责任，则具备了立案追诉的条件。例如，发现犯罪嫌疑人涉嫌制造货币版样，或者为他人伪造货币提供版样的行为，即使该行为处于犯罪预备阶段，也可以预判这种行为具备较大的危害性，应予立案追诉。

三、关于《立案追诉标准（二）》第83条的理解与适用

在《立案追诉标准（二）》涉及的案件中，既可以是自然人犯罪，也可以是单位犯罪，具体分为两种情况：第一种情况是原则上不再区分自然人犯罪和单位犯罪的立案追诉标准，其中，非法吸收公众存款案等5种案件在2010年《立案追诉标准（二）》曾规定自然人和单位适用不同的数额标准，此次修改为同一数额标准；第二种情况是自然人犯罪和单位犯罪规定了不同的数额标准，对非国家工作人员行贿案等3种案件在此次修订中没有改动。实际上，绝大多数案件不再区分自然人犯罪和单位犯罪的立案追诉标准。因此，《立案追诉标准（二）》第83条规定：“本规定中的立案追诉标准，除法律、司法解释、本规定中另有规定的以外，适用于相应的单位犯罪。”实行统一的立案追诉标准，有以下三个方面的原因：

第一，从《刑法》条文来看，不宜对单位犯罪与自然人犯罪的立案追诉标准作出差异性规定。《刑法》第31条规定，单位犯罪的，对单位判处罚金，并对其直接负责的主管人员和其他直接责任人员判处刑罚。刑法分则和其他法律另有

规定的，依照规定。2014年4月24日第十二届全国人大常委会第八次会议通过的《关于〈中华人民共和国刑法〉第三十条的解释》在立法层面对我国刑法中的单位犯罪制度进行了重大修改。该解释规定："公司、企业、事业单位、机关、团体等单位实施刑法规定的危害社会的行为，刑法分则和其他法律未规定追究单位的刑事责任的，对组织、策划、实施该危害社会行为的人依法追究刑事责任。"根据该解释，如果单位实施了立法没有规定为单位犯罪的行为，可以直接追究其责任人的刑事责任，以自然人犯罪惩处。由此，在特定情形下单位犯罪与自然人犯罪适用相同立案追诉标准和惩处标准的做法便有了明确的立法根据。经济犯罪中自然人犯罪与单位犯罪的刑罚并无差别，如果单位犯罪案件的立案追诉标准高于自然人犯罪案件，在实践中会产生放纵单位犯罪的问题，不利于实现对单位犯罪的打击和处罚。

第二，从罪责相适应原则来讲，在犯罪行为程度相当的情况下，单位犯罪对被侵害客体的危害程度并不低于自然人犯罪，单位犯罪在规模上和对市场的冲击要远远大于自然人犯罪，而且单位具有自然人无法比拟的经济实力和社会地位，实施犯罪比自然人更容易，社会危害性更大，单位犯罪案件的立案追诉标准应与自然人犯罪案件的立案追诉标准一致，而不能高于自然人犯罪案件的立案追诉标准。对单位经济犯罪案件与自然人经济犯罪案件规定相同的立案追诉标准有利于打击以单位名义实施的自然人犯罪，也有利于打击单位经济犯罪。

第三，从司法实践和最高人民法院、最高人民检察院制定此类司法解释和规范性文件的做法看，也出现了对单位和自然人实行统一的犯罪案件定罪标准的趋势。2018年最高人民法院、最高人民检察院《关于办理妨害信用卡管理刑事案件具体应用法律若干问题的解释》第13条规定："单位实施本解释规定的行为，适用本解释规定的相应自然人犯罪的定罪量刑标准。"2022年最高人民法院《关于审理非法集资刑事案件具体应用法律若干问题的解释》第14条规定："单位实施非法吸收公众存款、集资诈骗犯罪的，依照本解释规定的相应自然人犯罪的定罪量刑标准，对单位判处罚金，并对其直接负责的主管人员和其他直接责任人员定罪处罚。"此次立案追诉标准修订除法律有明确规定外，统一了单位犯罪与自然人犯罪的立案追诉标准。

四、关于《立案追诉标准（二）》第85条的理解与适用

经研究认为，应从以下三个方面来理解《立案追诉标准（二）》第85条的内容：

第一，关于《立案追诉标准（二）》的时间效力问题。《立案追诉标准（二）》第85条规定，本规定自2022年5月15日施行。《立案追诉标准

（二）》虽然并不完全符合司法解释的形式要件，但是属于具有司法解释性质的规范性文件，具有法律效力，我们制定发布该规范性文件旨在为公安机关和检察机关依法查处经济犯罪案件提供最新的法律武器。2001年出台的最高人民法院、最高人民检察院《关于适用刑事司法解释时间效力问题的规定》明确了司法解释自发布之日或者规定之日起施行，效力适用于法律的施行期间。因此，《立案追诉标准（二）》的效力适用于《刑法》的施行期间。对《立案追诉标准（二）》发布以前的行为，行为时没有相关司法解释，对《立案追诉标准（二）》施行后尚未处理或者正在处理的案件依法可以立案追诉。

第二，关于《立案追诉标准（二）》的溯及力问题。由于2001年出台的最高人民法院、最高人民检察院《关于适用刑事司法解释时间效力问题的规定》明确对同一个行为适用先后两个司法解释时的"从旧兼从轻"原则，以及在司法解释施行前已办结的案件，按照当时的法律和司法解释，认定事实和适用法律没有错误的，不再变动。在《立案追诉标准（二）》施行之后，对于施行前发生的行为，行为时已有相关的立案追诉标准，依照行为时的立案追诉标准办理，但适用《立案追诉标准（二）》对犯罪嫌疑人有利的，则适用《立案追诉标准（二）》。

第三，关于《立案追诉标准（二）》与此前两个规范性文件的关系。《立案追诉标准（二）》第85条规定，《最高人民检察院、公安部关于公安机关管辖的刑事案件立案追诉标准的规定（二）》（公通字〔2010〕23号）和《最高人民检察院、公安部关于公安机关管辖的刑事案件立案追诉标准的规定（二）的补充规定》（公通字〔2011〕47号）同时废止。2010年《立案追诉标准（二）》和2011年《补充规定》的相关内容已被《立案追诉标准（二）》吸收。随着国家监察体制改革和公安部机关机构改革，7种案件划归监察机关管辖，不再适用《立案追诉标准（二）》的相关规定；5种案件划归公安机关食品药品犯罪侦查部门管辖，可依据司法解释或规范性文件立案追诉；逃避商检案划归海关缉私部门管辖，目前除《立案追诉标准（二）》尚无其他规定，此次修订予以保留。同时，虚假诉讼案从公安机关刑事侦查部门划归经济犯罪侦查部门管辖。管辖分工调整之后，公安机关经济犯罪侦查部门管辖的案件变更为77种，其中61种案件立案追诉标准的内容已修改。为避免与《立案追诉标准（二）》的内容相冲突，2010年《立案追诉标准（二）》和2011年《补充规定》自2022年5月15日起废止。

此外，关于对《立案追诉标准（二）》各条的兜底性规定的理解，由最高人民检察院和公安部进行解释。

附 录

最高人民检察院　公安部关于印发《最高人民检察院　公安部关于公安机关管辖的刑事案件立案追诉标准的规定（二）》的通知

公通字〔2022〕12号

各省、自治区、直辖市人民检察院、公安厅（局），解放军军事检察院，新疆生产建设兵团人民检察院、公安局：

为适应新时期打击经济犯罪案件工作需要，服务保障经济社会高质量发展，根据《中华人民共和国刑法》《中华人民共和国刑事诉讼法》等法律规定，最高人民检察院、公安部研究修订了《最高人民检察院、公安部关于公安机关管辖的刑事案件立案追诉标准的规定（二）》，对公安机关管辖的部分经济犯罪案件立案追诉标准进行修改完善，现印发给你们，请遵照执行。各级公安机关应当依照此规定立案侦查，各级检察机关应当依照此规定审查批捕、审查起诉。工作中，要依法惩治各类经济犯罪活动，严格规范公正文明执法司法，同时要认真落实少捕慎诉慎押刑事司法政策、认罪认罚从宽制度，不断提高执法规范化水平和公信力。

通知印发后，相关司法解释对立案追诉标准作出进一步明确规定的，依照相关司法解释规定执行。各地在执行中遇到的问题，请及时分别报最高人民检察院和公安部。

最高人民检察院
公安部
2022年4月6日

最高人民检察院　公安部关于公安机关管辖的刑事案件立案追诉标准的规定（二）

第一条　〔帮助恐怖活动案（刑法第一百二十条之一第一款）〕资助恐怖活动组织、实施恐怖活动的个人的，或者资助恐怖活动培训的，应予立案追诉。

第二条　〔走私假币案（刑法第一百五十一条第一款）〕走私伪造的货币，涉嫌下列情形之一的，应予立案追诉：

（一）总面额在二千元以上或者币量在二百张（枚）以上的；

（二）总面额在一千元以上或者币量在一百张（枚）以上，二年内因走私假币受过行政处罚，又走私假币的；

（三）其他走私假币应予追究刑事责任的情形。

第三条　〔虚报注册资本案（刑法第一百五十八条）〕申请公司登记使用虚假证明文件或者采取其他欺诈手段虚报注册资本，欺骗公司登记主管部门，取得公司登记，涉嫌下列情形之一的，应予立案追诉：

（一）法定注册资本最低限额在六百万元以下，虚报数额占其应缴出资数额百分之六十以上的；

（二）法定注册资本最低限额超过六百万元，虚报数额占其应缴出资数额百分之三十以上的；

（三）造成投资者或者其他债权人直接经济损失累计数额在五十万元以上的；

（四）虽未达到上述数额标准，但具有下列情形之一的：

1. 二年内因虚报注册资本受过二次以上行政处罚，又虚报注册资本的；

2. 向公司登记主管人员行贿的；

3. 为进行违法活动而注册的。

（五）其他后果严重或者有其他严重情节的情形。

本条只适用于依法实行注册资本实缴登记制的公司。

第四条　〔虚假出资、抽逃出资案（刑法第一百五十九条）〕公司发起人、股东违反公司法的规定未交付货币、实物或者未转移财产权，虚假出资，或者在公司成立后又抽逃其出资，涉嫌下列情形之一的，应予立案追诉：

（一）法定注册资本最低限额在六百万元以下，虚假出资、抽逃出资数额占其应缴出资数额百分之六十以上的；

（二）法定注册资本最低限额超过六百万元，虚假出资、抽逃出资数额占其应缴出资数额百分之三十以上的；

（三）造成公司、股东、债权人的直接经济损失累计数额在五十万元以上的；

（四）虽未达到上述数额标准，但具有下列情形之一的：

1. 致使公司资不抵债或者无法正常经营的；

2. 公司发起人、股东合谋虚假出资、抽逃出资的；

3. 二年内因虚假出资、抽逃出资受过二次以上行政处罚，又虚假出资、抽逃出资的；

4. 利用虚假出资、抽逃出资所得资金进行违法活动的。

（五）其他后果严重或者有其他严重情节的情形。

本条只适用于依法实行注册资本实缴登记制的公司。

第五条 〔欺诈发行证券案（刑法第一百六十条）〕在招股说明书、认股书、公司、企业债券募集办法等发行文件中隐瞒重要事实或者编造重大虚假内容，发行股票或者公司、企业债券、存托凭证或者国务院依法认定的其他证券，涉嫌下列情形之一的，应予立案追诉：

（一）非法募集资金金额在一千万元以上的；

（二）虚增或者虚减资产达到当期资产总额百分之三十以上的；

（三）虚增或者虚减营业收入达到当期营业收入总额百分之三十以上的；

（四）虚增或者虚减利润达到当期利润总额百分之三十以上的；

（五）隐瞒或者编造的重大诉讼、仲裁、担保、关联交易或者其他重大事项所涉及的数额或者连续十二个月的累计数额达到最近一期披露的净资产百分之五十以上的；

（六）造成投资者直接经济损失数额累计在一百万元以上的；

（七）为欺诈发行证券而伪造、变造国家机关公文、有效证明文件或者相关凭证、单据的；

（八）为欺诈发行证券向负有金融监督管理职责的单位或者人员行贿的；

（九）募集的资金全部或者主要用于违法犯罪活动的；

（十）其他后果严重或者有其他严重情节的情形。

第六条 〔违规披露、不披露重要信息案（刑法第一百六十一条）〕依法负有信息披露义务的公司、企业向股东和社会公众提供虚假的或者隐瞒重要事实的财务会计报告，或者对依法应当披露的其他重要信息不按照规定披露，涉嫌下列情形之一的，应予立案追诉：

（一）造成股东、债权人或者其他人直接经济损失数额累计在一百万元以上的；

（二）虚增或者虚减资产达到当期披露的资产总额百分之三十以上的；

（三）虚增或者虚减营业收入达到当期披露的营业收入总额百分之三十以上的；

（四）虚增或者虚减利润达到当期披露的利润总额百分之三十以上的；

（五）未按照规定披露的重大诉讼、仲裁、担保、关联交易或者其他重大事项所涉及的数额或者连续十二个月的累计数额达到最近一期披露的净资产百分之五十以上的；

（六）致使不符合发行条件的公司、企业骗取发行核准或者注册并且上市交易的；

（七）致使公司、企业发行的股票或者公司、企业债券、存托凭证或者国务院依法认定的其他证券被终止上市交易的；

（八）在公司财务会计报告中将亏损披露为盈利，或者将盈利披露为亏损的；

（九）多次提供虚假的或者隐瞒重要事实的财务会计报告，或者多次对依法应当披露的其他重要信息不按照规定披露的；

（十）其他严重损害股东、债权人或者其他人利益，或者有其他严重情节的情形。

第七条　〔妨害清算案（刑法第一百六十二条）〕公司、企业进行清算时，隐匿财产，对资产负债表或者财产清单作虚伪记载或者在未清偿债务前分配公司、企业财产，涉嫌下列情形之一的，应予立案追诉：

（一）隐匿财产价值在五十万元以上的；

（二）对资产负债表或者财产清单作虚伪记载涉及金额在五十万元以上的；

（三）在未清偿债务前分配公司、企业财产价值在五十万元以上的；

（四）造成债权人或者其他人直接经济损失数额累计在十万元以上的；

（五）虽未达到上述数额标准，但应清偿的职工的工资、社会保险费用和法定补偿金得不到及时清偿，造成恶劣社会影响的；

（六）其他严重损害债权人或者其他人利益的情形。

第八条　〔隐匿、故意销毁会计凭证、会计账簿、财务会计报告案（刑法第一百六十二条之一）〕隐匿或者故意销毁依法应当保存的会计凭证、会计账簿、财务会计报告，涉嫌下列情形之一的，应予立案追诉：

（一）隐匿、故意销毁的会计凭证、会计账簿、财务会计报告涉及金额在五十万元以上的；

（二）依法应当向监察机关、司法机关、行政机关、有关主管部门等提供而隐匿、故意销毁或者拒不交出会计凭证、会计账簿、财务会计报告的；

（三）其他情节严重的情形。

第九条　〔虚假破产案（刑法第一百六十二条之二）〕公司、企业通过隐匿财产、承担虚构的债务或者以其他方法转移、处分财产，实施虚假破产，涉嫌下列情形之一的，应予立案追诉：

（一）隐匿财产价值在五十万元以上的；

（二）承担虚构的债务涉及金额在五十万元以上的；

（三）以其他方法转移、处分财产价值在五十万元以上的；

（四）造成债权人或者其他人直接经济损失数额累计在十万元以上的；

（五）虽未达到上述数额标准，但应清偿的职工的工资、社会保险费用和法定补偿金得不到及时清偿，造成恶劣社会影响的；

（六）其他严重损害债权人或者其他人利益的情形。

第十条　〔非国家工作人员受贿案（刑法第一百六十三条）〕公司、企业或者其他单位的工作人员，利用职务上的便利，索取他人财物或者非法收受他人财物，为他人谋取利益，或者在经济往来中，利用职务上的便利，违反国家规定，收受各种名义的回扣、手续费，归个人所有，数额在三万元以上的，应予立案追诉。

第十一条　〔对非国家工作人员行贿案（刑法第一百六十四条第一款）〕为谋取不正当利益，给予公司、企业或者其他单位的工作人员以财物，个人行贿数额在三万元以上的，单位行贿数额在二十万元以上的，应予立案追诉。

第十二条　〔对外国公职人员、国际公共组织官员行贿案（刑法第一百六十四条第二款）〕为谋取不正当商业利益，给予外国公职人员或者国际公共组织官员以财物，个人行贿数额在三万元以上的，单位行贿数额在二十万元以上的，应予立案追诉。

第十三条　〔背信损害上市公司利益案（刑法第一百六十九条之一）〕上市公司的董事、监事、高级管理人员违背对公司的忠实义务，利用职务便利，操纵上市公司从事损害上市公司利益的行为，以及上市公司的控股股东或者实际控制人，指使上市公司董事、监事、高级管理人员实施损害上市公司利益的行为，涉嫌下列情形之一的，应予立案追诉：

（一）无偿向其他单位或者个人提供资金、商品、服务或者其他资产，致使上市公司直接经济损失数额在一百五十万元以上的；

（二）以明显不公平的条件，提供或者接受资金、商品、服务或者其他资产，致使上市公司直接经济损失数额在一百五十万元以上的；

（三）向明显不具有清偿能力的单位或者个人提供资金、商品、服务或者其他资产，致使上市公司直接经济损失数额在一百五十万元以上的；

（四）为明显不具有清偿能力的单位或者个人提供担保，或者无正当理由为其他单位或者个人提供担保，致使上市公司直接经济损失数额在一百五十万元以上的；

（五）无正当理由放弃债权、承担债务，致使上市公司直接经济损失数额在一百五十万元以上的；

（六）致使公司、企业发行的股票或者公司、企业债券、存托凭证或者国务院依法认定的其他证券被终止上市交易的；

（七）其他致使上市公司利益遭受重大损失的情形。

第十四条 〔伪造货币案（刑法第一百七十条）〕伪造货币，涉嫌下列情形之一的，应予立案追诉：

（一）总面额在二千元以上或者币量在二百张（枚）以上的；

（二）总面额在一千元以上或者币量在一百张（枚）以上，二年内因伪造货币受过行政处罚，又伪造货币的；

（三）制造货币版样或者为他人伪造货币提供版样的；

（四）其他伪造货币应予追究刑事责任的情形。

第十五条 〔出售、购买、运输假币案（刑法第一百七十一条第一款）〕出售、购买伪造的货币或者明知是伪造的货币而运输，涉嫌下列情形之一的，应予立案追诉：

（一）总面额在四千元以上或者币量在四百张（枚）以上的；

（二）总面额在二千元以上或者币量在二百张（枚）以上，二年内因出售、购买、运输假币受过行政处罚，又出售、购买、运输假币的；

（三）其他出售、购买、运输假币应予追究刑事责任的情形。

在出售假币时被抓获的，除现场查获的假币应认定为出售假币的数额外，现场之外在行为人住所或者其他藏匿地查获的假币，也应认定为出售假币的数额。

第十六条 〔金融工作人员购买假币、以假币换取货币案（刑法第一百七十一条第二款）〕银行或者其他金融机构的工作人员购买伪造的货币或者利用职务上的便利，以伪造的货币换取货币，总面额在二千元以上或者币量在二百张（枚）以上的，应予立案追诉。

第十七条 〔持有、使用假币案（刑法第一百七十二条）〕明知是伪造的货币而持有、使用，涉嫌下列情形之一的，应予立案追诉：

（一）总面额在四千元以上或者币量在四百张（枚）以上的；

（二）总面额在二千元以上或者币量在二百张（枚）以上，二年内因持有、使用假币受过行政处罚，又持有、使用假币的；

（三）其他持有、使用假币应予追究刑事责任的情形。

第十八条 〔变造货币案（刑法第一百七十三条）〕变造货币，涉嫌下列情形之一的，应予立案追诉：

（一）总面额在二千元以上或者币量在二百张（枚）以上的；

（二）总面额在一千元以上或者币量在一百张（枚）以上，二年内因变造货币受过行政处罚，又变造货币的；

（三）其他变造货币应予追究刑事责任的情形。

第十九条 〔擅自设立金融机构案（刑法第一百七十四条第一款）〕未经国家有关主管部门批准，擅自设立金融机构，涉嫌下列情形之一的，应予立案追诉：

（一）擅自设立商业银行、证券交易所、期货交易所、证券公司、期货公司、保险公司或者其他金融机构的；

（二）擅自设立金融机构筹备组织的。

第二十条 〔伪造、变造、转让金融机构经营许可证、批准文件案（刑法第一百七十四条第二款）〕伪造、变造、转让商业银行、证券交易所、期货交易所、证券公司、期货公司、保险公司或者其他金融机构的经营许可证或者批准文件的，应予立案追诉。

第二十一条 〔高利转贷案（刑法第一百七十五条）〕以转贷牟利为目的，套取金融机构信贷资金高利转贷他人，违法所得数额在五十万元以上的，应予立案追诉。

第二十二条 〔骗取贷款、票据承兑、金融票证案（刑法第一百七十五条之一）〕以欺骗手段取得银行或者其他金融机构贷款、票据承兑、信用证、保函等，给银行或者其他金融机构造成直接经济损失数额在五十万元以上的，应予立案追诉。

第二十三条 〔非法吸收公众存款案（刑法第一百七十六条）〕非法吸收公众存款或者变相吸收公众存款，扰乱金融秩序，涉嫌下列情形之一的，应予立案追诉：

（一）非法吸收或者变相吸收公众存款数额在一百万元以上的；

（二）非法吸收或者变相吸收公众存款对象一百五十人以上的；

（三）非法吸收或者变相吸收公众存款，给集资参与人造成直接经济损失数额在五十万元以上的；

非法吸收或者变相吸收公众存款数额在五十万元以上或者给集资参与人造成直接经济损失数额在二十五万元以上，同时涉嫌下列情形之一的，应予立案追诉：

（一）因非法集资受过刑事追究的；

（二）二年内因非法集资受过行政处罚的；

（三）造成恶劣社会影响或者其他严重后果的。

第二十四条 〔伪造、变造金融票证案（刑法第一百七十七条）〕伪造、变造金融票证，涉嫌下列情形之一的，应予立案追诉：

（一）伪造、变造汇票、本票、支票，或者伪造、变造委托收款凭证、汇款凭证、银行存单等其他银行结算凭证，或者伪造、变造信用证或者附随的单据、文件，总面额在一万元以上或者数量在十张以上的；

（二）伪造信用卡一张以上，或者伪造空白信用卡十张以上的。

第二十五条 〔妨害信用卡管理案（刑法第一百七十七条之一第一款）〕妨害信用卡管理，涉嫌下列情形之一的，应予立案追诉：

（一）明知是伪造的信用卡而持有、运输的；

（二）明知是伪造的空白信用卡而持有、运输，数量累计在十张以上的；

（三）非法持有他人信用卡，数量累计在五张以上的；

（四）使用虚假的身份证明骗领信用卡的；

（五）出售、购买、为他人提供伪造的信用卡或者以虚假的身份证明骗领的信用卡的。

违背他人意愿，使用其居民身份证、军官证、士兵证、港澳居民往来内地通行证、台湾居民来往大陆通行证、护照等身份证明申领信用卡的，或者使用伪造、变造的身份证明申领信用卡的，应当认定为“使用虚假的身份证明骗领信用卡”。

第二十六条 〔窃取、收买、非法提供信用卡信息案（刑法第一百七十七条之一第二款）〕窃取、收买或者非法提供他人信用卡信息资料，足以伪造可进行交易的信用卡，或者足以使他人以信用卡持卡人名义进行交易，涉及信用卡一张以上的，应予立案追诉。

第二十七条 〔伪造、变造国家有价证券案（刑法第一百七十八条第一款）〕伪造、变造国库券或者国家发行的其他有价证券，总面额在二千元以上的，应予立案追诉。

第二十八条 〔伪造、变造股票、公司、企业债券案（刑法第一百七十八条第二款）〕伪造、变造股票或者公司、企业债券，总面额在三万元以上的，应予立案追诉。

第二十九条 〔擅自发行股票、公司、企业债券案（刑法第一百七十九条）〕未经国家有关主管部门批准或者注册，擅自发行股票或者公司、企业债券，涉嫌下列情形之一的，应予立案追诉：

（一）非法募集资金金额在一百万元以上的；

（二）造成投资者直接经济损失数额累计在五十万元以上的；

（三）募集的资金全部或者主要用于违法犯罪活动的；

（四）其他后果严重或者有其他严重情节的情形。

本条规定的“擅自发行股票或者公司、企业债券”，是指向社会不特定对象发行、以转让股权等方式变相发行股票或者公司、企业债券，或者向特定对象发行、变相发行股票或者公司、企业债券累计超过二百人的行为。

第三十条 〔内幕交易、泄露内幕信息案（刑法第一百八十条第一款）〕证券、期货交易内幕信息的知情人员、单位或者非法获取证券、期货交易内幕信息的人员、单位，在涉及证券的发行，证券、期货交易或者其他对证券、期货交易价格有重大影响的信息尚未公开前，买入或者卖出该证券，或者从事与该内幕信息有关的期货交易，或者泄露该信息，或者明示、暗示他人从事上述交易活动，涉嫌下列情形之一的，应予立案追诉：

（一）获利或者避免损失数额在五十万元以上的；

（二）证券交易成交额在二百万元以上的；

（三）期货交易占用保证金数额在一百万元以上的；

（四）二年内三次以上实施内幕交易、泄露内幕信息行为的；

（五）明示、暗示三人以上从事与内幕信息相关的证券、期货交易活动的；

（六）具有其他严重情节的。

内幕交易获利或者避免损失数额在二十五万元以上，或者证券交易成交额在一百万元以上，或者期货交易占用保证金数额在五十万元以上，同时涉嫌下列情形之一的，应予立案追诉：

（一）证券法规定的证券交易内幕信息的知情人实施或者与他人共同实施内幕交易行为的；

（二）以出售或者变相出售内幕信息等方式，明示、暗示他人从事与该内幕信息相关的交易活动的；

（三）因证券、期货犯罪行为受过刑事追究的；

（四）二年内因证券、期货违法行为受过行政处罚的；

（五）造成其他严重后果的。

第三十一条 〔利用未公开信息交易案（刑法第一百八十条第四款）〕证券交易所、期货交易所、证券公司、期货公司、基金管理公司、商业银行、保险公司等金融机构的从业人员以及有关监管部门或者行业协会的工作人员，利用因职务便利获取的内幕信息以外的其他未公开的信息，违反规定，从事与该信息相关的证券、期货交易活动，或者明示、暗示他人从事相关交易活动，涉嫌下列情形之一的，应予立案追诉：

（一）获利或者避免损失数额在一百万元以上的；

（二）二年内三次以上利用未公开信息交易的；

（三）明示、暗示三人以上从事相关交易活动的；

（四）具有其他严重情节的。

利用未公开信息交易，获利或者避免损失数额在五十万元以上，或者证券交易成交额在五百万元以上，或者期货交易占用保证金数额在一百万元以上，同时涉嫌下列情形之一的，应予立案追诉：

（一）以出售或者变相出售未公开信息等方式，明示、暗示他人从事相关交易活动的；

（二）因证券、期货犯罪行为受过刑事追究的；

（三）二年内因证券、期货违法行为受过行政处罚的；

（四）造成其他严重后果的。

第三十二条 〔编造并传播证券、期货交易虚假信息案（刑法第一百八十一条第一款）〕编造并且传播影响证券、期货交易的虚假信息，扰乱证券、期货交易市场，涉嫌下列情形之一的，应予立案追诉：

（一）获利或者避免损失数额在五万元以上的；

（二）造成投资者直接经济损失数额在五十万元以上的；

（三）虽未达到上述数额标准，但多次编造并且传播影响证券、期货交易的虚假信息的；

（四）致使交易价格或者交易量异常波动的；

（五）造成其他严重后果的。

第三十三条 〔诱骗投资者买卖证券、期货合约案（刑法第一百八十一条第二款）〕证券交易所、期货交易所、证券公司、期货公司的从业人员，证券业协会、期货业协会或者证券期货监督管理部门的工作人员，故意提供虚假信息或者伪造、变造、销毁交易记录，诱骗投资者买卖证券、期货合约，涉嫌下列情形之一的，应予立案追诉：

（一）获利或者避免损失数额在五万元以上的；

（二）造成投资者直接经济损失数额在五十万元以上的；

（三）虽未达到上述数额标准，但多次诱骗投资者买卖证券、期货合约的；

（四）致使交易价格或者交易量异常波动的；

（五）造成其他严重后果的。

第三十四条 〔操纵证券、期货市场案（刑法第一百八十二条）〕操纵证券、期货市场，影响证券、期货交易价格或者证券、期货交易量，涉嫌下列情形之一的，应予立案追诉：

（一）持有或者实际控制证券的流通股份数量达到该证券的实际流通股份总量百分之十以上，实施刑法第一百八十二条第一款第一项操纵证券市场行为，连续十个交易日的累计成交量达到同期该证券总成交量百分之二十以上的；

（二）实施刑法第一百八十二条第一款第二项、第三项操纵证券市场行为，连续十个交易日的累计成交量达到同期该证券总成交量百分之二十以上的；

（三）利用虚假或者不确定的重大信息，诱导投资者进行证券交易，行为人进行相关证券交易的成交额在一千万元以上的；

（四）对证券、证券发行人公开作出评价、预测或者投资建议，同时进行反向证券交易，证券交易成交额在一千万元以上的；

（五）通过策划、实施资产收购或者重组、投资新业务、股权转让、上市公司收购等虚假重大事项，误导投资者作出投资决策，并进行相关交易或者谋取相关利益，证券交易成交额在一千万元以上的；

（六）通过控制发行人、上市公司信息的生成或者控制信息披露的内容、时点、节奏，误导投资者作出投资决策，并进行相关交易或者谋取相关利益，证券交易成交额在一千万元以上的；

（七）实施刑法第一百八十二条第一款第一项操纵期货市场行为，实际控制的账户合并持仓连续十个交易日的最高值超过期货交易所限仓标准的二倍，累计成交量达到同期该期货合约总成交量百分之二十以上，且期货交易占用保证金数额在五百万元以上的；

（八）通过囤积现货，影响特定期货品种市场行情，并进行相关期货交易，实际控制的账户合并持仓连续十个交易日的最高值超过期货交易所限仓标准的二倍，累计成交量达到同期该期货合约总成交量百分之二十以上，且期货交易占用保证金数额在五百万元以上的；

（九）实施刑法第一百八十二条第一款第二项、第三项操纵期货市场行为，实际控制的账户连续十个交易日的累计成交量达到同期该期货合约总成交量百分之二十以上，且期货交易占用保证金数额在五百万元以上的；

（十）利用虚假或者不确定的重大信息，诱导投资者进行期货交易，行为人进行相关期货交易，实际控制的账户连续十个交易日的累计成交量达到同期该期货合约总成交量百分之二十以上，且期货交易占用保证金数额在五百万元以上的；

（十一）对期货交易标的公开作出评价、预测或者投资建议，同时进行相关期货交易，实际控制的账户连续十个交易日的累计成交量达到同期该期货合约总成交量的百分之二十以上，且期货交易占用保证金数额在五百万元以上的；

（十二）不以成交为目的，频繁或者大量申报买入、卖出证券、期货合约并撤销申报，当日累计撤回申报量达到同期该证券、期货合约总申报量百分之五十以上，且证券撤回申报额在一千万元以上、撤回申报的期货合约占用保证金数额在五百万元以上的；

（十三）实施操纵证券、期货市场行为，获利或者避免损失数额在一百万元以上的。

操纵证券、期货市场，影响证券、期货交易价格或者证券、期货交易量，获利或者避免损失数额在五十万元以上，同时涉嫌下列情形之一的，应予立案追诉：

（一）发行人、上市公司及其董事、监事、高级管理人员、控股股东或者实际控制人实施操纵证券、期货市场行为的；

（二）收购人、重大资产重组的交易对方及其董事、监事、高级管理人员、控股股东或者实际控制人实施操纵证券、期货市场行为的；

（三）行为人明知操纵证券、期货市场行为被有关部门调查，仍继续实施的；

（四）因操纵证券、期货市场行为受过刑事追究的；

（五）二年内因操纵证券、期货市场行为受过行政处罚的；

（六）在市场出现重大异常波动等特定时段操纵证券、期货市场的；

（七）造成其他严重后果的。

对于在全国中小企业股份转让系统中实施操纵证券市场行为，社会危害性大，严重破坏公平公正的市场秩序的，比照本条的规定执行，但本条第一款第一项和第二项除外。

第三十五条 〔背信运用受托财产案（刑法第一百八十五条之一第一款）〕商业银行、证券交易所、期货交易所、证券公司、期货公司、保险公司或者其他金融机构，违背受托义务，擅自运用客户资金或者其他委托、信托的财产，涉嫌下列情形之一的，应予立案追诉：

（一）擅自运用客户资金或者其他委托、信托的财产数额在三十万元以上的；

（二）虽未达到上述数额标准，但多次擅自运用客户资金或者其他委托、信托的财产，或者擅自运用多个客户资金或者其他委托、信托的财产的；

（三）其他情节严重的情形。

第三十六条 〔违法运用资金案（刑法第一百八十五条之一第二款）〕社会保障基金管理机构、住房公积金管理机构等公众资金管理机构，以及保险公司、保险资产管理公司、证券投资基金管理公司，违反国家规定运用资金，涉嫌下列情形之一的，应予立案追诉：

（一）违反国家规定运用资金数额在三十万元以上的；

（二）虽未达到上述数额标准，但多次违反国家规定运用资金的；

（三）其他情节严重的情形。

第三十七条 〔违法发放贷款案（刑法第一百八十六条）〕银行或者其他金融机构及其工作人员违反国家规定发放贷款，涉嫌下列情形之一的，应予立案追诉：

（一）违法发放贷款，数额在二百万元以上的；

（二）违法发放贷款，造成直接经济损失数额在五十万元以上的。

第三十八条 〔吸收客户资金不入账案（刑法第一百八十七条）〕银行或者其他金融机构及其工作人员吸收客户资金不入账，涉嫌下列情形之一的，应予立案追诉：

（一）吸收客户资金不入账，数额在二百万元以上的；

（二）吸收客户资金不入账，造成直接经济损失数额在五十万元以上的。

第三十九条 〔违规出具金融票证案（刑法第一百八十八条）〕银行或者其他金融机构及其工作人员违反规定，为他人出具信用证或者其他保函、票据、存单、资信证明，涉嫌下列情形之一的，应予立案追诉：

（一）违反规定为他人出具信用证或者其他保函、票据、存单、资信证明，数额在二百万元以上的；

（二）违反规定为他人出具信用证或者其他保函、票据、存单、资信证明，造成直接经济损失数额在五十万元以上的；

（三）多次违规出具信用证或者其他保函、票据、存单、资信证明的；

（四）接受贿赂违规出具信用证或者其他保函、票据、存单、资信证明的；

（五）其他情节严重的情形。

第四十条 〔对违法票据承兑、付款、保证案（刑法第一百八十九条）〕银行或者其他金融机构及其工作人员在票据业务中，对违反票据法规定的票据予以承兑、付款或者保证，造成直接经济损失数额在五十万元以上的，应予立案追诉。

第四十一条 〔逃汇案（刑法第一百九十条）〕公司、企业或者其他单位，违反国家规定，擅自将外汇存放境外，或者将境内的外汇非法转移到境外，单笔在二百万美元以上或者累计数额在五百万美元以上的，应予立案追诉。

第四十二条 〔骗购外汇案《全国人民代表大会常务委员会关于惩治骗购外汇、逃汇和非法买卖外汇犯罪的决定》第一条）〕骗购外汇，数额在五十万美元以上的，应予立案追诉。

第四十三条 〔洗钱案（刑法第一百九十一条）〕为掩饰、隐瞒毒品犯罪、黑社会性质的组织犯罪、恐怖活动犯罪、走私犯罪、贪污贿赂犯罪、破坏金融管理秩序犯罪、金融诈骗犯罪的所得及其产生的收益的来源和性质，涉嫌下列情形之一的，应予立案追诉：

（一）提供资金账户的；

（二）将财产转换为现金、金融票据、有价证券的；

（三）通过转账或者其他支付结算方式转移资金的；

（四）跨境转移资产的；

（五）以其他方法掩饰、隐瞒犯罪所得及其收益的来源和性质的。

第四十四条　〔集资诈骗案（刑法第一百九十二条）〕以非法占有为目的，使用诈骗方法非法集资，数额在十万元以上的，应予立案追诉。

第四十五条　〔贷款诈骗案（刑法第一百九十三条）〕以非法占有为目的，诈骗银行或者其他金融机构的贷款，数额在五万元以上的，应予立案追诉。

第四十六条　〔票据诈骗案（刑法第一百九十四条第一款）〕进行金融票据诈骗活动，数额在五万元以上的，应予立案追诉。

第四十七条　〔金融凭证诈骗案（刑法第一百九十四条第二款）〕使用伪造、变造的委托收款凭证、汇款凭证、银行存单等其他银行结算凭证进行诈骗活动，数额在五万元以上的，应予立案追诉。

第四十八条　〔信用证诈骗案（刑法第一百九十五条）〕进行信用证诈骗活动，涉嫌下列情形之一的，应予立案追诉：

（一）使用伪造、变造的信用证或者附随的单据、文件的；

（二）使用作废的信用证的；

（三）骗取信用证的；

（四）以其他方法进行信用证诈骗活动的。

第四十九条　〔信用卡诈骗案（刑法第一百九十六条）〕进行信用卡诈骗活动，涉嫌下列情形之一的，应予立案追诉：

（一）使用伪造的信用卡、以虚假的身份证明骗领的信用卡、作废的信用卡或者冒用他人信用卡，进行诈骗活动，数额在五千元以上的；

（二）恶意透支，数额在五万元以上的。

本条规定的“恶意透支”，是指持卡人以非法占有为目的，超过规定限额或者规定期限透支，经发卡银行两次有效催收后超过三个月仍不归还的。

恶意透支的数额，是指公安机关刑事立案时尚未归还的实际透支的本金数额，不包括利息、复利、滞纳金、手续费等发卡银行收取的费用。归还或者支付的数额，应当认定为归还实际透支的本金。

恶意透支，数额在五万元以上不满五十万元的，在提起公诉前全部归还或者具有其他情节轻微情形的，可以不起诉。但是，因信用卡诈骗受过二次以上处罚的除外。

第五十条　〔有价证券诈骗案（刑法第一百九十七条）〕使用伪造、变造的国库券或者国家发行的其他有价证券进行诈骗活动，数额在五万元以上的，应予立案追诉。

第五十一条　〔保险诈骗案（刑法第一百九十八条）〕进行保险诈骗活动，

数额在五万元以上的，应予立案追诉。

第五十二条 〔逃税案（刑法第二百零一条）〕逃避缴纳税款，涉嫌下列情形之一的，应予立案追诉：

（一）纳税人采取欺骗、隐瞒手段进行虚假纳税申报或者不申报，逃避缴纳税款，数额在十万元以上并且占各税种应纳税总额百分之十以上，经税务机关依法下达追缴通知后，不补缴应纳税款、不缴纳滞纳金或者不接受行政处罚的；

（二）纳税人五年内因逃避缴纳税款受过刑事处罚或者被税务机关给予二次以上行政处罚，又逃避缴纳税款，数额在十万元以上并且占各税种应纳税总额百分之十以上的；

（三）扣缴义务人采取欺骗、隐瞒手段，不缴或者少缴已扣、已收税款，数额在十万元以上的。

纳税人在公安机关立案后再补缴应纳税款、缴纳滞纳金或者接受行政处罚的，不影响刑事责任的追究。

第五十三条 〔抗税案（刑法第二百零二条）〕以暴力、威胁方法拒不缴纳税款，涉嫌下列情形之一的，应予立案追诉：

（一）造成税务工作人员轻微伤以上的；

（二）以给税务工作人员及其亲友的生命、健康、财产等造成损害为威胁，抗拒缴纳税款的；

（三）聚众抗拒缴纳税款的；

（四）以其他暴力、威胁方法拒不缴纳税款的。

第五十四条 〔逃避追缴欠税案（刑法第二百零三条）〕纳税人欠缴应纳税款，采取转移或者隐匿财产的手段，致使税务机关无法追缴欠缴的税款，数额在一万元以上的，应予立案追诉。

第五十五条 〔骗取出口退税案（刑法第二百零四条）〕以假报出口或者其他欺骗手段，骗取国家出口退税款，数额在十万元以上的，应予立案追诉。

第五十六条 〔虚开增值税专用发票、用于骗取出口退税、抵扣税款发票案（刑法第二百零五条）〕虚开增值税专用发票或者虚开用于骗取出口退税、抵扣税款的其他发票，虚开的税款数额在十万元以上或者造成国家税款损失数额在五万元以上的，应予立案追诉。

第五十七条 〔虚开发票案（刑法第二百零五条之一）〕虚开刑法第二百零五条规定以外的其他发票，涉嫌下列情形之一的，应予立案追诉：

（一）虚开发票金额累计在五十万元以上的；

（二）虚开发票一百份以上且票面金额在三十万元以上的；

（三）五年内因虚开发票受过刑事处罚或者二次以上行政处罚，又虚开发票，数额达到第一、二项标准百分之六十以上的。

第五十八条 ［伪造、出售伪造的增值税专用发票案（刑法第二百零六条）］伪造或者出售伪造的增值税专用发票，涉嫌下列情形之一的，应予立案追诉：

（一）票面税额累计在十万元以上的；

（二）伪造或者出售伪造的增值税专用发票十份以上且票面税额在六万元以上的；

（三）非法获利数额在一万元以上的。

第五十九条 ［非法出售增值税专用发票案（刑法第二百零七条）］非法出售增值税专用发票，涉嫌下列情形之一的，应予立案追诉：

（一）票面税额累计在十万元以上的；

（二）非法出售增值税专用发票十份以上且票面税额在六万元以上的；

（三）非法获利数额在一万元以上的。

第六十条 ［非法购买增值税专用发票、购买伪造的增值税专用发票案（刑法第二百零八条第一款）］非法购买增值税专用发票或者购买伪造的增值税专用发票，涉嫌下列情形之一的，应予立案追诉：

（一）非法购买增值税专用发票或者购买伪造的增值税专用发票二十份以上且票面税额在十万元以上的；

（二）票面税额累计在二十万元以上的。

第六十一条 ［非法制造、出售非法制造的用于骗取出口退税、抵扣税款发票案（刑法第二百零九条第一款）］伪造、擅自制造或者出售伪造、擅自制造的可以用于骗取出口退税、抵扣税款的其他发票，涉嫌下列情形之一的，应予立案追诉：

（一）票面可以退税、抵扣税额累计在十万元以上的；

（二）伪造、擅自制造或者出售伪造、擅自制造的发票十份以上且票面可以退税、抵扣税额在六万元以上的；

（三）非法获利数额在一万元以上的。

第六十二条 ［非法制造、出售非法制造的发票案（刑法第二百零九条第二款）］伪造、擅自制造或者出售伪造、擅自制造的不具有骗取出口退税、抵扣税款功能的其他发票，涉嫌下列情形之一的，应予立案追诉：

（一）伪造、擅自制造或者出售伪造、擅自制造的不具有骗取出口退税、抵扣税款功能的其他发票一百份以上且票面金额累计在三十万元以上的；

（二）票面金额累计在五十万元以上的；

（三）非法获利数额在一万元以上的。

第六十三条 〔非法出售用于骗取出口退税、抵扣税款发票案（刑法第二百零九条第三款）〕非法出售可以用于骗取出口退税、抵扣税款的其他发票，涉嫌下列情形之一的，应予立案追诉：

（一）票面可以退税、抵扣税额累计在十万元以上的；

（二）非法出售用于骗取出口退税、抵扣税款的其他发票十份以上且票面可以退税、抵扣税额在六万元以上的；

（三）非法获利数额在一万元以上的。

第六十四条 〔非法出售发票案（刑法第二百零九条第四款）〕非法出售增值税专用发票、用于骗取出口退税、抵扣税款的其他发票以外的发票，涉嫌下列情形之一的，应予立案追诉：

（一）非法出售增值税专用发票、用于骗取出口退税、抵扣税款的其他发票以外的发票一百份以上且票面金额累计在三十万元以上的；

（二）票面金额累计在五十万元以上的；

（三）非法获利数额在一万元以上的。

第六十五条 〔持有伪造的发票案（刑法第二百一十条之一）〕明知是伪造的发票而持有，涉嫌下列情形之一的，应予立案追诉：

（一）持有伪造的增值税专用发票或者可以用于骗取出口退税、抵扣税款的其他发票五十份以上且票面税额累计在二十五万元以上的；

（二）持有伪造的增值税专用发票或者可以用于骗取出口退税、抵扣税款的其他发票票面税额累计在五十万元以上的；

（三）持有伪造的第一项规定以外的其他发票一百份以上且票面金额在五十万元以上的；

（四）持有伪造的第一项规定以外的其他发票票面金额累计在一百万元以上的。

第六十六条 〔损害商业信誉、商品声誉案（刑法第二百二十一条）〕捏造并散布虚伪事实，损害他人的商业信誉、商品声誉，涉嫌下列情形之一的，应予立案追诉：

（一）给他人造成直接经济损失数额在五十万元以上的；

（二）虽未达到上述数额标准，但造成公司、企业等单位停业、停产六个月以上，或者破产的；

（三）其他给他人造成重大损失或者有其他严重情节的情形。

第六十七条 〔虚假广告案（刑法第二百二十二条）〕广告主、广告经营者、广告发布者违反国家规定，利用广告对商品或者服务作虚假宣传，涉嫌下列情形之一的，应予立案追诉：

（一）违法所得数额在十万元以上的；

（二）假借预防、控制突发事件、传染病防治的名义，利用广告作虚假宣传，致使多人上当受骗，违法所得数额在三万元以上的；

（三）利用广告对食品、药品作虚假宣传，违法所得数额在三万元以上的；

（四）虽未达到上述数额标准，但二年内因利用广告作虚假宣传受过二次以上行政处罚，又利用广告作虚假宣传的；

（五）造成严重危害后果或者恶劣社会影响的；

（六）其他情节严重的情形。

第六十八条 〔串通投标案（刑法第二百二十三条）〕投标人相互串通投标报价，或者投标人与招标人串通投标，涉嫌下列情形之一的，应予立案追诉：

（一）损害招标人、投标人或者国家、集体、公民的合法利益，造成直接经济损失数额在五十万元以上的；

（二）违法所得数额在二十万元以上的；

（三）中标项目金额在四百万元以上的；

（四）采取威胁、欺骗或者贿赂等非法手段的；

（五）虽未达到上述数额标准，但二年内因串通投标受过二次以上行政处罚，又串通投标的；

（六）其他情节严重的情形。

第六十九条 〔合同诈骗案（刑法第二百二十四条）〕以非法占有为目的，在签订、履行合同过程中，骗取对方当事人财物，数额在二万元以上的，应予立案追诉。

第七十条 〔组织、领导传销活动案（刑法第二百二十四条之一）〕组织、领导以推销商品、提供服务等经营活动为名，要求参加者以缴纳费用或者购买商品、服务等方式获得加入资格，并按照一定顺序组成层级，直接或者间接以发展人员的数量作为计酬或者返利依据，引诱、胁迫参加者继续发展他人参加，骗取财物，扰乱经济社会秩序的传销活动，涉嫌组织、领导的传销活动人员在三十人以上且层级在三级以上的，对组织者、领导者，应予立案追诉。

下列人员可以认定为传销活动的组织者、领导者：

（一）在传销活动中起发起、策划、操纵作用的人员；

（二）在传销活动中承担管理、协调等职责的人员；

（三）在传销活动中承担宣传、培训等职责的人员；

（四）因组织、领导传销活动受过刑事追究，或者一年内因组织、领导传销活动受过行政处罚，又直接或者间接发展参与传销活动人员在十五人以上且层级在三级以上的人员；

（五）其他对传销活动的实施、传销组织的建立、扩大等起关键作用的人员。

第七十一条 〔非法经营案（刑法第二百二十五条）〕违反国家规定，进行非法经营活动，扰乱市场秩序，涉嫌下列情形之一的，应予立案追诉：

（一）违反国家烟草专卖管理法律法规，未经烟草专卖行政主管部门许可，无烟草专卖生产企业许可证、烟草专卖批发企业许可证、特种烟草专卖经营企业许可证、烟草专卖零售许可证等许可证明，非法经营烟草专卖品，具有下列情形之一的：

1. 非法经营数额在五万元以上，或者违法所得数额在二万元以上的；

2. 非法经营卷烟二十万支以上的；

3. 三年内因非法经营烟草专卖品受过二次以上行政处罚，又非法经营烟草专卖品且数额在三万元以上的。

（二）未经国家有关主管部门批准，非法经营证券、期货、保险业务，或者非法从事资金支付结算业务，具有下列情形之一的：

1. 非法经营证券、期货、保险业务，数额在一百万元以上，或者违法所得数额在十万元以上的；

2. 非法从事资金支付结算业务，数额在五百万元以上，或者违法所得数额在十万元以上的；

3. 非法从事资金支付结算业务，数额在二百五十万元以上不满五百万元，或者违法所得数额在五万元以上不满十万元，且具有下列情形之一的：

（1）因非法从事资金支付结算业务犯罪行为受过刑事追究的；

（2）二年内因非法从事资金支付结算业务违法行为受过行政处罚的；

（3）拒不交代涉案资金去向或者拒不配合追缴工作，致使赃款无法追缴的；

（4）造成其他严重后果的。

4. 使用销售点终端机具（POS机）等方法，以虚构交易、虚开价格、现金退货等方式向信用卡持卡人直接支付现金，数额在一百万元以上的，或者造成金融机构资金二十万元以上逾期未还的，或者造成金融机构经济损失十万元以上的。

（三）实施倒买倒卖外汇或者变相买卖外汇等非法买卖外汇行为，扰乱金融市场秩序，具有下列情形之一的：

1. 非法经营数额在五百万元以上的，或者违法所得数额在十万元以上的；

2. 非法经营数额在二百五十万元以上，或者违法所得数额在五万元以上，且具有下列情形之一的：

（1）因非法买卖外汇犯罪行为受过刑事追究的；

（2）二年内因非法买卖外汇违法行为受过行政处罚的；

（3）拒不交代涉案资金去向或者拒不配合追缴工作，致使赃款无法追缴的；

（4）造成其他严重后果的。

3. 公司、企业或者其他单位违反有关外贸代理业务的规定，采用非法手段，或者明知是伪造、变造的凭证、商业单据，为他人向外汇指定银行骗购外汇，数额在五百万美元以上或者违法所得数额在五十万元以上的；

4. 居间介绍骗购外汇，数额在一百万美元以上或者违法所得数额在十万元以上的。

（四）出版、印刷、复制、发行严重危害社会秩序和扰乱市场秩序的非法出版物，具有下列情形之一的：

1. 个人非法经营数额在五万元以上的，单位非法经营数额在十五万元以上的；

2. 个人违法所得数额在二万元以上的，单位违法所得数额在五万元以上的；

3. 个人非法经营报纸五千份或者期刊五千本或者图书二千册或者音像制品、电子出版物五百张（盒）以上的，单位非法经营报纸一万五千份或者期刊一万五千本或者图书五千册或者音像制品、电子出版物一千五百张（盒）以上的；

4. 虽未达到上述数额标准，但具有下列情形之一的：

（1）二年内因出版、印刷、复制、发行非法出版物受过二次以上行政处罚，又出版、印刷、复制、发行非法出版物的；

（2）因出版、印刷、复制、发行非法出版物造成恶劣社会影响或者其他严重后果的。

（五）非法从事出版物的出版、印刷、复制、发行业务，严重扰乱市场秩序，具有下列情形之一的：

1. 个人非法经营数额在十五万元以上的，单位非法经营数额在五十万元以上的；

2. 个人违法所得数额在五万元以上的，单位违法所得数额在十五万元以上的；

3. 个人非法经营报纸一万五千份或者期刊一万五千本或者图书五千册或者音像制品、电子出版物一千五百张（盒）以上的，单位非法经营报纸五万份或者期刊五万本或者图书一万五千册或者音像制品、电子出版物五千张（盒）以上的；

4. 虽未达到上述数额标准，二年内因非法从事出版物的出版、印刷、复制、发行业务受过二次以上行政处罚，又非法从事出版物的出版、印刷、复制、发行业务的。

（六）采取租用国际专线、私设转接设备或者其他方法，擅自经营国际电信业务或者涉港澳台电信业务进行营利活动，扰乱电信市场管理秩序，具有下列情形之一的：

1. 经营去话业务数额在一百万元以上的；

2. 经营来话业务造成电信资费损失数额在一百万元以上的；

3. 虽未达到上述数额标准，但具有下列情形之一的：

（1）二年内因非法经营国际电信业务或者涉港澳台电信业务行为受过二次以上行政处罚，又非法经营国际电信业务或者涉港澳台电信业务的；

（2）因非法经营国际电信业务或者涉港澳台电信业务行为造成其他严重后果的。

（七）以营利为目的，通过信息网络有偿提供删除信息服务，或者明知是虚假信息，通过信息网络有偿提供发布信息等服务，扰乱市场秩序，具有下列情形之一的：

1. 个人非法经营数额在五万元以上，或者违法所得数额在二万元以上的；

2. 单位非法经营数额在十五万元以上，或者违法所得数额在五万元以上的。

（八）非法生产、销售“黑广播”“伪基站”、无线电干扰器等无线电设备，具有下列情形之一的：

1. 非法生产、销售无线电设备三套以上的；

2. 非法经营数额在五万元以上的；

3. 虽未达到上述数额标准，但二年内因非法生产、销售无线电设备受过二次以上行政处罚，又非法生产、销售无线电设备的。

（九）以提供给他人开设赌场为目的，违反国家规定，非法生产、销售具有退币、退分、退钢珠等赌博功能的电子游戏设施设备或者其专用软件，具有下列情形之一的：

1. 个人非法经营数额在五万元以上，或者违法所得数额在一万元以上的；

2. 单位非法经营数额在五十万元以上，或者违法所得数额在十万元以上的；

3. 虽未达到上述数额标准，但二年内因非法生产、销售赌博机行为受过二次以上行政处罚，又进行同种非法经营行为的；

4. 其他情节严重的情形。

（十）实施下列危害食品安全行为，非法经营数额在十万元以上，或者违法所得数额在五万元以上的：

1. 以提供给他人生产、销售食品为目的，违反国家规定，生产、销售国家禁止用于食品生产、销售的非食品原料的；

2. 以提供给他人生产、销售食用农产品为目的，违反国家规定，生产、销售国家禁用农药、食品动物中禁止使用的药品及其他化合物等有毒、有害的非食品原料，或者生产、销售添加上述有毒、有害的非食品原料的农药、兽药、饲料、饲料添加剂、饲料原料的；

3. 违反国家规定，私设生猪屠宰厂（场），从事生猪屠宰、销售等经营活动的。

（十一）未经监管部门批准，或者超越经营范围，以营利为目的，以超过百分之三十六的实际年利率经常性地向社会不特定对象发放贷款，具有下列情形之一的：

1. 个人非法放贷数额累计在二百万元以上的，单位非法放贷数额累计在一千万元以上的；

2. 个人违法所得数额累计在八十万元以上的，单位违法所得数额累计在四百万元以上的；

3. 个人非法放贷对象累计在五十人以上的，单位非法放贷对象累计在一百五十人以上的；

4. 造成借款人或者其近亲属自杀、死亡或者精神失常等严重后果的；

5. 虽未达到上述数额标准，但具有下列情形之一的：

（1）二年内因实施非法放贷行为受过二次以上行政处罚的；

（2）以超过百分之七十二的实际年利率实施非法放贷行为十次以上的。

黑恶势力非法放贷的，按照第1、2、3项规定的相应数额、数量标准的百分之五十确定。同时具有第5项规定情形的，按照相应数额、数量标准的百分之四十确定。

（十二）从事其他非法经营活动，具有下列情形之一的：

1. 个人非法经营数额在五万元以上，或者违法所得数额在一万元以上的；

2. 单位非法经营数额在五十万元以上，或者违法所得数额在十万元以上的；

3. 虽未达到上述数额标准，但二年内因非法经营行为受过二次以上行政处罚，又从事同种非法经营行为的；

4. 其他情节严重的情形。

法律、司法解释对非法经营罪的立案追诉标准另有规定的，依照其规定。

第七十二条 〔非法转让、倒卖土地使用权案（刑法第二百二十八条）〕以牟利为目的，违反土地管理法规，非法转让、倒卖土地使用权，涉嫌下列情形之一的，应予立案追诉：

（一）非法转让、倒卖永久基本农田五亩以上的；

（二）非法转让、倒卖永久基本农田以外的耕地十亩以上的；

（三）非法转让、倒卖其他土地二十亩以上的；

（四）违法所得数额在五十万元以上的；

（五）虽未达到上述数额标准，但因非法转让、倒卖土地使用权受过行政处罚，又非法转让、倒卖土地的；

（六）其他情节严重的情形。

第七十三条 〔提供虚假证明文件案（刑法第二百二十九条第一款）〕承担资产评估、验资、验证、会计、审计、法律服务、保荐、安全评价、环境影响评价、环境监测等职责的中介组织的人员故意提供虚假证明文件，涉嫌下列情形之一的，应予立案追诉：

（一）给国家、公众或者其他投资者造成直接经济损失数额在五十万元以上的；

（二）违法所得数额在十万元以上的；

（三）虚假证明文件虚构数额在一百万元以上且占实际数额百分之三十以上的；

（四）虽未达到上述数额标准，但二年内因提供虚假证明文件受过二次以上行政处罚，又提供虚假证明文件的；

（五）其他情节严重的情形。

第七十四条 〔出具证明文件重大失实案（刑法第二百二十九条第三款）〕承担资产评估、验资、验证、会计、审计、法律服务、保荐、安全评价、环境影响评价、环境监测等职责的中介组织的人员严重不负责任，出具的证明文件有重大失实，涉嫌下列情形之一的，应予立案追诉：

（一）给国家、公众或者其他投资者造成直接经济损失数额在一百万元以上的；

（二）其他造成严重后果的情形。

第七十五条 〔逃避商检案（刑法第二百三十条）〕违反进出口商品检验法的规定，逃避商品检验，将必须经商检机构检验的进口商品未报经检验而擅自销售、使用，或者将必须经商检机构检验的出口商品未报经检验合格而擅自出口，涉嫌下列情形之一的，应予立案追诉：

（一）给国家、单位或者个人造成直接经济损失数额在五十万元以上的；

（二）逃避商检的进出口货物货值金额在三百万元以上的；

（三）导致病疫流行、灾害事故的；

（四）多次逃避商检的；

（五）引起国际经济贸易纠纷，严重影响国家对外贸易关系，或者严重损害国家声誉的；

（六）其他情节严重的情形。

第七十六条 〔职务侵占案（刑法第二百七十一条第一款）〕公司、企业或者其他单位的工作人员，利用职务上的便利，将本单位财物非法占为己有，数额在三万元以上的，应予立案追诉。

第七十七条　〔挪用资金案（刑法第二百七十二条第一款）〕公司、企业或者其他单位的工作人员，利用职务上的便利，挪用本单位资金归个人使用或者借贷给他人，涉嫌下列情形之一的，应予立案追诉：

（一）挪用本单位资金数额在五万元以上，超过三个月未还的；

（二）挪用本单位资金数额在五万元以上，进行营利活动的；

（三）挪用本单位资金数额在三万元以上，进行非法活动的。

具有下列情形之一的，属于本条规定的“归个人使用”：

（一）将本单位资金供本人、亲友或者其他自然人使用的；

（二）以个人名义将本单位资金供其他单位使用的；

（三）个人决定以单位名义将本单位资金供其他单位使用，谋取个人利益的。

第七十八条　〔虚假诉讼案（刑法第三百零七条之一）〕单独或者与他人恶意串通，以捏造的事实提起民事诉讼，涉嫌下列情形之一的，应予立案追诉：

（一）致使人民法院基于捏造的事实采取财产保全或者行为保全措施的；

（二）致使人民法院开庭审理，干扰正常司法活动的；

（三）致使人民法院基于捏造的事实作出裁判文书、制作财产分配方案，或者立案执行基于捏造的事实作出的仲裁裁决、公证债权文书的；

（四）多次以捏造的事实提起民事诉讼的；

（五）因以捏造的事实提起民事诉讼被采取民事诉讼强制措施或者受过刑事追究的；

（六）其他妨害司法秩序或者严重侵害他人合法权益的情形。

附　则

第七十九条　本规定中的“货币”是指在境内外正在流通的以下货币：

（一）人民币（含普通纪念币、贵金属纪念币）、港元、澳门元、新台币；

（二）其他国家及地区的法定货币。

贵金属纪念币的面额以中国人民银行授权中国金币总公司的初始发售价格为准。

第八十条　本规定中的“多次”，是指三次以上。

第八十一条　本规定中的“虽未达到上述数额标准”，是指接近上述数额标准且已达到该数额的百分之八十以上的。

第八十二条　对于预备犯、未遂犯、中止犯，需要追究刑事责任的，应予立案追诉。

第八十三条 本规定中的立案追诉标准，除法律、司法解释、本规定中另有规定的以外，适用于相应的单位犯罪。

第八十四条 本规定中的“以上”，包括本数。

第八十五条 本规定自 2022 年 5 月 15 日施行。《最高人民检察院、公安部关于公安机关管辖的刑事案件立案追诉标准的规定（二）》（公通字〔2010〕23 号）和《最高人民检察院、公安部关于公安机关管辖的刑事案件立案追诉标准的规定（二）的补充规定》（公通字〔2011〕47 号）同时废止。

经济犯罪案件立案追诉标准新旧条文对照表

（第一栏“__”部分为修改的内容，“□”部分为删除的内容；第二栏阴影部分为增加或者修改的内容）

《最高人民检察院、公安部关于公安机关管辖的刑事案件立案追诉标准的规定（二）》（2010 年版）	《最高人民检察院、公安部关于公安机关管辖的刑事案件立案追诉标准的规定（二）》（2022 年版）
第一条 〔资助恐怖活动案（刑法第一百二十条之一）〕资助恐怖活动组织或者实施恐怖活动的个人的，应予立案追诉。 本条规定的“资助”，是指为恐怖活动组织或者实施恐怖活动的个人筹集、提供经费、物资或者提供场所以及其他物质便利的行为。“实施恐怖活动的个人”，包括预谋实施、准备实施和实际实施恐怖活动的个人。	**第一条** 〔帮助恐怖活动案（刑法第一百二十条之一第一款）〕资助恐怖活动组织、实施恐怖活动的个人的，或者资助恐怖活动培训的，应予立案追诉。
第二条 〔走私假币案（刑法第一百五十一条第一款）〕走私伪造的货币，总面额在二千元以上或者币量在二百张（枚）以上的，应予立案追诉。	**第二条** 〔走私假币案（刑法第一百五十一条第一款）〕走私伪造的货币，涉嫌下列情形之一的，应予立案追诉： （一）总面额在二千元以上或者币量在二百张（枚）以上的； （二）总面额在一千元以上或者币量在一百张（枚）以上，二年内因走私假币受过行政处罚，又走私假币的； （三）其他走私假币应予追究刑事责任的情形。

第三条 〔虚报注册资本案（刑法第一百五十八条）〕申请公司登记使用虚假证明文件或者采取其他欺诈手段虚报注册资本，欺骗公司登记主管部门，取得公司登记，涉嫌下列情形之一的，应予立案追诉： （一）超过法定出资期限，实缴注册资本不足法定注册资本最低限额，有限责任公司虚报数额在三十万元以上并占其应缴出资数额百分之六十以上的，股份有限公司虚报数额在三百万元以上并占其应缴出资数额百分之三十以上的； （二）超过法定出资期限，实缴注册资本达到法定注册资本最低限额，但仍虚报注册资本，有限责任公司虚报数额在一百万元以上并占其应缴出资数额百分之六十以上的，股份有限公司虚报数额在一千万元以上并占其应缴出资数额百分之三十以上的； （三）造成投资者或者其他债权人直接经济损失累计数额在十万元以上的； （四）虽未达到上述数额标准，但具有下列情形之一的： 1. 两年内因虚报注册资本受过行政处罚二次以上，又虚报注册资本的； 2. 向公司登记主管人员行贿的； 3. 为进行违法活动而注册的。 （五）其他后果严重或者有其他严重情节的情形。	**第三条** 〔虚报注册资本案（刑法第一百五十八条）〕申请公司登记使用虚假证明文件或者采取其他欺诈手段虚报注册资本，欺骗公司登记主管部门，取得公司登记，涉嫌下列情形之一的，应予立案追诉： （一）法定注册资本最低限额在六百万元以下，虚报数额占其应缴出资数额百分之六十以上的； （二）法定注册资本最低限额超过六百万元，虚报数额占其应缴出资数额百分之三十以上的； （三）造成投资者或者其他债权人直接经济损失累计数额在五十万元以上的； （四）虽未达到上述数额标准，但具有下列情形之一的： 1. 二年内因虚报注册资本受过二次以上行政处罚，又虚报注册资本的； 2. 向公司登记主管人员行贿的； 3. 为进行违法活动而注册的。 （五）其他后果严重或者有其他严重情节的情形。 本条只适用于依法实行注册资本实缴登记制的公司。

第四条 〔虚假出资、抽逃出资案（刑法第一百五十九条）〕公司发起人、股东违反公司法的规定未交付货币、实物或者未转移财产权，虚假出资，或者在公司成立后又抽逃其出资，涉嫌下列情形之一的，应予立案追诉： （一）超过法定出资期限，有限责任公司股东虚假出资数额在三十万元以上并占其应缴出资数额百分之六十以上的，股份有限公司发起人、股东虚假出资数额在三百万元以上并占其应缴出资数额百分之三十以上的； （二）有限责任公司股东抽逃出资数额在三十万元以上并占其实缴出资数额百分之六十以上的，股份有限公司发起人、股东抽逃出资数额在三百万元以上并占其实缴出资数额百分之三十以上的； （三）造成公司、股东、债权人的直接经济损失累计数额在十万元以上的； （四）虽未达到上述数额标准，但具有下列情形之一的： 1. 致使公司资不抵债或者无法正常经营的； 2. 公司发起人、股东合谋虚假出资、抽逃出资的； 3. 两年内因虚假出资、抽逃出资受过行政处罚二次以上，又虚假出资、抽逃出资的； 4. 利用虚假出资、抽逃出资所得资金进行违法活动的。 （五）其他后果严重或者有其他严重情节的情形。	**第四条** 〔虚假出资、抽逃出资案（刑法第一百五十九条）〕公司发起人、股东违反公司法的规定未交付货币、实物或者未转移财产权，虚假出资，或者在公司成立后又抽逃其出资，涉嫌下列情形之一的，应予立案追诉： （一）法定注册资本最低限额在六百万元以下，虚假出资、抽逃出资数额占其应缴出资数额百分之六十以上的； （二）法定注册资本最低限额超过六百万元，虚假出资、抽逃出资数额占其应缴出资数额百分之三十以上的； （三）造成公司、股东、债权人的直接经济损失累计数额在五十万元以上的； （四）虽未达到上述数额标准，但具有下列情形之一的： 1. 致使公司资不抵债或者无法正常经营的； 2. 公司发起人、股东合谋虚假出资、抽逃出资的； 3. 二年内因虚假出资、抽逃出资受过二次以上行政处罚，又虚假出资、抽逃出资的； 4. 利用虚假出资、抽逃出资所得资金进行违法活动的。 （五）其他后果严重或者有其他严重情节的情形。 本条只适用于依法实行注册资本实缴登记制的公司。

第五条 〔欺诈发行股票、债券案（刑法第一百六十条）〕在招股说明书、认股书、公司、企业债券募集办法中隐瞒重要事实或者编造重大虚假内容，发行股票或者公司、企业债券，涉嫌下列情形之一的，应予立案追诉： （一）发行数额在五百万元以上的； （二）伪造、变造国家机关公文、有效证明文件或者相关凭证、单据的； （三）利用募集的资金进行违法活动的； （四）转移或者隐瞒所募集资金的； （五）其他后果严重或者有其他严重情节的情形。	**第五条** 〔欺诈发行证券案（刑法第一百六十条）〕在招股说明书、认股书、公司、企业债券募集办法等发行文件中隐瞒重要事实或者编造重大虚假内容，发行股票或者公司、企业债券、存托凭证或者国务院依法认定的其他证券，涉嫌下列情形之一的，应予立案追诉： （一）非法募集资金金额在一千万元以上的； （二）虚增或者虚减资产达到当期资产总额百分之三十以上的； （三）虚增或者虚减营业收入达到当期营业收入总额百分之三十以上的； （四）虚增或者虚减利润达到当期利润总额百分之三十以上的； （五）隐瞒或者编造的重大诉讼、仲裁、担保、关联交易或者其他重大事项所涉及的数额或者连续十二个月的累计数额达到最近一期披露的净资产百分之五十以上的； （六）造成投资者直接经济损失数额累计在一百万元以上的； （七）为欺诈发行证券而伪造、变造国家机关公文、有效证明文件或者相关凭证、单据的； （八）为欺诈发行证券向负有金融监督管理职责的单位或者人员行贿的； （九）募集的资金全部或者主要用于违法犯罪活动的； （十）其他后果严重或者有其他严重情节的情形。

第六条 〔违规披露、不披露重要信息案（刑法第一百六十一条）〕依法负有信息披露义务的公司、企业向股东和社会公众提供虚假的或者隐瞒重要事实的财务会计报告，或者对依法应当披露的其他重要信息不按照规定披露，涉嫌下列情形之一的，应予立案追诉： （一）造成股东、债权人或者其他人直接经济损失数额累计在五十万元以上的； （二）虚增或者虚减资产达到当期披露的资产总额百分之三十以上的； （三）虚增或者虚减利润达到当期披露的利润总额百分之三十以上的； （四）未按照规定披露的重大诉讼、仲裁、担保、关联交易或者其他重大事项所涉及的数额或者连续十二个月的累计数额占净资产百分之五十以上的； （五）致使公司发行的股票、公司债券或者国务院依法认定的其他证券被终止上市交易或者多次被暂停上市交易的； （六）致使不符合发行条件的公司、企业骗取发行核准并且上市交易的； （七）在公司财务会计报告中将亏损披露为盈利，或者将盈利披露为亏损的； （八）多次提供虚假的或者隐瞒重要事实的财务会计报告，或者多次对依法应当披露的其他重要信息不按照规定披露的； （九）其他严重损害股东、债权人或者其他人利益，或者有其他严重情节的情形。	**第六条** 〔违规披露、不披露重要信息案（刑法第一百六十一条）〕依法负有信息披露义务的公司、企业向股东和社会公众提供虚假的或者隐瞒重要事实的财务会计报告，或者对依法应当披露的其他重要信息不按照规定披露，涉嫌下列情形之一的，应予立案追诉： （一）造成股东、债权人或者其他人直接经济损失数额累计在一百万元以上的； （二）虚增或者虚减资产达到当期披露的资产总额百分之三十以上的； （三）虚增或者虚减营业收入达到当期披露的营业收入总额百分之三十以上的； （四）虚增或者虚减利润达到当期披露的利润总额百分之三十以上的； （五）未按照规定披露的重大诉讼、仲裁、担保、关联交易或者其他重大事项所涉及的数额或者连续十二个月的累计数额达到最近一期披露的净资产百分之五十以上的； （六）致使不符合发行条件的公司、企业骗取发行核准或者注册并且上市交易的； （七）致使公司、企业发行的股票或者公司、企业债券、存托凭证或者国务院依法认定的其他证券被终止上市交易的； （八）在公司财务会计报告中将亏损披露为盈利，或者将盈利披露为亏损的； （九）多次提供虚假的或者隐瞒重要事实的财务会计报告，或者多次对依法应当披露的其他重要信息不按照规定披露的； （十）其他严重损害股东、债权人或者其他人利益，或者有其他严重情节的情形。

第七条 〔妨害清算案（刑法第一百六十二条）〕公司、企业进行清算时，隐匿财产，对资产负债表或者财产清单作虚伪记载或者在未清偿债务前分配公司、企业财产，涉嫌下列情形之一的，应予立案追诉： （一）隐匿财产价值在五十万元以上的； （二）对资产负债表或者财产清单作虚伪记载涉及金额在五十万元以上的； （三）在未清偿债务前分配公司、企业财产价值在五十万元以上的； （四）造成债权人或者其他人直接经济损失数额累计在十万元以上的； （五）虽未达到上述数额标准，但应清偿的职工的工资、社会保险费用和法定补偿金得不到及时清偿，造成恶劣社会影响的； （六）其他严重损害债权人或者其他人利益的情形。	**第七条** 〔妨害清算案（刑法第一百六十二条）〕公司、企业进行清算时，隐匿财产，对资产负债表或者财产清单作虚伪记载或者在未清偿债务前分配公司、企业财产，涉嫌下列情形之一的，应予立案追诉： （一）隐匿财产价值在五十万元以上的； （二）对资产负债表或者财产清单作虚伪记载涉及金额在五十万元以上的； （三）在未清偿债务前分配公司、企业财产价值在五十万元以上的； （四）造成债权人或者其他人直接经济损失数额累计在十万元以上的； （五）虽未达到上述数额标准，但应清偿的职工的工资、社会保险费用和法定补偿金得不到及时清偿，造成恶劣社会影响的； （六）其他严重损害债权人或者其他人利益的情形。
第八条 〔隐匿、故意销毁会计凭证、会计账簿、财务会计报告案（刑法第一百六十二条之一）〕隐匿或者故意销毁依法应当保存的会计凭证、会计账簿、财务会计报告，涉嫌下列情形之一的，应予立案追诉： （一）隐匿、故意销毁的会计凭证、会计账簿、财务会计报告涉及金额在五十万元以上的； （二）依法应当向司法机关、行政机关、有关主管部门等提供而隐匿、故意销毁或者拒不交出会计凭证、会计账簿、财务会计报告的； （三）其他情节严重的情形。	**第八条** 〔隐匿、故意销毁会计凭证、会计账簿、财务会计报告案（刑法第一百六十二条之一）〕隐匿或者故意销毁依法应当保存的会计凭证、会计账簿、财务会计报告，涉嫌下列情形之一的，应予立案追诉： （一）隐匿、故意销毁的会计凭证、会计账簿、财务会计报告涉及金额在五十万元以上的； （二）依法应当向监察机关、司法机关、行政机关、有关主管部门等提供而隐匿、故意销毁或者拒不交出会计凭证、会计账簿、财务会计报告的； （三）其他情节严重的情形。

第九条 〔虚假破产案（刑法第一百六十二条之二）〕公司、企业通过隐匿财产、承担虚构的债务或者以其他方法转移、处分财产，实施虚假破产，涉嫌下列情形之一的，应予立案追诉： （一）隐匿财产价值在五十万元以上的； （二）承担虚构的债务涉及金额在五十万元以上的； （三）以其他方法转移、处分财产价值在五十万元以上的； （四）造成债权人或者其他人直接经济损失数额累计在十万元以上的； （五）虽未达到上述数额标准，但应清偿的职工的工资、社会保险费用和法定补偿金得不到及时清偿，造成恶劣社会影响的； （六）其他严重损害债权人或者其他人利益的情形。	**第九条** 〔虚假破产案（刑法第一百六十二条之二）〕公司、企业通过隐匿财产、承担虚构的债务或者以其他方法转移、处分财产，实施虚假破产，涉嫌下列情形之一的，应予立案追诉： （一）隐匿财产价值在五十万元以上的； （二）承担虚构的债务涉及金额在五十万元以上的； （三）以其他方法转移、处分财产价值在五十万元以上的； （四）造成债权人或者其他人直接经济损失数额累计在十万元以上的； （五）虽未达到上述数额标准，但应清偿的职工的工资、社会保险费用和法定补偿金得不到及时清偿，造成恶劣社会影响的； （六）其他严重损害债权人或者其他人利益的情形。
第十条 〔非国家工作人员受贿案（刑法第一百六十三条）〕公司、企业或者其他单位的工作人员利用职务上的便利，索取他人财物或者非法收受他人财物，为他人谋取利益，或者在经济往来中，利用职务上的便利，违反国家规定，收受各种名义的回扣、手续费，归个人所有，数额在五千元以上的，应予立案追诉。	**第十条** 〔非国家工作人员受贿案（刑法第一百六十三条）〕公司、企业或者其他单位的工作人员，利用职务上的便利，索取他人财物或者非法收受他人财物，为他人谋取利益，或者在经济往来中，利用职务上的便利，违反国家规定，收受各种名义的回扣、手续费，归个人所有，数额在三万元以上的，应予立案追诉。
第十一条 〔对非国家工作人员行贿案（刑法第一百六十四条）〕为谋取不正当利益，给予公司、企业或者其他单位的工作人员以财物，个人行贿数额在一万元以上的，单位行贿数额在二十万元以上的，应予立案追诉。	**第十一条** 〔对非国家工作人员行贿案（刑法第一百六十四条第一款）〕为谋取不正当利益，给予公司、企业或者其他单位的工作人员以财物，个人行贿数额在三万元以上的，单位行贿数额在二十万元以上的，应予立案追诉。

《最高人民检察院、公安部关于公安机关管辖的刑事案件立案追诉标准的规定（二）的补充规定》 **第十一条之一** 〔对外国公职人员、国际公共组织官员行贿案（刑法第一百六十四条第二款）〕为谋取不正当商业利益，给予外国公职人员或者国际公共组织官员以财物，个人行贿数额在一万元以上的，单位行贿数额在二十万元以上的，应予立案追诉。	**第十二条** 〔对外国公职人员、国际公共组织官员行贿案（刑法第一百六十四条第二款）〕为谋取不正当商业利益，给予外国公职人员或者国际公共组织官员以财物，个人行贿数额在三万元以上的，单位行贿数额在二十万元以上的，应予立案追诉。
第十八条 〔背信损害上市公司利益案（刑法第一百六十九条之一）〕上市公司的董事、监事、高级管理人员违背对公司的忠实义务，利用职务便利，操纵上市公司从事损害上市公司利益的行为，以及上市公司的控股股东或者实际控制人，指使上市公司董事、监事、高级管理人员实施损害上市公司利益的行为，涉嫌下列情形之一的，应予立案追诉： （一）无偿向其他单位或者个人提供资金、商品、服务或者其他资产，致使上市公司直接经济损失数额在一百五十万元以上的； （二）以明显不公平的条件，提供或者接受资金、商品、服务或者其他资产，致使上市公司直接经济损失数额在一百五十万元以上的； （三）向明显不具有清偿能力的单位或者个人提供资金、商品、服务或者其他资产，致使上市公司直接经济损失数额在一百五十万元以上的； （四）为明显不具有清偿能力的单位或者个人提供担保，或者无正当理由为其他单位或者个人提供担保，	**第十三条** 〔背信损害上市公司利益案（刑法第一百六十九条之一）〕上市公司的董事、监事、高级管理人员违背对公司的忠实义务，利用职务便利，操纵上市公司从事损害上市公司利益的行为，以及上市公司的控股股东或者实际控制人，指使上市公司董事、监事、高级管理人员实施损害上市公司利益的行为，涉嫌下列情形之一的，应予立案追诉： （一）无偿向其他单位或者个人提供资金、商品、服务或者其他资产，致使上市公司直接经济损失数额在一百五十万元以上的； （二）以明显不公平的条件，提供或者接受资金、商品、服务或者其他资产，致使上市公司直接经济损失数额在一百五十万元以上的； （三）向明显不具有清偿能力的单位或者个人提供资金、商品、服务或者其他资产，致使上市公司直接经济损失数额在一百五十万元以上的； （四）为明显不具有清偿能力的单位或者个人提供担保，或者无正当理由为其他单位或者个人提供担保，

致使上市公司直接经济损失数额在一百五十万元以上的； （五）无正当理由放弃债权、承担债务，致使上市公司直接经济损失数额在一百五十万元以上的； （六）致使公司发行的股票、公司债券或者国务院依法认定的其他证券被终止上市交易或者多次被暂停上市交易的； （七）其他致使上市公司利益遭受重大损失的情形。	致使上市公司直接经济损失数额在一百五十万元以上的； （五）无正当理由放弃债权、承担债务，致使上市公司直接经济损失数额在一百五十万元以上的； （六）致使公司、企业发行的股票或者公司、企业债券、存托凭证或者国务院依法认定的其他证券被终止上市交易的； （七）其他致使上市公司利益遭受重大损失的情形。
第十九条　〔伪造货币案（刑法第一百七十条）〕伪造货币，涉嫌下列情形之一的，应予立案追诉： （一）伪造货币，总面额在二千元以上或者币量在二百张（枚）以上的； （二）制造货币版样或者为他人伪造货币提供版样的； （三）其他伪造货币应予追究刑事责任的情形。 本规定中的“货币”是指流通的以下货币： （一）人民币（含普通纪念币、贵金属纪念币）、港元、澳门元、新台币； （二）其他国家及地区的法定货币。 贵金属纪念币的面额以中国人民银行授权中国金币总公司的初始发售价格为准。	**第十四条**　〔伪造货币案（刑法第一百七十条）伪造货币，涉嫌下列情形之一的，应予立案追诉： （一）总面额在二千元以上或者币量在二百张（枚）以上的； （二）总面额在一千元以上或者币量在一百张（枚）以上，二年内因伪造货币受过行政处罚，又伪造货币的； （三）制造货币版样或者为他人伪造货币提供版样的； （四）其他伪造货币应予追究刑事责任的情形。

第二十条 〔出售、购买、运输假币案（刑法第一百七十一条第一款）〕出售、购买伪造的货币或者明知是伪造的货币而运输，总面额在四千元以上或者币量在四百张（枚）以上的，应予立案追诉。 在出售假币时被抓获的，除现场查获的假币应认定为出售假币的数额外，现场之外在行为人住所或者其他藏匿地查获的假币，也应认定为出售假币的数额。	**第十五条** 〔出售、购买、运输假币案（刑法第一百七十一条第一款）〕出售、购买伪造的货币或者明知是伪造的货币而运输，涉嫌下列情形之一的，应予立案追诉。 （一）总面额在四千元以上或者币量在四百张（枚）以上的； （二）总面额在二千元以上或者币量在二百张（枚）以上，二年内因出售、购买、运输假币受过行政处罚，又出售、购买、运输假币的； （三）其他出售、购买、运输假币应予追究刑事责任的情形。 在出售假币时被抓获的，除现场查获的假币应认定为出售假币的数额外，现场之外在行为人住所或者其他藏匿地查获的假币，也应认定为出售假币的数额。
第二十一条 〔金融工作人员购买假币、以假币换取货币案（刑法第一百七十一条第二款）〕银行或者其他金融机构的工作人员购买伪造的货币或者利用职务上的便利，以伪造的货币换取货币，总面额在二千元以上或者币量在二百张（枚）以上的，应予立案追诉。	**第十六条** 〔金融工作人员购买假币、以假币换取货币案（刑法第一百七十一条第二款）〕银行或者其他金融机构的工作人员购买伪造的货币或者利用职务上的便利，以伪造的货币换取货币，总面额在二千元以上或者币量在二百张（枚）以上的，应予立案追诉。
第二十二条 〔持有、使用假币案（刑法第一百七十二条）〕明知是伪造的货币而持有、使用，总面额在四千元以上或者币量在四百张（枚）以上的，应予立案追诉。	**第十七条** 〔持有、使用假币案（刑法第一百七十二条）〕明知是伪造的货币而持有、使用，涉嫌下列情形之一的,应予立案追诉： （一）总面额在四千元以上或者币量在四百张（枚）以上的； （二）总面额在二千元以上或者币量在二百张（枚）以上，二年内因持有、使用假币受过行政处罚，又持有、使用假币的； （三）其他持有、使用假币应予追究刑事责任的情形。

第二十三条 〔变造货币案（刑法第一百七十三条）〕变造货币，总面额在二千元以上或者币量在二百张（枚）以上的，应予立案追诉。	**第十八条** 〔变造货币案（刑法第一百七十三条）〕变造货币，涉嫌下列情形之一的，应予立案追诉： （一）总面额在二千元以上或者币量在二百张（枚）以上的； （二）总面额在一千元以上或者币量在一百张（枚）以上，二年内因变造货币受过行政处罚，又变造货币的； （三）其他变造货币应予追究刑事责任的情形。
第二十四条 〔擅自设立金融机构案（刑法第一百七十四条第一款）〕未经国家有关主管部门批准，擅自设立金融机构，涉嫌下列情形之一的，应予立案追诉： （一）擅自设立商业银行、证券交易所、期货交易所、证券公司、期货公司、保险公司或者其他金融机构的； （二）擅自设立商业银行、证券交易所、期货交易所、证券公司、期货公司、保险公司或者其他金融机构筹备组织的。	**第十九条** 〔擅自设立金融机构案（刑法第一百七十四条第一款）〕未经国家有关主管部门批准，擅自设立金融机构，涉嫌下列情形之一的，应予立案追诉： （一）擅自设立商业银行、证券交易所、期货交易所、证券公司、期货公司、保险公司或者其他金融机构的； （二）擅自设立金融机构筹备组织的。
第二十五条 〔伪造、变造、转让金融机构经营许可证、批准文件案（刑法第一百七十四条第二款）〕伪造、变造、转让商业银行、证券交易所、期货交易所、证券公司、期货公司、保险公司或者其他金融机构的经营许可证或者批准文件的，应予立案追诉。	**第二十条** 〔伪造、变造、转让金融机构经营许可证、批准文件案（刑法第一百七十四条第二款）〕伪造、变造、转让商业银行、证券交易所、期货交易所、证券公司、期货公司、保险公司或者其他金融机构的经营许可证或者批准文件的，应予立案追诉。

第二十六条　〔高利转贷案（刑法第一百七十五条）〕以转贷牟利为目的，套取金融机构信贷资金高利转贷他人，涉嫌下列情形之一的，应予立案追诉： （一）高利转贷，违法所得数额在十万元以上的； （二）虽未达到上述数额标准，但两年内因高利转贷受过行政处罚二次以上，又高利转贷的。	**第二十一条**　〔高利转贷案（刑法第一百七十五条）〕以转贷牟利为目的，套取金融机构信贷资金高利转贷他人，违法所得数额在五十万元以上的，应予立案追诉。
第二十七条　〔骗取贷款、票据承兑、金融票证案（刑法第一百七十五条之一）〕以欺骗手段取得银行或者其他金融机构贷款、票据承兑、信用证、保函等，涉嫌下列情形之一的，应予立案追诉： （一）以欺骗手段取得贷款、票据承兑、信用证、保函等，数额在一百万元以上的； （二）以欺骗手段取得贷款、票据承兑、信用证、保函等，给银行或者其他金融机构造成直接经济损失数额在二十万元以上的； （三）虽未达到上述数额标准，但多次以欺骗手段取得贷款、票据承兑、信用证、保函等的； （四）其他给银行或者其他金融机构造成重大损失或者有其他严重情节的情形。	**第二十二条**　〔骗取贷款、票据承兑、金融票证案（刑法第一百七十五条之一）〕以欺骗手段取得银行或者其他金融机构贷款、票据承兑、信用证、保函等，给银行或者其他金融机构造成直接经济损失数额在五十万元以上的，应予立案追诉。

第二十八条 〔非法吸收公众存款案（刑法第一百七十六条）〕非法吸收公众存款或者变相吸收公众存款，扰乱金融秩序，涉嫌下列情形之一的，应予立案追诉： （一）个人非法吸收或者变相吸收公众存款数额在二十万元以上的，单位非法吸收或者变相吸收公众存款数额在一百万元以上的； （二）个人非法吸收或者变相吸收公众存款三十户以上的，单位非法吸收或者变相吸收公众存款一百五十户以上的； （三）个人非法吸收或者变相吸收公众存款给存款人造成直接经济损失数额在十万元以上的，单位非法吸收或者变相吸收公众存款给存款人造成直接经济损失数额在五十万元以上的； （四）造成恶劣社会影响的； （五）其他扰乱金融秩序情节严重的情形。	**第二十三条** 〔非法吸收公众存款案（刑法第一百七十六条）〕非法吸收公众存款或者变相吸收公众存款，扰乱金融秩序，涉嫌下列情形之一的，应予立案追诉： （一）非法吸收或者变相吸收公众存款数额在一百万元以上的； （二）非法吸收或者变相吸收公众存款对象一百五十人以上的； （三）非法吸收或者变相吸收公众存款，给集资参与人造成直接经济损失数额在五十万元以上的； 非法吸收或者变相吸收公众存款数额在五十万元以上或者给集资参与人造成直接经济损失数额在二十五万元以上，同时涉嫌下列情形之一的，应予立案追诉： （一）因非法集资受过刑事追究的； （二）二年内因非法集资受过行政处罚的； （三）造成恶劣社会影响或者其他严重后果的。
第二十九条 〔伪造、变造金融票证案（刑法第一百七十七条）〕伪造、变造金融票证，涉嫌下列情形之一的，应予立案追诉： （一）伪造、变造汇票、本票、支票，或者伪造、变造委托收款凭证、汇款凭证、银行存单等其他银行结算凭证，或者伪造、变造信用证或者附随的单据、文件，总面额在一万元以上或者数量在十张以上的； （二）伪造信用卡一张以上，或者伪造空白信用卡十张以上的。	**第二十四条** 〔伪造、变造金融票证案（刑法第一百七十七条）〕伪造、变造金融票证，涉嫌下列情形之一的，应予立案追诉： （一）伪造、变造汇票、本票、支票，或者伪造、变造委托收款凭证、汇款凭证、银行存单等其他银行结算凭证，或者伪造、变造信用证或者附随的单据、文件，总面额在一万元以上或者数量在十张以上的； （二）伪造信用卡一张以上，或者伪造空白信用卡十张以上的。

第三十条 〔妨害信用卡管理案（刑法第一百七十七条之一第一款）〕妨害信用卡管理，涉嫌下列情形之一的，应予立案追诉： （一）明知是伪造的信用卡而持有、运输的； （二）明知是伪造的空白信用卡而持有、运输，数量累计在十张以上的； （三）非法持有他人信用卡，数量累计在五张以上的； （四）使用虚假的身份证明骗领信用卡的； （五）出售、购买、为他人提供伪造的信用卡或者以虚假的身份证明骗领的信用卡的。 违背他人意愿，使用其居民身份证、军官证、士兵证、港澳居民往来内地通行证、台湾居民来往大陆通行证、护照等身份证明申领信用卡的，或者使用伪造、变造的身份证明申领信用卡的，应当认定为“使用虚假的身份证明骗领信用卡”。	**第二十五条** 〔妨害信用卡管理案（刑法第一百七十七条之一第一款）〕妨害信用卡管理，涉嫌下列情形之一的，应予立案追诉： （一）明知是伪造的信用卡而持有、运输的； （二）明知是伪造的空白信用卡而持有、运输，数量累计在十张以上的； （三）非法持有他人信用卡，数量累计在五张以上的； （四）使用虚假的身份证明骗领信用卡的； （五）出售、购买、为他人提供伪造的信用卡或者以虚假的身份证明骗领的信用卡的。 违背他人意愿，使用其居民身份证、军官证、士兵证、港澳居民往来内地通行证、台湾居民来往大陆通行证、护照等身份证明申领信用卡的，或者使用伪造、变造的身份证明申领信用卡的，应当认定为“使用虚假的身份证明骗领信用卡”。
第三十一条 〔窃取、收买、非法提供信用卡信息案（刑法第一百七十七条之一第二款）〕窃取、收买或者非法提供他人信用卡信息资料，足以伪造可进行交易的信用卡，或者足以使他人以信用卡持卡人名义进行交易，涉及信用卡一张以上的，应予立案追诉。	**第二十六条** 〔窃取、收买、非法提供信用卡信息案（刑法第一百七十七条之一第二款）〕窃取、收买或者非法提供他人信用卡信息资料，足以伪造可进行交易的信用卡，或者足以使他人以信用卡持卡人名义进行交易，涉及信用卡一张以上的，应予立案追诉。
第三十二条 〔伪造、变造国家有价证券案（刑法第一百七十八条第一款）〕伪造、变造国库券或者国家发行的其他有价证券，总面额在二千元以上的，应予立案追诉。	**第二十七条** 〔伪造、变造国家有价证券案（刑法第一百七十八条第一款）〕伪造、变造国库券或者国家发行的其他有价证券，总面额在二千元以上的，应予立案追诉。

第三十三条 〔伪造、变造股票、公司、企业债券案（刑法第一百七十八条第二款）〕伪造、变造股票或者公司、企业债券，总面额在五千元以上的，应予立案追诉。	**第二十八条** 〔伪造、变造股票、公司、企业债券案（刑法第一百七十八条第二款）〕伪造、变造股票或者公司、企业债券，总面额在三万元以上的，应予立案追诉。
第三十四条 〔擅自发行股票、公司、企业债券案（刑法第一百七十九条）〕未经国家有关主管部门批准，擅自发行股票或者公司、企业债券，涉嫌下列情形之一的，应予立案追诉： （一）发行数额在五十万元以上的； （二）虽未达到上述数额标准，但擅自发行致使三十人以上的投资者购买了股票或者公司、企业债券的； （三）不能及时清偿或者清退的； （四）其他后果严重或者有其他严重情节的情形。	**第二十九条** 〔擅自发行股票、公司、企业债券案（刑法第一百七十九条）〕未经国家有关主管部门批准或者注册，擅自发行股票或者公司、企业债券，涉嫌下列情形之一的，应予立案追诉： （一）非法募集资金金额在一百万元以上的； （二）造成投资者直接经济损失数额累计在五十万元以上的； （三）募集的资金全部或者主要用于违法犯罪活动的； （四）其他后果严重或者有其他严重情节的情形。 本条规定的“擅自发行股票或者公司、企业债券”，是指向社会不特定对象发行、以转让股权等方式变相发行股票或者公司、企业债券，或者向特定对象发行、变相发行股票或者公司、企业债券累计超过二百人的行为。
第三十五条 〔内幕交易、泄露内幕信息案（刑法第一百八十条第一款）〕证券、期货交易内幕信息的知情人员、单位或者非法获取证券、期货交易内幕信息的人员、单位，在涉及证券的发行，证券、期货交易或者其他对证券、期货交易价格有重大影响的信息尚未公开前，买入或者卖出该证券，或者从事与该内幕信息有关的期货交易，或者泄露该信息，或者明示、暗示他人从事上述交易活动，涉嫌下列情形之一的，应予立案追诉：	**第三十条** 〔内幕交易、泄露内幕信息案（刑法第一百八十条第一款）〕证券、期货交易内幕信息的知情人员、单位或者非法获取证券、期货交易内幕信息的人员、单位，在涉及证券的发行，证券、期货交易或者其他对证券、期货交易价格有重大影响的信息尚未公开前，买入或者卖出该证券，或者从事与该内幕信息有关的期货交易，或者泄露该信息，或者明示、暗示他人从事上述交易活动，涉嫌下列情形之一的，应予立案追诉：

（一）证券交易成交额累计在五十万元以上的； （二）期货交易占用保证金数额累计在三十万元以上的； （三）获利或者避免损失数额累计在十五万元以上的； （四）多次进行内幕交易、泄露内幕信息的； （五）其他情节严重的情形。	（一）获利或者避免损失数额在五十万元以上的； （二）证券交易成交额在二百万元以上的； （三）期货交易占用保证金数额在一百万元以上的； （四）二年内三次以上实施内幕交易、泄露内幕信息行为的； （五）明示、暗示三人以上从事与内幕信息相关的证券、期货交易活动的； （六）具有其他严重情节的。 内幕交易获利或者避免损失数额在二十五万元以上，或者证券交易成交额在一百万元以上，或者期货交易占用保证金数额在五十万元以上，同时涉嫌下列情形之一的，应予立案追诉： （一）证券法规定的证券交易内幕信息的知情人实施或者与他人共同实施内幕交易行为的； （二）以出售或者变相出售内幕信息等方式，明示、暗示他人从事与该内幕信息相关的交易活动的； （三）因证券、期货犯罪行为受过刑事追究的； （四）二年内因证券、期货违法行为受过行政处罚的； （五）造成其他严重后果的。
第三十六条 ［利用未公开信息交易案（刑法第一百八十条第四款）］证券交易所、期货交易所、证券公司、期货公司、基金管理公司、商业银行、保险公司等金融机构的从业人员以及有关监管部门或者行业协会的工作人员，利用因职务便利获取的内幕信息以外的其他未公开的信息，	**第三十一条** ［利用未公开信息交易案（刑法第一百八十条第四款）］证券交易所、期货交易所、证券公司、期货公司、基金管理公司、商业银行、保险公司等金融机构的从业人员以及有关监管部门或者行业协会的工作人员，利用因职务便利获取的内幕信息以外的其他未公开的信息，

违反规定，从事与该信息相关的证券、期货交易活动，或者明示、暗示他人从事相关交易活动，涉嫌下列情形之一的，应予立案追诉： （一）证券交易成交额累计在五十万元以上的； （二）期货交易占用保证金数额累计在三十万元以上的； （三）获利或者避免损失数额累计在十五万元以上的； （四）多次利用内幕信息以外的其他未公开信息进行交易活动的； （五）其他情节严重的情形。	违反规定，从事与该信息相关的证券、期货交易活动，或者明示、暗示他人从事相关交易活动，涉嫌下列情形之一的，应予立案追诉： （一）获利或者避免损失数额在一百万元以上的； （二）二年内三次以上利用未公开信息交易的； （三）明示、暗示三人以上从事相关交易活动的； （四）具有其他严重情节的。 利用未公开信息交易，获利或者避免损失数额在五十万元以上，或者证券交易成交额在五百万元以上，或者期货交易占用保证金数额在一百万元以上，同时涉嫌下列情形之一的，应予立案追诉： （一）以出售或者变相出售未公开信息等方式，明示、暗示他人从事相关交易活动的； （二）因证券、期货犯罪行为受过刑事追究的； （三）二年内因证券、期货违法行为受过行政处罚的； （四）造成其他严重后果的。
第三十七条 〔编造并传播证券、期货交易虚假信息案（刑法第一百八十一条第一款）〕编造并且传播影响证券、期货交易的虚假信息，扰乱证券、期货交易市场，涉嫌下列情形之一的，应予立案追诉： （一）获利或者避免损失数额累计在五万元以上的； （二）造成投资者直接经济损失数额在五万元以上的；	**第三十二条** 〔编造并传播证券、期货交易虚假信息案（刑法第一百八十一条第一款）〕编造并且传播影响证券、期货交易的虚假信息，扰乱证券、期货交易市场，涉嫌下列情形之一的，应予立案追诉： （一）获利或者避免损失数额在五万元以上的； （二）造成投资者直接经济损失数额在五十万元以上的；

（三）致使交易价格和交易量异常波动的； （四）虽未达到上述数额标准，但多次编造并且传播影响证券、期货交易的虚假信息的； （五）其他造成严重后果的情形。	（三）虽未达到上述数额标准，但多次编造并且传播影响证券、期货交易的虚假信息的； （四）致使交易价格或者交易量异常波动的； （五）造成其他严重后果的。
第三十八条 〔诱骗投资者买卖证券、期货合约案（刑法第一百八十一条第二款）〕证券交易所、期货交易所、证券公司、期货公司的从业人员，证券业协会、期货业协会或者证券期货监督管理部门的工作人员，故意提供虚假信息或者伪造、变造、销毁交易记录，诱骗投资者买卖证券、期货合约，涉嫌下列情形之一的，应予立案追诉： （一）获利或者避免损失数额累计在五万元以上的； （二）造成投资者直接经济损失数额在五万元以上的； （三）致使交易价格和交易量异常波动的； （四）其他造成严重后果的情形。	**第三十三条** 〔诱骗投资者买卖证券、期货合约案（刑法第一百八十一条第二款）〕证券交易所、期货交易所、证券公司、期货公司的从业人员，证券业协会、期货业协会或者证券期货监督管理部门的工作人员，故意提供虚假信息或者伪造、变造、销毁交易记录，诱骗投资者买卖证券、期货合约，涉嫌下列情形之一的，应予立案追诉： （一）获利或者避免损失数额在五万元以上的； （二）造成投资者直接经济损失数额在五十万元以上的； （三）虽未达到上述数额标准，但多次诱骗投资者买卖证券、期货合约的； （四）致使交易价格或者交易量异常波动的； （五）造成其他严重后果的。
第三十九条 〔操纵证券、期货市场案（刑法第一百八十二条）〕操纵证券、期货市场，涉嫌下列情形之一的，应予立案追诉： （一）单独或者合谋，持有或者实际控制证券的流通股份数达到该证券的实际流通股份总量百分之三十以上，且在该证券连续二十个交易日内联合或者连续买卖股份数累计达到该证券同期总成交量百分之三十以上的；	**第三十四条** 〔操纵证券、期货市场案（刑法第一百八十二条）〕操纵证券、期货市场，影响证券、期货交易价格或者证券、期货交易量，涉嫌下列情形之一的，应予立案追诉： （一）持有或者实际控制证券的流通股份数量达到该证券的实际流通股份总量百分之十以上，实施刑法第一百八十二条第一款第一项操纵证券市场行为，连续十个交易日的累计成交量达到同期该证券总成交量百分之二十以上的；

（二）单独或者合谋，持有或者实际控制期货合约的数量超过期货交易所业务规则限定的持仓量百分之五十以上，且在该期货合约连续二十个交易日内联合或者连续买卖期货合约数累计达到该期货合约同期总成交量百分之三十以上的； （三）与他人串通，以事先约定的时间、价格和方式相互进行证券或者期货合约交易，且在该证券或者期货合约连续二十个交易日内成交量累计达到该证券或者期货合约同期总成交量百分之二十以上的； （四）在自己实际控制的账户之间进行证券交易，或者以自己为交易对象，自买自卖期货合约，且在该证券或者期货合约连续二十个交易日内成交量累计达到该证券或者期货合约同期总成交量百分之二十以上的； （五）单独或者合谋，当日连续申报买入或者卖出同一证券、期货合约并在成交前撤回申报，撤回申报量占当日该种证券总申报量或者该种期货合约总申报量百分之五十以上的； （六）上市公司及其董事、监事、高级管理人员、实际控制人、控股股东或者其他关联人单独或者合谋，利用信息优势，操纵该公司证券交易价格或者证券交易量的； （七）证券公司、证券投资咨询机构、专业中介机构或者从业人员，违背有关从业禁止的规定，买卖或者持有相关证券，通过对证券或者其发行人、上市公司公开作出评价、预测或者投资建议，在该证券的交易中谋取利益，情节严重的； （八）其他情节严重的情形。	（二）实施刑法第一百八十二条第一款第二项、第三项操纵证券市场行为，连续十个交易日的累计成交量达到同期该证券总成交量百分之二十以上的； （三）利用虚假或者不确定的重大信息，诱导投资者进行证券交易，行为人进行相关证券交易的成交额在一千万元以上的； （四）对证券、证券发行人公开作出评价、预测或者投资建议，同时进行反向证券交易，证券交易成交额在一千万元以上的； （五）通过策划、实施资产收购或者重组、投资新业务、股权转让、上市公司收购等虚假重大事项，误导投资者作出投资决策，并进行相关交易或者谋取相关利益，证券交易成交额在一千万元以上的； （六）通过控制发行人、上市公司信息的生成或者控制信息披露的内容、时点、节奏，误导投资者作出投资决策，并进行相关交易或者谋取相关利益，证券交易成交额在一千万元以上的； （七）实施刑法第一百八十二条第一款第一项操纵期货市场行为，实际控制的账户合并持仓连续十个交易日的最高值超过期货交易所限仓标准的二倍，累计成交量达到同期该期货合约总成交量百分之二十以上，且期货交易占用保证金数额在五百万元以上的； （八）通过囤积现货，影响特定期货品种市场行情，并进行相关期货交易，实际控制的账户合并持仓连续十个交易日的最高值超过期货交易所限

	仓标准的二倍，累计成交量达到同期该期货合约总成交量百分之二十以上，且期货交易占用保证金数额在五百万元以上的； （九）实施刑法第一百八十二条第一款第二项、第三项操纵期货市场行为，实际控制的账户连续十个交易日的累计成交量达到同期该期货合约总成交量百分之二十以上，且期货交易占用保证金数额在五百万元以上的； （十）利用虚假或者不确定的重大信息，诱导投资者进行期货交易，行为人进行相关期货交易，实际控制的账户连续十个交易日的累计成交量达到同期该期货合约总成交量百分之二十以上，且期货交易占用保证金数额在五百万元以上的； （十一）对期货交易标的公开作出评价、预测或者投资建议，同时进行相关期货交易，实际控制的账户连续十个交易日的累计成交量达到同期该期货合约总成交量的百分之二十以上，且期货交易占用保证金数额在五百万元以上的； （十二）不以成交为目的，频繁或者大量申报买入、卖出证券、期货合约并撤销申报，当日累计撤回申报量达到同期该证券、期货合约总申报量百分之五十以上，且证券撤回申报额在一千万元以上、撤回申报的期货合约占用保证金数额在五百万元以上的； （十三）实施操纵证券、期货市场行为，获利或者避免损失数额在一百万元以上的。

	操纵证券、期货市场，影响证券、期货交易价格或者证券、期货交易量，获利或者避免损失数额在五十万元以上，同时涉嫌下列情形之一的，应予立案追诉： （一）发行人、上市公司及其董事、监事、高级管理人员、控股股东或者实际控制人实施操纵证券、期货市场行为的； （二）收购人、重大资产重组的交易对方及其董事、监事、高级管理人员、控股股东或者实际控制人实施操纵证券、期货市场行为的； （三）行为人明知操纵证券、期货市场行为被有关部门调查，仍继续实施的； （四）因操纵证券、期货市场行为受过刑事追究的； （五）二年内因操纵证券、期货市场行为受过行政处罚的； （六）在市场出现重大异常波动等特定时段操纵证券、期货市场的； （七）造成其他严重后果的。 对于在全国中小企业股份转让系统中实施操纵证券市场行为，社会危害性大，严重破坏公平公正的市场秩序的，比照本条的规定执行，但本条第一款第一项和第二项除外。
第四十条 〔背信运用受托财产案（刑法第一百八十五条之一第一款）〕商业银行、证券交易所、期货交易所、证券公司、期货公司、保险公司或者其他金融机构，违背受托义务，擅自运用客户资金或者其他委托、信托的财产，涉嫌下列情形之一的，应予立案追诉：	**第三十五条** 〔背信运用受托财产案（刑法第一百八十五条之一第一款）〕商业银行、证券交易所、期货交易所、证券公司、期货公司、保险公司或者其他金融机构，违背受托义务，擅自运用客户资金或者其他委托、信托的财产，涉嫌下列情形之一的，应予立案追诉：

（一）擅自运用客户资金或者其他委托、信托的财产数额在三十万元以上的； （二）虽未达到上述数额标准，但多次擅自运用客户资金或者其他委托、信托的财产，或者擅自运用多个客户资金或者其他委托、信托的财产的； （三）其他情节严重的情形。	（一）擅自运用客户资金或者其他委托、信托的财产数额在三十万元以上的； （二）虽未达到上述数额标准，但多次擅自运用客户资金或者其他委托、信托的财产，或者擅自运用多个客户资金或者其他委托、信托的财产的； （三）其他情节严重的情形。
第四十一条　〔违法运用资金案（刑法第一百八十五条之一第二款）〕社会保障基金管理机构、住房公积金管理机构等公众资金管理机构，以及保险公司、保险资产管理公司、证券投资基金管理公司，违反国家规定运用资金，涉嫌下列情形之一的，应予立案追诉： （一）违反国家规定运用资金数额在三十万元以上的； （二）虽未达到上述数额标准，但多次违反国家规定运用资金的； （三）其他情节严重的情形。	**第三十六条**　〔违法运用资金案（刑法第一百八十五条之一第二款）〕社会保障基金管理机构、住房公积金管理机构等公众资金管理机构，以及保险公司、保险资产管理公司、证券投资基金管理公司，违反国家规定运用资金，涉嫌下列情形之一的，应予立案追诉： （一）违反国家规定运用资金数额在三十万元以上的； （二）虽未达到上述数额标准，但多次违反国家规定运用资金的； （三）其他情节严重的情形。
第四十二条　〔违法发放贷款案（刑法第一百八十六条）〕银行或者其他金融机构及其工作人员违反国家规定发放贷款，涉嫌下列情形之一的，应予立案追诉： （一）违法发放贷款，数额在一百万元以上的； （二）违法发放贷款，造成直接经济损失数额在二十万元以上的。	**第三十七条**　〔违法发放贷款案（刑法第一百八十六条）〕银行或者其他金融机构及其工作人员违反国家规定发放贷款，涉嫌下列情形之一的，应予立案追诉： （一）违法发放贷款，数额在二百万元以上的； （二）违法发放贷款，造成直接经济损失数额在五十万元以上的。

第四十三条 〔吸收客户资金不入账案（刑法第一百八十七条）〕银行或者其他金融机构及其工作人员吸收客户资金不入账，涉嫌下列情形之一的，应予立案追诉： （一）吸收客户资金不入账，数额在一百万元以上的； （二）吸收客户资金不入账，造成直接经济损失数额在二十万元以上的。	**第三十八条** 〔吸收客户资金不入账案（刑法第一百八十七条）〕银行或者其他金融机构及其工作人员吸收客户资金不入账，涉嫌下列情形之一的，应予立案追诉： （一）吸收客户资金不入账，数额在二百万元以上的； （二）吸收客户资金不入账，造成直接经济损失数额在五十万元以上的。
第四十四条 〔违规出具金融票证案（刑法第一百八十八条）〕银行或者其他金融机构及其工作人员违反规定，为他人出具信用证或者其他保函、票据、存单、资信证明，涉嫌下列情形之一的，应予立案追诉： （一）违反规定为他人出具信用证或者其他保函、票据、存单、资信证明，数额在一百万元以上的； （二）违反规定为他人出具信用证或者其他保函、票据、存单、资信证明，造成直接经济损失数额在二十万元以上的； （三）多次违规出具信用证或者其他保函、票据、存单、资信证明的； （四）接受贿赂违规出具信用证或者其他保函、票据、存单、资信证明的； （五）其他情节严重的情形。	**第三十九条** 〔违规出具金融票证案（刑法第一百八十八条）〕银行或者其他金融机构及其工作人员违反规定，为他人出具信用证或者其他保函、票据、存单、资信证明，涉嫌下列情形之一的，应予立案追诉： （一）违反规定为他人出具信用证或者其他保函、票据、存单、资信证明，数额在二百万元以上的； （二）违反规定为他人出具信用证或者其他保函、票据、存单、资信证明，造成直接经济损失数额在五十万元以上的； （三）多次违规出具信用证或者其他保函、票据、存单、资信证明的； （四）接受贿赂违规出具信用证或者其他保函、票据、存单、资信证明的； （五）其他情节严重的情形。
第四十五条 〔对违法票据承兑、付款、保证案（刑法第一百八十九条）〕银行或者其他金融机构及其工作人员在票据业务中，对违反票据法规定的票据予以承兑、付款或者保证，造成直接经济损失数额在二十万元以上的，应予立案追诉。	**第四十条** 〔对违法票据承兑、付款、保证案（刑法第一百八十九条）〕银行或者其他金融机构及其工作人员在票据业务中，对违反票据法规定的票据予以承兑、付款或者保证，造成直接经济损失数额在五十万元以上的，应予立案追诉。

第四十六条 〔逃汇案（刑法第一百九十条）〕公司、企业或者其他单位，违反国家规定，擅自将外汇存放境外，或者将境内的外汇非法转移到境外，单笔在二百万美元以上或者累计数额在五百万美元以上的，应予立案追诉。	**第四十一条** 〔逃汇案（刑法第一百九十条）〕公司、企业或者其他单位，违反国家规定，擅自将外汇存放境外，或者将境内的外汇非法转移到境外，单笔在二百万美元以上或者累计数额在五百万美元以上的，应予立案追诉。
第四十七条 〔骗购外汇案（全国人民代表大会常务委员会《关于惩治骗购外汇、逃汇和非法买卖外汇犯罪的决定》第一条）〕骗购外汇，数额在五十万美元以上的，应予立案追诉。	**第四十二条** 〔骗购外汇案（全国人民代表大会常务委员会《关于惩治骗购外汇、逃汇和非法买卖外汇犯罪的决定》第一条）〕骗购外汇，数额在五十万美元以上的，应予立案追诉。
第四十八条 〔洗钱案（刑法第一百九十一条）〕明知是毒品犯罪、黑社会性质的组织犯罪、恐怖活动犯罪、走私犯罪、贪污贿赂犯罪、破坏金融管理秩序犯罪、金融诈骗犯罪的所得及其产生的收益，为掩饰、隐瞒其来源和性质，涉嫌下列情形之一的，应予立案追诉： （一）提供资金账户的； （二）协助将财产转换为现金、金融票据、有价证券的； （三）通过转账或者其他结算方式协助资金转移的； （四）协助将资金汇往境外的； （五）以其他方法掩饰、隐瞒犯罪所得及其收益的来源和性质的。	**第四十三条** 〔洗钱案（刑法第一百九十一条）〕为掩饰、隐瞒毒品犯罪、黑社会性质的组织犯罪、恐怖活动犯罪、走私犯罪、贪污贿赂犯罪、破坏金融管理秩序犯罪、金融诈骗犯罪的所得及其产生的收益的来源和性质，涉嫌下列情形之一的，应予立案追诉： （一）提供资金账户的； （二）将财产转换为现金、金融票据、有价证券的； （三）通过转账或者其他支付结算方式转移资金的； （四）跨境转移资产的； （五）以其他方法掩饰、隐瞒犯罪所得及其收益的来源和性质的。

第四十九条　〔集资诈骗案（刑法第一百九十二条）〕以非法占有为目的，使用诈骗方法非法集资，涉嫌下列情形之一的，应予立案追诉： （一）个人集资诈骗，数额在十万元以上的； （二）单位集资诈骗，数额在五十万元以上的。	**第四十四条**　〔集资诈骗案（刑法第一百九十二条）〕以非法占有为目的，使用诈骗方法非法集资，数额在十万元以上的，应予立案追诉。
第五十条　〔贷款诈骗案（刑法第一百九十三条）〕以非法占有为目的，诈骗银行或者其他金融机构的贷款，数额在二万元以上的，应予立案追诉。	**第四十五条**　〔贷款诈骗案（刑法第一百九十三条）〕以非法占有为目的，诈骗银行或者其他金融机构的贷款，数额在五万元以上的，应予立案追诉。
第五十一条　〔票据诈骗案（刑法第一百九十四条第一款）〕进行金融票据诈骗活动，涉嫌下列情形之一的，应予立案追诉： （一）个人进行金融票据诈骗，数额在一万元以上的； （二）单位进行金融票据诈骗，数额在十万元以上的。	**第四十六条**　〔票据诈骗案（刑法第一百九十四条第一款）〕进行金融票据诈骗活动，数额在五万元以上的，应予立案追诉。
第五十二条　〔金融凭证诈骗案（刑法第一百九十四条第二款）〕使用伪造、变造的委托收款凭证、汇款凭证、银行存单等其他银行结算凭证进行诈骗活动，涉嫌下列情形之一的，应予立案追诉： （一）个人进行金融凭证诈骗，数额在一万元以上的； （二）单位进行金融凭证诈骗，数额在十万元以上的。	**第四十七条**　〔金融凭证诈骗案（刑法第一百九十四条第二款）〕使用伪造、变造的委托收款凭证、汇款凭证、银行存单等其他银行结算凭证进行诈骗活动，数额在五万元以上的，应予立案追诉。

第五十三条 〔信用证诈骗案（刑法第一百九十五条）〕进行信用证诈骗活动，涉嫌下列情形之一的，应予立案追诉： （一）使用伪造、变造的信用证或者附随的单据、文件的； （二）使用作废的信用证的； （三）骗取信用证的； （四）以其他方法进行信用证诈骗活动的。	**第四十八条** 〔信用证诈骗案（刑法第一百九十五条）〕进行信用证诈骗活动，涉嫌下列情形之一的，应予立案追诉： （一）使用伪造、变造的信用证或者附随的单据、文件的； （二）使用作废的信用证的； （三）骗取信用证的； （四）以其他方法进行信用证诈骗活动的。
第五十四条 〔信用卡诈骗案（刑法第一百九十六条）〕进行信用卡诈骗活动，涉嫌下列情形之一的，应予立案追诉： （一）使用伪造的信用卡，或者使用以虚假的身份证明骗领的信用卡，或者使用作废的信用卡，或者冒用他人信用卡，进行诈骗活动，数额在五千元以上的； （二）恶意透支，数额在一万元以上的。 本条规定的“恶意透支”，是指持卡人以非法占有为目的，超过规定限额或者规定期限透支，并且经发卡银行两次催收后超过三个月仍不归还的。 恶意透支，数额在一万元以上不满十万元的，在公安机关立案前已偿还全部透支款息，情节显著轻微的，可以依法不追究刑事责任。	**第四十九条** 〔信用卡诈骗案（刑法第一百九十六条）〕进行信用卡诈骗活动，涉嫌下列情形之一的，应予立案追诉： （一）使用伪造的信用卡、以虚假的身份证明骗领的信用卡、作废的信用卡或者冒用他人信用卡，进行诈骗活动，数额在五千元以上的； （二）恶意透支，数额在五万元以上的。 本条规定的“恶意透支”，是指持卡人以非法占有为目的，超过规定限额或者规定期限透支，经发卡银行两次有效催收后超过三个月仍不归还的。 恶意透支的数额，是指公安机关刑事立案时尚未归还的实际透支的本金数额，不包括利息、复利、滞纳金、手续费等发卡银行收取的费用。归还或者支付的数额，应当认定为归还实际透支的本金。 恶意透支，数额在五万元以上不满五十万元的，在提起公诉前全部归还或者具有其他情节轻微情形的，可以不起诉。但是，因信用卡诈骗受过二次以上处罚的除外。

第五十五条 〔有价证券诈骗案（刑法第一百九十七条）〕使用伪造、变造的国库券或者国家发行的其他有价证券进行诈骗活动，数额在一万元以上的，应予立案追诉。	**第五十条** 〔有价证券诈骗案（刑法第一百九十七条）〕使用伪造、变造的国库券或者国家发行的其他有价证券进行诈骗活动，数额在五万元以上的，应予立案追诉。
第五十六条 〔保险诈骗案（刑法第一百九十八条）〕进行保险诈骗活动，涉嫌下列情形之一的，应予立案追诉： （一）个人进行保险诈骗，数额在一万元以上的； （二）单位进行保险诈骗，数额在五万元以上的。	**第五十一条** 〔保险诈骗案（刑法第一百九十八条）〕进行保险诈骗活动，数额在五万元以上的，应予立案追诉。
第五十七条 〔逃税案（刑法第二百零一条）〕逃避缴纳税款，涉嫌下列情形之一的，应予立案追诉： （一）纳税人采取欺骗、隐瞒手段进行虚假纳税申报或者不申报，逃避缴纳税款，数额在五万元以上并且占各税种应纳税总额百分之十以上，经税务机关依法下达追缴通知后，不补缴应纳税款、不缴纳滞纳金或者不接受行政处罚的； （二）纳税人五年内因逃避缴纳税款受过刑事处罚或者被税务机关给予二次以上行政处罚，又逃避缴纳税款，数额在五万元以上并且占各税种应纳税总额百分之十以上的； （三）扣缴义务人采取欺骗、隐瞒手段，不缴或者少缴已扣、已收税款，数额在五万元以上的。 纳税人在公安机关立案后再补缴应纳税款、缴纳滞纳金或者接受行政处罚的，不影响刑事责任的追究。	**第五十二条** 〔逃税案（刑法第二百零一条）〕逃避缴纳税款，涉嫌下列情形之一的，应予立案追诉： （一）纳税人采取欺骗、隐瞒手段进行虚假纳税申报或者不申报，逃避缴纳税款，数额在十万元以上并且占各税种应纳税总额百分之十以上，经税务机关依法下达追缴通知后，不补缴应纳税款、不缴纳滞纳金或者不接受行政处罚的； （二）纳税人五年内因逃避缴纳税款受过刑事处罚或者被税务机关给予二次以上行政处罚，又逃避缴纳税款，数额在十万元以上并且占各税种应纳税总额百分之十以上的； （三）扣缴义务人采取欺骗、隐瞒手段，不缴或者少缴已扣、已收税款，数额在十万元以上的。 纳税人在公安机关立案后再补缴应纳税款、缴纳滞纳金或者接受行政处罚的，不影响刑事责任的追究。

第五十八条 〔抗税案（刑法第二百零二条）〕以暴力、威胁方法拒不缴纳税款，涉嫌下列情形之一的，应予立案追诉： （一）造成税务工作人员轻微伤以上的； （二）以给税务工作人员及其亲友的生命、健康、财产等造成损害为威胁，抗拒缴纳税款的； （三）聚众抗拒缴纳税款的； （四）以其他暴力、威胁方法拒不缴纳税款的。	**第五十三条** 〔抗税案（刑法第二百零二条）〕以暴力、威胁方法拒不缴纳税款，涉嫌下列情形之一的，应予立案追诉： （一）造成税务工作人员轻微伤以上的； （二）以给税务工作人员及其亲友的生命、健康、财产等造成损害为威胁，抗拒缴纳税款的； （三）聚众抗拒缴纳税款的； （四）以其他暴力、威胁方法拒不缴纳税款的。
第五十九条 〔逃避追缴欠税案（刑法第二百零三条）〕纳税人欠缴应纳税款，采取转移或者隐匿财产的手段，致使税务机关无法追缴欠缴的税款，数额在一万元以上的，应予立案追诉。	**第五十四条** 〔逃避追缴欠税案（刑法第二百零三条）〕纳税人欠缴应纳税款，采取转移或者隐匿财产的手段，致使税务机关无法追缴欠缴的税款，数额在一万元以上的，应予立案追诉。
第六十条 〔骗取出口退税案（刑法第二百零四条第一款）〕以假报出口或者其他欺骗手段，骗取国家出口退税款，数额在五万元以上的，应予立案追诉。	**第五十五条** 〔骗取出口退税案（刑法第二百零四条）〕以假报出口或者其他欺骗手段，骗取国家出口退税款，数额在十万元以上的，应予立案追诉。
第六十一条 〔虚开增值税专用发票、用于骗取出口退税、抵扣税款发票案（刑法第二百零五条）〕虚开增值税专用发票或者虚开用于骗取出口退税、抵扣税款的其他发票，虚开的税款数额在一万元以上或者致使国家税款被骗数额在五千元以上的，应予立案追诉。	**第五十六条** 〔虚开增值税专用发票、用于骗取出口退税、抵扣税款发票案（刑法第二百零五条）〕虚开增值税专用发票或者虚开用于骗取出口退税、抵扣税款的其他发票，虚开的税款数额在十万元以上或者造成国家税款损失数额在五万元以上的，应予立案追诉。

《最高人民检察院、公安部关于公安机关管辖的刑事案件立案追诉标准的规定（二）的补充规定》 **第六十一条之一** 〔虚开发票案（刑法第二百零五条之一）〕虚开刑法第二百零五条规定以外的其他发票，涉嫌下列情形之一的，应予立案追诉： （一）虚开发票一百份以上或者虚开金额累计在四十万元以上的； （二）虽未达到上述数额标准，但五年内因虚开发票行为受过行政处罚二次以上，又虚开发票的； （三）其他情节严重的情形。	**第五十七条** 〔虚开发票案（刑法第二百零五条之一）〕虚开刑法第二百零五条规定以外的其他发票，涉嫌下列情形之一的，应予立案追诉： （一）虚开发票金额累计在五十万元以上的； （二）虚开发票一百份以上且票面金额在三十万元以上的； （三）五年内因虚开发票受过刑事处罚或者二次以上行政处罚，又虚开发票，数额达到第一、二项标准百分之六十以上的。
第六十二条 〔伪造、出售伪造的增值税专用发票案（刑法第二百零六条）〕伪造或者出售伪造的增值税专用发票二十五份以上或者票面额累计在十万元以上的，应予立案追诉。	**第五十八条** 〔伪造、出售伪造的增值税专用发票案（刑法第二百零六条）〕伪造或者出售伪造的增值税专用发票，涉嫌下列情形之一的，应予立案追诉： （一）票面税额累计在十万元以上的； （二）伪造或者出售伪造的增值税专用发票十份以上且票面税额在六万元以上的； （三）非法获利数额在一万元以上的。
第六十三条 〔非法出售增值税专用发票案（刑法第二百零七条）〕非法出售增值税专用发票二十五份以上或者票面额累计在十万元以上的，应予立案追诉。	**第五十九条** 〔非法出售增值税专用发票案（刑法第二百零七条）〕非法出售增值税专用发票，涉嫌下列情形之一的，应予立案追诉： （一）票面税额累计在十万元以上的； （二）非法出售增值税专用发票十份以上且票面税额在六万元以上的； （三）非法获利数额在一万元以上的。

第六十四条 〔非法购买增值税专用发票、购买伪造的增值税专用发票案（刑法第二百零八条第一款）〕非法购买增值税专用发票或者购买伪造的增值税专用发票二十五份以上或者票面额累计在十万元以上的，应予立案追诉。	**第六十条** 〔非法购买增值税专用发票、购买伪造的增值税专用发票案（刑法第二百零八条第一款）〕非法购买增值税专用发票或者购买伪造的增值税专用发票，涉嫌下列情形之一的，应予立案追诉： （一）非法购买增值税专用发票或者购买伪造的增值税专用发票二十份以上且票面税额在十万元以上的； （二）票面税额累计在二十万元以上的。
第六十五条 〔非法制造、出售非法制造的用于骗取出口退税、抵扣税款发票案（刑法第二百零九条第一款）〕伪造、擅自制造或者出售伪造、擅自制造的可以用于骗取出口退税、抵扣税款的非增值税专用发票五十份以上或者票面额累计在二十万元以上的，应予立案追诉。	**第六十一条** 〔非法制造、出售非法制造的用于骗取出口退税、抵扣税款发票案（刑法第二百零九条第一款）〕伪造、擅自制造或者出售伪造、擅自制造的可以用于骗取出口退税、抵扣税款的其他发票，涉嫌下列情形之一的，应予立案追诉： （一）票面可以退税、抵扣税额累计在十万元以上的； （二）伪造、擅自制造或者出售伪造、擅自制造的发票十份以上且票面可以退税、抵扣税额在六万元以上的； （三）非法获利数额在一万元以上的。
第六十六条 〔非法制造、出售非法制造的发票案（刑法第二百零九条第二款）〕伪造、擅自制造或者出售伪造、擅自制造的不具有骗取出口退税、抵扣税款功能的普通发票一百份以上或者票面额累计在四十万元以上的，应予立案追诉。	**第六十二条** 〔非法制造、出售非法制造的发票案（刑法第二百零九条第二款）〕伪造、擅自制造或者出售伪造、擅自制造的不具有骗取出口退税、抵扣税款功能的其他发票，涉嫌下列情形之一的，应予立案追诉： （一）伪造、擅自制造或者出售伪造、擅自制造的不具有骗取出口退税、抵扣税款功能的其他发票一百份以上且票面金额累计在三十万元以上的；

	（二）票面金额累计在五十万元以上的； （三）非法获利数额在一万元以上的。
第六十七条 〔非法出售用于骗取出口退税、抵扣税款发票案（刑法第二百零九条第三款）〕非法出售可以用于骗取出口退税、抵扣税款的非增值税专用发票五十份以上或者票面额累计在二十万元以上的，应予立案追诉。	**第六十三条** 〔非法出售用于骗取出口退税、抵扣税款发票案（刑法第二百零九条第三款）〕非法出售可以用于骗取出口退税、抵扣税款的其他发票，涉嫌下列情形之一的，应予立案追诉： （一）票面可以退税、抵扣税额累计在十万元以上的； （二）非法出售用于骗取出口退税、抵扣税款的其他发票十份以上且票面可以退税、抵扣税额在六万元以上的； （三）非法获利数额在一万元以上的。
第六十八条 〔非法出售发票案（刑法第二百零九条第四款）〕非法出售普通发票一百份以上或者票面额累计在四十万元以上的，应予立案追诉。	**第六十四条** 〔非法出售发票案（刑法第二百零九条第四款）〕非法出售增值税专用发票、用于骗取出口退税、抵扣税款的其他发票以外的发票，涉嫌下列情形之一的，应予立案追诉： （一）非法出售增值税专用发票、用于骗取出口退税、抵扣税款的其他发票以外的发票一百份以上且票面金额累计在三十万元以上的； （二）票面金额累计在五十万元以上的； （三）非法获利数额在一万元以上的。

《最高人民检察院、公安部关于公安机关管辖的刑事案件立案追诉标准的规定（二）的补充规定》 **第六十八条之一** 〔持有伪造的发票案（刑法第二百一十条之一）〕明知是伪造的发票而持有，具有下列情形之一的，应予立案追诉： （一）持有伪造的增值税专用发票五十份以上或者票面额累计在二十万元以上的，应予立案追诉； （二）持有伪造的可以用于骗取出口退税、抵扣税款的其他发票一百份以上或者票面额累计在四十万元以上的，应予立案追诉； （三）持有伪造的第（一）项、第（二）项规定以外的其他发票二百份以上或者票面额累计在八十万元以上的，应予立案追诉。	**第六十五条** 〔持有伪造的发票案（刑法第二百一十条之一）〕明知是伪造的发票而持有，涉嫌下列情形之一的，应予立案追诉： （一）持有伪造的增值税专用发票或者可以用于骗取出口退税、抵扣税款的其他发票五十份以上且票面税额累计在二十五万元以上的； （二）持有伪造的增值税专用发票或者可以用于骗取出口退税、抵扣税款的其他发票票面税额累计在五十万元以上的； （三）持有伪造的第一项规定以外的其他发票一百份以上且票面金额在五十万元以上的； （四）持有伪造的第一项规定以外的其他发票票面金额累计在一百万元以上的。
第七十四条 〔损害商业信誉、商品声誉案（刑法第二百二十一条）〕捏造并散布虚伪事实，损害他人的商业信誉、商品声誉，涉嫌下列情形之一的，应予立案追诉： （一）给他人造成直接经济损失数额在五十万元以上的； （二）虽未达到上述数额标准，但具有下列情形之一的： 1. 利用互联网或者其他媒体公开损害他人商业信誉、商品声誉的； 2. 造成公司、企业等单位停业、停产六个月以上，或者破产的。 （三）其他给他人造成重大损失或者有其他严重情节的情形。	**第六十六条** 〔损害商业信誉、商品声誉案（刑法第二百二十一条）〕捏造并散布虚伪事实，损害他人的商业信誉、商品声誉，涉嫌下列情形之一的，应予立案追诉： （一）给他人造成直接经济损失数额在五十万元以上的； （二）虽未达到上述数额标准，但造成公司、企业等单位停业、停产六个月以上，或者破产的； （三）其他给他人造成重大损失或者有其他严重情节的情形。

第七十五条 〔虚假广告案（刑法第二百二十二条）〕广告主、广告经营者、广告发布者违反国家规定，利用广告对商品或者服务作虚假宣传，涉嫌下列情形之一的，应予立案追诉： （一）违法所得数额在十万元以上的； （二）给单个消费者造成直接经济损失数额在五万元以上的，或者给多个消费者造成直接经济损失数额累计在二十万元以上的； （三）假借预防、控制突发事件的名义，利用广告作虚假宣传，致使多人上当受骗，违法所得数额在三万元以上的； （四）虽未达到上述数额标准，但两年内因利用广告作虚假宣传，受过行政处罚二次以上，又利用广告作虚假宣传的； （五）造成人身伤残的； （六）其他情节严重的情形。	**第六十七条** 〔虚假广告案（刑法第二百二十二条）〕广告主、广告经营者、广告发布者违反国家规定，利用广告对商品或者服务作虚假宣传，涉嫌下列情形之一的，应予立案追诉： （一）违法所得数额在十万元以上的； （二）假借预防、控制突发事件、传染病防治的名义，利用广告作虚假宣传，致使多人上当受骗，违法所得数额在三万元以上的； （三）利用广告对食品、药品作虚假宣传，违法所得数额在三万元以上的； （四）虽未达到上述数额标准，但二年内因利用广告作虚假宣传受过二次以上行政处罚，又利用广告作虚假宣传的； （五）造成严重危害后果或者恶劣社会影响的； （六）其他情节严重的情形。
第七十六条 〔串通投标案（刑法第二百二十三条）〕投标人相互串通投标报价，或者投标人与招标人串通投标，涉嫌下列情形之一的，应予立案追诉： （一）损害招标人、投标人或者国家、集体、公民的合法利益，造成直接经济损失数额在五十万元以上的； （二）违法所得数额在十万元以上的； （三）中标项目金额在二百万元以上的； （四）采取威胁、欺骗或者贿赂等非法手段的； （五）虽未达到上述数额标准，但两年内因串通投标，受过行政处罚二次以上，又串通投标的； （六）其他情节严重的情形。	**第六十八条** 〔串通投标案（刑法第二百二十三条）〕投标人相互串通投标报价，或者投标人与招标人串通投标，涉嫌下列情形之一的，应予立案追诉： （一）损害招标人、投标人或者国家、集体、公民的合法利益，造成直接经济损失数额在五十万元以上的； （二）违法所得数额在二十万元以上的； （三）中标项目金额在四百万元以上的； （四）采取威胁、欺骗或者贿赂等非法手段的； （五）虽未达到上述数额标准，但二年内因串通投标受过二次以上行政处罚，又串通投标的； （六）其他情节严重的情形。

第七十七条 〔合同诈骗案（刑法第二百二十四条）〕以非法占有为目的，在签订、履行合同过程中，骗取对方当事人财物，数额在二万元以上的，应予立案追诉。	**第六十九条** 〔合同诈骗案（刑法第二百二十四条）〕以非法占有为目的，在签订、履行合同过程中，骗取对方当事人财物，数额在二万元以上的，应予立案追诉。
第七十八条 〔组织、领导传销活动案（刑法第二百二十四条之一）〕组织、领导以推销商品、提供服务等经营活动为名，要求参加者以缴纳费用或者购买商品、服务等方式获得加入资格，并按照一定顺序组成层级，直接或者间接以发展人员的数量作为计酬或者返利依据，引诱、胁迫参加者继续发展他人参加，骗取财物，扰乱经济社会秩序的传销活动，涉嫌组织、领导的传销活动人员在三十人以上且层级在三级以上的，对组织者、领导者，应予立案追诉。 本条所指的传销活动的组织者、领导者，是指在传销活动中起组织、领导作用的发起人、决策人、操纵人，以及在传销活动中担负策划、指挥、布置、协调等重要职责，或者在传销活动实施中起到关键作用的人员。	**第七十条** 〔组织、领导传销活动案（刑法第二百二十四条之一）〕组织、领导以推销商品、提供服务等经营活动为名，要求参加者以缴纳费用或者购买商品、服务等方式获得加入资格，并按照一定顺序组成层级，直接或者间接以发展人员的数量作为计酬或者返利依据，引诱、胁迫参加者继续发展他人参加，骗取财物，扰乱经济社会秩序的传销活动，涉嫌组织、领导的传销活动人员在三十人以上且层级在三级以上的，对组织者、领导者，应予立案追诉。 下列人员可以认定为传销活动的组织者、领导者： （一）在传销活动中起发起、策划、操纵作用的人员； （二）在传销活动中承担管理、协调等职责的人员； （三）在传销活动中承担宣传、培训等职责的人员； （四）因组织、领导传销活动受过刑事追究，或者一年内因组织、领导传销活动受过行政处罚，又直接或者间接发展参与传销活动人员在十五人以上且层级在三级以上的人员； （五）其他对传销活动的实施、传销组织的建立、扩大等起关键作用的人员。

第七十九条 〔非法经营案（刑法第二百二十五条）〕违反国家规定，进行非法经营活动，扰乱市场秩序，涉嫌下列情形之一的，应予立案追诉： （一）违反国家有关盐业管理规定，非法生产、储运、销售食盐，扰乱市场秩序，具有下列情形之一的： 1. 非法经营食盐数量在二十吨以上的； 2. 曾因非法经营食盐行为受过二次以上行政处罚又非法经营食盐，数量在十吨以上的。 （二）违反国家烟草专卖管理法律法规，未经烟草专卖行政主管部门许可，无烟草专卖生产企业许可证、烟草专卖批发企业许可证、特种烟草专卖经营企业许可证、烟草专卖零售许可证等许可证明，非法经营烟草专卖品，具有下列情形之一的： 1. 非法经营数额在五万元以上，或者违法所得数额在二万元以上的； 2. 非法经营卷烟二十万支以上的； 3. 曾因非法经营烟草专卖品三年内受过二次以上行政处罚，又非法经营烟草专卖品且数额在三万元以上的。 （三）未经国家有关主管部门批准，非法经营证券、期货、保险业务，或者非法从事资金支付结算业务，具有下列情形之一的： 1. 非法经营证券、期货、保险业务，数额在三十万元以上的；	**第七十一条** 〔非法经营案（刑法第二百二十五条）〕违反国家规定，进行非法经营活动，扰乱市场秩序，涉嫌下列情形之一的，应予立案追诉： （一）违反国家烟草专卖管理法律法规，未经烟草专卖行政主管部门许可，无烟草专卖生产企业许可证、烟草专卖批发企业许可证、特种烟草专卖经营企业许可证、烟草专卖零售许可证等许可证明，非法经营烟草专卖品，具有下列情形之一的： 1. 非法经营数额在五万元以上，或者违法所得数额在二万元以上的； 2. 非法经营卷烟二十万支以上的； 3. 三年内因非法经营烟草专卖品受过二次以上行政处罚，又非法经营烟草专卖品且数额在三万元以上的。 （二）未经国家有关主管部门批准，非法经营证券、期货、保险业务，或者非法从事资金支付结算业务，具有下列情形之一的： 1. 非法经营证券、期货、保险业务，数额在一百万元以上，或者违法所得数额在十万元以上的； 2. 非法从事资金支付结算业务，数额在五百万元以上，或者违法所得数额在十万元以上的； 3. 非法从事资金支付结算业务，数额在二百五十万元以上不满五百万元，或者违法所得数额在五万元以上不满十万元，且具有下列情形之一的： （1）因非法从事资金支付结算业务犯罪行为受过刑事追究的；

2. 非法从事资金支付结算业务，数额在二百万元以上的； 3. 违反国家规定，使用销售点终端机具（POS机）等方法，以虚构交易、虚开价格、现金退货等方式向信用卡持卡人直接支付现金，数额在一百万元以上的，或者造成金融机构资金二十万元以上逾期未还的，或者造成金融机构经济损失十万元以上的； 4. 违法所得数额在五万元以上的。 （四）非法经营外汇，具有下列情形之一的： 1. 在外汇指定银行和中国外汇交易中心及其分中心以外买卖外汇，数额在二十万美元以上的，或者违法所得数额在五万元以上的； 2. 公司、企业或者其他单位违反有关外贸代理业务的规定，采用非法手段，或者明知是伪造、变造的凭证、商业单据，为他人向外汇指定银行骗购外汇，数额在五百万美元以上或者违法所得数额在五十万元以上的； 3. 居间介绍骗购外汇，数额在一百万美元以上或者违法所得数额在十万元以上的。 （五）出版、印刷、复制、发行严重危害社会秩序和扰乱市场秩序的非法出版物，具有下列情形之一的： 1. 个人非法经营数额在五万元以上的，单位非法经营数额在十五万元以上的； 2. 个人违法所得数额在二万元以上的，单位违法所得数额在五万元以上的；	（2）二年内因非法从事资金支付结算业务违法行为受过行政处罚的； （3）拒不交代涉案资金去向或者拒不配合追缴工作，致使赃款无法追缴的； （4）造成其他严重后果的。 4. 使用销售点终端机具（POS机）等方法，以虚构交易、虚开价格、现金退货等方式向信用卡持卡人直接支付现金，数额在一百万元以上的，或者造成金融机构资金二十万元以上逾期未还的，或者造成金融机构经济损失十万元以上的。 （三）实施倒买倒卖外汇或者变相买卖外汇等非法买卖外汇行为，扰乱金融市场秩序，具有下列情形之一的： 1. 非法经营数额在五百万元以上的，或者违法所得数额在十万元以上的； 2. 非法经营数额在二百五十万元以上，或者违法所得数额在五万元以上，且具有下列情形之一的： （1）因非法买卖外汇犯罪行为受过刑事追究的； （2）二年内因非法买卖外汇违法行为受过行政处罚的； （3）拒不交代涉案资金去向或者拒不配合追缴工作，致使赃款无法追缴的； （4）造成其他严重后果的。 3. 公司、企业或者其他单位违反有关外贸代理业务的规定，采用非法手段，或者明知是伪造、变造的凭证、商业单据，为他人向外汇指定银行骗购外汇，数额在五百万美元以上或者违法所得数额在五十万元以上的；

3. 个人非法经营报纸五千份或者期刊五千本或者图书二千册或者音像制品、电子出版物五百张（盒）以上的，单位非法经营报纸一万五千份或者期刊一万五千本或者图书五千册或者音像制品、电子出版物一千五百张（盒）以上的； 4. 虽未达到上述数额标准，但具有下列情形之一的： （1）两年内因出版、印刷、复制、发行非法出版物受过行政处罚二次以上的，又出版、印刷、复制、发行非法出版物的； （2）因出版、印刷、复制、发行非法出版物造成恶劣社会影响或者其他严重后果的。 （六）非法从事出版物的出版、印刷、复制、发行业务，严重扰乱市场秩序，具有下列情形之一的： 1. 个人非法经营数额在十五万元以上的，单位非法经营数额在五十万元以上的； 2. 个人违法所得数额在五万元以上的，单位违法所得数额在十五万元以上的； 3. 个人非法经营报纸一万五千份或者期刊一万五千本或者图书五千册或者音像制品、电子出版物一千五百张（盒）以上的，单位非法经营报纸五万份或者期刊五万本或者图书一万五千册或者音像制品、电子出版物五千张（盒）以上的；	4. 居间介绍骗购外汇，数额在一百万美元以上或者违法所得数额在十万元以上的。 （四）出版、印刷、复制、发行严重危害社会秩序和扰乱市场秩序的非法出版物，具有下列情形之一的： 1. 个人非法经营数额在五万元以上的，单位非法经营数额在十五万元以上的； 2. 个人违法所得数额在二万元以上的，单位违法所得数额在五万元以上的； 3. 个人非法经营报纸五千份或者期刊五千本或者图书二千册或者音像制品、电子出版物五百张（盒）以上的，单位非法经营报纸一万五千份或者期刊一万五千本或者图书五千册或者音像制品、电子出版物一千五百张（盒）以上的； 4. 虽未达到上述数额标准，但具有下列情形之一的： （1）二年内因出版、印刷、复制、发行非法出版物受过二次以上行政处罚，又出版、印刷、复制、发行非法出版物的； （2）因出版、印刷、复制、发行非法出版物造成恶劣社会影响或者其他严重后果的。 （五）非法从事出版物的出版、印刷、复制、发行业务，严重扰乱市场秩序，具有下列情形之一的： 1. 个人非法经营数额在十五万元以上的，单位非法经营数额在五十万元以上的；

4. 虽未达到上述数额标准，两年内因非法从事出版物的出版、印刷、复制、发行业务受过行政处罚二次以上的，又非法从事出版物的出版、印刷、复制、发行业务的。 （七）采取租用国际专线、私设转接设备或者其他方法，擅自经营国际电信业务或者涉港澳台电信业务进行营利活动，扰乱电信市场管理秩序，具有下列情形之一的： 1. 经营去话业务数额在一百万元以上的； 2. 经营来话业务造成电信资费损失数额在一百万元以上的； 3. 虽未达到上述数额标准，但具有下列情形之一的： （1）两年内因非法经营国际电信业务或者涉港澳台电信业务行为受过行政处罚二次以上，又非法经营国际电信业务或者涉港澳台电信业务的； （2）因非法经营国际电信业务或者涉港澳台电信业务行为造成其他严重后果的。 （八）从事其他非法经营活动，具有下列情形之一的： 1. 个人非法经营数额在五万元以上，或者违法所得数额在一万元以上的； 2. 单位非法经营数额在五十万元以上，或者违法所得数额在十万元以上的； 3. 虽未达到上述数额标准，但两年内因同种非法经营行为受过二次以上行政处罚，又进行同种非法经营行为的； 4. 其他情节严重的情形。	2. 个人违法所得数额在五万元以上的，单位违法所得数额在十五万元以上的； 3. 个人非法经营报纸一万五千份或者期刊一万五千本或者图书五千册或者音像制品、电子出版物一千五百张（盒）以上的，单位非法经营报纸五万份或者期刊五万本或者图书一万五千册或者音像制品、电子出版物五千张（盒）以上的； 4. 虽未达到上述数额标准，二年内因非法从事出版物的出版、印刷、复制、发行业务受过二次以上行政处罚，又非法从事出版物的出版、印刷、复制、发行业务的。 （六）采取租用国际专线、私设转接设备或者其他方法，擅自经营国际电信业务或者涉港澳台电信业务进行营利活动，扰乱电信市场管理秩序，具有下列情形之一的： 1. 经营去话业务数额在一百万元以上的； 2. 经营来话业务造成电信资费损失数额在一百万元以上的； 3. 虽未达到上述数额标准，但具有下列情形之一的： （1）二年内因非法经营国际电信业务或者涉港澳台电信业务行为受过二次以上行政处罚，又非法经营国际电信业务或者涉港澳台电信业务的； （2）因非法经营国际电信业务或者涉港澳台电信业务行为造成其他严重后果的。

	（七）以营利为目的，通过信息网络有偿提供删除信息服务，或者明知是虚假信息，通过信息网络有偿提供发布信息等服务，扰乱市场秩序，具有下列情形之一的： 1. 个人非法经营数额在五万元以上，或者违法所得数额在二万元以上的； 2. 单位非法经营数额在十五万元以上，或者违法所得数额在五万元以上的。 （八）非法生产、销售“黑广播”“伪基站”、无线电干扰器等无线电设备，具有下列情形之一的： 1. 非法生产、销售无线电设备三套以上的； 2. 非法经营数额在五万元以上的； 3. 虽未达到上述数额标准，但二年内因非法生产、销售无线电设备受过二次以上行政处罚，又非法生产、销售无线电设备的。 （九）以提供给他人开设赌场为目的，违反国家规定，非法生产、销售具有退币、退分、退钢珠等赌博功能的电子游戏设施设备或者其专用软件，具有下列情形之一的： 1. 个人非法经营数额在五万元以上，或者违法所得数额在一万元以上的； 2. 单位非法经营数额在五十万元以上，或者违法所得数额在十万元以上的； 3. 虽未达到上述数额标准，但二年内因非法生产、销售赌博机行为受过二次以上行政处罚，又进行同种非法经营行为的； 4. 其他情节严重的情形。

	（十）实施下列危害食品安全行为，非法经营数额在十万元以上，或者违法所得数额在五万元以上的： 1. 以提供给他人生产、销售食品为目的，违反国家规定，生产、销售国家禁止用于食品生产、销售标准的非食品原料的； 2. 以提供给他人生产、销售食用农产品为目的，违反国家规定，生产、销售国家禁用农药、食品动物中禁止使用的药品及其他化合物等有毒、有害的非食品原料，或者生产、销售添加上述有毒、有害的非食品原料的农药、兽药、饲料、饲料添加剂、饲料原料的； 3. 违反国家规定，私设生猪屠宰厂（场），从事生猪屠宰、销售等经营活动的。 （十一）未经监管部门批准，或者超越经营范围，以营利为目的，以超过百分之三十六的实际年利率经常性地向社会不特定对象发放贷款，具有下列情形之一的： 1. 个人非法放贷数额累计在二百万元以上的，单位非法放贷数额累计在一千万元以上的； 2. 个人违法所得数额累计在八十万元以上的，单位违法所得数额累计在四百万元以上的； 3. 个人非法放贷对象累计在五十人以上的，单位非法放贷对象累计在一百五十人以上的； 4. 造成借款人或者其近亲属自杀、死亡或者精神失常等严重后果的；

	5. 虽未达到上述数额标准，但具有下列情形之一的： (1) 二年内因实施非法放贷行为受过二次以上行政处罚的； (2) 以超过百分之七十二的实际年利率实施非法放贷行为十次以上的。 黑恶势力非法放贷的，按照第1、2、3项规定的相应数额、数量标准的百分之五十确定。同时具有第5项规定情形的，按照相应数额、数量标准的百分之四十确定。 （十二）从事其他非法经营活动，具有下列情形之一的： 1. 个人非法经营数额在五万元以上，或者违法所得数额在一万元以上的； 2. 单位非法经营数额在五十万元以上，或者违法所得数额在十万元以上的； 3. 虽未达到上述数额标准，但二年内因非法经营行为受过二次以上行政处罚，又从事同种非法经营行为的； 4. 其他情节严重的情形。 法律、司法解释对非法经营罪的立案追诉标准另有规定的，依照其规定。
第八十条 〔非法转让、倒卖土地使用权案（刑法第二百二十八条）〕以牟利为目的，违反土地管理法规，非法转让、倒卖土地使用权，涉嫌下列情形之一的，应予立案追诉： （一）非法转让、倒卖基本农田五亩以上的； （二）非法转让、倒卖基本农田以外的耕地十亩以上的； （三）非法转让、倒卖其他土地二十亩以上的；	**第七十二条** 〔非法转让、倒卖土地使用权案（刑法第二百二十八条）〕以牟利为目的，违反土地管理法规，非法转让、倒卖土地使用权，涉嫌下列情形之一的，应予立案追诉： （一）非法转让、倒卖永久基本农田五亩以上的； （二）非法转让、倒卖永久基本农田以外的耕地十亩以上的； （三）非法转让、倒卖其他土地二十亩以上的；

（四）违法所得数额在五十万元以上的； （五）虽未达到上述数额标准，但因非法转让、倒卖土地使用权受过行政处罚，又非法转让、倒卖土地的； （六）其他情节严重的情形。	（四）违法所得数额在五十万元以上的； （五）虽未达到上述数额标准，但因非法转让、倒卖土地使用权受过行政处罚，又非法转让、倒卖土地的； （六）其他情节严重的情形。
第八十一条 〔提供虚假证明文件案（刑法第二百二十九条第一款、第二款）〕承担资产评估、验资、验证、会计、审计、法律服务等职责的中介组织的人员故意提供虚假证明文件，涉嫌下列情形之一的，应予立案追诉： （一）给国家、公众或者其他投资者造成直接经济损失数额在五十万元以上的。 （二）违法所得数额在十万元以上的。 （三）虚假证明文件虚构数额在一百万元以上且占实际数额百分之三十以上的。 （四）虽未达到上述数额标准，但具有下列情形之一的： 1. 在提供虚假证明文件过程中索取或者非法收受他人财物的； 2. 两年内因提供虚假证明文件，受过行政处罚二次以上，又提供虚假证明文件的。 （五）其他情节严重的情形。	**第七十三条** 〔提供虚假证明文件案（刑法第二百二十九条第一款）〕承担资产评估、验资、验证、会计、审计、法律服务、保荐、安全评价、环境影响评价、环境监测等职责的中介组织的人员故意提供虚假证明文件，涉嫌下列情形之一的，应予立案追诉： （一）给国家、公众或者其他投资者造成直接经济损失数额在五十万元以上的； （二）违法所得数额在十万元以上的； （三）虚假证明文件虚构数额在一百万元以上且占实际数额百分之三十以上的； （四）虽未达到上述数额标准，但二年内因提供虚假证明文件受过二次以上行政处罚，又提供虚假证明文件的； （五）其他情节严重的情形。

第八十二条 〔出具证明文件重大失实案（刑法第二百二十九条第三款）〕承担资产评估、验资、验证、会计、审计、法律服务等职责的中介组织的人员严重不负责任，出具的证明文件有重大失实，涉嫌下列情形之一的，应予立案追诉： （一）给国家、公众或者其他投资者造成直接经济损失数额在一百万元以上的； （二）其他造成严重后果的情形。	**第七十四条** 〔出具证明文件重大失实案（刑法第二百二十九条第三款）〕承担资产评估、验资、验证、会计、审计、法律服务、保荐、安全评价、环境影响评价、环境监测等职责的中介组织的人员严重不负责任，出具的证明文件有重大失实，涉嫌下列情形之一的，应予立案追诉： （一）给国家、公众或者其他投资者造成直接经济损失数额在一百万元以上的； （二）其他造成严重后果的情形。
第八十三条 〔逃避商检案（刑法第二百三十条）〕违反进出口商品检验法的规定，逃避商品检验，将必须经商检机构检验的进口商品未报经检验而擅自销售、使用，或者将必须经商检机构检验的出口商品未报经检验合格而擅自出口，涉嫌下列情形之一的，应予立案追诉： （一）给国家、单位或者个人造成直接经济损失数额在五十万元以上的； （二）逃避商检的进出口货物货值金额在三百万元以上的； （三）导致病疫流行、灾害事故的； （四）多次逃避商检的； （五）引起国际经济贸易纠纷，严重影响国家对外贸易关系，或者严重损害国家声誉的； （六）其他情节严重的情形。	**第七十五条** 〔逃避商检案（刑法第二百三十条）〕违反进出口商品检验法的规定，逃避商品检验，将必须经商检机构检验的进口商品未报经检验而擅自销售、使用，或者将必须经商检机构检验的出口商品未报经检验合格而擅自出口，涉嫌下列情形之一的，应予立案追诉： （一）给国家、单位或者个人造成直接经济损失数额在五十万元以上的； （二）逃避商检的进出口货物货值金额在三百万元以上的； （三）导致病疫流行、灾害事故的； （四）多次逃避商检的； （五）引起国际经济贸易纠纷，严重影响国家对外贸易关系，或者严重损害国家声誉的； （六）其他情节严重的情形。

第八十四条 〔职务侵占案（刑法第二百七十一条第一款）〕公司、企业或者其他单位的人员，利用职务上的便利，将本单位财物非法占为己有，数额在五千元至一万元以上的，应予立案追诉。	**第七十六条** 〔职务侵占案（刑法第二百七十一条第一款）〕公司、企业或者其他单位的工作人员，利用职务上的便利，将本单位财物非法占为己有，数额在三万元以上的，应予立案追诉。
第八十五条 〔挪用资金案（刑法第二百七十二条第一款）〕公司、企业或者其他单位的工作人员，利用职务上的便利，挪用本单位资金归个人使用或者借贷给他人，涉嫌下列情形之一的，应予立案追诉： （一）挪用本单位资金数额在一万元至三万元以上，超过三个月未还的； （二）挪用本单位资金数额在一万元至三万元以上，进行营利活动的； （三）挪用本单位资金数额在五千元至二万元以上，进行非法活动的。 具有下列情形之一的，属于本条规定的“归个人使用”： （一）将本单位资金供本人、亲友或者其他自然人使用的； （二）以个人名义将本单位资金供其他单位使用的； （三）个人决定以单位名义将本单位资金供其他单位使用，谋取个人利益的。	**第七十七条** 〔挪用资金案（刑法第二百七十二条第一款）〕公司、企业或者其他单位的工作人员，利用职务上的便利，挪用本单位资金归个人使用或者借贷给他人，涉嫌下列情形之一的，应予立案追诉： （一）挪用本单位资金数额在五万元以上，超过三个月未还的； （二）挪用本单位资金数额在五万元以上，进行营利活动的； （三）挪用本单位资金数额在三万元以上，进行非法活动的。 具有下列情形之一的，属于本条规定的“归个人使用”： （一）将本单位资金供本人、亲友或者其他自然人使用的； （二）以个人名义将本单位资金供其他单位使用的； （三）个人决定以单位名义将本单位资金供其他单位使用，谋取个人利益的。
	第七十八条 〔虚假诉讼案（刑法第三百零七条之一）〕单独或者与他人恶意串通，以捏造的事实提起民事诉讼，涉嫌下列情形之一的，应予立案追诉： （一）致使人民法院基于捏造的事实采取财产保全或者行为保全措施的；

	（二）致使人民法院开庭审理，干扰正常司法活动的； （三）致使人民法院基于捏造的事实作出裁判文书、制作财产分配方案，或者立案执行基于捏造的事实作出的仲裁裁决、公证债权文书的； （四）多次以捏造的事实提起民事诉讼的； （五）因以捏造的事实提起民事诉讼被采取民事诉讼强制措施或者受过刑事追究的； （六）其他妨害司法秩序或者严重侵害他人合法权益的情形。
附则	附则
第八十七条 本规定中的“多次”，是指三次以上。 **第八十八条** 本规定中的“虽未达到上述数额标准”，是指接近上述数额标准且已达到该数额的百分之八十以上的。 **第八十九条** 对于预备犯、未遂犯、中止犯，需要追究刑事责任的，应予立案追诉。 **第九十条** 本规定中的立案追诉标准，除法律、司法解释、本规定中另有规定的以外，适用于相应的单位犯罪。 **第九十一条** 本规定中的“以上”，包括本数。	**第七十九条** 本规定中的“货币”是指在境内外正在流通的以下货币： （一）人民币（含普通纪念币、贵金属纪念币）、港元、澳门元、新台币； （二）其他国家及地区的法定货币。 贵金属纪念币的面额以中国人民银行授权中国金币总公司的初始发售价格为准。 **第八十条** 本规定中的“多次”，是指三次以上。 **第八十一条** 本规定中的“虽未达到上述数额标准”，是指接近上述数额标准且已达到该数额的百分之八十以上的。

第九十二条 本规定自印发之日起施行。2001年4月18日最高人民检察院、公安部印发的《关于经济犯罪案件追诉标准的规定》（公发〔2001〕11号）和2008年3月5日最高人民检察院、公安部印发的《关于经济犯罪案件追诉标准的补充规定》（高检会〔2008〕2号）同时废止。	**第八十二条** 对于预备犯、未遂犯、中止犯，需要追究刑事责任的，应予立案追诉。 **第八十三条** 本规定中的立案追诉标准，除法律、司法解释、本规定中另有规定的以外，适用于相应的单位犯罪。 **第八十四条** 本规定中的“以上”，包括本数。 **第八十五条** 本规定自2022年5月15日施行。《最高人民检察院、公安部关于公安机关管辖的刑事案件立案追诉标准的规定（二）》（公通字〔2010〕23号）和《最高人民检察院、公安部关于公安机关管辖的刑事案件立案追诉标准的规定（二）的补充规定》（公通字〔2011〕47号）同时废止。